東京大學東洋文化研究所報告

「八紘」とは何か

平勢隆郎著

東洋文化研究所紀要　別冊

序

學恩を感謝する諸先生の中でも、西嶋定生先生は特別である。

學部の講義では、册封體制と禮教主義のことを拜聽する機會にめぐまれた。册封體制が述べる中國と周邊國の關係は、先生と生徒の關係にも似て、先生の力量も問われるだけでなく、生徒のやる氣と主體性も問題になるということかと理解した。生徒もいつまでも生徒のままでいてはいけない。やがて大人に成長する。その大人を先生がどう扱うか、難しいものだと思った。

私自身のこととして述べれば、生徒としての自分は先生を尊敬する。ただ、その先生も生徒も死に、その子孫たちがどうふるまうかとなると、私自身の問題をはるかにこえて規制することは難しい。

西嶋先生の講義を通して、始皇帝統一を境に、封建の世から郡縣の世への變化が議論されることはわかったが、一方、すでに檢討しはじめていた『左傳』の述べる封建と異質な部分があることにも氣づいた。そしてその異質な部分に、多くの人々が氣づいていないし、自らも實は氣づいていなかったのだということがわかるのには、隨分と時間を要した。

先生の講義を通して、黃老思想の影響下にあった前漢の中央が儒教を重視するにいたり、その儒教がさらに變化していくこと、そこに皇帝と儒教の關わりが議論されること、その儒教の經典を基礎とする禮教主義が册封體制を支えたことを學んだ。しかし、世の人々が西嶋册封體制論を論じる際に、なぜかこの禮教主義の議論が抜け落ちていることを自覺するのにも、そしてその儒教經典に内在する問題性に氣づくのにも、隨分と時間を要した。

こうした自覺にいたるまでの過程で、さらに多くのことを學び、試行錯誤をくりかえした。本書は、こうした試行錯誤の結果として世に送り出される。

本書は中國史について、大領域・中領域・小領域を論じる。中領域に注目する視點が、議論の要に据えられている。

目　次

「八紘」とは何か

序說　「封建」論・「八紘」論・「五服」論の要點

はじめに

中國史では、始皇帝が統一し擴大した「天下」とその「天下」の中にいくつか存在する新石器時代以來の文化地域が問題になる。その文化地域は通常「地方」と表現される。そうした文化地域の中に存在した縣も「地方」と表現される。

史書は、當初はそうした意味での「天下」の史書として位置づけられているが、遼以後、征服王朝の史書が出現すると、上記の意味での「天下」の外までを含めた史書世界の擴大が問題になる。

始皇帝が統一し擴大した「天下」は、二十四史の中で「八紘」と表現されている。ところが、この言葉は、戰前、日本を對象とする用語として使用された他、今にいたるまで議論されることが少なかった。いわば忘れられた言葉である。本書は、この「八紘」を論じる。

『遼史』・『元史』になると、史書が統治域として論じる範圍は、「八紘」の外に擴大される。漢族以外の民族による征服王朝が議論される。これはよく知られた事實である。しかし、この問題を語る前提とすべき「八紘」については、ほとんど議論されたことがない。この「議論されていない」という事實は、實は大いに重みのあるものになっている。この重みを知らないまま、「五服」論が展開されてきた。この「五服」も、歴史上とても有名な用語である。だから、

「八紘」が「議論されていない」状況下で、その事實の「重みを知らないまま」に、「五服」を論じてそれで終わりというのでは、歷代の注釋に示された見解を理解するのにも、支障が生じよう。

本書は、この「議論されていない」現狀を憂慮して執筆される。

そもそも、こうした憂慮の念を抱くにいたったきっかけは、拙著『新編史記東周年表』(1)・『中國古代紀年の研究』(2)・『左傳の史料批判的研究』(3)の執筆にある。これらの執筆を通して、膨大な年代と記事を検討することになった私は、結果として通常爲されるより極めて多くの史料群と相對することとなった。そして、その膨大な史料の具體的検討の目をもって、氣附いた點をまとめて發表するに及ぶと、史料内容とは明らかに矛盾するご意見をいただくようになった。

「こう書いてある」という紹介に對し、「それは間違っている」という答えが用意されるのは、論理的には異常な事態である。反對の意見があったとしても、まず用意されるべきなのは、「書かれていない」、あるいは「書いてある事實はこうだ」であろう。

こうした現狀が來たされたのは、「書かれている」史料が讀まれないからに違いない。私も言ってみれば讀まない仲間であった。そうであったのに、上記の膨大な史料群に對峙することになった。

だから、自嘲ぎみに言えば、あるいは單にその對峙の結果とし、讀まれなかった史料を、私もたまたま讀むことになっただけのことかもしれない。

實はそうだということに過ぎないかもしれないが、現狀が憂慮すべきものであることに變わりはない。

さて、私はこれまで、幸いにして何册かの拙著を世に送り出すことができた。これについての、比較的系統的な評價としては、甘懷眞『東亞歷史上的天下與中國概念』(4)の平勢紹介部分を紹介することができる。

この書は、甘氏が編者となって、表記のテーマの下に八人が著述し、それを甘氏がまとめて一冊としたものである。基になる國際會議は、二〇〇四年に開催された。

甘氏は、平勢「戰國時代的天下與其下的中國、夏等特別領域」(5)を、その導論の中で解說し、その冒頭にこう述べている。

……

平勢「戰國時代的天下與其下的中國、夏等特別領域」は、先秦時代の「中國」、「天下」、「夏」の名稱と概念を扱う。これは、學界に對し說をなす一篇の挑戰（狀）である。その分析は大膽にして緻密、閱讀の價値がある。

しかしながら、春秋戰國の歷史變化は、新しい王權成立の契機となった。この時期の王者と霸者の關係から言えば、傳統的言い方では、周王の權力が下降したので、霸者がこれに替わったとみなしている。しかし、この種の言い方には、おそらく多くの誤解があろう。主に、過度に戰國學者の說を信用していることがあり、周王の權力を過大評價していることがあって、霸者が周王の權力を奪ったと見爲してしまうのである。春秋以來の歷史變化は同時に多くの新しい政治的效能を生み出し、一つの廣域的政治指導者（王者）にさらに多くの政治内容を擔うよう促した。しかし、周王權の傳統は「祭祀王」であり、自ら轉化・調整するすべがない。多くの新しい政治效能は時に應じて生まれる。たとえば、各國の間にどのように强調して洪水防止、治水、難民および異族の進入に共同で防衛し連合するなどのことを行うか、などのことがある。新しい王者は、「戰爭王」の類の形式として出現せざるを得ず、齊の桓公・晉の文公の類の霸主のようにこのような需求に應じる必要があった。霸者形態の王權は、古代王權發展の一段階と見なされる。しかして周王權の變態ではない。

この類の霸者形態王權の出現は、中國内の各大系のさらなる整合化を促した。ここにおいて、春秋以後、一つの整合的廣域的政治系統と空間が成立し、「天下」と通稱した。平勢隆郎は新石器時代以來、中國の各文化區域がどのように發展して「天下」の觀念と實態を出現させるかを論證した。これが最後に秦始皇帝によって統一された「天下」である。一つの有限なる空間であり、戰國諸國が構築した空間である。かつここに、「天下」は「漢字文化圈」であった。私個人は、近年來「天下」の研究に從事してきたが、上記したような啓發を受けた。

春秋戰國には二つの歷史的大勢がある。一つは、「國」をもって單位とする地域整合である。それは春秋戰國の歷史的發展であり、もともとの各大國（秦・楚・齊・燕のような）の國君（公室）にその管轄下の政治組織、たとえば大夫の「家」のごときもの、を有效支配させることになった。結果として「國家」制度が成立する。もう一つは、國と國の間のさらなる整合化である。この點は先に述べたとおりである。しだいに整合化されて一體となる「華夏」諸國は、春秋時代にあって、「尊王」の名に借り、周王を天下の共主とし、我が群を一體とする機制を構築した。別に、霸者は政治領域の最高指導者となり、共同して「攘夷」（夷を攘う）した。戰國中期以後、周王の天下共主の地位は消失し、諸大國（齊・秦・韓・魏・中山等のような）は、みなこの周にとって替わろうとし、ここにおいて各自が歷史論述を打ち立て、自己が未來の「新王」であることを證明した。

この種の歷史論述中、一つの重要な議題は、自國を「中國」だと論證することである。平勢隆郎の文章は、各國がいかに自己を中國であると論證したかを緻密に論證した。讀者は參照し考ぜられたい。「中國」概念がいつ始まったのかは、考證が難しい。思うに、口語中の「中國」概念は、中原王朝の成立と同時に發展したはずである。この概念は、西周初年の表現が漢字上にあり、「中國」あるいは「中域」としている。しかし、これはおおまかで不正確な概念である。中國が中原王權の自稱の言い方だとしても、ずっと突出することはなかった。戰國時代にいたると、諸國は天下共主の新王の地位を爭い、やっと「中國」の政治論述が確立したのである。

天下と中國の課題について、平勢隆郎には、『都市國家から中華へ』(6)の一書がある。本論を擴大して述べているので、興味のある讀者はさらに閲讀されるとよい。

そもそも先行研究を參照しようとされる場合、紹介された先行研究が豫想外に少ないとなれば、多くの讀者は、その研究に不滿を抱かれるに違いない。先行研究の多寡を問題にする不滿は、一見妥當なもののように思えよう。しかし、本書執筆の動機は、「書かれている」史料が讀まれない現狀にある。だから、內容は「こう書いてある」ということに力點がおかれる。「讀まれない」ままの狀況を前提に提示された見解の中には、批判の根據がそもそも成り立たない場合もある。「讀んだ上で再考したい」という提言を第一に考えてこれまで研究を積み重ねてきた都合もあり、先行研究との接點は、あくまで必要に應じて補うことにしたい。この點、讀者には豫めご寬恕を乞う次第である。

さて、上記の『新編史記東周年表』・『中國古代紀年の研究』・『左傳の資料批判的研究』に續き、基礎研究として發表したのが以下である。

平勢隆郎「戰國中期から漢武帝にいたるまでの暦」(『史料批判研究』三、一九九九年)
平勢隆郎「周家臺三〇號墓木牘に記された『陳勝』暦日について」(『史料批判研究』四、二〇〇〇年)
平勢隆郎「戰國中期より遡上した暦と『春秋』三傳」(『史料批判研究』四、二〇〇〇年)
平勢隆郎「『周禮』の內容分類(部分)」(『東洋文化』八一、二〇〇一年)

また、これら基礎研究の下に、これらの書の中で言及しきれなかった問題を、以下の書にまとめた(7)。

尾形勇・平勢隆郎『中華文明の誕生』(中央公論社世界の歴史二、一九九八年。增補改變を加えて中公文庫、二〇〇九年)
平勢隆郎『『史記』二二〇〇年の虛實――年代矛盾の謎――』(講談社、二〇〇〇年。增補改變を加えて『史記の

「正統」』、二〇〇七年）

平勢隆郎『中國古代の豫言書』（講談社現代新書一五〇八、二〇〇〇年）

平勢隆郎『よみがえる文字と呪術の帝國――古代殷周王朝の素顔――』（中央公論新社中公新書一五九三、二〇〇一年）

平勢隆郎『『春秋』と『左傳』――戰國の史書が語る「史實」、「正統」、國家領域觀――』（中央公論新社、二〇〇三年）

平勢隆郎『龜の碑と正統――領域國家の正統主張と複數の東アジア册封體制觀――』（白帝社、二〇〇四年）

平勢隆郎『都市國家から中華へ（殷周春秋戰國）』（講談社中國の歴史二、二〇〇五年）

甘懷眞平勢紹介に「學界に對する挑戰」とあったように、一般に上記の諸書に示した内容は、新しかったようである。くりかえすようで恐縮だが、ここで、再確認しておきたいのは、これらの書物は、史料に書いてあることをもとに執筆されたということである。上記紹介からうかがい知れるのは、「書いてある」ことが、書いてあるとは思われていない、ということである。(8)

この點について、深く考察をめぐらすには、多大な時間と勞力を必要としよう。しかし、そうした時間を費やす前に、まずは「書かれている」史料内容を紹介する必要がある。深く考察をめぐらすべき今後の課題については、當面いくつかの點を結んで論じるにとどめ、讀者のご寬恕を乞うのが現實的であろう。

ただ、經驗上容易に思い當たるのは、西洋の中國學の影響である。この點は、本書でも顧頡剛の研究上の誤解として論じる部分がある（第一章第四節）。二十四史に書いてあることにも目がいかなくなった結果の一つであるから、單純に研究時間が不足したのだろうと發想したに過ぎないのだが、歐米列强の進出を前に、焦眉の急とされたのは歐米の知識の習得であり、傳統文獻に接する機會は、科學の時代に比較して格段に少なくなったのだろう。

顧頡剛とは別に、これも思いつくまま話題にしておきたいのは、「一統」という言葉である。

私は、『公羊傳』の檢討を通して、この言葉が「唯一の正統」であると、自然に述べていた。ところが、この説明には、ときおり口頭による質問が提示された。その質問内容を聞いてみると、「統一」の意味だと言うのである。實際、出版物の中に、「大一統」という『公羊傳』に見える表現について、「統一」の意味で解説しているものが散見する。しかし、清朝の書物として『大清一統志』がある。この「一統」は「唯一の正統」としか説明できない。二十四史をざっとながめてみても、目につくのは、「唯一の正統」の意味ばかりである。だから、現在意外に多くなされる「統一の意味だ」という誤解は、これも意外に新しいものだということになる。

想像をめぐらしてみると、近代以來、海防の必要が説かれ、外國からの脅威に對抗するための强大な中央政府が希求された。そして、海防の目的は領土の保全であった。「一統」を「唯一の正統」の意味で議論する場合、領土は漠然と意識した上で、誰が正統の地位にすわるかが論じられる。これに對し、「統一」という言葉は、その領土を確たるものと認識してはじめて議論できる。だから、近代以來、熱心に議論されるにいたったのは「統一」であった。その「統一」がいつしか『公羊傳』の「一統」の意味と混同される。

この混同が引き起こされたのは、傳統的經學の世界が、衰えた後のことであろうと想像できる。近代以來、西歐文化を取り入れるのに、日本も中國もやっきとなった。相對的に傳統的經學に關する理解は充分ではなくなってきた。――深く考察することを、避けつつ自嘲的に述べれば、そうとでも考えないと、二十四史をいろどる要の用語が理解されなくなっている現實は、容易には理解できまい。

この「一統」に端を發し、さらに考察を進めてみると、自らの研究に密接な關わりをもつ言葉が、あまり檢討されていないことを知る。それが、本書で檢討される「八紘」である。「八紘一宇」という言葉は、よく耳にする。しかし、どういう意味であるかを答える人は、極めて少なくなった。

そして、これは偶然というべきなのだが、私は、鳥取で教鞭をとった縁から、龜趺碑・龜趺塔という、これも實にマイナーなテーマにもとりくんできた。その龜趺碑や龜趺塔の出現が、どうやら「八紘」觀と密接に結びついているらしいこともわかってきた。

さらには、「八紘」には、古來言葉だけは有名な「五服」論が關わっていることも、わかってきた。この「八紘」との關わりからする「五服」論を出發點にして檢討を進めてみると、從來理解されてこなかった原初的「五服」論が見えてきた。そして、この「五服」論を檢討していく過程で、連動して檢討されることになったのが、「封建」論であった。この「封建」論にも、近代以來の誤解が入り込んでいることがわかってきた。

これら「八紘」、「五服」、龜趺碑・龜趺塔、「封建論」とは別に、私は膨大な年代矛盾の解消、膨大な曆日記事の系統的處理からする曆の復元（扱うべき曆日データを網羅配列できる曆の復元）などを通して、『公羊傳』・『左傳』・『穀梁傳』それぞれに獨自の正統があることをつきとめていた。その正統觀の存在を前提とする議論が、『孟子』に見えていることも知った。他の經典解釋中にも、そうした議論の斷片があることを知った。そうした出發點を異にする議論が、「八紘」、「五服」、龜趺碑・龜趺塔、「封建論」と比較檢討し得るものであることもわかってきた。

以下、龜趺碑・龜趺塔、「封建」論、「八紘」論、「五服」論の概要を述べ、本書の序節に位置づけておくことにしよう。

龜趺碑・龜趺塔の概要

私は、かつて龜趺碑・龜趺塔についていくつかの研究を發表したことがある(9)。その中で、討論したのは、次のとおりである。

1：龜趺碑・龜趺塔の出現
2：龜趺碑・龜趺塔の「龜」の意味
3：龜趺碑と東アジア册封體制との關係
4：中國・朝鮮半島・日本の龜趺碑の獨自性

龜趺碑は、東アジア册封體制ができあがった後に出現した。その册封體制を構成する國ごとに、龜趺の有り様が異なる。龜趺碑は、官僚體制を「形」として具體化する。官僚體制は、册封體制を構成する國家ごとに異なっている。だから、それぞれの官僚の頂點に位置づけられる存在も、それぞれの國家ごとに獨自に設定された。中國では中國皇帝が頂點に位置づけられたが、周邊諸國では、それぞれ獨自の頂點が存在した。

龜趺碑・龜趺塔が關わるのは、まずは、中國や日本などの國家である。獨自の「天下」を設定し、その「天下」の下における形式を問題にする。

一方、龜趺碑が建てられる場は、そうしたそれぞれの「天下」の中に複數設定された地方である。それぞれの地方ごとに獨自性を競う。「天下」も獨自なら、地方も獨自だという特徴がある。これは日本の龜趺について見られる現象である。

龜趺碑は中國で出現した。その出現には、後漢時代の「游俠の儒化」が關わっている。[10] この「游俠の儒化」が議論される場は、「天下」と、「天下」の中に複數設定される「地方」である。

下記に話題にする「五服」論の史的展開は、これも下記で話題にする「八紘」論・「封建」論と比較しつつ論じることができる。[11]「八紘」論は、中國のいわゆる「天下」を論じる。「封建」論は、「天下」の下の「地方」と「天下」の關係を論じる。龜趺碑研究も、「天下」と「地方」の關係を論じる。そこに「封建」論と龜趺碑・龜趺塔研究との接點が生まれ、また「五服」論、「八紘」論と龜趺碑・龜趺塔研究との接點も生まれる。

「八紘」論・「封建」論は、また、華夷觀と密接に關わっている。だから、龜趺碑・龜趺塔研究も、同じく華夷觀と密接な關わりをもつことになる。

「封建」論の要點

「封建」という史料用語は地方分權を論じる。この用語は、中國の「天下」統一を受け、その中に複數設定された地方と中央との關係を論じる。

まずは、「封建」についての、現代にとっての意外な常識を論じておこう。この常識を支える史料は、『史記』三王世家の中にある。この『史記』三王世家は、『史記』の中では、比較的成立の遲い部分だが、そこには漢の高祖が天下を統一したときを廻顧して、それまでの「封建」の世を復活させるよう議論したことが記されている。この時提出された意見は採用され、漢王朝では、天下を分けて郡縣統治をするところと、皇帝の一族を諸侯王にして統治させたところができる。始皇帝が天下をすべて郡縣で統治しようとして、早くに滅亡したことを反省してできた制度である。

この諸侯王も、次第に實權が皇帝側に奪われ、實質郡縣化していったことが知られている。讀者もどこかでお目にかかったであろう有名な常識である。

ここで議論されたのは、意外にも皇帝と諸侯王との關係である。あるいは「封建」と言った場合、例えば皇帝と都市國家の諸侯との關係を想像される向きもあるかもしれない。しかし、それは常識ではない。諸侯王の領土は、戰國時代の諸王國の領土を分割したものになっている。言うまでもなく、春秋時代の都市國家で問題になる廣さよりはるかに廣大な領域を問題にする。

この皇帝と諸侯王との關係を、時代的に遡り、周代の制度を述べたのが『禮記』王制である。王制は、周代の天下が「方一千里」九つ分であることを述べ、そのうち一つを天子、他の八つを八人の「方伯」(霸者)がそれぞれ統治するとした。『史記』三王世家が述べた「封建」は、この『禮記』の周天子と八人の「方伯」との關係を表現している。嚴密にいえば、漢代の諸侯王の領土は、八人の「方伯」の領土を分割した面積を問題にしているが、都市國家と周王との關係を念頭において、「封建」を論じていないことは、確かである。

ここで確認できる著名な常識と異なる常識をおもちの方は、自己の常識に史料の裏附けがあるかどうか、再確認する必要がある。

ところが、戰國時代中期にできた『左傳』の僖公二十八年では、「封建」の語を都市國家の封建の意味で使っている。しかも、その封建の範圍は、いわゆる中原、『禮記』王制がのべる「方一千里」の廣さでしかない。『史記』三王世家が話題にする漢代の「天下」に比較すると、その何分の一かにすぎない領域の中を述べている。その領域における周王と諸侯との關係を述べている。そして、中原の「方一千里」に多くの國を「封建」し、「藩屏」にしたと書いてある。「藩屏」とは、その外の地域に對抗して軍事的な都市同盟の壁を作ることを意味している。

なお、この『左傳』僖公二十八年の事例は、「封建」という用語を使用した最古のものになっている。それまで使用されていた同義の用語は、西周金文に見える「侯（たれ）」（諸侯とする）である。周知のように、西周金文は、陝西や中原の地において集中して出土していて、上記『左傳』の記事を裏書きするかのようである。もとより、中原の都市同盟の外の國と周王朝が外交關係を結ぶことは、否定されていない。その外交關係の下では、外の國は「侯」と稱された。

ここでも、「封建」の意味と「侯」の意味など、現代にとって意外な常識と異なる常識をお持ちの方は、自己の常識に史料の裏附けがあるかどうか、再確認する必要がある。

『左傳』は、多くの具體的事例をもって、われわれに周と諸侯の關係を、示してくれる。周の勢力圏は、春秋時代にあって中原一帶の「方一千里」にすぎない。その外には、秦の「方一千里」（西周の故地）、晉の「方一千里」、齊の「方一千里」、楚の「方一千里」、吳・越の「方一千里」が廣がっていたことがわかり、燕の「方一千里」も同様に想定可能であることがわかる。中原の一角に殷の末裔たる宋があることを念頭におくと、『左傳』が具體的に示す春秋の時代は、周天子の「方一千里」一つと霸者の「方一千里」いくつかが問題になっている。ただし、ここで問題になる周天子と霸者の關係は、「封建」ではない。晉や齊を「侯」と稱し、楚や吳・越が「王」と自稱する違いはあるが、それぞれの勢力圏は、獨立している。それが『左傳』の示す事實である。

周王と霸者との關係は、「藩屛」という言葉に象徵される。獨自の勢力圏を背景に外交關係が問題になった。その『左傳』に示された外交關係は、漢代の『禮記』王制になると、周王と霸者との「封建」關係として説明しなおされている。そして、「封建」という用語は、『左傳』では「中原」の都市國家（藩屛）と、「方一千里」に影響を與える周王との關係を示すものであったのに、『禮記』王制では、「方一千里」に獨自の勢力圏を有する霸者と、周王との關係になった。説明が變更された、ということである。

言い換えれば、もともと春秋時代の霸者は、周王朝の勢力圏の外にあったのに、漢代になると、内にあったかのように説明しなおされた、ということである（下記においては『孟子』の「封建」論をも論じ、『孟子』が戰國時代、『禮記』が漢代それぞれの「封建」を論じていることを述べる）。

「八紘」論の要點

「八紘」とは、八本の紘（綱）である。天地をつなぐ綱とされている。その語は古く『淮南子』墬形訓に見える。これが、下記に述べる「五服」論と合體して漢族の居住地を意味するにいたった。「八紘」の内の最遠部は『淮南子』墬形訓では「八殥」と稱されていた（凡八殥八澤之雲、是雨九州、八殥之外、而有八紘〈淮南鴻烈解・紘維也、維落天地、而爲之表、故曰紘也〉）が、『史記』にいたってその「八殥」を「八荒」（八つの荒服）と稱するようになった（始皇本紀「太史公曰…有席卷天下、包擧宇内、囊括四海之意、併呑八荒之心」。この「八荒」に關わる始皇本紀の記事は、『漢書』陳勝項籍傳の「贊曰、昔賈生之過秦曰」の後に引用されている）。

ここに示された「八荒」は、始皇帝が統一した天下について述べているわけだが、その始皇帝は、その後天下を擴大した。漢高祖が再統一した天下は朝鮮と南越を除く始皇統一時の天下にもどったが、漢の武帝が再度天下を擴大したことが知られている。『史記』五帝本紀には、この擴大された天下について、「荒服」に言及した部分がある（「唯禹之功爲大、披九山、通九澤、決九河、定九州、各以其職來貢、不失厥宜、方五千里、至于荒服、南撫交阯・北發、西戎・析枝・渠廋・氐・羌、北山戎・發・息愼、東長・鳥夷、四海之内咸戴帝舜之功、於是禹乃興九招之樂、致異物、鳳皇來翔、天下明德皆自虞帝始」)。その意味の「八紘」が『史記』から『舊唐書』までの歴代正史に少なからず記されている。

この「八荒」に關わる「五服」論は、甸服からはじまり、侯服・綏服・要服・荒服まで次第に中央から離れた地を問題にし、その服によって、「文化の地」を表現している。その最も邊彊にあたる荒服が具體的にどこかが、記されている。『史記』によれば、武帝が征服した地域が荒服とされている。

また、後晉は、遼の影を拂拭できない王朝だが、後唐に始まり後晉に成ったとされる(12)『舊唐書』巻二十九志第九音樂二では、「八紘」についての説明で、高句麗征伐の成功を祝って、「遼東を平らげた」ことを述べた(「〝八紘同軌樂〟以象平遼東而邊隅大定也」)。『史記』から『舊唐書』にいたるまで、一貫して郡縣支配をしいた武帝征服地以内が問題にされている。

この「八紘」を『晉書』以後「中華」と表現した。それを「海内」とも表現した。「八紘」の外は「海」とされた。日本などは「海」の中にある。

宋代に作られた『新唐書』になると、巻二一志第十一禮樂十一において、「八紘」についての『舊唐書』の説明を若干修正し、「高麗平らぐ」という表現を加えるにいたる(「〝八紘同軌樂〟象高麗平而天下大定也、及遼東平」)。これは、明らかに征服王朝である遼をとりこんで歴史を語り始めた證據であり、以後、正史に『遼史』・『金史』・『元史』が入り込むことになる。中國の正史が問題にする「内」が漢族居住地の外までを問題にする時代を迎えた。しかし、「八紘」は次第に影をうすくする。ただし、よく讀めば、『明史』(清代編纂)にいたるまで、漢代以來の「八紘」觀を繼承した議論が見えていたりする。

『明史』六十三の樂三樂章二の「洪武十五年重定宴饗九奏樂章」の「五奏振皇綱之曲」は、「德尊踰漢唐」としつつ「八紘」に言及している(「周南詠麟趾、巻阿歌鳳凰、藹藹稱多士、爲楨振皇綱、赫赫我大明、德尊踰漢唐、百揆修庶績、公輔理陰陽、袞冠正襟佩、都俞在高堂、坐令八紘內、熙熙民樂康、氣和風雨時、田内見豊穰、獻禮過三爵、歡娯良未央」）。また、これに關連して、同じく「嘉靖間續定慶成宴樂舞」の「一奏上萬歲之曲」は、「邁虞唐」としつつ「八荒」（八つの荒服）に言及している（「聖主垂衣裳、興禮樂、邁虞唐、簫韶九成儀鳳凰、日月中天照八荒、民安物阜、時和歲康、上奉萬年觴、允祚無彊」）。いずれも唐までの正史を參照しつつ「八紘」・「八荒」に言及したものである。

「荒服」が具體的にどの地を述べるかについては、上述したように、『史記』五帝本紀の記事以後、漢武帝の征服地が一つの目安となっている。『明史』卷一百四十八の楊榮傳には、「安南之棄、諸大臣多謂不可、獨榮與士奇力言不宜以荒服疲中國」とあって、『史記』五帝本紀の認識が語られている。特にこの場合は、荒服の内に中國を設定するという意味でも興味深い論調となっている。『明史』卷三百四十九の朱燮元傳に「夫西南之境、皆荒服也、楊氏反播、奢氏反藺、安氏反水西、滇之定番、小州耳、爲長官司者十有七、數百年來未有反者」とあるのも、武帝時の征服地を念頭に置くものである。

だから、「八紘」觀は衰退したとはいえ、『史記』という古來多く參照された史書を通して、「八紘」や「八荒」の表現は、具體的地名をもって語られていたわけである。征服王朝の世にあって、「八紘」の外に關心が集まるようになるから、「八紘」觀は衰退する。そして、今や、「八紘」の概念は、一般にはあまり知られなくなってしまった。しかし、清朝編纂の『明史』にあって、『史記』以來の「八紘」觀が參照されている事實は知っておいてよい。

「五服」論の要點

「五服」は、專門家には耳になじんだ用語である。『尙書』禹貢の本文と注釋を讀めば、大要を知ることができる。

本來は夏王朝のこととして議論された用語であって、その用語を後代の世界觀にも應用した。

星野恆の『尙書』の解題(13)には、「孔傳ハ注中地名等、往々安國ノ後ニアル者アリ、故ニ前述ノ如ク僞撰ノ說アリ。然ルニ假令、東晉僞撰ニ係ルトスルモ、其時古ヲ去ル未ダ遠カラズ、舊訓古義ノ之ニ賴リテ考フベキモノアリ、且古來傳フル所ノ書ナレバ宜シク之ニ由リ解釋スベキ若クナレドモ、宋元以來ハ、注疏ヲ置テ、專ラ蔡傳ヲ肄フ、蔡傳モ亦往々誤謬ヲ免レズ、後人ノ指摘ヲ受クルモノアレドモ、之ヲ要スルニ、疏通鮮明ニシテ、尤モ簡易曉リ易シト爲ス。……讀者先ヅ蔡傳ニ據從テ之ヲ尋繹シ、其ノ大義ニ通ジ、然後ニ孔傳ニ就キ、孔疏を參酌シ、子細ニ研究スベシ……」とある。これが注釋を通覽した識者の見解である。

世に行われている五服說は、後漢の鄭玄が否定した說を『尙書正義』が變更採用したものである。下記に「八紘」論との關わりから簡單にまとめておくが、『舊唐書』にいたるまで、『尙書正義』の說が根づいたとは言えない狀況にある(14)。

その上でということだが、論點整理の必要上、「八紘」論との關わりから論じておくことにしよう。上記のように、「八紘」の荒服は、具體的記事によって、おおよそを把握することができる。『禮記』王制が周の制度としてのべた「方一千里」九つの天下より、やや廣めの領域を問題にする。『史記』から『舊唐書』まで、この「八紘」を「方萬里」(略稱「萬里」)と表現している。誤解する向きも見受けられるが、この「方萬里」は「萬里四方」ではなく、「方一千里」十個分である。

このことに連動する話題は、『孟子』萬章章句下にあり、「方一千里」の中に「方百里」・「方七十里」・「方五十里」の國がいくつあるかが問題になっている。その議論を見るかぎり、こうした國々は「方百里」の國の祿高と、「方七十里」(嚴密にいうと七十五里で計算した方がよい)の國の祿高と、「方五十里」の國の祿高が四・三・二になっている。

祿高は面積比（一六・九・四）になるはずだから、計算上は明らかにおかしい。この場合も、面積比は、一邊の比になっている。(15)

だから、ということになるが、「五百里」という表現が面積について話題になる場合は、「方一千里」の半分である。この「五百里」という面積をもって説明される「五服」は、そもそもどう説明されたか。それが、戰國時代中期の『孟子』にいう天下「方一千里」九個分にあって、どう説明されたか。これらは、歴代の學者の論じるところとはならなかった。

これも歴代の學者が適切に論じてきたとは言えない（青銅器文化の實際がわかっていなかったせいでもある。また上述したように、『孟子』等の面積説に關心が向かなかったせいでもある）が、『論語』泰伯には、周文王（文侯）の時代の話題として、「天下」が語られ、殷が1／3、周が2／3を掌握していたことを述べる。上記の『孟子』の議論から推しても、この殷の1／3が「方一千里」に相當するだろう。天下は「方一千里」三つ分である。當時の青銅器文化の擴がり(16)（多くみつもっても「方一千里」五個程度）も、この想定を裏附ける。具體的に言えば、周の故地の「方一千里」と殷の「方一千里」と山東の齊（文王と同盟關係を築いた太公望の國）の「方一千里」である。

「方一千里」三つ分の中に、「方五百里」は六つ分作れる。だから面積と數値の關係さえ把握できれば、實は容易に發想しうることだが、「方五百里」は六つ分のうち五つを問題にすると、「五服」の地域が語れる。具體的に論じるは避けておくが、周の「方一千里」、殷の「方一千里」（周が滅ぼして勢力圏に加えた）、齊の「方一千里」（周に身方した）の中に「方五百里」を作ることもできる。それぞれの半分に「方五百里」を作り、それらの外に「方五百里」を繼ぎ足していくこともできる。他の可能性も議論できる。(17)

こうした議論から始まったのが「五服」で、上述したように「甸服」・「侯服」・「綏服」・「要服」・「荒服」という名稱がついている。それぞれ「服」をもって禮儀の違いを論じたようだ。

戰國中期には、この「五服」を九つの「方一千里」に當てはめようという議論がうまれた。漢字圏が明らかに擴大して、天下が九つの「方一千里」からなることを説明し始めたからである。

そもそも、「方一千里」の中に、「方百里」十個分を議論する場合、農耕地など利用可能な土地（食い扶持として換算できる）と、山地などほうっておくべき土地（食い扶持としては換算しないでおく）をわけていたらしい。古代に整備された道路ぞいの土地が念頭にあるようだ。實際には、面積で食い扶持を表現しなければならないのに、「一邊」の數値だけでそれを表現するにいたったのは、こうした道路沿いの土地、という考えが影響しているようだ。だから、「方一千里」三つ分の時代にできた言葉を、「方一千里」九つ分について規定しなおすにあたっても、「方一千里」九つの天下の中央から、天下の外に出ていく「道路」を想定する。對角線ぞいにある地域に行くには、必ず「方一千里」二つ分を經由する。道路にそって「方五百里」四つ分を經由する。こうして、漢代の『史記』になると、もっとも遠い土地として、「荒服」を設定しなおした。

この「八荒」が『淮南子』墜形訓にいう「八紘」内の「八殯」であるとされた。それが『舊唐書』まで繼承された。

一方、漢代になると、「方一千里」の中に大小二百十の國があると説明されるようになった[18]。これは、明らかに碁盤の目のように區畫して「～里四方」を議論しはじめた結果である。にも拘わらず、「方萬里」だけは、「方一千里」十個分として計算された。

世に知られた五服説（「五千里四方」を論じる。「方一千里」二十五個分）は、宋代以後主流の坐をしめるようになる。すでに述べたように、漢族の居住地を意味していた天下が、さらに外に廣がり、いわゆる征服王朝をも巻き込んで議論されるようになったことに關わろう。しかし、一方においては、すでに述べたように、『明史』にいたるまで、「八紘」と結びついた「五服」は、「方千里」十個分の「方萬里」に収まるように説明された。「方萬里」の「八紘」の中を議論する「五服」の現實と、その二倍半を論じる注釋の「五服」が併存している。

ちなみに、『史記』では、中央から最も遠い「荒服」までの五服、つまり「八紘」、つまり「方萬里」の内は、「冠帶の國」とされている。この「冠帶の國」の外に匈奴の地がある。朝鮮（衞氏）・南越の故地は「荒服」とされている。だから、『史記』では、「冠帶の國」は「方萬里」を意味する。

しかし、「冠帶の國」を、戰國末の『呂氏春秋』まで遡ると、「方一千里」二、三個分にすぎないことがわかる。同じ言葉だから、ということで、同じ基準で論じるととんでもないことになる。『呂氏春秋』の「冠帶の國」は、秦が陝西の地を本據とし、韓を「東藩」と規定するなどして、設定したものである。この廣さは、『論語』の述べた「方千里」三つ分の「天下」と大同小異である。「五服論」とは別に、『論語』の「天下」と大同小異の面積を話題にしている。この「方千里」三つ分の「天下」に、「五服」論の淵源を求めることができる。

始原的「五服」論、「天下」すなわち「八紘」であった時代の「五服」論、征服王朝の時代の「五服」論の少なくとも三者は、それぞれ分けて論じる必要がある。

龜趺碑と「八紘」

先に述べたように、私は、これまでいくつかの論文において龜趺を論じてきた。

その問題をあらためて整理すると、「八紘」觀の定着と龜趺碑・龜趺塔の出現は、密接に結びついていることがわかる。

龜趺碑は、後漢時代に始まる。當時は「游俠の儒化」が議論される。[19] この「游俠」を論じる場は、「方一千里」を念頭におく地方である。

「游俠」は、戰國時代の六國の傳統をひく地域地域の輿論を形成する者について、中央からはられたレッテルである。彼等「游俠」は、それぞれの輿論形成の中で、中央とは異なる儒教論を論じていたようである。史料としては、『韓非子』顯學に八家の儒と三家の墨を論じているのを、參照することができる。これらは、「顯學」であって、戰國時代の各領域國家ごとに論じる「顯學」たる儒・墨の違いを問題にしたようである。そうした「游俠」が後漢時代には、一家の儒教を議論するようになった。

後漢時代、儒教は讖緯說をもって論じられた。緯書が隆盛をきわめた。その緯書が述べる孔子像は異様である。大きな甲羅を背負い、口は海のように大きい。これは玄武を意識した表現である。一方、漢王朝の始祖たる劉邦も、同様の異様さをもって語られている。玄武の表現も混じるが、劉邦像の基本は朱雀を意識したものになっている。孔子は「素王」とされた。「素王」たる孔子が「皇帝」たる劉邦を補佐するという理念的「形」が、作られている。[20]

大地をまわる太陽の位置が問題になる。南中するとき、太陽は最も高く、西に沈んだ後に北にいたった太陽の位置は最も低い。劉邦は最も高く、孔子は最も低い。それが「皇帝」と「素王」の違いを理念的に示している。

にも拘わらず、「素王」には、「素臣」がいたことが議論されている。後漢豪族たちは、みずからが孔子の理念的「素臣」であることを自任することで、「儒化」をはたしたのである。つまり、現實には、「皇帝」たる劉氏の臣であるわけだが、「それとは別の孔子を頂點とする」翼賛體制を標榜することによって、それまで根強く繼承されてきた地域地域の輿論を吸收したのである。つまり、天下の議論を受け入れることが、必ずしも皇帝劉氏の臣たることを意味するものではない、という理屈である。

この地方地方の輿論の問題は、「八紘」を中國とする時代にあって、ずっと表面化しやすい議論であったようだ。勿論のこと比較の問題ではあるが、宋代以後、征服王朝をまきこんで天下を語るようになると、それまでの「八紘」は、天下の一部となる。こうなったとき、「八紘」すなわち「中國」は、漢族にとって、比較的一體感を論じる場となった。この點は、個々に論じなければならない多くの問題を内包すると考える。

龜趺塔は、下記に述べるように「八紘」を一つの「宇」とみなして作られたようである。龜趺が象徴するのは「八紘」である。これに對し、後漢時代の豪族の場は地方であり、その豪族が龜趺碑を建て始めた。しかし、「儒化」をはたした豪族の立場は、皇帝を支える孔子を念頭におくにいたる。この龜趺の場も「八紘」と言ってよい。地方を代表する身として「八紘」に關わる。

「八紘」の外は「海」である。一方、龜趺碑の龜を考古學的に遡ると、その先驅たる龜は、大地をとりまく「海」の汀に表現されている。この汀の龜が孔子に假託された玄武となり、さらには大地を支える力士になりかわって大地を支えることになった。汀の龜が大地を支える力士になりかわる過程については、多くの圖像を利用した曾布川寛の研究に詳しい[21]。私は、これに孔子に假託された玄武という視點を重ねてみた。

「八紘宇たり」と「西宇」

「八紘」とされる地域は、漢族が郡縣制をもって統治する地域を漠然と意味している。したがって、その外との外交關係を考えるということは、「八紘」と「八紘」の外との外交關係を考えるということである。

上記において、「龜趺碑は、後漢時代にあって孔子に假託されていた玄武が、大地を支える存在となることで出現する」、「龜趺碑が支える大地とは、すなわち「八紘」であった」と述べたのだが、このことを直接的に記したのが、『漢書』朱博傳[22]である。そこでは「八紘」を「宇內」と表現し、それは「郡縣を置く」ところであることを述べている。

この認識は、基本的に『舊唐書』まで繼承される。『舊唐書』韓瑗傳[23]に、「八紘」が「四海」と並列されている。「四海」とは所謂天下[24]のことであり、この場合、「八紘」に等しい。同じ『舊唐書』褚遂良傳に、「(秦)文公遂以爲寶雞、後漢光武得雄、遂起南陽而有四海」ともある。「四海」とは四つの海に圍まれたところをいい、「海內」とも稱する。「八紘」の外は「海」である。

現實には、「海」とされるところは陸地である。その陸地にも、また海を越えても、外交關係は樹立された。興味深いのは、『大唐三藏聖教序[25]』に次のようにあることである。

周遊西宇、十有七年、窮歷道邦、詢求正教、雙林八水、味道飡風、鹿苑鷲峯、瞻奇仰異、承至言於先聖、受眞教於上賢、探賾妙門、精窮奧典、一乘五律之道、馳驟於心田、八藏三篋之文、波濤於口海、爰自所歷之國、總將三藏要文、凡六百五十七部、譯布中夏、宣揚勝業、引慈雲於西極、灑法雨於東垂……。

これは、インドに求法におもむいたことを「周遊西宇」と述べているのであり、かつ、經典を飜譯して「中夏」に布くことを述べている。別に確認できる「八紘」たる「中華」(中夏)と別の世界として「西宇」を述べている。つまり、單に「海」と述べているかに見える世界の中に「西宇」を設定する認識が示されているということである。「引慈雲於西極、灑法雨於東垂」とも述べているから、「海」の向こう側に「西宇」が設定されている。

私が注目するのは、この認識が、日本にもたらされると、『日本書紀』の「掩八紘而爲宇」という表現ができあがるのではないかと考えられることである。日本は、中國の理をまなんでみずからを「中國」と表現している。またそれを「八紘」とも述べた。これだけなら、「中國の理」を日本について表現した、と説明し得る。しかし、それだけでなく、『大唐三藏聖教序』に見える「西宇」を設定する世界觀が、日本に影響を與えていないか、ということである。

私は、龜趺碑を研究する中で、日本の平安末に、奈良唐招提寺の金龜舍利塔[26]が存在することを知った。同種の舍利塔は、和歌山龍光院金龜舍利塔（一四六〇年銘）、奈良長谷寺金龜舍利塔（一八四二年銘[27]）に繼承されている。私の個人的全國調査としても、茨城縣坂東市（舊猿島郡猿島町）萬藏院の石造龜趺塔[28]を發見することができた。萬藏院は長谷寺を總本山とする眞言宗豐山派の古刹である。

唐招提寺の金龜舍利塔に先行するものとしては、醍醐寺本十天形像[29]の「水天像」を想起することができる。金龜舍利塔は、いずれも舍利塔にかりて、一つの世界を表現する。上記の『大唐三藏聖教序』に見える「西宇」の世界觀は、この舍利塔の示す世界がすなわち「八紘」であることを示している。

この種の龜趺塔は、高麗にも存在する。高麗高達寺逸名高僧浮屠（舍利塔）と高麗高達寺天宗大師浮屠（舍利塔）である。二つとも同じ廢寺のもので、韓國の驪州に所在する。

私的検討によって、龜趺碑は、いわゆる儒葬の問題として整理することができることが明らかとなった。その際、佛教がこの問題にからんでくることが指摘でき、龜趺塔という形式が存在することもわかった。本論における再検討で、それが「八紘」觀と密接にからむことが、あらためて明らかとなった。それは、「八紘」を一つの「宇」とみる觀念である。

韓昇の「井眞成墓誌」に關する新研究からわかること

最近、復旦大學教授の韓昇は、「井眞成墓誌」に關する劃期的研究を發表した。

その研究[30]によると、井眞成は留學生とするのが一般的であるが、井眞成墓誌出土以來の議論をたどってみると、その說の根據に疑問符がつき、また唐の制度をあらためて檢討しなおしてみると、その說としての根據がないことがわかった。唐代の制度や日本の古代史一般に照らし合わせると、井眞成は天平五年の多治比廣成を大使とする第十次遣唐使節の上席准判官であったと結論される。

堅實な考證を積み重ねたその結論はもとより、私が興味をいだくのは、その考證過程[31]である。

前揭した『續日本紀』に、第十次遣唐使節は「判官四人・錄事四人」が置かれたが、第十次遣唐使節の場合には、判官と錄事の中間に「准判官」が置かれていた。『續日本紀』天平八年（七三六）十一月戊寅の條に、第十次遣唐使節の隨員として、

准判官從七位下大伴宿禰首名。

という准判官名がある。これによって、第十次遣唐使節には、五九〇人という極めて大型の使節團であり、下部組織の管理を考えた結果、特別に准判官が設置されていたことは疑いない。

……

從六位下は通常においては遣唐使判官にはなれない。第十次遣唐使節は總勢五九〇人という極めて大型の使節團であることを鑑みて、從六位上以下、七位官で構成する准判官を臨時に設けたと想定することは可能であろう。

井眞成は遣唐使判官としては官位不足であるから、准判官の一員に選拔されていたのであり、准判官の中で彼は從六位下であるから、准判官の中では上席の准判官であった。遣唐使節において無役の者が長安まで上京するはずがない。

大伴宿禰首名は准判官ではあるが、彼の官位は井眞成の官位と大きく異なる。准判官には三等官である判官に近似する准判官と、四等官である錄事に近似する准判官があった。遣唐使節内においては同じ准判官であるが、唐朝に提出した使節團の構成員名簿においては、井眞成は判官に準じる扱いとされたようである。それゆえに死亡に際して皇帝に奏聞された。」

ややもどって、以下のようにある。

井眞成は唐風にいえば、從五品下の官品を生前に有していた。これは四階の借位の結果であり、本當の官位は從六位下であったことになる。從六位下であれば、井眞成は遣唐使判官であってもよいことになるが、高階遠成の例から明らかなように、通例として判官は正六位上の官位にある者が就任するから、從六位下であれば位不足というべきである。

『續日本紀』天平四年（七三二）の條に、

八月丁亥、以從四位上多治比眞人廣成爲遣唐大使、從五位下中臣朝臣名代爲副使。判官四人、錄事四人。

とあり、第十次遣唐使の判官は四人と明記されている。四人の姓名は『遣唐使研究と史料』（東海大學出版會一九八七）の二二四頁に列擧されており、以下の人たちである。

平群廣成　　外從五位上　　渤海國經由で歸國。

田口養年富　　正六位上　　歸國せず（歸路物故。天平八年贈從五位下）。

紀馬主　　正六位上　　歸國せず（歸路物故。天平八年贈従五位下）。
秦朝度

従って、井眞成を第十次遣唐使判官とすることはできない。また上記に示した判官が正六位上であるから、従六位下の井眞成を判官とするには少々の無理がある。

では、井眞成は四等官（主典）の遣唐使録事ではないかと想定されるが、録事は七位官から選抜するのを通例とする。井眞成の死亡は唐朝に報告され、贈尙衣奉御の官を授與されたことを思えば遣唐使録事でもない。唐朝の規定では、唐領域内における外國使節の三等官以上の死亡は、皇帝に奏聞することになっているからである。『唐六典』巻一八鴻臚寺・典客署の條には、外國使節に關して、

若身亡、使主・副及第三等已上官奏聞。其葬事所須、所司量給。欲還蕃者、則給轝遞至境。首領第四等已下、不奏聞、但差車・牛、送至墓所。

とある。外國使節の三等官以上が唐朝の領域で死亡した場合、皇帝に奏聞し、葬儀費用は唐朝が負擔する規定であった。井眞成の死は皇帝に奏聞され、従五品下の官品にあったから、一階進めて贈尙衣奉御を授與されたのである。また葬儀費用は唐朝が負擔したのである。やはり井眞成は三等官であったと想定しなければならない。しかし、第十次遣唐使判官は四名で、その姓名も判明しているから、井眞成は遣唐使判官ではない。

以上、長々と引用してみたのは、この考證の前提として、唐の官品と日本の官品は、數値の上で相當する、という暗默の了解が働いていることを確認したかったからである。

すでに戰前の研究が明らかにしていることだが、朝鮮李朝の龜趺に關する暗默の了解は、二品以上に許すというものであった(32)。これは、いわゆる册封體制なるものが、皇帝の品階と册封國の品階の數値上の差として表現される、と

の意識が前提にあったことを示す。

上記の唐の規定は新羅をもまきこむものになっているのが注目點である。唐の規定は、明と朝鮮との關係に見える意識とは違って、皇帝の品階と册封國の品階の數値が「一致している」ことを前提にしている。

すでに本論においても、再確認しておいたように、「八紘」觀の變遷を確認することで、①戰國時代（原中國の時代）、②『史記』から『舊唐書』にいたる時代（八紘觀の時代）、③『新唐書』以後の時代（「八紘」觀が衰退した後の時代）の三つの時代を論じることができる。この三つの時代ということから述べれば、唐と新羅・日本との外交の上で問題になる品階の比較は、②の時代のものであり、明と朝鮮との間で問題になる品階の比較は、③の時代のものだということである。

これも先に指摘しておいたように、高麗では石造龜趺塔が作られたことがわかっている。よく知られたように、高麗は高麗王を頂點とする獨自の品階秩序を形成しており、私の檢討したところでも、唐の規定にあった「五品以上に許す」をそのまま高麗の數値上の規定として援用していたようである。つまり、②の時代において行われていた品階の比較がなされているということである。これが、朝鮮李朝になったときに③の時代の品階比較に變わった。

日本の龜趺碑のあり様は、この②の時代の品階比較を引き繼ぐものであった。ただし、日本國内において、品階が天皇を頂點とするものにならざるを得ない點が、實際の權力者であった德川幕府の將軍の位置づけと陰に陽に關わることになって、あちこちで一見奇妙な對應をひきおこしている。

こうした東アジアの外交關係に密接に關わる問題を、韓昇の「井眞成墓誌」研究は、あらためて提起したのである。すでに述べたように、私的檢討によって、龜趺碑は、いわゆる儒葬の問題として整理することができることが明らかとなった。その際、佛教がこの問題にからんでくることが指摘でき、龜趺塔という形式が存在することもわかった。

本論における再検討で、それが「八紘」観と密接にからむことが、あらためて明らかとなった。それは、「八紘」を一つの「宇」とみる觀念であった。いま、韓昇の研究を引用しつつ、高麗や日本における龜趺塔の制作が、この「八紘」觀の時代の觀念を繼承するものであったことを、あらためて問題提起してみた次第である。

東アジアにおける外交關係は、「宇」である中國とその外を問題にする。日本などを問題にすると、中國という「宇」とその外の別の「宇」との關係が問題になる。ところが、征服王朝の時代になると、龜趺碑の立て方にも變化が見られ、朝鮮半島の王朝は、中國王朝より自國の品階を一等低く位置づけた。一般に漠然と語られる册封體制は、この朝鮮半島の事例を念頭においているように見受けられる。(33) それを念頭においたまま、唐代以前の册封體制を論じると、實體とは異なる外交關係を論じる危険が生じよう。ましてや、周王と諸侯の外交關係（「侯」「封建」）、周王と霸者との外交關係を論じる場合は、なおさらである。

おわりに

以上、「封建」論・「八紘」論・「五服」論の概要を述べ、これらと龜趺碑・龜趺塔研究との關係について、これも簡單に檢討してみた。

始皇帝が統一し擴大した「天下」は、「八紘」と稱された。「八紘」は「方萬里」とされ、郡縣統治される領域であった。「方萬里」は「方千里」十個分を意味した。統一後の東アジアの外交は、この中國の「八紘」とその外との關係を論じる。

「八紘」の外の品階は、「八紘」の品階と同等に位置づけられている。この點は、本書において、『孟子』・『禮記』

等を參照しつつ、理念的背景を検討する。

征服王朝の時代になると、自國の品階を中國王朝より一等低く位置づけるものも出てくる。この状況を前提に册封體制を論じると、「八紘」と「八紘」の外との外交を論じていた時代の册封體制と、實態が異なる危険が生じる。

始皇帝統一前の時代は、新石器時代以來の文化地域が春秋時代のいわゆる霸者の勢力圏となり、やがて戰國七雄等の領域となった。霸者の勢力圏は、後の「方一千里」を前提に論じる。周王朝と霸者の外交關係は、漢代には、周王による霸者の「封建」として説明されるにいたる。『左傳』では、みずからの「方一千里」の東にある中原の「方一千里」に進出した周王朝と、その中原の「方一千里」の諸侯との間に「封建」關係が設定されている。後には、「天下」の周王と諸侯との關係が「封建」關係であると説明されることになるが、これは、史料的根據がない。だから、この史料的根據のない「封建」概念をもって、「封建」を語ることはできない。

都市國家の時代には、「封建」關係も外交關係であり、戰國時代の領域國家にあっては、「方一千里」を舞臺とする中央と地方との關係になった。戰國時代は「方一千里」を念頭におく領域國家どうしの外交關係が論じられるが、その關係は、漢代になると中央と郡・州との關係として再編された。漢代の前代認識は、漢代の現實を前提に、戰國時代の領域國家どうしの外交關係を、中央と地方の「封建」關係に言い換えている。

だから、征服王朝の時代を前提に「八紘」と「八紘」の外との外交を論じていた時代の册封體制を語る危険以上に、その前提をもって戰國時代は「方一千里」を念頭におく領域國家どうしの外交關係を語る場合には、よほどの注意が必要である。ましてや、戰國時代の領域國家どうしの外交關係を、中央と地方の「封建」關係に言い換えた事實を検討する場合はなおらである。同じく、「方一千里」の中の「封建」關係が外交關係であった時代を検討する場合も、さらなる注意が必要になる。

以下、ここに概要を述べた諸點について、やや詳しく検討してみることにしよう。

注

（1）平勢隆郎『新編史記東周年表――中國古代紀年の研究序章――』（東京大學東洋文化研究所・東京大學出版會、一九九五年）。
（2）平勢隆郎『中國古代紀年の研究――天文と暦の検討から――』（東京大學東洋文化研究所・汲古書院、一九九六年）。
（3）平勢隆郎『左傳の史料批判的研究』（東京大學東洋文化研究所・汲古書院、一九九八年）。
（4）國立臺灣大學出版中心、二〇〇七年。
（5）本書第二章第三節に利用。
（6）講談社、二〇〇五年。
（7）（口頭によるものも含め）いわゆる批判の中には、上記の基礎的研究を紹介することなく、以下に掲げた書のみ（あるいはその一部のみ）を念頭においたと覺しきものもある。想像にすぎないことを述べて恐縮だが、おそらくそのため、平勢論證を讀まないままの「感想」となり、結果として平勢の見解でないものを批判することになったのではなかろうか。
（8）誤解のないように附け加えておくと、上記の甘懷眞を御參照いただけば、甘氏は私の著書内容を理解し、かつ、「讀まれていない」狀況を前提に論を進めていることがわかる。
（9）平勢隆郎「日本近世の龜趺碑――中國および朝鮮半島の歴代龜趺碑との比較を通して――」（『東洋文化研究所紀要』一二一・一二二、一九九三年）、平勢隆郎「東亞册封體制與龜趺碑」（高明士主編『東亞文化圈的形成與發展――政治法制篇――』國立臺灣大學歷史學系、二〇〇三年）、平勢隆郎『龜の碑と正統――領域國家の正統主張と複數の東アジア册封體制觀――』（白帝社、二〇〇四年）、平勢隆郎「東アジアにおける律令施行域と册封關係――龜趺碑などを題材として――」（『九州大學東洋史論集』二〇〇五年）、平勢隆郎「關野貞の龜趺碑研究」（藤井惠介他編『關野貞アジア踏査』東京大學總合研究博物館・東京大學出版會、二〇〇五年）、平勢隆郎「南方の守神朱雀の誕生」（秋篠宮文仁・西野嘉章編『鳥學大全・東京大學創立百三十周年紀年特別展示「鳥のビオソフィア――山科コレクションへの誘い」展』東京大學出版會、二〇〇八年。本書第一章二節に利用)。

(10)　本書第一章第二節「南方の守神としての朱雀」。これに關連する「游俠の儒化」を論じたのは平勢隆郎「何謂游俠的〝儒化〟——豪族石碑出現的背景」(趙力光主編『紀年西安碑林九百二十周年華誕國際學術研討會論文集』文物出版社、二〇〇八年。日本語は『史料批判研究』八、二〇〇七年。本書第一章一節に利用)。

(11)　平勢隆郎「『五服』論の生成と展開」(『古中世史研究』二一、韓國古中世史學會、二〇〇九。本書第一章第四節に利用)、平勢隆郎「『論語』の天下觀、『孟子』の天下觀、『禮記』の天下觀——〝天下の正統〟とその暦を理解するために」(『第二回「歷史的記錄と現代天文學」研究會集錄』編集發行相馬充・谷川清隆、自然科學研究機構國立天文臺、二〇〇九年。本書第一章第五節に利用)、尾形勇・平勢隆郎『中華文明の誕生』(同名書一九九八年版に增補を加えて文庫化。增補分に當該問題を論述、二〇〇九年)。

(12)　中華書局本『舊唐書』に附された楊家駱「新校本兩唐書識語」。

(13)　星野恆の解題(明治四四年七月記)は、冨山房本『毛詩・尙書』。以下、「五服論」については、平勢隆郎「「五服」論の生成と展開」(〈韓國〉『中國古中世史研究』二一、二〇〇九年。本書第一章第四節に利用)參照。

(14)　顧頡剛『史林雜識』(中華書局、一九六三年)の「一　畿服」は、『尙書正義』の說を後漢に遡らせて「五服」を論じた。後漢の鄭玄の說も『尙書正義』の說も、天下を「五千里四方」(「方一千里」二十五個分)として論じる點は同じである。しかし、中身は違っている。顧頡剛はその違いを捨象して(もしくは誤讀して)後學の誤解を生んだ。後漢の鄭玄が「五千里四方」說を否定したのは、この說によって天下を「方一千里」二五個分とすると、それまでの「方一千里」九個分を「天子」が一個、八人の「方伯」がそれぞれ一個という說を基礎に(『禮記』王制に書いてある)、「天子」が一個、八人の「方伯」がそれぞれ「三個」と說明せざるを得ないためである。『尙書正義』の說は、これとは異なる五千里四方說(四方を五〇〇里ずつ擴大して設定して五服を並べる說で、世に知られるもの)を提示している。この說は、本論に述べるように、『新唐書』以後に世に定着していく說である。

(15)　下記に述べる「冠帶の國」も戰國時代の『呂氏春秋』審分覽にあって「方三千里」と記される。『戰國策』などによって具體的に想定できるこの場合の「冠帶の國」の廣さは、「方一千里」二、三個分にすぎない。この「方三千里」も「方一千里」三個分の意味で用いられている。こうした面積と數値との關係については、私的には平勢隆郎「中國古代正統的系譜」(『第一回中國史學國際會議研究報告集・中國の歷史世界――統合のシステムと多元的發展――』東京都立大學出版會、二〇〇二年)の注三五以來、折りに觸れて事實の提示を行ってきている。

(16) 李伯謙『中國青銅文化結構體系研究』(科學出版社、一九九八年)。

(17) 平勢隆郎「『周禮』とその成書國」(『東洋文化』八一、二〇〇一年)、平勢隆郎『都市國家から中華へ――殷周春秋戰國』(講談社、二〇〇五年)二〇八頁以下、平勢隆郎「戰國時代的天下與其下的中國、夏等特別領域」(甘懷眞編『東亞歷史上的天下與中國概念』臺灣大學出版中心、二〇〇七年。本書第二章第三節に利用)にも、書物內容に應じた「五服」の有り樣を論じている。

(18) この碁盤の目の議論が、代々面積論を誤らせてきた元凶である。論理的には正しい、というより面積を論じるには、そうあらねばならないのだが、歷史的用語としての「萬里」「五百里」「百里」などは、實はまったく異なる文脈から論じられていたのである。

(19) 學問的には、宮崎市定が議論しはじめたもので、前揭平勢隆郎「何謂游俠的〝儒化〟――豪族石碑出現的背景」(本書第一章第一節に利用)に宮崎市定以來の議論をまとめ、私見を述べておいた。

(20) 前揭平勢隆郎「南方の守神朱雀の誕生」、前揭平勢隆郎「何謂游俠的〝儒化〟――豪族石碑出現的背景」(本書第一章第一節・第二節に利用)。

(21) 曾布川寬『崑崙山への昇仙――古代中國人が描いた死後の世界』(中央公論社、一九八一年)。

(22) 朱博字子元杜陵人也……初何武爲大司空、又與丞相方進共奏言、「古選諸侯賢者以爲州伯、書曰『咨十有二牧』、所以廣聰明、燭幽隱也、今部刺史居牧伯之位、秉一州之統、選第大吏、所薦位高至九卿、所惡立退、任重職大、春秋之義、用貴治賤、不以卑臨尊、刺史位下大夫、而臨二千石、輕重不相準、失位次之序、臣請罷刺史、更置州牧、以應古制」、奏可、及博奏復御史大夫官、又奏言、「漢家至德溥大、宇內萬里、立置郡縣、部刺史奉使典州、督察郡國吏民安寧、故事居部九歲擧爲守相、其有異材功效著者輒登擢、秩卑而賞厚、咸勸功樂進、前丞相方進奏罷刺史、更置州牧、秩眞二千石、位次九卿、九卿缺、以高第補、其中材則苟自守而已、恐功效陵夷、姦軌不禁、臣請罷州牧、置刺史如故」奏可。

(23)（『舊唐書』巻八十）疏奏、帝謂瑗曰、「遂良之情、朕亦知之矣、然其悖戾犯上、以此責之、朕豈有過、卿言何若是之深也」、瑗對曰、「遂良可謂社稷忠臣、臣恐以諛佞之輩、蒼蠅點白、損陷忠貞、昔微子去之而殷國以亡、張華不死而綱紀不亂、國之欲謝、善人其衰、今陛下（太宗）富有四海、八紘清泰、忽驅逐舊臣、而不垂省察乎、伏願違彼覆車、以收往過、垂勸誡於事君、則羣生幸甚」、帝竟不納。

(24) この文章の少し前に「時高宗欲廢王皇后、瑗涕泣諫曰、皇后是陛下在藩府時先帝所娶、今無愆過、欲行廢黜、四海之士、誰不惕然、且國家屢有廢立、非長久之術、願陛下爲社稷大計、無以臣愚不垂採、察帝不納」とあるのが端的に示す。

(25) 欽定四庫全書文苑英華巻七百三十五。

(26) 奈良國立博物館編『佛舍利の莊嚴』（同朋社、一九八三年）。

(27) 同上。

(28) 前掲「日本近世の龜趺碑」。

(29) 小野玄妙編『大正大藏經・圖像』（大正新脩大藏經刊行會、一九八八―一九八九年。普及版は高楠順次郎編）。九世紀末。

(30) 韓昇「井眞成墓誌に關する再檢討」（專修大學社會知性開發研究センター『東アジア世界史研究センター年報』第三號、二〇〇九年）。

(31) この考證にあたっては、中村裕一の助言があったことが前掲「井眞成墓誌の再檢討」に注記されている。日中共同の場で爲されたということである。

(32) 前掲平勢隆郎「日本近世の龜趺碑――中國および朝鮮半島の歷代龜趺碑との比較を通して――」等。戰前の研究として、葛城末治「朝鮮金石攷」（大阪屋書店、ソウル、一九三五年）に、「二品以上に建てる」ことが推測されている。管見の限り、「規定」は見えない。明の規定を援用し、明の「三品」以上を朝鮮の「二品」以上に讀みかえたものらしい。

(33) 前掲「朝鮮金石攷」の判斷にそれが見える。

第一章　「八紘」論と「五服」論

第一節　游俠の「儒」化とは何か——豪族石碑出現の背景——

はじめに

本書の「序」に述べたように、本書の要をなす言葉として、始皇帝が統一し擴大した「天下」、すなわち「八紘」、すなわち面積「方萬里」の領域がある。その下に面積「方一千里」の「地方」がある。この「方一千里」は、新石器時代以來の文化地域を基礎に議論される。さらにその下に縣とされた都市がある。都市の管轄する領域も「地方」と表現される。

こうした「八紘」・「天下」・「方萬里」と、「方一千里」の「地方」と、都市の管轄する「地方」の問題を語る上で、歴史學的に注目されてきた存在がある。それが「遊俠」である。

以下に論じようとする「游俠」は、宮崎市定[1]が論じ、增淵龍夫[2]が注目し論じたことで名高い。そもそも「墨俠」の名の下に、墨子を論じる中で「俠」が議論されていた[3]。宮崎・增淵兩者の研究は、その「俠」を歴史學の主要な問題として論じさせる契機になった。とくに增淵の研究は、西嶋定生[4]、木村正雄[5]らの研究とともに、中國古代史研究を牽引して後の諸研究に大きな影響を與え、增淵が用いた「任俠的習俗」という言葉は、現在常識として議論されていると言ってよい。

私も、この常識を繼承しつつ、自己の論を展開しようとするのだが、それについて、以前からひっかかっていた問題がある。それは「公」と「私」の問題であり、「天下」「八紘」「方萬里」を大領域、都市國家から縣へとひきつがれた管轄域を小領域とすれば、その中間に設定し得る「方一千里」をめやすとする中領域と稱すべき領域の問題である。これらの點を明確にしつつ、先人の遺業をどのように繼承すべきかを論じる中で、上記の意味における大領域・中領域・小領域が、歴史的にどのような場として機能していたのかを、具體的に檢討してみたいと考えるのである。「公」と「私」は、兩者の對抗を論じる。ところが、大領域・中領域・小領域は、三者の關係を論じる。だから、兩者對抗と三者の關係を持ち出された時點で、讀者の腦裏には、中國の地方統治を「公」・「私」の對抗で説明していいのか、という素朴な疑問が浮かぶはずである。

小領域・中領域・大領域——中領域の歴史的役割

下記において、增淵の山林藪澤論をどう繼承すべきかを論じることになる。(6) そこで論じたのは、增淵が史料解釋を進める上で、小領域・中領域・大領域に關する誤解が前提になってしまったことである。結果として、增淵は松丸道雄(7)の殷王の田獵地に關する議論と、後漢時代の『鹽鐵論』の議論とをうまく接合する議論を展開できなかったことを述べた。

ここに言う小領域とは、いわゆる都市國家を念頭においていうものであり、松丸の檢討は、王の田獵地が半徑二〇キロ以内におさまるというものであった。この都市に歸屬する君主の田獵地や都市が管理する田地の廣がりを念頭において、小領域を論じる。

大領域とは、始皇帝が統一した天下を念頭において言うものである。この大領域と小領域の間に、大小樣々な中領域が存在する、ということを論じる。

考古學の上で議論される新石器時代の文化地域は、中領域を論じるものになる。その文化地域を基礎に成立した戰國時代の領域國家も中領域である。この戰國時代の領域國家を分割統治するために設置された郡も、またこの郡を改廢して立てられた漢代の諸侯王國も、やや小ぶりではあるが中領域になる。『鹽鐵論』で問題になる鹽官・鐵官が管轄する領域も中領域である。

現代の國家は、バチカンなみの小領域をもつものから、米國・ロシア・オーストラリアといった大領域をもつものまで大小さまざまである。上記の中國史の議論に沿って述べるなら、日本・韓國ともに中領域をもって議論することができる。この現状をもって、現代の國際政治は機能しており、それに異をとなえるべく、ここに大領域・中領域・小領域を論じているわけではないことを、あらためて斷っておきたい。

殷や周の時代は、中領域の中に大國・小國という小領域を問題にする國があり、殷や周は大國として諸侯たる小國に臨んだ。殷や周がある文化地域の外には別の文化地域が廣がり、別の大國が存在した。山西の晉や山東の齊は、大國として周と政治關係をもったものである。それぞれの下には、それぞれに屬する小國が存在した。

春秋時代には、それぞれ君主の系統が交替し、晉は周の周圍をも領域化した上で韓・魏・趙に分裂し、齊は田氏が國君の地位についた。かつての西周の故地は秦という大國がおこって周と政治關係をもつにいたり、湖北の楚、江蘇の吳、浙江の越も、それぞれ大國として周と關係をもつにいたった。こうした政治關係を、漢字文獻がどう記述するかは、文獻が作られた國家ごとに違っている。

大國には、小國から貢納品が集まる。この貢納に對し、大國は青銅器・玉器などの威信材を賜與する。貢納の道は新石器時代以來の交流を受けたものであり、各地の小國から大國にいたるまでの途上、小國の使節が一時滯在する邑

（湯沐の邑）が、道に沿って存在する各國に設けられていた。だから、大國・小國關係が問題にされる中領域にあっては、それぞれの君主が管理する田地・田獵地がこの大國・小國の政治關係によって結びつけられていた、ということである。

この政治關係を基礎に戰國時代の領域國家が形成される。それまでの國が滅ぼされて縣となり、その縣が大國に「懸かる」ものとして行政的に整備された。物資は、縣から中央に集中されることになった。鐵器の普及によって田地は劇的に增加し、人口も增え、都市も增加した。結果として縣も增加していく。鐵器の普及で道路網は、劇的に整備が進んだ。しかし、モノの移動自體からみると、大國・小國關係の時代の基礎の上に、縣による地方支配があるといってよい。

增淵山林藪澤論を論じる上で問題になる『鹽鐵論』の内容は、戰國時代を扱っている。中領域を問題にするものである。增淵は、これを使って大領域の鹽鐵を論じてしまった。また大國・小國關係が問題になる中領域を領域國家の國家領域のようにみなして山林藪澤論を展開したため、殷王が日常的に行った田獵地（山林藪澤）が實際は小領域であったのに、それが中領域にまたがるかのように誤解してしまった。そのため、戰國時代の領域國家の君主が領域的に廣がった領域について山林藪澤を占有したことの新しい意味づけが出來なくなり、この中領域の山林藪澤論を展開することができなかったのである。

私は、あらためて、中領域に焦點を當てることを通して、增淵山林藪澤論を繼承する道筋を示してみた。中領域の「占有」がむしろ事の本質をついていて、殷・周の時代は、それを準備する時代として意味づけることができる。また漢帝國以後の大領域統治の下では、戰國時代の中領域の「占有」を郡や鹽官・鐵官などを使って行政的に繼承し、それらを帝國中央に結びつける體制を築いた（郡などによる分割統治をうまく利用した）と説明すべきことを述べた。

「國」どうしの外交關係——中領域内の交流

極論を言うのは、たいていよくない結果をもたらす。新石器時代の邑どうしの關係も外交だ、などと言い出すと、個々人の間の關係も外交、というような議論まで出てきそうである。本論は、一定のタガをはめて論じることにしよう。

外交關係は文字がなくても成立する。しかし、漢字が領域的に廣がった後、初めて外交に關わる記錄ができあがった。そこで問題にされるのは、「國」（邦）(8)である。大國・小國關係の「國」である。そこで、この「國」どうしの關係から議論することにしよう。

いわゆる西周金文の多くは、周から諸侯に與えられている。金文銘では、周を頂點とする關係が示されている。これは、周にとっての小國との外交見解を表現したものになっている（例外をもって全體を語るだけの材料はなさそうである。極論は避けておく）。

周による青銅器賜與は、漢字圈の擴大をもたらした。青銅器に銘文を鑄込む技術は、周王朝が獨占していたようだが、その技術もやがて周圍に傳播することになった。そうなると、小國はそれぞれ漢字をもって表現する術を得たことになる。こうなった時、盟書が出現した。

盟誓は、太古の昔から存在する（否定する人はいないだろう）。しかし、多くの國が漢字を共有するにいたり、盟書が出現した。この盟書は、各國相互の外交がもたらしたものである。齊・晉・秦・楚・吳・越などの大國の下に小國がしたがって盟誓したことが記錄によってわかっている。また盟書を作ったこともわかっている。ただ、殘念なことに、現在知られる盟書は、後代の粉飾が甚だしい。出土史料として盟書の出土例はあるが、大國・小國關係が崩壊する過程で作られた有力者とそれに従う者たちとの盟誓の際のものである。

西周金文は、西周からみた小國との關係を表現したものであり、盟書は、（發見されない等の問題はひきずっているとはいえ、出土したものから推定されることからして）各國どうしの外交關係を具體的に示すものである。

この時代の盟誓は、おそらく太古以來、ということになろうが、神格の名の下、約束ごとに違わないことを誓うものになっている（らしい）。河川の神などが持ち出されたようだ。こうした約束ごとを確認するのは、それぞれの國の祭祀の場であったろう。その祭祀の場にいた祭祀官のうち、「史」と稱される者たちが文字をつかさどった。盟誓が行われた際には、この「史」が盟書作成に當たるとともに、作成された盟書内容を各國の祭祀の場で確認したようだ。「國」どうしの外交を司ったのは、「行人」である。この語は『春秋』の中に見えている。「行人」が文書をもって往來したのではない。「國」どうしの約束ごとは盟書として殘される。盟誓の場で盟書は作成され、「國」の祭祀の場に持ち歸られる。これとは別に「行人」の外交がある。口頭による確認がなされたと見てよい。「行人」の活動は文字を必要としていない。常識的に言って、同種の活動は、古くから存在するはずである。この種の活動を「行人」の名をもって議論することは許されよう。

領域國家（中領域）の下の新秩序と領域國家間の外交

春秋中期以後、しだいに「國」が滅ぼされて縣になると、それまでの外交の舞臺は縣と中央との關係や縣どうしの關係になり、つまるところ領域國家という國家の內におさまるようになる。中領域の中に、「大國」・「小國」關係があったわけだが、その「大國」・「小國」關係は、中領域を國家領域とする領域國家の下、中央と地方の關係となり、かつての國際問題は、國内問題となる、ということである。かつての「國」どうしの關係を擔っていた「行人」の外交は、論理的に消滅する。同種の活動があったとしても、それは國内の行政組織の間を行き交う活動として處理されることになる。戰國時代になると、領域國家内の中央と地方を結ぶ文書行政が整備された。

外交は、中領域を國家領域とした領域國家どうしが行うものとなる。ここで外交を擔う人材として世に出てきた人々を縱横家という。「行人」がいわば傳統的文化地域を活動の基礎とし、その中において、そして時にその外に出て、「國」どうしの外交を擔っていたのに對し、縱横家は、その傳統的文化地域に出現した領域國家どうしの外交を擔った。領域國家は大小あるが、楚や齊や秦は互いに異なる文化地域を背景として領域國家を形成した。そのため、縱横家の活動は、こうした異なる文化地域を背景とする社會を繫ぐ役割をも擔うことになった。こういう説明は、いうまでもなく新石器時代以來の文化地域をどう規定するか（時期的盛衰をも視野に入れて）によって、多少の違いが出てくるわけだが、戰國時代について、通常研究者が考えているところから言えばおおよそこうなる、ということを述べてみたわけである。

春秋時代の「國」どうしの關係にあって、「大國」どうしの關係は、異なる文化地域を結ぶ役割を擔っていた。秦、晉、楚、齊、呉、越など、それぞれ異なる文化地域において「大國」となり、周圍の「小國」を睥睨していた。そうした地域代表として「大國」どうしの關係は、「大國」と「小國」との關係にはない、文化地域間の交渉をもちこんだということである。だから、こうした「大國」どうしの關係にあって問題になった文化地域間の交渉は、戰國時代の領域國家どうしの外交に受け繼がれたということができる。その領域國家どうしの外交を縱横家が擔ったということである。

それぞれの文化地域内に目を向けてみると、それぞれの文化地域で歴史的に「大國」の交替があったであろうが、漢字のない世界の記録は殘されていない。春秋時代には、天下規模で漢字圈ができあがったので、天下規模の記録が殘されている。そうした記錄から春秋戰國時代の政治的動向をたどることができる。戰國時代の領域國家の國家君主は、春秋時代以來の君主の血統をほこる秦・楚・燕と、春秋時代の「大國」の有力者にすぎなかった趙・韓・魏・齊にわけて論じることができる。前者は血統をほこる立場にあり、後者は、易姓革命を唱道する立場にあった。いずれの立場にあるにせよ、春秋時代の「國」に基礎をおく君主が、中領域を領域とする國家君主になるまでには、多くの有力者を滅ぼすことになった。

いずれの有力者も、戰國時代の領域國家の國家君主になる芽をもっていて、春秋中期に次第に設置されていく「縣」を複數所有する存在となった。それが有力者であった。この有力者の下で、新しい人間關係が構築されていく。「國」という場が「縣」の場になったわけだが、そうした場を複數領有する有力者が出現することで、そうした複數の場の交流が劇的に進んだ。そのため、言わば「新しい」人間關係が問題になったということである。こうした新しい時代の出現を象徴するのが、游俠の出現であった。

戰國時代の君主は、それら游俠と君臣關係を結ぶ必要にせまられた。そこで、以下に、そうした君臣關係が、春秋から戰國という激動期にどう形成され、どう展開したのかを、論理的につめてみることにしよう。

戰國時代の領域國家は、新石器時代以來の文化地域を母體にしてできあがった。この文化地域を舞臺にして、過去に「大國」・「小國」關係が作り出された。この「大國」・「小國」關係も、また新しい領域國家の國內の交流も、いずれも新石器時代以來の文化地域を場にしているという點は共通している。有力者が支配した複數の縣を舞臺にした交流も、當然その一部を問題にしていて、文化地域內に收まる。したがって、新しい人の交流がもたらす新しい社會秩序も、この文化地域の中を概ね舞臺にしているのであって、その意味では、氣が遠くなるような古い時代からの豊かな經驗をもっている。

この豊かな經驗を背景として、まずおこった新しい動きを、私はかつて檢討したことがある。(9) 私は、春秋時代に活發化する縣の設置に關して、次のような說をたてている。それは當初の縣に特徵的なのだが、この時期から、縣は世襲が否定されていくことになる。この世襲否定こそが、それまでの封建諸侯國と縣との質的な違いを示す。言うまでもなく、封建諸侯は、それぞれの都市を據點とし、その都市を世襲する君主という存在である。その君主が地位を追われ、あらためて縣の長官が赴任する。では、その縣の長官は、後代と同じ官僚と言っていいのかというと、異なるのである。というのは、こうして設置された縣も、また諸侯國も、同じ場で移動を繰り返すことが確認できるからである。「國」が「縣」になった後、しばらくしてその「縣」の長官は別地に遷り、「縣」だったところに屬國たる「小國」が遷ってくる。しばらくすると、その「小國」も別地に遷り、「小國」が遷った後に再度「縣」が設置される、という動きがあちこちで見られる。君主の一族が、言わば國替えを經驗するのと同じ土俵で、縣の長官が國替えならぬ縣替えを經驗する。縣の長官は、身一つで移動するのではない、ということである。「小國」が問題になる程度の規模をもって、一族郎黨をひきいて移動する。

こうした言わば國替えや縣替えが進行することは、都市の人の秩序に大きな變化をもたらす。それまで長期にわたって安定的に維持されてきた秩序が變化を被る。それが新しい「人」の秩序であり、その秩序形成の過程で問題になるのが游俠だ、と考えてよい。

ところが、こうしてできあがった新しい秩序の下、多くの人材が育成されて世に進出する。そうした人材は、領域國家の枠を越えて出ていく。そうなると、こうした人々は、文化地域を異にする國家に出向くことになる。そうした外國で仕官した場合、どういう扱いを受けるのか。こうした外國からきて政策を述べる人々を「客」と稱する。秦ではそうした「客」を追放する「逐客令」が問題になったことがある（『史記』秦始皇本紀始皇十年）。また、近年明らかになったこととして、秦の律の規定では、秦の女の生んだ子を「夏子」と稱して他と區別する。(10) 秦は領土を擴大するにあたり、被征服地の人々を自分たちと同等には位置づけなかったということである。

こうした差別は、容易に反感を引き起こすものとなる。反感が消えないから差別する、ということとの繰り返しにもなりそうだ。

「客」は外に出て成功しようとする人々である。これに對し、地方地方に殘る游俠の秩序は、領域國家の支配を受ける側の世界を作っている。「客」は文化地域の枠を越えた天下を指向するが、支配される側にたつ游俠の論理からすると、文化地域の枠内での輿論形成を指向すると言えそうだ。

つまり、游俠の世界は、都市をこえた人の移動によりもたらされたものと考えられるが、その世界は、傳統的文化地域の枠を越えては、廣がりにくい側面をもっていた、ということである。

漢代史料と「俠」

宮崎・增淵の兩先達いずれも、游俠を語るについては、史料を基に論を構成した。當然のことである。それら史料には「俠」（「游俠」の「俠」）が記されている。

この「俠」字にあらためて着目することにより、游俠をめぐる問題點を整理してみることにしよう。この字について、『戰國策』等と『史記』とを比較する。

本節末の「諸史料に見える『俠』」に示したように、戦國時代に成書されたとおもわれる史料では、「挾」「狹」の意味の「夾」はあるが、「俠」の用例が見られない。ところが、『史記』では、それが多數見られることがわかる。『戰國策』に唯一見える「節俠」は、荊軻に關する説話に見える（ちなみに、荊軻を俠と表現しているのではなく、「田光曰、吾聞之、長者爲行、不使人疑之、今太子告光曰、所言者國之大事也、願先生勿泄、是太子疑光也、夫爲行而使人疑之、非節俠也」と述べ、自殺して荊軻を鼓舞するという内容になっている）。この説話は、ほぼ同じ内容のものが『史記』に採録されている。「節俠」はそのまま『史記』でも使われている。この説話の舞臺は始皇帝による統一前夜である。當然のこと、この説話が作られたのは、その後になる。

次に、もう一つ『戰國策』に見える事例を檢討してみよう。それは『戰國策』楚策四にみえる。「春中君後入止棘門、園死士夾（はさむ）刺春中君、斬其頭投之棘門外」とある。これは「はさむ」という意味の「夾」である。ところが、それと同内容の説話を引用した『史記』春申君列傳では、この部分が「春申君入棘門、園死士俠刺春申君、斬其頭投之棘門外」となっていて、游俠のしわざとして春申君が刺殺されたという内容に換えられているのである。だから、『戰國策』によるのと、『史記』によるのとで、「俠」との關わりが違って解釋されるということになる。

以上二つの事例からこう言える。『戰國策』（戰國時代の材料を問題にするわけだが）には、「俠」の事例が荊軻のものだけが確認され、それも秦以後、おそらくは漢代に作られた説話だろうと考えられる。『史記』では、戰國時代に溯ってまとめなおした材料をも含め、「俠」の事例が多數認められる。

つまり、「俠」という言葉は、淵源の問題はしばらくおくとしても、おそらくは漢代になって流行した用語のようだということである。

すでにある游俠の輿論形成の場にあって是とされる行爲が、別の場においては非とされるという、「論理上の歸結」

をのべておいたわけだが、その「歸結」にそった材料がここにある。『戰國策』は、戰國時代の材料が複數の書物として編纂されていたのを、漢末に再編纂したものである。そこでは、游俠とは關わりのない「夾」という行爲として記されている春申君殺害の材料が、『史記』では批判すべき刺殺行爲の一つとして紹介されているわけである。『戰國策』楚策四の觀點では、春申君殺害を淡々と紹介する目がある。これに對し、『史記』春申君列傳では、春申君殺害を非とする目と、游俠の刺殺行爲に對する批判的視點が重ね合わされている。

『史記』には游俠列傳がある。この游俠列傳は、冒頭からしばらく游俠の何たるかを解說した上で、具體的人物の敍述にうつり、最後に「太史公曰く」でしめるという體裁をとっている。『韓非子』引用から始まる冒頭の解說部分では、最後の方で「近世の延陵、孟嘗・春申・平原・信陵の徒、皆王者の親屬に因り、有土卿相の富厚に藉り、天下の賢者を招き、名を諸侯に顯す。不賢なる者と謂ふべからず。此れ、風に順ひて呼ぶが如く、聲、疾きを加ふるに非ず、其の勢激するなり。閭巷の俠の如きに至りては、行を脩め名を砥ぎ、聲天下に施す。賢と稱せざる莫し。是れ難なりと爲すのみ。然れども儒墨、皆排擯して載せず。秦より以前、匹夫の俠は、湮滅して見えず、餘、甚だ之を恨む」と述べている。

ここでは、天下の賢者を「客」として招いた戰國四君などと、閭巷の「俠」の存在を述べ、後者は儒家・墨家いずれも記錄を殘さなかったという。

『史記』孟嘗君列傳は、「孟嘗君、薛に在り、諸侯の賓客を招き、亡人の罪ある者に及び、皆孟嘗君に歸す」と述べる。ここに述べてある內容は、明らかに「客」を招くということである。治安上問題になる游俠の行動を話題にするものではない。「亡人の罪ある者」は他國の犯罪者である。他國の犯罪者も、自國では使えるという前提がある。

しかして、ここで問題にされているのは、上述したような文脈における游俠ではない。「儒墨、皆排擯して載せず。

秦より以前、匹夫の俠は、湮滅して見えず、餘、甚だ之を恨む」と述べた意味における游俠ではない。

そして、漢代の事例を通して、游俠列傳が紹介したのは、この「匹夫の俠」であった。こうした事實は、いったい何を物語るか。容易に想定されるのは、戰國時代には問題にされなかった游俠の行動が、漢代において社會の治安維持の上で問題視されている、ということである。

任俠的秩序への信頼

そこであらためて增淵龍夫の見解を見てみよう。增淵は漢代の游俠について、次のように述べている。[11]

> 漢代の國家機構、殊にはその地方統治機構については、從來きわめてすぐれた諸研究が、それを明らかにしている。しかしながら、そこで明らかにされたことは、主として法制的な外郭的機構の詳細であって、いわばそれは定められた規則の示す生活の骨格にほかならない。現實には、そのような骨格の中で、具體的な生活が、それぞれ固有の目的・動機、固有な生活感情をもっていとなまれる。それはしばしば規則的な機構と相反する動機、それと衝突矛盾する情念によってささえられ、その間にきわめて複雑なそして固有な現實の生活形態を成立させているのである、……。周知のように、司馬遷は、大史公自序において「人を戹に救い、人の足らざるを振《すく》う。仁は采るあり。信を旣《うしな》わず、言に倍《そむ》かず、義は取るあり。游俠列傳第六十四を作る」といい、游俠列傳を序して、「今、游俠、その行、正義に軌《したが》わずと雖も、しかれどもその言は必ず信、その行は必ず果、已に諾して必ず誠なり、その軀を愛しまずして士の阨困に赴き、旣已に存亡死生す。……蓋しまた多とするに足る」とのべ、然諾を重んじて、身の危險をかえりみず、人の窮境を救う游俠の倫理と行動とを高く評價して、朱家・劇孟・郭解

の徒のために傳を立てたのである。しかるに、この史記游俠列傳は、後漢の班固によって、「游俠を序せば、則ち處士を退けて姦雄をすすめる」ものとして非難され（漢書司馬遷傳贊）、漢書游俠列傳は、史記より朱家・劇孟・郭解の傳を採りながら、その序文はこれをすて、別に新たな序文を附して「匹夫の細をもって殺生の權を竊む」罪人としてこれを記しているのである。また後漢の荀悦も游俠の徒をば游説・游行の徒と共に三游と稱し、「この三者は亂の由りて生ずる所なり、道を傷い徳を害し、法を敗り、世を惑わす」と述べている（前漢紀巻一〇）。すでにはやくから、韓非子においては、游俠の徒は法を亂し國をむしばむ蟲として、五蠹《と》の一に擧げられ、姦僞無益の六民の一に擧げられていたのである。すなわち一方においては、游俠は、いわば民間秩序の維持者として高く評價されながら、他方においては國家秩序をみだすものとして、非難されているのである。亡命罪人をかくまい、法禁をおかして人のために仇を報ずる游俠の倫理と行動とは、明らかに國家秩序と相抵觸するにもかかわらず、游俠郭解が關中にうつると「關中の賢豪、知ると知らざるとなく、その聲を聞いて爭って驩を郭解に交えた」といわれるほどの民間の輿望をになっていたということは、何を意味するのであろうか。司馬遷が、游俠の行動が法網を犯すのを認めながら、あえてかれらのために傳を立て、いわば外郭的な秩序機構の外に、いや、むしろそれをこえて、「黄金百金を得るよりも、季布の一諾を得るにしかず」という當時の諺が示すような任俠的秩序への民間人の信頼を承認したということは、何を示唆するのであろうか。私たちは、ここで司馬遷・班固の歴史敍述の態度の比較を問題にしているのではない。私たちにとって重要なことは、そのような個人的觀點の相異ではなくて、むしろ、そのような重要な點で見解の對立を生ぜしめるような社會的實體が存在するという事實なのである。私たちは、游俠という同一の對象をめぐって示される、ほぼ同時代人の以上のような二つの異なった理解の對立を通して、外郭的に固定化された秩序機構の中においてそれと矛盾衝突しながらもしかも現實の秩序形成に何らかの意味で作用している固有な因子の存在を暗示させられるのである。……。

ここに述べられたのは、『史記』大史公自序・游俠列傳序と、『漢書』司馬遷傳贊・游俠傳序に述べられた遊俠に關する見解の相違と、それについての增淵の見解である。增淵が『史記』・『漢書』の相異について「そのような個人的觀點の相異」を述べている點は、私の首肯するところではないが[12]、「そのような重要な點で見解の對立を生ぜしめるような社會的實體が存在するという事實なのである」という點を、事實認識として以下に繼承して論じようと思う。

くりかえすようだが、これは漢代の游俠のことを述べている。この漢代の見解を戰國時代まで遡上させる上で、適當と思われるのは、戰國末の秦國由來の記事である。韓非子はその戰國末に秦國に仕えた。その韓非子の名をもってまとめあげられている書物が『韓非子』である。戰國時代の昭襄王のとき、秦の國家領域は天下の半ばを占めるまでになった。本來傳統的文化地域としては自らと異なる地域を支配下において統治している。當然、上記の意味における游俠が問題になる。

增淵も簡單に指摘しているように、すでに『韓非子』五蠹《と》が「上を敬し法を畏るるの民」に對置して「游俠私劍の屬」を述べ、「國平らかなれば儒俠を養ひ、難至れば介士（甲士）を用ふ、利する所は用ふる所に非ず、用ふる所は利する所に非ざるなり」と述べている。ここにあって、游俠についての『韓非子』の評價はよくない。

しかし、增淵の述べる文脈からははずれることになるのだが、この『韓非子』の記述を見て、あらためて氣づくのは「儒俠」という表現である。この「俠」は漢代的表現のはしりになるようである。儒については、『韓非子』は續く顯學篇[13]の中で、「儒分かれて八となり、墨分かれて三となる」とし、それぞれのテキストが異なり、それぞれが眞の儒、眞の墨だと主張しているという内容を述べている。そうした状況を前提にしての「游俠」である。つまり、議論の對象としては、一般に有名になった「墨俠」（實はこの表現自體は後代性の強いものである）以外に、『韓非子』の述べる「儒俠」があり、その「儒」・「墨」いずれも『韓非子』は「顯學」つまり世を風靡する學問だと述べているわけである。

ちなみに、『韓非子』五蠹は、上記の「儒俠」を述べる前に、「人主貞廉の行を尊びて禁を犯すの罪を忘る……儒は文を以て法を亂り、俠は武を以て禁を犯す。而して人主兼ねて之を禮す。此れ亂るる所以なり」と述べている。同じ非難の對象でありながら、「儒」は「文」に重きをおき、「俠」は武に重きをおいて論じている（『史記』游俠列傳冒頭が引用したのもこの部分である）。

以上から讀み取れるのは、「儒」と「俠」が同じ場をもって論じられているということである。「儒」が「墨」とともに「顯學」とされている以上、「儒」が一般的にいった場合のアウトローにはならないことは明白である。とすると、游俠も決して一般的に言った場合のアウトローなのではない、とみなしておいた方がよいことになりはしないか。『韓非子』の「儒俠」という表現には、地域を異にし、學派を異にした場合に、「眞のものではない」と批判される者たち、という觀點がひそんでいそうである。

公と私――中領域の位置づけ

そこで『韓非子』五蠹の「儒俠」を述べる部分を、やや詳しく見てみよう。

古は蒼頡の書を作るや、自ら環《いとな》む者は之を私と謂ひ、私に背く者は之を公と謂へり。公私の相背くや、乃ち蒼頡固より以《すで》に之を知れり。今以て利を同じくすと爲す者は、察せざるの患あり。然らば則ち匹夫の計を爲す者は、行義を修めて文學を習ふに如くは莫し。行義修れば則ち信ぜらる。信ぜらるれば則ち事を受け、文學習へば則ち明師と爲り、明師爲れば則ち顯榮なり。此れ匹夫の美なり。然らば則ち功無くして事を受け、爵無くして顯榮なり。有政を爲す者は、此の如くんば則ち國必ず亂れ、主必ず危し。故に相容れざるの事は兩立せず。敵を斬る者は賞を受く。而して慈惠の行を高しとす。城を拔く者は爵祿を受く。而して廉愛の説を信ず。堅甲厲兵、以て難に備へ、而して薦紳の飾を美とす。國を富ますに農を以てし、敵を拒ぐに卒を恃み、而して文學の士を貴び、上を敬し法を畏るるの民を廢して游俠私劍の屬を養ふ。擧行此の如くなれば、治强得べからず。國平らかなれば儒俠を養ひ、難至れば介士を用ふ。利する所は用ふる所に非ず。用ふる所は利する所に非ず。是の故に事に服する者は其の業を簡にし、游學の者日々に衆し。是れ世の亂るる所以なり。

これに關連する記事は、『韓非子』八説の冒頭にある。

故人の爲に私を行ふ、之を不弃と謂ふ。公財を以て分施す、之を仁人と謂ふ。祿を輕んじ身を重んず、之を君子と謂ふ。法を枉げて親に曲す、之を有行と謂ふ。官を弃てて交を寵す、之を有俠と謂ふ。世を離れ上を遁る、之を高傲と謂ふ。交爭し令に逆ふ、之を剛材と謂ふ。惠を行ひ、衆を取る、之を得民と謂ふ。不弃なる者は吏に姦有るなり。仁人なる者は公財損せらる。君子なる者は民使ひ難し。有行なる者は法制毀る。有俠なる者は官職曠《むな》し。高傲なる者は民事とせず。剛材なる者は令行はれず。得民なる者は君上孤なるなり。此の八者は匹夫の私譽にして人主の大敗なり。此八者に反するは、匹夫の私毀にして人主の公利なり。人主社稷の利害を察せずして匹夫の私譽を用ふれば、國の危亂無からんことを索むるも得べからず。

この「八説」には、重要な觀點が示されている。「有俠なる者は官職曠し」と述べている。これは、有俠が（官をはなれているが本來）官吏たるべき者として位置づけられている現實を物語る。「五蠹」において「儒俠」という言葉が示されるのも、この官吏として位置づけられる現實が關わっている。そして、「八説」には公と私の別が述べられていて、有俠を含めた八者が「私」を爲す者だとされているのである。「五蠹」において「國平らかなれば儒俠を養ひ、難至れば介士を用ふ」というのも、「儒俠」が「私」をなす寄生蟲のような存在で（養ひ）、危急の際には役立たずだということを意味している。

では、この『韓非子』が「私」を爲す者として危險視する游俠が、何故に一方において高い評價を得ているのだろうか。

ここに參照しておくべきなのは、先に述べた『韓非子』顯學の「儒墨」である。儒・墨は八家・三家にわかれていずれも顯學とされる存在だった。こうした顯學は、それぞれ相異なるテキストを是として論爭していたようだ。ここで問題にされているのは直接的には『論語』だが、同じ儒教の經典とされるものでも『春秋』を問題にすると、『公羊傳』・『左傳』・『穀梁傳』は、それぞれ是とする正統（戰國時代の各文化地域の正統）が異なっている。テキストの相異は容易に正統觀の相異に結びつく。とすると、こうした諸家が同じ戰國時代の國家の中に存在したと考えるよりは、國家を異にして存在していたと考えるのが理にかなっている。

游俠は、そうした「顯學」と一定の關係性を議論することができる者たちだということを、確認しておく必要がある。

つまり、游俠を高く評價する場が、地方ごとに存在するのではないか、ということである。

すでに述べたように、韓非子が秦で用いられた頃は、秦の國家領域は天下の半ばに達し、かつての他國の領域をその支配下におく情勢にあった。『韓非子』五蠹の文章は、官僚の中に一般に問題兒が存在する、というような悠長な言説とするよりは、面從腹背、いつ何時寝返るかわからない者を官僚として用いている現實を背景にする言説とみた方がよい。

こうした前提があるから、司馬遷も、その地域地域の輿論を知った上で、「信頼される」面と、「役立たず」の面を二つながら述べざるを得ず、「役立たず」について、「正義にしたがわない」と述べたのである。

では「正義」とはなにか。『史記』の述べる「正義」とはなにか。その「正義」の下で游俠の「役立たず」の面が指摘されるということだから、その「正義」は中央の論理に基づく「正義」ということになるだろう。中央を「公」とした場合、地方の議論は「私」とされ、「役立たず」の面をもつということである。

このような見方は、增淵の文脈からは出てこない。なぜか。

戰國時代の領域國家は、帝國の下でいくつかの地方になった。その帝國の論理と、地方の游俠の論理が、ここで問題になる。上述したように、私は別に增淵の山林藪澤論を論じて、「中領域」の觀點が缺けていることを述べた。增淵の游俠論にも、おなじく「中領域」の觀點が缺けているのである。この中領域において、戰國時代以來の輿論が息づいているという觀點をもって、史料を見直してはじめて、上述の『韓非子』の述べる眞意が見えてくる。

增淵のみならず、多くの論者は、『漢書』を基礎にして古代社會を論じる傾向が強い。その『漢書』では、游俠傳において「繇是列國公子、魏有信陵、趙有平原、齊有孟嘗、楚有春申、皆藉王公之勢、競爲游俠、鷄鳴狗盜、無不賓禮」と述べ、戰國四君が「客」を招くこと自體を「游俠を爲す」とし、四君の「客」を「鷄鳴狗盜」に置き換えてすべて反社會的行爲をなす者たちだとの見解を示している。こうした見解は、『史記』とも異なってより過激な解釋を示しており、『韓非子』に見える「俠」の實體とは、著しく乖離するものとなっている。こうした『漢書』の解釋を使うと、自然に『韓非子』の論理が見えなくなるようにしくまれている。

匹夫の「俠」と游俠の轉向――宮崎市定の目線

つまるところ、『史記』と『漢書』の立場の違いは、戰國時代の領域國家で問題にされる「中領域」にあって、隱然たる力を行使する游俠の輿論に目配りするかしないかの差異にあるようだ。『史記』編纂の時代は、その輿論に目配りせざるを得なかったのであり、『漢書』編纂の時代になると、目配りしないことにした（そして游俠に反社會的犯罪の濃厚な臭いをなすりつけて說明した）ということであろう。この點について、するどい指摘をしていたのが宮崎市定である。

宮崎は「游俠の轉向(14)」として、次のように述べている。

然るに游俠の氣風は司馬遷の觀察によれば、武帝の時代から急激に墮落した。之は必ずしも司馬遷が古を讚え、今を非とする僻見のみではない。漢の天下は漸く安定して暴力は次第に排斥されて來る。游俠の社會は頭を抑えられた社交界で、この中から立身す可き機會が與えられぬ。そこで人材は寧ろ出世の捷徑なる學界に走り、取殘されたる游俠は前途に光明を認めずして、益々社會の暗黑面に沈潛して行き、單に私黨を樹て、その勢力を利用して私利私益を計る無頼漢の團體と化してきたのである。司馬遷は此等を以て盜跖の民間に居る者と卑しみ、掘冢の姦事を以て起りたる曲叔、博戲の悪業を以て富を致せる桓發は、之を游俠傳に載せずして貨殖傳に列しているのも皮肉である。而して武帝の鹽鐵の專賣、榷酤などの新經濟政策は恐らくは、彼等に幾多有利なる冒險事業の機會を提供した事と想像される。帝の晩年に蜂起せりという盜賊は此輩が中心となったものであろう。游俠の世界にも好景氣・不景氣の時代が交互に訪れたのであるが、結局彼等は一種の社會的勢力である。中央政權、若くは政界有力者の保護を離れ、或は全く之と絶緣しても尙獨立して存續する事の出來る社交界を形成している。彼等は種々の金穴を擁して經濟的にも自給自足して行くので其の根柢は鞏固である。中央政權の立場より見れば、之は危險極まる存在でなければならぬ。されは秦の始皇帝、漢の景帝は極力之を彈壓せんとした。而も個人の游俠は誅戮する事は出來ても、一端發生したる游俠の社會を消滅せしめる事は出來なかった。

　漢は途中から游俠に對する方針を改めた。中央集權は必ずしも地方權力を絶滅するを要しない。只地方權力をして中央の優越性を認めしむれば足る。游俠社會の存在は否定するを要しない。之を自己の中に抱擁し、游俠の社交界をして、中央宮廷の社交界の支部たるの地位を與え、彼等の存在を承認しつつ中央の威力を認めしむればよい。此處に兩者の妥協は成立した。游俠と中央との握手はやがて徐々に游俠の貴族化となって現れた。之と共に不羈獨立の游俠の氣概が消滅したのも亦止むを得ない。見よ史記の游俠傳は如何に精彩に富める文字なるかを。而して漢書に至っては狗尾を續ぐもの、班固が書き足したる游俠は、次第に貴族化し、去勢されたる游俠である。游俠と云わんよりは、社交界の花形役者と云うを適當とする。游俠の貴族化は既に前漢の初期より始まったが、半以後に盛んとなり、王莽の簒奪には彼等の一部が應援を與えたようである。王莽時代の混亂は再び古風の游俠の活動を惹起したが、後漢に至って益々貴族化の傾向が深まったらしい。……

宮崎は、游俠を「地方」に位置づけ、統一という劃期、武帝という劃期を述べ、王莽時期の意味づけをおこなっている。「貴族化」という用語は、六朝貴族制を述べる議論と關わる。その用語の是非は別に檢討されるべきものかもしれない。

　この「游俠の轉向」を「游俠の儒教化[15]」として問題にしたのも宮崎である。「游俠の轉向、その就學は後漢一代を通じて行われたので、この事は同時に社會の動向、好尙の變化を物語るものである」という。

宮崎は、「秦代の游俠」[16]について、こう述べている。

秦の統一、その法家的政治は、游俠社交界にも大なる波動を及ぼしたものであった。戰國對立の時代には猶四君や燕太子丹の如き有土の俠が、匹夫の俠の保護者を以て任じていた。……秦の統一、有土卿相の俠の消滅は、閭里鄕曲の俠の中に大親分を發生せしめ、彼等の力によって反って游俠社會が統制づけられて來た。史記によれば近世閭巷の俠の事は、儒墨が皆排擯して載せぬので、秦以前のものは湮滅して傳わらぬというが、併し實の所、閭巷の俠の中に有力者が現れたのは矢張り秦の統一以後の事であろうと思われる。秦の始皇帝の餘りにも過ぎたる積極政策、續く二世時代の失政は民間の游俠に雄飛の機會を與えた。秦に對して叛旗を飜した者は六國子孫の舊貴族と共に、匹夫の俠客が中心勢力を形造っていた。……斯の如き前身を持つ高祖及び其の與黨が天下を取っても、愈々主權者として政治の衝に當る段になれば、これ迄の秦の政策と別に異なる所はなかった。秦に倣って天下の豪俠を關中に移す位は未だしも、景帝の時には諸國の游俠輩を盡く誅戮するという强硬手段をさえ採用した。而も之に懲りずに民間には益々盛んに大小無數の游俠が簇出する有様であった。……。

宮崎の見解は、秦の始皇帝を劃期として匹夫の俠が出現するという觀點があり、これは、上述した『韓非子』の儒・墨に關する記述からしても從うわけにはいかないが、要するに、舊六國の領域統治を强引に進めたことが匹夫の俠の出現を招いている、ということを述べていて、これは、繼承できる。

宮崎が匹夫の俠に目配りできるのは、彼が都市國家論を述べて都市に關する注意が行き届いていたことが關係するだろう。その匹夫の俠が、舊六國貴族とともに秦に對して叛旗を飜したという見解は、實質的に「中領域」に目配りするものとなっていて興味深い。また、匹夫の俠が史料的に抑えられるのは漢代からだという讀みが、上記論の基礎にあることが讀み取れるわけだが、その讀み自體は正しい。ただし、宮崎は『戰國策』を漢末の史料とし、『史記』

に遅れるとみなしているし、[17]『戰國策』に見える春申君への刺客の行動を『史記』が「俠」を使って表現することも、荊軻と同様匹夫の俠のものではないという理解を示しているため、[18]宮崎の讀みは出てくるわけではあるのだが、とにかく結果としては正しいものになっている。そしてこの讀みを通して、宮崎の意圖も見えてくる。宮崎は、匹夫の俠について、荊軻や春申君が關わった領域國家の下の都市を關わらせて論じたかったようである。

中央の理論武装

以上、春秋中期以後の社會の變化に關連づけながら、游俠の出現と展開を論じ、宮崎市定、增淵龍夫の研究のどこをどう繼承すべきかを述べてみた。とくに、先秦時代以來の問題を検討するには、宮崎の検討は繼承できる面が多い。その宮崎の検討の中に、すでに述べた遊俠の轉向の問題[19]があり、これについて、宮崎は「游俠の轉向、その就學は後漢一代を通じて行われたので、……地方の豪族出の游俠少年が、次第に節を改めて學に就くことになった」と述べている。これは彼が、同時に「後漢時代の學問には法律の學、天文讖緯の學、さては老莊申韓の學などが存在したが、最も勢力のあったのは矢張儒家の經學である」と述べていることからもわかるように、游俠の徒が經學を修めることを念頭において述べたものである。ところが、宮崎もそこで述べているように、經學と並んで、後漢以後しばらく流行したことが知られているのは、讖緯の學である。そのテキストとしておびただしい數の緯書が造られたことも、よく知られている。

では、この緯書流行の理由はどんなところにあるのだろうか。

學問的には、安井香山[20]に「春秋緯や、これに關連する緯書の形成は、……公羊學の展開の變形されたものとして成立していったのではなかろうか」という見解が示されるなど、緻密な検討が進み、いかなる思想傾向と關わりをもちつつ、いつごろ成立したかの議論を知ることができる。讖緯が讖と緯の二つの類に大別され、讖類は未來預言書の類、緯類は經書の各書にわたって關連づけられた廣範圍の問題をもつ類とされることもわかる。緯類に比較すれば、讖類のうち天文占的讖の成立は古く戰國まで淵源をたどり得ることもわかる。

私自身も、こうした先人の説に導かれつつ、方位圓、十二方位、三分損益法による方位の生成、その生成にからめた三合の各方位のもつ意味などを總合的に検討し、董仲舒時期の五德終始説における五德の生成と方位・三合との關係、漢末王莽時期の五德終始説における五德の生成と方位・三合との關係を論じた。[21]そして、後者を凌駕して得られる後漢時代の五德終始説における五德の生成と方位・三合との關係が、緯書と連携することを述べた。すでに先人が後漢時代の受命改制と緯書思想の關係について、詳細な検討を進めてきているのに關連づけて、當時の論者の腦裏には、共通して方位圓と三合という圖形的要素が介在する説があったこと、『春秋繁露』の受命改制説も、そうした圖形的要素をもって理解できることを指摘してみた次第である。

さて、こうした經學との接點を求める作業[22]からは、中央の理論武装が見えてくることになる。理論武装の要は、私の上記の圖形的要素が是だとすれば、明らかに「正統」のよってたつ歴史を明らかにすることである。武帝の時代には武帝にいたるまでの「正統」が、王莽の時代には王莽にいたるまでの「正統」が、そして後漢になると、後漢の光武帝にいたるまでの「正統」が、それぞれどういう歴史をたどってきたかを法則的に理解しようとした。

となると、言わばその「正統」に背を向けていた游俠が、「儒」化したというわけだが、すんなりと「正統」是認の方向に進んだといっていいのだろうか。

漢代から魏晉南朝にかけて、上から下に貫徹しようとする王朝の法制、すなわち「王法」が議論されている。[23]古代帝國として完成度が高いと一般にみなされている漢王朝において、「王法」の理念は公權力性の象徴である。その「王法」は、ほとんどそのまま魏晉南朝においても襲用されており、魏晉以下の諸王朝は、その貴族制の樣態としてさまざまな私的結合の存在を許容したことが指摘されている。

こうした私的結合を生んだ游俠の世界は、儒教化の前に「墮落してしまった」（上述した宮崎の表現）のだろうか。

私は、ここに、儒教史上、特異な說が、この問題の時代に出現していることを想起する。それは孔子の異常風貌に關する說である。異常風貌說自體がこの時代に出現したわけではないが、この時代に格段に流行し、孔子がその異常風貌をもって語られた。その時代に游俠が「儒」化をはたしている。とすると、この說と游俠の「儒」化との間には、いかなる關係があるのか。

「正統」論と孔子——中央の目線

孔子は一介の知識人ではあっても、その說が後に弟子によって編纂され、やがては聖人と仰がれるにいたった人物である。しかし、一般には異常風貌說が語られることはない。この特異な孔子說が、緯書の時代に流行している。

そもそも、孔子を特別に位置づけ、「正統」論を展開したのは、戰國齊の朝廷であった。[24]『春秋』に歷史記事を整理し、『公羊傳』にそれを解說し、特別の賢人である孔子が、齊の田氏を特別に位置づける。こうして周王の權威が戰國時代の齊王（威宣王）に委讓されることを歷史上の預言として示した。

これは齊の「正統」論であるから、他の「正統」はこれをくさす「形」を作り出している。『左傳』は、『春秋』そのものを利用しつつ、一部の記事を細工し、その上で『左傳』（『左傳』というのは後代の稱謂である。『史記』十二諸侯年表序に『左氏春秋』（と見える）において、韓氏、とくに韓宣子を特別に位置づけ、鄭の子産を特別の賢人とする「形」を作り出した。韓宣子の子孫がやがて周王の「正統」的権威を繼承することを預言的にしめす。この書物では、孔子は第一の賢人ではなく、かえって誹謗の對象となっている。孔子の預言はすべて他の賢者の預言によって修正されている（そういう記述形式になっている）。これは、間接的に孔子の預言にたよる『公羊傳』はうそだと言っていることにもなる。

『穀梁傳』は、特別の賢人としての孔子の位置づけは繼承しつつ、説明内容を變更した。特別の「正統」として預言的に宣揚されたのは鮮虞、すなわち後の中山である。常識的に中華だとされている晉は、この書物では「狄」とされている。

ちなみに、『公羊傳』は事實記述をもって（具體的にどの國が「中國」であるかの説明をして）山東が「中國」であることを示し（中原の地を「諸夏」として第二に位置づけ）、『左傳』は事實記述をもって山西から河南が「夏」、その東が「東夏」（殷の故地）だとし、『穀梁傳』は事實記述をもって、洛陽・魯を含む河北中心の地域が「中國」であることを記述している。『公羊傳』が述べる野蠻の地はすべて「夷狄」とされ、『左傳』が述べる野蠻の地は「東夷・蠻夷・西戎・狄」とされ、『穀梁傳』が述べる野蠻の地はすべて「狄」とされる。これら以外の稱謂も見えているが、すべてこれらに言い換えが爲されている。

後漢の時代の注釋は、これらをすべてまぜこぜにして説明した。そのため、それぞれの特徴は見にくいものとなった。中原から山東にかけての地域が廣く「中國」にして「夏」すなわち中華だとされるようになる。

これらの書物は共通して周からの權威の委讓を「正統」の「形」にしている。そして、共通して夏・殷・周三代（三王）の歴史に簡單に言及している。暦は齊・韓・中山それぞれ共通して「夏正」を用い、夏正・殷正・周正を經て夏正に復歸することを「形」にしている。

こうした内容をもつ『公羊傳』が漢の武帝の時に重んぜられることになった。これを基に董仲舒は、漢の武帝を至上の「正統」とみなす「形」を作り出した。戰國時代の「正統」に替わって、漢王朝が「正統」の位置を占めることになるのだが、そのためには、戰國時代の各地の「正統」を否定し、秦の始皇帝を貶める必要があった。

そもそも上述したように『公羊傳』が示した暦は「夏正」である。夏正（冬至月翌々月が一月）・殷正（冬至月翌月が一月）・周正（冬至月が一月）を經て夏正に復歸する。これら以外に、「楚正」（冬至月前月が一月）と「顓頊暦」がある。顓頊暦は、月序は夏正に合わせ（冬至月翌々月が一月）、かつ年頭を十月において楚正の一月に合わせる。戰國秦で顓頊暦が始まり、漢はこれを襲用して漢の武帝にいたった。武帝の朝廷では、この顓頊暦をやめて夏正を採用し、新しい制度を始めようとした。

戰國時代の諸國は、それぞれ獨自の暦（共通した暦數を用いつつどこかに獨自の部分をもつ暦）を構想して唯一の「正統」たることを自認した。夏正を使った國家が多い。漢王朝は戰國秦以來の顓頊暦を用いていたのだが、あらためて夏正を用いることとし、戰國時代に作られた上記の『公羊傳』・『左傳』・『穀梁傳』が、それぞれ夏正の使用を意圖しつつ作られたのを利用した。白羽の矢が當たったのが『公羊傳』である。

漢代武帝の時代の學者たちは、夏正→殷正→周正ときて、さらに夏正にもどるという暦説（三代改制説の一）を踏襲し、かつ武帝まで使われていた顓頊暦を、歴史的に位置づける必要にせまられた。

董仲舒は、この命題について、こんな解決策を提示した。『公羊傳』は孔子を特別に位置づけている。孔子は『春秋』を作った。その『春秋』が預言的に示したのは、（齊の正統ではなく）漢の「正統」である。その孔子の時代から漢の武帝陛下までの時代は、周を受ける時代であり、かつ武帝陛下の御代へと繋ぐ時代である。この孔子の時代は水徳の時代であり、武帝から始まる新しい時代は土德の時代である。この五德の繼承は相勝説（木→金→火→水→土）による。水德の世に先んじた周は火德の時代である。

ここに、孔子は周と漢を繋ぐ特別の賢人としての役割を擔うことになった。そして、その特別の賢人として戰國秦や始皇帝の地位を貶める役割をも擔ったのである。この特別の時代は德を問題にする時代であったが、一方において閏位の時代ともされ、「正統」の交替にあっては脇役の地位におかれた。その脇役の時代の暦が顓頊暦であり、その前後において周の周正から漢武帝の夏正へという三正の交替があるとされたのである。

以上の武帝以來の時期を受ける王莽の立場からすると、以上の説明を踏襲する限り、自己の「正統」を語るのは難しい。夏正から殷正に改制しないと王朝交替にならないわけだが、『公羊傳』・『左傳』・『穀梁傳』いずれをつついてみても、終着點は夏正（周から夏正へ）であった。説明がつかない。そこで、別の預言が必要になった。それが、王莽をして圖讖を用いさせる原動力となった。

まず五德終始説を相生説（木→火→土→金→水→木）によることにし、周（木）→漢（火）→新（土）と交替することにした。そして、孔子以來戰國時代と秦を閏位として五德終始からはずしてしまった。

五德終始からはずされることで、孔子の地位は下がることになる。それを補う役割を擔ったのが『左傳』であった。そもそも『左傳』は戰國時代の韓氏の「正統」を預言的に示す書物だが、その預言の一環として木星紀年を用いていた。[25]戰國時代から溯って木星位置を決めたため、そして、その木星周期を間違ったため（實際は約八十三年七周天のところ十二年一周天として溯った）、實際とは異なる木星位置が示されている。王莽はこれを眞なる位置とした上で、自分の時代の木星位置に繋げて語ることにした。知恵袋は劉歆である。この説により、『春秋』最後の記事で最大の預言効果が期待された「獲麟」の年の木星位置と、自分が皇帝となる年（始建國元年）の木星位置が同じになるようにした。その位置は、天の方位を問題にした場合の夏至點であった。こうすることで、『春秋』を作った（とされた）孔子の預言が自分に向くようにしくんだのである。

その上で、王莽は圖讖を利用し、別の形を作り出した。五德終始說（相生說）によれば、周（木）→漢（火）→新（土）の次には、→金→水という交替がおこることになる。交替は未來永劫起こしたくない。そこで、圖讖を使い、金→土という逆方向（順序どおりなら土→金）の五德の交替を預言させることにした。王莽は、周公を自認し、漢皇帝を補佐した。その周公の德は金德であり、その賢人の德をもって預言される皇帝の德は土德だということにした。そして、金德の白から土德の黃への德の交替を預言させたのであった。普通に聞けば、賢人の德は異樣であるのだが、すでに董仲舒の時代に、孔子を筆頭とする時代について水德を語り、その水德を受けて漢の火德を說明している。その過去を利用し、自ら賢人を自認して周公からの德の交替を預言させたということである。[26]

王莽時代は、圖讖との關わりからは周公が特別の賢人の役割を果たすことになった（孔子は『左傳』）。その周公が作ったとされたのが『周禮』であったから、内容はさておき、『周禮』をことのほか珍重することになった。

このように說明できる、ということなので、王莽が『左傳』・『周禮』をなぜ重んじたのかは、極めて明らかになる。王莽はこれらの書物の内容を改變してはいない。言い方を換えれば改變する必要がない。論理的には、ということである。したがって、『左傳』・『周禮』王莽僞作說は、成立しないというのが私の說である。そして、この種の僞作說が、上記のように利用された木星位置を劉歆說によって解釋し、「御龍氏の子孫たる范氏が秦にうつり劉氏になったという記載」を漢代の增補とする以外に、僞作の痕蹟を具體的に指摘した部分を、私は寡聞にしてきかない。[27]『左傳』の木星位置が劉歆說に合わないことは、膨大な年代矛盾の解消をもって實證ずみである。[28]そして范氏の事例が『左傳』の他の内容になんら關與しない（他の痕蹟を誘引するものではない）ことも、すでに述べたところである。[29]

孔子異常風貌説の出現

王莽の時期を理念的に否定し、火徳の漢にもどすには、前漢武帝のときの説にもどすのが一つの方法である。それ以外の方法としては、せっかく作られたということで、王莽の説を使い、その王莽の存在を否定して凌ぐ方法がある。結果からすると後漢王朝は後者を用いたことがわかる。ここで、「せっかく作られた」というのは、理念的完成度を言う。董仲舒を研究した上で提示された説だから、完成度は王莽時期の理念の方が詰められた議論になっている。しかも、その詰めの作業をした知恵袋は劉氏の一族の劉歆であった。

ということで、この劉歆説を使って漢王朝の正統を議論しようとする。劉歆説では、孔子は閏位であり、五徳終始を論じない。しかし、後漢王朝としては、王莽の説明を凌駕する必要と、中央の立場として儒教を推進しようという思惑が重なる。こうした理由から、孔子を特別に位置づけることが模索されたのだろう。孔子の特別な位置づけのためには、帝王の徳に抵觸しないように孔子が特別の存在であることを説明しなければならない。私はこうした經緯で孔子の異常風貌説が出てくるのではないかと考えている。

後漢王朝の論理からすれば、孔子を特別に位置づけたい一方で、あまり特別に位置づけすぎてしまうと、逆に漢王朝を凌駕する存在として危険になる。それがおそらく五徳終始の「徳」とは無縁の賢人という「形」を繼承することだったと思う。

緯書である『春秋感精符』には、「墨孔生、爲赤制」とある。これは、孔子に水徳が備わっており（墨＝黑、北方に水と黑〈玄〉が配當される）、その水徳の孔子によって火徳をもつ漢の制度（赤制）が作られたことを述べている。

ここで注意しておきたいことは、周（木）→漢（火）という五德終始とは別に、孔子の水德が議論されることである。どうして周の木德と漢の火德の間に孔子の水德が入り込めるのかというと、これもすでに述べたように、當時の論者の腦裏には、共通して方位圓と三合という圖形的要素が介在する說があったことによる。その圖形的要素によって、周の木德から孔子の水德が生まれ、孔子の水德から漢の火德が生まれる。五德の交替は、五行相生說により周の木德から漢の火德が生まれるのであり、それらにはさまった孔子の時代は、「閏位」とされる。その「閏位」を論じる三合の頂點は、亥・卯・未であり、これらから敢えて德を論じようとすると、亥では水德、卯では木德、未では火德となる。ところが、周の木德から漢の火德への移行期を述べようとするのだから、亥の水德で說明するしかない。こうすると、武帝以來、孔子から武帝までを「水德」の時代と說明してきたのを繼承して論じることもできることになった。これも都合のいいことに、孔子の出自である孔氏は、もともと宋の出であり、宋は殷の末裔であった。その殷が水德とされるわけだから、そこにも接點ができた。

孔子の時代は、五德終始としては「閏位」、特別の議論として「水德」ということになった。つまり、圖形的要素を介在させることで、漢王朝として望ましい孔子の「閏位」と「水德」が語れたということである。

これもすでに述べたように、王莽は賢人の德を逆順で構想し、賢人の代表として周公旦をおいている。周公は金德であった。孔子を「閏位」にしておくことは、賢人の德を逆順でたどっても「閏位」になることを意味する。孔子を特別視したいという願望と、漢皇帝の地位をおびやかすものであってはならないという思惑は、ここでも滿足されることになった。

一般に、讖緯說に特徵的なこととされているものに、異常風貌說がある。漢の高祖、堯・舜・文王など、いずれも龍眼であるなどの異常風貌のことが記されている。『孝經援神契』(30)に「孔子海口、言若含澤」（「舜大口」という文章もある）とあり、『孝經鉤命決』に「仲耳虎掌、是謂威射」・「仲耳龜背」とあるのも、孔子の異常風貌を述べている。

聖人とされた人物が、その偉大さのゆえに異常風貌が論じられた、ということが、通常議論されている。しかし、この異常風貌のことは、先に述べた孔子の位置づけを加味すると、別の意味をもってくることに氣づく。

五德終始ということにはならないが、緯書の中では孔子の水德が强調されて出現する。そして、關連づけられる五德は、ほぼ漢の火德を預言するものになっている[31]。

すでに述べたように、五德終始という點では孔子は「閏位」に位置づけられているのだが、五德の一つ水德をもつものとされている。上記の「龜背」も北方（水が配當される）の守神、玄武を想起させるものである。「海口」も同様である。これに對する赤德の赤は、南方の色である。つまり、天に飛翔する朱雀（鳳凰）を印象づける赤德に對し、孔子の水德は地を支える北海の玄武を印象づけるものになっている。

四神については、本章第二節にやや詳しく論じるので、これを御參照いただくことにしよう。

游俠をひきつけた精神世界――中央の目線と游俠世界の目線

本章第二節で、異常風貌説に關連して呂宗力に言及するが、呂宗力は、孔子の存在が漢王朝の絕對性をおかすものとはされていない、と考えているようだ。それは、過去に緯書研究に關わった者の共通した認識としてよい。

私も、この點自體について異論を唱えようとしているのではない。しかし、十把一絡げにして「漢王朝の絕對性を犯すものではない」と論じてすますわけにはいかぬ條件を、孔子や豪族の祖先たちがもっている。この點を以下に補足してみよう。

本書下記の第一章第三節でも扱うことになるので、それを參照していただきたいのだが、そこに、私の作り出した劉歆の五德終始説（『漢書』律暦志劉歆世經）を解説するための圖[32]がある。この圖には、1：三合を構成する正三角形、2：三分損益法による十二方位の生成、3：生成方位により示される五德、4：生成方位により示される暦、がそれぞれ示されている。論理的にこうなるということを示している。生成方位と帝王・王朝には①～⑭の番號がついている。通常の議論としては、暦は夏王朝からということになるが、夏正→殷正→周正という暦の交替は、規則的であって、論理的には過去に遡って議論できる、ということを圖に示している。圖を見ていただけばおわかりになるが、一般に生成方位と五德と暦を一つの方位でまかなうことはできない。

具體的に見てみよう。夏王朝の生成方位⑩は寅であり、これは暦の夏正を示す方位であり、この寅を含む三合により得られる戌が金德を示す。説明のために寅・戌二つの方位が必要である。殷王朝の生成方位⑪は酉であり、これは暦・德いずれも説明すべき方位ではない。しかし、酉を含む三合により得られる丑が暦の殷正を示す方位で、かつ水德をも説明するものになる。この場合も、説明のために酉・丑二つの方位が必要である。

周王朝の生成方位⑫は、辰であり、この方位が木德と示す。この辰を含む三合により得られる子が暦の周正を示す。説明のために辰・子二つの方位が必要である。次⑬は閏位である。時期的には孔子が代表し始皇帝時期はこれに含まれる。ただ、生成方位が亥になることを確認しておこう。次は漢王朝になる。漢の生成方位⑭は午である。この漢王朝だけが、午で暦の夏正、五德の火德をいずれも説明できるものになる。つまり、一般に生成方位と五德と暦を一つの方位でまかなうことはできないにもかかわらず、漢王朝だけは例外であって、一つの方位で説明できるのである。暦は、夏王朝から議論する、と述べておいたが、その夏正朝の夏正より高次元の夏正を議論できるものになっている。

そこであらためて⑬をみてみると、この時期が假に水德だと議論できるとすると、この場合は生成方位が亥であった。この亥を使うと水德が説明できる。くどいようだが、これは五德終始の德ではない（『漢書』律暦志世經參照）。五德終始を五德相生説で議論するから、周（木德）→閏位→漢（火德）ということになる。あくまで、假にこの時期について德を問題にした場合、可能性の一つとして亥で水德が議論できることを述べてみたのである。

また、暦であるが、三合を使って暦の交替を議論できるわけだが、夏正（寅）→殷正（丑）→周正（子）ときて次は、「亥」であって（次は「寅」にもどる）、三正は議論できない。だから「閏位」ということになる。つまり、「亥」で「閏位」を論じた、それは暦を論じたものだ、ということになる。實際は、この時期については、戰國秦から前漢武帝まで使用した顓頊暦を念頭において議論を進める。顓頊暦は、すでに述べたように、亥月を年頭とし、月序を夏正（寅月が一月）に合わせる。漢代以後の議論で無視されてしまった楚正はこの亥月を一月とする暦であった。本來はこの楚正をも含めて論じないと、三合を使っての説明は「亥」がくるたびに破綻をきたす構造になっている。過去の帝王についてこの破綻が見えていないのは、暦を論じないからである。こうした意味をもつ亥月年頭の顓頊暦を使った時期、その生成方位が「亥」だという話である。だから、ここで「閏位」という言い方になっているが、「亥」で暦が説明できると述べたわけである。

すでに述べたように、後漢の時代には孔子について「水德の精」を受けて生まれたという緯書説が流行していた。この説に従うなら、どうやら後漢時代は、閏位の孔子と、漢王朝について、（あくまで私の構想した圖に従って述べれば）それぞれ「亥」（水德・顓頊暦）、「午」（火德・夏正）という生成方位だけで五德と暦を説明する特別の時代だと位置づけていたことになる。

こう考えてくると、やはり、孔子の位置づけは、破格に高いものになる。その破格に高い孔子に破格に高い漢王朝の出現を預言させる、というのが緯書の重要なテーマであったようだ。

だから、こう推論することができる。後漢豪族たちは、緯書説により祖先の「德」を議論することができた。その特別な意識をもちつつ、政治的には漢王朝の官僚となり、精神的には、孔子の「臣僚」となった。統一國家の支配をうけつつ、精神的に抵抗の姿勢を貫いてきた游俠が「儒」化するためには、單なる政治的壓力への屈服を期待するだけでは不十分であった。ところが、漢王朝の超越的地位を説明するために利用した緯書の世界が、はからずも游俠たちの興味を惹きつけてしまう。それは、孔子の特別さからくる。漢皇帝を頂點とする政治體制とは別に、孔子を頂點とする精神的政治體制を議論することができた。しかも、その精神世界では、游俠たちを指導する豪族の傳説的先祖とされる古代帝王の德を、儒教經典たる緯書で議論できるという魅力も加わった。ここで要になる言葉は、「家」である。本論に關わる範圍からすると、緯書の中で問題にされるのは、『論語』・『春秋』の緯書にならんで『孝經』の緯書が多い。豪族の祖先崇拜の意識をうまく取り込めたことが、豪族をとりまく游俠（豪族が游俠である場合を含めて）の「儒」化をうながしたと見てよい。

なお、上文中で、孔子の水德を述べ、それは孔氏の出自宋國の祖先、つまり孔子の祖先の殷王朝が水德をもって議論されていたのと連携する話であることを紹介しておいた。孔子の水德は、祖先の德でもあり、かつ黑帝の精を受けたための德でもある。こうした説明が可能であることも、孔子の特別さを浮きだたせ、かつ祖先を絡めるもので、游俠の「儒」化をうながした一つの要因になろう。

五德を議論したわけではないが、後代に「素王」を論じるにいたる材料が、戰國時代にすでにあったことは、上述した通りであり、よく知られている。それは、後漢時代と違って孔子を「素王」とするにいたっていないが、存在する。近年、出土史料の中に、感生帝傳説に關わる材料が見えている。それは、異常風貌そのものではないが、上海博物館楚簡『子羔』の中に、殷王朝の祖先である契の傳說がある。契の母は燕が卵をくちにふくんで前においたのを飲み込み、みごもった。胸が割けて生まれたのが契であるという。異常風貌ならぬ異常出生である。靈妙なる力を得た、ということで、感生帝說話に通じる部分がある。五德については、騶衍が終始五德の連を述べたことを『史記』封禪書が述べている。內容がいま一つ不明だが、一般に『莊子』「夫至樂者、先應之以人事、順之以天理、行之以五德、應之以自然」を參照する。上記において問題にしたような五德をもって帝德を語るものかどうかよくわからない。

このように、淵源としては、五德終始、感生帝、異常出生という點を語ることができそうだが、問題になるのは、宇宙と傳說の帝王である。孔子はまだ顏をのぞかせていない。

このことに關連して興味深いのは、齊の田氏が殘した靑銅器『陳侯因𪗿敦』に「其惟因𪗿、揚皇考卲練、高且黃帝、侎嗣趄文」とあり、田氏が黃帝を祖先だと記していることである。『史記』に紹介する春秋時代の國の祖先は、帝王から出自することを紹介している。『世本』（『系本』）と稱される系譜づくりも盛んだったようである。つまるところ、帝王について特別な說明を用意するということは、各地に殘る有力者、それもかつての君主の血統に淵源をもとめる有力者にとっては、その先祖について、特別な說明を用意することになるということである。その意味では、戰國時代にあっても、何らかの特別な說明が、系譜を使って用意された可能性は高い。各地域ごとに異なる、各地域を特別に扱う文脈のものであろうことは、容易に想像できる。こうした各地域を特別にみなす觀點は、游俠の世界にあって、反中央の意識を支える精神的支柱でありえた。

その精神的支柱があったがゆえに、後漢にいたって、孔子の特別視が特別の「形」をもつにいたった（有力者たちの祖先の「德」や感生帝說話をも論じるにいたった）結果として、游俠の「儒」化が劇的に進んだことを、上記において述べてきたわけである。

後漢時代の禮的風俗として、「過禮」と稱される禮的實踐の問題が議論されている。(33)これも、具體的に問題にされるのが過度の年限にまたがる服喪であったりするのを知ると、上記の祖先としての傳説の帝王の異常風貌を語るのと同じ次元の意識の存在を論じることができる。有力者の「家」としての祖先祭祀に關わるということである。そして、過度の服喪も、「禮的實踐」と説明された場合、中央すらむげに反對できないものになる。これに對し、この「過禮」を實踐する側からすると、「公」への出仕を斷る行爲にもなるわけで、地方の「公」の場としては、反體制のデモンストレーションの側面をもっているのである。

先に王戎について述べ、漢王朝にとっての危険を感じ取るという點を論じた。しかし、讖緯説が漢王朝の正統を稱贊する「形」を强烈にもっていることも事實である。漢王朝のためというお題目が、讖緯説に對してどう對應するかは、別の問題である。王戎が危険視した緯書を積極的に活用しようという立場の者が、漢王朝を支えないわけではない。要は、儒教を中央においてどう論じ、中央がそれを利用しつつ地方をどう巻き込もうとするかの問題である。しかし、視點を游俠の世界において、彼等の輿論を通して問題をながめなおした場合、孔子の稱揚に有力者の祖先の稱揚がからんでくるのは、彼等にとってとても魅力があったことを述べてみたわけである。とくに、漢王朝を倒して革命をおこそうとする、そんな可能性がちらつくようなことでもあると、その魅力は倍增したに相異ないのである。

游俠を迎え入れた場

『史記』游俠列傳に何人かの人物が紹介されている。それらの中に、彼等游俠の世界にあって、「俠をなす」行爲が評價された場の廣がりを示す記述がある。

郭解は、（河内の）軹の人で、相人（人をみる）にたけていた。ある時郭解の姉の子が郭解の勢威をかさにきて人を怒らせ、あげくには殺されてしまった。姉はその死體を道にさらして郭解に犯人検擧をせまる。郭解はとうとう犯人をさぐりあてた。犯人はみずから郭解のところに出頭した。事の次第を問いただした郭解の判斷は、姉の子が悪いというものだった。そして犯人をにがし、姉の子の罪を明らかにした上で葬儀を行った。このことで、郭解の輿望は高まった。禮儀を缺いたふるまいを見ても、自覺させるようにしむけたりしたので、輿望はさらに高まった。洛陽では、對立する賢豪たちを仲裁したこともある。その郭解が、對立する楊氏の楊季主を殺し、楊氏に訴えられた。郭解はその母の家室を夏陽に置き、みずからは臨晉にいたった。臨晉の籍小公は郭解の顔を知らないまま、關所を通過させてしまう。郭解は太原に入った。官吏の追っ手が籍小公のところにいたって、（籍小公は事の次第を知り、郭解を守るために）自殺してみずからの口をふさいだ。しばらくたって、郭解が逮捕されると、かつて郭解に殺された者たちの縁者すら郭解の赦免を願う。軹に儒生がいた。客が郭解をほめると儒生が郭解は姦を以て公法を犯したと批判する。客はその儒生を殺して舌を抜いた。官吏がこの事件を問いただすと郭解はその客のことを知らなかった。また、客も自殺したので誰のために殺したかもわからなくなった。官吏は解の無罪を奏上した。しかし、御史大夫（中央の高官）公孫弘は、「郭解は任俠を行って權力を行使し、にらみをきかせて人を殺させたものである。郭解が知らぬこととはいえ、この罪は郭解がみずから殺すよりも罪が重い。大逆無道である」と述べて郭解を一族みなごろしの刑に處した。

この一件を、『漢書』も紹介しているが、『史記』と對比すると面白い。字句は共通する部分が多い。にも拘わらず、『史記』と『漢書』とでは、讀後感が違ってくる。これは、『漢書』游俠傳が冒頭に「繇是列國公子、魏有信陵、趙有平原、齊有孟嘗、楚有春申、皆藉王公之勢、競爲游俠、鷄鳴狗盜、無不賓禮」と述べていることに原因がある。戰國四君が「客」を招くこと自體を「游俠を爲す」とし、四君の「客」を「鷄鳴狗盜」に置き換えてすべて反社會的行爲をなす者たちだとの見解を示している。これに對し、先行する『史記』の游俠列傳では、冒頭からしばらく游俠の何たるかを解説した上で、具體的人物の敍述にうつり、最後に「太史公曰く」でしめるという體裁をとっていて、最後の方で天下の賢者を「客」として招いた戰國四君などと、閭巷の「俠」の存在を述べ、後者は儒家・墨家いずれも記録を殘さなかったという。「客」は客なのであって、「鷄鳴狗盜」ではない。「鷄鳴狗盜」を腦裏に刷り込まれた上で讀む『漢書』と、「客」は客だという説明が後の方で出てくる『史記』とでは、讀後感が違ってしまう、ということである。

こうした點に注意した上で、あらためて郭解の事績を見てみると、二つの「公《おおやけ》」が交錯していることに氣づく。郭解は、姉の子が罪ありとし、その子を殺した犯人を逃がしている。これは、親戚としての子を殺されたという立場からすると、より大きな次元での判斷を下しているわけで、いわば「公」の判斷をしているのである。その判斷が、彼の輿望を擔った。その輿望がどんなところにどんな影響を與えているのかというと、郭解の顏を知らぬ者すら、その輿望をもつ者を守るために自殺するにいたる。これは、自殺した者の立場から見た場合、お上の側にたって處斷した場合に引き起こされる輿論の反撥と、自らが自殺した場合に引き起こされる輿論の支持を合わせ考えた結果としかいいようがない。反撥をくらえば、家族すらあぶない。しかし自らが死んでも輿論の支持があれば、家族は安泰である。お上からすると、地方の輿論も、個人的事情もいずれも「私《わたくし》」に屬する。しかし、郭解を擁護し、自殺らした者たちにとっては、お上以上に大事にしなければならない「公」が存在していた、ということである。

こんな背景があるから、公孫弘も後にひけず、郭解を一族もろとも死罪にしたのであろう。郭解を支える「公」を支持する行爲は「大逆無道」だという判斷を示した。ここまで考えをすすめると、そもそも郭解が殺した人物がどうだったかも、讀める。おそらく、輿論の支持が得られない行動をとっていた者、中央におもねる（と輿論からは判斷される）政策を日頃實行していた者、ということになるだろう。だからこそ中央としてもひくわけにはいかない事情があったということである。

しかして、郭解を支えた「公」の範圍は、戰國時代の三晉のうち、趙を主として韓にかけての領域に重なる。この言わば中領域の輿論の廣がり具合を確認すると、私は、ある事を思い起こさずにはいられない。

それは孔子が流浪したとされる地域の廣がり具合である。[34] 春秋時代の宋・陳・鄭・衞の四國の他、葉と蔡にも脚をのばした行程は、いわゆる殷の故地とその故地にゆかりのある國々を經巡ったものになっている。

歷史的には、西周金文に周の武王が殷を滅ぼしたときに、「不顯なる文（文王）・武（武）、大令を膺受し、四方を匍有す」（師古𣪘）などと記された「四方」（四つの方國）の地に當たる。

この傳統的意識の強い一帶を孔子は經巡った（『史記』孔子世家）。孔子のこの流浪の旅が示しているのは、おそらく新石器時代以來の交流の基礎の上に、國どうしの行き來の道ができあがっていることである。その行き來の道沿いには、國ごとに物資補給のための「湯沐の邑」が置かれており、[35] それは行き來する他國の使節が休むところで、そうした他國の人々が住むところであった。こうした「湯沐の邑」は、戰國以後も形を變えて存續する。春秋後期にあって、殷の末裔たる孔氏の一員として生まれた孔子（孔丘）は、魯の國外に出た後、その殷にゆかりのある地域を行き交うことになった。

こうした行き來の道は、すでに述べたように、大國の時代にあって大國・小國を結ぶ貢納の道であった。そして領域國家の時代になると、中央と地方を結ぶ物資の輸送路となった。中央の視點からは、こうした輸送路という意味づけが出てくるわけであるが、こと游俠を迎え入れた場、いうなれば、游俠を支える輿論のひろがる場という視點からするなら、かつて存在した湯沐の邑以來の他國の人々受け入れの場という面を讀み取ることができる。

無論のこと、かつての湯沐の邑がそのまま存續した、などということを論じるつもりはなく、そうした邑が存在した時代から、いわばよそ者を受け入れる傳統が脈々と受け繼がれていたことを述べたいということにすぎない。

そうした場の廣がりは、どうしてもかつての大國・小國關係を反映して限定的になる。逆に限定的であるだけ、その場がもつ獨自の雰圍氣は、時代を超えて根強く繼承された、ということであろう。

富商大賈と游俠

その意味から、あらためて注目しておきたいのは、宮崎市定が「掘冢の姦事を以て起こりたる曲叔、博戲の惡業を以て富を致せる桓發は、之を游俠傳に載せずして貨殖傳に列している」(36)と述べているように、游俠の活動の記録は、貨殖傳にも掲載されていることである。掘冢や博戲といった言わば反社會的行爲に言及しているわけだが、その『史記』貨殖列傳には「漢興、海內爲一、開關梁、弛山澤之禁、是以富商大賈周流天下、交易之物莫不通、得其所欲、而徙豪傑諸侯彊族於京師」とある。これは、戰國時代の王たちが占有した山林藪澤が、中領域を問題にしたものであったことを物語る。その占有の經驗は、帝國成立以後郡縣支配の形をとって存續し、武帝のときの鹽官・鐵官による鹽鐵管理にあってもその形自體は變わらなかった。言わばこうした「富商大賈」の活動の場が、游俠を支える場にどうやら重なるということのようである。

「富商大賈」について我々が議論する場合、往々にして大商人という言葉を使い、「私」をなす者の代名詞としてもそれを使う。そのため商賣自體が最初から「私」に關わるかのように理解している。漢王朝がすすめた鹽・鐵專賣は

「公」であり、それを保管する「私」を設定する。しかし、すでに本論に述べてきたところから、そのとらえ方が、必ずしも的を射たものとなっていない、ということに、お氣づきだろうか。「富商大賈」活動の場は、游俠の輿論形成の場になっており、その意味においては「公」の側面を有している。そして、その場を戰國時代にまで溯るとまさしく領域國家の「公」の場になっており、さらに溯れば、「大國」・「小國」の行き來がもたらした交流の場になっている。

戰國時代の物資流通は、複數の中央による山林藪澤の占有と、(郡)縣支配によって支えられている。その下で、商人が活動し、傳統的な場の交流を支えることになったことを、すでに述べておいた。こうした意味における「私」は、我々が想像する以上に「公」の側面を有している。それが、そのまま帝國の時代にも受け繼がれたものと考えてよい。それが、游俠をうけいれる場ともなり、彼等商人が游俠を經濟的に支えたのであろう。

『史記』貨殖列傳には、「子贛既學于仲尼、退而仕于衞、廢著鬻財于曹魯之間、七十子之徒、賜最爲饒益、原憲不厭糟糠、匿于窮巷、子貢結駟連騎、束帛之幣以聘享諸侯、所至、國君無不分庭與之抗禮、夫使孔子名布揚于天下者、子貢先後之也、此所謂得勢而益彰者乎」とある。游俠列傳とは別に貨殖列傳を立て、そこにこの話を載せている。子貢の活動が「貨殖」の名に値するという判斷である。孔子の名が天下にとどろくようになったのは「子貢先後之」だという。

この部分の記事は、『漢書』貨殖傳にも記されているが、そこでは、孔子の名が天下にとどろくようになったのは「子貢先後之」だという部分が削除されている。つまり、『史記』からは、孔子の名聲の廣がりと游俠の輿論形成の場の關係が伺えるのであるが、『漢書』ではそれが伺えないようになっている、ということである。

そして、『漢書』は、この孔子の名が天下にとどろくようになった時期に關する說明を『漢書』儒林傳に掲載した。

『漢書』儒林傳は、「仲尼既沒、七十子之徒散游諸侯、大者爲卿師傅、小者友教士大夫、或隱而不見、故子張居陳、澹臺子羽居楚、子夏居西河、子貢終於齊、如田子方段干木吳起禽滑犛之屬、皆受業於子夏之倫、爲王者師、是時獨魏文侯好學、天下並爭於戰國、儒術既黜焉、然齊魯之間學者、猶弗廢、至於威宣之際、孟子孫卿之列、咸遵夫子之業、而潤色之、以學顯於當世、及至秦始皇兼天下……」と紹介している。『漢書』編者によれば、孔子の教えは弟子が各地に傳えたが、戰國時代に衰えた。しかし、齊魯の間にあっては、なお行われていた、と見るようだ。子貢がいた西河が魏の文侯に關わる。文侯のときの狀況からして、當地の儒術は衰えていたという認識があるということである。

ここでは、孔子の弟子たちの動向はわかるのだが、『史記』に見えていた游俠の輿論形成の場の香りはみごとに消されている。

ちなみに、上記において、意味をあいまいにしておいた『史記』貨殖列傳の「子貢先後之」だが、常識的は「子貢のころ」と讀むのが落ち着きがいいのだろう。

しかし、實際はどうだったかということになると、すでに問題にしてきた游俠の輿論形成の場と「富商大賈」との關わりからして、疑問符がつく。

『史記』孔子列傳に言う孔子の活動範圍と、游俠の輿論形成の場からすると、孔子の活動範圍に孔子の名がとどろいたと考えるのが自然である。そうした春秋時代の有り樣が戰國時代末までに變化して『韓非子』顯學にいうような儒の八家、墨の三家の狀況になる。秦において、呂不韋が客卿として扱われ、重んじられるような重んじられないような狀況がある。この呂不意の狀況が「顯學」の實際だとすると、非常に重んじられる齊の域内と、それなりに重んじられるその他の國家、という狀況がうかがえる。そして、それぞれの儒のテキストが違っている、ということを『韓非子』によって知る。

こうして部分的に確認できる戰國時代の孔子の弟子たちの狀況は、孔子の教えが地域的差異をもって議論できることを教える。そして、そこで問題になる場について、『史記』は貨殖列傳をもって傳え、『漢書』は儒林列傳をもって傳えたということが確認できる。兩者から、本來は、游俠の輿論形成の場と孔子の活動範圍の密接な關係が、その後の孔子の教えの廣がりにも大きな影響を與えたこと、それを『史記』の段階で無視していないこと、『漢書』の段階ではそれを無視したことがわかる。

これに附け加えておけば、孔子の教えが中央の教えとなる契機は、『史記』貨殖列傳に記された「漢興海内爲一、開關梁、弛山澤之禁、是以富商大賈周流天下、交易之物莫不通、得其所欲、而徙豪傑諸侯彊族于京師」にある。地域に輿望のある一族を、漢の都長安に集めた。それを貨殖列傳に記しているのが、注目のしどころである。『漢書』貨殖列傳では、この記述は除かれている。『漢書』は高帝紀に「五年……後九月、徙諸侯子關中」、「九年……十一月、徙齊楚大族昭氏、屈氏、景氏、懷氏、田氏五姓關中」と述べる。ここでは「豪傑諸侯彊族」ではなく「諸侯」と「大族……五姓」が問題にされた。やはり、游俠の輿論形成の場の香りは消されている。遷徙先も「京師」ではなく「關中」である。

いずれにせよ、漢の天下再統一の際、都に遷された豪傑諸侯彊族が問題になる。その中には當然齊の有力者も含まれていたのであり、彼らが國家中央の管理の下におかれた。『漢書』では、田氏などの大姓が問題になっているが、『史記』貨殖列傳は「豪傑諸侯彊族」を述べているのであり、その文脈からして、そもそも「富商大賈」が問題にされていると言ってよい。つまり、游俠の輿論形成の場をとりしきる有力者たちである。その一角に、齊の有力者が遷された。つまり、戰國時代にあって、孔子の教えが非常に重んじられた齊の有力者が、强制的に都に遷されたということである。

これ以後、孔子の教えを支えていた輿論の場の中核が、都にも存在することになる。そして、武帝のときに、董仲舒の出現をみる、ということになる。

ここまで考えを進めれば、天下にいくつか存在する游俠を支える輿論の場のうち、齊を中心とする一帶と、漢の都を中心とする一帶に、まずは孔子の教えを支える場ができ、他の「孔子の教えを重んじる者もいれば重んじない者も多い」地域、それも、戰國以來の傳統をもってすれば、齊の輿論が支えた議論とは異なる議論を展開した過去をもつ者たちの居住する地域が、中央の影響を受ける、という形勢ができあがった經緯がわかる。

理解の鍵をにぎるのは「富商大賈」である。彼等は、ただでさえ閉鎖的になりがちな游俠社會を支えつつ、一方において、各輿論の場をわたりあるく「客」（縱横家）をも經濟的に支え、みずからが「客」となった場合もあった。

公羊學と俠

日原利國『春秋公羊傳の研究』は、「二、俠氣と復讐」の冒頭で次のように述べている。[37]

（日原五一頁）好勇任俠の禮贊は、他の經傳に見られない、公羊傳の特色の一つであろう。公羊傳は、春秋の釋義書という固い殻の内側に、素朴な感性に根ざした要素を多く含んでいる。刺客の描寫は無論のこと、ルサンチマンとしか言いようのない復讐觀、己を殺して仁をなす讓國、爲すべきか爲さざるべきかに苦悶する「權」、あるいは君臣の結合や人物評價にも、そこはかとない任俠の氣をおびる。……左史傳も春秋を解釋敷衍したものとされる。いかにも經文の解明、凡例の解説とみなされる文章がないわけではない。しかし經文を意識しない、ほとんど無關係と思われる記事が壓倒的に多く、本來、春秋經とは別個な獨立の歴史書であった。……（日原七〇頁）驚くべきことに、司馬遷の游俠觀は、公羊氏のそれに極めて似ている。理論の精緻と敍述の生彩は公羊傳を格段にうわまわるものの、その游俠理念は、公羊傳の說く俠の觀念の基本的要素、勇・信・義をすっぽり包みこみ、この三要素を骨骼として形成されている。……（日原七一頁）要するに、史記の游俠列傳に代表される游俠の倫理と行動は、その原型がすでに公羊傳に示されており、司馬遷は公羊の素朴な游俠觀に多彩な潤色を施し、內容を充實させて歷史的に敍述した、と見て大過ないのではなかろうか。とはいえ、春秋を釋義した公羊傳と、司馬遷の生きた漢代と、時代の隔たりは否めない。背景となる時代の差異は、評價の視點にも少なからず影響しよう。たとえば、戰國時代に特徵的に現れたのは、燕太子丹や四公子らの「有土卿相の俠」である。その「食客數千人を養った」孟嘗君をはじめとする四公子は、封建制の崩壞によって流出した浮動の士を集めて私屬として養い、もって勢力の擴大强化をはかったのであり、そこに發生した主從關係の紐帶をなすものこそ游俠の精神であった。漢代に輩出したのは、「閭巷匹夫の俠」である。司馬遷によると、「有土卿相の富厚に藉った」四公子の養客・結客は、「名を諸侯に顯わし」はしたが、「比えば風に順って呼ぶが如し」と斷ぜられる。そして、財なくして客と交わり、貧を役せず孤弱を凌がず、「廉潔退讓して」「行いを修め名を砥いた」匹夫の俠に、任俠の眞のあり方を求め、これに高い評價を惜しまなかったのである。これらに對して公羊傳の描くのは、任俠の源流ともいうべき「大夫の俠」である。

ここに日原の見解を引用してみたのは、『公羊傳』の成書時期が戰國時代であることの再確認をしてみたかったからである。私は、他の檢討によって、『公羊傳』・『左傳』・『穀梁傳』の順に成書されたことを論じたが、そこで問題にしたのは、これらの書に作り出されている「形」の存在であった。[38] その「形」が提示しているのは、ここでも問題になった「大夫」の革命についての意見である。

『公羊傳』が「大夫」の「俠」（日原の表現）を論じるのも、それがなければ革命を正當化することが不可能だからである。また、『左傳』・『穀梁傳』がそれぞれその革命に對して冷淡な見解を示すのは、それぞれの「形」が預言する正統が、『左傳』の場合は韓氏であり、『穀梁傳』の場合には、中山（春秋時代の鮮虞）であって、いずれも戰國時代にいたるまでの血統の繼承を重んじる立場をすてられなかったからに他ならない。『穀梁傳』が漢代の作だと見なす根幹は、この革命論に深く關わっている。日原にもその見解が見えている。[39] 注目點は、革命である。

（日原一四二頁）穀梁傳は、巨大な統一國家の最盛期（前漢の武帝から宣帝に至る時期）を背景に形成されただけに、體制の理論を敏感に反映している。例えば公羊傳のたたえる「讓國の善意」を認めない。……讓國のごとき支配秩序の紊亂につながる行爲は、動機のいかんにかかわりなく、それじたい容認すべからざる「不正」であり、「親親を以って尊尊を害せざる」が「春秋の義」であるという（穀梁傳・文公二年）。

ここにいう「讓國の善意」とは、他ならぬ革命の美化である。それを認めないのは、皇帝制度を背景とするからではなく、革命否定の議論を背景とするからである。この論理を越える理由は示されない。

日原の研究を參照するだけでも、本稿に示した游俠に關する見解が、從來の研究を繼承し發展させこそすれ、その延長線を逸脱するところがないことが、再確認できる。

おわりに

本節は、游俠を支えた輿論の場に焦點を當てた。春秋戰國時代に、都市國家が滅ぼされて縣になる過程で、複數の縣となった都市を支配する有力者が出現し、それまでと比較にならないほどの流動性をもって人の交流が始まった。人の交流が空前の早さで進んだため、新たな人的關係ができあがり、いわゆる游俠が生み出された。そうした人の流動性が生み出す輿論が、游俠の活動を精神的に支え、やがては、そうした人の流動性をとらえて富をたくわえた「富商大賈」が、游俠の活動を經濟的に支えることになった。游俠を支える輿論の場は、廣がっても中領域どまりであり、その閉鎖性が、他の輿論の場に對する警戒感を生んだ。とくに、帝國中央として天下の運營に臨んだ秦王朝や漢王朝に對しては、不服從の對應からはじまって、反社會的行動に打ってでることもしばしばあった。その反社會性をとらえての表現である「俠」という言葉は、帝國出現後に流行するようである。

戰國時代の文獻の記事と、『史記』の記事、『漢書』の記事を、同じ內容の記事について相互に比較してみると、游俠を語る目線の差異に驚く。戰國時代には「客」の交流をもって有名だった戰國四君の作り出した場も、『漢書』では「客」を「鷄鳴狗盜」と言い換えるなど、反社會的面を強調するようになる。それらの中間にある『史記』では、「客」をそのまま說明しつつ別に巷間の「俠」を述べている。春申君刺殺の場面も、『戰國策』（『戰國策』は漢末の編纂だが材料は『史記』に先行）では犯人が「夾（挾）殺」したと述べていた部分を『史記』では「俠殺」と言い換え、巷間の游俠との關わりを臭わせる記事にしてしまう。これは、戰國時代にあっては、なお問題視されていなかった場が、『史記』の段階では「游俠」の場として問題視され、『漢書』になると、もともと禮儀を知る「客」だった者すらも、反社會的存在を語る「鷄鳴狗盜」に言い換えられたということで、中領域の輿論に對する帝國中央の對應の變化を、強く讀みとることができる。戰國時代の輿論形勢の場が、『史記』の段階では「客」をもって目配りされ、かつ游俠の存在をもって問題視され、『漢書』の段階では、そうした場に目配りしなくなったということである。

そもそも、戰國時代の游俠の輿論は、「公」的評價の下で存在していた。この「公」に對抗するはずの輿論はより限られた範圍の地域や都市で作られたはずだが、そもそも中領域には、大國・小國の時代に交流のネットワークができあがっており、道沿いの都市には各國が「湯沐の邑」を設け、使節が逗留できるようになっていた。春秋中期以後の鐵器普及によって、農地も激增し都市の人口も激增して、「湯沐の邑」の有り様は様變わりしたはずだが、交流のネットワークはより緻密なものとなって存續したようだ。戰國時代の「公」の場は、そうした交流のネットワークを基礎にできあがった。

漢代に問題視された游俠を支える場も、この交流のネットワークを基礎にしている。漢王朝が問題視する游俠の行動も、この交流ネットワークを自らの「公」とし、中央の「公」に對抗する輿論に支えられていた。地方官僚が、この地方的「公」を優先し、中央の「公」に逆らう形で自殺するなどの事例も『史記』・『漢書』に記されている。游俠の行動も、この地方的「公」を優先し、自己の一族の利益をとりさげるなどしていて、決して反社會的行動が前面に出ていたわけではない。

こうした游俠の行動を經濟的に支えていたのが「富商大賈」である。彼等は、ただでさえ閉鎖的になりがちな游俠社會を支えつつ、一方において、各輿論の場をわたりあるく「客」（縱橫家）をも經濟的に支え、みずからが「客」となった場合もあった。だからこそ、漢が天下を再統一すると、彼等を都（京師）に集めて統制したのである（『史記』貨殖列傳「徙豪傑諸侯彊族于京師」）。

「富商大賈」は商人として、一般に「私」の扱いを受けている。『漢書』貨殖列傳が、『史記』貨殖列傳に記された「豪傑諸侯彊族」の記事を除いたのも、この「私」としての評價をより強く押し出した結果である。

しかし、彼等の活動は、戰國以來の「公」の場を基礎とし、その場を支え、かつ自らがそれに支えられている。彼らは戰國時代の有力者であり、この地方的「公」のいわば名士の地位を得ている。こうした有力者は、その祖先を春秋以來の國君にいただくことも多い。そうした系譜は、また往々にして神話傳説の世まで溯る。彼等の「家」の祖先祭祀を優先させることは、傳説の帝王祭祀に直結する。

後漢時代に緯書をもって流行することになった傳説帝王の異常風貌説は、それ自體は戰國以來のものである。その傳説の帝王の特別視を内容とする新しい儒教經典の緯書は、地方に根強く殘されていた戰國時代以來の地方的「公」の世界を、中央の「公」の世界に取り込む上で、大いなる力を發揮することになる。(40)

そもそも帝國中央の論理としては、戰國時代の「正統」論を參照し、かつそれを凌駕しなければならなかった。戰國各國の「正統」論は、傳説の夏王朝、殷王朝、周王朝の交替を論じ、周王朝を乗り越える新たな「正統」の出現を説明していた。戰國楚國の場合のように、夏王朝（暦は夏正）→殷王朝（殷正）→周王朝（周正）→楚王朝（楚正）を構想するにせよ、中原諸國のように、夏王朝（夏正）→殷王朝（殷正）→周王朝（周正）→戰國王朝（夏正）を構想するにせよ、さらに他の圖式を構想するにせよ、そうした戰國各國の「正統」論を乗り越えて、はじめて帝國中央の「正統」論は意味をもつものとなった。夏王朝（夏正）→殷王朝（殷正）→周王朝（周正）→秦王朝（顓頊歴）という秦王朝の「正統」論を繼承した漢王朝は、武帝のときに、五德相勝説による五德終始説と圖形的に三合を利用する理論を取り入れ、夏王朝（夏正）→殷王朝（殷正）→周王朝（周正）→閏位時期（顓頊歴）→漢王朝（夏正）を骨子とする説明を始め、閏位時期に孔子を特別に位置づけた。戰國時代の齊など一部の國家において賢人預言者として特別視されていた孔子を、獨自の「形」の中に特別に位置づけたのであった。それを受けた王莽は、木星紀年を組み込み、五德相生説による五德終始説と圖形的に三合を利用する理論を驅使して、夏王朝（夏正・金德）→殷王朝（殷正・水德）→周王朝（周正・木德）→閏位時期（顓頊歴）→漢王朝（夏正・火德）→新王朝（殷正・土德）↑賢人周公（金德）という新しい「正統」論を打ち立てた。この王莽の圖式のうち、「→新王朝（殷正・土德）↑賢人周公（金德）」の部分を否定し、閏位時期をあらたに孔子の時期に位置づけたのが後漢王朝の「正統」論である。圖形的に三合を利用した結果、孔子は閏位時期の（皇帝の五德を論じない、しかし特別の）水德となり、その水德の孔子によって火德の王朝の出現が預言されるという內容が緯書に記されることとなった。そして、新たな役割を擔うにいたった孔子は、それまでの傳說の帝王に並んで異常風貌が議論され、そして孔子は「素王」だとされることになった。

こうした帝國中央の論理は、地方の「公」の場からも歡迎されることになる。自らの祖先が異常風貌をもつ自分たちが、理念的にとはいえ、「素王」孔子の「素臣」（呂宗力說）として、漢皇帝にものもうす「形」ができあがるからである。このものもうす「形」の創出こそが「游俠の轉向」をうながした最大の原因である。宮崎が指摘した後漢時代の過禮派の度をこした祭祀行動が問題になるのも、一見儒教的禮の實踐の問題とみなされやすいものでありながら、實は地方の「公」を意識した有力者の「家」の祭祀を念頭においたものであることがわかる。この「家」の祭祀の一環として墓が營まれ、その墓において石碑が建てられたことの意味をもう一度考えてみる必要がある。そして、その墓と石碑などの地上の目印が、魏の文帝の薄葬令により否定されたことのもつ意味も、である(41)。

本論は、宮崎市定、增淵龍夫などが論じた「游俠」の問題を、どう繼承して論じるかをのべながら、そして、大領域（天下）、中領域、小領域（都市國家・縣）の三者それぞれに目配りしながら、中領域の輿論の場を論じてきた。「公」と「私」の問題は、この兩者の對立が目につきやすいのではあるが、この兩者の對立を、大領域・中領域・小領域の三者鼎立と對應させるためには、單純に考えても單なる數合わせを論じるわけにはいかない。中領域の輿論の場は一面において戰國以來の「公」を繼承するものであって、かつ他方では帝國中央からは「私」と評價される面をもっていた。漢代に「私」の「俠」のレッテルを貼られる「游俠」が、實は戰國時代にあっては「公」の立場をもつものであり、漢代にもそれが引き繼がれていた現實を述べてみた。そして、この獨自の場として存在した中領域を大領域中央の論理にひきつけたのは、儒教であったことを論じた。ただし、この儒教は、現代のわれわれの大多數の人々が期待するであろう道德的規範の源泉としてというよりは、孔子異常風貌説に代表される特異な言說の源泉として期待されたのである。その異常な言說の下、各地の「公」の有力者たちは、自らの祖先の異常風貌を論じ、みずからの特別な位置づけに醉いしれたのだろう。そして、その下の「游俠」たちも、その「醉い」世界の中に自らを位置づけることになる。

儒教が天下の教えとなるきっかけは、無論一つに天下の統一にある。天下統一前にあっても、漢字圈が天下にまで擴大し、かつ共通性をもつ制度が議論されていたことを忘れてはならない。しかし、そうした共通性を前提としつつも、新石器時代以來の交流の場の有り樣を反映して、各地の獨自性主張は實に根強く殘されていた。その獨自性主張の一つとして孔子稱揚が始まったため、孔子を天下の賢人として共通性の中で語ることは、とても難しいものがあった。『韓非子』顯學が語る儒の八家（テキスト內容が違うようだ）はそれを具體的に語っている。その難しさを乘り越えて、孔子が共通性の中で語られる天下の賢人となるには、上記の異常風貌說が孔子と各地の有力者の祖先とを同じ特別視の次元で結びつけることが必要であった。緯書の出現と活用が必要であった。そのため、經書の教え、という觀點からすると、緯書の出現した時代の議論よりは、かえって戰國時代の方が、緯書のない分だけ後世の議論に近いものがある。戰國時代に異常風貌說ならぬ異常出生說があることは本文で述べた。しかしこの種の說が、孔子と結びつくにはなおいたっていない。歴史の皮肉である。(42)

六朝時代については、「王法」が議論され、それとの關わりにおける佛教や道教の位置づけも議論されている。その位置づけは本論の檢討と關わるかどうか。關わるとすればどう關わるか。さらに言えば、貴族とされる人々は天下の名士なのか、中領域の名士なのか（名士という言葉をあえて使っておけば）。逸民的人士とはいかなる人々だったのか。

彼等はいかなる場を背景に逸民となれたのか。門生の侠的行動は、どう解釋できるのか。識者のご教示が得られれば幸いである。

諸史料に見える「俠」の用例

『史記』に見える「俠」

外戚世家:吳楚反時、竇太后從昆弟子竇嬰、任俠自喜將兵以軍功爲魏其侯。

留侯世家：留侯張良者、其先韓人也……良因異之、常習誦讀之、居下邳爲任俠、項伯嘗殺人從良匿

老莊申韓列傳：韓王不能用、於是韓非疾治國不務脩、明其法制、執勢以御其臣下、富國彊兵、而以求人任賢、反擧浮淫之蠹、而加之於功實之上、以爲、儒者用文亂法、而俠者以武犯禁、寬則寵名譽之人、急則用介冑之士【『韓非子』を言い換えている】。

孟嘗君列傳：太史公曰……孟嘗君招致天下任俠姦人入薛中蓋六萬餘家矣世之傳孟嘗君好客自喜名不虛矣

春申君列傳：春申君入棘門、園死士俠刺春申君、斬其頭投之棘門外。

刺客列傳：田光曰、吾聞之、長者爲行、不使人疑之、今太子告光曰、所言者國之大事也、願先生勿泄、是太子疑光也、夫爲行而使人疑之、非節俠也、欲自殺以激荊卿、曰、願足下急過太子、言光已死、明不言也、因遂自刎而死、荊軻遂見太子、言田光已死、致光之言、太子再拜而跪膝、行流涕。

劉敬叔孫通列傳：叔孫通者薛人也……殿下郎中俠陛、陛數百人、功臣列侯諸將軍軍吏以次陳西方、東鄕、文官丞相以下陳東方、西鄕、大行設九賓、臚傳。

季布欒布列傳：季布者楚人也、爲氣任俠。……汝陰侯滕公心知、朱家大俠、意季布匿其所、廼許曰諾。

魏其武安侯列傳：灌將軍夫者潁陰人也……灌夫爲人剛直……夫不喜文學、好任俠、已然諾。

淮南衡山列傳：王（淮南王）曰、奈何、被（伍被）曰、當今諸侯無異心、百姓無怨氣、朔方之郡田地廣、水草美、民徙者不足以實其地、臣之愚計、可僞爲丞相御史請書、徙郡國豪傑任俠及有耐罪以上……。

汲鄭列傳：黯爲人性倨、少禮、面折、不能容人之過、合己者善待之、不合己者不能忍見、士亦以此不附焉、然好學、游俠、任氣節、內行脩絜、好直諫、數犯主之顏色、常慕傅栢袁盎之爲人也。……鄭當時者字莊陳人也……鄭莊以任俠自喜、脫張羽於戹、聲聞梁楚之間。

酷吏列傳：寧成者、穰人也、以郎謁者事景帝、好氣、爲人小吏、必陵其長吏……數年、會赦、致產數千金、爲任俠、持吏長短、出從數十騎、其使民威重於郡守。

游俠列傳：韓子曰儒以文亂法、而俠以武犯禁、二者皆譏……今游俠其行雖不軌於正義、然其言必信、其行必果、已諾、必誠不愛其軀、赴士之阨困、既已存亡死生矣……今拘

學或抱咫尺之義、久孤於世、豈若卑論儕俗、與世沈浮而取榮名哉、而布衣之徒、設取予然諾、千里誦義、爲死不顧世、此亦有所長、非苟而已也、故士窮窘而得委命、此豈非人之所謂賢豪間者邪、誠使鄕曲之俠、予季次原憲比權量力、效功於當世、不同日而論矣、要以功見言信、俠客之義又曷可少哉、古布衣之俠、靡得而聞已、近世延陵、孟嘗・春申・平原・信陵之徒、皆因王者親屬、藉於有土卿相之富厚、招天下賢者、顯名諸侯、不可謂不賢者矣、此如順風而呼、聲非加疾、其勢激也、至如閭巷之俠、脩行砥名、聲施於天下、莫不稱賢、是爲難耳、然儒墨皆排擯不載、自秦以前、匹夫之俠、湮滅不見、余甚恨之、以余所聞、漢興有朱家・田仲・王公・劇孟・郭解之徒、雖時扞當世之文罔、然其私義廉潔退讓、有足稱者、名不虛立、士不虛附、至如朋黨宗彊比周、設財役貧、豪暴侵凌孤弱、恣欲自快、游俠亦醜之、余悲世俗不察其意、而猥以朱家・郭解等令與暴豪之徒同類而共笑之也。魯朱家者與高祖同時、魯人皆以儒教、而朱家用俠聞、所藏活豪士以百數、其餘庸人不可勝言、然終不伐其能、歆其德、諸所嘗施、唯恐見之、振人不贍、先從貧賤始、家無餘財、衣不完采、食不重味、乘不過軥牛、專趨人之急、甚已之私、既陰脫季布將軍之阸、及布尊貴、終身不見也、自關以東、莫不延頸願交焉。楚田仲以俠聞、喜劒、父事朱家、自以爲行弗、及田仲已死、而雒陽有劇孟、周人以商賈爲資、而劇孟以任俠顯諸侯、吳楚反時、條侯爲太尉、乘傳車將至河南、得劇孟、喜曰、吳楚擧大事而不求孟、吾知其無能爲已矣、天下騷動、宰相得之若得一敵國云、劇孟行大類朱家、而好博、多少年之戲、然劇孟母死、自遠方送喪蓋千乘、及劇孟死、家無餘十金之財、而符離人王孟亦以俠稱江淮之間。是時濟南瞯氏、陳周庸、亦以豪聞、景帝聞之、使使盡誅此屬、其後代諸白・梁韓無辟・陽翟薛况・陝韓孺、紛紛復出焉。郭解軹人也、字翁伯、善相人者許負外孫也、解父以任俠、孝文時誅死、解爲人短小精悍、不飮酒、少時陰賊、慨不快意、身所殺甚衆、以軀借交報仇、藏命、作姦剽攻、不休及鑄錢掘冢、固不可勝數、適有天幸、窘急常得脫、若遇赦、及解年長、更折節爲儉、以德報怨、厚施而薄望、然其自喜爲俠、益甚、既已振人之命、不矜其功、其陰賊著於心、卒發於睚眦如故云、而少年慕其行、亦輒爲報仇、不使知也、解姊子負解之勢、與人飮、使之嚼、非其任、彊必灌之、人怒、拔刀刺殺解姊子、亡去、解姊怒曰、以翁伯之義、人殺吾子、賊不得、棄其尸於道、弗葬、欲以辱解、解使人微知賊處、賊窘自歸、具以實告解、解曰、公殺之固當、吾兒不直、遂去其賊、罪其姊子、乃收而葬之、諸公聞之皆多解之義、益附焉、解出入、人皆避之、有一人獨箕倨視之、解遣人問其名姓、客欲殺之、解曰、居邑屋至不見敬、是吾德不脩也、彼何罪乃陰屬尉史曰、是人吾所急也、至踐更時脫之、每至踐更、數過、吏弗求、怪之、問其故、乃解使脫之、箕倨者乃肉袒謝罪、少年聞之、愈益慕解之行、雒陽人有相仇者、邑中賢豪居間者以十數、終不聽、客乃見郭解、解夜見仇家、仇家曲聽解、解乃謂仇家曰、吾聞雒陽諸公在此間、多不聽者、今子幸而聽解、解奈何乃從他縣奪人邑中賢大夫權乎、乃夜去、不使人知、曰且無用、待我待我去、令雒陽豪居其間、乃聽之、解執恭敬、不敢乘車入其縣廷、之旁郡國、爲人請求事、事可出、出之、不可者、各厭其意、然後乃敢嘗酒食、諸公以故嚴重之、爭爲用、邑中少年及旁近縣賢豪、夜半過門常十餘車、請得解客舍養之、及徙豪富茂陵也、解家貧、不中訾、吏恐、不敢不徙、衞將軍爲言、郭解家貧不中徙、上曰、布衣權至使將軍爲言、此其家不貧、解家遂徙、諸公送者出千餘萬、軹人楊季主子爲縣掾、擧徙解、解兄子斷楊掾頭、由此楊氏與郭氏爲仇、解入關、關中賢豪知與不知、聞其聲、爭交驩解、解爲人短小、不飮酒、出未嘗有騎、已又殺楊季主、楊季主家上書、人又殺之闕下、上聞、乃下吏捕解、解亡、置其母家室夏陽、身至臨晉、臨晉籍少公素不知解、解冒、因求出關、籍少公已出解、解轉入太原、所過輒告主人家、吏逐之、跡至籍少公、少公自殺、口絕、久之、乃得解、窮治所犯、爲解所殺、皆在赦前、軹有儒生侍使者坐、客譽郭解、生曰、郭解專以姦犯公法、何謂賢、解客聞、殺此生、斷其舌、吏以此責解、解實不知殺者、殺者亦竟絕、莫知爲誰、吏奏解無罪、御史大夫公孫弘議曰、解布衣爲任俠行權、以睚眦殺人、解雖弗知、此罪甚於解殺之、當大逆無道、遂族郭解翁伯。自是之後、爲俠者極衆、敖而無足數者、然關中長安樊仲子・槐里趙王孫・長陵高公子・西河郭公仲・太原鹵公孺・臨淮兒長卿・東陽田君孺、雖爲俠而逡逡有退讓君子之風、至若北道姚氏、西道諸杜、南道仇景、東道趙他・羽公子、南陽趙調之徒、此盜跖居民間者耳、曷足道哉、此乃鄉者朱家之羞也。太史公曰、吾視郭解、狀貌不及中人、言語不足採者、然天下無賢與不肖、知與不知、皆慕其聲、言俠者皆引以爲名、諺曰、人貌榮名、豈有既乎、於戲、惜哉。

『戰國策』に見える「俠」

燕策三：燕太子丹質於秦、亡歸、見秦且滅六國兵以臨易水、恐其禍至……田光曰、光聞長者之行、不使人疑之、今太子約光曰、所言者國之大事也、願先生勿泄也、是太子疑光也、夫爲行、使人疑之、非節俠士也、欲自殺以激荊軻、曰、願足下急過太子、言光已死、明不言也、遂自剄而死、軻見太子、言田光已死、致（明）不言也、太子再拜而跪膝、下行流涕。

【同じ部分の『史記』】上述

楚策四：春申君後入止棘門、園死士夾（はさむ）刺春申君、斬其頭投之棘門外

【同じ部分の『史記』】上述 「はさむ」の「夾」が任俠の「俠」に換えられている

『國語』の「夾」は「はさむ」「俠」なし

魯語上：我先君周文公及齊先君大公曰、女股肱周室、以夾輔先王。

晉語四：吾先君武公與晉文侯、戮力一心、股肱周室、夾輔平王。

晉語六：郤錡謂郤至曰、君不道於我、我欲以吾宗與吾黨夾而攻之。

呉語：齊宋徐夷曰、呉旣敗矣、將夾溝而○我……呉師聞之、大駭曰、越人分爲二師、將以夾攻我師

『左傳』の「夾」は「はさむ」「せまい」「俠」なし「挾」あり

桓公九―A：而夾攻之。鄧師大敗。

僖公四―一：管仲對曰「昔召康公命我先君大公曰、『五侯九伯、女實征之、以夾輔周室』……」

僖公二六―三：昔周公・大公股肱周室、夾輔成王。

僖公二八―四：狐毛・狐偃以上軍夾攻子西、楚左師潰。

僖公三三―C：晉陽處父侵蔡、楚子上救之、與晉師夾泜而軍。

宣公一二―三：隨季對曰「昔平王命我先君文侯曰、『與鄭夾輔周室、毋廢王命』……」。

成公一六―六：欒・范以其族夾公行。

襄公一〇―九：與楚師夾潁而軍。

襄公一八―四：晉州綽及之、射殖綽、中肩、兩矢夾脰、曰……。

昭公二七―：門・階・戶・席、皆王親也、夾之以鈹。羞者獻體改服於門外。執羞者坐行而入、執鈹者夾承之、及體、以相授也。

定公四―一四：舍舟于淮汭、自豫章與楚夾漢。

定公八―一五・一六：林楚御桓子、虞人以鈹・盾夾之、陽越殿。

（參考）春秋定公一〇―二：夏、公會齊侯于夾谷（地名）。

（參考）春秋定公一〇―三：公至自夾谷（地名）。

（參考）定公一〇―二：夏、公會齊侯于祝其。實夾谷（地名）。

哀公六―六：是歲也、有雲如衆赤鳥、夾日以飛三日。

哀公一七―B：三月、越子伐呉、呉子禦之笠澤、夾水而陳。

『管子』の「夾」は「せまい」「俠」なし「挾」あり

霸形：宋田夾塞兩川使水不得東流。

霸言：夫上夾而下苴。（他に同例２）……衣夾鋏（衣夾謂其衣也）。

度地：大者爲之隄、小者爲之防、夾水四道、禾稼不傷。

第二節　南方の守神としての朱雀

はじめに

朱雀は四神の一つであり、南方の守り神とされている。我が國では、戰前の高句麗古墳調査で廣く知られるようになり、さらに、高松塚古墳やキトラ古墳の發掘で、その名は一般的にもかなり有名になった。四神としてまとまって議論される前、中國新石器時代の出土遺物において、東方の龍、西方の虎に關わる意匠が、確認できる（河南省西水坡遺址）[43]。同じ意匠は、戰國前期の前五世紀後期の湖北省隋州市曾侯乙墓出土品にも見えている。中國の星宿（星座）である二十八宿圖の最古のものが衣裝箱の蓋の表に描かれていた。南方を上にし、見上げた天を表現している[44]（圖1）。その東西に問題の意匠が表現されている。北方の玄武、南方の朱雀は表現されていない。東方の青龍、西方の白虎に北方の玄武、南方の朱雀が加わり、四神として議論されるのは、いつだろうか。

近年、西安の前漢陽陵德陽廟の「羅經石」遺址が發掘された[45]。この遺址は「回」字形で、外の「方」は牆壁の正方形である。内の「方」は、中心建築の版築基壇である。これは禮制建築だということで大方の一致を見ている。詳細については、今後の檢討を俟つ部分があるのだが[46]、この遺址で注目されることは、この遺址の版築基壇から東西南北の道に降りる部分の階段に空心磚が使われ、その空心磚には、東は靑龍、南は朱雀、西は白虎、北は玄武が描出されているということである。

その目で見ると、前漢武帝の茂陵の近邊からも、同種の四神が描出された空心磚が出土しており(47)（茂陵博物館展示）、現地の研究者は、これらも茂陵に關わるものと考えているようである。

「羅經石」遺址に關する議論の一端を紹介しておけば、李零は、この遺址はかつて楊寛が述べたように景帝「德陽廟」である可能性が濃いものの、まずは明堂建築と比較すべきだという。武帝の明堂は未發見で、王莽明堂は發見されているが、問題の建築は王莽明堂に形制が似ている。總合的に見て、この建築は前漢末のものであるが、設計思想は遡る。武帝時期に遡れるだけでなく、さらに古い來源があるという。

陝西省考古研究所の焦南峰によると、「羅經石」遺址の北門の試掘によって大量の殘土と多數の建築材料が火を受けて變色しているのが發見された(48)。發掘者は、この點に關連して、漢陽陵南門遺址の門道の兩わきの建築群を史書に記載される「三出闕」だとみなした上で、その位置が門外でなく、門道の兩わきにあることから、事實上の「三出闕門」になると考えた。そして、發掘された地層、出土遺物、および『漢書』武帝紀元鼎三年に記された「正月戊子、陽陵園火」の記載からして、陽陵南門闕遺址の主・副闕臺は、時代が比較的早く、景帝年間に建てられ、內外塾の補修、および闕の改修が終わるのは、武帝元鼎三年以後になるだろうという。そして、他の狀況をも勘案して、「羅經石」遺址は、『漢書』成帝紀鴻嘉三年の「秋八月乙卯、孝景廟闕災」のときに火を受けて廢棄された「孝景廟闕」だろうという。

圖１　曾侯乙墓二十八宿圖

二十八宿圖の最古のもの。この圖は見上げた夜空を表現する。左右に描かれているのは、後の白虎（左）と青龍（右）であろう。

こうして、次第に明らかになりつつある前漢皇帝陵の墳丘の周邊で、四神を描出した遺物が出土してくるわけだが、それらとは別に、古くから注目されているのが、『淮南子』天文訓所載の四神の記述である。『淮南子』天文訓の四神に關する記載は三箇所ある。一つは十二方位の卯・辰・酉・戌に四神を配する。こうした方位は、通常語られる東西南北とは異なっている。

ちなみに、通常語られるものと違うという意味では、『史記』天官書は「東宮蒼龍（青龍）」・「南宮朱鳥（朱雀）」・「西宮咸池」・「北宮玄武」と述べていて、まだ四神が完備していない記事を載せている。この說はそのまま『漢書』天文志に繼承されている。

『淮南子』天文訓の第二の記事は、「何をか五星と謂ふ」と斷り書きがあった後、五惑星について、木星（歲星）が東方、火星が南方、土星が中央、金星が西方、水星が北方の神であることを述べる。そしてそれらには、獸が從っており、それぞれ蒼龍（東）、朱鳥（南）、黃龍（中央）、白虎（西）、玄武（北）になっている。つまり、これはいわゆる四方に靑龍・朱雀・白虎・玄武が配當されるという話ではなく、五つの獸は五つの神としての惑星にそれぞれ從う、その惑星（十二方位を惑う星）が四方と中央を守っている、という話である。五惑星は、惑星であるから、天の十二方位を移動する。

『淮南子』天文訓の第三の記事は、「凡そ諸神に從る、朱雀は太陰前一に在り、鉤陳は後三に在り、玄武は前五に在り、白虎は後六に在り」というのもある。これも、天の方位を論じている。太陰（太歲）が天の方位を移動するのに合わせて、朱雀・鉤陳・玄武・白虎もその方位を移動する。

『禮記』曲禮上には、前に朱雀、後ろに玄武、右に白虎、左に靑龍という方位配當を行う記述がある。これも、軍に從う場合の守り神を問題にしているのであって、地形に合わせて東西南北と前後左右の關係は變わるのが普通である。

さらには、闕野貞が龜趺碑の出現に關連して注目していた後漢時代の門闕や石碑がある。それら碑身などに四神が表現され、朱雀が上、玄武が下、靑龍が東、白虎が西に配當されている。闕野が言及したもの以外にも、同種の表現が少なからず確認できる。こうした表現は、緯書中に見える漢高祖劉邦に朱雀、孔子に玄武、それぞれの表現を重ねて論じる記述と通じるものがある。周知のように、後漢時代は地域輿論を支えていた游俠たちが「儒」化した時代である。それと緯書の流行は軌を一にしている。

だから、上記の「羅經石」遺址の四神と、『史記』・『淮南子』・『禮記』などに記される四神說がある前漢時代を受けて、後漢時代の「朱雀が上、玄武が下、靑龍が東、白虎が西に配當される」四神說の流行がある。そしてその後に、周知の四神配當が定着することになる。

以下には、この四神研究の基礎的知見を確認しつつ、詰めの作業を進めてみることにしたい。

問題の鍵を握る一つの言葉が「游俠」である。すでに、前節で検討した。また、この游俠に關連し、別に鍵を握る言葉が大領域・中領域・小領域である。これについても、すでに検討した。大領域を問題にする中國史において、中領域や小領域を問題にするときに、上記の特異な言葉、つまり「游俠」が議論される。この「游俠」が鍵を握る諸問題の一つとして、朱雀の位置づけがある。

本書が述べる「游俠」に關連づけて、朱雀を論じる時、通常念頭に置かれているはずの四神說を參照してしまったのでは、あちこち理解不能に陥る部分が出てこよう。それを避けるための検討でもある。

前漢時代の四神は、上記のように、後代の四神の先驅に當たる部分とともに、それとは異質の性質を示す部分がある。

關野貞の研究

下記に検討していくことになるが、後漢時代は、この前漢時代を受けて、通常想定されるものとは異なる四神が見えている。そしてそれを受けて、周知の四神說が世を風靡するようになる。

東方の青龍、南方の朱雀、西方の白虎、北方の玄武、これら四方の守り神たちは、高松塚古墳やキトラ古墳の石室に描かれていた。より古くは、戰前の調査により、高句麗古墳の中にそれらが描かれていることがわかり、日本の知識人たちの間で廣く知られるようになった。

その四神の成立について、コメントを殘した關野貞は、當時の限られた材料を用いて、とても興味深い研究を殘している。

關野貞は、建築史を專門とし、日本・朝鮮半島・中國を踏査して無數のモノから選別し、文化財として保存すべきものを確定する作業を生涯繼續した人として知られる(49)。その關野が興味をもった對象の一つに龜趺碑がある(50)。

關野(51)は、龜趺碑の龜について、次の内容を述べている。「漢代に四神が流行した。玄武・青龍・朱雀・白虎である。このうち玄武つまり神に蛇がまきついた形のものを碑の下方に刻した。これが龜趺碑に發展した」。

この關野の四神に關する說明を、彼よりも多くの材料を得るにいたったわれわれは、どのように繼承したらいいのだろうか。

「遊俠」の出現

事の本質に近づく前に、ご確認いただきたい議論として、石碑の出現と後漢豪族の問題がある。これについては、第一節に論じたので、それをご參照いただくこととし、いましばらくお附き合い願いたい議論がある。「遊俠」とは何かを考える前提となるものである。

先に大領域・中領域・小領域のことを述べた。殷・周王朝は、中領域を睥睨した王朝である。小國を睥睨した大國だったということである。大國・小國いずれも都市國家であることにかわりはない。直接統治するのは、都市を中心とする限られた小領域である。ただ、大國は、小國から貢物を運ばせる。そのための輸送路は早くから發達した。輸送路を結ぶ中繼地の小國には、各國の物資輸送の中繼地があり、それぞれの中繼地には各國の邑がいとなまれていた。そうした邑の存在は、戰國時代に成書された『左傳』の隱公八年條などから知ることができる。「湯沐の邑」と表現されている（『左傳』では、遠くにある自國の邑を手放して、近くにある他國の邑と取り替えようという話題が記される(52)）。こうした體制を變える動きが春秋中期から次第に進んでいく。小國を滅ぼして大國の有力者を新たな支配者として送り込むことが頻繁になる。鐵器の普及で農地が激增し、人口が增えると都市も增えた。そうした都市にも有力者が派遣される。こうした都市を「縣」として大國中央につなげる。「縣」は「懸」の意味で「かかる」ということである。中央に「かかる」ということである。

こうした縣の意味、つまり中央に「かかる」という意味が定着するのは、戰國時代になってからで、春秋時代には、まだ過渡的な形態があった。派遣された有力者は、それまでの君主と同じく、一族郎黨をしたがえてのりこんだ。新しい君主として臨んだ側面がある。しかし、時代はさらなる有力者が複數の縣を支配する方向へと傾いていく。一つの縣にしか支配の及ばなかった者たちは、そうしたさらなる有力者によって、國がえならぬ縣がえを餘儀なくされる。こうして、複數の縣を支配する者が他を滅ぼしながら戰國時代の王となっていくのである。一方において、縣がえを餘儀なくされた者たちは、次第に一族郎黨の秩序を失い、いわゆる官僚になっていく(53)。

以上の動きを都市の側からみてみると、國としての都市は、何百年の歴史を背負っている。その國の君主が滅ぼされたり、他の都市に移動させられたりして國が滅びる。そして大國の有力者が新たにやってくる。その有力者が次の時代の王となる者の祖先であろうと、またそうした者の下で官僚となっていく者であろうと、都市の側からみれば、支配者が次々に交替することに變わりはない。これだけで、都市の秩序は相當に違ってくる。何百年の傳統を背負っていた秩序は大いなる動搖をきたすことになる。ここに、新たな都市の秩序を構築する必要がさけばれるようになる。こうした動きの中で、都市をまとめる世話役が大きな存在として浮かびあがる。それが遊俠の原型である。

遊俠には、武力をもって秩序維持をはかる「俠」の側面と、倫理道德をもって和をはかる「儒」の側面が出てくる。『論語』の中に「義を見て爲さざるは勇なきなり」（爲政第二）とあるのは、「俠」の側面を述べたのであり、倫理道德を述べた多くの部分があるのは、和をはかる必要から出た知恵を述べたものである。現行『論語』は、孔子の時代の雰圍氣を弟子たちがまとめた內容を核として、後代の知惠が少なからず附加されている（と多くの論者が考えている(54)）。

すでに第一節に述べたことをくりかえせば、『韓非子』五蠹《と》は、「人主貞廉の行を尊びて禁を犯すの罪を忘る……儒は文を以て法を亂り、俠は武を以て禁を犯す。而して人主兼ねて之を禮す。此れ亂るる所以なり」と述べている。「上を敬し法を畏るるの民」に對置して「游俠私劍の屬」を問題にし、「國平らかなれば儒俠を養ひ、難至れば介士（甲士）を用ふ、利する所は用ふる所に非ず、用ふる所は利する所に非ざるなり」という。文をもって世を亂す「儒」

も武をもって逆らう「俠」も、平和な時に養われるが、いざ事が起こってからでは何の役にもたたない。役立つ人材を捜しても時すでにおそしというのが、『韓非子』の述べるところである。ここでは「儒」と「俠」が分けて議論されている。一方、「儒俠」と連ねて述べる言葉があることから、「儒」と「俠」が不可分の關係をもっていたこともわかる。注目のしどころは、「而して人主兼ねて之を禮す」とあるところで、「儒」も「俠」も「人主」つまりあらたな王となるような有力者が、禮儀をつくして臣下に迎え入れた存在だという前提がある。『韓非子』の批判の眼があるにも拘わらず、「儒」も「俠」も、有力者が重寶がって用いた者たちだったことを物語る。

『韓非子』は『漢書』藝文志に『韓子』とあるもので、韓愈と區別する意味から後代『韓非子』と稱された。その『韓非子』は韓非の現行錄の體裁をとる。成立は早くとも戰國末、それより遅れる可能性もある。その戰國末、先に述べた「縣」とは異なる行政單位がすでに出現していた。

郡の設置と「俠」評價

新しい行政單位とは郡のことである。郡は邊境に設置された軍區を意味するのが始まりらしいが、その軍區が異常に膨張した國家がある。それが秦である。つまるところ中領域が異常に擴大された、という話なのだが、昭襄王の時には、天下の半ばをしめるまでになった。始皇帝はその孫である。始皇帝の天下統一は、祖父の遺産を基礎になされたということである。

郡は、傳統的な文化地域を越えて設置された。他の國家、つまり傳統的文化地域を基礎として成立した國家やその一部を占領して郡をおいた。天下統一の時點で三十六郡を置いたことが『史記』に書かれている。戰國時代の領域國家として議論されるのは、秦以外に六國あるから、そうした國家を分割統治する領域になる。
こうした郡が設置された後に『韓非子』の議論がある、ということをここに確認しておく。
『韓非子』顯學篇に、先に扱った『韓非子』五蠹《と》に關連する記述がある。

世の顯學（世に重んじられる學派）は儒（儒家）・墨（墨家）なり。儒の至る所は孔丘（孔子）なり。墨の至る所は墨翟（墨子）なり。孔子の死せるより、子張の儒あり、子思の儒あり、顏氏の儒あり、孟氏（孟子）の儒あり、漆雕氏の儒あり、仲良氏の儒あり、孫氏（荀子）の儒あり、樂正氏の儒あり。墨子の死せるより、相里氏の墨あり、相夫氏の墨あり、鄧陵氏の墨あり。故に孔墨の後、儒は分れて八となり、墨は離れて三となる。取舍するところ相い反して同じからず、而して皆、自ら眞の孔・墨なりと謂ふ。孔墨復た生くべからず、將た誰をかして後世の學を定めしめんとする。孔子・墨子は倶に堯舜を道《い》ふ。而して取舍するところ同じからず。皆、自ら眞の堯舜なりと謂ふ。堯舜復た生くべからず。將た誰をかして儒・墨の誠を定めしめん。殷周七百餘歲、虞（舜）夏二千餘歲、而して儒墨の眞を定むる能はず。今乃ち堯舜の道を三千歲の前に審かにせんと欲するも、意ふに、其れ必すべからざるか。參驗なくして之を必するは愚なり。必する能はずして之に據るは誣なり。故に先王に明據し、堯舜を必定する者、愚に非ずんば則ち誣なり。愚誣の學、襍反の行、明主は受けざるなり。

以上を通して確認できることは、

1：孔子の死後、八人の儒者が出現し、それぞれの學派がその見解を繼承している。それを「～の儒」と表現している。
2：それぞれ、自分たちこそが眞の孔子の學統を繼ぐものだと自負し、堯舜に關する見解などそれぞれ主張するところが相異している。

3…墨子の死後、三人の墨家學者が出現し、それぞれの學派がその見解を繼承している。それを「〜の墨」と表現している。

4…それぞれ、自分たちこそが眞の墨子の學統を繼ぐものだと自負し、堯舜に關する關係などそれぞれ主張するところが相異している。

5…八家の儒も三家の墨も、「顯學」（國家で重んじられている學說）とされている。

6…「取舍するところ不同」とあるから、それぞれの經典とするテキストが違っているようだ。

7…孔子や墨子も生きかえらないし、どれが本來の教えなのかわからない、と言っているから、いわゆる經典には、本來あったはずだと議論された孔子・墨子の主張に、言わば附加されたと自認する部分があり、その相異が問題にされているようだ。

8…堯舜も生き返らないし、三〇〇〇年も昔のことを詮索することなどできないと言っている。

などである。

『漢書』藝文志は前漢末の議論を基礎に後漢の時にできた『漢書』に收録された內容だが、そこでは、書物を①儒家の教養書、②諸家の書物、③諸家の書物を九家とまとめなおした記述、④儒家以外の教養書の四つに分けて、諸書が分類されている。後漢の段階では、儒家は一尊の狀況下にある。これに對し、『韓非子』の段階では、儒家が一尊でないのみならず、その儒家が（主だったものとしても、ということかと思うが）八家あることが說明されているわけである。しかも、それぞれが、孔子の正統を繼ぐ立場を主張していて、テキスト內容にも違いがあるらしい。この點は、墨家も同樣で、三家あると說明されている。これらはいずれも「顯學」すなわち世を風靡する學派である。

『韓非子』顯學の言わんとするところは、これら顯學も、「自己の正當性」を言うわりには、その根據がない、という點にある。『韓非子』のこの批判は、上記『韓非子』五蠹の「儒俠」に對する批判にも通じるものがあり、前提とされている狀況が批判されている。「顯學」（世に重んじられる學派）はそもそも一國に集中するはずはない。したがって、その前提とは、各國に顯學があり、それぞれテキストも違い、自己の正當性を競い合っている、ということになる。そうした「儒」と「俠」が密接にからんで議論されているということである。『韓非子』の批判の眼がわれわれに的確な情報を提供してくれている。『韓非子』にあって、「俠」は批判されている。

『戰國策』と『史記』

『戰國策』は前漢末に成書された。それまでに殘されていた材料を使ってのものである。『史記』は前漢中期におおよそができあがっている。當然ながら、『史記』は『戰國策』を使っていない。『史記』が使っているのは、後に『戰國策』編纂の材料となる諸書である。殘念なことにこうした材料の諸書はすでに失われている。また、『戰國策』も後に散逸し、再編纂されて鮑本・姚本の二つの系統の版本ができた。したがって、『戰國策』と『史記』を比較するということは、常に『戰國策』の文章が『史記』の文章より後代の產物である可能性を念頭におく必要があるわけである。

現實問題としては、『戰國策』の文章について、その材料を念頭におき、それと『史記』を比較することになるのだが、論理の上で言えば、他の文獻と『史記』との關係において、同じような議論が可能かどうかを、別に再確認する必要がある。

とはいえ、後漢の時點で、『戰國策』が材料內容とさほど內容上の差異がないと見なされていたことはわかっている。後漢の時代に作られた『漢書』司馬遷傳に『太史公書』（『史記』）に言及する部分があり、その材料を述べている。そこには、『戰國策』の名がある。論理的にはおかしな話だが、材料内容のことだと考えればつじつまが合う。つまるところ、この『漢書』の觀點をどこまで信じるかが問題である。

そこで、『戰國策』と『史記』とで、同じ說話を掲載している事例を探して比較してみると、おもしろい結果が得られる。楚策四に、戰國時代の楚の宰相春申君に關する說話が掲載されている。それに「春申君、後に入りて棘門に止まる。園の死士、春申君を夾（はさ）みて刺し、其の頭を斬りて之を棘門外に投ず」という一節がある。ここには「夾（はさむ）」の字がある。この字を『史記』では「俠」の字に直している。「はさんで刺し殺した」が「俠刺した」に變貌したということである。單なる動作の表現が、「俠」という評價を加えた表現にかわったということである。

上記の事例は、『戰國策』の文章が變更されて「俠」の字が追加されたというものだが、實はその『戰國策』には「俠」の字が一つしか使われていない。それは始皇帝暗殺をくわだてた荊軻の記事である（燕策三）。その事件は、當然ながらその後に作られたものであり、かつ荊軻に同情的な内容になっている。暗殺計畫は統一前夜のことだから、統一後に議論されたものとみるのが自然である。つまり、戰國時代に關する說話には、「俠」の字がない、ということである。

そして、さらに言わねばならないことは、その荊軻の說話にしても、荊軻を「俠」と評價しているのではないということである。また、「俠」の評價が負の評價になっていないということである。問題の『戰國策』燕策三の文章は、「田光曰く、『吾、之を聞く。長者、行を爲すには、人をして之を疑はしめず。今太子、光に告げて曰く、言ふ所の者は國の大事なり、願はくは先生、泄すこと勿れと。是れ太子、光を疑ふなり。夫れ行を爲して人をして之を疑はしむるは、節俠に非ざるなり』と」と述べ、自殺して荊軻を鼓舞するという内容になっている。ここで「節俠」はいい意味で用いられている。

ここで、先に検討した『韓非子』五蠹の「儒俠」を思い起こしていただきたい。この「儒俠」も「文をもって世を亂す「儒」も武をもって逆らう「俠」も、平和な時に養われるが、いざ事が起こってからでは何の役にもたたない」と批評されているのであって、「平和な時に養われる」ほど評價されている、というのが前提にある。その前提としての良い評價が燕策三の「節俠」にもある。「節俠」とは「節をもってする俠」で、「俠」の「節ある者」ではない。文脈はあくまでいい意味をもって「節俠」を語る。

要するに、『戰國策』には所謂「俠」の字の用例はないといってよい。そして、後に「俠」だと評價された行爲が記されている。『史記』はその行爲について「俠」の評價を下している。負の評價である。『史記』に先んじて、先に述べた『韓非子』の評價があり、「俠」が高く評價されているという前提と、その前提を批判する立場が示されていたことを想起していただきたい。

以上から、『戰國策』（行爲のみ記述）→『韓非子』（前提としていい評價のものを批判）→『史記』（よくない評價）の「俠」をめぐる變化があることがわかる。少なくとも、「俠」に關する記事については、この順序で新舊の問題を考えることができるようだ。

さて、この變化を讀み解く鍵は、どこにあるか。それは中領域の擴大と天下統一による大領域の出現にあるとみる以外にないだろう。郡の設置が相當に進んだ現實を基礎に『韓非子』の議論が成り立っている。そして、その認識が中領域を複數支配するにいたった漢帝國の史書『史記』に繼承されている。

ある中領域内でいい評價を得ていた行爲が、それらをまとめる大領域が成立する過程で問題視されるにいたったというのが、『史記』に關して、そして溯って『韓非子』に關して言えることである。

ちなみに、『戰國策』の成書時期（漢末）の問題があるから、念のために他の戰國時代成書の書物を調べてみよう。例えば『管子』の説話を見ると、「俠」は記されていない。「夾」（さしはさむ）はある。後に「俠」と評價される行爲は記されている。『公羊傳』（『春秋公羊傳』）も同じ傾向性を示す。[55] 戰國時代の成書という説から漢末の成書だという説まである『左傳』（『春秋左氏傳』）も同じ傾向を示す。一般に戰國時代の成書といわれながら、中には漢代の成書まで疑われている『國語』も同じ傾向性を示している。一般には漢代の成書が疑われ、傳統的には戰國時代の成書とされてきた『穀梁傳』（『春秋穀梁傳』）も同じ傾向性を示す。つまり、「俠」という字の用法を検討するかぎり、つまり、この字が關わる説話を検討する限り、『左傳』や『國語』・『穀梁傳』は戰國時代の成書であることを證明するようだ。『戰國策』の場合も、説話集であって、成書こそ漢末に下り、散逸して再編纂されているとはいえ、材料の問題としては戰國時代成書の内容を比較的よく保存していると言えそうだ。あくまで「俠」の字をめぐる説話の検討によれば、ということではあるが。

そして實も蓋もないような話にはなるが、これまでは、中領域と大領域を分けて論じることがなかったため、諸書の成書時期の議論が錯綜をきたしていることが、より見にくい状況にあったこともわかる。中領域と大領域を分けて論じる視點を介在させる上で、「俠」の書き方が一つの基準たり得ることに、あらためて注意を喚起しておきたい。

漢代の「俠」と公・私

すでに第一章第一節でも言及したことだが、あらためて、「公《おおやけ》」と「私《わたくし》」の視點を介在させてみよう。新石器時代以來の文化地域において成長してきた戰國時代のいくつかの國家（中領域）は、それぞれ領域國家の中央政府を作り、地方都市（小領域）を縣として官僚統治した。この國家中央は「公」の立場をもつ。縣は「公」の出先機關である。遊俠は都市の輿論を形成してこの「公」に參畫してきた。その輿論に國家中央の有力者がめくばりし、その輿論を利用する。文をもって任用される者もいれば、武をもって任用される者もいた。任用されることで彼らは「公」の一員となった。

戰國四君と稱される齊の孟嘗君、魏の信陵君、趙の平原君、楚の春申君は、有爲の士を養ったことで名高い。そうした士の中にも文をもって任用された者、武をもって任用された者がいた。その任用行爲が、『戰國策』に紹介されている。そしてその任用行爲が、『史記』ではあたかも「俠」に關わるかのように書き換えられたわけである。

戰國四君は「客」を養ったことも知られている。彼らは、本來他國出身者を指すようだ。天下の士を用いる。他國の情報は彼らによってもたらされる。

だから、戰國時代にあっては、「公」の下で輿論形成を行う者たちと、その「公」の間を行き交う者たちがいたわけである。

こうした「公」の下の輿論形成の場が、秦・漢の統一でなくなったのかどうか。結果は否、ということを示す史料がある。

『史記』游俠列傳に何人かの人物が紹介されている。それらの中に、彼等游俠の世界にあって、「俠をなす」行爲が評價された場の廣がりを示す記述がある。

これについては、すでに本書第一章第一節（七七頁）において、紹介したので、それを參照していただきたい。この一件を、『漢書』も紹介している。『史記』と對比すると面白い。「俠」についての評價は、後漢時代の成書である『漢書』では、さらに嚴しくなる。

他國の人々を受け入れる傳統が脈々と受け繼がれてきた場がもつ獨自の雰圍氣は、時代を超えて根強く繼承された、ということであろう。そうした場で作られた輿論に對し、『史記』は同情的な姿勢を示しつつ、中央の視點から「否」の裁定をくだし、『漢書』は嚴しく斷罪して「否」の評價をくだしたのである。統一帝國ができてまもない前漢の時代と、相當の時を經た後漢の時代では、同じ事件に對する評價の姿勢もまったく異なってしまった。

ちなみに、『史記』は太古から前漢武帝期までを扱い、『漢書』は前漢時代を最後まで扱う。したがって前漢時代の武帝期までは、『史記』と『漢書』は扱う時代が重なる。この重なる時代について、多くの論者は『史記』・『漢書』兩者を用いて議論する。しかし、兩者をごちゃまぜにして論じるのがほとんどである。すでに述べたところからもわかるように、『史記』と『漢書』は同じ文章を用いていても、文脈が異なっている場合が少なくない(56)。中には『史記』が時期を追って議論している内容を前後まぜこぜにして、時期の遲れる議論が最初からあったかのような文章すらできあがっている。このことを知らぬまま、多くの論者が『漢書』をもって議論することが少なくない、とすると、その議論は果たして成立するかからして問題になる。ざっと目を通しただけでも、『漢書』を使って『史記』を論じたような氣になったとおぼしき事例がみとめられる。

遊俠の「儒」化

先に『漢書』藝文志の一節を議論し、この書物を作った後漢時代にあって、儒教が國教としての地位を不動のものにしたことを確認しておいた。また、上記において、その『漢書』と『史記』の記事の共有と文脈の相異を問題にしておいた。その『史記』において、孔子は一介の士としてではなく、諸侯としての扱いを受けている。『史記』では、南越のような蠻夷扱いの國は、個人扱いの「列傳」中に記事がまとめられている。いわば格下げの扱いを受けているのである。また諸侯（漢代では皇帝の下の諸侯王）の身分をもっていながら、反亂を起こした者たちも格下げされて「列傳」に記事がまとめられている。評價が難しい者などは、諸侯扱いも個人扱いもしてもらえず、獨立の「世家」や「列傳」を立ててもらえない。こうした中で、孔子について「孔子列傳」が立てられているのは、『史記』がいかにこの孔子を高く評價したかを示している。

しかし、孔子列傳は、太史公自序と連動して孔子評價を進める。太史公自序では、古今を通じて史實を配列しえたのは『史記』だけで、先行する史書はそれができていないことを論じている。孔子が作ったことにされていた『春秋』(57)も例外ではない。『史記』が「公《おおやけ》」の史書であり、それに先行する史書は「私《わたくし》」の扱いを受ける。つまり、『史記』は孔子について「私」の史書を作り出した先人だとの評價をくだしている。そのため、孔子列傳でも、孔子についての評價はいいもの、悪いもの、いずれも掲載している。

この孔子評價をさらに遡ると、これも先に紹介した『韓非子』の顯學、つまり、儒も墨もいくつかの派に分かれていて、しかもどれをとってみても古を語る根據に欠けている、という評價にいきあたる。戰國時代にあって、儒家は天下を風靡する學派ではなかった。

前漢武帝の段階で、儒家は天下を指導する學派としての地位を標榜し得るまで地位を上昇させている。しかし、孔子評價はいまだ最上のものとはなっていない。それが、『漢書』が作られた後漢の時代になると、孔子評價は最上のものとなり、儒教經典も他の學派をはるかに凌駕して特別に位置づけられている。

こうした孔子評價の推移と、上記において検討した「俠」の評價問題は連動している。

我國の宮崎市定が「游俠の儒（教）化」を論じている。(58)これは、それまで反中央の行動を示していた遊俠が、後漢中央の理念的支柱であった儒教を受け入れたという話である。この「游俠の儒化」をもって、儒教は天下の教えとなったのである。

游俠の儒化がなった經緯を理解する上で何に注目しなければならないだろうか。實はそれが石碑の有り様なのである。

石碑は、後漢の有力者が建てた。この有力者を史學の上では「豪族」と表現している。それは、次に述べるような史料に「豪傑諸侯彊族」などの表現が見えているからである。『史記』貨殖列傳には、「漢興りて海内（天下）一と爲り、關梁を開き、山澤の禁を弛め、是を以て富商大賈、天下に周流し、交易の物、通ぜざるは莫し。其の欲する所を得、而して豪傑諸侯彊族を京師に徙す」とある。地域地域に輿望のある一族を、漢の都長安に集めたことを記している。それを貨殖列傳に記しているのが、注目のしどころである。『史記』貨殖列傳は、商人の動靜を傳えるもので、そこに游俠の活動が紹介されている。だから、われわれは、遊俠なる存在が、商人の經濟活動と密接に關わっていたことを知るのである。

その商人の活動の範圍は、これも中領域になっていて、游俠の輿論の場に重なっている。やや詳しく述べれば、『史記』などを通して知る秦の始皇帝の統一政策の中に、「車軌の統一」がある。この政策から、各國は車の幅を違えていたことを知る。各國の國境を越えて車は移動しなかったということである。これが當時の經濟活動の一面を示している。物と人は國境を越えて移動するのであるが、その移動を制限する政策がとられている。貨幣も、戰國時代の領域國家の時代になって出現するが、國家ごとに形が違っていたことが知られている。これも物の移動を制限する政策の一つになる。

この「豪傑諸侯彊族」を移した記事は、後漢時代の成書である『漢書』では、貨殖傳に掲載されることはなかった。

そして、『漢書』の場合、本紀の高帝紀に「五年……後（閏）九月、諸侯子を關中に徙す」、「九年……十一月、齊・楚の大族、昭氏・屈氏・景氏・懷氏・田氏の五姓を關中に徙す」という記事が記される。ここでは「豪傑諸侯彊族」ではなく「諸侯子」と「大族……五姓」が問題にされた。遷徙先も「京師」（都）ではなく、はずれの「關中」である。『史記』で、商人との關わりが濃厚だと見なされていた觀點は、『漢書』では消えてしまった。

この場合も、やはり、游俠の輿論形成の場の香りは消されている。

つまり、新石器時代以來の文化地域の傳統を繼承する輿論形成の場に對して、『史記』は目配りがきき、『漢書』にはそれを抹殺する意圖が見えるということである。

豪族石碑の氣になる性格

先に述べたように、石碑を廣汎に建て始めたのは、それも墓碑としての石碑を建て始めたのは、豪族たちであり、後漢の時代であった。この時代の石碑について、中國の呂宗力(59)という學者がとても興味深い説を立てている。我々が常々思い描く孔子とは別の孔子が、後漢時代にあって議論されている。風貌は異常であり、かつ、王者としての資質が議論される。これを「素王」と稱し、皇帝とは區別して議論される。この説自體が、一般常識とはかけはなれている。

この「素王」説を支えているのが、後漢當時に流行した讖緯説という神祕主義思想である。この思想は、緯書と稱される書物群に記された。緯書とは、表向きは、儒教の經典つまり經書にたいする別の經典ということになっている。「經緯」という言葉があるが、「經」は縱絲、「緯」は横絲である。經書があれば、緯書もあっていい、という理屈なのだが、實際には、この緯書は前漢時代からの議論を基礎にしつつ、後漢時代に大流行したものである。

呂宗力によれば、漢碑をもとに讖緯説の思想界への影響を述べることができる。素王説は、後漢にいたると内容上おおいなる發展を示し、「孔子素王」説と「素侯」説が出てくるという。議論が錯綜しないように附け加えておけば、呂宗力は、『漢書』を引いて、前漢時代に「素王」説があったことを述べて議論を進めるわけだが、すでに述べた『史記』と『漢書』の違いが、ここにも現れており、『漢書』に述べる「素王」説は、前漢時代には溯らない。『漢書』董仲舒傳に、前漢時代の「素王」説を述べたところがあり、「孔子は春秋を作り、先に王を正して萬事を繫《つな》ぎ、素王の文を見（しめ）した」とある。これから、多くの論者は孔子と素王の關係を述べているが、董仲舒『春秋繁露』には、「素王」の記述はない。『史記』も孔子と「素王」とを結びつけてはいない。それが前漢時代の現實である。「孔子素王」説どころか、孔子と「素王」を結びつける議論すら、後漢になってはじめて流行したものであることがわかる[60]。

さて、本筋の議論にうつることにしよう。後漢時代に關する呂宗力の説である。

呂宗力は述べる。「（緯書は）孔子を天より受命した〝素王〟だとみなすだけでなく、その下に〝素臣〟を配備し、それによって世俗君權と相拮抗する神權體系を構成した。（その）緯書が大量に失われたため、今に殘された緯書の關係する材料はすでに少なくなってしまっている。しかし、緯書を引用しつつ文章を構成した石碑『史晨碑』、『韓勑後碑』の碑文によると、孔子が〝素王〟だという言い方が反復して出てくる。また〝孔聖素王、受象乾坤〟（孔子は聖人にして素王であり、きざしを乾坤〈天地〉に受けた）の説が見えていて、このことをもってしても、〝孔子素王〟説が確かに讖緯學の重要な構成部分であることを確かめることができる」。

ここに注目しなければならないのは、「素臣」を述べていることである。つまり、後漢の石碑に、孔子を頂點とする政治的な體制が、理念上のものとはいえ構想されている、ということである。もともと皇帝劉氏に對する反骨精神に充ち滿ちていた游俠世界が、どうして儒教に大いなる興味を抱いたかの鍵がここにある。傳統的儒教には、こうした政治的體制の構想がなかった。皇帝を頂點とする權力機構に、從うことを求める基本姿勢しか見られなかった。賢人とその弟子たちが傳えた思想だけでは、それを示す以外に方法がなかった。ところが、ここにいたって、つまり緯書の出現によって、理念上のものとはいえ、心の問題としては孔子を頂點とする理念的政治體制を翼贊する、という對應が可能となった。表向きは皇帝を頂點とする體制を翼贊する「形」をとりながら、ということである。

呂宗力は、この二つの翼贊體制まで述べているわけではないが、呂説を敷衍すると、こうなる、ということを述べてみたのである。翼贊の「形」をとっていても、二つの翼贊の頂點は違っている。

五德終始説と帝王風貌異常説

戰國時代にいわゆる經典の基ができあがった。前漢時代から後漢時代にかけて、經典が現代に繼承される形をなすにいたった。そして、後漢時代、經典には、新たな解釋としての注釋が附された。

戰國時代には、戰國七雄など各國の「正統」なる王を頂點とする理念ができあがり、きそってみずからの王が唯一の正統（「一統」）であることを主張した。そうした主張を統合して、前漢時代の皇帝を頂點とする理念が構想される。その構想の中で重要な位置をしめるにいたったのが、五德終始説である。

五德とは五行の德である。木德・火德・土德・金德・水德を言う。傳説の帝王以來、この五德が順を追って備わったものとされた。前漢武帝のころの説では（董仲舒『春秋繁露』）、夏王朝は木德であり、殷王朝は金德であり、周王朝は火徳であり、孔子からはじまる「閏位」の時代が水徳であり、その「閏位」を受けた漢王朝は土徳であった。この木↓金↓火↓水↓土という順番は、木が金屬に切り倒され、金屬が火に溶かされ、火が水に消され、水が土に堰き止められるという關係を示している。この關係を論じて五徳相勝説という（五つの關係を語る場合、後者が前者に打ち勝つ）。どうしてここに「閏位」が議論されるのかというと、暦が關係するからである。暦は戰國時代に理念的なものが整備された。いわゆる舊暦の祖先であり、月の盈ち虧けをもって一月とする。大陽暦とは若干のずれができるので、冬至など大陽と季節の關係を規定して調整する。夏王朝は夏正（冬至を含む月の翌々月を一月とする）、殷王朝は殷正（冬至を含む月の翌月を一月とする）、周王朝は周正（冬至月を一月とする）とされた。すべて戰國時代に議論が始まったもので、春秋時代まで實際に使われていたのは、觀象受時と稱すべき暦である。観測により季節調整するが、大陽と季節の關係を規定する節目が嚴密ではなかった。

議論の上とはいえ、夏王朝は夏正、殷王朝は殷正、周王朝は周正ということが前提となる。くどいようだが、實際の歴史的事實ではない。その議論の先に構想されたのは、再び夏正の世がやってくるということであった。戰國時代には、この夏正にまつわる制度が整備され、いわゆる經典も、この制度を語っている。したがって、經典を利用する、ということになると、夏正を使うのが理にかなっている。經典もお薦めの暦を使う、ということになるからである。ところが、周王朝が滅亡しても戰國時代は續いた。そして秦の始皇帝が天下を統一して皇帝となった。その先に漢王朝がある。經典もおすすめの暦を漢王朝にもってくるには、周王朝と漢王朝の間を「閏位」とし、その時代の暦が夏正にならないことを論じておくのがよいわけである。[61]

かくして、經典を作った（實際は後代の學者たちが作り、增補していった）とされた聖人孔子を筆頭に、「閏位」を議論することになった。

後漢の時代には、以上とは別の五德終始說が議論された。前漢末の劉歆の說を繼承したものである。傳說の帝王から始めて五德を論じ、夏王朝を金德、殷王朝を水德、周王朝を木德とし、漢王朝は直接周王朝を繼承する火德の王朝だとする。この（土→）金→水→木→火という順番は、土が固まって金屬となり、金屬が溶けて水となり、水が化して（水を養分として）木が生え、木が燃えて火を生じ、火が燃えた後に灰が殘る（土ができる）という關係を示している。この關係を論じて五德相生說という（五つの關係を語る場合、前者から後者が生じる）。孔子から始まる時代は、依然として「閏位」に位置づけられている。暦との關わりは同じである。ただ、前漢武帝期と異なるのは、この「閏位」の時期について五德が問題にされないことである。

つまり、孔子から始まる時期の位置づけは、五德終始という觀點からすると、格下げされたのである。

ところが、一方では、すでに述べたように、讖緯說による孔子の至上化が進行している。

つまり、こういうことになる。先に述べた二つの翼贊體制のうち、皇帝を頂點とする體制が帝王の德を論じて、五德終始說を述べる。こうすることで、帝王の德の問題としては、孔子は議論の外に位置づけられる。ここに、皇帝の側の、つまり中央からの目線がある。實際に權力の頂點にあるのは、皇帝である。だから、この孔子を格下にする位置づけは、言わば當然の歸結を示している。

では、孔子には五德はなかったのか。實はあるのである。それが緯書に書いてある。

孔子と傳說帝王の異常風貌說

緯書である『春秋感精符』には、「墨孔（黑の孔子）生まれて、赤制を爲す」とある。これは、孔子に水德が備わっており（墨＝黑、北方に水と黑〈玄〉が配當される）、その水德の孔子によって火德をもつ漢の制度（赤制）が作られたことを述べている。

ここで注意しておきたいことは、周（木）↓漢（火）という五德終始とは別に、孔子の水德が議論されることである。

どうして周の木德と漢の火德の間に孔子の水德が入り込めるのか。というより、何らかの德を議論しないことには、漢の火德が語れない、と言ったらいいだろうか。實は、ここまで述べないでおいたのだが、戰國時代には「三合」という議論が出現し、繼承された（「三合」については、下記の本章第三節でやや詳しく扱う）。方位を十二支で表現する場合、これを十二方位という。十二方位を作った後、三つの頂點を選ぶ。そのとき、その三つの頂點を結んでできる三角形が正三角形になるように選ぶことができる。子・辰・申、丑・巳・酉、寅・午・戌、卯・未・亥の四つの組み合わせができる。これらそれぞれの三つの方位の關係を「三合」と表現する。占いに使われている大切な用語である。

十二方位は、音樂の音の作り方と關連づけられる。音の作り方は、洋の東西を問わず基本は同じで、中國では三分損益法という。十二方位で說明すると、子の音から數えて八つ目の未の音が生成され、次に未から數えて六つ目にもどって寅の音が生成され、という具合に、つぎつぎに十二の音を作り出していく。この十二方位の「生成」に上記の「三合」を重ねて、前漢武帝時代の五德終始說は議論された。そして、後漢時代の五德終始說も、こうした圖形的背景をもって議論されている。その議論の結果、五德終始を五行相生說で述べるには、「閏位」を置いた上で、その「閏位」については五行の相生を論じない、という方策が要請された。しかし、「五行相生」のためには議論しない、ということであって、「三合」の關係から、三つの頂點にかかわる五德を別に議論することはできる（頂點は三つあるから論理上は三つ議論できる）。その議論の上で一つだけ選ばれたのが「水德」なのである。(62)

どうして孔子の「水德」が選ばれたのか。それは、孔子の祖先が殷王だったということによる。孔氏は、宋國君主から別れた一族である。宋國君主は殷王朝が滅ぼされた後、殷の末裔が封建されたものである。後漢時代の五德終始說では、殷王朝は水德とされた。だから、孔子も水德だというわけである。

上記の緯書說は、その水德の孔子が、火德の漢王朝の出現を預言した、という內容になっている(63)。

この孔子と水德の關係は、實は豪族たちにとって、とても魅力あるものであった。というのも、豪族たちは、その祖先を傳說の帝王に求めていたからである。この傳說の帝王に祖先を求める考えは、戰國時代の各國の王の間で議論されていた。各地の豪族は、それぞれの地域の有力者であり、春秋時代以來の都市の有力者である。それぞれの都市は、溯っていけば、春秋時代の都市國家にいきつく。都市國家の時代に、傳說の帝王の議論はなかった（現存する帝王傳說は、すべて戰國以後のものである）が、豪族たちは、自己の先祖を都市國家の時代に溯らせ、それぞれの君主がもっていた「姓」に注目した。「姓」はそもそも女性が出自を意味するものとして使われた。そして、それぞれの國家ごとに決まっていた。この「姓」ごとに、傳說の帝王から別れたことを議論したのである。

この議論が定着すると、豪族の祖先は傳說の帝王だということになる。こうなると、後漢時代の五德終始說により、そして、孔子の事例からして、自分たちにも、少なくとも祖先祭祀を通して五德を議論する權利がある、という話になる。後漢時代に、諸氏の系譜が整備されることも、よく知られている。

先にも述べたように、讖緯說に特徵的なこととされているものに異常風貌說(64)がある。漢の高祖、堯・舜・文王など、いずれも龍眼であるなどの異常風貌のことが記されている。『孝經援神契』に「孔子は海口にして、言は澤を含むが若し」（「舜は大口なり」という文章もある）とあり、『孝經鉤命決』に「仲耳（孔子）は虎の掌あり、是れを威射と謂ふ」・「仲耳（孔子）は、龜背あり」とあるのも、孔子の異常風貌を述べている。

傳說の帝王について異常風貌を述べること自體は、戰國時代からあり、近年出土している戰國時代の竹簡にも、そうした說の原形が見えている（例えば殷の先祖の契が母の背を割って生まれるという異常出生說が上海博物館竹簡『子羔』[65]に見える）。戰國時代の地理書である『山海經』には、天下の外のことではあるが、異常風貌の神たちが描かれている。その說が基になって、後漢の時代には、異常風貌說が流行し、戰國時代には異常風貌が論じられることのなかった孔子までもが、神格化されて異常風貌を論じられることになった、ということであろう。

緯書の中では、孔子の水德が强調されて出現する。そして、關連づけられる五德は、ほぼ漢の火德を預言するものになっている。

すでに述べたように、五德終始という點では孔子は「閏位」に位置づけられているのだが、五德の一つ水德をもつものとされている。上記の「龜背」も北方（水が配當される）の守神、玄武を想起させるものである。「海口」も同様である。これに對する赤德の赤は、南方の色である。つまり、天に飛翔する朱雀（鳳凰）を印象づける赤德に對し、孔子の水德は地を支える北海の玄武を印象づけるものになっている。

四神說の推移と孔子

劉邦・孔子の異常風貌を論じると、緯書に見える表現はどう見ても劉邦が朱雀、孔子が玄武の特徵をもっている。これについて、以下に靑龍・朱雀・白虎・玄武のいわゆる四神と劉邦・孔子の異常風貌との關わりを見ていくわけだが、すでに本節冒頭にその一端を述べたように、やっかいな問題がよこたわっている。世に知られている四神說をもってしては理解不能の世界が、前漢の諸書によこたわり、下記に論じていくように、實は後漢の畫像等の表現によこたわり、それが南北朝時代に繼承されている。つまりは、壓倒的多數の具體例が、理解不能の世界の產物となっている。このことを知らずに、劉邦・孔子の異常風貌を論じるのは、とても危ういものとなっている。

そこで、事のついでに、あらかじめ述べておくと、現實に人が感得できる天球は、北極と南極を結ぶ廻轉軸、すなわち極軸が傾いている。これを頭の中で構想することはできるが、實際のモノとして表現するのは何かと難しかったようである。そこで、天を表現するのに、北極を天頂にもってきて極軸を垂直に表現する場合と、實際の天に同じく天球の廻轉軸を傾けて構想しつつ南を「上」、北を「下」として表現する場合がある。以下、この二つの表現を話題にして考察を進める。極軸の傾きを念頭に置いた場合の別の表現も検討する。

また、十二方位を問題にしていくのだが、この十二方位には、地上に方位配當した「地の方位」、天球に方位配當した「天の方位」の他、一日の太陽の見える方角（夜は星座で推測）を地上に反映させた「時間の方位」、一年春夏秋冬十二箇月に方位配當した「季節の方位」がある。それぞれ十二支を配當するので、一つの畫面上で重ねて議論する。混同しないようにする必要がある。

よく知られた事實として、まずは簡單に述べるにとどめるが、天球に方位配當したのとは別に、天の星座や星が、地上の國々を守るという考え方が戰國時代に盛んであった。この場合、地上の中心をどこに定めるでもなく、あちこちの國を話題にしては、それを守護する星座や星を論じるので、天の十二方位とは切り離して理解する。

後漢以後の四神表現の周圍を見廻すと、多數の靈獸が表現されていることが少なくない。中國各地で議論された神格に始まり、やがて佛教の影響が入ってくる。これらはこれらで、研究對象となるが、本論の焦點は、まずは後漢時代の緯書思想と四神との關わりにある。紹介は、四神表現の特徴を論じるべき材料にとどめ、多くの靈獸等は割愛する。

さて、前漢時代の諸書に見える四神説は、後代のものとかなり違っている。

『淮南子』天文訓では、「太陰は寅に在り、朱鳥は卯に在り、勾陳は子に在り、玄武は戌に在り、白虎は酉に在り、蒼龍は辰に在り」と述べていて、この説明にあっては、青龍・朱雀・白虎・玄武の四神はまだ四方の神としては定まっていない。また同じ『淮南子』天文訓には、「何をか五星と謂ふ」と斷り書きがあった後、五惑星について、木星（歳星）が東方、火星（熒惑）が南方、土星（鎭星・塡星）が中央、金星（太白）が西方、水星（辰星）が北方の神であることを述べるものがある。そしてそれらには、獣が従っており、それぞれ蒼龍（東）、朱鳥（南）、黄龍（中央）、白虎（西）、玄武（北）になっている。つまり、これはいわゆる四方に青龍・朱雀・白虎・玄武が配當されるという話ではなく、五つの獣は五つの神としての惑星（天の十二方位を惑う星）にそれぞれ従う、その惑星が四方と中央を守っている、という話である。ここで參照できるのは、戰國時代の分野説[66]であり、天の星宿が各地に配當されている。くりかえすようだが、この場合、星宿の方位配當は地上界の諸侯國の配置に重なることはない。それぞれの星宿分野がどの國と關わるかを論じている。

『淮南子』天文訓には、「凡そ諸神に従る、朱雀は太陰前一に在り、鉤陳は後三に在り、玄武は前五に在り、白虎は後六に在り」というものもある。太陰（太歳）は天の十二方位を移動していく。それに合わせて、朱雀・鉤陳・玄武・白虎も移動していく。

『禮記』は、戰國時代の諸書に見える説を統合して漢代の考え方を示したものだが、その『禮記』曲禮上に「史載筆、士載言、前有水、則載青旌、前有塵埃、則載鳴鳶、前有車騎、則載飛鴻、前有士師、則載虎皮、前有摯獸、則載貔貅、行前朱鳥、而後玄武、左青龍、而右白虎、招搖在上、急繕其怒、進退有度、左右有局、各司其局」とある。これは、「前朱鳥、而後玄武、左青龍、而右白虎」だけを取り出すと、一見いわゆる四神説ができあがっているかの感じを抱かせる記載だが、文脈を見ればわかるように、行軍を問題にする場合の五惑星の守護を論じているのであって、地形に合わせて東西南北と前後左右の關係は變化する。いわゆる四神の記載の後に「招搖在上」とあるのは土星の加護である。

『史記』天官書は「中宮天極星」・「東宮蒼龍（青龍）」・「南宮朱鳥（朱雀）」・「西宮咸池」・「北宮玄武」と述べていて、まだ周知の四神が完備していない記事を載せている。そして白虎は咸池とは別に紹介され、西方に配置された星宿の代表たる參宿の說明として「參爲白虎」とある。だから、『淮南子』天文訓や『禮記』曲禮に見える前後左右に四神を配する說も、なお四神が東西南北に定着する以前の狀況を示すもののごとくである。

注目しなければならないのは、この『史記』天官書の記事が、そのまま『漢書』天文志に採用されていることである。このことから推測されるのは、青龍を東、朱雀を南、白虎を西、玄武を北に配當することが天下の說として定着するのは、早くとも後漢の『漢書』編纂時より遲れるということである。

以上の、『漢書』にいたるまでの諸書の內容と一見矛盾しそうなのが、近年發掘された前漢陽陵の「羅經石」遺址(67)である。

この遺址の四神は、東に青龍、南に朱雀、西に白虎、北に玄武を配する。この點だけで言えば、明らかに隋唐以後について議論される四神の方位配當の先驅をなしている。それでいて、上記の諸書に示される四神の內容に一見抵觸しそうなのはなぜだろうか。

それは、一つに、以下に論じていく後漢時代の四神の有り樣、南北朝時代の四神の有り樣が、よくわかっていなかったことに據る。戰前より有名になった高句麗古墳壁畫の四神や戰後有名になった高松塚古墳・キトラ古墳の四神が、そのまま前代まで遡上できると考えてしまった。

そこで、あらためて「羅經石」遺址の四神を考察すると、『漢書』にいたるまでの諸書のうち、『禮記』曲禮の四神説が、反映されたものであることが了解できる。

検討の鍵を握るのは、この遺址に表現された色帯である。「羅經石」遺址は、その平面形が方形で、内外二つの方劃からなる。内側の方劃の外に、四邊に沿って帯狀に色が表現されている。東は青、南は赤、西は白、北は黒の帯になっている。

この色帯については、『史記』封禪書[68]を參照することができる。これに據れば、戰國時代の秦國において祭祀されていた白帝・青帝・炎帝・黄帝の祭祀地は、東西南北およびその中央には配されていない。これは、戰國時代流行の星宿の方位配當を參照することができる。

それが、「羅經石」遺址のように東西南北に配されたのは、これらの色を方位と關連させようという意思の現れである。これは、本書下記の第一章第三節に扱う「「三合」、十二方位による五行生成説と五徳終始説」を參照すれば、了解できる。前漢中期の董仲舒の五徳終始説について見てみると、東に木徳、南に火徳、西に金徳、北に水徳を配する。中央の土徳は、黄色とし、四方に配される三つの方位のうち、右まわりに數えて最後の方位（北は丑、東は辰、南は未、西は戌）に分在させるものとする。これは、季節の方位に十二支を配當した上で、さらに五徳を春（木の青）夏（火の赤）秋（金の白）冬（冬の黒）に配當し、土の黄を中央に配當するか、または四方に分在させるかを論じたものである。

この場合、東は木徳の青、南は火徳の赤、西は金徳の白、北は水徳の黒を配することができる。加えて、中央の黄を表現しなかったとすれば、「羅經石」遺址の帯狀の着色は説明できる。

すでに述べた『禮記』曲禮の内容に沿って述べれば、この色帯は、季節方位にまず色を配當し、そこに五惑星を關連づけてできあがる。その五惑星には、四神と黄龍が附き従っていた。結果として、すでに長い間議論されてきた東の龍、西の虎は、この色と結びつくことによって、それぞれ青龍、白虎となった。

この遺址は前漢景帝の陽陵に附設されているので、天下に範を示したものなのだろうが、この表現法は、『史記』の採用するところとはならなかった。それだけでなく、その『史記』の考え方が『漢書』に繼承されることになる。

後漢時代には、緯書が流行する。『漢書』以後、その緯書の一つとして緯書『春秋文耀鉤』ができあがる。そこに、(69)『史記』天官書の上記の四神說（「中宮天極星」・「東宮蒼龍（靑龍）」・「南宮朱鳥（朱雀）」・「西宮咸池」・「北宮玄武」）の一部を改め、いわゆる四神を四方に配した說明がある。『史記』の索隱が引くもので、「中宮大帝、其精北極星」、「東宮蒼帝、其精爲龍」、「南宮赤帝、其精爲主鳥」、「西宮白帝、其精爲白虎」、「北宮黑帝、其精爲玄武」とある。これは、中宮・東宮・南宮・西宮・北宮を論じ、それぞれの精が四神の一つを話題にしている。注目點は、南北朝以後の古墳の四神が、墓室や墓道など墳丘内に表現されているのと異なっていることである。

「羅經石」遺址も、前漢皇帝陵に附設されていて、墳丘内に表現されたものにはなっていない。

前漢と後漢を結ぶ時期として王莽の新王朝があり、周知のように、彼の時代には、特異な政策が少なからず施行された。だから、その時代のことが氣にはなるのだが、將來必要ができた場合に修正することを念頭におきつつ、考察を先に進めよう。

『禮記』曲禮に見える四神說は、いわゆる漢式鏡の銘文に繼承されている。この漢式鏡の銘文を見ると、四神がそろっているものと、靑龍・白虎だけが示されるものがある。(70)前者には「左龍右虎掌四彭、朱雀玄武順陰陽、八子九孫治中央」・「左龍右虎辟不祥、朱鳥玄武順陰陽、子孫備具居中央」という表現がある。「左龍右虎掌四彭、朱雀玄武順陰陽」は、四彭（道）を龍・虎がつかさどり、陰陽に朱鳥・玄武が從うというもので、龍・虎と朱鳥・玄武の存在意義が異なっている(71)。また、後者には、「蒼龍在左、白虎在右」とするものの他、「左龍右虎四時置」という場合もある。いずれにせよ、鏡背の表現としては、四神が同じように配置されているのであるが、銘文の説明では、龍・虎と朱鳥・玄武とは區別されている。

『禮記』曲禮を繼承するのは、青龍（蒼龍）・朱雀を左右に置くという考えである。ところが、よく見てみると、朱雀（朱鳥）・玄武は、陰陽に從うとある。これは、以下に示すような、緯書の世界に通じる宇宙觀が基礎にある。

すでに述べたように、後漢時代に流行した緯書説によると、劉邦の異常風貌は朱雀をイメージさせ、孔子の異常風貌は玄武をイメージさせるものになっている。この種の異常風貌説の流行は、地方輿論を支える游俠たちの「儒」化と密接に關わるものであった。この緯書説の背景としては、後漢當時の天文觀がある。北極と南極を結ぶ曲軸が傾いていることを前提に、太陽の道筋が議論され、南中時の太陽と、子の方位に隱れた太陽とが、それぞれ南の朱雀、北の玄武に重ねて議論されたものだと考えられる。

後漢時代の建築遺址や出土遺物には、この緯書内容を基礎にした四神表現が少なからず存在する。一つに、門闕や墓前碑に表現されたものがある。これは、かつて關野貞が注目した四川省の事例(72)を含む。

門闕の場合、東闕と西闕それぞれに表現されることが闕わるのだろうが、それぞれの正面（南面）の上部に朱雀、その下部に玄武を表現する。玄武が風化で缺けていたり、別の神格が表現されていたりする。西闕の右側（東面）には白虎、東壁の左側（東側）には青龍が表現される。

具體例としては、關野貞が注目したものと言ってよい四川渠縣趙家村無銘闕(73)が、西闕現存のもの・東闕いずれも正面の上部に朱雀を表現する。そのうち西闕現存のものは、正面下部に玄武を表現する。西闕の右側面に白虎を、東闕の左側面に青龍を表現する。同渠縣沈氏闕(74)も同樣の構成をもつが、玄武について左闕では玄武が缺け、右缺は論じるべき部分が剝落している。

後漢時代になると、墓室を構成する畫像石に四神を表現することも流行する。朱雀と玄武がそれぞれ對になることは[75]、上記の門闕（西闕・東闕）の事例を參照できる。

西安の碑林博物館[76]に、四神を描出した具體例が所藏されている。陝西綏德縣後思家溝快華嶺後漢墓の畫像石墓門（本書一二九頁）は、觀音開きの左右の扉の上にそれぞれ一羽ずつ合計二羽の朱雀、左扉の下の方に白虎、右扉の下の方に青龍、左の白虎の左側の門部に玄武、右の青龍の右側の門部に玄武、つまり二體の玄武を表現している。これは、墓の門を正面からみた圖であり、明らかに朱雀が上、白虎が西、青龍が東、玄武が下に位置している。

また同所の米脂縣官王二號墓（後漢）の畫像石墓門は、觀音開きの左右の扉の上にそれぞれ一體ずつ合計二體の朱雀、下に合計二體の牛を表現し、左の牛の左側の門部に白虎、右の牛の右側の門部に青龍を表現している。これは、墓の門を正面からみた圖であり、明らかに朱雀が上、白虎が西、青龍が東に位置している。この場合、玄武は表現されていないが、朱雀は一對である。

いずれも、それぞれの表現は、天球を地上の遺址に反映させるに當たって、極軸が傾いている現實を考慮している。

後漢末と考えられている山東沂南畫像石墓[77]からは、四神畫像が發見されている。前室北壁東段には青龍、前室北壁西段には白虎、前室北壁正中一段には上の部分に朱雀、下の部分に玄武が表現されている。青龍・白虎は側面からの視點、朱雀・玄武は前面からの視點で表現されている。ただし、四神をメインにしたとみられるのは、この北壁だけであり、前室過樑には、四神といっしょに別の聖獸も表現され、東壁・西壁の場合は四神の一部と他の聖獸が表現されている。とはいえ、前室北壁正中一段には上の部分に朱雀、下の部分に玄武が表現されていて、これは、南中する太陽を上、子の方位の地下の太陽を下とみなしての表現であろう[78]。北の玄武を北壁に設定し、そこから上に表現をの

四神墓門　陝西省綏德出土　上部朱雀一對、下部玄武一對と白虎・青龍
西安碑林博物館

李和石棺　隋開皇二年　陝西省三原出土　正面に朱雀、裏面に玄武
西安碑林博物館

後漢〜隋の四神表現②

四川省雅安　高頤碑　後漢
青龍白虎趺

四川省雅安　樊敏碑　後漢
碑陰上部に朱雀

王孝淵碑　後漢永建三年　四川省郫縣出土　四川省博物館
左から碑陰下部に玄武、正面左に白虎、正面上部に朱雀、正面右に青龍

四川省渠縣趙家村　無銘闕（西闕現存）
（正面）上部朱雀、下部玄武（右）白虎

四川省渠縣趙家村　無銘闕（東闕現存）
（正面）上部朱雀、下部缺（右）青龍

四川省渠縣趙家村沈俯君闕・闕

（西闕）正面上部朱雀、下部缺、右に白虎　（東闕）正面上部朱雀、下部缺、右に青龍

ばして南を意味づけさせている。その表現も、天球を地上の遺址に反映させる場合、極軸が傾いている現實を考慮した結果である。

この種の表現法は、南北朝時代にあっても繼承されている。ただし、後漢時代にあっては、劉邦について朱雀、孔子について玄武を、それぞれ重ねて表現するという意識があったわけだが、南北朝時代には、その思想的背景は衰微する。(79)

具體的には、河北磁縣灣漳北朝墓(80)の墓道東壁に青龍、墓道西壁に白虎、墓道がいきあたった墓門の上部に朱雀を表現している。また、山西太原北齊徐顯秀墓の墓門東門扇浮雕彩繪に朱雀（上）と青龍（下）、同じく墓門西門扇浮雕彩繪に朱雀（上）と白虎（下）を表現している。

墓室に準じて、方位を議論できる遺物がある。石棺である。

「昇仙圖」とも稱される圖が施された北魏の石棺がある。(81)石棺の四面には、よく見ると墓主と覺しき人物の前に朱雀（南）・玄武（北）が表現され、他に青龍（東）・白虎（西）も表現される。この時期の石棺は、底面は水平だが、蓋面は南が高く、北が低くなるように設計されている（側面は臺形を横にした形）。これは、南を正面とみての設計であり、上記に同じく朱雀を「上」、玄武を「下」に表現しようとするものだろう。

西安碑林博物館には、陝西李和石棺(82)が所藏されている。これは、隋の開皇二年の銘をもつものだが、石棺の形狀と朱雀を正面、玄武を裏面に表現する點は共通する。

闞野貞が調査した南京の梁川靖惠王蕭宏碑(83)は龜趺碑であるが、その碑側には、縦に一面ずつ八面の神獸が表現されており、上から數えて偶數面は、上から朱雀・白虎・朱雀・青龍になっている。これも、朱雀を上に表現する後漢時代の影響と考えてよかろう。闞野は、こうした事例をも參照して、玄武が龜趺碑の龜に變化したのだと考えた。

方位が議論できるとはいえ、構圖としては、漢式鏡の延長上に検討すべきものだと考えられるのが、墓誌である。北魏の尒朱襲墓誌（洛陽）の蓋に四神が表現されている。[84] 墓誌の題字の向きからして、「上」は朱雀、「下」は玄武で、左が「青龍」、右が「白虎」である。これは、占星盤の天蓋と同じ構圖で極上から見下ろした天蓋である、地球の自轉によって、天蓋は右廻りに廻る。青龍・白虎は頭部の向きが右廻りになっている。

こうした諸事例は、南北朝時代にあって、四神を表現する場合、主流になっているのは、後漢時代以來の宇宙觀、すなわち曲軸が傾いていることを前提とする宇宙觀であることを教える。では、これが、唐代の四神表現に變化するのはいつか。この點を考察するのに、參照できるのが、高句麗古墳である。

有光教一によれば、[85] 高句麗古墳は、（A）人物・風俗畫を主題とする壁畫、（B）人物・風俗畫と四神圖が併存する壁畫、（C）四神圖を主題とする壁畫という三種の題材が描かれており、時期的に（A）→（B）→（C）の變化を遂げる。このうち（B）に屬するのが雙楹塚（五世紀末）である。

この雙楹塚[86]では、玄室の北壁中央に墓主夫妻とその家が描かれ、その家の左側に一對（二體）の玄武が描かれている。玄室の南壁上部には一對の朱雀が描かれている。これも、朱雀を「上」に表現しようとする意圖を見て取ることができる。玄武を墓主とその家の左側にずらせて表現するのも、本來玄武が擔う役割を墓主が擔う意圖を見て取ることが可能である。

この雙楹塚よりも早い時期のものと考えられている藥水里古墳[87]の場合、玄室の北壁・東壁・南壁・西壁の上部に梁が表現され、四神はそれぞれ梁の上に描かれている。ただ、北壁の中央にいるのは雙楹塚と同じく墓主夫妻であり、玄武はその右側に描かれる。また南壁の朱雀は、その玄武の對面に位置し、南壁正面の梁の上には何も描かれない。[88] 朱雀の下には入り口が開いている。注目できるのは、その朱雀が、梁よりやや上の方に描かれていることである。

以上、雙楹塚、薬水里古墳に共通するのは、朱雀をやや「上」に表現することで、この表現は、天の極軸を傾けて理解する宇宙観が念頭にあると見てよい。

これらに對し、（C）の時期に屬する湖南里四神塚・江西大墓・江西中墓では、朱雀をとくに「上」に表現しようという意識がなくなっている。

（C）の延長線上に議論できるのが、高松塚古墳やキトラ古墳の四神である。

以上のようなことであるとすると、高句麗壁畫古墳や唐墓を通して常識を形づくってきたいわゆる四神表現、つまり墓室の四壁、東西南北に四神を表現するという構圖は、後漢時代の極軸を傾けた宇宙觀の下で始まり、やがて、玄室天井の中央に北極を表現するようになって、つまり、極軸を垂直に表現するようになって、はじめて常識的な表現になったことがわかる。

極軸を傾けた宇宙観を、言わば無視したために、古く遡上できるかのような幻想を抱いていただけであって、實は、常識的な四神觀は、かなり遲れる可能性があるということである(89)。

だから、常識的な四神觀を、そのまま前漢の「羅經石」遺址に結びつけることはできない。上記に多數の事例をもってそれが確認できた。ましてや、それを戰國前期の曾侯乙墓出土二十八宿圖の龍（頭部北向き）・虎（同南向き）や、新石器時代の濮陽西水坡遺址(90)の龍・虎（いずれも頭部が南向きの墓主の左右で頭部北向き）については、なおさらのことである。

なお、綏德縣後思家溝快華嶺後漢墓の畫像石墓門は、四神を表現したものであり、米脂縣官王二號後漢墓の畫像石墓門は、四神のうち玄武を除いた三者を表現したものである。いろいろ説明はあり得ようが、後者は、孔子を無視したというより、表現しないことで、逆に孔子の尊嚴を強調した可能性がある。高句麗古墳に見える玄室北壁中央の墓主人も、玄武をわきにおしのけて表現され、上記の孔子の尊嚴性を墓主が引き繼ごうとした可能性を指摘することができる。六朝以後の度重なる彈壓にも拘わらず、緯書は隋・唐にあっても多方面に亘って利用されたらしいこと、日本にも早くから緯書が多數もたらされ、明らかな引用としても『續日本紀』養老七年條以後多數にのぼることが知られる。[91] こうした經緯を考慮すると、そうなるということである。

そこで、ということになるが、賢人としての孔子をあまり特別視しすぎて、皇帝をないがしろにしてしまうと、漢王朝を凌駕する存在として、かえって危險視されかねないものとなろう。その危險を回避する方策が、五德終始說の形をとって、念入りに練られていた。

その念入りな議論の一端を、さらに紹介しておこう。

上記の漢王朝にとっての危險を問題にすれば「素侯」說を念頭におきつつ「孔子素王」の「素王」が實際の「王」ではないと言えばいい、ということになり、逆に漢皇帝をたしなめるほどの力を誇示したいという欲求からすると「孔子素王」說を強調し、さらに五德の一たる水德のことなどを述べた方がいい、ということになる。

はからずも、ということになるが、孔子以外の諸子は「素侯」だという說を述べ、孔子を含めて論じる「素王」も「王」ではないと明言した、つまり漢王朝にとっての危險を意識して述べた者がいる。王充であり、その書『論衡』である。『論衡』超奇に「孔子は春秋を作り、以て王意を示す。然れば則ち孔子の春秋は、〝素王〟の業なり。諸子の傳書は、〝素相〟の事なり」とある。同じく『論衡』定賢に「孔子は王たらず。素王の〝業〟は春秋に在り。然れば則ち桓君山の素丞相の蹟、新論に存するなり」とある。その王充は、一般に讖緯の內容の虛妄性を批判したことで知られている。この批判により、王充については一般に「合理」という現代評價が定まるのだが、私には、讖緯を批判して「素相」を述べる「漢王朝擁護」の側面が見えている（單なる問題提起とみなしていただいてよい）。

龍と朱雀と劉邦

先に述べたように、後漢時代の異常風貌説によれば、漢の高祖は龍の風貌が議論される。これに先行して、戰國時代には、異常風貌説ならぬ異常出生説があることにも言及しておいた。その異常出生説を少し檢討してみよう。『史記』高祖本紀には、高祖の母は劉媼といい、大澤の陂（つつみ）にいこい、夢に神と出會ったという。この時、雷電があり、あたりは暗くなって、父の太公が行ってみると、蛟龍がその上に現れていたという。そして劉媼はみごもり、高祖を生んだ。

この種の話は「感生帝」説として議論される。異常な出生を論じるものである。上記の部分には、異常風貌は議論されていない。ところが、『史記』の文章には、續いて「高祖は首が長く鼻が高く「龍顔」であり、左股にホクロが七十二個あったと記す。これは、異常風貌説になり得る。七十二は九と八をかけたものであり、九は天、八は人を示す數である。高祖は、革命によって權力を握った。春秋時代以來の血統を述べることも、またその血統が傳説の帝王以來のものであることも論じなかった。戰國時代の議論の重心は、革命論にあり、これに贊成するにせよ反對するにせよ、血統が議論されなかったわけではないが、まずは有德が問題にされた。高祖は、「有德」を實践して皇帝にのぼりつめた、ということに違いない。ところが、その事實を敍述することになった『史記』の時代、天下にあまたある豪族・游俠たちの先祖が春秋以來の血統を議論できることに、對應することが迫られたのであろう。

ちなみに、ということで述べておけば、『史記』の説明によれば、漢の高祖劉邦は父の子ではない。その母が龍の精を受けてみごもった存在である。そして母の氏たる劉氏を名のった。

特別の存在を説明するものであった高祖の異常風貌説は、後漢時代の緯書において、龍にまつわる話題をさらに生み出していく。緯書である『詩含神霧』には「〝赤龍〟が女媼に感ぜしめて、劉季（劉邦）が興った」と記している。龍は後漢の時代に議論された「火德」を反映して赤い龍だとされた。『史記』では「異常風貌説になり得る」という程度の表現にとどまっていたのだが、別の緯書である『河圖』には、「帝劉季（漢高祖）は口角は鳥のくちばしのようであり、胸は張り出ていて、龜の背、龍の股をもち、背丈は七尺八寸（一七〇～一八〇㎝）もある」と記している。同じく緯書である『春秋合誠圖』には、「赤帝の體は朱鳥（朱雀）であり、その顔は龍顔であり、ホクロが多い」とある。これらから、われわれは、後漢時代の朱雀（朱鳥）が、一般常識となっているいわゆる南方神という意味を越えて、漢王朝の象徵的風貌として議論されていたことを知る。「やや異常」だという程度だった高祖の風貌は、後漢時代にはとても異常なものに化したのである。

高祖の風貌について、後漢時代の成書である『漢書』には、『史記』と同程度の記載しかない。これは、『漢書』が經書に相當する位置づけをもつとされていたことを物語る。經書にない記事を述べるのが緯書であるから、高祖の風貌も、あえて『漢書』には示さず、緯書に示したということに違いない。

その緯書に掲載された孔子の出生と風貌は、高祖に對應するものをもっている。すでに孔子の異常風貌についての緯書説は紹介したところだが、異常出生についても次のようなものが議論されている。孔子に關する緯書説では、(92)『春秋演孔圖』に「孔子の母の徵在は、大澤の陂に遊び、夢に黒帝の使があらわれ、請われるままに行くと夢に語をまじわし、女乳は必ず空桑の中においてするだろうと言われた。夢から覺めるとなにやら感じるところがあり、丘（孔丘つまり孔子）を空桑の中に生んだのである」とある。また『論語譔考』には「（孔子の父の）叔梁紇は（孔子の母の）徵在と尼丘山に祈り、黒龍の精に感じて仲尼（孔子）を生んだ」とある。これらには、孔子（孔丘・仲尼）が黒帝の精に感じて生まれたことが述べられている。こういう特別な人物だから、すでに紹介したように「海口」「龜背」という容貌になるのである。こうした「感生帝」は、帝王たる條件の一つを備えている、ということだから、單なる賢人ではない。

すでに紹介した呂宗力は、君權天授は中國の傳統的神學觀念だとした上で、讖緯學の君權天授理論では、君權にかなう身分證明として、「感生帝」・「特異風貌（異常風貌）」・「符命」が核心部分をなすことを述べている。孔子は、帝王たるの條件を備えていたとされたのである。しかし、にも拘わらず、五德終始説による限り、孔子は帝王たるの條件を備えていない、ともされていたわけである。

孔子の風貌だけを見ていると、後漢時代に議論された孔子の異常風貌の、異常ぶりだけが目立つのであるが、こうして漢の高祖劉邦と比較して議論してみると、後漢という時代が異常なものを要求していたことが、よりはっきりしてくる。

後漢時代に流行した緯書説では、朱雀は「朱鳥」と稱されて漢王朝の火德と漢の高祖劉邦の異常風貌を語る基礎となっており、玄武は孔子の水德とその異常風貌を語る基礎となっている。後世議論された「四方の守神」という説明では、説明したことにならない性格をもっていた。

こういう異常な説明をもって、「游俠の儒化」は成ったということなのである。この「游俠」の儒化は、先人宮崎市定によって議論され、「（反中央を旨として行動してきた）游俠の墮落」という文脈で語られたのであるが、以上の檢討を通して、それが「墮落」ではなかったことが、かなりはっきりしてくる。彼ら游俠をまとめる豪族の祖先の傳説帝王に關しても、後漢の時代には異常風貌が流行している。祖先祭祀を通して、その過去の榮光を確認することとなり、かつ、「素王」孔子の臣下たる「素臣」たることを自任しつつ、「儒化」が進行したのである。皇帝とは異なる理念的翼賛體制を作り出したというにとどまらず、祖先の榮光を確認するための實踐的行動が「儒化」だったということである。

そして、彼ら後漢時代の人々の考えていた龍とは、赤龍であり、赤帝の化身であり、その子孫たる漢の高祖に鳥と龍の異常風貌をもたせることになった。後代には、龍は皇帝の象徵となり、朱鳥は鳳凰の名で議論されて皇后の象徵となる。それとはまったく異なる龍・鳥融合の「形」が高祖の異常風貌說に見えている。

そして、一般に知られる四神の時代、朱雀は南方の守神として議論されるにいたる。これも、いわゆる鳳凰とは異なっている。この四神が我が國のキトラ古墳や高松塚古墳にやってきた。

そもそも諸書にみえる龍は、かなり多様である。考古學的には、龍とされる紋様がある。これらについて、時代を考慮することなく「皇帝の象徵」という言葉を使うことは、相當に飛躍のあるものであることがわかる。何らかの神格を象徵することはわかるので、その種の説明にとどめておくとよい。

龜趺碑・四神と龍

龜趺碑については、私は別に論じたことがある(93)。關野貞ら先人の検討を繼承し、日本江戸時代の事例を増補して、それをまとめた。唐代中期までの龜趺の龜は、「靈龜」と稱される存在である。そして、その後、龍の子の「贔屓」だと説明されるようになる。ここに言う龍は、皇帝の象徵である。史料的におさえきれていないところがあるが、この「靈龜」から「贔屓」への變化が、皇帝の象徵としての龍の出現に密接に關わるようだ。

では、「靈龜」は最初から「靈龜」だったのかどうか。

すでに説明したところからすると、龜趺の龜は、後漢時代において議論されていた四神の玄武が祖形のようである。曾布川寛『崑崙山への昇仙』(94)が紹介する圖や説明などを參照すれば、すぐ了解できるように、前漢の帛畫に水に浮かぶ大地とそのみぎわの龜が描かれている。大地は力士が支えている。この力士と龜は、時代が降ると大地を龜が支える形になる。ただ、この龜では、龜趺塔が世界を支えることは理解できるが、碑石を支える意味がいま一つわからない。

また、世に知られた四神説、つまり青龍・朱雀・白虎・玄武が、それぞれ東・南・西・北の守神だという説明からも、碑石を支える龜という説明は、飛躍がある。

對向する青龍・白虎が趺石に表現されていたりするから、當初から龜趺のみが碑石を支えると發想されたのではないらしい。では、こうしたさまざまな發想から、どうして玄武が選ばれて龜趺となったと説明できるのか。

ここに注目できるのが、この玄武の想定される北の守りと、朱雀の想定される南の守りは、東西とは異なる意味を賦與されているという點である。朱雀は鳥であり、天空を舞う。玄武は大地の下の水中にある。これは、大陽が東の大地より昇り、南中し、西の大地に沈み、北の水中深くを移動する様を念頭において議論される。この玄武が孔子であり、朱雀が漢高祖だという話を、上記においてしてみたわけである。結局龜趺が定着し他がなくなるのは、こうした大陽の動きを説明しようとする宇宙觀の中で、北の守神が最も低い場に位置することと關わりがあろう。

すでに述べたように、漢式鏡と稱されている鏡の銘文を見ると、四神がそろっているものと、青龍・白虎だけが示されるものがある。四彭（道）を龍・虎がつかさどり、陰陽に朱鳥・玄武が従うというもので、龍・虎と朱鳥・玄武の存在意義が異なっている。

鏡の持ち主（子孫）が中央にいるとするのは、四神に守られるという發想であり、こうした漢式鏡の發想と、上記の龜趺碑發生にいたる經緯とがどう關わるかは、謎が多いままだが、高祖を朱雀（漢の火德に基づく）、孔子を玄武（孔子を水德とする）に見立てる考えは、そもそも四神の方位配當（季節の方位配當の夏は地の方位の南、季節方位配當の冬は地の方位の北に重なる）がないことには說明がつかない。

後漢王朝の時代には、漢の高祖と孔子の異常風貌を語る四神說が世を風靡していたわけだが、後漢が滅亡するとともに、その特異な四神說に替わる議論が出現する。緯書の時代は、しばらく續く。『三國志』蜀書の先主傳に、群臣が劉備に上書して「『孝經援神契』（緯書の一つ）に『德が淵泉に至ると黃龍が現れる』とありますが、龍は君の象徵であります。『易』の乾の卦の九五（五番目の陰陽が陽になっている）に『飛龍が天にある』とありますように、大王（劉備）は『龍升』に當たります。ここは帝位に登るべきです」と述べたくだりがある。蜀の劉備は漢王朝の血筋だが、五德は火德の先の土德（黃色の龍を議論）になる、という說明を始めたらしい。後漢時代の特異な四神說は、ここに生命を終えたようだ。そして、一般に議論される四神說がやがて出現するのである。

樊敏碑[95]は、碑陰上部に朱雀を表現し、龜趺を用いている（本書一三〇頁參照）。玄武から龜趺が發想された經緯を物語る遺物になりそうである。

では、龜趺碑の龜が玄武だということの意味は、その後どうなっただろう。ここに議論しなければならないのは、魏の曹操が發布した所謂薄葬令である。地上の目印を禁止している。「漢文帝の（墓の）發かれざるは、（その墓たる）霸陵に求むるもの無ければなり。光武の（墓の）掘らるるは、（その墓たる）原陵に樹を封うればなり。……古より今に及ぶ、未だ亡びざるの國有らず。亦、掘られざるの墓無し」が理由となっている。この薄葬令の結果、豪族の墳丘や石碑は姿を消した。つまり、龜趺も姿を消したということである。論理的には、魏の勢力圏内でのことになるが、そうなった。この詔の表面上の理由はさておき、結果として豪族の墓碑が消えたということの意味は、後漢時代の特異な四神説（豪族は玄武たる孔子の素臣）が消えるにとどまらないものをもっていた。豪族が祖先を顯彰する場として石碑を活用する道を閉ざした、という點である。

後漢時代の禮的風俗として、「過禮」と稱される禮的實踐の問題が議論されている(96)。これも、具體的に問題にされるのが過度の年限にまたがる服喪であったりするのを知ると、上記の祖先としての傳説の帝王の異常風貌を語るのと同じ次元の意識を論じることができる。有力者の「家」としての祖先祭祀に關わるということである。そして、過度の服喪も、「禮的實踐」と説明された場合、中央もむげに反對できないものになる。これに對し、この「過禮」を實踐する側からすると、「公」への出仕を斷る行爲にもなるわけで、地方の「公」の場としては、反體制のデモンストレーションの側面をもっているのである。そうしたデモンストレーションを封殺する意味を、薄葬令はもっていたのである。

その後、地上の目印が禁止された豪族は、地下に壯麗な墓葬をいとなむようになる。それまで目立たない存在だった墓誌が巨大化し、生前の事績を刻むようになる。そうした墓誌の中に龜形のものがある。墓誌には、その龜が「靈龜」であることを記すものがある。孔子との關係は絶たれている。

こうして石碑が否定され、孔子との關係が絶たれることで、墓誌としての靈龜ができあがった。それが、やがて龜趺碑の趺石として復活することになる。

この「靈龜」が後に「贔屓」になる(97)。その「贔屓」は、龍の子だとされている。この説明は、龍が帝王と密接に結びついて始めて機能する。龜趺碑は後漢の豪族石碑の趺石として出現した後、地上から消滅して大型の墓誌の一部として殘り、南北朝時代に諸侯王の石碑の趺石として復活した。唐令では、五品以上の官人に許される趺石となっている。その五品以上の官人という規定は、以後も繼承される（三品以上が問題とされた時もある）。その龜趺が「靈龜」から「贔屓」に變わった後に、官人が皇帝の子に擬せられることになった。言わば官僚制を基礎にして、皇帝と龍が議論されるようになったということであろう。

おわりに

本節は、前漢から唐にいたるまでの朱雀など四神の表現を検討した。結果として、通常議論される内容とは、相當に異なる意味を、朱雀と玄武に賦與することになった。特に、後漢～六朝時代については、その相異は甚だしい。後漢時代、朱雀の風貌が高祖劉邦の異常風貌に反映され（赤德）、玄武の風貌が孔子の異常風貌に反映され（黑德）、いずれも緯書の中で議論されていた。

考古學的あるいは建築史學的檢討としては、建築學者關野貞が、後漢の石碑の表現に注目し、玄武が龜趺碑の龜になったことを論じていた。私は、かつて龜趺碑を議論した際、曾布川寛(98)の説を援用して、關野の龜趺碑出現に關する見解を一度は否定した。ただし、龜にとどまらず、四神の前身として議論し得るものは多様であり、四神のわくに收まらないものが多い。その一つである汀の龜が龜趺碑の龜趺として落ち着いたことを述べるのが、最もいいと考えていたからである(99)。

しかし、汀の龜という表現が、どうして龜趺という形體をもつにいたったかを考える場合、大陽の運行に注目した宇宙觀がとても重要な意味をもつことに氣づいた。その宇宙觀は、緯書の中に、漢の高祖と孔子の異常風貌を語らせることになった。

周知のように、天極の軸は傾いており、それを實際のモノとして地上に表現する場合、北極を天頂にくるように表現する場合が廣く知られている。ところが、これとは別に、極軸が傾いた結果として太陽が南中する状況を「上」、逆に北に太陽が沈んだ状況を「下」と表現する場合がある。この種の表現は、從來關心がはらわれてきていない。それは、緯書說中の劉邦・孔子の異常風貌說がさほど人の關心を呼び起こしてこなかったことと軌を一にするようである。

新石器時代の文化地域相互の差異がもたらすものと考えてよかろうが、四神や他の神獸の表現には、地域的特徵が見える。しかし、後漢時代、各地において緯書說が流行し、それを受けて、朱雀を上、玄武を下に表現したものが、墓の門闕、墳丘下の墓門畫像石や墓室の壁において、少なからず確認できる。現狀、陝西・四川・山東に偏在する可能性があるが、類似の表現は他の地域でも造られている。

この種の表現の影響は、南北朝時代にも殘されている。もはや漢王朝とともにあった劉邦を朱雀、孔子を玄武と見なした緯書說は衰えているが、北齊墓に朱雀を「上」、玄武を「下」に表現した壁畫が殘されている。また北魏墓の石棺に南壁を高く、北壁を低く造り、この南壁に朱雀、北壁に玄武を表現したものがある。隋墓の石棺にも同樣のものがある（以後も一部に繼承される）。こうした表現を承けて、墓室壁面や墓道に東西南北を意識して四神を表現するいわゆる四神が六朝以後しだいに定着する。高句麗墓にその早い例が見えるが、初期の事例では、朱雀を「上」に表現する意識が強く、後漢時代の影響が指摘できる。だから、墓室の四壁に描くいわゆる常識的四神表現は、後漢時代以來の極軸を傾けた宇宙觀の下で始まり、やがて玄室天井の中央に北極を定め、極軸を垂直に表現したものになった。從來考えられている以上に、いわゆる常識的四神觀の始まりは遲れるようである。

これら後漢以後の四神の特徵は、後漢時代の門闕や南北朝時代の龜趺碑の事例を除いて、墓室や墓道、墓室の墓門など墳丘下に表現されるということである。これに對し、前漢時代の遺物として、近年檢出されるにいたった事例は、皇帝陵に附設された祭祀遺址の方形建築の東西南北の門に敷かれた空心磚として出土している。同時代、いわゆる四神については、『史記』・『漢書』の記載を含めていわゆる四神説を記すものは皆無である。比較的近いのは、『禮記』曲禮に記されたもので、軍を五星がどう守護するかを論じたものである。前漢の「羅經石」遺址の色の帯は、この五星の守護を四方にからめて表現したもののように見える。戰國秦の青帝・赤帝・黃帝・白帝の祭祀地は、戰國時代の『左傳』に見える天の星宿が各地を守護する關係と同じで、地上の方位と星宿の天方位は一致していない。それが、前漢になって、季節方位として春夏秋冬が四方に配當され、それに色が添えられたものであろう。その春夏秋冬について、五星の守護を語る。四神磚は、こうしてできあがった。

つまり、「羅經石」遺址の四神は、一見南北朝以後の四神の先驅をなすように見えているが、實は、兩者を繫ぐ事例がすっぽり脫けている。という意味においても、「羅經石」遺址の四神は、戰國時代以來の星宿の分野說の枠内で理解しておいた方がよさそうである。そうすることによってはじめて、後漢時代の『漢書』においてすら、いわゆる四神說が定着していない理由が說明できる。

ただし、四神表現については、前漢の事例と南北朝時代以後の事例の表面的類似が指摘できるので、場合によっては、前漢皇帝陵に關して出土する四神の中には、いわゆる四神說によって作られた後代のモノがまぎれていないかどうか、再確認の必要はあろう。

特異な四神說とともにあった「游俠の『儒』化」は、儒教の天下化をもたらした。では、その後、游俠の輿論の場はどうなったのか。この件を検討するについて、注目すべきなのは、佛教の有り樣である。佛教教團は、皇帝權力に對し、必ずしも恭順の意を示さなかった。皇帝權力による廢佛も議論される。道教もこれに加えて議論される。興味はつきないのであるが、爾後の課題ともしつつ、識者のご指導を期待する次第である。

ともあれ、「遊俠の『儒』化」によって、儒教の天下化がもたらされると、それまで遊俠の輿論と關わっていた「方一千里」の「地方」で、儒教の名の下に、天下を舞臺とした經說が論じられることになった。

それまで、帝國中央の經說と異なる經說を語る場は否定されていたとはいえ、輿論形成の場は根強く存在していた。その輿論の場を遡ると、戰國時代の領域國家の「公」の世界が廣がっていた。ということだから、われわれがうかつに後漢時代の注釋をもって、前漢時代を語り、遡っては戰國時代を語るというのは、とても危險である。ましてや、春秋以前を語るなどという場合は、なおさらのことである。

第三節　「三合」、十二方位による五行生成説と五德終始説

はじめに

本章第二節において、董仲舒の五德終始説の概要を述べた。圖形的にどう表現されるかを含め、平勢『中國古代紀年の研究』[100]に述べておいたものである。

ところが、この試案は、從來の研究からしてあまりに突飛だったと見えて、今にいたるまで、（平勢の見解の中でも特に）了解している人がまれなようである。

ただ單に董仲舒の作とされる『春秋繁露』に書かれた內容からそういえる、ということにすぎないのだが、了解者が少ない。ということになると、『春秋繁露』に書かれた內容の意味を、今にいたるまで、正しくは理解できていないのではないか、そんな疑念すら生じる。

また、私は、秦始皇帝の都市計畫について、天の方位の觀點から考察したことがある。[101]つまり、始皇帝は極廟を天の中心に見立てて建設し、天の方位を地上に表現した。天の方位に配當すべき象徵的建築として、始皇帝陵（生前は驪山宮）と阿房宮、南山（の祭祀場）、咸陽宮を選んで配置した。亥が咸陽宮、卯が驪山宮、午が南山、申が阿房宮である。こうした配置が議論できる極廟とは漢の長樂宮に他ならない。

前漢王朝は、極廟を長樂宮と改稱したものの、始皇帝の制度を基本的に踏襲していた。それを大きく改めたのが武

帝であり、あらためて未央宮を造り、咸陽宮が眞北に位置づけられるようにした。そして、始皇帝時に決められた上記の建築配置の關係を破壞したのである。

本節は、以上の觀點をあらためて紹介するとともに、その理論的背景である天の方位の問題を、中國古代の秩序觀の中に位置づけて再説明しようとする。

曾侯乙墓出土遺物による知見

世に天方位と地方位があることはよく知られている。占星盤を知る者は、兩者が表現されていることを知っている。だから、それらについて、あらためて説明するのは遠慮しておこう。

最初に問題にしておきたいのは、そうした方位がいつ始まるかである。

これについては、私は、曾侯乙墓出土の星宿圖に注目し、また、同時に出土した編鐘銘文に關連する話題を討論する。

あらかじめ概要を述べておけば、問題の二十八宿圖は天を見上げた圖を表現している。(102) これは占星盤に表現される圖ではない。占星盤に表現されるのは、天蓋を天の外側から眺めた圖である。表裏逆になっている。その星宿圖を、衣裝箱の蓋の表に表現している。占星盤の知識があれば、箱の内面に表現するか、表裏逆轉させた占星盤の天圖を表現するかのいずれかになる。それをしていない、ということは、當時まだ、占星盤ができあがっていなかったことを物語る。

また、圖の左右に描かれた龍・虎は後の青龍・白虎と目されるが、それらが東（卯）と西（酉）の方位を示すとすると、二十八宿が配された方位は、漢代以後繼承された占星盤とかなりずれている。だから、この二十八宿圖と占星盤は、この點をもってしても、切り離して論じられる。

曾侯乙編鐘も多くの知見をわれわれにもたらしたが、特筆されるのは、その銘文に現在言うところの音名（イロハに相當）と階名（ドレミに相當）が記されていたことであろう。

現代なら音叉などで絶對音高をはかり、音名を記錄していく。この音の絶對的基準に對し、相對音程を論じる（ドレミ〜を問題にする）場合は、例えばハ長調のドレミとかへ長調のドレミとかを議論する。こうした絶對音高と相對音程とが、曾侯乙編鐘の時代に存在したことが明らかとなったのである。

漢字は殷王朝で使われ、周王朝に繼承された。當時はまだ絶對音高と相對音程の差が認識されていないようだ。ただ簡單な音の體系があったらしい。その音の名が漢字におきかえられた。それが、春秋時代には、漢字とともに天下に廣く傳わった。それを基礎にして、各都市國家の祭祀の場で、樂器の發展が進み、次第に複雜な音を論じるようになる。周王朝で使われていた簡單な音の名稱は、各國で採用されて差異が生まれ、それぞれの國の獨自な表現がそれに加わる。音の高さも國ごとに相當に違うものになった。

そうした都市國家は、春秋中後期から戰國時代にかけて滅ぼされて縣となり、大國中央から官僚が派遣され支配されるようになる。それまでに作られていた音の體系は大國中央に吸い上げられ、同じように滅ぼされた都市國家の音の體系と比較檢討されることになる。

結果として、大國中央としての絶對音高が定まり、各地から集められた都市國家の音の體系をその絶對音高と比較して議論するようになる。

以上が、私が考えている曾侯乙編鐘銘文に見える絶對音高、相對音程の用語が整理されたいきさつである。

曾侯乙墓から出土した編鐘に記されていたのは、そうした絶對音高を基準とし、いくつかの國の音の體系を比較し論じたものであった。

曾侯乙編鐘に示された「方位圓」の先驅

一九八六年、私は、湖北省武漢市で開催された編鐘の國際會議に出席した。そのころの私は編鐘をどうやって製作したのかに興味關心があり、石膏を使って編鐘の模型を作り、どこをどう調整して編鐘の形を變えれば、どんな音が作れるかを實驗していた。

結果として開口部の形狀と、その部分の肉厚が音の高さを決定することを發見した[103]。それまでも、編鐘に關心がある者どうしが集まると、いろいろな意見を出して議論を展開していた。例えば、編鐘はシンバルのようなものを外から變形させて作ったと考えればよく、そのシンバルの大きさが音を決めるように、鐘の高さが音を決定する、などと主張した人もいた。實驗結果はそうはならなかったわけである。

その實驗結果をひっさげて、國際會議に出た私は、そこでとても興味深い研究成果に出會うことになった。アメリカから出席されていた程貞一氏の發表である[104]。

程貞一氏の發表を説明する前に、三分損益法による音の作り方を再確認しておこう。この音の作り方によって、一オクターブ内に十二の音を作り出す。そこで、この十二の音を十二方位に配當してみる。すると、圖3（下）のようにつぎつぎと方位を作り出すような圖が書ける。三分損するということは、右周りに八番目の方位にうつることであり、三分益するということは、左回りに六番目の位置までもどることである。

通常、十二方位は、いくつかの方位觀が重ねられている。第一は地上の方位である。子を眞北、午を眞南とする。第二は季節配當である。冬至を子、夏至を午に配當する。第三は、天の方位である。辰方位から始めて二十八宿を左回りに配當する。左まわりにするのは、天蓋を外から眺める占星盤の視點による。二十八宿は角宿から始めるので、天方位における冬至點は丑になる。季節配當の冬至は子であるから、まぎらわしいが、これはそうなっているのだから、そう理解するしかない。

曾侯乙編鐘に關して言えば、上記の地の方位、季節配當、天の方位いずれも確認されない。ただ單に、十二方位と同様の方位圓を使って説明すると、興味深い結果が得られるということにつきる。

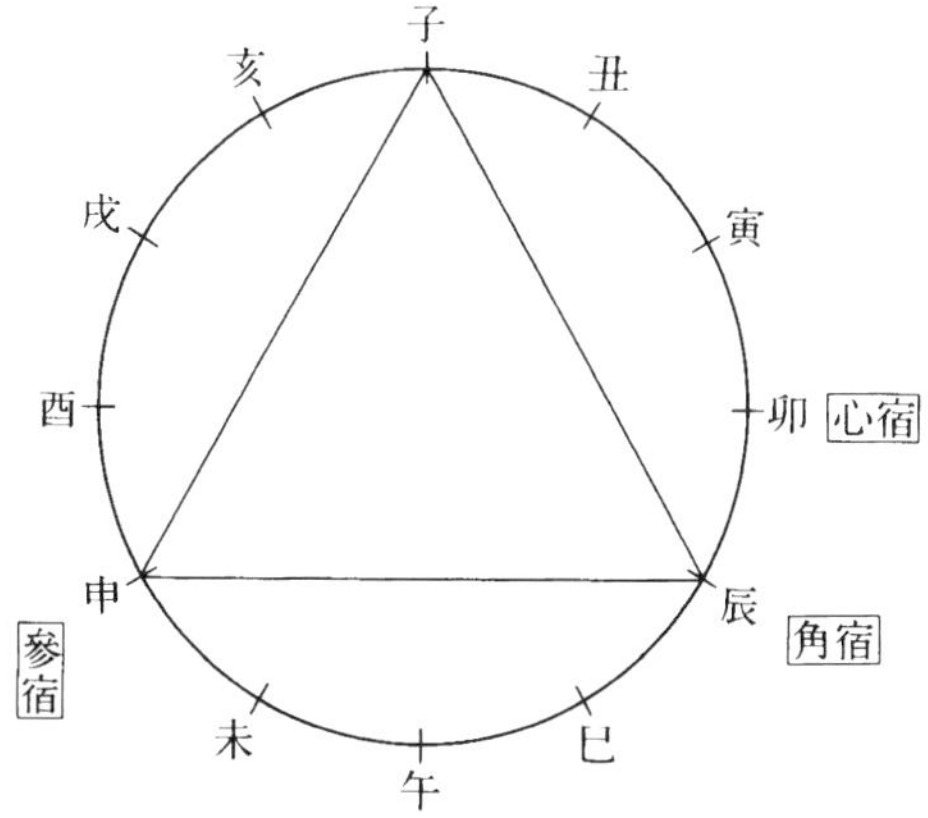

圖2　星宿の方位配當と三合の一

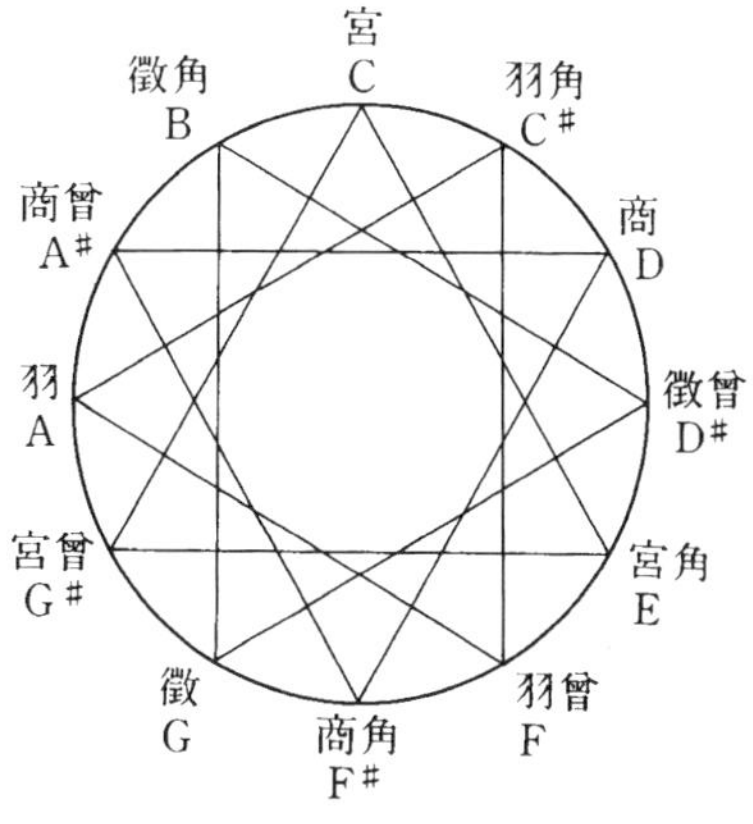

圖3　曾侯乙編鐘階名と三合

四つの正三角形（三分損益による生成と異なる）の頂點の階名が關連する（宮・商・徵・羽）。（程貞一「曾侯乙編鐘在聲學史中的意義」〈注17〉より）

占星盤の知識はまだない、と述べたことに關わる事實でもある。

程貞一氏の示したのは圖3のようなものであった。この圖は、方位圓に曾侯乙編鐘に示された音の名稱を配當したものである。嚴密に言えば、どの音を十二方位に配當するかは、程氏が勝手にきめたものである。しかし、相對的關係はどう作っても同じになるから、餘計なことは言わずに説明を續けよう。

この圖3を見ていただくと、すぐにわかることがある。十二方位には、正三角形が四つ書ける。この正三角形の頂點を見ていただこう。そうすると、それぞれの頂點に位置づけられる音の名稱が同じ漢字を共有している事實に氣づかされるはずである。これが程貞一氏の發表の中身であった。

つまり、この同じ漢字を共有する音の體系がある、という事實によって、どうやら當時の曾國の人々は、音を論じるにあたって方位圓のような圓を書いて圓周を均等に十二に分割し、圖形的基準にしていたらしいことがわかるわけである。

この圓周の十二の點を使うと、四つの正三角形ができあがる。圓周に十二支を配當した場合、それぞれの正三角形の頂點は、後々、「三合」という言葉をもって説明されることになる。

子から始まる十二支を使って説明すると、「三合」とは、子と辰と申、丑と巳と酉、寅と午と戌、卯と未と亥それぞれの關係を言う。

すでに述べたように、曾侯乙編鐘について描けるのは、音の關係であって、まだ圓周上の十二の點に十二支が配當されてはいない。しかし、圓周に均等に十二の點を打って、その關係を圖形的に語るというやり方はすでに成立していた。やがてその圓周上の十二の點に十二方位が重なったとき、圖形的關係が十二支で説明されて「三合」の議論ができあがった、ということになろう(105)。

三合の應用

三合とは何か、ということは、以上で説明されたわけだが、より具體的に言って、どういう使われかたをしたのだろうか。

三合の關係にある十二支、つまり子と辰と申、丑と未と酉、寅と午と戌、卯と未と亥のそれぞれは、方位圓に配當されて季節や五行と結びつく（圖4）。

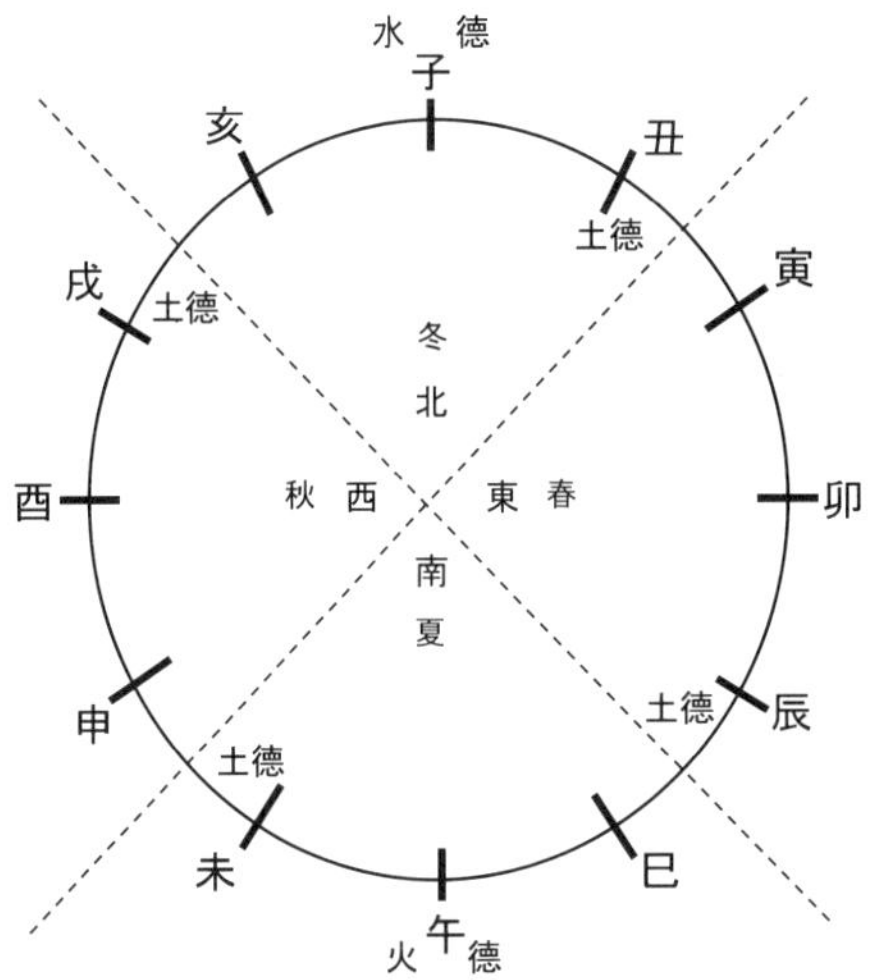

圖4

子（北・冬・水）・辰（東・春・木）・申（西・秋・金）は、「南・夏・火」に對する三合である。

丑（北・冬・水）・巳（南・夏・火）・酉（西・秋・金）は、「東・春・木」に對する三合である。

寅（東・春・木）・午（南・夏・火）・戌（西・秋・金）は、「北・冬・水」に對する三合である。

卯（東・春・木）・未（南・夏・火）・亥（北・冬・水）は、「西・秋・金」に對する三合である。

そこで、次のような占いの結果が示される。雲夢睡虎地十一號墓（秦代の墓）からは、『日書』という書物が出てきた。占いの書物である。この『日書』甲種の五九正壹～六二正にこう書いてある。(106)三合が話題にされている。

①正月（寅月）・五月（午月）・九月（戌月）は北に移ると大吉、東北は小吉である……。
②二月（卯月）・六月（未月）・十月（亥月）は東に移ると大吉、東南は小吉である……。
③三月（辰月）・七月（申月）・十一月（子月）は南に移ると大吉、西南は小吉である……。
④四月（巳月）・八月（酉月）・十二月（丑月）は西に移ると大吉、西北は小吉である……。

ここに示された關係は、三合に對向する方位が問題になる場合（①③）と、その對向する方位の反對方位が問題になる場合（②④）があることを教えてくれる。こうした場合わけができるのは、太陽の一日の道筋を考えた場合、東と西は地平が問題になるのに、南は天上、北は地下が問題になるからだろう。南中が問題になる場合と北の地平下が問題になる場合は、三合の反對方位が論じられ、東と西（の地平）が問題になる場合は、對抗方位のさらに反對側の方位（正三角形の頂點が示す方位のうち、對抗方位のさらに反對側にあるもの）が論じられた。

三合と對抗方位、そして音の生成

上記において紹介したのは、占いの一部になるわけだが、そこに示されたのは、三合とその對向方位から爲される議論である。

雲夢睡虎地十一號墓は、秦の始皇帝の統一を前後する時期の材料を出土している。現在の出土資料の情況からして、『日書』は戰國中期の前四世紀末ごろまでは、さかのぼれるようだ。

このことを念頭において、前漢中期の武帝期の人である董仲舒、同じく前漢末期の王莽の知恵袋であった劉歆、この兩者にまつわる議論が、上記の三合とその對向方位の關係を使って説明できることを述べてみよう。まずは十二方位と三分損益法による音の生成の關係を確認していただこう。これに三合とその對向方位の關係を組み合わせると、董仲舒の王朝交替説が説明できる。それを示したのが圖5である。(107)

董仲舒の王朝交替説は、彼の著作とされる『春秋繁露』二十三の「春秋改制質文」の中に見えている。それには次のようにある。

「王者は必ず正月と朔日つまり曆法を改め、服色つまり制度としての服と色を變更し、禮と樂を制定し、天下に唯一の正統があることを示す。これは、易姓（姓をあらためる）・非繼（それまでの制度を非とする）・仁通（仁が通じていることは不變である）のことわりをおさめる力がすでに天より授かっていることを明らかにするためである。王者は受命して王の制度ができあがる。ここに月は變化に應じる。故に科（すじ）を作り、天地に奉ったのである。故にこれを王の正月と言う。王者は制度を改め科（すじ）を作るのに、どのようにして十二の色に當てるのか。各々の（議論すべき）法を經て色を正すことになる。（基本となるのは十二方位であり、その中でも基準は寅である。この寅から始めるのだが）逆數、つまり寅の方位から數えて逆まわり（十二方位を左まわりに）に三つ數える（と子の方位が得られる）。もとにもどってこの三を問題にする前についていえば、五帝が問題になる。この時代は帝ごとに代々一色で色（の交替）を問題にしない。順數、つまり寅の方位から數えて（先の逆數ですでに問題にした寅の方位をあらかじめ除いて）五つ數える（と未の方位が得られる。これは丑の反對方位である）。帝ごとに禮樂を復してその法をもってそれぞれの宜しきに象る。さらに順數四を數える（と亥の方位が得られる。以上、十二方位の生成で問題になる子→未（丑の反對方位）→寅、そして亥が得られることを述べたのである）。そして相復する（以上四つの方位を問題にしてもとにもどる）。」

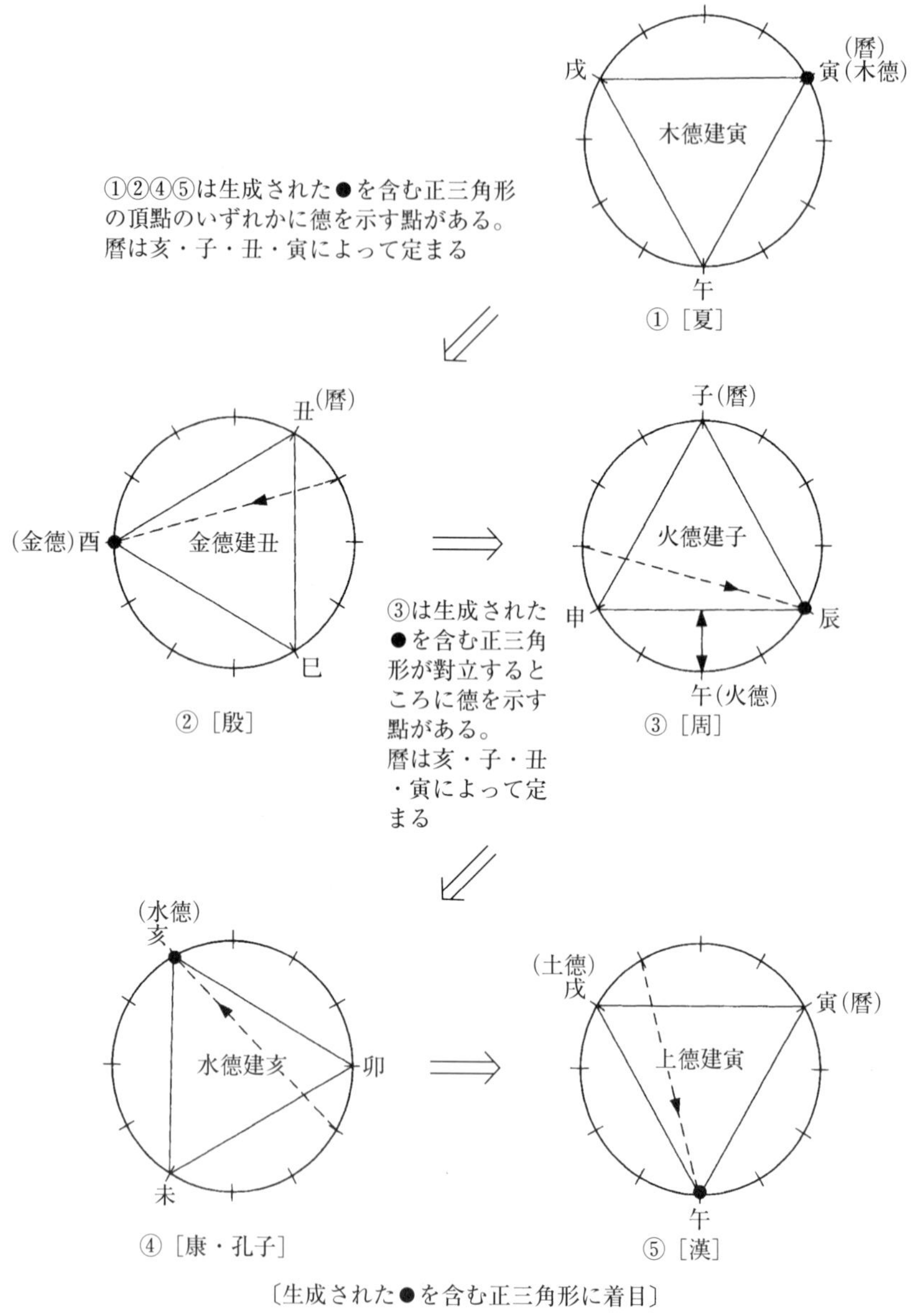

圖5　董仲舒の五徳終始説における十二方位の生成・三合と五徳（五行相勝）・暦（三正と建亥）

以上の説明に出てくる「子↓未↓寅、そして亥」は、圖6をご覧いただけばすぐにわかるように、「子↓未↓寅」は子から始まる十二方位の生成（音の生成を十二方位に重ねて議論される方位の生成）を説明すべき方位である。そして、一年を通しての太陽の高さを念頭においてこの十二方位に各月を重ねていくと、冬至を眞北、夏至を眞南になぞらえ、冬至月を子として一年十二ヶ月を十二方位に配當することができる。とすると、子月は常識として議論される周正（周王朝の暦とされるものの一月）、未は丑の反對方位であり、丑月は同じく殷正（殷王朝の暦とされるものの一月）、寅月は同じく夏正（夏王朝の暦とされるものの一月）が、それぞれ配當される月になっている。亥月は楚正一月の月であり、顓頊暦十月つまり顓頊暦の年頭の月である。つまり、ここには、十二方位の生成と、夏正・殷正・周正の生成、および楚正の存在が示されているのである。

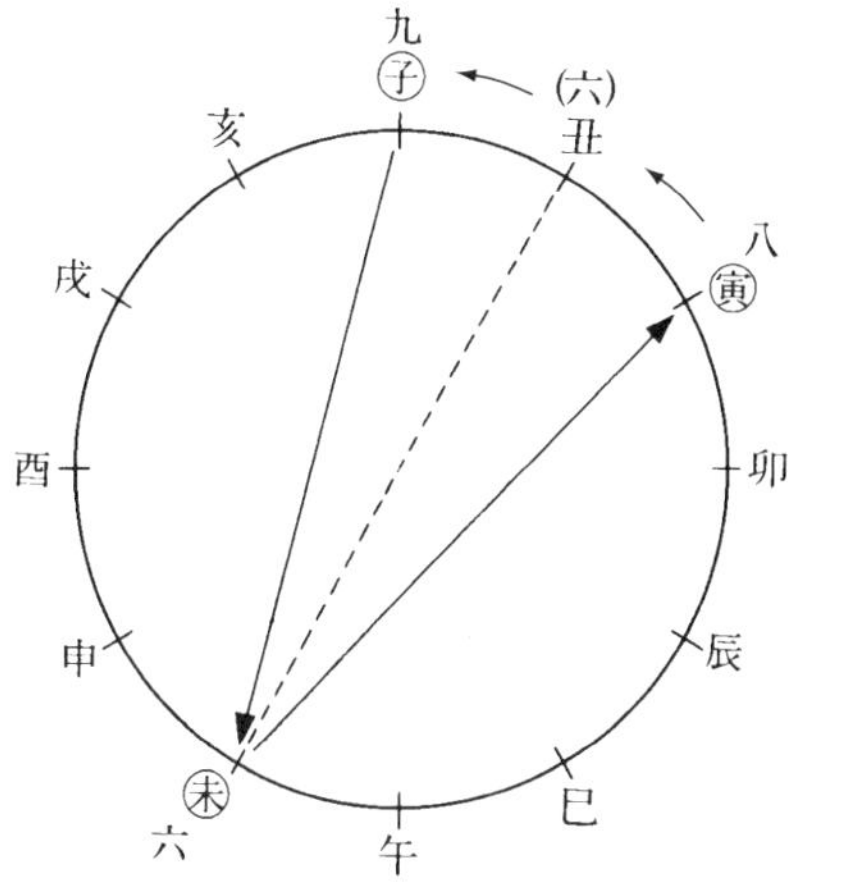

圖6　三分損益法による三正の生成と十二方位
（これに亥を加える）

この部分の最後に、「相復」と述べているのは、これも圖5をご覧いただけば了解していただけよう。十二方位の生成を四回續けると、元にもどる、ということを意味しており、この四回の生成で、夏正・殷正・周正、および楚正・顓頊暦が説明できるということを示しているのである。圖6は、上記の文章でも特別に位置づけられている寅方位から十二方位を生成し、これに三合を重ね、それぞれの三合が作り出す正三角形の頂點の一つ、または三合が作り出す正三角形の一つの頂點の反對方位が、寅↓丑↓子↓亥と交替し、再度寅に復歸する（亥↓寅）ことを示したものになっている。

董仲舒の五徳終始説

『春秋繁露』は續けて次のように述べる。

咸作國號、遷宮邑、易官名、制禮作樂。

（問題になる王朝は）みな國號を作り、（首都となる）邑を遷し、官の名を變更し、禮を制度化し、樂を作った。

故湯受命而正、應天變夏、作殷號。時正曰統、故親夏虞。絀唐、謂之帝堯、以神農爲赤帝、作宮邑於下洛之陽、名相宮曰尹、爵、謂之帝舜。軒轅曰黄帝、推神農以爲九皇。作宮邑於豐、名相宮曰宰、作武樂、制文禮、以奉天。

故に、殷の湯王が受命して制度を正すや、天に應じて夏の制度を變え、殷の號を作り時に正して統（正統、のことわり）を述べ夏王朝と虞（舜）に親しんだのである。唐（堯）をしりぞけて帝堯と稱し、神農を赤帝と稱し、（首都となる）邑を下洛の陽に作り、宰相の宮を尹と稱しこれに爵位を與えた。そして（舜を）帝舜と稱した。軒轅を黄帝と稱し、神農を加えて（帝を合計九人にして）九皇と稱した。そして宮邑を豐に作って相宮を宰と稱し、武樂を作り文禮を制度化し、天に奉った。

武王受命、作宮邑於鄗、制爵五等、作象樂、繼文、以奉天。周公輔成王受命、作宮於洛陽、成文武之制、作汋樂、以奉天。殷湯之後、稱邑示天之變反命。

（殷にかわった）周の武王は、受命して邑を鄗に作り、五等の爵位を制度化し、象樂を作り文王を繼承し天に奉った。周公は成王を補佐して受命せしめ、洛陽に宮を作り、文武の制度を形あらしめ、汋樂を作って天に奉った。

殷の湯王の後裔は、邑を稱することで天の變と天命があらたまったことを示した。

故天子命無常、唯命是德慶。故春秋應天、作新王之事。時王黑統、正魯、尙黑。絀夏、親周、故宋樂、宜親招武。故以虞錄親樂、制宜商、合伯子男爲一等。然則其畧說奈何曰三正、以黑統初正日、月、朔於營室、斗建寅。天統氣始通、化物、物見萌、達其色黑。故朝正服黑、首服藻黑。正路輿、質黑馬黑、大節綏幘尙黑、旗黑、大寶玉黑。郊牲黑、犧牲角卵、冠於阼。昏禮逆於庭、喪禮殯於東階之上、祭牲黑牡、薦尙肝。樂器黑、質法不刑、有懷在新產、是月不殺聽。朔廢刑發德。

故に天子の命は常なることなく、命のみを德慶とした。故に『春秋』は天に應じて新王の事を作った。時の王は黑統（でなければならなかったの）であり魯を正して黑を尊んだ。夏をしりぞけて周に親しんだ。故に（孔子と同じく殷の末裔である）宋の樂については招武の樂に親しんだ。故に虞（舜）の記錄をもって樂に親しみ、商（殷）をよろしいとし、伯・子・男の三つの爵位を合して一等とした。ということであるから、その三正をどう説明するかを略說すれば、黑統をもって初めて日・月・朔を營室（亥の方位の星宿）に正し、寅の月を正月と定めた（以上、亥の月を年頭十月とし寅の月を正月とする顓頊曆を述べる）。ここに天統の氣が始めて通じ、物を化し、物に黑の色が芽生えた。故に朝服は正されて黑となり、冠の絲の色も黑となった。路輿（天子の乘る車）を正して馬を黑にし、大節（の行事）のゆったりとした頭巾も黑をたっとび、旗を黑にし、大寶玉を黑にした。郊の犧牲も黑とした。犧牲の角は（色をかくすため）阼階で卵冠をつけ、庭において昏禮を行い、東階の上において喪禮を行うのにも黑牲を祭り、神に薦めるにも（黑い）肝をたっとぶ。樂器の黑は法もて刑せざるをただし、あらたに產まれることをおもい、その月には殺したりさばいたりしない。そして朔には刑を廢し德を發する。

具存二王之後也、親赤統、故日分平明、平明朝正。正白統。奈何曰正白統者、歷正日、月、朔於虛虛、斗建丑。天統氣始蛻化物、物始芽、其色白。故朝正服白、首服藻白、正路輿質白馬白、大節綏幘尙白、旗白、大寶玉白、郊牲白。犧牷角繭冠於堂、昏禮逆於堂、喪事殯於楹柱之間、祭牲白牡、薦尙肺。樂器白質、法不刑、有身懷任、是月不殺聽。朔廢刑、發德。

二王の後を具存せしめて、（周王朝の）赤統に親しむには、一日を分かつに平明（夜明け）をもってし、平明をもって朝に正す。そして（殷王朝の）白統を正す。どのように（殷の）白統を正すのかというと、歴代の日・月・朔を虚宿（子に配當される星宿。周王朝の暦たる周正の月が子）に正し（冬至月を基準とし）、その上で丑の月を正月と定める。天統の氣は始めて物を化し、物には始めてその色の白が芽吹く。故に朝に正されて服は白となり、冠の絲の色も白となる。路輿（天子の乗る車）を正して馬を白にし、大節（の行事）のゆったりとした頭巾も白をたっとび、旗を白にし、大寶玉を白にした。郊の犧牲も白とする。犧牲の角は堂で繭冠をつけ、堂において昏禮を行い、楹柱の間において喪の事のもがりの禮を行うのにも白牡を祭り、神に薦めるにも肺をたっとぶ。樂器の白は法もて刑せざるをただし、懷妊のことをおもい、その月には殺したりさばいたりしない。そして朔には刑を廢し德を發する。

具存二王之後也、親黑統。故日分鳴晨、鳴晨朝正、正赤統。奈何曰正赤統者、大節綏幘尙赤、旗赤、大寶玉赤、郊牲騂。犧牷角栗冠於房、昏禮逆於戸、喪禮殯於西階之上、祭牲騂牡、薦尙心。樂器赤質、法不刑、有身重懷藏以養微、是月不殺聽。朔廢刑發德。

二王の後を具存せしめて（『春秋』の）黑統に親しむには、一日を分かつに鳴晨（夜明け）をもってし、鳴晨をもって朝に正す。そして（周王朝の）赤統を正す。どのように（周の）赤統を正すのかというと、大節（の行事）のゆったりとした頭巾も赤をたっとび、旗を赤にし、大寶玉を赤にする。郊の犧牲も騂（赤）とする。犧牲の角は、房で栗冠をつけ、昏禮では戶にむかえ、西階の上において喪の事のもがりの禮を行うのにも赤牛を祭り、神に薦めるにも心臟をたっとぶ。樂器の赤は法もて刑せざるをただし、身重にして微を養うことをおもい、その月には殺したりさばいたりしない。そして朔には刑を廢し德を發する。

具存二王之後也、親白統【殷爲金德王朝】。故日分夜半、夜半朝正。改正之義奉元而起。

二王の後を具存せしめて（殷王朝の）白統に親しむには、一日を分かつに夜半をもってし、夜半がすぎた朝に正す。改正の義は元を奉りて起こる。

議論はまだまだ續くのだが、さしあたって必要なのは以上なので、ここでとどめておこう。

注目すべきなのは、殷王朝が夏王朝の制度をかえ、周王朝が殷王朝の制度をかえたということに止まらず、『春秋』の世に夏王朝でも殷王朝でも周王朝でもない王朝が議論されていることである。この『春秋』を念頭においた部分がながながと述べられている。そこではくりかえし「刑を廢し德を發する」ことが强調されている。これは、おそらく秦の始皇帝が嚴しい刑罰をもって世に望んだのを受けた漢王朝にあって、文帝のころにその風をやわらげ、肉刑廢止などを行ったことを念頭においているのだろう。つまり、『春秋』が編まれてから前漢武帝の世にいたるまでの時代を說明する部分になっているのである。

武帝の時代には夏正を用いることになる。それまでは、秦以來の曆である顓頊曆を使い續けていた。『春秋繁露』は、この顓頊曆使用の時代を一つの時代とする。實のところ、『春秋』の曆日は、觀象受時の時代の記錄を戰國中期に整理した結果を揭載している。戰國時代の曆では說明できないデータ（だから觀象受時の曆のもの）を多量に含むので、曆日自體を書き換えてはいないようである。『春秋』と對の傳として作られた『公羊傳』の說明の都合上、「選擇」（說明に都合のいいものだけを選擇し、都合の惡いものは棄てた）を施した事實は認められる。『公羊傳』だけでなく、後發の『左傳』・『穀梁傳』などが戰國時代にできあがった周正と夏正の議論を展開したのを受け、董仲舒は顓頊暦の議論を加えた。顓頊暦は十月を年頭とし、月名は夏正と同じなので、夏正をもって『春秋』を論じた内容は、そのまま顓頊暦のものとして繼承できる利點があった。

上記の部分によれば、それぞれの時代に「二王の後を具存」せしめるについての議論があり、周王朝の赤統、『春秋』の黑統、殷王朝の白統それぞれに「親しむ」という議論があった。『春秋』から武帝の時期に「親しむ」には、先行する周王朝の赤統を「正す」。周王朝の赤統に「親しむ」には先行する殷王朝の白統を「正す」。殷王朝の白統に「親しむ」には、先行する王朝を「正す」とは言わないが、殷王朝が、夏王朝とさらに先行する虞舜の過去に「親しむ」ことを述べ、また虞舜に先行する時期について、赤帝神農、黃帝軒轅を述べている。色について言えば、夏王朝に先行する時代は一色だと述べる一方、赤（赤帝神農）→黃（黃帝軒轅）のことを擧げて色の交替を暗示した。

ここから、われわれは、白統（殷）→赤統（周）をうけるのが黃統であることを知る。實のところ、赤統周王朝の次に出現するのは『春秋』黑統王朝になっている。しかし、本來議論したいのは、黃統王朝だということである。こうしたことから、われわれは、『春秋』黑統王朝が「過渡期」（閏）と見なされていたこと、赤統の周王朝を繼承する正統王朝が黃統王朝であったことを知るのである。つまり、『春秋』から武帝にいたるまでの時期は、武帝時期に先行する過渡期だということである。この時期が過渡期であるがゆえに、顓頊暦は夏正・殷正・周正の三正とは區別されている。

この流れを暦・四方と中央（土德の黃色は四方に分在）の色・十二方位の生成を重ねて三合をもって説明してみたのが**圖5**なのである。

五行と季節（十二方位）の關係は、木を春の寅・卯・辰、火を夏の巳・午・未、金を秋の申・酉・戌、水を冬の亥・

子・丑に配当することは、諸家共通する考えで、土については、諸説あり、季夏など特定の時期に配したり、四季の最後に分在させたりしている。ここに、そのうちの分在説を述べたのは、三合を構成する三つの方位を使って説明すると、金徳（殷）→火徳（周）→水徳（秦漢）が説明できるからで、分在説を使えば、その先に漢の土徳が加えられることによる。

金徳（生成方位は酉。酉は季節方位で白の金）→火徳（生成方位は辰。辰を含む三合の對抗方位が午。午は季節方位で赤の火）→水徳（生成方位は亥。亥は季節方位で黑の水）→土徳（生成方位は午。午を含む三合の一つが戌。戌は季節方位分在説で黄の土）という具合に、十二方位の生成をもって徳の交替を説明することができる。

この徳の交替について、董仲舒の時代に作られた『史記』の封禪書では、「或るいはこう言う。黄帝は土徳を得た。そのため黄龍地螾が現れている。夏王朝は木徳を得た。そのため青龍が郊に止まり草木は育ち茂った。殷王朝は金徳を得た。そのため銀が山よりあふれた。周は火徳を得た。そのため赤烏の符が得られた。いま秦は周を變じ水徳の時を迎えている。そのため昔、秦の文公は出獵して黑龍を獲、此に其の水徳の瑞が現れたのであった。是に於いて（始皇本紀によれば、天下統一の年）秦は命をあらためて黄河を徳水と名づけ、冬十月を年首とし色は黑を上とし度は六をもって名をなした。」としている。ここには、土→木→金→火→水という五行相勝説による五徳の交替が述べられている。そのうちの金（殷王朝）→火（周王朝）→水（秦王朝）が『春秋繁露』の三代改制質文に説明されていることを知る。『春秋繁露』は秦王朝を名指ししていないが、水徳として話題にされているのが『春秋』に示された孔子の時代から前漢前期であることが理解できるようになっている。

その水徳の象徴的存在である顓頊暦を改め、夏正にしたのが前漢武帝である。その武帝までの時代と武帝の時代を分けて論じる。

さて、問題の董仲舒の議論ではほのめかされているにすぎないのが夏王朝の木徳とその前代に當たる黃帝の土德である。上記において、黃帝を含む九皇の時代は色は一色だと説明されていた。それが黃帝の土德によって代表される黃色だということになる。黃帝に先んじた時代について、赤（赤帝神農）→黃（黃帝軒轅）のことを擧げて色の交替を暗示したのも、一色の時代なのだから、色の交替そのものではなく、色の交替に關する「端」が現れたということだろう。水德の時代は過渡期（閏）であって、本來の色の交替から言えば、火德の時代が終わってやってくるのは、土德の時代である。それが榮えある武帝の時代だということになるようだ。

ちなみにということだが、木星位置の議論を暦にからめて、武帝の改暦のときに、「甲子朔旦冬至」が問題になっている(108)。武帝の時代がいかに特別の時代として議論されていたかを、再確認するためである（あくまで議論の上で、ということではあるが）。

暦は夏正に復歸しその暦法は特別であった。そして五德は黃帝の土德に復歸し黃帝の時代と違って制度が問題になる（三代改制を經た）時代のものになっていた。

三合導入の意味

以上、五德終始説つまり帝王と五德の交替に關する考えを述べるに當たって、董仲舒の議論を具體的に檢討してみた結果、十二方位の圓を描いた上で三合（正三角形）と十二方位の生成を重ねていることがわかった。方位圓と正三角形という圖形が秩序觀の形成の根幹として機能している。

ここで、方位圓のみならず三合を構成する正三角形を問題にしてみたのは、これらの合體が、戰國時代にできた三正交替論、つまり夏正（夏王朝の曆）→殷正（殷王朝の曆）→周正（周王朝の曆）→夏正（戰國時代のあらたな王朝の曆）という中原の戰國王朝の議論、夏正（夏王朝の曆）→殷正（殷王朝の曆）→周正（周王朝の曆）→楚正（戰國時代の楚王朝の曆）という戰國楚王朝の議論、夏正（夏王朝の曆）→殷正（殷王朝の曆）→周正（周王朝の曆）→顓頊曆（戰國時代の秦王朝の曆。夏正と楚正を折衷統合）という戰國秦王朝の議論を、いずれも凌駕する意味をもつからである。(109)

戰國諸王朝、という言い方自體、なじみのない場合がある。われわれが一般に知っているのは、戰國王朝の一つである秦王朝の議論を漢王朝が繼承して述べたものだけである。そして、その漢王朝の歴史觀を、われわれは知らず知らず本當の歴史的事實であったかのように錯覺しがちである。だから、戰國時代の王朝は單に王を僭稱していただけであって、周王朝が正統王朝であったのだと議論して疑わない。しかし、周王朝を正統王朝だとみなしているのは、例えば漢王朝なのである。漢王朝は、自己にいたるまでの正統王朝がどう興り、どう滅びてきたかを蹟づけた。その蹟づけ作業の結果として、戰國時代に王を稱した國家はすべて正統ではないことになった。その正統觀を、われわれはひきずって議論している。(110)

戰國時代に王を稱した者たちも、周王朝を正統とみなした。しかし、戰國時代になって、自己に正統の地位が移ったのだと説明した。その正統の證が王としての制度であり、それぞれの國家が正統の制度をもった。その制度の一つが曆であった。結果としてこうなったということではあるが、正統な曆は、正統を共通して議論する必要から共通する部分をもちつつも、正統が唯一であることを議論する必要から微細な差異を問題にするものになった。共通する部分を問題にすれば、皆戰國時代の四分曆（後漢時代の四分曆と大小月配列や置閏法などが相異する）だということになる。その微細な差異（大小月配列の起點、置閏法、夏正・殷正・周正・楚正・顓頊曆のいずれであるか）をもってすれば、國家ごとに曆はみな相異するものとなった。(111)

共通する要素、相異する要素いりみだれた狀況での説明になるが、中原の戰國王朝の三正交替論、戰國楚王朝の三正交替論、戰國秦王朝の三正交替論は、それぞれ異なる部分をもっていた。

共通するのは、方位圓を使って（三合をまだ使わず）王朝交替と三正（三つの正統なる暦）との關係を説明する、という點である。これが、前漢武帝代の董仲舒の議論に繼承され、彼の下で三合が組み合わされて三正交替論に五德終始說が重ね合わされたことを上記で論じたのである。

戰國王朝の三正交替論

戰國時代に方位圓だけで、三正交替論を説明した、ということではあるが、あらためて考え直してみれば、これも、圖形的に正統の交替を議論する、ということ自體は、董仲舒と變わりがない。戰國時代の圖形的議論が董仲舒の議論に繼承されているのであり、言い方を替えれば、その議論は、部分的に戰國時代に溯る、ということである。

その戰國時代、木星紀年法が考案され、これに太歲紀年法が加わり、これらは、暦を議論する上での重要な要素となった(112)。

九・六・八の秩序觀は、七十六年を一周期とする暦法を語る上で、基礎中の基礎となった。戰國時代には七十六年は二七七五九日（九四〇ヶ月）という知識から得られた。一ヶ月の日數もこれから計算される。現實には、大月（三十日）と小月（二十九日）を交互に配列し、適宜大月を連ねて日數を調整する。この大月・小月の配列を説明するのに、九・六・八の倍數をうまく配列秩序に反映させることができることに、彼らは氣づいた。ここに、言わば「配列の美」が生まれる(113)。

戰國時代にあって、すでに占いの分野では、三合は議論の要として機能していたのだが、それが、圖形的に正統交替を議論する上では、まだ活用されるにいたらなかった。それが前漢武帝のときになって、圖形的に正統交替を議論する上で一翼を擔うにいたったわけである。

あらためて、想定し得る戰國中原王朝の三正交替論を見てみると（圖6）、戰國時代の新たな王朝が正統なる曆として夏正を用いる。この說では、方位圓において、寅（夏正正月）→丑（殷正正月）→子（周正正月）と交替する。ここでは方位圓の子→未（丑の反對方位）→寅という方位の生成（三分損益法による音の生成に基づく）を利用した。この方位生成は、子から始める十二方位生成の最初の三者になっている。

夏正（寅月を一月とする）から殷正（丑月を一月とする）、さらに周正（子月を一月とする）までの交替は、鄰り合った方位を寅→丑→子とたどる。それ以上たどると十二方位をぐるっとまわる必要があるから、子から上記の方位生成を利用して子から寅にもどってくる。つまり周正（子月を一月とする）から夏正（寅月を一月とする）に復歸するとみなすわけである。

この子から寅への復歸の圖において、中間には「未」が介在する。これは、新たに出現する王（夏正の王）が王としての德を有することを判斷する賢人になぞらえられたと考えることができる。戰國王朝が用意した說明では、新たに興る王は諸侯として卽位し、一定期間その在位を數え、賢人によって推擧されて王位につくものであった。その新たな王が、諸侯の時に使ったのが觀象受時の曆であり、賢人による王德具有の確認の後、新たに始めるのが夏正であった。現實の問題として、周王朝は、觀象受時の曆を使っていて周正など使っていない。それは、戰國時代當時の問題としては、「世の衰えによる制度の混亂」と說明される以外になかった。本來の曆は、周正であったとした上で、その周正から夏正への復歸を唱えたのである。

すでに述べたように、以上の説明で、一般に混亂しやすいのは、季節方位と天方位において、冬至に關して説明上の差ができるということである。季節方位によれば、子が冬至を象徴し、冬至月を子月として右まわりに十二ヶ月を配當する。その結果、丑月は冬至月の翌月となった。天方位によれば、星座配列順位一位（であることが決められた）角宿（乙女座）を辰方位に配列し、二十八宿を左まわりに配列する。その結果、冬至點（冬至の太陽がある天方位）が丑になった。冬至に關して、こうした説明上の「ちぐはぐさ」がある。

こうしたちぐはぐさができあがったのは、辰方位が天方位と地方位の接點となったためである。方位圓において、子から宮（ド）・商（レ）・角（ミ）・徵（ソ）・羽（ラ）という基本五音の生成を始めた場合、子（宮）→未（徵）→寅（商）→酉（羽）→辰（角）となり、音の生成からして辰方位に「角」がくる。戰國時代にいたるまでにできあがっていた星宿（星座）の説明は、角宿（乙女座）を筆頭とするものに整理されており、冬至の夜空にあって、辰方位にこの角宿などが見えていた。この「角」という音と、「角」宿が辰で重なった。それが、天方位と地方位の接點となったため、上記のような「ちぐはぐさ」が言わば必要惡として殘された。その必要惡に目がいってしまうと、この種の議論の理解は行く手を阻まれることになる。

星宿の名前自體は、甲骨文にも見えている。漢字ができるはるか昔から、人々は星宿に夢をはせていたことだろう。その星宿が二十八宿として整理されるのは、戰國時代前期になってからのようである（本書第一章第二節はじめに）。ここで二十八日の二十八という數値が得られているのは、星々の間を月が二十八日かけて移動する、つまり月が地球の周りを回る周期（月の公轉周期）が約二十八日であることによる。この月の公轉周期に注目するようになって、はじめて「二十八宿」の「二十八」が問題になった。ちなみに、月が一公轉する間に、地球は太陽のまわりを移動してしまうので、月の盈ち虧けが元にもどるには、もうすこし時間がかかる。それが、一ヶ月何日か、という數値（朔望月）

であり、戰國時代人は、二七七五九日を九四〇ヶ月で割った約二九・五三日を知っていた。甲骨文の昔から、朔望月は知っていた。文字ができるはるか昔から、それは知っていた。農業をする必要から知っていた。しかし、公轉周期を意識した「二十八」を發想するには、天文に對するより緻密な議論が必要になる。それが、どうやら戰國時代前期になされたらしいことを述べてみたわけである。

これも、ちなみに、ということになるが、三合の發想も、戰國時代前期には存在したことを上記で確認したわけである。二十八宿圖も、三合の發想を裏書きする銘文をもつ編鐘も、曾侯乙墓という、同じ墓から出土したものであった。

武帝以前の賢人時期化

話を戰國中原王朝の三正交替論にもどしてみると、新たに出現した王の元年は、夏正正月をもって始め、それは、その前年に預告される。踰年（年越し）して王としての元年を稱するので踰年稱元法という。二代目以後の王は、先代の王が死去するとすぐに卽位するが、元年を稱せず、踰年して始めて元年を稱する。元年正月をまつ期間に、新王の德の具有を賢人が判斷する(114)。

以上の考え方に反撥して强調されるにいたったのが、先代が死去した後卽位してすみやかに元年を稱する方法で、この方法は、實は戰國時代に踰年稱元法が始まるまで一般的なものであったことがわかった（厖大な年代矛盾の克服作業を通して）(115)。

賢人による判斷という發想は、革命思想に基づく。成り上がり者が王として卽位するには、この革命思想を使うしか方法がなかった。だから、成り上がり者でない者が王であった場合、逆に革命思想は邪魔なものとなる。楚王は春秋時代以來王を稱していて、革命思想を嫌う立場にあった。

それゆえ、ということだが、その楚王の制度である楚正は、亥月を正月とする。これは、方位圓において、寅（夏正正月）↓丑（殷正正月）↓子（周正正月）↓亥（楚正正月）という交替がおこることを述べたものである。ここでは、賢人の介在が議論されないようになっている。

この亥の利用が始まったため、これに三合を重ねて議論する基礎ができあがった。そして、漢武帝期になると、上記の董仲舒の説明ができあがるのである。

顓頊暦は、その楚正と上記の意味における夏正を折衷統合したもので、月序は夏正に合わせた上で、年頭は楚正に合わせて十月から新年を始める。夏正をとりまく革命の議論、楚正をとりまく革命否定の議論、いずれをも自己のものとして論じることができた。春秋以來の諸侯として、革命を嫌いながら、反面王と稱したのは戰國時代になってからであること、そして諸侯から王になるという上昇を議論しなければならぬ立場であったことが、秦に顓頊暦を使用させた原動力となっているのだろう。

以上の先行する議論を知った上で、董仲舒は顓頊暦を中間的存在にしたてあげ、その後にやってくるのがあらたな夏正であることを述べた。そのために巧妙に用いられたのが三合を構成する正三角形だった。戰國時代にあっては、顓頊暦は夏正の革命思想と、楚正の革命否定思想を統合した意味をもつものであったのだが、三合を導入した董仲舒により、顓頊暦は、周正（周王朝の暦）の世から夏正（漢王朝武帝のときに定められた新しい暦としての夏正）の世にうつるまでの時期を支える中間的存在にしたてあげられたわけである。

董仲舒の議論を紹介する中で、『春秋繁露』三代改制質文の一節を紹介した。その中に『春秋』の意義を述べつつ

「魯を正す」という表現があったことを、ここにあらためて想い起こしておこう。魯は衆知のように聖人とされた孔子の産まれた國であり、また、周初にあって周王朝を支え、後に聖人の一人とされるにいたった周公旦の子が封建されたところである。周公は、戦國時代の革命思想の中で、理想的賢人として議論された。賢人として幼い成王を養育し、その王徳の具有を確認して王として即位させた、という説明がなされた（あくまで戦國時代の説明になるわけだが）。したがって魯を話題にすることは、周公の制度、つまるところ賢人の制度を話題にすることに等しい。賢人の世の制度を語るものとして『春秋』を話題にし、孔子に預言者としての役割を擔わせ、秦を經て漢の高祖の世がおとずれることを述べている。漢の高祖以來武帝にいたるまでは、賢人の世として中間的意義を賦與されたのである。

その後の經緯と始皇帝

董仲舒と同じ圖形知識をさらに發展させ、新たな五徳終始説をうちたてたのが劉歆である。劉歆は、父である劉向の説を基礎に獨自の境地を開いた。董仲舒と違って、五徳の循環は、五行相生説になる[116]。王莽は、この劉歆の説を利用して、自己の正統性を説明させることになる[117]。それらに關する説明は、ここでは割愛しておく。

本論で問題にした五徳終始と三正交替を絡めて説明する圖式は、三國時代以後は使われなくなる。最後に使われたのは三國魏の明帝のときの景初改暦である[118]。これもほどなく放棄されて夏正が復活する。その後は、五徳終始は單獨で議論され、三正とからめて議論されることはなくなった。

ところが、時は、佛教隆盛の時代へとうつっていったのである。上記の理想的な圖式の終焉にやや遅れて、西方起

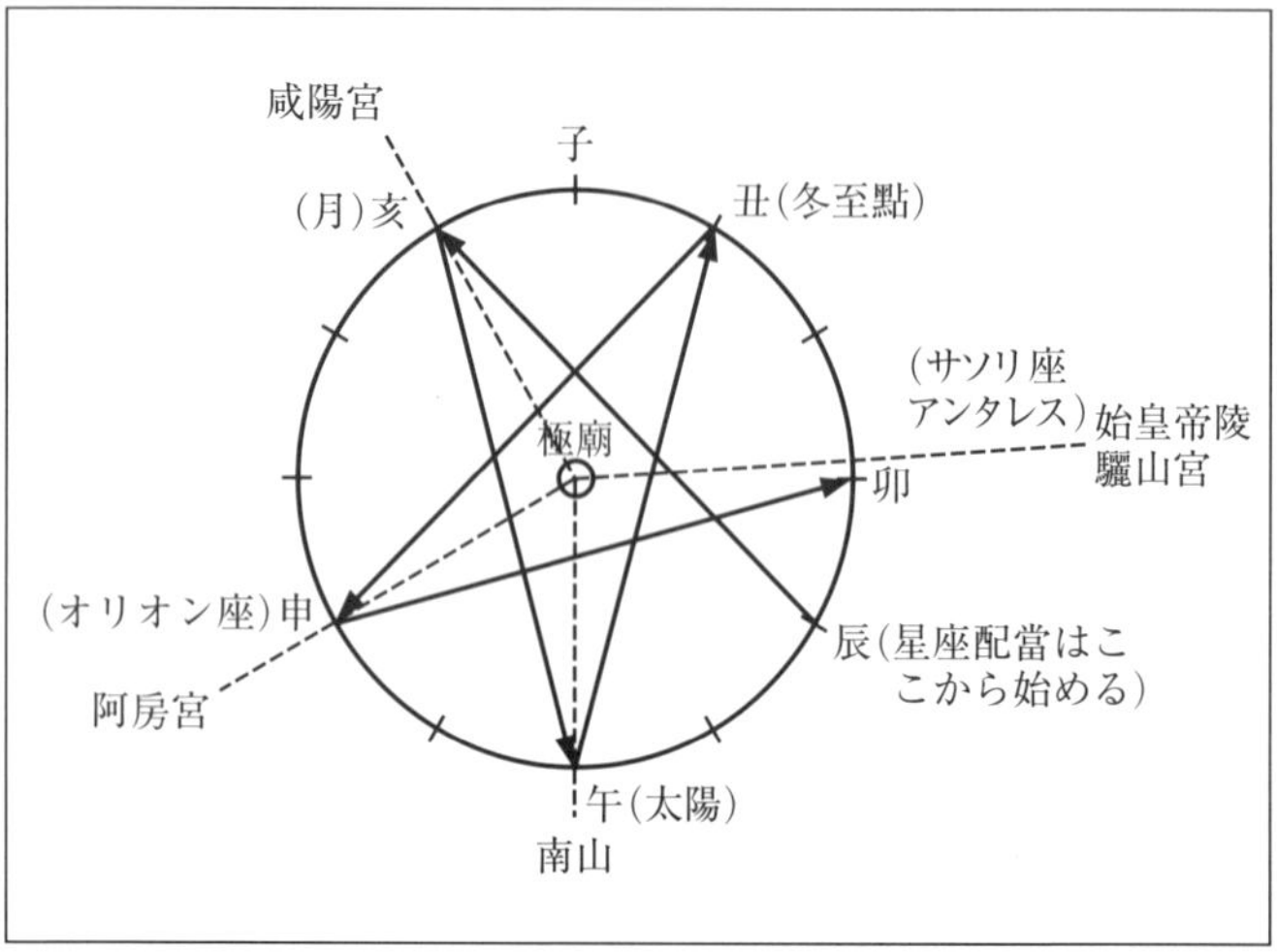

圖７　宮殿位置圖と生成方位

⟶は音樂理論による方位生成の順序。太陽は午、月は亥に配された。上圖に見える建物と祭祀の場だけが、『史記』秦始皇本紀の新都市建設で議論されている。

源の建築様式が入ってきた。圖形的要素を用いて、正統の證をたてる試みは、この建築様式をもちいたものとして、別に開花することになる(119)。これについての説明も割愛する。

ここまで話を進めたとき、われわれは、武帝期と戰國時代とを繋ぐ時期として、始皇帝に注目することができる。『史記』秦始皇本紀には、次のようにある。

二十七年、始皇巡隴西、北地、出雞頭山、過回中、焉作信宮渭南、已更命信宮爲極廟、象天極。自極廟道通酈山、作甘泉前殿。築甬道、自咸陽屬之。是歳、賜爵一級、治馳道。」「三十五年、除道、道九原、抵雲陽、塹山堙谷、直通之。於是始皇以爲咸陽人多、先王之宮廷小、吾聞周文王都豐、武王都鎬、豐鎬之閒、帝王之都也。乃營作朝宮渭南上林苑中。先作前殿阿房、東西五百歩、南北五十丈、上可以坐萬人、下可以建五丈旗。周馳爲閣道、自殿下直抵南山。表南山之顚以爲闕、爲復道、自阿房渡渭、屬之咸陽、以象天極閣道絶漢抵營室也。

この記事から、關連する方位と建築を拔き出してまとめてみると圖7のようになる。(120)始皇帝は、戰國時代から次第に發展していく方位圓の議論を横目で見ながら、獨自の境地を地上に表現しようとした。占星盤の天の方位を地上に表現するということである。方位生成は辰から始める。上述の一般議論とは異なっている。辰→亥→午→丑→申→卯の生成にして、辰は天方位の始まるところ、亥は顓頊暦の年頭十月の月が配當される方位、午は地上の方位として南、丑は天の方位として冬至點、申は大辰參宿が配當される方位、卯は大辰心宿が配當される方位になる。

おわりに

本節は、『春秋繁露』に見える議論を「紹介」しつつ（あくまで紹介しつつ）、そこに、十二方位を用いた五行生成説、および三合論と、五德終始とを組み合わせた議論が見えることを述べた。そして、三合論を戰國前期の曾侯乙墓出土編鐘から說き起こし、戰國中期に十二方位を用いた五行生成説ができあがること、その五行生成説をもって始皇帝の都市計畫に關する『史記』の記事も解釋できることを述べた。

秦始皇は極廟を建設し、これを天の中心とみなした。そして天方位を大地上に表現した。天方位の象徵的建築は始皇帝陵（生前驪山宮と述べた）、阿房宮、南山（祭祀場）、咸陽宮であった。亥に咸陽宮、卯に驪山宮、午に南山、申に阿房宮が配されている。こうした配置を討論できる極廟とは、ほかならぬ長樂宮である。

本節は、戰國時代から三國時代に存在した圖形と三正交替論とを結合した說明法を述べ、其の中に、秦始皇の都市計劃と董仲舒の五德終始說に、圖形的要素が見えることを指摘した次第である。

以上の検討中、強調しておきたいことは、三合をうまく使うと、諸書内容の編年ができるということである。遊俠に貼られたレッテルとしての「俠」評價は、諸書の書かれた時期をあぶりだす基準となることがわかったが、三合と他の議論をどのように組み合わせ、どのような「正統」主張を展開しているかを追えば、それぞれが時系列に沿って配列し得るものであることがわかってくる。

私の研究方法の中に、疑古的手法が見えているとすれば、その觀察は正しい。ただし、私の場合は、疑古というよりは、編年の基準を模索しつつ諸書の年代を檢討すると言った方がよい。私の研究に對し、日常的によせられる感想から判斷すると、私の持ち出す結論は、疑古的方法を模索してきた方々に不滿を抱かせるもののようである。その一つが、董仲舒の『春秋繁露』に關する私のコメントであったようだ。しかし、上文に述べたような諸點が、三合を利用することによって確認できるということを、前提の議論は、まだうかがったことがない。それぞれの論者の見解が、「きわめて單純に、疑わしきものを前漢末から後漢時代におしこめてしまうという舊來の惡弊」でないかどうか、いま一度檢討しなおす必要だけは、ありそうだということをあらためて述べておきたい。

第四節　「五服」論の生成と展開

はじめに

實は下記において別に話題にすることだが(121)、春秋時代までの非常識な歴史が、天下の古典『禮記』王制に繼承されている。これは、書いてあることの確認にすぎないのだが、一般には耳新しい内容をもっている。

その内容の先驅は『孟子』梁惠王（章句）上・公孫丑（章句）上にあり、天下が「方一千里」九つ分からなることを述べている。

この内容は、別に『左傳』などに示された事實を一件一件地道に檢討することで、厖大な事實の集積として確認することができる。大國晉の下にある都市は、山西を中心とする一帶にひろがり、そこには周の勢力が及ばない。同様の大國の勢力圈は、山東の齊、江南の吳・越、湖北の楚、陝西の秦についても確認できる。まとめの記述としても、『左傳』僖公二十四年に、中原において、それら大國の勢力圈をにらむように諸侯を「藩屛」として配置した記事がある。『國語』鄭語の冒頭には、その「藩屛」と外の勢力をのぞいた中原の地域に、鄭が移るべきだという意見が述べられている。この記述から、楚が蠻夷扱いであることを知り、燕が狄のさらに北に位置していることをも知る。總じて、殷を滅ぼした後の周の勢力圈が、中原一帶にとどまり、それより擴大されることはなかったことを知る。

『孟子』萬章章句下には、卿以下の大夫・士の祿高を述べた部分がある。ここに大國・次國・小國ごとの祿高が比較されている。ここにいう「大國」は、私が春秋史やそれ以前を述べるのに用いる大國のことではなく、孟子にいう周内の國のうち、祿高に大小が生じることを問題にしている。大國の卿は大夫の祿の四倍、次國の卿は大夫の祿の三倍、小國の卿は大夫の祿の二倍になる。四：三：二になるということである。大國の面積は方百里、次國の面積は方七十里、小國の面積は方五十里とされる。面積は通常一邊を自乘するので、面積の相違は一六：九：四になるはずだが（嚴密には次國を方七十五里とするのがよい）、ここでは、一邊の數字がほぼ（本來七十五として）四：三：二になるという不思議なものになっている。

ここからは、二つの道が用意される。一つは、孟子の頃の「方～」は、面積の單なる目安にすぎず、十進法で示されると考えることである。もう一つは、大國になればなるほど、數字に示されない空き地（山林藪澤など）が増えると考えることである。

下記[122]においては、後者をにらみながら、現實に見られる『左傳』の記事から推して、當時の（私の述べる）大國の下にある有力氏族の數やその下の縣が念頭におかれているのではないかと考えた。

本稿は、こうして確認できる『孟子』萬章章句下と『禮記』王制との相違を理解することなく、現在の「五服」の制度が討論されていることから出發し、「五服」は本來どう論じられるべきだったかを述べることにしたい。

『尙書』孔傳の「五服」說

周知のように、『尙書』禹貢には、「五服」に關する記事がある。

①五百里甸服（孔傳：規方千里之內、謂之甸服、爲天子服治田、去王城面五百里內）、百里賦、納總（孔傳：甸

服内之百里、近王城者、禾稾曰總、入之供飼國馬）、二百里、納銍（孔傳：銍刈、謂禾穗）、三百里、納秸服（孔傳：秸稾也、服稾役）、四百里、粟、五百里、米（孔傳：所納精者少、麤者多）、②五百里侯服（孔傳：甸服外之五百里、侯候也、斥候而服事）、百里采（孔傳：侯服内之百里、供王事而已、不主一）、二百里男邦（孔傳：男任也任王者事）、三百里諸侯（孔傳：三百里同爲王者斥候、故合三爲一名）、③五百里綏服（孔傳：綏安也、侯服外之五百里、安服王者之政教）、三百里、揆文教（孔傳：揆度也、度王者文教、而行之、三百里皆同）、二百里、奮武衞（孔傳：文教外之二百里、奮武衞天子、所以安）、④五百里要服（孔傳：綏服外之五百里、要束以文教）、三百里、夷（孔傳：守平常之教、事王者而已）、二百里、蔡（孔傳：蔡法也、法三百里、而差簡）、⑤五百里荒服（孔傳：要服外之五百里、言荒、又簡略）、三百里、蠻（孔傳：以文德蠻來之、不制以法）、二百里、流（孔傳：流移也、言政教隨其俗、凡五服相距爲方五千里）、⑥東漸于海、西被于流沙、朔南曁聲教（孔傳：漸入也、被及也、此言五服之外、皆與王者聲教、而朝見）、訖于四海、禹錫玄圭、告厥成功（孔傳：玄天色、禹功盡加於四海、故堯賜玄圭、以彰顯之、言天功成）。

現代の議論は、おおむねここに示された孔傳を基礎にする。[123] 天下を⑤の孔傳にいう「方五千里」と規定し、千里四方の正方形につき、中心から東西に五百里、南北に五百里離れた圖を考える。そのあとは、四方に五百里ずつ離れた正方形を描いて②③④⑤を規定し、最終的に「五千里四方」の正方形を描く。

ここに問題になる「方五千里」について、異をとなえたのが、後漢の鄭玄である。『禮記』王制の「凡九州千七百七十三國、天子之元士、諸侯之附庸不與」についての鄭玄注の中に、「孝經説曰、周千八百諸侯、布列五千里内、此文改周之法、關盛衰之中、三七之間、以爲説也、終此説之意、五五二十五、方千里者二十五、其一爲畿内、餘二十四州、各有方千里者三、其餘諸侯之地、大小則未得而聞」とある。「此文改周之法」とあるように、これは周の法ではないとする。「終此說之意、五五二十五、方千里者二十五、其一爲畿內、餘二十四州、各有方千里者三、其餘諸侯之地、大小則未得而聞」とあるのは、鄭玄が天下九州說をもとに、畿内をのぞいた他の八州に「方伯」が置かれると考えるためであろう。「五千里四方」ならば、一千里四方は二十五個でき、一個分除いた二十四個分を八で割れば、三個分になる。だから、「各有方千里者三」ということになるが、天子の地が方一千里一個分、「方伯」の地が三個分ということになり、大小の問題が殘るというわけである。

⑥に「東漸于海、西被于流沙、朔南曁聲教」とあり、「孔傳」に「漸入也、被及也、此言五服之外、皆與王者聲教、而朝見」とあるように、ここで問題になっているのは、いわゆる天下である。かなりおおざっぱなものだが、「五千里四方」というには、やや大きすぎる。むしろ、孟子がいう「方千里」九つ分が合う。鄭玄が上記において「大小則未得而聞」と述べるのは、この意味も含まれそうだ。

本書であちこち論じることだが、(124)『孟子』以來の方千里九つ分を天下とする考えが、『禮記』王制に繼承されている。それは、『漢書』にも引用され、漢の中央集權を述べるものにもなっている。「方五千里」が「五千里四方」だとする說は、この『禮記』王制の說とは違っている。

戰國以來の目安としての「方～里」

どうして、この「五千里四方」說ができあがるのか。これは、上記に述べたように、「五服說」を論理的につめた結果と言える。天下を「五千里四方」だということにすれば、「五服說」がうまく說明できる。

實のところ、さほどうまく說明できるわけではないのだが、何となくうまく說明できた氣になる。

うまく説明するためには、②の「二百里男邦」と「三百里諸侯」の間で、説明方法が變わるとしなければならない。①五百里甸服について、百里までは、「百里賦、納總」、二百里までは「二百里、納銍」、三百里までは「三百里、納秸服」、四百里までは「四百里、粟」、五百里までは「五百里、米」だとし、②五百里侯服については、百里（①からの合計では六百里）までは「百里采」、二百里（七百里）までは「二百里男邦」だとし、殘りの三百里について、「三百里諸侯」だとする。こうしないと、數字のつじつまが合わないからである。

以下、③五百里綏服については、三百里までは「三百里、揆文教」とし、殘りの二百里について「二百里、奮武衛」だとする。④五百里要服については、三百里までは「三百里、夷」だとし、殘りの二百里について「二百里、蔡」だとする。⑤五百里荒服についても、三百里までは「三百里、蠻」だとし、殘りの二百里については「二百里、流」だとする。

では、②の「二百里男邦」と「三百里諸侯」の間で、説明方法が變わるのはなぜか、これについては、うまい説明が用意されるわけではない。

ここに、世間的には突拍子もない發想を述べてみよう。個人的には、すでに公表した見解だし[125]、本書でもあちこち述べている見解だが、世間では、どういう意味かが理解されていないように見える。「五服」について問題にされている「五百里」を、『孟子』萬章章句下において問題になったのと同じく、單なる目安だとしてしまう。つまり、「五百里」は「方一千里」の半分の面積だと見なすのである。

すでに述べた見解では、『尚書』禹貢に出てくる言葉である「中邦」をいわゆる王道をなす「方一千里」だと見なす。ここに二つ分の「五百里」が入る。私は、これに①「甸服」五百里と②「侯服」五百里を入れてみた。その上で、西に③「綏服」五百里、東に④「要服」五百里、南に⑤「荒服」五百里を考える。理由はいたって單純で、③「綏服」

は、「三百里、揆文教」・「二百里、奮武衛」であって、諸侯にできない野蠻の民である。④「要服」も野蠻の民で、「三百里、夷」・「二百里、蔡」のうちの前者から東を考える。⑤「荒服」も野蠻の民で、「三百里、蠻」・「二百里、流」のうち、前者から南を考える。いずれも「三百里」の方が「二百里」よりも「中邦」に近しい關係になっている。①「甸服」は王畿、②「侯服」は諸侯である。

②は王畿に近い釆・男と、それ以外の諸侯に分ける。それゆえ、説明方法が分かれるのである。

これは、あくまで、『尙書』禹貢にある文章だから、こう考えてみた。夏王朝を説明する。

これが假に周王朝だという話になると、時代も説明も違ってくる。『周禮』夏官職方氏では、「乃辨九服之邦國、方千里曰王畿、其外方五百里曰侯服、又其外方五百里曰甸服、又其外方五百里曰男服、又其外方五百里曰釆服、又其外方五百里曰衞服、又其外方五百里曰蠻服、又其外方五百里曰夷服、又其外方五百里曰鎭服、又其外方五百里曰藩服（鄭玄注：服服事天子也、詩云侯服于周）」と説明している。王畿が方千里であり、「其外」に「侯服」・「甸服」・「男服」・「釆服」・「衞服」・「蠻服」・「夷服」・「鎭服」・「藩服」があるという。この「其の外」の「其の」は王畿を指すとみなせばよい。『尙書』禹貢を參照しつつ、「蠻服」・「夷服」を規定し、後を推定していけばよい。

以上、説明としては、結構うまくいく、という話である。『周禮』職方氏と『尙書』禹貢（の孔傳）の顯著な相違は、後者が「甸服」を王畿に入れ、前者がそれを王畿の外におくことである。私は、『周禮』においては、「甸服」をおかれたところが將來の王畿であることをほのめかしているのだと考えた。

總じて、『周禮』職方氏が服を問題にするのは、「方一千里」十個半、『尙書』禹貢の場合は、二個半になる。たびたび名前を出している『禮記』王制の場合は、「千里之內、曰甸、千里之外、曰釆、曰流」とあるだけである。この場合、「千里之內、曰甸」から、甸（服）は「方一千里」であることがわかる。釆（服）・流（服）も「方一千里」

だということなら、天下は「方一千里」三個分となる。

私は下記(126)において、『論語』泰伯に記す天下が、「方一千里」三個分になることをのべておいた。『尙書』禹貢や『禮記』王制の述べる「服」は、この『論語』泰伯に記す天下に近い。また、すでに述べたように、『孟子』梁惠王章句上・公孫丑章句上には、周代の天下が「方一千里」九個分になることが記されている。『周禮』職方氏の述べる王畿と服は、この『孟子』梁惠王章句上・公孫丑章句上に近い。

同じ『禮記』王制でも、州が「方一千里」で天下に九個分ある、という場合は、『孟子』梁惠王章句上・公孫丑章句上に近く、「服」を問題にする場合は、より遡った時代の『論語』泰伯に近い、という話である。

この推論が正しければ、「服」の議論は、天下を「方一千里」三個分とする時期に出現し、天下を「方一千里」九個分とする時期にいたったと言える。そして、その意味がわからなくなった後、「方五千里」を「五千里四方」とする天下說ができた、ということである。

以上、他の書物に述べる「服」の議論を含め、「方五百里」を「方一千里」の半分とみなす方法は、從來の說明に比較してもうまくいくところが多い。

『戰國策』・『呂氏春秋』にみえる「冠帶」と「方~里」

「方~里」が「~里四方」にはならないことを述べていく上で、興味深い用語が見いだせる。「冠帶」という言葉である。

この言葉は『戰國策』（漢末成書）に見えていて、その編纂材料にあったのだと思われるが、その材料を使った『史記』にも同じ内容と同じ言葉が見えている。
『戰國策』魏策一（七八七）[127]に次のようにある（『史記』蘇秦列傳にも内容の通じる一節がある）。

蘇子爲趙合從、說魏王曰、「大王之埊、南有鴻溝・陳・汝南、有許・鄢・昆陽・邵陵・舞陽・新郪、東有淮・潁・沂・黄・煮棗・海鹽・無踈、西有長城之界、北有河外・卷・衍・燕・酸棗、埊方千里、埊名雖小、然而廬田廡舍、曾無所芻牧牛馬之地、人民之衆、車馬之多、日夜行不休已、無以異於三軍之衆、臣竊料之、大王之國、不下於楚、然橫人謀王、外交强虎狼之秦、以侵天下、卒有國患、不被其禍、夫挾强秦之勢、以内劫其主、罪無過此者、且魏、天下之强國也、大王、天下之賢主也、今乃有意西面而事秦、稱東藩、築帝宮、受冠帶、祠春秋、臣竊爲大王媿之、臣聞越王勾踐以散卒三千、禽夫差於干遂、武王卒三千人、革車三百乘、斬紂於牧之野、豈其士卒衆哉、誠能振其威也、今竊聞大王之卒、武力二十餘萬、蒼頭二十萬、奮擊二十萬、厮徒十萬、車六百乘、騎五千疋、此其過越王勾踐、武王遠矣、今乃劫於辟臣之說、而欲臣事秦、夫事秦必割地效質、故兵未用而國已虧矣、凡羣臣之言事秦者、皆姦臣、非忠臣也、夫爲人臣、割其主之埊以求外交、偸取一旦之功而不顧其後、破公家而成私門、外挾彊秦之勢以内劫其主以求割埊、願大王之熟察之也、周書曰、『緜緜不絕、縵縵奈何、毫毛不拔、將成斧柯』、前慮不定、後有大患、將奈之何、大王誠能聽臣、六國從親、專心并力、則必無强秦之患、故敝邑趙王使使臣獻愚計、奉明約、在大王詔之」、魏王曰、「寡人不肖、未嘗得聞明教、今主君以趙王之詔詔之、敬以國從」。

これは、前三一八年に秦の惠成王が東進し、諸國が危機感をつよめて合從した際のものである。秦は、この合從（秦が東に軍を進めたとはいえ、湖北・湖南を席卷していない時期のことであるから、合從というより、連合といった方がよい。この「合從」は『戰國策』所載の文書を整理する際に附加したものにすぎない）の後、しばらく函谷關から出てこられない狀況が生まれる。「今乃有意西面而事秦、稱東藩、築帝宮、受冠帶、祠春秋」の部分に「秦に事える」ことの具體的内容が簡單に列記されている。「東藩と稱する」のは、周の故事を念頭においたものである。『左傳』僖公二十四年に、周初の封建の事情が述べられ、親戚を「藩屏」にしたことが記されている。つまり、ここでは秦にとっての諸侯の役割を背負うことを「東藩と稱する」と表現している。「帝宮を築く」は、これまで適切な説明がなされていない。これも秦を中心としての發言だから、秦の金文に見える「帝の下にあり(128)」の帝を祭祀する宮を築くことを言うのであろう。

「冠帶を受け春秋を祀る」も、秦に臣事することを述べる。「春秋を祀る」のは、秦の時に従うことを意味する。おそらく秦の暦に沿って季節の祭祀を行うものであろう。當時の諸國の暦は、同じ天文定數を用い、同じ七六年周期の大小月配列を用いていたが、その大小月配列の起點をどこにおくかで國ごとの違いが生じていた。各國は獨自性を主張するために、さらに冬至月を何月にするか、閏月をどう置くかの違いも重ねて議論したのであるが、こと七六年の大小月配列の起點をどこに置くかについてだけを問題にしても、齊・趙・秦のグループ、楚・魏・韓のグループ、中山・燕のグループに分かれた(129)。だから、嚴密に言えば、二十四節氣の計算の起點がそれぞれのグループごとに相違していた。その上、起點が違うと、同じ日があるグループでは月末の晦、別のグループでは月初の朔となるようなことがあちこち起こる。さらにそれぞれのグループ内で、閏月の置き方が違って同じ月を何月にするかが違う場合や、三ヶ月もずれている場合もあった。だから、「春秋を祀る」という行爲が他國の干渉を受けると、國家の正統の證としての暦がないがしろにされることとなった。

だから、「冠帶を受ける」も、秦の意向を受けたものだと考えることができる。當時の秦が東進したといっても、東に「方一千里」もの大領土を獲得したわけではない。『孟子』梁惠王章句上・公孫丑章句上の「天下は方一千里九個分」という言い方から、陜西の秦は「方一千里」とみなすことができる。したがって、秦の「冠帶」が問題になる領域は、多少多めにみつもっても、「方一千里」二個分、過大に述べても「方一千里」三個分程度である。

『戰國策』韓策一（九三〇）の「蘇秦爲趙〔姚本楚〕合從、說韓王曰」も上記の蘇子すなわち蘇秦の活動に關わる。前三一八年の記事である。そこにも、「乃欲西面事秦、稱東藩、築帝宮、受冠帶、祠春秋、交臂而服焉、夫羞社稷而爲天下笑、無過此者矣」とある。

『戰國策』魏策一（七九二）は、前二八六年の事件（「河外」の地をいたす）が話題になっている。『戰國策』には、鮑本と姚本がある（上記韓策でも問題になる部分がある）が、姚本が「張儀爲秦連橫」とするところ、鮑本は「爲秦連橫」とのみあって「張儀」がない。張儀は時期を遡った人で、鮑本の方が正しい。

（張儀）爲秦連橫、說魏王曰、「魏地方不至千里、卒不過三十萬人、埊四平、諸侯四通、條達輻湊、無有名山大川之阻、從鄭至梁、不過百里、從陳至梁、二百餘里、馬馳人趨、不待倦而至梁、南與楚境、西與韓境、北與趙境、東與齊境、卒戍四方、守亭障者參列、粟粮漕庾、不下十萬、魏之埊勢、故戰場也、魏南與楚而不與齊、則齊攻其東、東與齊而不與趙、則趙攻其北、不合於韓、則韓攻其西、不親於楚、則楚攻其南、此所謂四分五裂之道也、且夫諸侯之爲從者、以安社稷・尊主・强兵・顯名也、合從者、一天下、約爲兄弟、刑白馬以盟於洹水之上以相堅也、夫親昆弟同父母、尚有爭錢財、而欲恃詐僞反覆蘇秦之餘謀、其不可以成亦明矣、大王不事秦、秦下兵攻河外、拔卷・衍・燕・酸棗、劫衞取晉陽、則趙不南、趙不南、則魏不北、魏不北、則從道絕、從道絕、則大王之國欲求無危不可得也、秦挾韓而攻魏、韓劫於秦、不敢不聽、秦韓爲一國、魏之亡可立而須也、此臣之所以爲大王患也、爲大王計、莫如事秦、事秦則楚韓必不敢動、無楚韓之患、則大王高枕而卧、國必無憂矣、且夫秦之所欲弱莫如楚、而能弱楚者莫若魏、楚雖有富大之名、其實空虛、其卒雖衆、多言而輕走、易北、不敢堅戰、魏之兵南面而伐、勝楚必矣、夫虧楚而益魏、攻楚而適秦、內嫁禍安國、此善事也、大王不聽臣、秦甲出而東、雖欲事秦而不可得也、且夫從人多奮辭而寡可信、說一諸侯之王、出而乘其車、約一國而反、成而封侯之基、是故天下之遊士、莫不日夜搤腕瞋目切齒以言從之便、以說人主、人主覽其辭、牽其說、悪得無眩哉、臣聞積羽沈舟、羣輕折軸、衆口鑠金、故願大王之熟計之也」、魏王曰、「寡人蠢愚、前計失之、請稱東藩、築帝宮、受冠帶、祠春秋、效河外」。

ここでは、魏王自らが、「請稱東藩、築帝宮、受冠帶、祠春秋、效河外」と述べたことになっている。魏策四（九一二）（『史記』魏世家にも内容の通じる一節がある）には、上記の一節の後のこととして、秦と魏が互いに「與國」の關係にあり、「且夫魏一萬乘之國、稱東藩、受冠帶、祠春秋者、以爲秦之强足以爲與也」の狀況にあることが記されている。

『呂氏春秋』第十七審分覽第五愼勢には、「凡冠帶之國、舟車之所通、不用象譯狄鞮、方三千里、古之王者、擇天下之中而立國、擇國之中而立宮、擇宮之中而立廟、天下之地、方千里以爲國、所以極治任也」とある。いつのことを述べているか、やや不明なところもあるが、假に戰國後期呂不韋の時代を想定するなら、秦の版圖は天下の半ばをしめる勢いを示していた。そこで、ここに見える「方三千里」だが、これを「三千里四方」とみなしてしまうと、天下に等しくなってしまう。「冠帶之國」は、「舟車之所通、不用象譯狄鞮」であるから、舟や車がいきつけるところでなければならない。これもよく知られた事實としては、秦の始皇帝の統一の施策の中に「車軌を一つにした」というものがある。各國は、お互いに車が行き來できないよう、「車軌」を違えていたという前提がある。だから、どう考えても、ここにいう「方三千里」は天下にはならない。したがって、ということになるが、この「方三千里」は、どうやら「方一千里」三つ分らしいのである。

「不用象譯狄鞮」というのは、許維遹が『呂氏春秋』の注釋で述べているように、夷狄の國（蠻夷・閩越・戎狄の國）における通譯を用いないですむということである。蜀がこれに入らないと假定すると、秦の版圖は、陝西、湖北・湖南、そして三晉の一部になる。これらに、『戰國策』魏策一（七九二）の記事を重ねて考えてみると、ほぼ「方一千里」三つ分を「冠帶之國」と見なしていることがわかってくる。秦の版圖の一部に「冠帶之國」を設定しているということである。

『呂氏春秋』第十九離俗覽第七には、「蠻夷反舌殊俗異習之國、其衣服冠帶、宮室居處、舟車器械、聲色滋味皆異、其爲欲使一也、三王不能革、不能革而功成者、順其天也」とある。夷狄の國にも、それなりの衣服冠帶があり、宮室居所、舟車器械、聲も味もそれぞれ獨自のものがあるが、それを一つにすることは三王ですらできなかった。だから、魏や韓に對して、上記のように「冠帶を受ける」ことを認めさせることが話題になったこと自體、秦と魏・韓とが「冠帶」を異にしていたことを示している。その魏や韓に「冠帶を受けさせ」、「冠帶之國」に組み入れた結果として、はじめて「冠帶之國」は「方三千里」になったということであろう。

『韓非子』有度には、「國無常强、無常弱、奉法者强則國强、奉法者弱則國弱、荊莊王幷國二十六、開地三千里、莊王之氓社稷也、而荊以亡、齊桓公幷國三十、啓地三千里、桓公之氓社稷也、而齊以亡、燕襄王以河爲境、以薊爲國、襲涿方城、殘齊平中山、有燕者重、無燕者輕、襄王之氓社稷也、而燕以亡、魏安釐王攻趙救燕、取地河東、攻盡陶魏之地、加兵於齊、私平陸之都、攻韓拔管、勝於淇下、睢陽之事、荊軍老而走、蔡召陵之事、荊軍破、兵四布於天下、威行於冠帶之國、安釐死而魏以亡、故有荊莊齊桓公、則荊齊可以霸、有燕襄魏安釐、則燕魏可以强、今皆亡國者、其羣臣官吏、皆務所以亂、而不務所以治也、其國亂弱矣、又皆釋國法而私其外、則是負薪而救火也、亂弱甚矣」とある。ここにも、「三千里」と「冠帶之國」が見えている。「三千里」は楚の莊王、齊の桓公について述べるが、これらの王侯の死去とともに、國も衰えた。燕の襄王、魏の安釐王もこれらの列に入り、燕の襄王は齊や中山を平らげ、魏の安釐王は「兵は天下に及び、威令が冠帶の國に行われた」という(130)。この「冠帶之國」も天下の一部であり、「三千里」

が目安になっているようである。この「三千里」も文脈上「方一千里」三つ分だと考えてよい。
以上の検討を通して、戦國末にいたるまで、「方一千里」を基準とし、その二つ分を「方二千里」、その三つ分を「方三千里」等と表現する面積單位があったということになる。

『史記』の「方〜里」

『史記』には、『戰國策』所載の說話を引用したものがあり、「冠帶」が議論できることをすでに述べた。これら以外、『史記』の漢代を述べた部分でも、「冠帶」が議論できる。
『史記』匈奴列傳には、次のようにある。

其後燕有賢將秦開、爲質於胡、胡甚信之、歸而襲破走東胡、東胡卻千餘里、與荊軻刺秦王秦舞陽者、開之孫也、燕亦築長城、自造陽至襄平、置上谷・漁陽・右北平・遼西・遼東郡以拒胡、當是之時、冠帶戰國七、而三國邊於匈奴、其後趙將李牧時、匈奴不敢入趙邊、後秦滅六國、而始皇帝使蒙恬將十萬之衆北擊胡、悉收河南地、因河爲塞、築四十四縣城臨河、徙適戍以充之、而通直道、自九原至雲陽、因邊山險塹谿谷可繕者治之、起臨洮至遼東萬餘里、又度河據陽山北假中。

ここで「當是之時、冠帶戰國七、而三國邊於匈奴」と述べているのは、戰國時代の七國をすべて「冠帶」とするものである。戰國時代にあって、例えば秦が自らの「方三千里」について「冠帶之國」を設定したのとは違い、それぞれの國家が勝手に設定した「冠帶」を合して、「冠帶戰國七」と述べている。統一された天下をすべて「冠帶」とみなす。そのうちの三國が匈奴と境を接しているというのである。

同じ匈奴列傳に「漢使曰、『匈奴父子乃同穹廬而臥、父死、妻其後母、兄弟死、盡取其妻妻之、無冠帶之飾、闕庭之禮』」と述べているのも、統一された天下を「冠帶」と見なすもので、その外には冠帶の飾りもなく庭の禮も缺けていることをいう。同じく匈奴列傳に「文帝後二年、使使遺匈奴書曰、『皇帝敬問匈奴大單于無恙、使當戸且居雕渠難、郎中韓遼遺朕馬二匹、已至、敬受、先帝制、長城以北、引弓之國、受命單于、長城以内、冠帶之室、朕亦制之、……』」というのも、長城の内に「冠帶」を設定するものである。

『史記』貨殖列傳に「周書曰、『農不出則乏其食、工不出則乏其事、商不出則三寶絕、虞不出則財匱少』、財匱少而山澤不辟矣、此四者、民所衣食之原也、原大則饒、原小則鮮、上則富國、下則富家、貧富之道、莫之奪豫、而巧者有餘、拙者不足、故太公望封于營丘、地瀉鹵、人民寡、于是太公勸其女功、極技巧、通魚鹽、則人物歸之、繈至而輻湊、故齊冠帶衣履天下、海岱之間歛袂而往朝焉、其後齊中衰、管子脩之、設輕重九府、則桓公以霸、九合諸侯、一匡天下、而管氏亦有三歸、位在陪臣、富于列國之君、是以齊富彊至于威宣也」というのは、時代を周初に遡って述べたもので、事實そのものではないが、話の前提としては、冠帶をもって天下に臨んだことがある。これも天下について「冠帶」を述べるものである。話の時代は漢代ではないが、漢代の現實を投影させたものになっている。

『史記』酈生陸賈列傳は、さらに注目すべき記述を含んでいる。

　陸賈者、楚人也、以客從高祖定天下、名爲有口辯士、居左右、常使諸侯、及高祖時、中國初定、尉他平南越、因王之、高祖使陸賈賜尉他印爲南越王、陸生至、尉他魋結箕倨見陸生、陸生因進說他曰、「足下中國人、親戚昆弟墳墓在眞定、今足下反天性、棄冠帶、欲以區區之越與天子抗衡爲敵國、禍且及身矣、且夫秦失其政、諸侯豪傑並起、唯漢王先入關、據咸陽、項羽倍約、自立爲西楚霸王、諸侯皆屬、可謂至彊、然漢王起巴蜀、鞭笞天下、劫略諸侯、遂誅項羽滅之、五年之間、海内平定、此非人力、天之所建也、天子聞君王王南越、不助天下誅暴逆、將相欲移兵而誅王、天子憐百姓新勞苦、故且休之、遣臣授君王印、剖符通使、君王宜郊迎、北面稱臣、廼欲以新造未集之越、屈彊於此、漢誠聞之、掘燒王先人冢、夷滅宗族、使一偏將將十萬衆臨越、則越殺王降漢、如反覆手耳。於是尉他廼蹶然、起坐、謝陸生曰、「居蠻夷中久、殊失禮義」、因問陸生曰、「我孰與蕭何曹參韓信賢」、陸生曰、「王似賢」、復曰、「我孰與皇帝賢」、陸生曰、「皇帝起豐沛、討暴秦、誅彊楚、爲天下興利除害、繼五帝三皇之業、統理中國、中國之人以億計、地方萬里、居天下之膏腴、人衆車轝、萬物殷富、政由一家、自天地剖泮未始有也、今王衆不過數十萬、皆蠻夷、崎嶇山海間、譬若漢一郡、王何廼比於漢」、尉他大笑曰、「吾不起中國、故王此、使我居中國、何渠不若漢」、廼大說陸生、留與飲數月、曰、「越中無足與語、至生來、令我日聞所不聞」、賜陸生橐中裝直千金、他送亦千金、陸生卒拜尉他爲南越王、令稱臣奉漢約、歸報、高祖大悅、拜賈爲太中大夫。

高祖の時におよんで「中國」が初めて定まったと述べるのは、その前に「陸賈なる者は、楚人なり。客を以て高祖に從ひ天下を定む」とあるのを受けていて、「天下」を「中國」と言い換えるものである。「尉他平南越、因王之、高祖使陸賈賜尉他印爲南越王」は、趙佗（南越列傳）が「南越王」になった次第を述べる。尉他（趙佗）が陸生に會ったとき、陸生が尉他に言うには、「足下中國人、親戚昆弟墳墓在眞定、今足下反天性、棄冠帶、欲以區區之越與天子抗衡爲敵國、禍且及身矣……」だという。つまり、趙佗はもともと中國の人であり、親戚や緣者の墳墓も眞定にありながら、「天性に反して冠帶を捨て、漢に對抗しようとしている」のだという。ここに述べる「冠帶」も天下について述べているわけだが、ここではそれが「中國」とイコールになっている。

「陸生曰、『皇帝起豐沛、討暴秦、誅彊楚、爲天下興利除害、繼五帝三皇之業、統理中國、中國之人以億計、地方萬里、居天下之膏腴、人衆車轝、萬物殷富、政由一家、自天地剖泮未始有也、今王衆不過數十萬、皆蠻夷、崎嶇山海間、譬若漢一郡、王何廼比於漢』」と述べる「統理中國、中國之人以億計、地方萬里」は、中國が人口一億、面積「方萬

里」であることを述べる。やや誇大な言い方ではあるが、南越の人口は漢の一郡にすぎまい、とも述べている。

ここにいう「方萬里」は、「中國」を述べるものである。つまりは漢の高祖が統一した天下であり、南越などを除いた地域である。それは、戰國時代の七國を合わせたものとなり、當時の天下になる。それも「冠帶」になることを上記に述べたわけだが、それが「方萬里」だという。この數値は、『孟子』梁惠王章句上・公孫丑章句上にのべる「天下は方一千里九個分からなる」というのとほぼ等しい。この「方萬里」も「方一千里」十個分ということになる。つまり、『戰國策』や『呂氏春秋』において、「方一千里」二個分を「方二千里」、「方一千里」三個分を「方三千里」等と述べたのと同樣の用法が、『史記』においても確認できるということである。

上記において話題にした以外、『戰國策』には、あちこち各國の領域を「方〜里」という言い方で表現している。それらを「方一千里」二個分を「方二千里」、「方一千里」三個分を「方三千里」等と述べたのと同樣の用法によって合算してみると、「方萬里」に近い數値となる。(131)

つまるところ、以上に問題にした多くの事例からして、戰國時代から『史記』の時代にかけて一般に用いられていた面積單位は、「方一千里」二個分を「方二千里」、「方一千里」三個分を「方三千里」等と述べるものであったことがわかる。

『漢書』の述べる「方〜里」

『漢書』地理志には、「在黃帝、作舟車以濟不通、旁行天下、方制萬里、畫壄分州、得百里之國萬區、是故易稱、『先王(以)建萬國、親諸侯』、書云、『協和萬國』、此之謂也、堯遭洪水、褱山襄陵、天下分絕、爲十二州、使禹治之、

水土既平、更制九州、列五服、任土作貢、曰禹敷土、隨山栞木、奠高山大川」という部分がある。ここにある「方制萬里」は。『史記』には見えない表現であるが、すでに述べた『史記』の天下方萬里の認識を繼承して述べている。

『漢書』溝洫志にも、「且以大漢方制萬里」とある。

先に問題にした『史記』酈生陸賈列傳の「方萬里」は、『漢書』酈陸朱劉叔孫傳に引用されている。

同様に、『史記』の記載を『漢書』が引用する中で、「萬里」に言及するものとして、『史記』大宛列傳を引いた『漢書』張騫李廣利傳の「天子既聞大宛及大夏・安息之屬皆大國、多奇物、土著、頗與中國同俗、而兵弱、貴漢財物、其北則大月氏・康居之屬、兵彊、可以賂遺設利朝也、誠得而以義屬之、則廣地萬里、重九譯、致殊俗、威德徧於四海、天子欣欣以騫言爲然」がある。これは、上記「方制萬里」の外に地を廣めるという記事であるが、注目できるのは、廣める前の「萬里」は相變わらず獨立して「萬里」だったことである。

『漢書』嚴朱吾丘主父徐嚴終王賈傳下の「古者諸侯國異俗分、百里不通、時有聘會之事、安危之勢、呼吸成變、故有不受辭造命顓己之宜、今天下爲一、萬里同風、故春秋『王者無外』、偃巡封域之中、稱以出疆何也」は、『漢書』成立にいたるまでの、前漢の世において、「天下方萬里」が繼承されていることを確認できる事例の一つである。

『漢書』薛宣朱博傳に、「漢家至德溥大、宇内萬里」とあるのも同様である。

さて、以上、『史記』から『漢書』にかけて天下方萬里の認識が繼承されていることを述べたのであるが、『史記』に關して述べた「方千里」に關する認識も繼承されている。『史記』項羽列傳、『漢書』陳勝項籍傳に、「江東雖小、地方千里」というのは、その一例である。

『漢書』荊燕吳傳に、「吳王劉濞敬問膠西王・膠東王・菑川王・濟南王・趙王・楚王・淮南王・衡山王・廬江王・故長沙王子、幸教、以漢有賊臣錯、無功天下、侵奪諸侯之地、使吏劾繫訊治、以侵辱之爲故、不以諸侯人君禮遇劉氏骨

肉、絶先帝功臣、進任姦人、誑亂天下、欲危社稷、陛下多病志逸、不能省察、欲擧兵誅之、謹聞教、敝國雖狹、地方三千里」というのも、『史記』呉王濞列傳を引用したものであり、この「方三千里」は「方一千里」三個分を述べている。

以上から、想定されるところを述べておけば、「方五百里」とは、「方一千里」の半分ではなかったか、ということである。『戰國策』・『呂氏春秋』にみえる「冠帶」と「方〜里」との關係、『史記』・『漢書』の方一千里・方萬里等の具體的事例を見てみれば、ということである。

すでに、この推論をほのめかしつつ、こう述べておいた。「『服』の議論は、天下を『方一千里』三個分とする時期に出現し、天下を『方一千里』九個分とする時期にいたったと言える。そして、その意味がわからなくなった後、『方五千里』を『五千里四方』とする天下説ができた、ということである」。

以下に、五服に關する記事をさらに詰めて檢討してみよう。

『史記』・『漢書』に見える五服

『史記』・『漢書』に示された「方〜里」の記事には、五服に關わるものも含まれる。

『史記』夏本紀には、こうある。

於是九州攸同、四奥旣居、九山栞旅、九川滌原、九澤旣陂、四海會同、六府甚脩、衆土交正、致愼財賦、咸則三壤成賦、中國賜土姓、「祗台德先、不距朕行」、令天子之國以外五百里甸服、百里賦納總、二百里納銍、三百里納秸服、四百里粟、五百里米、甸服外五百里侯服、百里采、二百里任國、三百里諸侯、侯服外五百里綏服、三百里揆文教、二百里奮武衛、綏服外五百里要服、三百里夷、二百里蔡、要服外五百里荒服、三百里蠻、二百里流、東漸于海、西被于流沙、朔・南曁、聲教訖于四海、於是帝錫禹玄圭、以告成功于天下、天下於是太平治。

この記事は、『尚書』禹貢にみえる次の記事を參照して述べたものである。《　》内に示したのは、『尚書』の孔傳とされるものである。

【『尚書』禹貢】九州攸同《孔傳：所同事在下》、四隩既宅《孔傳：四方之宅已可居》、九山刊旅、九川滌源、九澤既陂《孔傳：九州名山、已槎木通道而旅祭矣、九州之川、已滌除泉源無壅塞矣、九州之澤、已陂障無決溢矣》、四海會同、六府孔修《孔傳：四海之内、會同京師、九州同風、萬國共貫、水火金木土穀、甚修治言政化和》、庶土交正、厎愼財賦《孔傳：交俱也、衆土俱得其正、謂壤墳壚、致所愼者、財貨貢賦、言取之有節、不過度》、咸則三壤、成賦中邦《孔傳：皆法壤田上中下、大較三品、成九州之賦、明水害除》、錫土姓、祗台德先、不距朕行《孔傳：台我也、天子建德、因生以錫姓、謂有德之人生此地、以此地名、賜之姓、以顯之、王者常自以敬我德爲先則天下無距違我行者》、（以下一七六頁に引用した文章）

以上から、單純に言葉の比較問題として述べると、『尚書』禹貢の文章には、「五百里甸服」としかないのを、『史記』夏本紀では、「令天子之國以外五百里甸服」と述べ、『尚書』の孔傳とされるものでは、「規方千里之內、謂之甸服」と述べる。これらから、『史記』夏本紀は天子の國の外に「甸服」の地を設定し、『尚書』禹貢の孔傳は、内側に「甸服」の地を設定したのがわかる。この「内側」という考えは、『禮記』王制にも述べられていた。だから、經書の世界では、孔傳にいたるまで、天子の國の内側に「甸服」を設定しており、これと異質の考えを『史記』夏本紀は述べたことになる。

同様に、『尚書』禹貢に「五百里侯服」、「五百里綏服」、「五百里要服」、「五百里荒服」としかないのを、『史記』夏

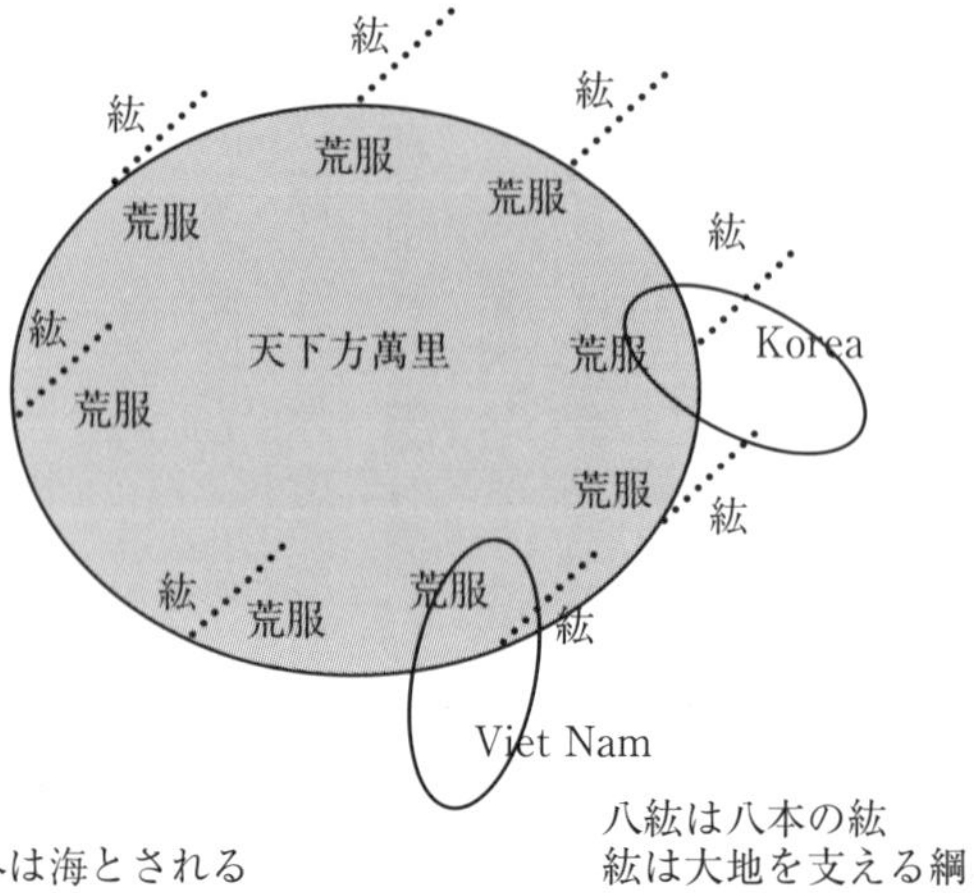
八紘の外は海とされる

圖 8　『史記』から『舊唐書』にいたるまでの「八紘」

『史記』では、古い天下觀も目につくように書かれている

本紀は「甸服外五百里侯服」、「侯服外五百里綏服」、「綏服外五百里要服」、「要服外五百里荒服」と述べ、『尚書』孔傳は「甸服外之五百里、侯候也」、「綏安也、侯服外之五百里」、「綏服外之五百里」、「要服外之五百里、言荒」と述べている。侯服・綏服・要服・荒服相互の關係を『尚書』禹貢は述べていないのに、『史記』夏本紀と『尚書』の孔傳は、順次外側に設定したということである。

そこで、『史記』五帝本紀をみると、次のようにある。

此二十二人咸成厥功、皋陶爲大理、平、民各伏得其實、伯夷主禮、上下咸讓、垂主工師、百工致功、益主虞、山澤辟、棄主稷、百穀時茂、契主司徒、百姓親和、龍主賓客、遠人至、十二牧行而九州莫敢辟違、唯禹之功爲大、披九山、通九澤、決九河、定九州、各以其職來貢、不失厥宜、方五千里、至于荒服、南撫交阯・北發、西戎・析枝・渠庾・氏・羌、北山戎・發・息愼、東長・鳥夷、四海之内咸戴帝舜之功、於是禹乃興九招之樂、致異物、鳳皇來翔、天下明德皆自虞帝始。

つまり、ここでは、「荒服」として、具體的にどこが設定されるかを述べているのである。「南撫交阯・北發、西戎・析枝・渠庾・氏・羌、北山戎・發・息愼、東長・鳥夷、四海之内咸戴帝舜之功、於是禹乃興九招之樂、致異物、鳳皇

來翔、天下明德皆自虞帝始」として示される「荒服」の内側とは何か。それは、武帝の時代に「中國」と稱された地域に他ならない。武帝時代の「中國」とは、『孟子』以來の九州を指している。戰國以來の天下である。

この九州は、九つの州である。こう考えて、『史記』夏本紀が「甸服」を「令天子之國以外五百里甸服」と規定した意味がわかる。九つの州は縱橫に三つずつ並べることができる。そのまん中に前漢の皇帝の地を設定してみよう。そうすると、九州の外に出るには、直接北・東・南・西の「方一千里」を經由する方法と、北東・南東・南西・北西の「方一千里」を經由する方法がある。上記の「南撫交阯・北發、西戎・析枝・渠廋・氐・羌、北山戎・發・息愼、東長・鳥夷」は、後者を使っての路程を考えるべきものだと判斷がつく。となると、それぞれの地にいくには、天子の「方一千里」の「外」に向かって、二個分の「方一千里」を經由しなければならない。ここに上記において問題にした「方五百里」二個分が「方一千里」だろうという想定を介在させてみると、「南撫交阯・北發、西戎・析枝・渠廋・氐・羌、北山戎・發・息愼、東長・鳥夷」にいくには、天子の「方一千里」の「外」に向かって「方五百里」四個分を經由すればよい。だから、『史記』夏本紀は「甸服外五百里侯服」、「侯服外五百里綏服」、「綏服外五百里要服」、「要服外五百里荒服」と述べているのである（二〇四頁圖14參照）。

では、どうして『尚書』の孔傳は、「規方千里之內、謂之甸服」とのべて、天子の「方一千里」の中に「甸服」を設定したのか。それは、武帝の時代に「荒服」とされた地が、その武帝によって征服されたわけだが、後漢の時代には、その「荒服」までを「中國」としてその外との册封關係を構築するにいたったからに違いない。同じ後漢の時代の書物でも、『漢書』は、前漢時代を扱う。そこにおいては、實際に議論されていたやや狹い「中國」が（おそらく後漢から遡る意識をもって）「方萬里」として論じられていた。その「方萬里」の外の「荒服」まで含めて「天子の地」（新しい「方萬里」）にする說明が求められたのであろう。天下は「九州」ではなく「十二州」だという考えも、諸書に示されている。後者は前者より州が三つ多い。武帝時代の「中國」を「九州」とし、武帝時代の征服地を「三州」とすれば、説明のつじつまは合う。この新來の州に「荒服」を設定するのなら、『史記』の説明どおりでいいのだが、これに『尙書』禹貢を重ねるとなると、「九州」におさめて説明せねばならない。そこで、「南撫交阯・北發、西戎・析枝・渠廋・氐・羌、北山戎・發・息愼、東長・鳥夷」にいくには、天子の「方一千里」の「外」に向かって「方五百里」四個分を經由すればよいわけだから、「荒服」を内側に入れた場合、玉突き現象によって、「甸服」は天子の「方一千里」の「内」に入りこむことになる。それが、『尙書』禹貢の孔傳の説明になる。『史記』の説明によって、「甸服」を「方一千里」の内にする説明が變更され、その「内」は「外」になったのであるが、『尙書』禹貢の孔傳にいたって、再度「内」への變更がなされたとみなすことができる。

後漢時代の五服論と顧頡剛説

上述したように、この『尙書』禹貢の孔傳は「凡五服相距爲方五千里」とも述べている。これも上述したように、この孔傳については、後漢の鄭玄が批判（『禮記』王制の「凡九州千七百七十三國、天子之元士、諸侯之附庸不與」についての鄭玄注の中に、「孝經説曰、周千八百諸侯、布列五千里內、此文改周之法、關盛衰之中、三七之間、以爲説也、終此説之意、五五二十五、方千里者二十五、其一爲畿内、餘二十四州、各有方千里者三、其餘諸侯之地、大小則未得而聞」とある）したとされる。

ただし、論理の問題として述べるのなら、孔傳自體は、必ずしも「二十五州説」を述べたものではない。東西南北に「方五百里」をつなげて延ばしていけば、「荒服」にいたることを述べているにすぎない。その東西南北のいずれから出發しても、一度天子の州にいたり（五つの「方五百里」だから計「方二千五百里」）、そこからあらためて別の東西南北の州にいたる（上記のごとく計「方二千五百里」）とすれば、どこにいくにしても（例えば西から東へ一直線に、でもよい）「方五千里」になることを述べたものである。

もう一言述べれば、鄭玄の批判（『禮記』王制「凡九州一千七百七十三國、天子の元士、諸侯之附庸不與」の注）に「終此說之意、五五二十五、方千里者二十五、其一爲畿內、餘二十四州、各有方千里者三、其餘諸侯之地、大小則未得而聞」とあるから、明らかに「二十五州說」は存在していたと言ってよい。そして、後代の學者は、この「二十五州說」を基礎に据えて、五服を論じるにいたること、[132] これは皆が知っていることである。

この「二十五州說」は、鄭玄が說明しているように、「方〜里」を「〜里四方」として論じるものである。この論理は、上記において多くの事例をもって確認した漢代の「方萬里」「方千里」等の用法と、明らかに異なっている。

ここで注目しておかねばならないことは、この鄭玄說が五千里四方を論じているにも拘わらず、いわゆる五服圖とは異なっているということである。いわゆる五服圖とは、五千里四方の中に、四千里四方、三千里四方、二千里四方、一千里四方を作りだし、五服の地を定める圖である。この圖は、顧頡剛の說[133]として流布している。

顧頡剛の五服圖そして下記に話題にする九服圖のもとになる圖は、清の胡渭撰『禹貢圖』（『皇清經解』所收）の「五服圖」・「九服圖」に示されている。胡渭の「五服圖」のもとになるものは、明の王圻撰『三才圖繪』の「堯制五服圖」に示され、やや異なる考えが同じく「禹弼五服圖」に示されている。

明以來の考えを受けた顧頡剛の五服說が、中央から外に向かって甸服・侯服・綏服・要服・荒服を設定し、結果として甸服の面積が一番狭く、だんだんと面積が巨大化するものになっていることは、すぐに了解される。ところが、上記の鄭玄說は、五千里四方の中を碁盤の目のように區切れば合計二十五の方一千里ができること、そのうち一つが

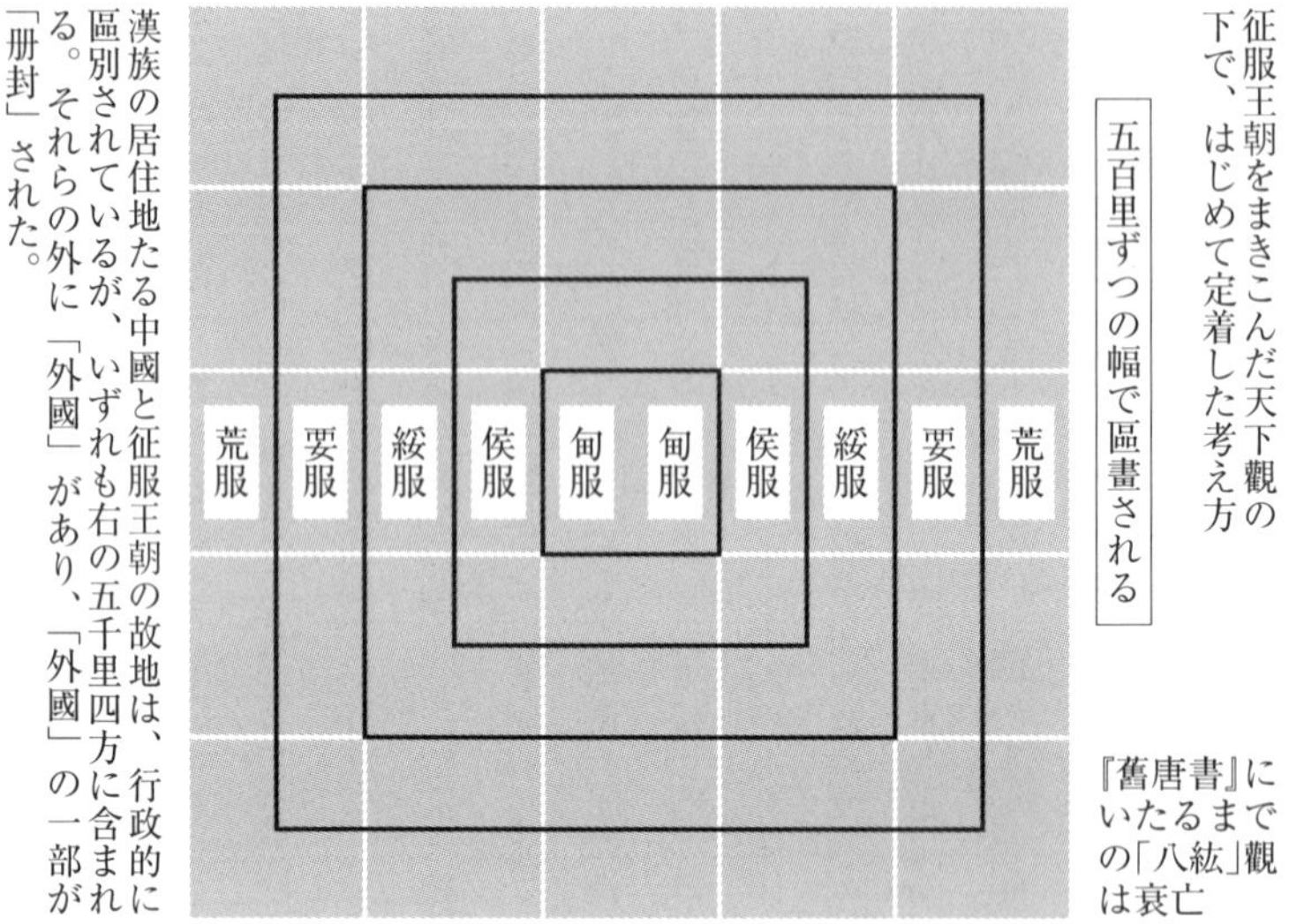
征服王朝をまきこんだ天下観の下で、はじめて定着した考え方
五百里ずつの幅で區畫される
荒服
要服
綏服
侯服
甸服
甸服
侯服
綏服
要服
荒服
『舊唐書』にいたるまでの「八紘」観は衰亡
漢族の居住地たる中國と征服王朝の故地は、行政的に區別されているが、いずれも右の五千里四方に含まれる。それらの外に「外國」があり、「外國」の一部が「册封」された。

圖9　五千里四方の天下と五服

天子の畿内となり、他は八人の「方伯」のものとなるから、それぞれの「方泊」の取り分が三つの方一千里になることを述べている。そして、「其一爲畿内、餘二十四州、各有方千里者三、其餘諸侯之地、大小則未得而聞」として、言わばだめだししているのである。

　どうして一つを天子、他の二十四を三つずつ八人の「方伯」に割り當てるのかといえば、『禮記』王制に天下九州を天子と八人の「方伯」に割り當てることを述べているからに他ならない。

　つまり、『禮記』王制の説を、天下方萬里（十個の方一千里）に關して割り當てるか、五千里四方を構想して割り當てるか（一つを天子、三つずつを八人の方伯）が議論され、後者はだめだとされたのである。

　この五服論に關わる話題が、「九服論」として『周禮』職方志に見えている。

『周禮』夏官職方氏には、「乃辨九服之邦國、方千里曰王畿、其外方五百里曰侯服、又其外方五百里曰甸服、又其外方五百里曰男服、又其外方五百里曰采服、又其

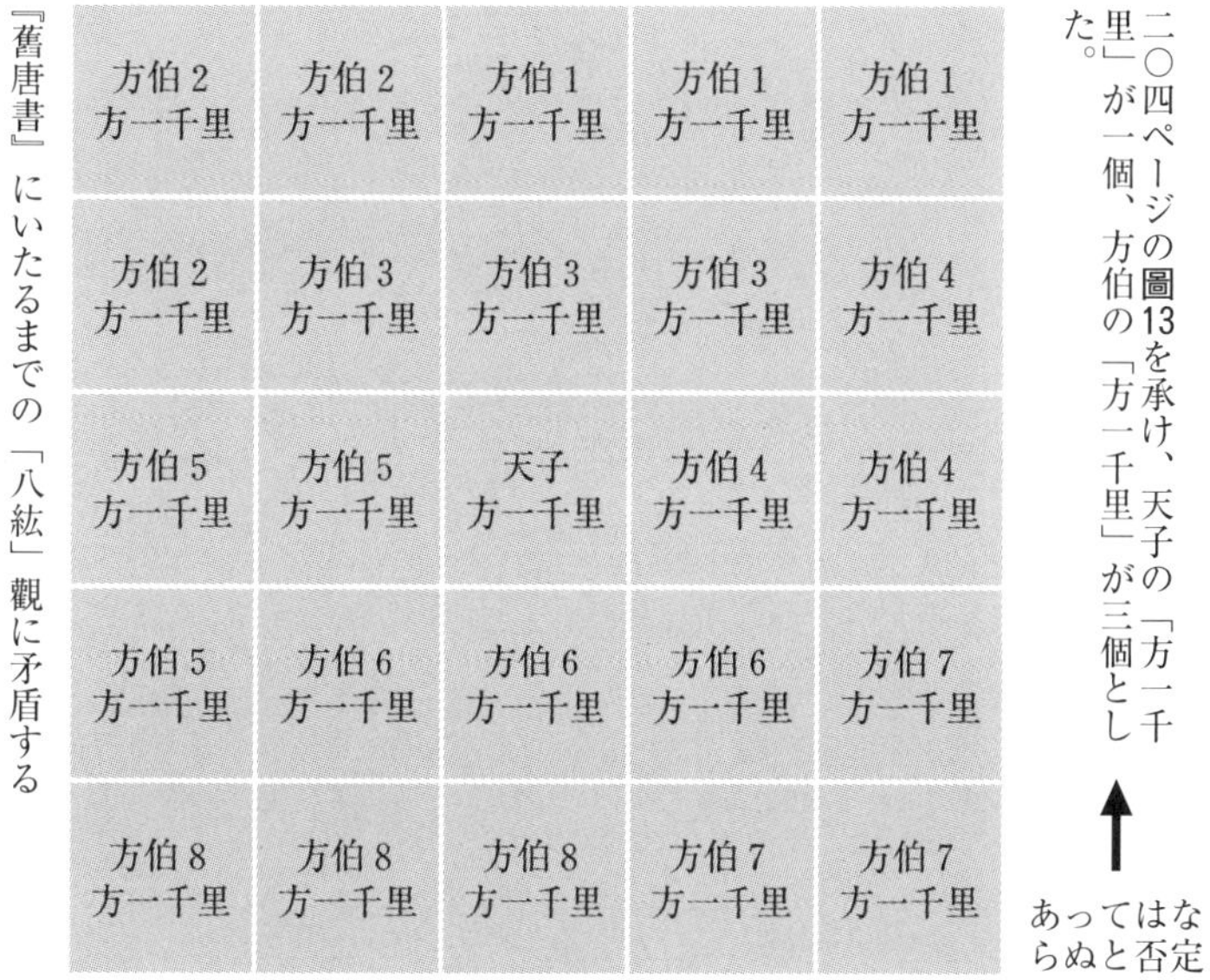

圖10　後漢時代に議論され否定された五千里四方の天下

外方五百里曰衞服、又其外方五百里曰蠻服、又其外方五百里曰夷服、又其外方五百里曰鎭服、又其外方五百里曰藩服（鄭玄注：服服事天子也、詩云侯服于周）」とある。これも、「方五百里」を單位として繋げて説明すべきものである（王畿が方千里であり、「其外」に「侯服」・「甸服」・「男服」・「采服」・「衞服」・「蠻服」・「夷服」・「鎭服」・「藩服」があるという。この「其の外」の「其の」は王畿を指すとみなせばよい）。論理的には、[134]「方五千里」ならぬ「方萬里」を「萬里四方」として議論することもできるが、史料の現實はそれを許さない。

　これについて、鄭玄は（『周禮』職方志の「九服」）、「有奇云、……周九州之界、方七千里、七七四十九、方千里者六……（九州の界を方七千里とすると、七七四十九となり、方千里なるものは四十九できる。その一つを畿内とすると、その餘は八州で分けておのおの方千里なるものは六個ずつという計算になる）」と述べている。これも、天子が一つ、方伯（諸侯）が六つとなっておかしい（「有奇」あまり聞かない）という意味である。[135]

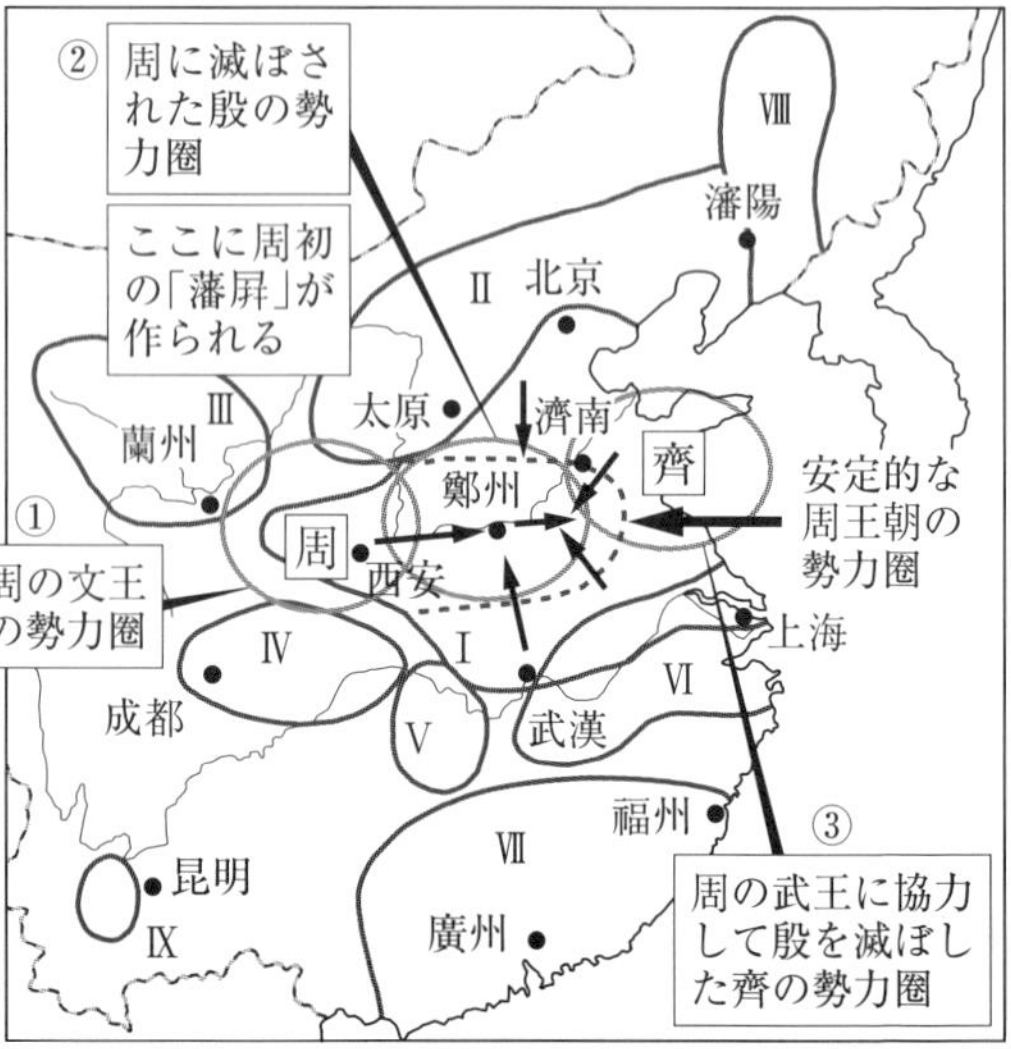

圖11　『論語』泰伯に示された天下（①②③）
（李伯謙説による前13～前10世紀青銅器文化圖に加筆）

ちなみに、『周禮』職方志の本文は、戰國時代の一邊をもって面積單位を表現する方法で議論しているのを、後漢の注釋の方は、方千里內を碁盤の目のように區切って論じている。本文は「凡邦國千里、封公以方五百里、卽四公方四百里、卽六侯方三百里、卽七伯方二百里、卽二十五子方百里、另卽百男、以周知天下」と述べるが、戰國時代の論理では、天下の中に公・侯・伯・子・男をどう封建するかの議論である。最初に「封國千里」と言っているから、これを基準にして天下に公・侯・伯・子・男がどう配置されるかの概要を述べる。

『禮記』王制の五服ならぬ九服だから、そして五服・九服いずれも「五百里」が基準になっているから、九服が論じる面積の方が廣く設定されている。

『周禮』職方志の上記部分を、後漢の注釋では、方一千里を碁盤の目に區切って議論した（「方千里者爲方百里者百」）。「方五百里」は五百里四方、「方四百里」は四百里四方ということで、これは、方一千里の邦國の中に、四公を封建するなら方四百里が目安だ、六侯を封建するなら方三百里が目安だ、七伯を封建するなら方二百里が目安だ（注釋は「七伯者、字之誤也」として、もっと多い面積を論じるべきだとする）、二十五子を封建するなら方百里が目安だと述べるもののようである。

いずれにせよ、後漢時代の注釋の議論するところは、所謂顧頡剛の圖とは違っている。前代を受けつつ『周禮』に關して作製された圖について、顧氏が必ずしも説明に成功していないことも、顧氏の圖を一目するだけでわかる。天下方萬里（十個の方一千里）を前提に五千里四方や七千里四方の考えを非とするか、五千里四方や萬里四方を前提に五服を構想するか、いずれの前提から論じるかでも、後漢時代の注釋と顧頡剛の圖とは違っている。

後代の「～里四方」による説明は、その説明を必要とする現實によって、文字通り現實的な説明となったものであろう。はなはだおおざっぱなものいいで恐縮だが、征服王朝の出現である。漢代から唐代にかけての中華夷狄觀ではどうしようもない現實が出現したのである。説明を少々附け加えれば、周邊國が漢字を自己の文字としたり、他の文字を使用し始めたりして、それら周邊國を歴史的にどう扱うかが、それまでの説明ではおぼつかなくなった。それぞれの文字によるそれぞれの正統觀が現實に衝突し始めたことによる。その衝突が漢族の地域の征服という形にまでなったとき、構想された説明。その一つが、上記の「～里四方」ではなかったか。

「五服」論の生成

では、「五服」論は、どうして起こったのか。上記において確認し得た「方五百里」が「方一千里」の半分になるとの想定を基礎に、その問題を詰めてみることにしよう。

私が注目するのは、『論語』泰伯に見える天下である。本稿でも、この一節は話題にした。おそらく、陝西の周の本據を一つの「方一千里」、中原を一つの「方一千里」、山東の齊の勢力圏を一つの「方一千里」として、それらの合計を天下とするものであろう。

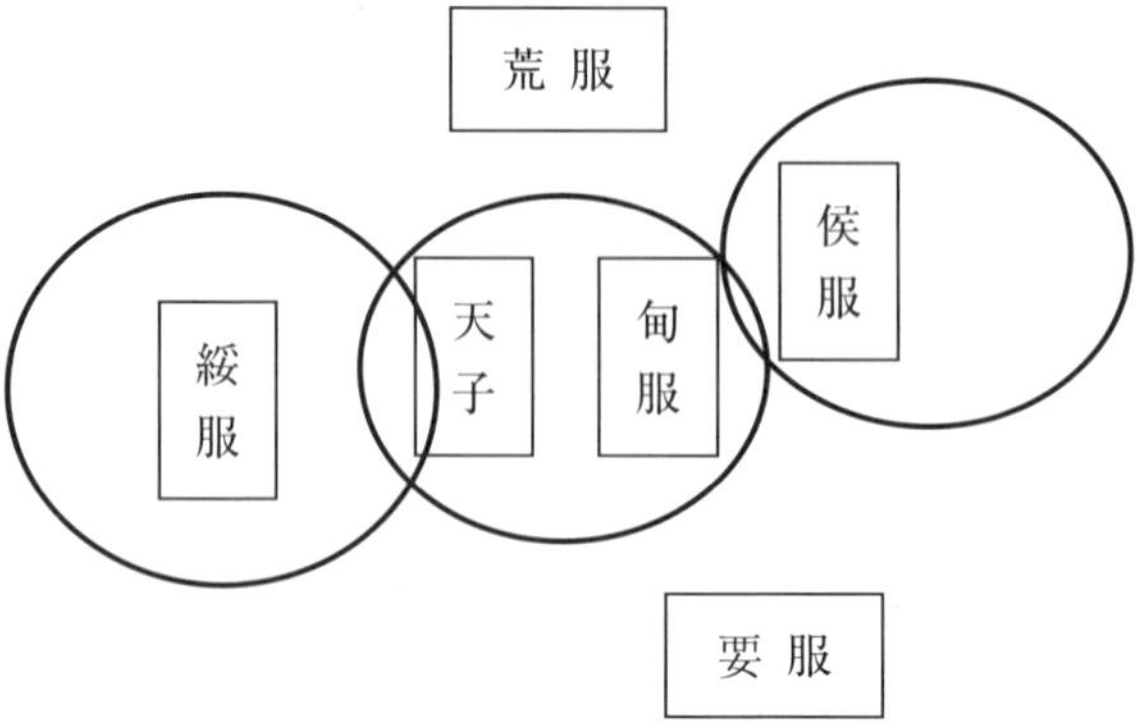

圖12　戰國前期の五服論の一例

「方一千里」三つ分の天下を基礎にする

歴史的には、周は、陝西の「方一千里」を確保した後、東に進出して殷の「方一千里」を自らの勢力圏に組み込んだ。その東には、齊の勢力圏があった。したがって、新石器時代以來の文化地域という観點からすると、三つの文化地域が「天下」になったことになる。

こうなると、傳統的につちかわれた習俗の相違が問題になってくる。後の戰國時代に、その相違があらためて問題になり、「冠帶の國」という表現が生まれている。この「冠帶の國」は、當時の趨勢にあって、「方一千里」からじわじわと擴大していくものになっている。

だから、おそらくは、陝西の「方一千里」の外、中原に、「甸服」と「侯服」を設定したのが最初であろう。『左傳』僖公二十四年にみえる「藩屏」の封建で問題となる地域を「侯服」とし、その西の洛邑附近を「甸服」とする。こうすると、傳說の（『左傳』に紹介する）「夏」の地が「甸服」となり、（同じく）「東夏」の地が「侯服」となる。(136) これは、同時に、夏王朝の時代を語る場合に、どうして「甸服」が王畿の地に入るのか、その理由を教えてくれる。

殘りの「綏服」「要服」「荒服」は、齊をふくめた周圍の問題である。「五百里綏服、三百里揆文教、二百里奮武衞」は、王畿に近しい關係を想起させる。「五百里要服、三百里夷、二百里蔡」は、夷狄の「夷」を、「五百里荒服、三百里蠻、二百里流」は、夷狄の「蠻夷」を想起させる。

陝西に「綏服」、山東に「要服」、湖北・淮水方面に「荒服」などというのが一案になる。(137)

本來「方一千里」三個分ほどを念頭において構想されたため、「方五百里」が議論されているのである。おそらく、この考えが基礎となって『尙書』禹貢の「五服」ができあがり、他の五服論もこれに影響を受けて構想されたのだと思われる。

そうした構想の中で、論者たちが經驗したのは、天下の擴大であった。そうして擴大された天下の中に、論者たちが所屬する國家領域をどう特別に位置づけるかが課題となった。議論の中心は、『孟子』梁惠王章句上・公孫丑章句上にいうような「方千里」九個分の天下にうつり、本來「方一千里」三個分を基礎に構想されていた「五服」論は、苦しい對應をせまられた。それでも、戰國時代にあっては、「方千里」九個分の天下にどう「五服」を配當するかが議論された。

漢代に入ると、匈奴や西域、南越や西南夷が天下の視野にはいってきた。『史記』はこうした夷狄に對し「荒服」のレッテルをはった。その上で、他は議論しないようにした。これが、後漢の時代に「方～里」を「～里四方」とする考えと結びついて、後代の常識として根づいていく「五服」論の遠い先驅けとなった。

以上のように理解する場合のみ、戰國時代における「五服」論の生成、戰國・漢代、そしてそれ以後の「五服」論の展開を讀み取ることができる。かつそれは、「方一千里」何個分かを「方何千里」と表現する事例が史料に多々みえるのと矛盾がない說明にもなる。

ここまで敢えて議論しなかったのは、「方百里」のレベルである。『史記』に「方百里」の表現は見えないが、『漢書』では「方百里」の語が見えている（『漢書』百官公卿表「縣大率方百里」、刑法志「成十爲終終十爲同同方百里」〈『禮記』王制を引く〉、食貨志「是時李悝爲魏文侯作盡地力之敎以爲地方百里……地方百里」、眭兩夏侯京翼李傳「方百里者八九足以自娛」、王莽傳中「地方百里爲定安公國」・「其滿殷國戶萬地方百里」・「州從禹貢爲九、爵從周氏有五、諸侯之員千有八百、附城之數亦如之、

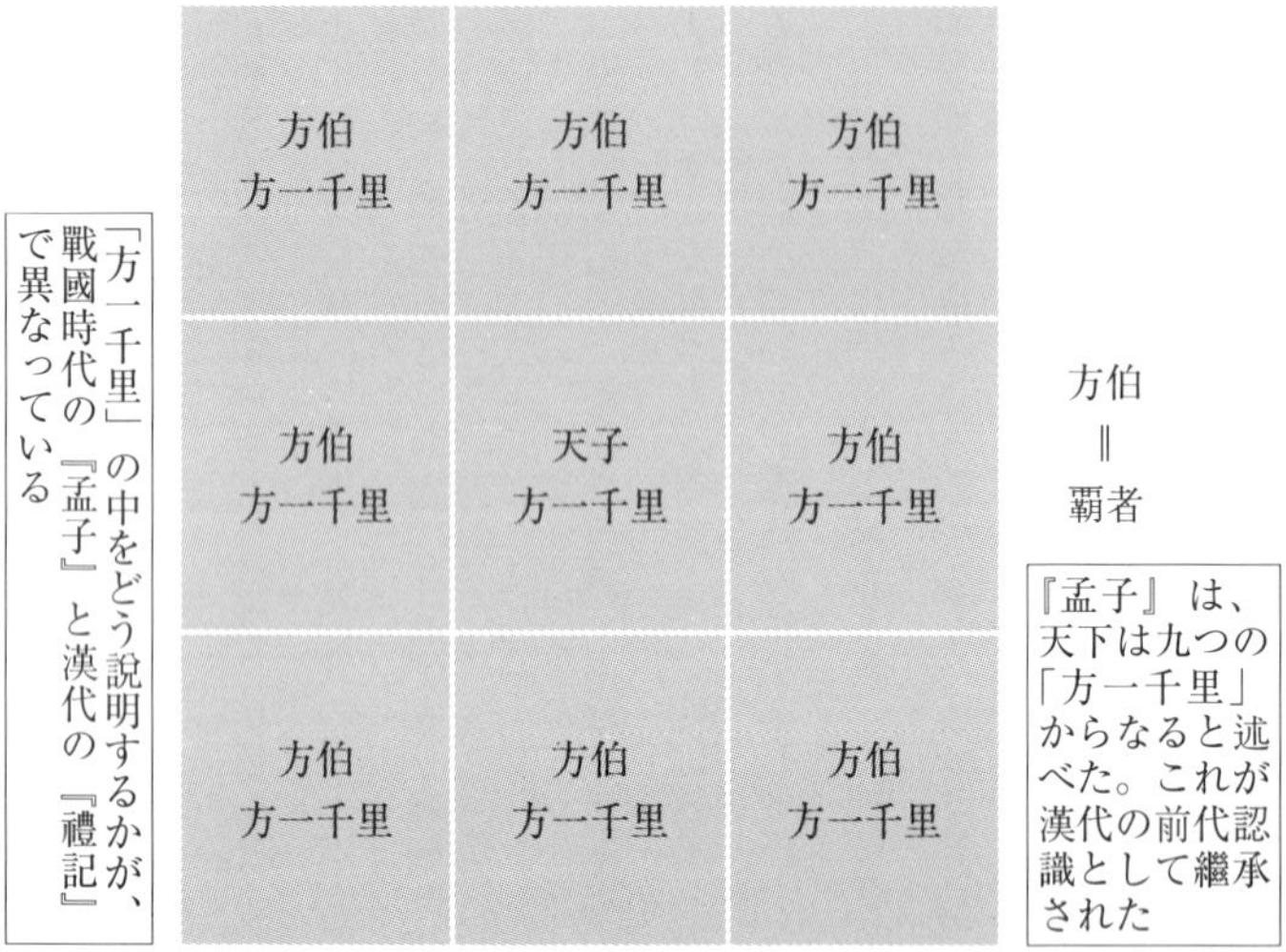

圖13　『禮記』王制（漢代成書）が概念化して述べた周代の天下

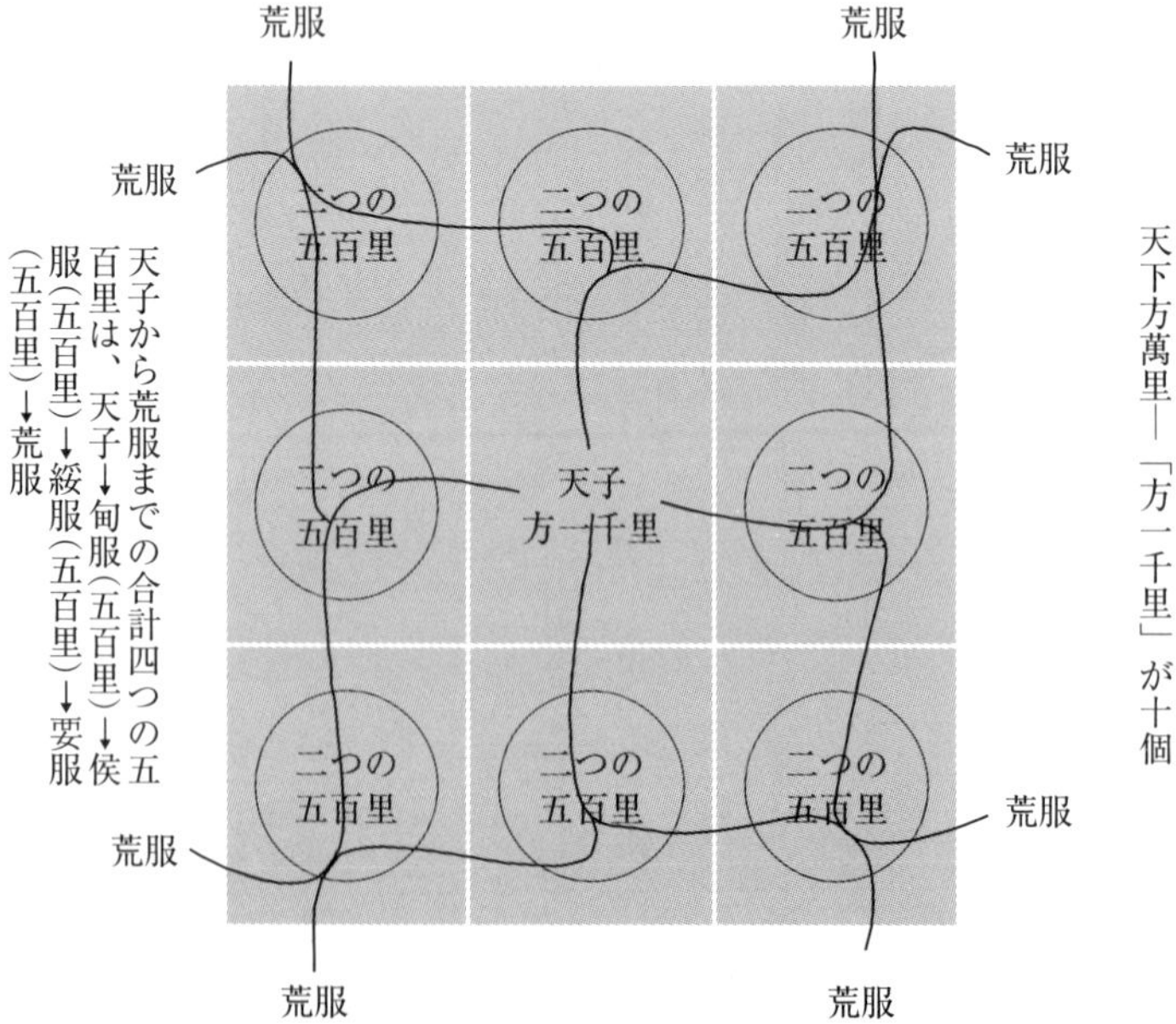

圖14　『史記』が述べる「五服」

以侯有功、諸公一同、有衆萬戶、土方百里」)。これらは、すべて、『禮記』王制の記事に沿って理解できる。意味するところは、「百里四方」である。後漢の時代、「方百里」のレベルは「～里四方」として議論されていたことは間違いない。

それが、『史記』まで遡るとあいまいなものとなる。そのあいまいな世界は『孟子』萬章章句下まで遡る。下記に述べるように、『孟子』萬章章句下から想定される「方一千里」内の國々の數は、おそらく春秋時代の「縣」や氏族の數が念頭にあり、少なくみつもった場合の「十三～十七個程度」という數値から、當時の大小の氏族が想起できるようになっている。それが、『禮記』王制にいたると「方一千里」内の「方百里」レベルは「～里四方」という意味で議論されるにいたる。その點を、ここで再度確認するにとどめたい。(138)

おわりに

本論は、『孟子』萬章章句下と『禮記』王制との相違を理解することなく、現在の「五服」の制度が討論されていることから出發し、「五服」は本來どう論じられるべきだったかを論じてみた。

「方百里」レベルの用法は、『孟子』萬章章句下と『禮記』王制とで著しく相違しており、前者は「～里四方」を念頭におきながらも、實質「方百里」について「方一千里」の1／10を意識して論じる部分がある。それは、春秋時代の大小の氏族の數であり、それら氏族の下の「縣」がかつては「國」であったことを漠然と示しているようである。

その意識は、以後も繼承されたらしく、『漢書』や『禮記』王制にいたって、「方百里」レベルを「～里四方」の意味で嚴密に議論するようになったようだ。

これらと對照的に、漢代にいたるまで、一貫して、「方一千里」や「方萬里」は、「方一千里」を單位とする言い方にすぎず、「方二千里」は「方一千里」二個分、「方三千里」は「方一千里」三個分、「方萬里」は「方一千里」十個分の意味で使用されている。

以上の事實を知ることなく構想されてきたのが、いわゆる「五服」の議論であった。『漢書』を含め、漢代にいたるまで、「方五百里」は「方一千里」の１／２の意味で使用されている。『漢書』に示された漢代の五服は、「方五百里」は「方一千里」の１／２として論じられている。一方、鄭玄の『禮記』王制の注釋には、五服を「方五千里」すなわち「五千里四方」として理解する見解が紹介されている。鄭玄はこの見解を否としているし、『漢書』の用例も參照することができるので、「方五百里」に、「五百里四方」の意味が議論されはじめたのが、後漢の時代であったことがわかる。

この「五百里四方」の議論は、後に常識的議論として定着するわけだが、その定着には、中國の周邊の民族の文字使用（漢字を含む）や征服王朝の出現などが、關わるように思える。

「方五百里」が「方一千里」の半分であることを前提に、「五服」の議論の生成を論じてみると、『論語』泰伯にみえる「天下」、すなわち、おそらく「方一千里」三個分（「方三千里」）の天下が基礎にあるようだ。周王朝の本據たる陝西の「方一千里」と、その周が滅ぼした殷の「方一千里」である中原と、その東にある齊の勢力圏の「方一千里」を基礎にし、夷狄の地を含めて考える。李伯謙などの研究にみえる周初の靑銅器文化の廣がりを參照することができる。

中原の「方一千里」を「夏」と「東夏」に分け、前者を「甸服」、後者を「侯服」（周初の「藩屛」の封建に關わる地）としたのが最初で、殘りの「綏服」「要服」「荒服」は、齊をふくめた周圍の問題だと考えた。「五百里綏服、三百里揆文教、二百里奮武衞」は、王畿に近しい關係を想起させる。「五百里要服、三百里夷、二百里蔡」は、夷狄の「夷」を、「五百里荒服、三百里蠻、二百里流」は、夷狄の「蠻夷」を想起させる。

陝西に「綏服」、山東に「要服」、湖北・淮水方面に「荒服」などというのが一案になる。

この「方一千里」三個分を基礎に構想された「五服」論は、以後、天下の擴大を經驗する。「方一千里」九個分を天下とするようになると、その九個分に「五服」をどう配當するかを論じ、漢代には、「方萬里」たる郡縣の地の外に「荒服」を設定議論するようになった。その議論と「五服」論を重ねて議論するうちに、「五服」を「方五千里」すなわち「五千里四方」として論じる説も出てきたのである。

われわれは、この最終段階に出現した「五服」の説を、常識として論じてきた。そのため、『漢書』の議論も見えないこととなり、『史記』の議論も見えないこととなり、『孟子』萬章章句下の議論など存在すら語らなくなった。そして『禮記』王制の本文と注釋との違いのみならず、その注釋に示された鄭玄の説が、いわゆる常識を否定している事實にすら氣づかなくなっていたのである。

第五節　『論語』の天下觀、『孟子』の天下觀、『禮記』の天下觀

——「天下の正統」を理解するために——

はじめに——天下の正統

以上、戰國時代の議論と漢代の議論が、いかに根本的に異なっていたかを、具體的に論じてみた。以下には、これらをまとめなおしつつ、第二章以下に論ずる點や、これまで論じてきた紀年問題、暦の問題といかに關わるかを、簡單に述べておくことにしたい。

さて、歴代の學者たちが何にこだわってきたかといえば、「天下の正統」である。正統は天下に一つだけ存在してよい。唯一の正統である。この唯一の正統を表現した言葉が「一統」である。四字で表現すれば「唯一正統」である。歴史とは、この「唯一の正統」の歴史である。

ただ實際は、天下の中に、正統を自任するものが複數存在したりした。そうなると、どれが正統であるかが問題になった。それを歴史的に明らかにしようとした。それを表現した言葉が「大一統《いっとうをとうとぶ》」である。「大一統」の名のもとに作られたのが史書である。[139]「大」と言わねばならない現實があるから、このような表現が生まれた。

清朝の世に『大清一統志』という書物がある。この書物の世まで、「大一統」は上記の意味で議論されてきた。

この「大一統」は正統が唯一存在することを論じる。この表現の意味を理解する上で、忘れてならないのが、「天

下統一」という別の表現である。近代以後有名になったこの表現は、正統が唯一存在することではなく、唯一の正統を名のる中央政府ができあがる「樹立」を問題にした。軍事的見地の色濃い用語（いわば「武」の用語）である。近代は、西歐列强の軍事的脅威の中で、唯一の正統政府の樹立が希求された。だから、世はおしなべて、この「天下統一」を議論してきた。しかし、歴史的に言うのであれば、そうした一瞬一瞬のできごと（樹立）ではなく、長期にわたって存在する中央政府はどうあらねばならないか（大《とうと》ぶ）が議論されてきたのである。「一統」は軍事的見地がさほど濃くない用語（いわば「文」の用語）であった。[140]

「一統」をもって治められる天下の中は、どうあるべきか。これについては、强力な中央權力で統治するか、地方分權を重視して治めるのか、この二つが話題になった。代表的儒教經典（漢代）である『禮記』王制の中に、地方分權を論じた部分がある。[141]天下は九つの「方一千里」（という面積單位）からなる（本論末の圖10）。一つは天子が治め、他は「方伯」（いわゆる霸者）が治める。一人の天子と八人の霸者が天下を治めるのである。天子の治め方と霸者の治め方は全く同じものになっている。

これに對し、『漢書』刑法志（後漢時代の成書）は、この『禮記』王制の文章を引用しつつ、「方伯」の部分を「牧」と言い換えた。「州牧」は州の長官で、天子の官僚である。天下を官僚で治める中央集權の意をこめたのである。『漢書』ができた時代は、皇帝の下の中央集權の世であった（實際いろいろ議論できる點は割愛）。州の下は郡に分割され、郡の下はさらに縣がおかれた。

つまり、霸者を介在させた地方分權の世（周代）から、州牧の下に管理される中央集權の世（漢代）に變わったというのが、漢代の根幹をなす歴史認識だったということである。地方分權の世を「封建の世」と表現し、中央集權の世を「郡縣の世」と表現する。歴史は「封建の世」から「郡縣の世」に變わったとされたのである。[142]

注意しておきたいのは、ここでいう「封建」が天子と霸者の關係を基軸に据えていることである。

傳說の帝王の歷史と夏殷周三代の王朝

ここでさらに重要な點を再確認しておく必要がある。「地方分權」というと、先に「中央集權」があったと即斷しがちである。しかし、よく考えていただきたい。神世の昔は、中央集權を論じない。

『漢書』地理志には、概要だが、こう書いてある。むかし、黃帝は船や車を作って不通だったところを行き來できるようにし、ひろく天下をめぐって萬里（方千里という面積十個分を言う）の地を區切り、野を區畫し、州に分けた。堯の時に洪水があり、その水は山を包み丘を乘り越えて、天下を十二の州に分けた。舜は禹に治水を命じた。水土が落ち着いた後、天下を九つの州に分けなおし、貢ぎ物を差し出させるようにした。

これは『漢書』を世に送り出した後漢代の認識であり、先に述べた『禮記』王制と重ねて讀むことができる。つまり、傳說の帝王は交通網をまず整え、ついで地方分權（州に分けて、水土を落ち着かせて、貢納のことを定めた）によって天下を治めたと書いてあるのである。後でも述べていくように、中國最初の王朝とされる傳說の王朝が夏王朝だが、この王朝は地方分權をもって始まるものとされた。

では、素朴な疑問を一つ。どうして「地方分權」から始まるのだろう。

この答えは前漢時代にできた『史記』からも出てこない。しかし、さらにさかのぼって戰國時代中期に生きた孟子の言行を集めたとされる『孟子』を讀むと、答えに一歩近づくことができる。すでに紹介したことだが、この『孟子』によれば、天下は「方一千里」という面積のものが九つあるという（二〇四頁圖13）。始皇帝の統一した天下を九つに分けて論じる。一つ分の面積を「方一千里」と表現する。先に述べた『禮記』王制の先驅的意見がここにある。夏王朝・殷王朝・周王朝は、この「方一千里」一つ分に王道（仁政）を敷いたという。そしてのこりの八つの「方一千里」に德が及ぶことによって天下がおさまったことを述べる。そしてさらに、戰國時代の齊も自己の「方一千里」に王道を敷けば天下の王になれるという。ここで述べられているのはいわゆる「地方分權」ではない。王道を敷いて治めるのは、「方一千里」一つ分である。殘りの八つは、八人の「方伯」（＝霸者）がそれぞれ治める。天子と方伯の治め方は行政的には全く同じである。にも關わらず天子と方伯には違いができる。天子の「方一千里」には王道が敷かれ、他には敷かれない――とされた。

殷王朝の都（現在の河南省）と周王朝の都（現在の陝西省）は、それぞれ別の「方一千里」にあった。殷王朝の前にあったとされる傳説の夏王朝の都は、殷王朝で問題になる「方一千里」の中にあるとする學者の意見が多い（後掲圖16）。それでも、夏王朝の都とされるところは、殷王朝の都とだいぶはなれたところが議論されている。『孟子』が述べたことを、われわれは、少なくとも殷の「方一千里」と周の「方一千里」が違っている事實に基づいて議論することができる。いまや（戰國の世において）、それらと違う山東の「方一千里」に王道を敷けと『孟子』は述べるわけだが、そういう前に、王道を敷いた「方一千里」が歷史的に交替していた事實を紹介して、前提としたのである。

九つの「方一千里」を行政的にどう統治するかは、戰國時代の『孟子』から漢代の『禮記』にいたるまで、一つを天子、他を方伯が統治すると述べていて同じである。しかし、『孟子』のいう王道をしくべき地域が「方一千里」一つ分であるのに對し、『禮記』はこれを述べない。なぜ述べないのか。漢代の『禮記』が述べないのは、漢代當時、天下にすべからく王道が敷かれていると考えていたからである（下記において本論末の圖35を説明する）。『史記』や『漢書』には、それが書いてある。漢代の中央集權を前提に、その中央集權を敷いた天下は、歷史的にさかのぼっても、もともとすべからく王道が敷かれていたと考えてしまった。だから、地方分權だと說明することになった。これが、漢代以後も傳統的に議論された地方分權であり、「封建」である。

『論語』の天下

同じ戰國時代の產物であり、かつ『孟子』に先行した内容を記す『論語』泰伯には、もっと驚くべきことが書いてある。[142]周が殷を滅ぼす前、文王の時代のことである。まだ現在の陝西省一帶のたかだか「方一千里」一つ分を配下におくにすぎなかった時代のことである。このころ、周は天下の三分の二をおさえ、天下の三分の一をおさえる殷王朝に仕えたという（二〇〇頁圖11）。これは、天下が「方一千里」三つ分であることを前提とする。おそらく、周が現在の山東省の大國齊の「方一千里」を自己の勢力に組み入れ、殷を東西から挾み擊ちにして滅ぼした歷史を述べたものである。ここで話題にされる殷と周と齊の關係は、「地方分權」の名にはふさわしくない。政治勢力としての力量は似たり寄ったりである。

この周が殷を滅ぼして得た「方一千里」一つ分について、戰國中期の『左傳』（『春秋左氏傳』）（僖公二十四年）は、殷を滅ぼした後に、諸侯を封建して「藩屛」にしたことを述べている。[144]「藩屛」は、周圍からの脅威に對抗する表現である。藩は屬國、屛は屛風の屛である。この「藩屛」は、滅ぼした殷の「方一千里」を防御するように、そしてさらには、その西にある周王朝の「方一千里」を守るために置かれた（二一七頁圖20）。ここで話題にされる「封建」は、現在の陝西一帶の「方一千里」を本據とする周王朝と、鄰接するかつての殷王朝の「方一千里」に配置された小諸侯との關係である。

やや遲れて、戰國後期に成書された『國語』（鄭語）は、この『春秋左氏傳』にいう「藩屛」が置かれた一帶の中に、鄭の國がうつった說話を殘している。[145]說話の舞臺自體は西周末のことであり、動亂の陝西の地にいては軍事的に危ないので、東方のどこにうつるかが話題にされている（二一八頁圖21）。この『國語』に示された「封建」では、『左傳』が話題にした地域が特別であるということを述べた上で、その外まで擴大して「封建」を論じている。『左傳』が話題にしたのは、かつての殷の「方一千里」の中だが、『國語』は、その中の小諸侯に加え、周圍の大國たる霸者をも、諸侯として論じている。周圍の大國の下の小諸侯は話題にしない。議論されるのは、昔の殷の「方一千里」に置かれた小諸侯と、周圍の「方一千里」に君臨する霸者（大國――二一七頁圖19參照）である。この『國語』に示された「封建」認識が、『孟子』の認識と合體して漢代に繼承された。

「封建」の意味するところは、かつての殷の「方一千里」內の小諸侯と周王朝の關係（『左傳』）から、周王朝（天子）と「方一千里」內の小諸侯、および周王朝と周圍の大國（霸者）の關係（『孟子』・『國語』・『禮記』）に變化した。そして、夏王朝・殷王朝・周王朝から次の王朝への交替も、どの「方一千里」に王道を敷くかの地域交替論（同じ地域の王朝が交替してもいい）から、天下に王道を敷く王朝が交替した易姓革命論へとシフトしていった。

どうしてこうなっているのか。誰も納得することから述べていくと、漢字はどこかわからないが、とにかくどこかで發生し、周圍に傳播していった。傳播の過程はよくわからない。しかし、氣づいてみると殷王朝後期の文字となっており、それを周王朝が繼承した。周王朝の周圍には、周王朝と同等の勢力圈をほこる大國があったわけだが、その大國の勢力圈に漢字が及ぶには、少し時間がかかった。[146]だから、比較的早く漢字圈にくみこまれた地域を「天下」とする議論が、まずできあがった。それが、『論語』に示されたような、「方一千里」三つ分の「天下」である（戰國前期の前五～四世紀ごろ。二〇〇頁の圖11）。その後、さらに周圍の「方一千里」に漢字が根づいた現實を背景として、「方一千里」九つ分の「天下」を論じるようになった（戰國中期の前四世紀の後半から三世紀の前半ごろ。二〇四頁の圖13）。

どうして「地方分權」から始まるのか。――本來「地方分權」ではなかった政治的對抗關係が、天下の王朝の下の「地方分權」であったかのように説明しなおされたからである。

新石器時代から青銅器時代へ、そして鐵器時代へ

では、こうした戰國時代の理解をもって、本當の周王朝時代の理解は、はたして得られるだろうか。

答えは限りなく否に近い。

問題になる時代の歷史的經緯は、青銅器文化の地域がどの程度の廣がりをもっていたかを見れば、さらによくわかる。(147)

新石器時代（次頁圖15）と青銅器時代（圖16・圖17・圖18）の概要は以下のようになる。

圖15：新石器時代は、いくつかの文化地域に分けて議論される。土器などの特徴をとらえて論じられる。それぞれの地域で、特徴ある文化がおこり、發展し衰退して、新たな文化が興った。それぞれの文化地域の廣がりは、それぞれ伸縮を繰り返してきた。この時代、符號があちこちで發見されている。

圖16：銅が出現した後、青銅が現れる。前二十一～十六世紀ごろの青銅器文化が圖16の各地域になる。これらの中では、河南を含む一帶が夏王朝の勢力圏として議論されている。このころの漢字はまだ發見されていないが、符號は發見されている。

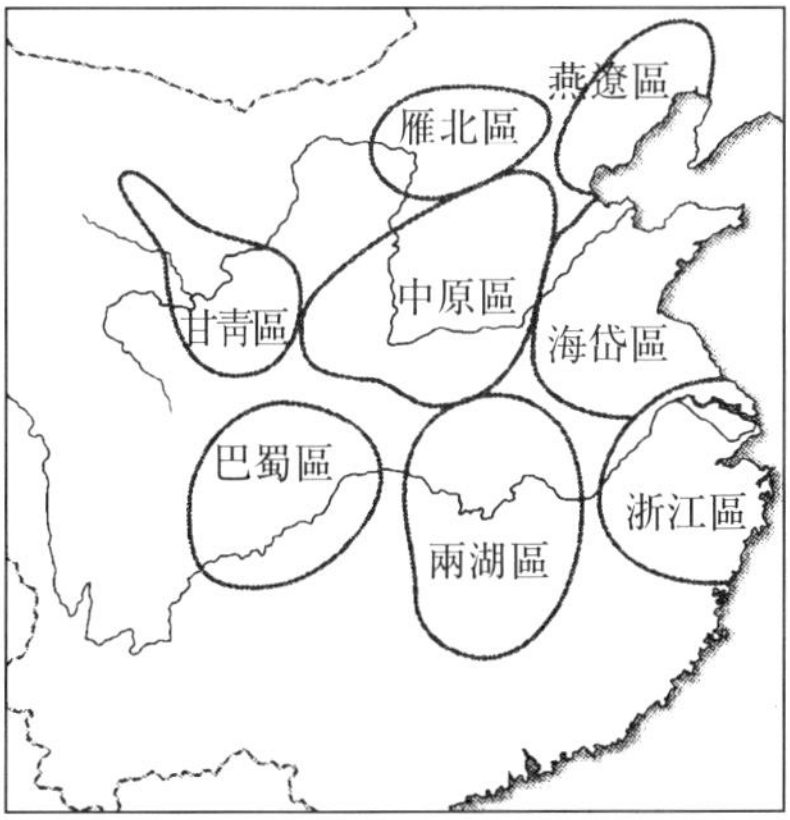

圖15　中國の學界で一般に議論される新石器時代の文化地域
それぞれ地域的廣がりが時期をおって變化し、それぞれにおいて新石器時代が交替していった

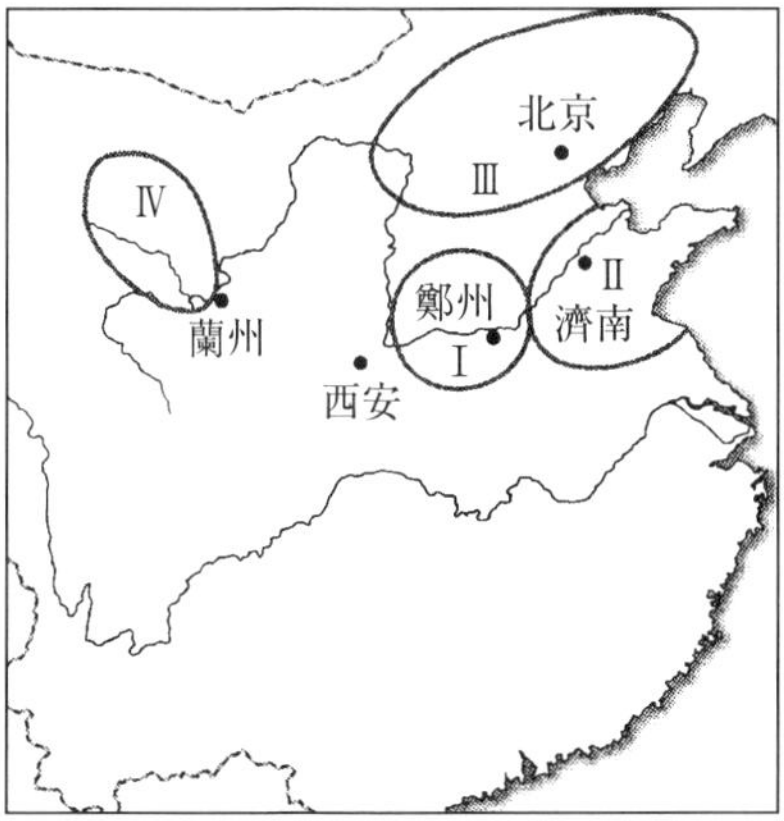

圖16　前21〜前16世紀の青銅器文化
多くの學者は、Ⅰの地域に夏王朝が存在したと考えている。(李伯謙、1998年による)

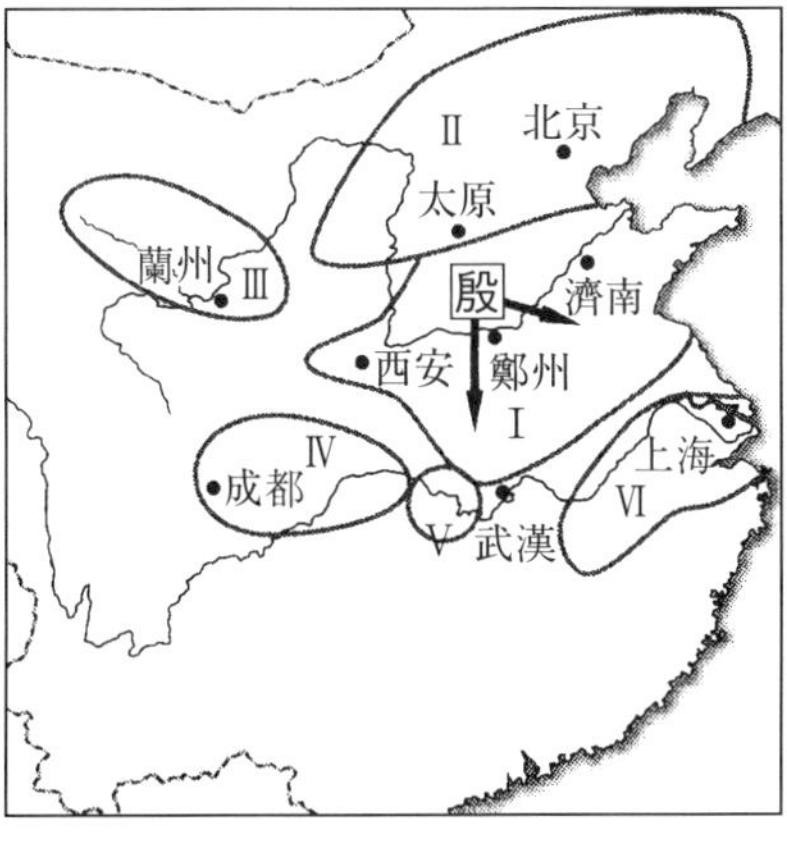

圖17　前16〜前13世紀の青銅器文化
(李伯謙、1998年による。殷の勢力を加筆)

圖18　前13〜前10世紀の青銅器文化
(李伯謙、1998年による。周の勢力等を加筆)

圖17：前十六〜十三世紀の青銅器文化である。殷王朝のころである。殷王朝は河南を中心に勢力を伸ばした。殷王朝の後期の遺蹟から、漢字の祖先である甲骨文や金文（青銅器銘文）が發見されている。漢字はさらに遡るようだ。

圖18：前十三〜十世紀の青銅器文化である。殷王朝後期から西周王朝初期に當たる。そこに示した周王朝の勢力圏は、安定的な領域を示している。西周王朝の金文に示される淮水流域の諸族との戰爭、戰國時代に繼承して記された周初の封建の事情などを參照すると、そうした安定的な勢力圏が議論できる。

『論語』に示されたのは、圖18に示した周王朝の安定的勢力圏に齊の勢力圏を加えて議論された内容である。

新石器時代の文化地域は、始皇帝が統一した天下の中にいくつもあり、それらが基礎になって、青銅器文化の分布域も決まる。そして、そうした青銅器文化の中に出現した王朝の勢力圏も、青銅器文化の分布域の一部として、新石器時代以來の文化地域に大きく規制されていた。

そうした文化地域の規制は、鐵器時代にももちこされる。傳說の帝王も、戰國時代のそれぞれの「方一千里」において、獨自に構想された。ところが、一方において、戰國時代は、漢字圈が行政的まとまりを強く意識しはじめた時代にあたっている。そのため、各地の「方一千里」で構想された傳說は、ほどなくして天下の傳說にとってかわられた。各地の傳說は、次第に滅びてしまい、一部が傳承されたにすぎない。それでも、例えば現在の山西省の治水傳說のように、當地を特別に意識した書物である『左傳』に繼承されて、今に殘された例があったりするので、われわれは、かつて各地に獨自の傳說が存在したことを知ることができる。(148) 山西の大河である汾水と洮水は、臺駘という治水神が治水したことになっている。そうした傳說が次第に消滅し、それぞれの「方一千里」を治水したのは禹だとされるようになった。しかし、戰國時代にあっては、天下の禹は、各地それぞれの「方一千里」を中心的に治水したと主張されている。それが漢代になると、天下をくまなく治水する禹へと變貌するのである。各地で議論された地域性の

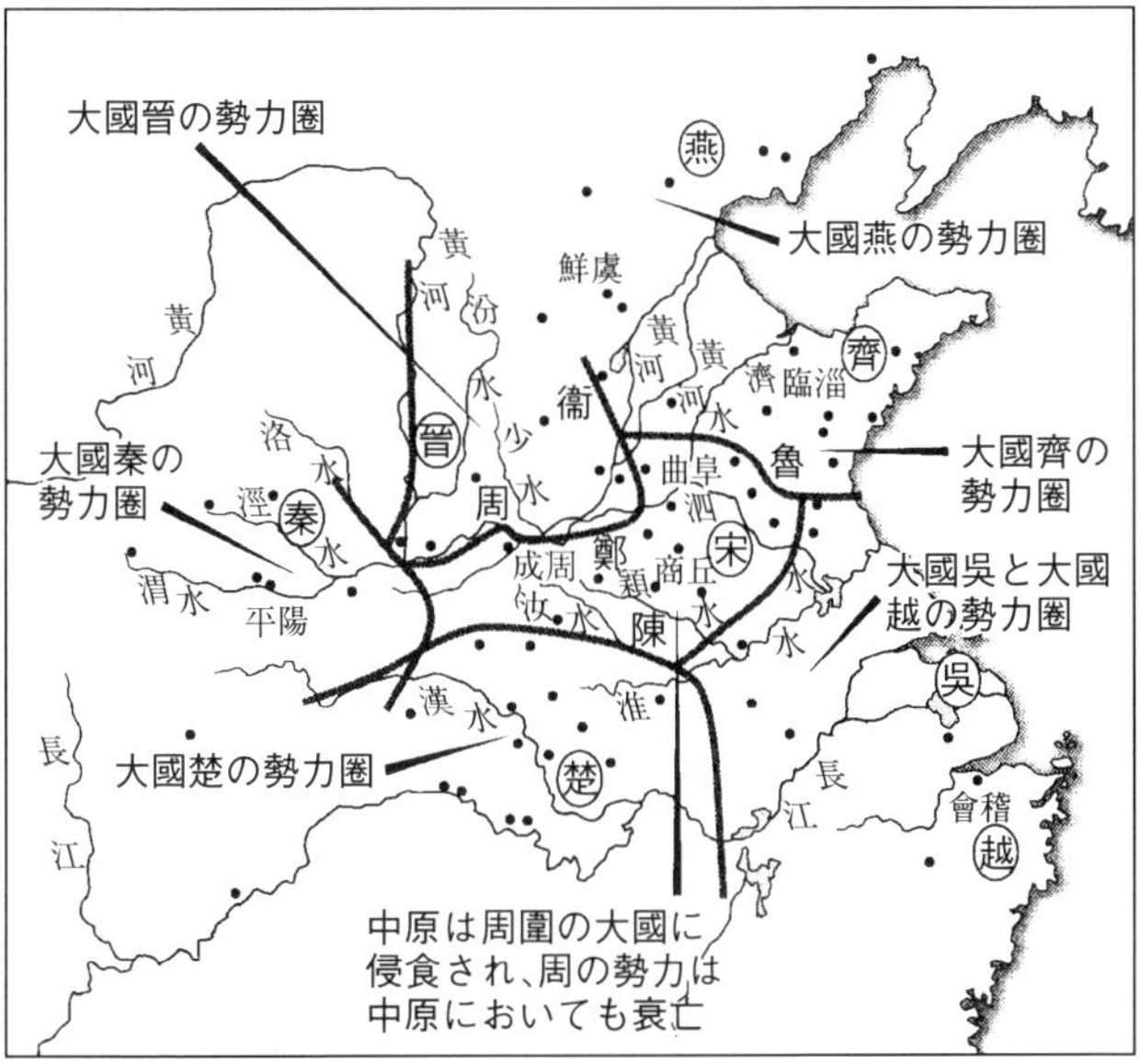

圖19　春秋時代の大國の勢力圏の概要

『春秋左氏傳』（戰國中期成書）等により明らかとなる

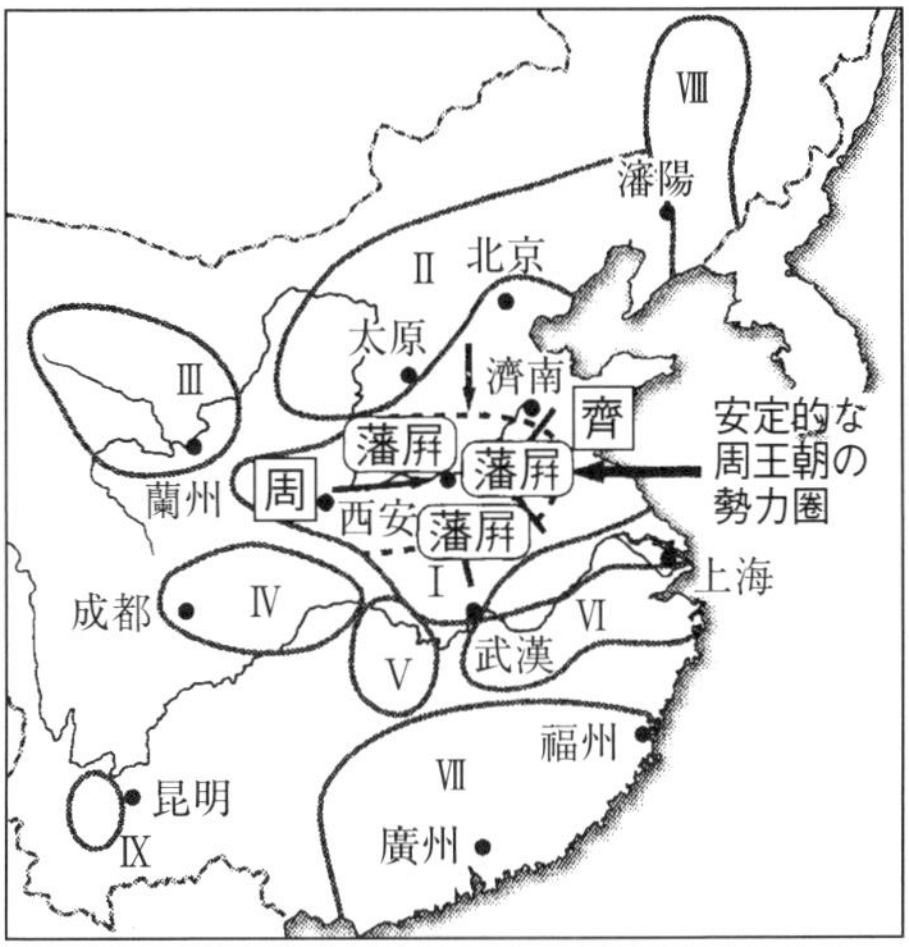

圖20　周初の「藩屏」『春秋左氏傳』

（戰國中期成書）僖公二十八年に記された周初の「藩屏」は、中原を周圍の大國の脅威から防衛するため設置。諸侯を「封建」して「藩屏」とした。（李伯謙説による。前13～前10世紀青銅器文化圖に加筆）

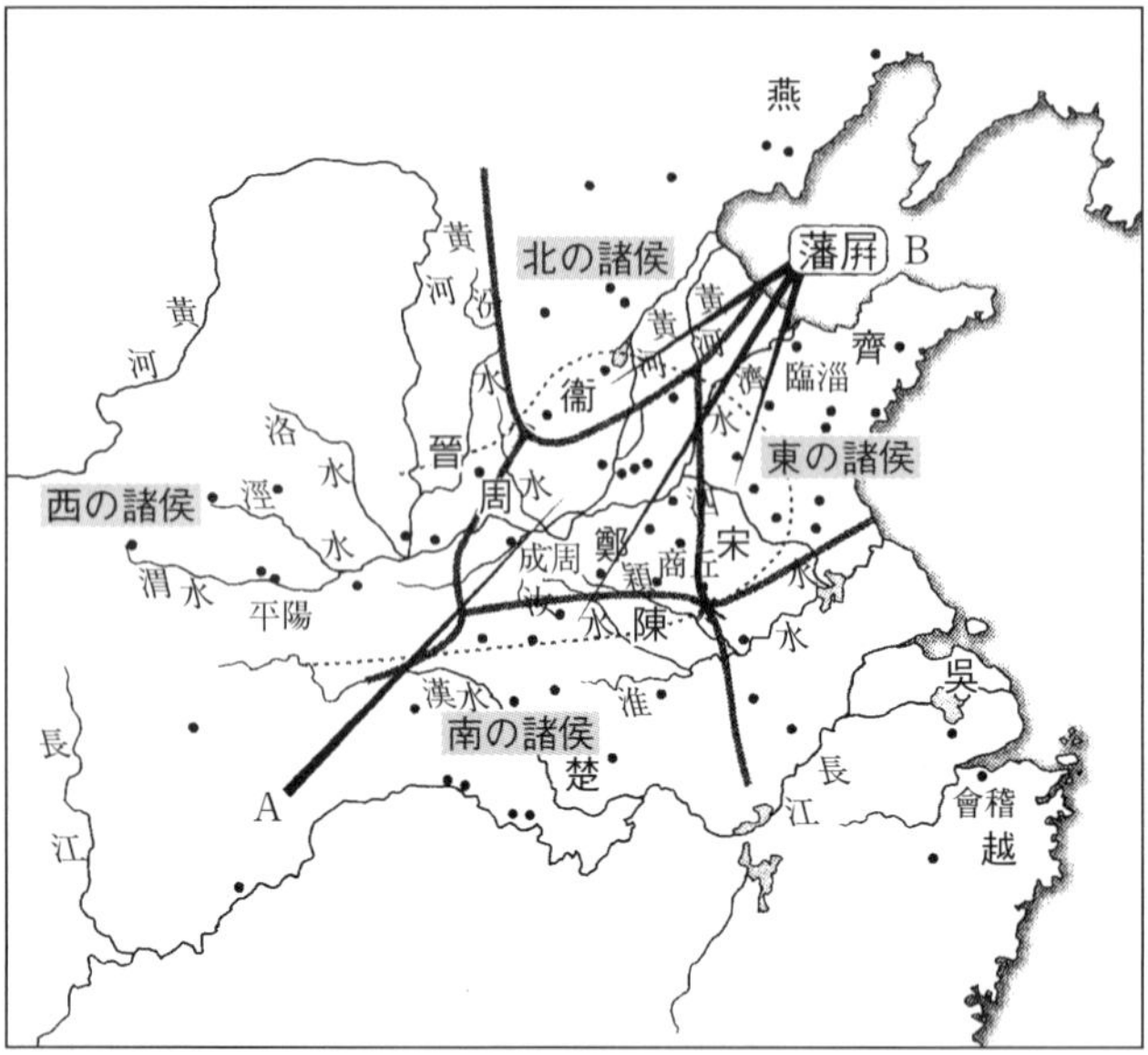

圖21　『國語』

（戰後未成書）鄭語が述べる西周末の東西南北の諸侯と「鄭が遷るべき地域」

強い帝王傳説は、おしなべて天下の帝王傳説に變貌していった。

天下と中國・夏

以上、漢代から『孟子』の時代へ遡り、『論語』の時代、青銅器時代、さらには新石器時代に遡って概觀し、王朝の實體はどう理解できるかを述べてみた。傳説の夏王朝と殷王朝・周王朝の時代は、青銅器時代であり、都市國家の時代であった。大國が小國を從える勢力圏が形成された。その勢力圏が新石器時代以來の文化地域に規制されていた。その文化地域を基礎に、戰國時代の領域國家が形成される。だから、くりかえして述べれば、『論語』のように、「方一千里」三つ分だけを天下として論じる考えが生まれる。そして、さらに漢字圏の一體性が增して、『孟子』のように、天下を九つの「方一千里」に分けて論じるようになっても、それぞれを「地方分權」

として議論することはなかった。それぞれの文化地域が傳統的に獨自性をもっていることを前提とするから、「方一千里」相互の外交關係を語り、外交關係には身分の上下があることを論じ、その身分の上下を規定するのが王道であることを述べたのである。(149)

しかし、その天下は始皇帝によって統一される。以後、多少の紆餘曲折を經て、統一された天下に王道が敷かれることを論じるようになる。(150)その大きな王道の地をもってさかのぼると、天下は地方分權だったということになる。

その新しい王道の地を理解する上で、鍵をにぎる言葉が「中華」である。この言葉は、「中國」という言葉と「夏」という言葉がいっしょになってできたものである。「夏」は「中華」の「華」に通じる言葉で、「夏華」という言葉も使われていた。戰國時代の「方一千里」を領有した國家が、自己の「方一千里」（やそれをやや擴大した範圍など）に對して「中國」や「夏」などを使い、自己の天下における特別性を主張したのに對し、始皇帝の後にそれらを統一した漢帝國では、みずからの領土をあらためて特別にみなすようになった。その大領域を表現するようになるのが當初は「中國」であり、後に「中華」と呼ばれるにいたる。

この「中華」が史書に現れるのが、唐代に編纂された『晉書』以後である。「中華」はとても新しい言葉である。「八紘」（本論末の圖12）は、日本を意味する用語として知られるが、この言葉は、唐では「中華」を意味するものであった。漢族の居住地を漠然と表現する。「八紘」は、漢代の『淮南子』原道訓・墬形訓に出てくるのが古い。大地は八本の綱（維）で支えられている。この八本の綱を「八紘」という。「八紘」の外は「海」と表現される。だから、「海内」は『史記』以降「八紘」の別稱とされた。「八紘」の内側（大地の周邊部）は『淮南子』では「八殥」（墬形訓）と呼ばれた。これが『史記』で「八荒」（八つの荒服）にかわり、『舊唐書』（五代の後晉の編纂）、さらには『明史』まで繼承される（「八紘」と孟子の天下九州との關係は、下記）。

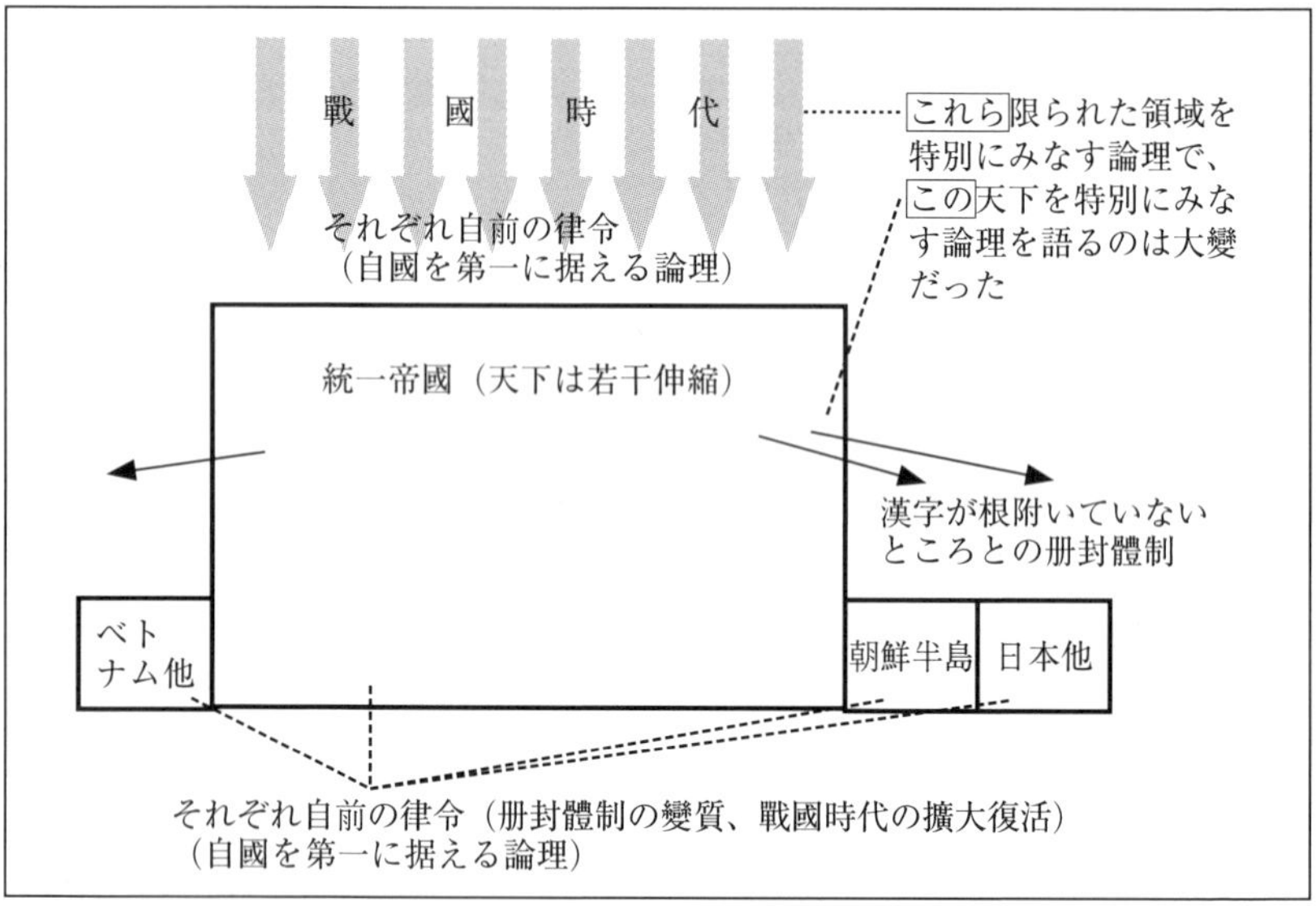

圖22　律令施行域の出現と東アジア冊封體制

戰國時代に、新石器時代以來の文化地域を母體として、複數の領域國家ができあがり、それぞれが自己の頂點たる君主をいただく法體系を作り上げた。それぞれの律令施行域を併せると漢字圈たる天下になる。文化地域を念頭においた領域が特別地域とされ、漢字圈の殘りは野蠻の地とされた。漢字圈の中を特別地域と野蠻の地に分けるこの考えは、經典に反映されたが、漢字圈が統一されてできなくなった。漢字圈の外を野蠻で、その理念的基礎の下に中國皇帝と周邊國との政治關係が整備された。これを東アジア冊封體制という。この體制は、中國皇帝の官僚機構と、周邊國の通譯により成り立つ周邊國が律令法體系を受容してみずからの君主を頂點とする法體系を作り上げると、法體系どうしの軋轢が東アジアを舞臺にして再燃した。

この「八紘」すなわち「海內」、すなわち「中華」と外の世界との外交關係を規定したのが册封關係である。中國皇帝の「八紘」を一尊とし、他を從屬させる理念的「形」を作り出した。實際には、交易や文化使節が問題になる關係であって、基本的に外交關係であるから、戰國時代の『孟子』が述べた天子と霸者の理念的關係（あたかも上下の關係で規定されているかのような外交關係）が、擴大して出現したものである。この外交關係は、實際には勢力が及ばない地域まで、あたかも勢力（軍事力）が及ぶかのように說明した。

こうした漢字世界のことわりを學んで理解した日本も、自己の領域を「八紘」とし、獨自の天下觀を示すにいたる（『日本書紀』神武天皇）。

こうした「八紘」觀、天下觀、「中華」觀が大きく變わるのは、唐の滅亡以後であった。「中華」の一部、そして後々はその全部を征服する征服王朝が出現することになる。「八紘」も、かつての「八紘」の外にやや擴大して設定されるようになった。『新唐書』（北宋の編纂）には、そうしてやや擴大された「八紘」が示されている。そして、やがて、「一統」の語は、征服王朝をまきこんで主張されるようになり、「八紘」は擴大もなされぬまま、「一統」の名の下に支配される地域の一部となって、やがてあまり使われなくなっていく。

おわりに

以上、「天下の正統」の意味するところを述べた。われわれは、ともすると、征服王朝が出現した後の理念をもって、歷史を語りがちである。專門的に「五服」を解釋するにしても、宋以後に主流となった（一部の議論は後漢に遡るが主流にはなりえなかった）議論を使ってすますことが多い。しかし、その前には、漢族の居住地を「八紘」とし、その外を海と見なして峻別する天下觀があった。外交關係もこれを基礎に議論された。そして、さらに戰國時代に遡ると、その漢代の武帝期以後に「八紘」とされた領域より小さい天下の中を九つの州に分け、天子の州と他の八つの州との外交關係を語る天下觀（今日の外交と違って相當に自己中心的いいまわしではあるが）があった。さらに遡れば、「方一千里」三つ分を天下とする天下觀があった。

その戰國時代に、儒教の經典はできあがった。われわれは、その儒教經典に後漢以後、いろいろな注釋が附されたことを知っている。經典に反映された戰國時代の實體（『論語』の時代と『孟子』の時代がある）と、漢から唐にかけての注釋に反映された見解と、宋以後に議論された内容は、その政治理念の基礎がまったく違っている。

後代の注釋や學者の見解は、儒教經典に記された内容そのままではない。とくに、「天下」、「中國」、「五服」などに關わる用語は、上記のように、諸々の「事實」が確認できる。

ただ單に、文書行政が始まったというだけではない。まずは『論語』に示された「方一千里」三つ分を天下とする天下觀ができあがり、それにおくれて『孟子』に示された「方一千里」九つ分を天下とする天下觀ができあがった。そしてその天下觀の下でも、「方一千里」にできあがった國家どうしの外交關係が議論されていた。そうした「方一千里」を春秋時代に遡ったらどうなるか、さらに西周時代にさかのぼったらどうなるか。これを考えずに曆を語っても、實體に卽した議論にはならないように思えるがいかがだろうか。

よくよく考えてみると、われわれに提供された青銅器銘文が説明する世界は地域的に限られている。周の文王の時代に周の勢力圏となっていた陝西の「方一千里」と、周に滅ぼされた殷の下にあった河南の「方一千里」から出土した有銘青銅器が壓倒的多數であり、これに山東の齊の「方一千里」や他の「方一千里」から出土したものが加わる。このことは、本論でも紹介した『左傳』僖公二十四年の「封建」が、周が滅ぼした殷の「方一千里」を外敵から防御するために置かれた小諸侯と周王朝との關係を問題にしていることに通じる。戰國後期の『國語』がこの『左傳』の議論を受けて「封建」の世界を擴大して論じている點も、すでに述べた。戰國中期の『左傳』は、戰國時代になって各地に出現した說話を使って史實を說明している。新城以來、古くとも戰國中期の成書であることを疑う者はいない。その書物に書かれた事實が、『論語』に示された天下觀や青銅器銘文の出土狀況に通じるものをもっていることの意味は大きい。本論では割愛したが、最近出土の青銅器銘文には、山西の晉との關係を論じ得る內容がある(151)。山西の勢力を横目でにらみながら、殷に侵攻した事實が書かれているようだ。この晉を念頭においても、『左傳』に關する上記の事實說明は變わらない。

始皇帝が統一した天下の中を九つの「方一千里」に分ける考えは意外に新しい。戰國中期を遡らないようだ。したがって、この九つの「方一千里」のうち、どの「方一千里」に王道を敷くべきかという議論も、當然新しい。『左傳』を參照するかぎり、西周時代の周の勢力圈は、陝西の「方一千里」と河南の「方一千里」であり、これに山東の齊の「方一千里」と山西の晉の「方一千里」をどう關連づけるかが議論されたはずである。

『論語』に示されたのは、これらのうち、陝西・河南・山東の「方一千里」を天下とする天下觀であった。別に山西の晉を組み込んで齊を除いたような天下觀があってもいい。それらは、あくまで戰國前期の話であり、戰國中期は、さらに擴大された九つの「方一千里」を天下とする天下觀の下で、どの「方一千里」を特別に位置づけるかが議論されている。

一般に制服王朝の理念を前提に語られる「天下の正統」とは異なる「天下の正統」が、史書に系統的に議論されている。この動かしがたい事實を、まずは理解することが、歷史の實相に近づく近道であることは言うを待たない。しかし、私があちこちで、この實相に關する解說を施すと、「違う」という反應が引き起こされる。これは、現在のいわゆる常識なるものが、實は歴史の實相とはかけはなれたものになっていることを如實に示している。この點をさらに確認するために、次章に別の觀點から、本章と同様の考察を進めてみることにしよう。

第一章　まとめ

本章は、以下の四つの節に分けて論を展開してきた。

第一節「游俠の「儒」化とは何か」

第二節「南方の守神としての朱雀」

第三節「「三合」、十二方位による五行生成説と五德終始說」

第四節「「五服」論の生成と展開」

第五節「『論語』の天下觀、『孟子』の天下觀、『禮記』の天下觀」

第一節に述べた游俠の「儒」化については、漢帝國の下で存在した輿論の場を問題にした。新石器時代以來の文化地域が、その場の母體をなしている。この場を中領域と表現するなら、その中領域の下には、いわゆる都市國家が多く存在する。この都市國家は、都市と周圍の農村や小都市からなり、この都市・小都市・農村が形成する場を小領域と稱することができる。

複數の中領域を統一してできあがったのが秦や漢の帝國であり、これを大領域として議論することができる。

前漢武帝時期において議論される儒教は、中央政府が儒教に國家の思想たる地位を與えたことを意味する。しかし、戰國時代にあって、いわゆる儒教は決して一つではなかった。中央政府の意味附けによる儒教に、舊六國の輿論は屈することはなかった。だから、後漢時代になって、各地の輿論が「儒」化（中央政府の意味附けによる）したことが議論される。

戰國時代、複數の中領域ごとに獨自の儒教の展開があり、それが「輿論」の衣をまとい、その形が前漢時代に繼承された。その中領域ごとに獨自であった輿論の場が、後漢時代になると、中央の意味づけによる儒教の下に統合されてくる。それが後漢時代の游俠の「儒」化に他ならない。

戰國時代の各中領域では、それぞれの王が天下で唯一の正統を自認し、他の正統を格下に位置づけた。だから、帝國ができあがって複數の中領域が一つの正統の下で統治されるにいたっても、舊六國の中領域は、獨自の輿論を形成し、帝國中央が論じる正統論に屈服することはなかった。

しかし、後漢時代になると、儒教に緯書というあらたな經典が出現する。これを使って、傳說の帝王の特別視を内容とする新しい議論が始まった。各地の豪族は、この傳說の帝王を祖先にいただく。また、自らの祖先が異常風貌をもつ自分たちが、理念的にとはいえ、「素王」孔子の「素臣」（呂宗力說）として、漢皇帝にものもうす「形」ができあがった。こうした内容をもつ帝國中央の論理は、地方の輿論の場に歡迎された。

戰國時代には、舊六國それぞれに「公」の場が存在した。それが帝國の出現とともに、獨自の輿論形成の場となった。前漢の『史記』編纂の段階で各地の輿論に配慮していたのが、後漢の『漢書』編纂の段階になると、游俠の「儒」化の進行を背景に配慮の形が變化した。舊六國の場で當たり前であった行爲は、漢代には「俠」のレッテルが貼られた。『史記』の段階では、「俠」に對する目線は暖かい。しかし『漢書』の段階になると、嚴しい批判の目線が向けられるにいたる。この目線の變化を支えたのが、複數の中領域という輿論形成の場と帝國中央が論じる「儒」の關係の變化である。

「素王」孔子の「素臣」という立場の表明が、舊六國における帝國中央への反發の心情を吸收した。自らの祖先が異常風貌をもつことの特別性を、新しい經典である緯書が證明する。こうした新しい輿論を背景にして、豪族の墓葬に石碑が建てられるようになった。

かつて、宮崎市定が游俠の「儒」化を「墮落」と述べたのと異なる狀況が、見えている。

第二節は、南方の朱雀、北方の玄武に焦點をあてなおし、第一節の內容を再度檢討した。これは、龜趺碑の出現を再檢討するものでもあった。

戰國時代にできあがった宇宙觀を基礎に、大地をとりまく海と大地の汀の龜が議論されるようになった。この汀の龜が、龜趺碑という形態をもつにいたった經緯は、太陽の運行と南・北の位置づけが大きな意味をもつ。新石器時代以來、後に四神の青龍と朱雀の先驅になる圖像表現が話題にされる。これに南の朱雀、北の玄武が加わって四神として定着する。

四神の定着について述べると、『史記』天官書を含む前漢時代の諸書ではまだ四神は定着していない。後漢時代の『漢書』天文志でもそれは同じである。しかし、先驅的說明が『禮記』曲禮の中にあり、季節の方位に色を配當したのに連動して、五惑星の守護を論じる『禮記』の四神說が皇帝陵墓に附設された建築に表現されたらしい。ここまでは、戰國時代以來の星宿の分野說の枠內で、展開過程が理解できる。だから、これと矛盾するかのように、『漢書』でまだ四神說が定着していないかのような說明が附されることになる。

緯書の記述では、漢の劉邦は朱雀の風貌をもっている。また孔子は玄武の風貌をもっている。儒教を語る上では、四神のうちこの南北の兩者の異常風貌が意味をもった。

そもそも北極と南極を結ぶ極軸は、傾いており、それを墓室や石棺等に表現する場合は、その極軸を垂直に立てて天頂が眞上にあるような表現にしたり、極軸が傾いている現實を念頭において、南を「上」、北を「下」として表現したりする。

關野貞は石碑研究の一環として龜趺碑研究の基礎を作り、その論點は今も繼承できるものが多い。その關野は龜趺碑の出現に關して四神の朱雀と玄武に注目していた。その細部は修正すべきところがあり、汀の龜が玄武に姿を變えた面を無視することができない。しかし、すでに出現していた四神表現とこの汀の龜が合體し、異常風貌をもつ孔子を「素王」、みずからを「素臣」と位置づける後漢豪族層が、その玄武を孔子に投影させたのだろうと考えられる。この意味をもつ龜が墓前碑の龜趺碑として定着した。ということであるから、四神の玄武から龜趺碑出現の基本は、關野によって提示されていると言ってよい。

ところが、魏の薄葬令によって、地上の目印たる石碑は禁止され、地下の墓誌の巨大化がもたらされた。その墓誌の中に龜形のものがある。四神の朱雀と玄武の表現は、相變わらず極軸を傾けた宇宙觀の下にあったが、後漢の緯書が擔っていた漢王朝稱揚の論理は衰微し、孔子と玄武の結びつきもなくなった。そのため龜趺碑の龜趺が變化した龜形墓誌は、孔子との結びつきがなくなった。やがて、多數存在した靈獸の中に龜形墓誌は埋沒し、玄武が基になった過去も忘れ去られた。その龜形墓誌が、趺石として地上に復活し、龜趺碑があらためて造られるようになった。

一方、四神が定着した後、大地を支える力士は龜に姿を變えた。これにも北方の玄武が太陽の運行上北方の大地の下、水の中に位置づけられている點が大きく影響した。この大地を支える龜が、龜趺塔の形式をもって以後長く繼承された。龜が支える大地は、「八紘」である。この「八紘」のもっとも汀に近いところが、五服のうちの「荒服」とされた。

この龜趺塔の龜趺も、玄武が基になった過去は忘れ去られた。

後漢時代に四方方位配當が定まった四神表現は、南北朝時代にも繼承された。引き續いて、南方の朱雀は「上」に、北方の玄武は「下」に表現されている。しかし、やがて墓室の形状は、玄室中央を極と見なす宇宙観を根附かせ、世に知られる四神、すなわち玄室の北壁に玄武、東壁に靑龍、南壁に朱雀、西壁に白虎を配し、それらが等しい高さで描かれる考え方が一般化した。この四神が隋唐時代に一般に造られた。

「八紘」は、漢の『淮南子』に始まり、『史記』に繼承されて五服と結びついた。だから、龜趺塔と「八紘」が結びつくより早く、五服と「八紘」が結びついている。

第一節・第二節で話題にした後漢豪族層の祖先の異常風貌説に關連し、第三節では、五德終始説の展開を論じた。董仲舒の作とされる『春秋繁露』の五德終始説を検討すると、そこに「三合」論と十二方位圓を用いた五行生成説が介在することを指摘することができる。「三合」は、十二方位圓の十二方位のうち三方位を用いて正三角形を作り出す關係を論じる。十二支を十二方位に配當すれば、子・辰・申、丑・巳・酉、寅・午・戌、卯・未・亥が、それぞれ「三合」の關係にある三方位である。

この「三合」の原型が、戰國前期において議論されていたことが、曾侯乙墓出土編鐘銘文に記された階名の検討からわかる。その原型に十二方位が重なったのが戰國中期であり、それは戰國『日書』の方位論の検討で確かめることができる。

五行生成説は、十二方位圓の十二支と三分損益法により説明できる。十二方位を、一オクターブ内の十二の音に配當すると、その音を三分損益法によって次々に作りだした結果を十二支で表現することができる。一方、十二方位に地の方位を重ねると、子を眞北にして東西南北の十二支を論じることができる。

この四方位に五行を配當する場合、亥・子・丑を水（北）、寅・卯・辰を木（東）、巳・午・未（南）を火、申・酉・戌を金（西）、丑・辰・未・戌の一部を土とすることができる。これにより、音を三分損益法によって次々に作りだした結果を十二支で表現した後、それを五行に變換することができる。こうして次々に生成される五行を述べたのが、五行生成説である。

この五行の生成そのままではなく、「三合」をうまく介在させると、この十二方位の生成に五行相生説を重ねることも、また五行相勝説を重ねることもできる。

三合は、十二方位のうちの三方位を使って正三角形を作り出す關係なので、それぞれの正三角形ごとに、三つの頂點の正對方位を議論することができる。この正對方位の十二支も五行に變換することができる。だから、この正對方位をも加えてうまく配列すると、五行相生説にもなるし、五行相勝説にもなる。

この方法により、五行相勝説を十二方位の生成に重ねると、董仲舒の五德終始説を説明することができる。同じくこの方法により、五行相生説を十二方位の生成に重ねると、劉歆の五德終始説を説明することができる。

兩者が説明できる、という内容には、曆も入る。十二方位によってつぎつぎに生成される方位を含む正三角形は、必ず亥・子・丑・寅のいずれかを含んでいる。これで代々の王朝が使用した曆を説明することができる。亥は十月（亥月）歳首の顓頊曆、子は子月を正月とする周正、丑は丑月を正月とする殷正、寅は寅月を正月とする夏正として議論する。

董仲舒を遡った始皇帝の時代については、地上に反映させた宇宙觀を論じることができる。漢代の長樂宮を秦代の極廟とし、寅方位に始皇帝陵（驪山陵、驪山宮）、亥方位に咸陽宮、申方位に阿房宮、午方位に南山を配置する。天方位としては、辰方位を起點に二十八宿を配するが、三分損益法により生成される方位は、辰→亥（辟宿）→午（南中方位）→丑（冬至點）→申（參宿〈オリオン座〉）→卯（心宿〈サソリ座〉）であり、これらの方位に代表的建築を配した。

こうした戰國時代から漢代にかけての五行説の展開が確認できるということから、われわれは、『左傳』に見える五行説が一部に議論されるような（いわゆる疑古派の言うような）漢代の産物ではないことを、あらためて確認することができる。

第四節は、「五服」の生成と展開を論じた。注目したのは、『孟子』の面積論と『禮記』王制の面積論の差違である。書いてあることの確認にすぎないのだが、從來なぜか議論の外におかれている。

『孟子』に示された面積論では、「方（一）千里」の中の面積を一邊の長さで論じている。これに對し、『禮記』王制では、「方千里」の中の面積を碁盤の目のように區切って縱×橫の平方の値で論じている。『孟子』では「方千里」の中に「方百里」は十個しかなく、『禮記』王制では「方千里」の中に「方百里」は百個もある。

ところが、いわゆる平方の値で面積を論じるのは、方一千里の中だけに限られ、『史記』から『舊唐書』までの記事を調べてみると、天下は「方萬里」であり、その中に「方千里」は十個しかない。

後漢の鄭玄等の議論の中に、理論上のこととして五千里四方の天下が論じられているが、これはだめだという結論が示されており、定着したのは、上記の「方千里」十個を「方萬里」とする面積論である。

そうした「方萬里」の天下の一番端の地域は「五服」論のうちの「荒服」とされている。具體的には、漢武帝が朝鮮やベトナムに軍を進めた後にあって、それら新しい領土を「荒服」としているのがわかる。この具體的記事として確認できる「荒服」に向かって、「五百里」ごとに他の四服を設定するには、中央から「方千里」ごとに二つずつの地域を設定して進むしかない。これが、漢代に議論された「五服」論である。

では、戰國時代に遡った場合、「五服」論はどうなるか。『呂氏春秋』における「冠帶の國」は、「方千里」三つ分にすぎない。それが、『史記』・『漢書』になると、「冠帶の國」は「方萬里」つまり「方千里」十個分になる。だから、漢代の「五服」論を「方千里」三つ分に當てはめて説明できれば、それが戰國時代の「五服」論になることがわかる。

戰國時代當時の面積論としては、「方千里」三つ分の中に、「方五百里」は合計六つ作れる。「方千里」三つ分の中に「五服」をすべて作り出すこともできる。「方千里」三つ分の中に一部を作り、他を鄰接する領域につなげて作ることもできる。こうした議論がされたのが、戰國時代の「五服」であろう。

では戰國時代の「五服」論は、どのようにして生まれたか。

この點を史的展開の中で考察したのが第五節である。

この問題を語る上で、一般認識として障碍を作り出してしまいがちなのが、「一統」に關する誤解である。『史記』から『舊唐書』までは、「八紘」を天下としている。郡縣統治の下に置かれた地域を「八紘」とする。新唐書以後、「八紘」はやや擴大され、後には、征服王朝のより大きな支配領域が天下として認識されるにいたる。そうなると、「八紘」觀は衰えた。歷史的に異なった傳統をもつ地域が、「一統」つまり唯一の正統の下で統治される。『大清一統志』の「一統」がこれである。そして、「海防」を一つのキーワードとする領域觀の下、近代には「統一」が議論されるにいたる。

戰國時代における「一統」觀は、『公羊傳』・『左傳』・『穀梁傳』、そして『孟子』を比較すれば、おのずと明らかになる。

『公羊傳』の中國・諸夏、『左傳』の夏・東夏は、それぞれの第一地域、第二地域を表現し、『穀梁傳』の中國は、第一地域を表現する。『孟子』は、『公羊傳』の「中國」を念頭において、天下は九つの「方一千里」からなると述べ、齊はその一つをすでに手にいれていることを述べた。そして、夏王朝・殷王朝・周王朝も、それぞれ一つの「方一千里」を治める王朝であったことを述べて、王朝の交代が、必ずしも同じ地域における政權交代ではなかったことを示した。

先に述べたように、戰國時代の「方一千里」の中には、「方百里」が十個あったことがわかる。これが、『禮記』王制の具體的記述から、漢代の『禮記』にあっては、「方一千里」の中が碁盤の目のように區切られ、「方百里」が百個あったことがわかる。これが、戰國時代と漢代の面積論の根本的相違である。

從來、このことがわかっていなかったため、『呂氏春秋』に記載された冠帶の國、「方三千里」は、三千里四方だと誤解され、つまりは「方一千里」九つ分だとされてしまっていた。しかし、「方三千里」は「方一千里」三個分にすぎない。

この「方一千里」三個分を「冠帶」の國とする考えは、『左傳』に繼承された「封建」の實體と比較することができる。この「封建」は、陝西の地の「方一千里」を支配下においた周王朝が、河南一體の「方一千里」を支配下においた殷王朝を滅ぼし、その新たな支配地の最前線に、新たな支配地域と陝西の周の「方一千里」を防御するように配置された諸侯を問題にする。だから、諸侯を「封建」して「藩屏」にした、と述べている。

この「封建」領域を前提にした話題は、『論語』の天下觀にも見えている。武王が殷を滅ぼす前、文王以來の狀況を述べて、周は、天下の三分の二を手中にし、三分の一を手中にした殷に對抗したことを述べている。

ここで問題にされた領域に對し、戰國時代の秦が東方に進出する中で、「冠帶の國」と表現したのが、『呂氏春秋』所載の「冠帶の國」である。

この點は、第二章においても、別の觀點から檢討するところがある。

『尙書』禹貢の九州、『周禮』職方志の十二州、『容成氏』の九州それぞれが述べる州の名稱や對象地域、中心的に治水された州などは異なっている。だから、戰國時代にあっては、天下の一部を特別視していることは間違いないが、どこをそう特別視するかは、國家ごと、書物ごとに異なっている。

中國や夏等をどの程度の廣さのものとして構想するかは、これも國家ごと、書物ごとに異なっている。この狀況をおしなべて、特別地域を表現する一つの方法は、「小中華」という用語を用いることである。「中華」は二十四史では『晉書』以後のことなので、史料用語というわけではないが、ここで話題にする「小中華」は、後代において、中國王朝に對抗して周邊國が自己認識した「中華」の領域と大同小異である。この大同小異の「中華」が、戰國時代において存在したことを表現するには、この「小中華」を用いるのが最も適切だろうと考える。

以上、どの地域を對象にして、「五服」をどう設定したかは、國家ごと、時期ごとに異なっていると考えた方がよい。また、具體的にこうだと決められる材料は、われわれには充分には提供されていない。その一例を構想すれば、上記の「冠帶の國」の中に「五服」の一部を設定し、これに接する形で他の「服」を設定することができる。つまり、いま述べたばかりの「小中華」を念頭において「五服」を設定していたのが戰國時代であった。

この「五服」論が、「冠帶の國」の意味する地域の變化にともなって、對象地域を擴大させた。戰國時代の陝西・河南およびその東方の「方一千里」三つ分および、それに接する地域を説明していた「五服」論は、漢代には「方萬里」を説明するものに變貌した。

以上、戰國時代から漢代にかけて見られた大きな變化は、「小中華」を特別視し、それを前提に「五服」論を展開した戰國時代から、天下「方萬里」を特別視し、その「方萬里」に「五服」を配することにした漢代への變化である。

注

（1）宮崎市定「游俠について」（『歴史と地理』三四—四・五、故内藤博士追憶記念論文集、一九三四年。『アジア史研究』Ⅰ、同朋社、一九五七年。『中國古代史論』平凡社選書、一九八八年）。同「漢末風俗」（『日本諸學振興委員會研究報告』特集四・

歴史學、一九四三年。本論標題の「游俠の「儒」化」は、宮崎が「漢末風俗」の中で使った「游俠の儒教化」を言い換えたものである。表現としての落ち着きを考えただけであって、内容を詮索してのものではない。

（2）増淵龍夫『中國古代の社會と國家』（弘文堂、一九六〇年。新版岩波書店、一九九六年）。

（3）梁啓超『墨子學案』（上海商務印書館、一九二一年）。

（4）西嶋定生『中國古代帝國の形成と構造――二十等爵制の研究――』（東京大學出版會、一九六〇年、復刊一九八〇年）。

（5）木村正雄『中國古代帝國の構造――特にその成立の基礎條件――』（不昧堂、一九六〇年、新訂比較文化研究所、二〇〇三年）。

（6）平勢隆郎「中國戰國時代の國家領域と山林藪澤論」（松井健主編『自然の資源化』、弘文堂、二〇〇七年。本書第二章第一節に利用）。

（7）松丸道雄「殷墟卜辭中の田獵地について――殷代國家構造研究のために――」『東洋文化研究所紀要』三一、一九六三年。松丸道雄「再論殷墟卜辭中的田猎地問題」（『盡心集――張政烺先生八十慶壽論文集』中國社會科學出版社、一九九六年）。

（8）大要を述べれば、西周時代にいわゆる國（都市）を意味する漢字は「邦」である。これとは別に「域」（國の元字）がある。「域」は都市の周圍にひろがる一定の領域を意味するようだ。東夷の地を「東域」と述べるように、領域的に「域」を使う用例もある。「邦」は縣となり、いわゆる領域國家は「邦家」と稱されるようになる。「邦家」は統一された。漢帝國の時代になると劉邦の「邦」を忌み、「邦」を「國」字で代替することが廣く行われた。結果として都市を「國」とする用例が生まれた。「邦家」は「國家」となり、「域」の中にも「國」になるものができた。「中域」と稱されていた領域は「中國」となった。中心都市という意味の「中邦」も「中國」となった。以上を勘案しつつ、「國」を用いて論じている。殷代にあっては、都市を「邑」と稱し、「大邑商」の言い方がある。西周では邑はムラをいうようになった。殷代にあっては、同じ都市でも他國は「方」であり、外族は「羌」である。これらの言い方は、周は繼承しなかった。

（9）平勢隆郎『左傳の史料批判的研究』（東京大學東洋文化研究所・汲古書院、一九九八年）第二章・第三章に、春秋戰國時代の縣の性格問題を扱っている。この部分は、多くは「楚王と縣君」（『史學雜誌』一九八一年）以來の既發表論文をもとにしている（一部既發表論文なしのものもある。また、題目だけでは縣に關わるかどうか見分けにくいものもあるので注意されたい）。ここにおいて、「殷周時代の王と諸侯」のように、春秋時代の縣と諸侯國とが同じレベルで移動させられている事例をひきつつ、諸侯國の秩序と同じ秩序が縣にあることを考察し、その秩序を支えていた都市に居住する「人」が當時の軍團を支えていたことや、鐵器の普及にともない都市間の人の移動が顯著になると、その「人」の秩序が弛緩し、結果として小諸侯が姿を消し、新しい諸侯身分である「封君」が出現することを述べている。こうした變化は、春秋時代、すなわちなお「人」の秩序が必要だった時代に、諸侯も縣の管領者も、いずれもが言わば諸侯身分が安堵されつつ各地を移動させられ、やがてその「人」の秩序が崩壊するころには、あたらしい爵位の制度が整ってくることと關わっている。戰國時代の封君はこうした新しい爵位の整備に關わる身分である（平勢隆郎『中國の歷史2・都市國家から中華へ』（講談社、二〇〇五年）でも述べたところがある）。ということなので、一言で「管領による統治」と說明しているのではあるが、「西周以來の國が、經驗することのなかった頻繁な移動」をも含めた新しい動きを一括して述べているのであって、いっきに新しい管領統治が始まったのではない。楚の場合、縣の長官を一般に「君」といい、戰國時代には「封君」が出現するということだから、名稱の繼承關係でいえば、楚の用例が戰國時代に一般化したということができる。過去の研究者の中に、この點を考慮せず、「君」とは封君だと述べている場合があるが、それは誤りである。ただし、楚において、古い「（縣）君」がいつ新しい「（封）君」に變化するかは、吳起の變法との關わりを論じるしかないようだ。中原諸國において、いつ新しい「（封）君」が議論されるにいたるかも、吳起の活動を通して概要を語るべきだろう。私には、「楚國世族と吳起變法」という修士論文があるが、膨大な『史記』の年代矛盾解消作業などに謀殺されて、その一部しか公表してきていない。ここに公表した點を簡單にまとめて注記することにした次第である。

(10) 工藤元男『中國古代文明の謎』（光文社文庫、一九八八年）、工藤元男『睡虎地秦簡よりみた秦代の國家と社會』（創文社、一九九八年）第五章等參照。

(11) 增淵龍夫『中國古代の社會と國家』（弘文堂、一九六〇年。新版岩波書店、一九九六年）新版七七頁。

(12) 私は、さまざまな場で戰國時代の『公羊傳』・『左傳』・『穀梁傳』、および前漢の『史記』、後漢の『漢書』それぞれに見える正統主張の「形」を論じてきた（例えば『春秋』と『左傳』（講談社、二〇〇三年）、平勢隆郎「中國古代における説話（故事）の成立とその展開」〈第八屆「韓國中國史學會國際學術討論會」提出論文、二〇〇七年九月八～九日、韓國大邱〉。本書第三章第三節に利用）。そうした形は、「正統」をどう意味づけるかという「公」の主張を展開するもので、個々の書物編纂者の個人的觀點を述べるものではない。

（13）一〇四頁に扱う。

（14）宮崎市定「游侠について」（『歷史と地理』三四―四・五、故内藤博士追憶記念論文集、一九三四年を『アジア史研究』Ⅰ、同朋社、一九五七年『中國古代史論』平凡社選書、一九八八年に再錄）。

（15）すでに注で述べたように、本論は、宮崎「漢末風俗」（『日本諸學振興委員會研究報告』特集四・歷史學、一九四三年）の「遊侠の儒教化」を、「游侠の「儒」化」と言い換えた。この言いかえは、内容を詮索した上でのものではない。

（16）前揭宮崎市定「游侠について」。

（17）宮崎市定「身振りと文學」（『中國文學報』二〇、一九七五年。『アジア史論考』中、朝日新聞社、一九七六年）。

（18）前揭宮崎市定「游侠について」。

（19）前揭宮崎市定「游侠について」。

（20）安井香山『緯書の成立とその展開』（國書刊行會、一九七九年）二五七頁等。

（21）平勢隆郎『中國古代紀年の研究』（東京大學東洋文化研究所・汲古書院、一九九六年）第二章第三節。

（22）前揭宮崎市定「漢末風俗」に、後漢禮學に注目した見解があり、光武帝時代からはじまる守禮派、和帝・安帝のころに顯著になった過禮派などの問題を論じ、『後漢書』の中に採錄された不思議な傳説に言及している。この禮學の問題を王法の問題としてさらに詳しく論じたのが神矢法子「漢魏晉南朝における「王法」について」（『史淵』一一四、一九七七年）であり、この檢討は、渡邉義浩『後漢國家の支配と儒教』（雄山閣出版、一九九五年）にも繼承されている。

（23）神矢法子「漢魏晉南朝における「王法」について」（『史淵』一一四、一九七七年）。

（24）以下、平勢隆郎『『春秋』と『左傳』』（講談社、二〇〇三年）に比較的多くの材料を提供しつつ述べた。關連する著書・論文は、多數あるが、まずは、この書を參照されたい。

(25) 平勢隆郎「王莽時期、木星位置に關する劉歆説の復元とその關連問題」(『日本秦漢史學會報』五、二〇〇四年)。

(26) ちなみに、周公に次いで世に現れた特別の賢人孔子が、金德の出現を預言した内容の緯書逸文もある。これは、本文に述べたのと異なる文脈から、五德の交替を述べるようである。『春秋演孔圖』の中に「血書飛爲赤烏、化爲白書、署曰演孔圖」(安居香山・中村璋八『重修緯書修正五・春秋上』明德出版社、一九八八年、一四頁)とあるのは、赤德の漢王朝に次いで、問題にならない王莽の土德を間において、金德の王朝が興ることを述べるもののようだ。王莽の德を土德とするのを前提にしているのが注目點である(本書第一章第三節參照。また平勢隆郎『中國古代紀年の研究』汲古書院、一九九六年、一七〇頁)。他にも叛亂者が獨自の「正統」を標榜して、勝手に作り出した可能性がある。魏が景初暦を用いた際は一時的に殷正を用いており、一時的ということにはなるが漢の火德から金德を指向したようだ。

(27) 平勢隆郎『左傳の史料批判的研究』(東京大學東洋文化研究所・汲古書院、一九九八年)に、御龍氏と范氏の説話の件を紹介し、漢代の書き換え(龍累→劉累)の可能性を論じておいた。

(28) 平勢隆郎『新編史記東周年表――中國古代紀年の研究序章――』(東京大學東洋文化研究所・東京大學出版會、一九九五年)。

(29) 論理的に詰めた結果として、唯一「書き加え」が指摘できる部分は、この范氏に關する記事のみである。「書き加え」がなかったともいえるし、あったともいえる。あったという可能性を論じるのであれば、本來「龍氏となった」とあった部分を單に「劉氏となった」と書き換えただけ〈龍・劉の發音は異なるが〉である。この程度の「書き加え」は、『左傳』の全體構造にも、また上述した王莽の『左傳』利用の實際にも何ら影響を與えない。王莽がこの部分の「書き加え」をする積極的理由は説明できないから、「書き加え」があるとすれば、それは漢王朝劉氏の作爲となろう。この想定は、王莽僞作説自體が成り立たないことを示すものになる。

(30) 以下、安居香山・中村璋八『重修緯書修正五・孝經・論語』明德出版社、一九七三年、三四・七二頁。

(31) 一部例外が認められる。緯書がすべて漢王朝劉氏のために作られたわけではないようなので、叛亂者や後の王朝の議論が介在する場合は、別の形が出てくることになる(論理的に)。一部例外が認めれるのは、劉氏を特別視するものとは異なる議論が反映されるからだろう。

（32）本書第一章第三節一五六頁。また、前掲平勢隆郎『中國古代紀年の研究――天文と暦の検討から――』（東京大學東洋文化研究所・汲古書院、一九九六年）一七〇頁等の他、平勢隆郎『左傳の史料批判的研究』（東京大學東洋文化研究所・汲古書院、一九九八年）の四〇頁および一八三頁以下。「閏位」の用語は、島邦男『五行思想と禮記月令の研究』（汲古書院、一九七一年）三二頁。

（33）前掲宮崎市定「漢末風俗」。神矢法子「後漢時代における「過禮」をめぐって――所謂「後漢末風俗」再考の試みとして――」（『九州大學東洋史論集』七、一九七九年）。

（34）平勢隆郎『中國の歴史2・都市國家から中華へ』（講談社、二〇〇五年）二一六頁。

（35）平勢隆郎『世界の歴史2・中華文明の誕生』（中央公論社、一九九八年。改稿し文庫化して中公文庫、二〇〇九年）一〇五頁、平勢隆郎『よみがえる文字と呪術の帝國――古代殷周王朝の素顔』（中央公論新社、二〇〇一年）二〇頁に簡單に言及しておいた。やや詳しくは、平勢隆郎「中國戰國時代の國家領域と山林藪澤論」（松井健責任編集『自然の資源化』弘文堂、二〇〇七年。本書第二章第一節に利用）六六頁に「湯沐の邑」を論じ、この物資のやりとりに關わる場が利用される形で、領域國家による中領域規模の山林藪澤占有が進められたことを論じた。

（36）前掲宮崎市定「遊俠について」の「游俠の轉向」部分。

（37）日原利國『春秋公羊傳の研究』（創文社、一九七六年）。

（38）平勢隆郎『『春秋』と『左傳』』（講談社、二〇〇三年）等。

（39）日原利國『春秋公羊傳の研究』（創文社、一九七六年）。

（40）冨谷至「『儒教の國教化』と『儒學の官學化』」（『東洋史研究』三七―四、一九七九年）、冨谷至「白虎觀會議前夜――後漢讖緯學の受容と展開――」（『史林』六三―三、一九八〇年）に、西嶋定生・板野長八の主張、すなわち儒教の國教化は讖緯思想との密接な關係の上に考えるべきこととのまとめがなされている。本論はこれらの視點を繼承しつつ、宮崎の述べた「游俠の『儒』化」の問題から焦點を當て直してみたのである。

(41) 影山輝國「漢代における災異と政治――宰相の災異責任を中心に――」において、災異發生時の宰相罷免が、天子の身代わりとして責を負う安全辨として機能していたことが議論されている。この論文では、前漢・後漢期を通して災異を論じ（後漢時代には緯書が加わり孔子異常風貌説ができあがる）、災異は「君主權抑制」の實を擧げることが期待される點があることを問題にしつつ、實際は災異責任をだれに轉化するかによって、それが政爭の具に利用されたことを論じた。結果、漢體制崩壞とともにその「政治的」生命を失ったことを述べている。災異を理由に何らかの輿論が喚起されるおそれが現實に存在した、ということであれば、その安全辨のもつ意味は、本論に論じたところ、つまり中央の思惑と地方の「公」の輿論とのせめぎあい、とも接點をもつことになる。直接的には中央の問題を論じるものであったとしても、である。

(42) 以上のようなまとめが可能だとすると、古來議論のある『左傳』は、いかなる時代の成書を議論すべきだろうか。『左傳』に語られる孔子は、異常風貌とは無緣である。そして何よりも重要なことは、『左傳』にあって孔子は第一の賢人には位置づけられていないことである。孔子の發言内容は、ことごとく別の賢人の預言によって修正されているのであり、孔子の預言は當たらないことになっている。これまでなされてきた『左傳』王莽時僞作説は、緯書の存在や孔子異常風貌説を前提にしての議論になっていない。『左傳』と王莽・後漢時期の孔子評價の相異は致命的である。『左傳』の記事内容も、思想史的に後漢時代特有のものだと言えるものはない（三傳の注釋内容を混同して議論してはならない）。平勢隆郎「中國古代における説話（故事）の成立とその展開」（『中國史學會第八回國際學術大會「通過出土文物看中國史」論文集』〈韓國大邱、二〇〇七年〉。『史料批判研究』八、二〇〇七年。本書第三章第三節に利用）において、王莽時期の『左傳』成書を論じるのは、論理的に無理があると述べた。本文はその補論をなすものでもある。

(43) 濮陽市文物管理委員會・濮陽市博物館・濮陽市文物工作隊「河南濮陽西水坡遺址發掘簡報」（『文物』一九八八年三期）。

(44) 九七頁**圖1**を見ればわかることだが、青龍・白虎の先驅と覺しき靈獸には、頭部の向きがある。これらの向きは相異なっており、後代の青龍・白虎の頭部の向きが同じであることが多いのと異なっている。これは、もともとこれら龍・虎が發想されるに當たり、廻轉する天に見える代表的星座が參照された可能性があることを教える（ちなみに、上記の西水坡遺址の龍・虎はいずれも頭部が北を向く）。例えば、東（南よりだが）にサソリ座が見える時、西には獅子座が見える。これらの頭部は天の運行に沿って想定されている。ただ、**圖1**に表現された二十八宿は見上げた夜空で左廻りに廻轉する。これと**圖1**の龍・虎の頭部の向きは逆（右廻り）である。こんなことを述べてみたのは、曾侯乙墓出土品に關する限り、龍・虎の表現と二十八宿は、別に發想されていると考えるからである。頭部の向きが、下記に論じる四神の青龍・白虎に比較した場合の古さを示している。ちなみに、この圖の場合に龍・虎が東（寅）・西（酉）を意味すると假定すると、**圖1**の二十八宿の十二方位は、前漢以後繼承された占星盤に示された十二方位とは、かなりずれている。この圖の二十八宿は、この占星盤とは切り離して考察する。

(45) 李零「說漢陽陵〝羅經石〟遺址的建築設計」（漢陽陵博物館編『漢陽陵漢文化研究』第一揖、陝西出版集團・三秦出版社、二〇一〇年）。

(46) 陝西省考古研究院『漢陽陵「羅經石」遺址發掘簡報』（待刊）。この遺址は、現在公開されている。

(47) 陝西省咸陽市文物局『咸陽文物精華』（文物出版社、二〇〇二年）。

(48) 同上。

(49) 藤井惠介「關野貞の足蹟――序論にかえて」（『東京大學コレクションXX・關野貞アジア調査』東京大學綜合研究博物館、二〇〇五年）にも紹介されている。

(50) 平勢隆郎「關野貞の龜趺碑研究」（『東京大學コレクションXX・關野貞アジア調査』東京大學綜合研究博物館、二〇〇五年）。

(51) 關野貞『支那碑碣形式の變遷』（座右寶刊行會、一九三五年）一二頁。この書は、死の床における口述筆記によってなったもの（關野克筆記）だが、關野は（以下說明の都合で①②③を附す）「①又樊敏の碑の趺石には、左右から龍が壁を争っている圖を彫刻してゐますが、②益州太守高頤碑に至っては、四神を彫刻して裝飾することになりました。四神とは蒼龍・白虎・朱雀・玄武で、蒼龍は東を、白虎は西を、朱雀は南を、玄武は北を象徵してゐる可きでありますが、此の無銘碑は、上方に朱雀を、下方に玄武卽龜に蛇を巻きつけるを現はし、東の側面に蒼龍を西の側面に白虎を彫刻してをります。③而して其碑陰には上方に三匹の瑞獸と五種の玉の圖を現はし、下に牛の頭を彫刻してゐます。如何なる意味かは分りませんが、兎に角漢の時代には、碑の装飾に益々重きを置き、色々の試みに努力したことが分ります」と説明している。①の寫眞として闕野書が紹介するものは、重慶市文化局・重慶市博物館・徐文彬・譚遙・龔廷萬・王新南『四川漢代石闕』（文物出版社、一九九二年）、ANN Paludan *The Chinese Spirit Road: The Classical Tradition of Stone Tomb Statuary*: Yale University, New Heaven & London, 1991 いずれも「（雅安）高頤碑」と紹介する石碑である（本書一三〇頁參照）。整理の時に「樊敏碑」と誤ったもののようである。また、②は、『四川漢代石闕』に紹介する「雅安高頤闕」・「高君碑」・「蘆山樊敏闕」・「渠縣沈氏闕」・「渠縣趙家村無銘闕」（壹闕〈右闕〉・貳闕〈左闕〉）を參照すると、具體的には不明だが、石碑ではなく門闕の拓本を參照したようである（本書一三一頁參照）。ただ、四川省博物館には、一九六五年出土とされる後漢の王孝淵碑があり（本書一三〇頁參照）、闕野の介紹する②石碑の白虎は、この王孝淵碑のものによく似ている。だから、この王孝淵碑があるいは戰前から知られていたのかもしれないし、王孝淵碑と類似の石碑が別にあって、その情報が闕野に傳わったのかもしれない。いずれにしても、闕野の②の情報は錯綜している。渠縣趙家村無銘闕（本書一三一頁參照）は西闕のみ現存するものと、東闕のみ現存するものがある（いずれも地形に合わせて建てており正面は正南ではない）。いずれも、碑身正面の上の部分に朱雀を表現する。西闕のみ現存のものは、正面下部に玄武を表現し（裏面の笠の下部にも玄武の表現がある）、東闕のみ現存のものは、正面下部の表現が風化で剝落している。沈氏闕（本書一三一頁參照）は、西闕・東闕ともに現存し、正面上部に朱雀を表現する。西闕・東闕ともに正面下部の表現は風化で剝落しているが、西闕の現存部分からすると玄武ではなく別の靈獸の顔が表現されているようである。沈氏闕と趙家村無銘闕いずれも、西闕の碑身右側面に白虎を、東の碑身左側面に青龍を表現する。③は不明な記述であるが、『四川漢代石闕』の寫眞等を參照すると、「忠縣㽏井溝無銘闕」に見える鋪首の靈獸などの拓本を誤ったかもしれない。闕野が注目した樊敏碑（闕野は高頤碑と誤る）は、實見すると碑陰上部に朱雀を表現し、龜趺を用いている（本書一三〇頁參照）。玄武から龜趺が發想された經緯を物語る遺物になりそうである。ちなみに、議論の混亂を避けるために注記しておけば、近代以後の調査で後漢時代の龜趺碑とされている白石神君碑（龜趺碑）は、實はこの碑銘の末尾に前燕の元璽三年（三五四）の年號が見え、後漢碑ではない（『金石圖說』甲下六十九葉參照）。このことは、清の顧炎武が『金石文字記』巻一の三十一葉の中で指摘している。

（52）平勢隆郎『よみがえる文字と呪術の帝國——古代殷周王朝の素顔』（中央公論新社、二〇〇一年）。また、平勢隆郎「中國戰國時代の國家領域と山林藪澤論」（松井健編『自然の資源化』、弘文堂、二〇〇七年）。

（53）前掲注（9）參照。

（54）例えば、伊藤仁齋の『論語古義』の冒頭に、總説として以下のようにあるものなどを、參照していただいてもよい。後漢の鄭玄も、宋の程伊川も何を論じているか。おそらく一般常識とは異なるだろうが、下記のようにある。「鄭氏［後漢の鄭《じょう》玄《げん》］曰く、「論語は仲尼［孔子］・子游・子夏等、撰定す」と。程子［宋の程伊川］曰く、「論語の書は［孔子の弟子の］有子・曾子の門人に成れり。故に其の書、獨り二子のみ、子を以て稱す」と。愚［伊藤仁齋］以謂《おも》えらく、此、特に［論語中の］夫子の語を撰ぶを謂うのみ。［論語中の］諸子の語に至りては、未だ必ずしも然るを盡くさず。蓋し論語の一書、記せる者は一手に非ず、成るは一時に非ざらん、と」。

（55）この點につき、考察をめぐらしたものとして、平勢隆郎「中國古代における說話（故事）の成立とその展開」（『中國史學會第八回國際學術大會「通過出土文物看中國史」論文集』〈韓國大邱、二〇〇七年〉。『史料批判研究』八、二〇〇七年。本書第三章第三節に利用）。

（56）平勢隆郎『史記の「正統」』（講談社、二〇〇七年。平勢隆郎『『史記』二二〇〇年の虚實』〈講談社、二〇〇〇年〉を改稿し文庫化したもの）の「終章」において、『史記』と『漢書』に見られる「發憤」を話題にしている。『史記』・『漢書』いずれも、「發憤」を「其の道に通ずるを得ず」と評し（大ナタをふるって概略を述べれば、『史記』注釋者はこの表現に關心をよせ、『漢書』注釋者は關心をよせていない）、『史記』・『漢書』いずれも先行して作られた史書（『漢書』藝文志が『春秋』に關連した書物だと紹介するもの等）を「發憤」の書だとした。ここにいう「發憤」はいい意味ではない。「發憤」の結果は悪いとされる。『史記』にとって、『史記』だけが正統なる史書であり、『漢書』にとっては、『漢書』のみが正統なる史書である。だから、『漢書』にとっての『史記』は正統書ではなく、「發憤」のレッテルが貼られる。「公」と「私」の語をもっていえば、『史記』にとって『史記』のみが「公」の史書であり、先行する史書はすべて「私」の史書である。『漢書』にとっては、『漢書』のみが「公」の史書であり、先行する史書は『史記』を含めて「私」の史書である。世に『史記』を司馬遷が

「私」的に編纂したものと見なす見解が少なからずあるが、それは『史記』に（明確に）「書かれた」事實に氣づかぬまま、『漢書』の説を踏襲したにすぎない。そして、『史記』・『漢書』いずれも悪いと判斷した「發憤」を良いものだとして議論したことに氣づいていない。

(57)　『春秋』は、戰國時代の齊で作られたことが論證されている。平勢隆郎『中國古代紀年の研究――天文と暦の檢討から――』（東京大學東洋文化研究所・汲古書院、一九九六年）。平勢隆郎「戰國中期から漢武帝にいたるまでの暦」（『史料批判研究』三、一九九九年）。平勢隆郎「戰國中期より遡上した暦と『春秋』三傳」（『史料批判研究』四、二〇〇〇年〈二〉）。平勢隆郎『『春秋』と『左傳』』（中央公論新社、二〇〇三年）。

(58)　宮崎市定「游俠について」（『歴史と地理』三四―四・五、故内藤博士追憶記念論文集、一九三四年。『アジア史研究』Ⅰ、同朋社、一九五七年。『中國古代史論』平凡社選書、一九八八年）。宮崎市定「漢末風俗」（『日本諸學振興委員會研究報告』特集四・歴史學、一九四三年）。

(59)　呂宗力「從漢碑看讖緯神學對東漢思想的影響」（『中國哲學』十二、一九八四年）。

(60)　くりかえすようだが、關連する議論をすべて「素王説」とし、すべて戰國時代以來の議論だとしてしまう見解を私はとらない。下記に異常風貌説を論じる。その論點に注意されたい。

(61)　平勢隆郎『中國古代紀年の研究』（東京大學東洋文化研究所・汲古書院、一九九六年）第二章第三節。先人の説に導かれつつ、方位圓、十二方位、三分損益法による方位の生成、その生成にからめた三合の各方位のもつ意味などを總合的に檢討し、董仲舒時期の五德終始説における五德の生成と方位・三合との關係、漢末王莽時期の五德終始説における五德の生成と方位・三合との關係を論じた。また、そして、後者を凌駕して得られる後漢時代の五德終始説における五德の生成と方位・三合との關係が、緯書と連携することを述べた（本書第一章第二節參照）。すでに先人が後漢時代の受命改制と緯書思想の關係について、詳細な檢討を進めてきているのに關連づけて、戰國から漢當時の論者の腦裏には、共通して方位圓・三合という圖形的要素を論じた説があったこと、『春秋繁露』の受命改制説も、そうした圖形的要素をもって理解できることを指摘してみた。經學との接點を求める作業としては、前掲宮崎市定「漢末風俗」に、後漢禮學に注目した見解があり、光武帝時代からはじまる守禮派、和帝・安帝のころに顯著になった過禮派などの問題を論じ、『後漢書』の中に採録された不思議な傳說に言及している。この禮學の問題を王法の問題としてさらに詳しく論じたのが神矢法子「漢魏晉南朝における「王法」について」（『史淵』一一四、一九七七年）である。

(62)　平勢隆郎『中國古代紀年の研究――天文と曆の檢討から――』（東京大學東洋文化研究所・汲古書院、一九九六年）一六一～一六七頁、平勢隆郎『左傳の史料批判的研究』（東京大學東洋文化研究所・汲古書院、一九九八年）一八三～一八六頁參照。また、本書第一章第二節參照。

(63)　一部例外が認められる。緯書がすべて漢王朝劉氏のために作られたわけではないためのようである。叛亂者や後の王朝の議論が介在する場合は、別の形が出てくることになる（論理的に）。そうした場合は、劉氏を特別視するのとは異なる議論が反映される。

(64)　安井香山『緯書の成立とその展開』（國書刊行會、一九七九年）、四六四頁。また、以下の緯書引用は、安居香山・中村璋八『重修緯書修正五・孝經・論語』明德出版社、一九七三年、三四・七二頁。

(65)　馬承源主編『上海博物館藏戰國楚竹書（二）』（上海古籍出版社、二〇〇二年）。

(66)　橋本增吉『支那古代曆法史研究』（東洋文庫論叢第二十九、東洋文庫、一九四三年）五〇三～五〇四頁。

(67)　前掲の李零「說漢陽陵〝羅經石〟遺址的建築設計」（漢陽陵博物館編『漢陽陵漢文化研究』第一揖、陝西出版集團・三秦出版社、二〇一〇年）、および陝西省考古研究院『漢陽陵「羅經石」遺址發掘簡報』（待刊）。この遺址は、現在公開されているので、下記の帶狀の着色も參觀できる。私は當地で焦南峰陝西省考古研究所所長の說明を受けることができた。

(68)　『史記』封禪書に「作鄜時祭白帝」・「作密時於胃南祭青帝」・「作吳陽上時祭黃帝」・「作下時祭炎帝」・「作畦時櫟陽而配白帝」とある。前二者は春秋時代の記事である。春秋時代には、五行說の展開はまだなかった。おそらく戰國時代になって五帝（白帝・青帝・黃帝・炎帝）を祭祀するにいたり（黑帝の記述がない）、當時できあがりつつあった星宿の分野說の影響を受けつつ五帝を祭祀したのであろう。

(69)　吉田光邦「高松塚の星象・四神圖について」（『佛教藝術』八七、一九七二年）。

(70) 樋口隆康『古鏡』(新潮社、一九七九年) 三七二〜三七三頁の「鏡銘分類表」、岡村秀典監修・宮石智美編『『小校經閣金文拓本』所載漢式鏡銘文一覽』(三月書房、一九九二年) などを參照されるとよい。

(71) 來村多加史『高松塚とキトラ——古墳壁畫の謎』(講談社、二〇〇八年) 第六章は、「(鏡の) 銘文の『左側に添う青龍と右側に添う白虎が四彭 (方) を掌る』という表現は、四神の中でもこの二匹が守護神として賴られていたことを物語る。その一方、『朱雀と玄武が陰陽に從う』という表現は、朱雀が陽氣を放つ點に昇り、玄武が陰氣の宿る地に踏ん張るというイメージを感じさせる」と述べ、青龍・白虎と朱雀・玄武の存在意義が異なることを述べている。

(72) 前揭。實際に注目できる事例がこれとは別にある。

(73) 前揭注において、關野貞『支那碑碣形式の變遷』に關連して、四川の後漢代の門闕の畫像を紹介しておいた。

(74) 沈氏闕の四神 (玄武なし) については、聞宥『四川漢代畫象選集』(羣聯出版社、一九五五年) にも紹介されている。

(75) 西闕・東闕の四神を合わせて墓門に表現したと見なすことができる。ただ、この對とする表現法自體は、前漢時代に遡る可能性がある。本論でも前漢時代の四神表現を檢討し、武帝茂陵の周圍から四神磚 (空心磚) が出土していることを紹介しているが、その表現のうち、玄武は左右對象の對になっており、軸線に根を張った草が直立している (來村多加史前揭『高松塚とキトラ——古墳壁畫の謎』一七一頁參照)。馬王堆一號墓出土帛畫の水に浮かぶ大地の汀に左右とも大地に向かう龜が描かれており、こうした表現が對抗表現の發想の源になっているかもしれない。對とする表現がひとり歩きしていることは、下記に紹介する隋の李和石棺 (本書一二九頁) の朱雀についても指摘することができる。

(76) 展示されたものを見るのが理解しやすい。李林・康蘭英・趙力光『陝北漢代畫像石』(陝西人民出版社、一九九五年)、綏德漢畫像石展覽館編、李貴龍・王建勤主編『綏德漢代畫像石』(陝西人民美術出版社、二〇〇一年) 參照。他の類例も確認できる。

(77) 曾昭燏・蔣寶庚・黎忠義『沂南畫像石墓發掘報告』(南京博物院・山東省文物管理處合編、文化部文物管理處出版、一九五六年)。

(78) 前揭來村多加史『高松塚とキトラ』に、「朱雀と玄武が陰陽に從うという表現は、朱雀が陽氣を放つ點に昇り、玄武が陰氣の宿る地に踏ん張るというイメージを感じさせる」と述べている。

(79) 儀禮の際に四神の旗がつかわれたことが知られている。前掲吉田光邦「高松塚の星象・四神圖について」にまとめられている。新出遺物を參照し、諸書を廣く檢討した結果、『禮記』曲禮の記事は、文脈上軍旗の先驅とすべきかどうか判斷は難しいが、他は繼承して論じることができる。六朝以後、墳丘の內部に四神を表現するだけでなく、地上の儀禮において、四神の旗が使われたということであろう。これに、吉田が注目した『禮記』曲禮が、本來の意味內容を越えて、參照されたことは想像に難くない。

(80) 中國社會科學院考古研究所・河北省文物研究所編『磁縣灣漳北朝壁畫墓』(丁種六一號、二〇〇三年)。

(81) 『中國美術全集』繪畫編一九石刻綫畫(上海人民出版社、一九八八年)の一七。

(82) 高松塚古墳・キトラ古墳に見える四神表現が定着した後も、この種の南高北低の石棺表現は繼承されている。ただし、高文・高成剛編『中國石棺畫像藝術』(一九九六年、山西人民出版社)の寫眞によると、九三の(四川省)樂山五代陶棺(後唐)は、同じ形狀の石棺の正面左側に靑龍、正面右側に白虎を表現していて、正面は北を意識しているようである。同じく九九の(遼寧省)朝陽張秀石棺は、正面の左右兩側の石棺板が現存し、正面右側に靑龍、左側に白虎を表現していて、正面は南を意識しているようだ。同じく九八の遼寧法庫叶茂臺石棺(遼代七號墓)は、正面(石棺前擋)に朱雀、裏面(石棺後前擋)に玄武を表現している。

(83) 前揭關野貞『支那碑碣形式の變遷』。

(84) 『中國美術全集』繪畫編一九石刻綫畫(上海人民出版社、一九八八年)の二二。『中國畫像石全集』八(河南美術出版社・山東美術出版社、二〇〇〇年)の四五〜四七。この墓誌の場合、四神に騎乘する神格がいるが、檢討しないでおく。

(85) 有光敎一「高松塚古墳と高句麗壁畫古墳―四神圖の比較」(『佛敎藝術』八七、一九七二年)。

(86) 朝鮮畫報社出版部編『高句麗古墳壁畫』(朝鮮畫報社、一九八五年)。

(87) 前揭朝鮮畫報社出版部編『高句麗古墳壁畫』。

(88) 四神のうちの朱雀・玄武が中央をさけて墓主に敬意を表していると理解することもできよう。

（89）上記のように、行論上落ち着きを見せている前漢代の四神のうち、「羅經石」遺址など、前漢皇帝陵に附設された建築にともなう四神は、あるいは南北朝時代以後の後補の可能性はないかと、一度は疑ってみてもいい。行論上落ち着いているので、とりあえず上記のようにまとめておくが、その場合、前漢建築にともなう四神と南北朝以後のいわゆる四神とを同列に扱うことがあってはならない。『漢書』にいたる史料記載の内容と後漢時代の宇宙觀を越えて同列に扱うのであれば、南北朝時代以後の後補と見なす必要がある。ちなみに、四神のうち玄武を缺くものは、上記に紹介しておいたが、例えば青龍と玄武だけを表現するなどの事例は省略して述べた。後漢以後の墓葬に表現される靈獸は多樣であり、單獨では、例えば朱雀であるかないかの決定が難しい場合が少なくない。だから、四神がそろって表現される事例を考慮せざるを得ない。同じ理由で、「三足烏」として紹介すべきものも省略した。これら鳥の表現は、「鳳凰」の歷史的位置づけにも關わる。四神がそろっていても、他の靈獸と混在して方位を議論できない場合も省略した。

（90）濮陽市文物管理委員會・濮陽市博物館・濮陽市文物工作隊「河南濮陽西水坡遺址發掘簡報」（『文物』一九八八年三期）。

（91）安居香山・中村璋八『重修緯書修正巻三（詩・禮・樂）』（明德出版社、一九七一年）解說。以下緯書引用は上記兩氏書。

（92）安居香山・中村璋八『重修緯書修正五・春秋上』（明德出版社、一九八八年）一三頁。前揭安居・中村『緯書の成立とその展開』、一二一〇頁。

（93）平勢隆郎「日本近世の龜趺碑——中國および朝鮮半島の歷代龜趺碑との比較を通して——」（『東洋文化研究所紀要』一二一・一二二、一九九三年）、平勢隆郎『龜の碑と正統——領域國家の正統主張と複數の東アジア冊封體制觀——』（白帝社、二〇〇四年）。平勢隆郎「關野貞の龜趺碑研究」（藤井恵介・早乙女雅博・角田眞弓・西秋良宏編、東京大學コレクションXX『關野貞アジア調査』東京大學綜合研究博物館、二〇〇五年）。

（94）曾布川寛『崑崙山への昇仙——古代中國人が描いた死後の世界』（中央公論社、一九八一年）。

（95）前揭注に關野貞の研究を紹介し、後漢時代、四川省の四神表現や龜趺碑に注目していたことを述べておいた。樊敏碑の碑陰の朱雀については、實見の機會が得られる前に、陝西省文物考古研究所の焦南峰所長から、その存在についてご教示を得た。

(96) 前掲宮崎市定「漢末風俗」。神矢法子「後漢時代における「過禮」をめぐって――所謂「後漢末風俗」再考の試みとして――」（『九州大學東洋史論集』七、一九七九年）。
(97) 平勢隆郎「日本近世の龜趺碑――中國および朝鮮半島の歷代龜趺碑との比較を通して――」（『東洋文化研究所紀要』一二一・一二二、一九九三年）、平勢隆郎「東亞册封體制與龜趺碑」（高明士主編『東亞文化圈的形成與發展――政治法制篇――』國立臺灣大學歷史學系、二〇〇三年）、平勢隆郎『龜の碑と正統――領域國家の正統主張と複數の東アジア册封體制觀――』（白帝社、二〇〇四年）、平勢隆郎「東アジアにおける律令施行域と册封關係――龜趺碑などを題材として――」（『九州大學東洋史論集』二〇〇五年）、平勢隆郎「關野貞の龜趺碑研究」（藤井惠介他編『關野貞アジア踏査』東京大學總合研究博物館・東京大學出版會、二〇〇五年）。
(98) 曾布川寛『崑崙山への昇仙：古代中國人が描いた死後の世界』（中公新書、一九八一年）。
(99) 前掲拙稿、拙著。
(100) 平勢隆郎『中國古代紀年の研究――天文と曆の檢討から――』（東京大學東洋文化研究所・汲古書院、一九九六年）。
(101) 平勢隆郎『『史記』二二〇〇年の虛實』（講談社、二〇〇〇年、改稿し文庫化して『史記の「正統」』講談社、二〇〇七年）一四九頁。
(102) 第一章第二節に圖を掲げておいた。
(103) 平勢隆郎「編鐘的設計與尺寸及三分損益法」（湖北省博物館・カリフォルニア大學サンディエゴ校・湖北省對外文化交流協會編『曾侯乙編鐘研究』一九九二年）。
(104) 程貞一「曾侯乙編鐘在聲學史上的意義」（同上書）。
(105) 平勢隆郎《中國古代紀年的研究》（東京大學東洋文化研究所・汲古書院、一九九六年。再版二〇〇三年）第二章第二節。平勢隆郎《左傳的史料批判性研究》（東京大學東洋文化研究所・汲古書院、一九九八年）第一章第一節。
(106) 睡虎地秦墓竹簡整理小組《睡虎地秦墓竹簡》（文物出版社、一九九〇年）一八九頁。
(107) 平勢隆郎『中國古代紀年的研究――天文と曆の檢討から――』（東京大學東洋文化研究所・汲古書院、一九九六年）一六七頁。平勢隆郎『左傳の史料批判的研究』(東京大學東洋文化研究所・汲古書院、一九九八年)一八六頁。

(108) 前掲平勢隆郎『中國古代紀年的研究』第二章第三節。及び横組表Ⅱの七一頁。

(109) 同上。

(110) 前掲平勢『新編史記東周年表』・『中國古代紀年の研究』・『左傳の史料批判的研究』の他、平勢隆郎『中國古代的預言書』(講談社、二〇〇〇年)。

(111) 平勢隆郎『中國古代紀年的研究——天文と暦の検討から——』(東京大學東洋文化研究所・汲古書院、一九九六年)第二章第三節等。平勢隆郎『『春秋』與『左傳』』(中央公論新社、二〇〇三年)、「戰國中期から漢武帝に いたるまでの暦」(『史料批判研究』三、一九九九年)、「戰國中期より遡上した暦と『春秋』三傳」(『史料批判研究』四、二〇〇〇年)。

(112) 前掲『中國古代紀年的研究』一三一頁、及び平勢隆郎「王莽時期、與木星位置有關的劉歆說的復元及其關連問題」(『日本秦漢史學會報』二〇〇四年)。

(113) 前掲『中國古代紀年的研究』表二および前掲「戰國中期から漢武帝にいたるまでの暦」。

(114) 『春秋』莊公三十二年に「冬十月乙未子般卒」の記事がある。『公羊傳』をこれを解釋してこう述べた。「子卒云。子卒、此其稱子般卒何。君存稱世子、君薨稱子某、既葬稱子、踰年稱公。子般卒何以不書葬。未踰年之君也、有子則廟、廟則書葬、無子不廟、不廟則不書葬」。この『公羊傳』の解釋によれば、新君主は、前君主死去の後、踰年する前に公を稱することなく、踰年して後に公を稱する。公を稱しない時期は、まだ稱公の立場にない。この時期は、戰國理論上にあって賢人判斷の介在があるはずの時期になる。『公羊傳』は『春秋』僖公九年「冬晉里克弑其君之子奚齊」の記事について、「此未踰年之君、其言弑其君之子奚齊何。殺未踰年君之號也」と述べる。ここにも、同樣の見方が示されている。未踰年時期の君主には、まだ有君主の地位がなく、故に「君の子」だと稱されるだけである。私の膨大な年代矛盾解消作業によれば、春秋時代にはまだ踰年稱元法が始まっていない。『公羊傳』の記事はただ單に解釋を示したにすぎない。平勢隆郎『新編史記東周年表——中國古代紀年的研究序章——』(東京大學東洋文化研究所・東京大學出版會、一九九五年)參照。

(115) 平勢隆郎『新編史記東周年表』(東京大學東洋文化研究所・東京大學出版會、一九九五年)。

(116) 前掲平勢隆郎『中國古代紀年的研究』一六一頁。

(117) 同上、一七一頁。

(118) 平勢隆郎「景初の年代に關する試論」（池田溫編《日中律令制的諸相》東方書店、二〇〇二年）參照。

(119) 平勢隆郎「岡益石堂の設計、建築基準單位」（『鳥取大學教育學部研究報告、人文社會科學』第三六卷第二號、一九八五年）、平勢隆郎「因幡古代の石造技術」（『昭和六一年度特定領域研究經費報告書』、一九六一年）。

(120) 平勢隆郎『史記の「正統」』（講談社學術文庫、二〇〇七年）。平勢隆郎「秦始皇帝城市建設計劃與其理念基礎」（『西安・都市想像與文化記憶』北京大學出版社、二〇〇九年）。

(121) 第二章第二節。

(122) 第二章第二節。

(123) 近代の議論の代表として顧頡剛『史林雜識』（中華書局、一九六三年）の「一・畿服」。

(124) 第二章第二節。

(125) 拙稿「『周禮』とその成書國」（『東洋文化』八一、二〇〇一年）、拙稿「戰國時代的天下與其下的中國、夏等特別領域」（甘懷眞編『東亞歷史上的天下與中國概念』臺灣大學出版中心、二〇〇七年。本書第二章第三節に利用）。

(126) 第三章第四節。

(127) （　）内に上海古籍出版社本（一九七八年）の頁數を示す。以下、同樣。

(128) 秦公𣪘など。紹介は、白川靜『金文通釋』三四輯―一九九（白鶴美術館、一九七三年）。

(129) 拙著『中國古代紀年の研究――天文と暦の檢討から――』（東京大學東洋文化研究所・汲古書院、一九九六年）、拙稿「戰國中期から漢武帝にいたるまでの暦」（『史料批判研究』三、一九九九年）。

(130) 文脈をたどる意味で引用しているので、事實がどうかはこの際詮索しないことにする。

(131) このことは、拙稿「中國古代正統的系譜」（『第一回中國史學國際會議研究報告集・中國の歷史世界――統合のシステムと多元的發展――』東京都立大學出版會、二〇〇二年）の注三五において述べたことがある。その際引用した渡邊信一郎「天下の領域構造」（『京都府立大學學術報告』人文社會五一、一九九九年）は、「方～里」を「～里」四方の意味で議論している。

(132) 前掲顧頡剛『史林雜識』「1：畿服」。

(133) 同上。

(134) 同上。

(135) これについては、平勢隆郎「街角で見つけた奇妙な表現——二——」（『史料批判研究』九、二〇一〇年）二九九頁を參照されるとよい。

(136) 夏・東夏等については拙稿「『周禮』とその成書國」（『東洋文化』八一、二〇〇一年）、拙稿「戰國時代的天下與其下的中國、夏等特別領域」（甘懷眞編『東亞歷史上的天下與中國概念』臺灣大學出版中心、二〇〇七年。本書第二章第三節に利用）。

(137) 『荀子』正論に五服を論じて「賓服者享、要服者貢、荒服者終王」とし、楚越をこれらの屬だとするのも一つの議論である。

(138) 第二章第二節。

(139) 『春秋公羊傳』の冒頭に有名な議論がある。平勢隆郎『『春秋』と『左傳』』（中央公論新社、二〇〇三年）六〇頁。

(140) 蘇秉琦『中國文明起源新探』（商務印書館、一九九七年。日本語版言叢社、二〇〇四年）の第一章「二つの怪圈」は、王國維の殷周制度論を高く評價し、「中華大一統の相續觀念にひっかからず、殷周制度論を講義する際、商朝史と周朝史を說いただけでなく、二つの文化の歷史をも說いたので、商周のルーツが異なることを認識できた」とする。徐炳昶が三集團說を持っていたことにも言及している（考古資料を分析したわけではないとしつつ）。一方、傅斯年については、「夷夏東西說」を提示した點に言及しつつ、「すでに正統（夏）と非正統（夷）の觀念を持っていた」と紹介している。そして、「考古學をもって國史を修め、中國文化と文明の起源を探索することは、言うは易く行うは難い。まずその（根深く學個な中華大一統の肝炎、そして社會發展史觀についてマルクスの提出した社會發展の法則という）二つの怪圈にぶつかり、そこに入り込んだらなかなか出てこれない。如何にしてこの二つの怪圈を迂回するか、その道程は非常に曲がりくねって險しい」と述べている。

(141) 拙稿「先秦兩漢の禮樂の變遷——孔子の時代の樂を知るために——」（「二〇〇八　釋奠學國際學術文化祭」ソウル、成均館大學、二〇〇八・一〇——一三提出論文。本書第三章第四節に利用）。また、これに關連するものとして、平勢隆郎監修『漫

畫版世界の歴史（2）』（集英社文庫、二〇〇九年）の解説。

（142）本書第二節に「封建」に關して檢討する。ここに、誤解のないように附け足しておくと、この「封建」から「郡縣」への變化は、始皇帝の天下統一を境に議論されてきた（『西嶋定生アジア史論集』〈岩波書店、二〇〇二年〉四八頁）。その前には、長い過渡期があったとされている。つまり、始皇帝が天下を統一した時點で議論された「封建」と「郡縣」が、「封建」論の基礎になっているということである。だから、この議論を受けて「封建」の意を寓すべく置かれたのが漢の「諸侯王」になる。「諸侯王」は郡レベルの廣い領域を支配した。この議論の中では、「列侯」すなわち縣レベルを支配する者たちが念頭におかれているのではない。「諸侯王」の支配は、小規模の郡縣支配である。その先驅は郡規模をより廣くまとめあげていた戰國時代の王國になる。下記に論ずる小國を對象とする「封建」論とは次元が異なっている。歴代の「封建」と「郡縣」に關する議論は、增淵龍夫『歴史家の同時代史的考察』（岩波書店、一九八三年）。

（143）尾形勇・平勢隆郎『世界の歴史2――中華文明の誕生――』（中央公論新社、二〇〇九年）「本書前半をひもとく前にⅠ」、および平勢隆郎監修『漫畫版世界の歴史（2）』（集英社文庫、二〇〇九年）の解説。

（144）前掲平勢著書。

（145）前掲平勢著書。

（146）平勢隆郎『『春秋』と『左傳』』（中央公論新社、二〇〇三年）の「はしがき」。平勢隆郎『都市國家から中華へ』（講談社、二〇〇五年）。また平勢隆郎「戰國時代的天下與其下的中國、夏等特別領域」（甘懷眞編『東亞歷史上的天下與中國概念』臺大出版中心、二〇〇七年）、平勢隆郎「大國・小國の關係と漢字傳播」（韓昇主編『古代中國：社會轉型與多元文化』上海人民出版社、二〇〇七年）。

（147）李伯謙『中國青銅文化結構體系研究』（科學出版社、一九九八年）所載の圖に加筆。

（148）平勢隆郎『都市國家から中華へ』（講談社、二〇〇五年）九五頁～。また一六一頁～。

（149）平勢隆郎「『周禮』とその成書國」（『東洋文化』八一、二〇〇一年）、前掲平勢隆郎「戰國時代的天下與其下的中國、夏等特別領域」。

(150)　前掲平勢隆郎「戰國時代的天下與其下的中國、夏等特別領域」、前掲平勢隆郎『都市國家から中華へ』。

(151)　眉縣青銅器については、陝西省文物局・中華世紀壇藝術館編『盛世吉金――陝西寶鶏眉縣青銅器窖藏』（北京出版社出版集團・北京出版社、二〇〇三年）等を參照。特に四十二年鼎とされる鼎の寫眞については、その後の發表寫眞と併せ、檢討されるとよい。四十三年鼎とされるものも、四十二年鼎とされるものも、いずれも「四十三年鼎」になる。これは、この青銅器銘文が格子狀のマス目の中に漢字を表現していて、そこから「四十二年鼎」の「二」、「四十三年鼎」の「三」いずれも「三」であることが判斷できることによる。一般に「二」はマス目（があったとした場合）の下よりに表現され、「三」は同じく上よりに表現される。

第二章 「八紘」論と「封建」論

第一節　中國戰國時代の國家領域と山林藪澤論

はじめに

現代の國家は、大小さまざまな領域をもつ。都市なみのものもあれば、歐州に匹敵する大領域をもつ中國のような例もある。均しく國家として扱うのが、國際關係のルールとなっている。本論は近代以來の常識となったこの觀點について異論を差し挾もうとするものではない。

ところが、この近代以來の觀點をもって、無意識に歷史を溯ってしまうと、歷史の實相をつきつめていく上で、問題が生じないわけではない。

本論は、この種の問題が歷史學研究史上著名な研究成果にも反映され、その成果が無批判に繼承されていることを論じてみたい。

具體的にとりあげるのは「山林藪澤」である。ここに「山林」・「藪澤」二つの用語を問題にする點は言わずもがなであるが、これらの用語の背後には、より重要な意味をもつ內容がひかえている。「山林」は巨木を伐採する場所である。それは戰車の材料ともなり、枝すら弓などの兵器の材料となる。「藪澤」にも巨木を產出する場所がある。「山林」も「藪澤」も鳥や獸や魚を捕る場であり、それらは祭祀に用いられるだけでなく、干物などにして軍事上の食糧となる。つまり、「山林藪澤」は軍需物資を產出する場所となっている。この點が早くから議論されていたらしく、

「山林藪澤」を語るについては、鹽の他、鐵などの鑛産資源を合わせ論じることが多い。言うまでもなく、これらも軍需物資である。資源は枯渇するのを防ぐ必要があり、むやみに利用してはならない。だから、ということだろうが、「山林藪澤」は自由に入って利用することが制限されていた。つまり、「山林藪澤」とは資源を産出する場であり、その活用と保護をはかる場となっていたのである。

本論は、この「山林藪澤」の問題を語るのに、三つの領域を議論しようとする。第一は都市國家を問題にする小領域であり、第二は新石器時代以來の文化地域を問題にする中領域であり、第三は天下という大領域である。從來の「山林藪澤」論は、この三つのうち、第三の大領域を念頭において組み上げられている。第一の小領域、第二の中領域については、區別する意識が希薄である。意識が希薄なだけではない。小領域・中領域が「山林藪澤」の議論においてもつ意味も、明確にされてきたとは言い難い。

第三の大領域は、軍需物資としての意味をもつにいたった「山林藪澤」の材が、貨幣經濟の進展により貨幣としての財を生み出すにいたったことを語る場となっている。「山林藪澤」の富が、皇帝權力を支えたことが、この點から議論されてきた。ところが、第一の小領域、第二の中領域は、明確な形で説明されてきたわけではない。

「山林藪澤」を論じるに當たっては、①祭祀や生活の場において使用される物資を調達する場としての「山林藪澤」、②軍需物資としての意味をもつがまだ貨幣經濟の中で機能するにいたっていない「山林藪澤」が議論されている。これに③貨幣經濟の進展により貨幣としての財を生み出すにいたったことを語る場としての「山林藪澤」を加えれば、①→②→③と發展する三つの段階が議論できる。小領域・中領域・大領域というのも、明らかに三つの異なる領域である。したがって、あくまで論理的には、ということだが、①が小領域、②が中領域、③が大領域にそれぞれ關わるという檢討があってもよさそうである。しかし、これまで、それはなされてこなかった。なぜか。すでに述べたように、大領域と山林藪澤との關係は明確に意識されているが、小領域・中領域を分けて檢討するという發想が希薄だったからである。そのため、小領域・中領域と大領域を比較する兩者對立の構圖ができあがった。一方では、①・②・③のうち②は「過渡的」な意味が議論されて曖昧化し、これらに關しても兩者對立の構圖ができあがった。結果として二つの兩者對立が、數の上で一致してしまったということである。上記の三つの領域と三つの段階を數的に合うものとして論じようとするのと、言わば大同小異の數合わせが、まかりとおってきた側面がある。

以下には、①・②と小領域・中領域との關係を詰めてみようと考えるのだが、それは、實は、①・②・③の三つの段階と小領域・中領域・大領域が數の上で一致している、という單純な理由によるのではない。①・②を區別することと、小領域・中領域を區別することは、一致する議論にはならないようである。それは、あいまいな位置づけがなされたままの中領域のもつ意味を、明確にしてみようとするもので、その明確化の作業と①・②がどう關わるか、さらには、③がどう關わるかを詰める作業になりそうである。

關連する話題になろうが、我が國日本の場合、問題になるのは、日本全土（海域を除くいわゆる本土）という中領域と「くに」という小領域である。我が國における山林の材の利用は、これらに關わる。ところが、貨幣經濟を語る段になると、東アジアという大領域を問題にせねばならない。この大領域を舞臺として我が國に貨幣（宋錢）が根づいたことが知られている。貨幣の制度を導入しようとして、日本本土という中領域を相手に施行し、うまくいかなかったことも知られている。なおかつ、根づいた後に日本獨自の貨幣が機能していたことも事實である。中領域としての日本において、「山林藪澤」は貨幣經濟の中で機能するにいたっていない段階から、機能するにいたる段階までが、議論できる。しかしながら、中領域の中で機能している貨幣を見慣れてしまった結果、最初から大領域が問題にはならなかったかの目が養われてはいないか。時代も地域も異なるし、中國は大領域、日本は中領域ではないか、と言ってしまえば、それまでではあるが、そう言ってはすませられない問題が、控えているように見える。日本について、おや、と思う點があるとすれば、おそらく中國においても、同様に思う點が出てくるはずである。

三つの領域を語る目――江戸時代の伊藤仁齋の中國夷狄觀

すでに、本書では、三つの領域について語り始めてしまったのだが、實のところ、この三つの領域について語るについては、迂遠な方法をとる必要がある。なぜかといえば、この三つの領域を、私が議論し始めた途端、おそらくは、「そんな奇抜なアイデアを出して」と思われるおそれがあるからである。

この觀點が決して奇抜なものではなく、少し前の過去には普通に議論し得る場があったことをまず紹介しておく必要がある。そして、それがどうして奇抜だと思われる恐れを生じるまでにいたったのかを、確認しておかなければならない。

こうした問題意識から、以下に検討したいのは伊藤仁齋『論語古義』の中國夷狄觀である(1)。

まず、言い譯めいたことから述べておけば、私はこの人物研究の専門家ではない。中國古代を研究する中で、彼の中國古代史認識に興味深い論點があることを知り、勉強をしてみたにすぎない。その私的興味から選んだ材料を以下に論じてみよう。

以下の『論語』の一節に關する仁齋の見解は、よく知られた言葉である「中國」という言葉について、その領域的觀念を語る上での基礎的な知識を與えてくれる。

問題にする『論語』の一節とは、子罕篇のもので、「子、九夷に居らんと欲す。或るひと曰く、『陋《いや》し。之を如何せん』と。子、曰く、『君子、之に居らば、何の陋しきことか之れ有らん?』と。」という文章である。讀み方には、いろいろあり得るわけだが、とりあえず上記のように讀んでおこう。ここで根幹をなす言葉である「九夷」、つまり孔子が「居りたい」（行きたい、と解釋する人が多い）と述べた夷狄の地について、馬融という後漢の註釋家は、「九夷とは東方の夷なり。九種有り。君子の居る所、則ち化せらる」と述べている。

我が國の江戸時代の儒學者として、伊藤仁齋の名を知らぬ者は少ないであろう。その古學派とされることもよく知られている。その仁齋が、上記の一節について述べるところは、馬融とは異なっている。「中國」という言葉は、文化の華さく漢民族の居住地を示すものとして廣く知られ、その「中國」と日本や朝鮮とを比較する觀點も、普通に見受けられる。ところが、仁齋は、「中國」（小さな「中國」）の外に「東夷」や「西夷」の地を設定し、それらを含む地がいわゆる「中國」（大きな「中國」）になる（という意味の）ことを示した。そしてさらに、その大きな「中國」の外に「九夷」を設定している。つまり、『論語』に見える「中國」は小さな「中國」で、常識的に議論されるおおきな「中國」のごく一部にすぎないのであり、「九夷」はその大きな「中國」の外にあるということである（「中國」についての大小は、本論で補った）。

仁齋一流のほのめかし氣味の調子で語る『論語古義』中の文章であるが、それは以下のようになっている。わかりにくくならないよう部分的に訓讀や解説を附しておく。

「九夷、未詳其種、徐淮二夷見經傳、若我日東（九夷、未だ其の種を詳かにせず。徐・淮二夷は經傳に見ゆ。我が日東（日本）の若し）。後漢書已立傳、及扶桑朝鮮等名、皆見于史傳。夫子所謂九夷者、恐當指此類。」「夷狄之地、無文飾之僞、故或人以爲陋也」「言彼九夷之地、嘗有君子而居、則必是不若或人之所稱、彼所謂陋者、反是忠實之所致、必不凡陋也（言ふ心は、彼の九夷の地、嘗て君子有りて居れば、則ち必ず是れ或人の稱する所の若からず、彼の所謂「陋《いや》し」（卑しい）とは、反りて是れ忠實の致す所にして、必ず凡なる「陋」ならざるなり）。」「舊解（馬融の注釋）以爲、君子所居則化、非也」「論曰、夫子嘗曰、夷狄之有君、不如諸夏之亡也（通常は「夷狄の君有るは諸夏の亡きにしかざるなり」と讀むが、仁齋は「夷狄の君有るは諸夏の亡きが若からず」と讀む）。由此見之、夫子寄心於九夷久矣。此章及浮海之歎（「浮海之歎」は『論語』公冶長篇の一節「子曰く、道行かず、桴《いかだ》に乗りて海に浮ばん」を指す。仁齋はこの一節と本節とが『論語』の篇として別々だが相關連する話だと述べている）、皆非偶設也。夫天之所覆、地之所載、鈞是人也（夫れ、天の覆ふ所、地の載する所は鈞く是れ人なり）。苟有禮義、則夷卽華也（苟も禮義有れば則ち夷も卽ち華なり）。無禮義則雖華不免爲夷（禮義無ければ卽ち華と雖も夷たるを免れず）。舜生於東夷、文王生於西夷、無害其爲聖也（舜は「東夷」に生まれ、文王は「西夷」に生まるるも、其の聖たるを害すること無きなり）。九夷雖遠、固不外乎天地（九夷は遠しと雖も固より天地に外ならず）。亦皆有秉彝之性（亦皆秉彝の性有り）。況朴則必忠、華則多僞（況んや朴なれば則ち必ず忠、華なれば則ち僞多きをや）。宜夫子之欲居之也（宜なるかな、夫子〈孔子〉の之〈朴則必忠の地、日東＝日本〉に居らんと欲するや）。吾太祖（神武天皇）開國元年、質丁周惠王十七年、到今君臣相傳、綿綿不絕。尊之如天、敬之如神、實中國之所不及、夫子之欲去華而欲夷亦有由也。今去聖人既二千有餘歲、吾日東國人、不問有學無學、皆能尊夫子之號而宗吾夫子之道、則豈可不謂聖人之道、包乎四海而不棄、又能先知千歲之後乎哉。」

大きな「中國」と小さな「中國」

現代の常識と違う指摘は上記以外にもあり、文脈をたどる上で必要なことを附け加えておこう。仁齋は、九夷が日本のごときものを言うようだという旨述べている。そして孔子がそう思った理由であるが、馬融とは異なる見解を出してくる。陋《いや》しと述べた九夷の地には、かつて君子が存在したのであり、孔子はその過去のことを述べたのだ、と言う。そもそも中華（中國）と夷狄という概念は、禮儀の有無で判斷すべきもので、種族により決まるものではない。夷狄の地も禮儀をおさめれば中華となり、中華の地も禮儀がなくなれば夷狄と化す。ところが、孔子は、どうやらその中華にみきりをつけたかったらしい。夷狄の地であっても、かつて君子が居ったところは、單なる「陋し」き地ではない。その單なる「陋」ではない地の方が、僞だらけの中華よりましだ。もう中華は飽き飽きだ。だから九夷の地に行きたいのだ、と仁齋は述べているようである。そこにいた君子とは神武天皇だという內容も述べている。

他の江戸時代の學者の中には、日本を「中國」と稱する者もいた。江戸時代の日本が「中國」で、淸國は「中國」ではない、という言い方である。この言い方からすると、さしずめ『論語』子罕篇の上記の一節は、「中國」つまり淸國の領土を歷史的に溯って議論できる地域の外に行きたいという文脈になるから、孔子が行きたいと言った「九夷」は海の外の日本や朝鮮であり、それらが將來の「中國」になる地域であることが預言されたのだ、という話になる。

こうした讀み方は、普通はしない。なぜか。いわゆる「中國」の中に、『論語』の時代に議論すべき小さな「中國」といわゆる夷狄の地がいずれも存在すると考えるからである。なぜ考えるのか。古典をたくさん讀めば、そうした內容を示す文章があちこちで見つかるからである（例えば『孟子』）。

伊藤仁齋もそのことを知っていた。だから、彼はひとひねりした議論を續ける。古典の世界に言う「中國」はいわゆる大きな「中國」のごく一部にすぎない。その外にいわゆる夷狄の地もある。いわゆる大きな「中國」の中に、小さな「中國」と夷狄の地がともに存在する。その小さな「中國」を前提に話をしようじゃないか。『論語』公冶長篇の一節に「子曰く、道行かず、桴《いかだ》に乘りて海に浮かばん」と言っているように、孔子は、小さな「中國」の外のいわゆる夷狄の地のさらに外の（つまり常識的に語られている大きな「中國」の外の）海に乗り出そうとしていたのだ。それが「九夷」の地である。この地は「陋《ろう》」（卑しい）とされているわけだが、そもそもこの「陋」は單なる「陋」ではない。ここにはかつて君子がいらっしゃったのであり、「朴則必忠」の地である。これに對し「中國」は僞りが多いところである。だから、注釋家馬融が、「九夷」の地に君子が居れば（行けば）、そこは化されて中華となると言っているのは誤りである。そもそも化されて中華になるという言い方そのものがおかしい。孔子は僞り多き「中國」、つまり口先ばかりの禮儀を論じているだけの「中國」を棄てて、「すでに」「朴則必忠」の禮儀をわきまえている「九夷」の地に行きたいと願ったのだ。

「朴則必忠」の「陋」の方が、僞り多き「華」「中國」よりましだ、というのは、裏をかえせば、日本の方がいい、と言っているわけだから、「中國」とはすばらしいところだということを前提にして日本が「中國」だと述べる意識と、大同小異ではある。しかし、そこには彼一流のひとひねりが見えている。君子の居るところに禮儀が生まれるわけだが、孔子がいらっしゃる前に、日本には神武以來の「陋」の禮儀があって、孔子はそれにほれこんだのだ、という文脈になっている。

とはいえ、ここに檢討した伊藤仁齋の說も、一般には正しいとはみなさない。『論語』公冶長篇の一節と子罕篇の一節が同じ内容を論じているとは、考えないからである。「九夷」が海の外にあるとは考えないからである。

實のところ、江戸時代の學者は、日本を「中國」だと述べる論者であっても、『論語』の一節から、孔子が日本に來たいと言ったとは、一般には考えていない。仁齋と同じく小さな「中國」の記事を知っているからである。ところが、このことを知らないまま、例えば現代の論者が（過去の時代の論者でもいいが）、假に「中國」について大きな領域、漢民族の領域たる「中國」がすべてだ（「中國」は大領域だ）と誤解なさったまま、『論語』を讀んだりすると、おかしなことになる。あくまでその人の論理としては、ということだが、「九夷」がその大きな「中國」の外にしかあり得ないわけだから、孔子が日本（など）に來たいといったと言わねばならなくなるわけである（そして、そうではないと言った段階で自己矛盾を引き起こす）。歴史を遡れば、明らかに小さな「中國」（中領域としての「中國」）のことと、それを前提にした『論語』の讀み方が見えている。私は、そうした點をここに申し述べただけのことである。

本論の行論上、ややはずれる問題になるが、私が興味深いと思うのは、仁齋がいわゆる夷狄の地を説明するのに東夷の生まれである舜や西夷の生まれである文王を持ち出している點である。彼らは野蠻の地に生まれても聖人だし、野蠻の地に生まれたことが聖人たる地位をそこねていない。ついでに言えば、天地の間はすべて人であって、その意味での差異はないという。身分差別が當たり前の時代に、こういう見解を出してくるのは、驚きである。聖人ですら、野蠻の地に生まれてくるという内容のほか、さらに興味深いと思うのが「西夷」と「東夷」を述べている點である。常識的に議論される「東夷・西戎・南蠻・北狄」ではなく、「東夷」と「西夷」である。なぜこうした言葉を使ったのか。古典を渉獵すると、そういう言葉を使って説明しておいたほうがいいと感づくからである。仁齋が參照したのは『孟子』離婁（章句）下である。そこに東夷の舜や西夷の文王が記されている（下記において、具體的に扱うところがある）。この『孟子』の一節を使うことは、それだけではない効果を生み出した。それを使えば、いわゆる夷狄名稱がさまざまであることを、簡單に讀者にうったえかけることができる。そして、日本は一般に東夷と言われているわけだが、讀者は同時に、その「夷」の字を用いて、舜や文王が説明できることを理解する。夷狄名稱がさまざまであることは、孟子と同じ戰國時代に作られた書物を見ていくことで、再確認することができる。例えば、『春秋公羊傳』（以下『公羊傳』）は、四方の野蠻の地をすべて「夷狄」と言っている。また、『春秋穀梁傳』（以下『穀梁傳』）は、それらをすべて「狄」と言っている。實は、私は、研究會での討論を經て、夷狄名稱だけではなく、夷狄の對局にある文化地域の名稱も、書物ごとに異なっていること、その特別地域・夷狄の地域、いずれも天下の中にあったことを述べているのだが、それにつながる見解を、伊藤仁齋がすでに江戸時代に提示していた、ということを、ここで確認しておきたかったのである。(2) 讀めばわかることであるが、『公羊傳』は、この書物が齊（現在の山東省一帶を領域とした）で作られた結果として、特別な文化地域「中國」は現在の山東省を主とする一帶を指し、現在の河南省方面を「諸夏」として一等下に位置づけ、その周圍をすべて「夷狄」と呼んで蔑視している。また、『穀梁傳』は、この書物が中山（現在の河北省にあった）で作られた結果として、特別地域「中國」は、現在の河北省を主としてやや廣めに設定された一帶を指し、その周圍をすべて「狄」と呼んで蔑視している。

ここにとりたてて私の說を持ち出すまでもなく、仁齋の說を通して考えなければならないこと、それは「中國」に大きな「中國」（大領域）と小さな「中國」（中領域）があるということと、いわゆる夷狄（野蠻の地）の名稱がさまざまだという點である。そして、『論語』のころに議論された小さな「中國」と夷狄が、いずれも後に議論されるにいたった大きな「中國」に含まれるということである（附け足しで述べた「天地の間はひとしく人だ」という議論の方がおもしろい、という讀者もいらっしゃるかもしれないが）。

『孟子』等の記事

先に「いわゆる「中國」（大領域としての「中國」）の中に、『論語』の時代に議論すべき小さな「中國」（中領域としての「中國」）といわゆる夷狄の地がいずれも存在すると考える」こと、「古典をたくさん讀めば、そうした內容を示す文章があちこちで見つかる」ことを述べ、『孟子』離婁章句下を具體例として擧げておいた。その『孟子』について、より具體的に見ていこう。こんな有名な古典なら、讀む人がたくさんいたはずで、當然氣づく人も多かっただろうという當然の結果を確認するためである。

『孟子』公孫丑章句上に、次の一節が見える。『孟子』の原文はすぐに見つかるから、書き下し文のみ示しておく（殷王朝は前一〇二三年滅亡、周は最終的に前二五五年に滅亡(3)）。

夏后（夏王朝）・殷（殷王朝）・周（周王朝）の盛んなる、地、未だ千里に過ぐる者あらざるなり。而して齊はその地を有てり。鷄鳴き狗吠ゆ。相聞きて四境に達す。而して齊、その民を有てり。地、改め辟かず、民、改め聚めず。仁政を行ひて王たらば、之を能く禦むる者あらざるなり。

ここには、夏王朝・殷王朝・周王朝は、その盛時においてすら、地は千里を越えることがなかったことと、それは戰國時代の齊と同じであったことが紹介されている。それは戰國時代の認識ではあるが、とにかく紹介されている。天下は「方萬里」と稱される。『戰國策』（戰國時代の外交を事としたいわゆる縱橫家《しょうこう》の說話を集めた書物。遊說先に提出した文書を加工した部分が抽出できる(4)）に見える戰國時代の七雄は、自己の領域について方千里だとか方二千里だとかの表現を用い、天下に王たることを述べている。それら各國の言う領域はやや多めに言う場合もある（楚にいたっては方五千里が問題になることもある）のだが、それらを足していくと、方萬里を前後する數値になる。つまり、戰國時代の各國は、天下方萬里のうち、方千里や方二千里を自己の領域として議論していたということである(5)。

そのことを確認した上で述べれば、『孟子』梁惠王章句上に、戰國時代の齊の宣王が春秋時代の霸者である齊の桓公と晉の文公のことを質問して始まる一節がある。そこにおいて、兩者の霸道に關して「海內の地は方千里なる者九有り。齊は集めてその一を有つ。一を以て八を服するは、何を以てか鄒の楚に敵するに異ならん（小國鄒をもって楚に對抗するのと同じだ）。」と述べている（「海內」はこれも戰國時代に見られる用語で、意味はいわゆる天下に等しい）。これに續いては、「蓋ぞ亦その本に反らざる。今、王、政を發し仁を施さば、天下の仕ふる者をして皆王の朝に立たんと欲し、耕す者をして皆王の野に耕さんと欲し、商賈をして皆王の市に藏めんと欲し、行旅をして皆王の塗に出んと欲し、天下の其の君を疾ましめんと欲する者をして皆王に赴愬せんと欲せしむ。其れ是の若くば、孰か能く之を禦めん」とある。同じ方千里を問題にしても、覇道を行えば他を従えることはできず、王道を行えば皆従ってくるということである。ここでは、天下は方九千里が問題にされている。

だから、上記の『孟子』公孫丑章句上の一節も、齊は方千里を自己のものとしているのだから、そこに王道を行えばよい、という意味の文章になっていることがわかる。そして、夏王朝・殷王朝・周王朝も（史實としては大きな都市國家として中領域内の都市國家を隷屬下においた王朝だが、これらを戰國時代の中領域を官僚統治した領域國家にみたてて述べ）、盛んなときですら、その方千里を領有していたにすぎない（細かく言えば、周の場合、殷を滅ぼして諸侯を植民させている。殷の故地は方千里の陝西の地の外、東方になる。周が衰え、陝西の地を放棄した後は、周は、諸侯ひしめく東方、つまり夏や殷が王朝として君臨した地で、細々と存在する王朝となった）と述べているわけである（これが戰國時代の代表的見解である）。

『孟子』にいう「中國」と『論語』の「九夷」の關係

さらに述べれば、『孟子』萬章（章句）上に、「堯崩じて三年の喪畢り、舜、堯の子を南河（黄河に沿って山東省の西端を流れる河とされる）の南に避く（注釋は南河の南を南夷の地とする）。天下の諸侯の朝覲する者、堯の子に之《ゆ》かずして舜に之く。訟獄する者、堯の子に之かずして舜に之く。謳歌する者、堯の子を謳歌せずして舜を謳歌す。故に曰く、天なり、と。然る後、（舜は）中國に之き天子の位を踐めり。而るを、堯の宮に居り堯の子に迫らば是れ簒ふなり。

天の與ふるにあらざるなり」とある。

また、『孟子』離婁章句下には「舜は諸馮に生まれ、負夏に遷り、鳴條に卒す。東夷の人なり。（周の）文王は岐周に生まれ、畢郢に卒す。西夷の人なり」とある。南河（注釋のいう南夷）と東夷・西夷にはさまれて、「中國」があるという話になる。

すでに紹介した伊藤仁齋の文章に、舜が東夷の人、文王が西夷の人だということを紹介している部分があったことを、ここに再確認しておこう。

ここに述べられた「中國」「夷狄」觀は、（江戸時代でもそうだったわけだが）常識を述べている。『孟子』はその常識の上に立って、天下方萬里（方九千里）の中の齊の方千里を問題にし、そこで王道を行えと述べた。あらためて考えれば（上述した伊藤仁齋の見解は一應おいて）、『論語』の九夷を述べる一節は、東夷の外に九夷がいるとは言っていない。「中國」をすてて「九夷」の地に行きたい、という孔子の希望が述べられたと解釋できる文章があるだけである。

だから、孟子が「東夷の地で王道を行え」と述べていることと、孔子が「中國」をすてて「九夷」の地に行きたいと述べたという文意は、實は重なりそうなのである。

戰國時代の齊では、どうやらそれまで周王朝がにらみをきかせていた地域（過去の「中國」）はもう終わっている、これからは山東の時代（新しい「中國」）だ、と述べているらしい、ということである。そして、伊藤仁齋は、その論理を嗅ぎ取って、これからは日本の時代だ、と述べた（そのため、東夷の外、海を越えて九夷の地を構想した）、ということである（くりかえすようだが、そもそも中華〈中國〉と夷狄という概念は、禮儀の有無で判斷すべきもので、種族により決まるものではなく、また、孔子は見せかけの禮儀ばかりで僞り多き中華つまり中國を捨て、「朴則必忠」の禮儀ある「九夷」の地にいきたいと願ったのだ、というのが、仁齋の說である）。

『韓非子』顯學篇が述べる「事實」

『韓非子』顯學篇には、すでに第一章第二說に扱った(6)一節がある。これを通して確認できる「事實」はとても興味深い。戰國時代における儒家や墨家の各國における有り樣がかいま見えるからである。

前漢時代には、「儒」とされる學派は一つの學派として議論されるにいたる。漢末の議論を繼承して述べる『漢書』藝文志は、解釋も含めて『論語』のテキストを複數紹介しているから、上記の複數のテキストという狀況は、始皇帝の焚書を經た漢代でも部分的に繼承されていたことになる。『漢書』藝文志は、テキストをこのように紹介しつつ、明らかに儒家を特別に扱い、かつ儒家が一つのまとまった學派であることを述べている。だから、『韓非子』顯學から『漢書』藝文志の間に、「儒」は一つであることが强調されたことがわかる。今日の我々は、こうした狀況にすら目をむけることはまれで、「儒」が一つであることを疑うことなく、『論語』を一つのテキストとして讀む。

意外に知られていないようだが、『史記』秦始皇本紀には「焚書」（書物を燒いた）・「坑諸生」（諸生〈諸學者〉を穴埋めにした）の二つの記事がある。それらは後にまとめられて「焚書坑儒」と言われるようになる。この「焚書坑儒」は誰もが知っているわけだが、それはもともとの表現ではない。もともと「諸生」とあった部分が後に「儒」に變わったのであり、「儒」に變わった時代には、始皇帝の時代を遡って語る前提として、學者は「儒」という「一つの學派」に屬していたのである。

こうした經緯を知らないと、『史記』秦始皇本紀の「坑諸生」の「諸生」も「儒」のことだと單純に理解してしまう。しかし、『韓非子』顯學を參照する限り、「諸生」は、實は多くの學派の學者であり、しかもその複數の學派は、それぞれ「顯學」と言われるほど勢力があったと考えねばならない。

「顯學」と言われるほどの學派が一つの國家に集中していたとは、考えがたいから、それら多くの學派の學者たちは、あちこちの國家に存在したことになる。

經典とされる諸書を中心に、それらの本文内容を丁寧にたどると、[7] 書物ごとに語る歷史内容が異なっていることがわかる。そして、その異なる部分を拔き出して比較すると、それぞれの書物の編者が何を氣にかけていたかがわかる。歷史書を成立せしめた「正統」である。

「正統」なる王は特別地域を統治する。だから夏王は夏の地域を統治し、殷王は殷の地域を統治し、周は周の地域を統治し、それぞれの統治域は異なっていた。そうした歷史を背負って新たに生まれる「正統」なる王は、どこを特別地域として統治する存在なのか。戰國時代になって出現した複數の王國では、それぞれ實際に統治する領域を含んで特別地域とし、歷史的經緯を說明した。

「正統」の制度は、共通して議論された。だから、共通して語られる論理がある。一方、各地の「正統」は唯一無二の存在でなければならない。だから、その「正統」を支える制度も唯一無二のものであることが要請された。一方で複數の「正統」間に共通する論理があり、他方で複數の「正統」それぞれが唯一無二を强調するということだから、共通する論理の上にそれぞれの獨自性が强調されることになる。先に述べてきた内容に卽していえば、王道を天下の中の方千里に行え、というのが共通した論理であり、その方千里（や方二千里など）が具體的にどこかは、「正統」ごとに異なる、ということになる。

諸子は、各國に存在する。どれが顯學たり得たのか、『韓非子』顯學篇は、儒・墨を擧げる以外、語ってはくれない。しかし「儒墨」の「墨」（墨家）を聞いただけでも、我々は、儒家だけを顯學とみなしやすい自らの呪縛から自由になる必要がある。具體的にはわからないことだらけだが、現在われわれが知ることができる書物からも、各國がいかなる「正統」を尊んでいたかはわかる。

戰國時代の齊は、周の時代を受ける次の時代の王と說明される必要があった。だから、かつては「中國」だったところがだめになり、やがて東方に新しい「中國」が出現すると說明することが要請されたのである。

以上、伊藤仁齋の話題から、私見に及び、說明を進めてみたわけだが、あらためて次の質問を用意した場合、讀者は、どうお考えになるだろう。

「現在の私の研究成果に關する周圍の反應を見る限り、ということであるが、その反應は、伊藤仁齋にも見える傳統解釋、言わば一昔前の常識を前に引き起こされているのだろうか。それとも、伊藤仁齋とは異なる見解を示した、私も獨自だと自任するような說明を前に引き起こされているのだろうか。そして、本論に一部ご紹介したような、諸書の議論（書いてある「事實」）は、はたして參照されているのだろうか」

東アジア册封體制と「中國」

以下、別の常識を檢討してみよう。

東アジア册封體制という言葉がある。恩師西嶋定生が使い始めた用語である(8)。

東アジアは、皇帝が統治する「中國」と、周圍の「夷狄」の世界からなる。「中國」は文化の華さく地であり、「夷狄」は蠻族の跋扈する地である。「中國」は皇帝の德が行きわたり、周圍はその德に化される。これを「德化」という。

以上は、經典に示された王の德化の理論を、皇帝と周圍との關係に置き換えたものとなっている。西嶋は、德化の理論を儒教經典中に見える王道政治の理想に求めた。その理想は禮教主義という西嶋定生册封體制論の要をなす用語をもって說明される。その理想を、黃老道（法家と道家兩者の理論を合わせ論じた）の強い影響下ででき あがった皇帝制度に反映させるには、どのような困難がまちかまえていたかを檢討した。

皇帝號は始皇帝から始まる。始皇帝の時期、まだ儒教は國教としての地位を確立していなかった。いわゆる黃老道が、漢初の世の主流をなす思想であった。皇帝の制度は、儒教經典と切り離されたものとして出發した。儒教がどのような國教化の過程をたどり、どのように皇帝制度との接點を見いだして皇帝を支える思想となったのか。この點を西嶋は丁寧な考證を重ねて明らかにした。

その結果、後漢時代に東アジア册封體制ができあがり、その先驅的議論が王莽の時代にあることを述べることになった。

東アジア册封體制ができあがった後、「中國」は歷代皇帝の直接統治する領域であった。これに對し、すでに『孟子』について檢討してみたように、經典に書いてあるのは、そうした大きな「中國」の中に、小さな「中國」があり、その小さな「中國」の周圍には、夷狄の地が廣がっているという考えであった。

西嶋は、この小さな「中國」からどのようにして大きな「中國」ができあがるかは檢討しなかった。ただ、『孟子』等を讀んだ場合、そこには小さな「中國」が示され、その周圍は「夷」（東夷や西夷など）に圍まれていると考えられていたから、常識的には、言わば、そうした王道理念としての小さな「中國」と、皇帝の制度に關わる大きな「中國」が、接點のないまま併存していたことになる。

ところが、近來の私の檢討結果に對する周圍のまなざしを見ていると、小さな「中國」という考え方に違和感をもつ場合が少なくないようだ。これは、想像するに、近代以來の國家觀、本論冒頭に話題にした國家觀の反映ではあるまいか。王道政治が語られる時代にまで、大きな「中國」を溯らせていないか、ということである。

その國家觀の反映された「中國」とは異なる小さな「中國」、これを拒絶する考えは、これも想像するに近代以來の清朝・中華民國・中華人民共和國においても強かったことが豫想される。なぜなら、大きな「中國」は外の夷狄の軍事力が强大であればあるほど强調されるからであり、近代においては、とりもなおさず列强の仲間入りをはたした日本が、大きな「中國」にとっての最大の軍事的脅威だったからである。

その大きな「中國」觀が、日本で支配的になったのは、いつからか。私は、この點を學問的につめきれていない。傳統的には、「唐・天竺・日本」という三國對比の考えがある。漠然と比較している。それが、近代から現代にも繼承され、國民國家の議論に結びつき、小さな「中國」という考えをおしやってしまったのだろうか。[9]世界地圖は普及したから、中國は大きいことを自覺したはずだが、にもかかわらず、江戸時代の學者たちが普通に氣づいていた小さな「中國」が見にくくなったのは、この「國民國家」の議論を無視しては語れそうもなさそうだ。

さて、私は、西嶋が手をつけずじまいであった戰國時代の王道の理想を檢討することになった。その檢討結果は、上述したようなものになった。その王道の理想において議論された小さな「中國」（中領域としての「中國」）が大きな「中國」（大領域としての「中國」）に變貌する過程も檢討した。[10]

戰國時代の秦は、自己の領域を「夏」と稱していた。魏も自己の領域を含む領域を「夏」と稱していた。齊や中山はそれぞれを含む獨自の領域を「中國」と稱していた。秦の擴大により、「夏」は擴大された。秦の始皇帝の天下統一によって、天下はすべて「夏」となった。始皇帝の沒後、戰國時代の再來となった。これを再統一した前漢の高祖は、天下を二つに分け、半分を「中國」とし、殘りをいくつかの王國として獨立させた。王國は次第に郡縣化され、武帝の時には、天下はすべて「中國」となった。その「中國」は擴大され、廣東・ベトナム北部（南越）や朝鮮などが郡縣化された。こうして大きな「中國」ができあがった。

西嶋は、武帝が滅ぼした南越をひきあいに出し、武帝の時代になお東アジア册封體制ができあがっていないことを述べている。儒教經典に述べられた王道政治を、いわゆる黃老道の理念の影響下でできあがった皇帝制度に反映させる議論が、まだ煮詰まっていないからである。南越と武帝以前の漢が、いずれも武帝のときにできる大きな「中國」の一部にすぎないことを知れば、西嶋自身が明言したかしなかったかに拘わらず、西嶋の指摘が、戰國時代の經典に實際に書いてある小さな「中國」（中領域としての「中國」）の議論を、（前漢武帝以後、とりわけ）後漢時代において議論された大きな「中國」（大領域としての「中國」）の議論とどうむすびつけるか（小中國の禮敎主義を大中國の禮敎主義にどう轉換するか）に、密接に關わることを了解するのである。

宮崎市定の議論

戰國時代の經典に小さな「中國」のことが書いてある、という事實が見にくくなるのは、上記に述べたように、特に近代以來のわれわれの認識に問題がある。しかし、實は、われわれが、經典解釋を進めるに當たって、そもそも高いハードルが作り上げられている、という話を以下に進めてみよう。

宮崎市定は、その著『論語の新研究』の「後語」において、次のように述べている。

> 私は經書を讀むたびに何時も感ずるのだが、經とその注釋とは必ずしもぴたりと一致するものでなく、一應は

別物なのである。だから經は經、傳は傳、注は注、疏は疏で、夫々に獨立した書物である。注釋家は本文に對して從屬的な態度をとりながら、根本においては注釋家としての權利、その固有の立場を留保している。（中略）だから例えば鄭玄は決して孔子に對する無條件な忠臣ではなく、強い自己主張をもっている。既にある程度、經典に對して貢獻する所があったならば、今度は同じ舞臺を利用して、自分自身の學識をひけらかす權利があることを主張する。『論語』の本文以外にこれだけ餘計なことを盛り込んでみせたぞ、というのが自慢の種であったようだ。鄭玄注という個人の名を出す以上、むしろそうすることが當然なのである。だから例えば經典の本文に誤字があったりすると、むしろその誤を樂しむ風さえ見える。誤があれば解釋不能な筈だが、その不可能を可能にして、自己の力量を世に認めさせようとりきむのだ。朱子が四書の集注を書く時も同樣で、經典本文と矛盾しない範圍内においては、理氣の學説をその間に持ち込んでも何等疚《やま》しい所はないのだ。このような操作が繰り返されるたびに、經典の內容が知らず知らず變質してくる。論語の原文と、鄭玄ら訓詁學者の解釋と、朱子の理氣の學説とが癒着して凡てが渾然たる一體となってしまう。私の研究はこうして出來た合成物を、夫々の物質に選り分け、どこまでが原形で、どれだけが後からの附着物かを見極めようとした。これは、もともと清代考證學者の狙いであった筈であるが、彼らはその途中、漢代まで遡ったところで停滯してしまった。實はそれから先、まだ訓詁學者の手にかからなかった時代、原始儒教の時期の經書の讀み方がどうであったかが、私にとって一番大切な問題であったのだ。

宮崎は注釋家としての個人に重きを置いて論を展開しており、この見解自體に私が贊同するわけではない。私は、注釋家に國家の影を見出す立場である。

ただし、その立場の違いを超えて、宮崎の議論をここにご紹介したのは、宮崎の前提、つまり、「經は經、傳は傳、注は注、疏は疏で、夫々に獨立した書物である」という見解を、確認しておきたかったからである。この見解を私も述べている（大きくは經と傳を「本文」、注と疏を「注釋」として議論し、さらにそれらを細分する）。それは、單に私が單なる思いつきで述べているのではなく、碩學も述べている、ということをご確認願いたかっただけのことである。

一般には、古典を讀むには注釋を參照する。大學や大學院の教育の場では、この點はおりにふれて注意する點になっている。ちゃんと注釋を讀んで考えなさいと教えるのが普通である。だから、自然に注釋の見解で本文を讀んでしまうことになる。しかも、教育の演習の場のみならず、論文を書くに當たっても、一部の本文を拔き出し、注釋を使って解釋する、という方法をとりがちである（とるのが普通である）。

ところが、本文をつらぬいて讀み取れる內容は、そうした注釋によって得られる內容と異なっている場合がある。宮崎市定も述べていることのことを、私は多くの具體的事例を通して檢討してみたのであった。『公羊傳』の述べる「中國」、『穀梁傳』の述べる「中國」、『左傳』の述べる「夏・東夏」は、それぞれが說明する特別地域だが、互いに具體的地域が異なっている。(11) そして野蠻の地の用語もそれぞれ異なっている。こうしたことは、本文を讀めばわかることである。

ところが、後漢時代、經典には注釋が附された。その注釋の記載は、こうした違いを見えなくするものになっていた。それは後漢時代の政策による。漢帝國を思想的に盤石のものにするためには、地方にのこっていた獨自主張を抑壓する必要があったのである。戰國時代以來の記事にみえていた複數の「中國」や特別地域はめざわりであった。だから、注釋によって、その特別地域の意味がわからなくなるよう細工したのである。

具體的に見てみよう。『公羊傳』本文が第一に位置づける特別地域が「中國」（齊を中心とする特別地域）、第二に位置づける地域が「諸夏」（洛陽を中心とするいわゆる中原地域。「中國」より下の位置づけ）、その他が「夷狄」である。『公羊傳』本文は、これら「中國」・「諸夏」・「夷狄」を分けて論じ、順位をつけて三者鼎立にしていた。後漢時代の都は洛陽にあったから、この三者鼎立の構圖では、榮えある都が二番目の地域になってしまう。『公羊傳』は使いたいが、首都が二番目になる歴史は許せない。そこで二番目を一番目にするため、一番目の「中國」と二番目の「諸夏」をいっしょにして一番目の「中國」だと説明したのである。この新しい「中國」を三番目あらため二番目の「夷狄」と對立させた。

やや專門的になるが、鍵を握る記事を話題にしておく。これだけで論じる、というわけではなく、鍵を握る記事の一つとして紹介する。それは周王朝に關わる記事で、『公羊傳』の最初の方にある。『公羊傳』を讀み始めたはいいが結局息切れしたというような人でも、大抵讀むことになった部分である。『公羊傳』は、具體的記事を論評して、「中國」とはなにか等を説明していくのだが、周王朝とは結局どういう存在かを示す目的から、周の大夫が捕らえられたことを論評し、「不與夷狄之執中國也」（隱公七年等）と述べている。やや詳しく述べれば、隱公七年では、「戎（野蠻人）が周の大夫凡伯を楚丘で伐った」という記事について、その記事の書式を質問し、その事實のうち「伐つ」という行爲を「大なりとす（尊ぶ）」と評價し、その理由として上記のように述べる（さらには、楚丘という地を記述した書式も「大なりとす」という事實評價だという）。この表現の解釋だが、本文を讀み通して得られるものと、注釋から得られるものが違っているのである。同じ文章なのに、讀みが違ってしまうのである。本文を讀み通して得られるこの部分の（私の）讀みでは、上記の三者鼎立の構圖を、また、注釋から得られる（いわば學問的な）讀みでは、上記の兩者對立の構圖を、それぞれ問題にしている。

『公羊傳』本文を讀み通せば、上記の三者鼎立はわかるし、また周が「諸夏」（順位は二番目）に含まれることもわかる（例えば成公一五年）。したがって、「戎に周の大夫が伐たれ、さらに（捕らえられて）連れ歸られた」ことを解説し、「伐つ」ことが尊いことだと評價される理由として示された「不與夷狄之執中國也」は、『公羊傳』本文としては、「夷狄が中國を捕らえたということにしないからだ（「夷狄の中國を執ふる〈の事例〉に與らざればなり」）」と讀む。もってまわった言い方だが、周は「中國」ではないことを、書式の上で示すことが大切だから、「伐つ」を尊ぶのだということである。「中國」はそもそも陝西省の周を念頭において作られた言葉であるが、それを『公羊傳』では山東省の齊を中心とする一帶を示すものに換えて使う。「中國」がどこかを、あちこちに具體的都市國家をもって説明するから、『公羊傳』本文の讀者にとって、それは否定しようのない事實となる。『公羊傳』が、この山東一帶を第一、周を含む一帶を第二とすることを强調するのに、「戎が周大夫を伐って捕らえた」という事實は、うってつけの素材となった。歴史的經緯からして、古くから周を第一にしてきた。その傳統的評價からすれば、戎がその大夫を伐って捕らえた事實は、忌むべきものになる。ところが、『公羊傳』は、そうした傳統的評價を否定し、周を第二に位置づける事實をあちこちに提示する書物である。周が「中國」ではない（二番目だ）として傳統的評價（一番目だ）を否定することが、とても大切なことだから、「伐」の事實について「大なりとす」という積極的評價を與える。

ところが、問題の部分を兩者對立の文脈で讀もうとすると、周は「中國」（順位の一番目）なのだから、「戎が周大夫を伐って捕らえた」事實は忌むべきで、積極的評價などもってのほかなのである。それなのに、後漢時代の注釋者の目の前にあった『公羊傳』本文は、こともあろうに、上記の事實について「大なりとす」と積極的な評價を下してしまっていた。注釋者の立場からすると、目の前に示されている積極的評價は、問題にならないことを釋明しておかないといけない。そこで注釋では、「伐つ」という表現は、「執える」という表現を避けたものだと説明した。本來中國を「執（捕）える」というのなら、禮儀ある者によらねばならないが、戎は禮儀がない。また、捕らえられた地も京師（首都雒邑＝洛陽）に接していなかった。だから、「伐つ」と述べて「中國〈の論理〉を以て正した」のだと説明したのである。これに對する「不與夷狄之執中國也」の和訓は、「夷狄の中國を執ふる〈事實を〉を與（ゆる）さず[12]」となる。

『公羊傳』は「事實」や評價をあちこちに示しており、それにそって言えば、周は三者鼎立の第二にすぎない。しかし、それを認めたくない立場では、周を第一とする兩者對立で解釋しなおす。解釋しなおして、例えば上記のように、その場はなんとかなるのだが、いかんせん、『公羊傳』本文があちこちに周を含む諸夏が第二である「事實」を提示しているのと、矛盾する。いくら周が第一だと部分的に説明し、その場はのがれても、本文が第二である「事實」をあちこち示しているのだから、いかんともしがたい[13]。

しかし、宮崎が述べたことと關わるが、ことはさほど簡單にはいかない。まじめに勉強した人ほど、注釋の見解を是とすることになる。實力のある方ほど「與」を「ゆるす」と訓じることになる[14]。「ゆるす」と訓じてしまうと、もはや「三者鼎立」の構圖は理解できなくなる。後漢時代の注釋の術中にはまってしまう。だから、「まじめに勉强した」人ほど、「平勢説」の讀み方に疑問をもつことになるわけである。

ここまで讀み進められた讀者は、なおひっかかるものをお持ちかもしれない。學問的に何が問題になっているのか。本文と注釋が違う内容を語っている、というのは、われわれが注意すべき事實である。違うことに氣づく必要がある。また、「讀み」の問題も、「氣づく」ことで、問題は回避される。事實に沿って讀み直せばよい。

ところが、すでに述べた點をくりかえすならば、注釋を讀むのは、專門家だけではない。授業の場で讀むことからはじめて、他の研究テーマを扱いながら『公羊傳』注釋を讀むという人も少なくない。結果として、兩者對立の文脈で書かれた注釋を讀みながら、實は多くの注釋讀者は、小さな「中國」ではなく大きな「中國」を考えている——としたらどうなるか。ここで問題にしているのは、自分の常識として大きな「中國」が拔き差し難く存在していて、それにそって、言わば勝手に古典を讀んでしまう、ということを問題にしている。

私の議論に對し、一般に見られる反應は、言わば私流の「過激な議論」に關する注釋を讀んで、まじめに反論しようとする、というよりは、讀まずに「小さな中國」という議論自體にアレルギーを引き起こしていないか、ということを、上記において、まずは指摘してみた。そして、まじめな反論を試みる場合につづけて、そうしたまじめな反論をする人と同じ注釋を讀んでも、注釋の文面とすら異なる大きな「中國」を構想してしまってはいないか、ということを述べてみたわけである。くりかえすようで恐縮だが、平勢說ではなく、過去の常識にアレルギーを引き起こしていないかということである。

大きな「中國」を構想してしまった人からは、山東一帶を「中國」とする見解は宇宙のかなたの議論のように思われることだろう。しかし、『公羊傳』本文を確認していただき、議論を論理的にたどっていただけば、納得していただける方は多そうである。――あくまで論理的にはということだが。

「小さな中國」（中領域としての「中國」）が何のアレルギーもなく認められるなら、『公羊傳』・『左傳』・『穀梁傳』それぞれが論じる「中國」・「夏」等の（中領域としての）特別地域がそれぞれ具體的地域が異なるという論理もすなおに讀めるはずだ（「小さな中國」を「大きな中國」の首都に限定する必要もなくなるはずだから）、という思いが私にはある。私はあくまで「書かれた事實」を紹介しているだけだからである。

先に述べたことをくりかえすようだが、なおひっかかりをもたれる方もいらっしゃるかもしれない。學問的に何が問題になっているのか。

本文と注釋については、その本文がいつの時代のいつごろできあがったか、それについての注釋がいつごろつけられたかが問われる。上記に述べた事實としての『公羊傳』本文の「三者鼎立の構圖」は、山東の齊（戰國時代の領域國家）を中心としていて（その上で春秋時代の歴史的まとめをおこなっていて）、戰國時代の産物であることは間違いない。それを「兩者對立の構圖」で「讀む」という現代人の解釋は、『公羊傳』本文が前漢時代の前二世紀半ばの武帝期までにできあがったことを述べる基礎となる。漢が統一を宣言した後、武帝にいたるまでの天下は、半分は「中國」として郡縣統治され、殘りは複數の諸侯王國として獨立扱いだった。このことと關連づけられるからである。上記においては、『公羊傳』本文は、やはり戰國時代の産物（天下の中が三者鼎立）になるのであって、武帝以前の前漢時代の産物（天下の中が兩者對立）にはならないということを述べたわけである（後漢時代には、武帝より前の天下より廣い大きな「中國」ができあがり、その外を夷狄として東アジア冊封體制が議論された。そのころに過去を論じて注釋が附された）。

やや似た構圖は『左傳』にも見えている。「夏」と「東夏」と野蠻の地（東夷・西戎・蠻夷・狄）を述べるところである。この場合、「夏」と「東夏」を分ける意識が問題で、この「東夏」は殷の故地を指している。夏王朝（中領域の王朝）の復興をとなえ、殷の故地（中領域）をみずからの領土と主張する意識が見える。これも戰國時代の産物であることはまちがいない。『左傳』は、洛陽を夏にふくめ、その東に東夏を論じるので、洛陽を中心に位置づけるために注釋で讀みや解釋を變えるという苦勞は生じない。しかし、この書物は、前漢末・王莽の時期に稱揚されたため、この王莽の周圍による僞作が議論されてきた。近代以後、『左傳』本文が漢代の議論により僞作されたことを述べる研究者は結構な數にのぼる。しかし、近年續々と發見される出土史料を前にして、具體的に「この部分は漢代獨自の、つまり戰國時代まで溯るものではない議論だ」という證據（そうするしか手がないという證據）を提示しての議論は、不可能に近くなってきた（王莽時代に戰國時代の本文を「再利用」したのであり〈僞作などせず〉、「再利用」でもすまなくなったら注釋をつけたのだ、と説明すればすむことを私は述べている[15]）。

そうした『左傳』僞作の議論と不即不離の關係にあるのが、『公羊傳』本文の成立の時期解釋である。その時期が明らかに戰國時代だということになると、『左傳』も同じ土俵に立つ必要があるということを述べてみたのである。

こうしたまじめな議論の場合も、大きな「中國」の認識は影をおとしそうだ。とくに、『公羊傳』の三者鼎立の構圖を知らないと、『左傳』の夏・東夏・野蠻の地の構圖も讀み取りにくくなる。よみとりにくければ、自然と大きな「中國」（大領域としての「中國」）の誤解の上で、『左傳』本文を讀み、必要以上に本文成立時期を下げてしまうことにもなる。

くりかえすようで恐縮だが、平勢説ではなく、過去の常識にアレルギーを引き起こしていないのだろうか。

『鹽鐵論』にいう國富の源――增淵龍夫の檢討

「山林藪澤」の檢討にうつることにしよう。

中國古代の漢帝國では、鹽と鐵が國家の管理下におかれた。これらによって得られる富が國家の基礎になるという考えからきている。それを述べたのが『鹽鐵論』刺權篇（第九）である。

大夫曰、今夫越之具區、楚之雲夢、宋之鉅野、齊之孟諸、有國之富而伯（覇）王之資也（國をたもつの富にして覇王の資なり）。人主統而一之則强、不禁則亡（人主統べて之を一にすれば卽ち强く、禁ぜずんば卽ち亡ぶ）。齊以其腸胃豫人、家强而不制、枝大而折榦、以專巨海之富、而擅魚鹽之利也（齊、その腸胃を以て人に豫へ、家强くして制せられず、枝大にして榦を折る。巨海の富を專らにして魚鹽の利を擅らにすればなり）。勢足以使衆、恩足以邮下。是以齊國內倍而外附、權移於臣、政墜於家、公室卑而田宗强。轉轂游海者、盖三千乘、失之於本而末。不可救。

これについて、増淵龍夫（増淵一九六〇、第三篇第一章）は「このようないわば無主の藪澤が『國を有つの富にして霸王の資であり』『人君が統べて之を守れば強く禁ぜずんば亡ぶ』という大夫の議論、（春秋時代の）齊の田氏が臣下でありながら强大を致して（戰國時代には）ついに君權を奪うに至ったことも、このことに關係があるというその議論の立て方が、ここでは私たちにとって問題なのである。そこでは藪澤が戰國期における霸王の、すなわち新しい專制君主の、重要な經濟的基礎を提供するものであることが、暗示されている」（括弧内筆者）と述べた。そして、「鹽鐵論の大夫の言は、その大夫の主張せんとする意圖とは別に、春秋末期から戰國にかけての動きの一面を、ある程度忠實に物語っていると考えなければならない。晏子の諫言を入れて、山澤の禁をといた齊の公家は、ほどなく田氏の奪うところとなり、解州の鹽池をはじめとする山澤林鹽を一方的に管する力をもたなかった（春秋時代以來の）晉の公室は、やがてそれを領するに至る魏氏をはじめとして、趙氏・韓氏の三家に（戰國時代になって）分割されることになる。そして秦においては公室が國内貴族の力を壓して山林藪澤をみずからの家産とし、商鞅の法をもちいて『外は百倍の利を設けて、山澤の稅を收め』〈鹽鐵論非鞅篇〉、その專制君主權力の重要な經濟的基盤となすのである」（括弧内筆者）とまとめた。

私は、以上の増淵の見解を繼承する。しかし、繼承するには、ある操作を加えねばならない。その操作とは、上記の背後にある大きな「中國」（大領域としての「中國」）を小さな「中國」（中領域としての「中國」）に言い換えることである。

上記の部分をよく讀んでいただきたい。そこで問題になっているのは、齊であり、秦であり、魏・趙・韓の三晉（晉を三分してできた國家）である。くりかえすことになるが、これら戰國時代の國家が論じた特別地域は、必ずしも「中國」という言葉ではないものの、天下の一部をしめる中領域としての特別地域を論じていたことは間違いない。

その意味でいえば、上記の部分は中領域としての小さな「中國」を論じていた國家が話題になっている、と言うことができる。ところが、この部分に續けて語られた以下の部分には、大領域としての大きな「中國」のことが述べられ、それらが一體となって論を展開するような形ができあがっている。

この部分に續けては、こう述べられている。「前述のように、戰國期に入ると、各國の山林藪澤の産物は、個々の地方國家の自給的需要をこえて、『當時の中國の全土にわたって交易されていた』のであって、それだけまた各地方の山澤の産物に對する需要は增大していたのである」。この部分があるため、議論が大きな「中國」のものとなってしまうのである。

しかし、ここに述べられたのは、そのまま事實として議論してよいのだろうか。增淵は、『史記』貨殖列傳を例にあげ、商人が千戸の邦君（諸侯）と等しい收益をあげていたことを述べている。しかし、この種の收益は、天下相手でないとできあがらないものだろうか。

結論から述べておけば、確かに天下の交易は盛んに行われていたようである。というのは、戰國時代の各國の貨幣が獨自の形をもっているにもかかわらず、秤量貨幣であって、各國相互に換算可能だったからである。しかも、各國の度量衡は、單位がバラバラであるにもかかわらず、單位の繰り上がりは各國のものが相互に網の目狀に關わるようにしくまれていた。見た目は違うが、實質は統一貨幣と同じ働きをしていたのである[16]。

また、各國を結ぶ交通網も整備されていた。新石器時代以來、モノは廣く移動していた。その移動に使われた道路が、いまや鐵器の普及によって、大量に作り出された車（鐵・銅・木材・皮革等によって作られる）が行き交うようになったのである。

だから、天下の交易は飛躍的に發展した。しかし、山林藪澤から産出される軍需物資は、天下をいきかったのだろうか。この點についていえば、むしろ國外にもたらされないよう圍い込む對象となったといった方がよいだろう。敵に鹽をおくるという言葉もある。友好促進の意味から與えるのは有效だろうが、本音から言えば自分のところに多くとめおき、相手には不足するようにしたい、というところだろう。その點から再度上記の『鹽鐵論』の議論をながめると、「人君が統べて之を守れば強く禁ぜずんば亡ぶ」と述べているのがわかる。軍需物資は占有することが求められたのである。そして、その占有に成功したものが霸王となった、ということである。

おそらく、ということになるが、天下の交易網と山林藪澤との關係は、こうなる。山林藪澤から産出される鑛産資源と木材・皮革などを使って、大量の車が製造された。その車がモノの移動に一役買った。車によって道路をいきかったモノは、貴族たちの生活をうるおすモノであり、また、軍事資材や兵器であり、また生活物資であった。これらのうち、天下を遠くはこばれたのは、贅澤品であり、軍事資材や兵器は國外への移動を制限され、生活物資は多く軍事據點で處理された。

こうまとめることができるならば、軍事資材や兵器、そして車が、霸王の資となった、と言い換えることができる。同じ車でも戰車は兵器である。資材や製品を運ぶのは荷車である。

モノの移動に制限を加えるという發想を具體的に示すのが、各國獨自の形をもった貨幣だったということもできる。また、始皇帝の統一政策に「車軌」の統一がある。これは車の移動を各國が制限するため、車の幅（それが道路の轍《わだち》を作り出す）を、それぞれ勝手に決めていたことを示している。

こうした貨幣の形や車の幅の相異を越えて、モノは移動した。ということだから、一人の商人が天下をまたにかけて車を移動させていた、ということではあるまい。商人は、一つの國家の中におけるモノの移動をてがけたのであり、その移動が連結されて天下をモノがいきかったのである。

そこであらためて述べておけば、移動するのは貨幣ではない。モノと人である。

増淵が議論しているところをさらに述べれば、秦の「内史」（いわゆる畿内）を論じ、その畿内の賦税を公田の税として論じる。一般の畿内以外の郡縣の賦税と區別する。この「内史」という畿内は、秦の全領域（中領域、これを基礎に特別領域を論じる）の一部になる。専制君主の經濟的基礎は、一般の賦税（畿内以外の領土）と公田の賦税（畿内）と山林藪澤の税（全領土）ということになる。後二者は、漢代には帝室財政の基礎として議論され、國家財政と區別されることになる。

『鹽鐵論』の述べるところでは、山林藪澤は占有されて霸王の資となった。増淵はこれを解釋しなおして、貨幣經濟の發展による税收として、専制君主の經濟的基礎を論じた。山林藪澤のモノでなく、モノが天下という大領域を舞臺にやりとりされて得られる利益に注目したので、山林藪澤の占有自體は、過渡的なものとの評價を與えた。しかし、小さな「中國」（中領域としての「中國」）に焦點をあてて檢討してみると、實は過渡的と判斷した占有の方が、霸王の資としては重要な意味をもつことがわかってくる（下記において、やや詳しく述べることにする）。少なくとも、霸王が出現するに當たっては、貨幣經濟はなお充分には展開していない。山林藪澤占有の事實が、霸王を出現させている。

漢代になると、天下領域は、その半ばを占める「中國」（郡縣統治される）とその他の諸侯王國とに分けられる（郡國制）。大小の左はあるが、この「中國」・各諸侯王國いずれも中領域を問題にし、戰國時代の復活の側面がある。その諸侯王國が實質郡縣化され天下がくまなく中央派遣の官僚により統治されるにいたった武帝のころには、帝室財政の中で大きな比重を占めていた山林藪澤の税が國家財政の中に組み込まれるようになる。つまり、帝室財政の中にどうして山林藪澤の税が大きな比重を占めていて、それがやがてなくなっていくかという問題は、山林藪澤がそもそも小さな「中國」（中領域としての「中國」）や諸侯王國を支えるべく整備され（獨立していた諸侯王國も、分割されて小ぶりになったとはいえ、中領域を問題にすることはかわらない。これらの富は、諸侯王の富であって帝室財政には入らない〈紙屋一九七八參照〉）、やがてその小さな「中國」や諸侯王國がうやむやになって大きな「中國」（大領域としての「中國」）が出現することのもつ意味を問う問題でもある。

增淵の注目した貨幣經濟の進展について、あらためて述べる場合、戰國時代においては山林藪澤を各國が中領域の財としており、それは始皇帝の統一時期を除けば、前漢時代になっても繼承されて前漢中期にいたったことを念頭におく必要がある（下記においてやや詳しく述べることにする）。したがって、霸王が出現する經緯、つまり春秋時代の公家を滅ぼして戰國諸王が領域國家を成立させる經緯を説明する上でも、また、その後に天下の貨幣經濟が進展した後を論じる上でも、山林藪澤の富は、一貫して中領域を念頭においた小さな「中國」（および「夏」等）の富として議論することができる、ということである。

ところが、增淵の山林藪澤論は、戰國時代から漢代中期（小さな「中國」が問題になっていた時代）に關する材料を解釋するのに、後漢時代（大きな「中國」が問題になった時代）と同じく、大きな「中國」（大領域としての「中國」）を念頭においた議論を展開してしまった。この點をよく理解しておかねばならない。

殷周時代の山林藪澤——松丸道雄の檢討

增淵は、「氏族制的邑共同體の長である公が、その邑の外につらなる山林藪澤の一部を自己の利用のために排他的に占有しはじめるのは、まず囿（御苑）の形においてであった」と述べ、さらに「もともと古代田獵（狩獵）には、藪澤のなかに防（しきり）をつくり、獵場をくぎることがならわしであった。……古代田獵は防をもってさかいとなし、防を越えて逃げる獸は深追いしないならわしであった。邑の近くの藪澤の一部が獵場として常時利用されてくるにしたがい、そこにくぎられた防がやがて固定して、その囿場としての獵場が囿として囲いこまれていったのではないかとも考えられる」と述べる。

この點は、殷周時代の山林藪澤が、どのようにして戰國時代の專制君主の經濟的基盤に變貌するか、という視點からのまとめとしては、後者の「占有」を述べるという意味において、繼承し得る見解となっている。

ところが、增淵は、溫・原という二つの邑（都市）を中心とする河内の諸邑を檢討するなかで、[17]「これらの比定が正しいとすると、左傳隱公十一年に蘇忿生の田として擧げられている、溫を中心とする諸邑の位置する今日の沁陽・濟源・武陟・修武一帶の河内の地は、殷末において、殷王の田獵地として卜辭に見えていることになる」と述べ、「すなわち河内の諸邑は、早くから殷の勢力圈内に入り、殷に服事していたものと考えられる」と結んでいる。これは、直接的には陳夢家を引用して述べたものだが、同樣の殷王の田獵地比定は、我が國の島邦男にも見えている[18]。

以上の見解を總じて共通しているのは、殷王の田獵地をかなり廣範圍に設定している點である。島の示した圖では、いわゆる中原を中心に、淮水流域から現在の河北省・山西省にかけての廣大な領域を、殷王の田獵地として檢討している。これは、まさに、本論で問題にした『孟子』公孫丑章句上において、夏王朝・殷王朝・周王朝の盛時に、戰國齊の方千里に匹敵する領域を構えていたと述べているのよりも廣大である。戰國時代の認識より廣大である。

ところが、これと全く異なる範圍に、問題の田獵地が存在することを數學的に證明した論文があらわれた。松丸道雄の研究[19]である。この數學的證明は、問題の田獵地が相互に最大何日行程の距離にあるかを一覽にし、それらの地の集合が、いったいいかなる範圍に存在するかを證明したものである。この證明は高等學校レベルで解けるものだが、念のため、法政大學助教授で數學者の平野鐵太郎の教示を得たことが注記されている。その結果は驚くべきものであり、半徑二十キロ以内に大半の田獵地がおさまってしまうというものであった。半徑二十キロというのは、言わば都市國家の小領域を問題にするに等しい。

殷王が日常的におこなっていた田獵地が、そうしたごくごく狹い範圍内に收まることが明らかになった以上、上記の諸氏の説はもはや意味をもたなくなったわけである。

ちなみに、以上は學問的にそうだ、ということなのだが、實際には、なお、殷王の日常的田獵地（外征に伴うものは別に存在する）が廣範圍に存在したかの風説が强固に殘されているらしい。それは、おそらく上記の松丸の檢討結果を知らないことからくるものであろう（假に知っていてそうだという話になると、それは、さほど高度とはされていない數學的證明を認めない、ということにしかならないから、「知らない」と述べてみたのである）。

さて、增淵の檢討は、その發表時期の問題から、この松丸の檢討を知らぬまままとめられた。最終的には知ったのだが、間に合わなかったという經緯があるらしい。だから、故人の遺志とは別に、ということで話を進めれば、增淵の檢討は、殷王の日常的田獵地が廣範圍に存在することを前提に組み上げられてしまった。そうなると、どういう結果をもたらすか。戰國時代の各國の王たちが占有した規模の山林藪澤を、殷王が日常的に田獵していた、という話になってしまうわけである。

これはいかなる影響を增淵説に與えたか。結果から見ると、戰國時代に諸國の王たちが、中領域の規模において、山林藪澤を圍い込んでいた、つまり占有していたという事實が、さしたる意味をもつようには思えなくなったようである。つまり、殷王ですら日常的に田獵していたような「廣大な」地域（中領域）を、戰國時代にあらためて圍い込んだという話になってしまった。

增淵が軍事的意味をもつ山林藪澤を占有した事實について、さしたる意義を見いだすことなく、「過渡的」な意味を附與し、專制君主の權力基盤としての山林藪澤のもつ意味を貨幣經濟の進展によってもたらされる利益に還元したのも、上記の殷王の田獵地の範圍を見誤った點と、中領域に關する正しい認識を得られなかった點に歸着させることができる。

では殷王の田獵地の實際は、どう説明されるのか。上記の風説が殘されているのも、この點に深くかかわりそうだが、殷王の「領土」が都市國家なみだと卽斷した場合、「そんなはずはない」という思いが生まれる。そこからつまらぬ風説に向かうことなく、事實をじっと見据えればよいわけである。

この點に關して、松丸は興味深い觀點を示した。猛烈な風説の嵐の中での見解だから、非常に言葉を選んだものになっているが、次のように述べている（括弧内筆者）。

古代の祭祀なるものが、一般的に言って、その社會集團を形成維持するための秩序としての意義をもつものであり、その社會構造の變化に伴って、本來の意義を失いつつも、形式的に殘存して儀禮化するとすれば、田獵におけるこの（後代――戰國時代の）顯著な儀禮化が、より古い時代において、祭祀と深く關わっていたこと、ひいては、田獵が、社會的に重要な意味をもつ事柄であったことを推測しうるであろう。一方、田獵は、軍事とも深く關わっていたと想像される。……甲骨文中から田獵と軍事ないし練武の關係を示す確實な根據を指摘するのは、今のところ、かなり困難である。ただ……このような點から判斷すると、田獵地のうちのいくつかは、練兵のための據點としての意味をもっていたのではないかと思われ、田獵と練兵との關連を、ある程度想像させるものがあるのではなかろうか。……このような點から、王田と王徃の行爲が、その行動樣式においてほとんど近似したものでありながら、その場合における主たる目的が異なっていたと考えてみることができるのではあるまいか。

つまり、王田（王の田獵）の場合は、田獵自體が主要目的であり、したがって、獲物の多くありそうな地が選擇されたが、王𢦏の場合は、他のおそらくは練武の目的を主としていたために、それに適した地が選ばれたのではないか（「田」「𢦏」兩者の對象とする地は重なっている）……𢦏字を練武ではなく、實際の討伐とみるのは、その目的地はあまりに近傍であり、かつ、同一地を頻繁にその對象としており、しかも王𢦏の日に規則性があるなどからすれば、とうてい困難である。とすれば、𢦏字によって、武器を擔っていくことが明記されたのは、それが練武のためと解釋するのが、もっとも妥當ではあるまいか。

こう述べて、いわゆる田獵區が王の居住地たる都の近傍に限られ、それは「田」（祭祀のための田獵）と「𢦏」（練武）という行爲によって表現されうることを説明した松丸は、增淵の田獵區に關する考え（從來說の引用）に疑問を提示し（上述したように、數學的證明によって否定された見解なのだから、當然だが）、田獵地に支配秩序下の諸族の名が見られるという議論をも念頭において、次のように述べた（括弧内筆者）。

いろいろの推測が成り立ち得るであろうが、ひとつの考え方としては、殷王がその支配秩序下の諸族、諸方の名をもって自己の邑の周邊の田獵地に命名し、その地で田獵を行うことを通じて、それら諸族、諸方の支配の維持存續を計ろうとしたような觀念の存在が想定し得るかもしれないという點である。前述のように、田獵卜辭中にしばしば「省」（巡視・征伐）というものがあるところから、田獵が、彼らの觀念において巡視・征伐と密接に關係していたと考えうるならば、以上の考え方にも多少の妥當性を見いだしうるかもしれないし、そこから田獵が祭祀・軍事と關わっていたことの理由の一斑をその點に求めうるかもしれない。しかし、もとより單なる推測の域をでるものでなく、今後の問題としておきたい。

松丸は、殷と支配下の諸族・諸方（いわゆる諸侯）との關係を支えるものとして軍事を念頭においているようであり、それが外征の形をとるものであることを考えているようだ。これに對し、いわゆる田獵（祭祀と軍事）は、殷の周邊に限られるものであり（それが證明された）、そこに支配下の諸族・諸方との關係を見いだそうとするなら、そこには、「觀念の存在」を想定するしかあるまい、と考えたらしい。

ここには、自らが證明してしまった殷王の日常的田獵地の範圍（增淵論等を參照すればわかるように、一般に議論される「田獵」では、「祭祀と軍事」が問題とされる。したがって、松丸が甲骨文研究で、表現上分けた「田」と「𢓊」は、いずれも一般的議論としては「田獵」として扱ってよい。「田」「𢓊」兩者の對象とする地は重なると松丸も述べていることでもあるし）と、殷が大國として諸族・諸方をひきいるという現實をどう說明づけるかの解答が示されている。

殷王の田獵地と西周の湯沐の邑、そして戰國諸王の占有

私は、松丸の檢討を讀んで、ある事實を想起した。それは、『左傳』隱公八年にある記事である。

鄭伯、泰山の祀を釋（や）め周公を祀り、泰山の祊を以て許田に易へんことを請ふ。三月、鄭伯、宛をして來り祊を歸（おく）らしむ。泰山を祀らざるなり。

簡單な記事でもあるから、補足說明をしておけば、ここで問題になっている許田は鄭の鄰國の許に所在する魯の土地である。これに對し、泰山の祊というのは、鄭が泰山を祭祀するために保有していた邑である。つまり、おたがいに遠いところに保有している邑を手放して交換しようではないか、という話である。

この記事は『春秋』の「三月、鄭伯、宛をして來り祊を歸らしむ。庚寅、我、祊に入る」についての『左傳』の說明である。同じ經文の說明でも、『公羊傳』は次のように述べる。ちなみに同じ『春秋』の經文なのに、『公羊傳』・『穀梁傳』に附された經文は上記の「祊」が「邴」の字になっている（興味のない人には、どうでもいい話題かもしれない

が、單なる異傳とかたづけられるものではなさそうである）。

宛とは何ぞ。鄭の微なる者なり。邴とは何ぞ。鄭の湯沐の邑なり。天子、泰山に事有らば、諸侯、皆泰山の下に從ふ。諸侯、皆湯沐の邑あり。……其の入ると言ふは何ぞ。難しとすればなり。其の日いふは何ぞ。難しとすればなり。其の我と言ふは何ぞ。我と言ふは、獨り我のみに非ざるを言ふなり。齊も亦之を欲す。

ここに「難しとすればなり」と非難の調子をほのめかしているのを、さらに具體的に批判の言葉に置き換えたのが『穀梁傳』である。

宛を名いふは、鄭伯を貶しめ地を與ふるを惡む所以なり。……入るとするは、内《い》りて受けざるなり。日いひて入るとするは、入るを惡むなり。邴とは鄭伯の命を天子より受けて泰山を祭るの邑なり。

ここでは「惡む」と述べている。

『公羊傳』・『穀梁傳』いずれも鄭が泰山の祭祀をやめたことを批判するわけだが、『左傳』は、「そもそも交換の話だよ」と述べているわけである。

私は、この「交換」の話題にくぎづけになった。鄭は泰山の近くに邑をもっており、魯は鄭の近くに邑をもっている。鄭の邑は泰山を祭祀するためのものであり、魯の邑は東遷後の周の都洛陽に出仕するためのものである。

こうした遠方に設置された邑を殷の王都の近傍にあてはめたらどうか。『公羊傳』に「邴とは何ぞ。鄭の湯沐の邑なり。天子、泰山に事有らば、諸侯、皆泰山の下に從ふ。諸侯、皆湯沐の邑あり」とあるのも參照できる。殷の王都の近傍に「諸侯、みな邑あり」ということになれば、それこそ、松丸田獵論に新たな意味を附與することになる。つまり、殷王朝は、時折ひきおこされる遠征において配下の諸族・諸方（諸侯）をひきいていただけでなく、平時においても近傍の邑に出向き、その邑に近い山林藪澤において田獵（祭祀と軍事）を行った、その近傍の邑とは、諸族・

諸方（諸侯）が殷の王都の近傍に得ていた出仕のための邑であった、という説明ができることになる。

このように説明し得るとすれば、それは、何故に殷王が日常的にこうした田獵を行っていたのかについて、祭祀と軍事という説明以上の内容をもって解答を用意するものとなる。つまり、殷という大國の地位を、王の日常的祭祀の場で、配下の諸族・諸方（諸侯）に確認させるということである。松丸が「ひとつの考え方としては、殷王がその支配秩序下の諸族、諸方の名をもって『自己の邑』の周邊の田獵地に命名し、その地で田獵を行うことを通じて、それら諸族、諸方の支配の維持存續を計ろうとしたような『觀念』の存在が想定し得るかもしれない」と述べたことを受けつつ、その「自己の邑」を「出仕のための邑」に、また「觀念」を「儀禮」に置き換えるものになり、より積極的な意味をもたせるものである。田獵はそもそも儀禮を伴うものだから、「出仕のための邑」を持ち出すことで、儀禮がより意味をもつ形が議論できることを述べたことになる。

ちなみに、『公羊傳』において齊が泰山の祭祀のための邑である邴をほしがったということを述べているが、これは、齊の公家にはそれをほしがる資格がなく、やがて齊の田氏がそれを手中にすることをほのめかすものらしい。また『穀梁傳』は、鄭が魯に與えたことと、魯の「入」という行爲を批判する立場であったことがわかる。

さて、殷の王都の近傍に、『公羊傳』が「諸侯、皆湯沐の邑あり」とのべるような（湯沐という目的のためでなく、出仕のためだが）配下の諸族、諸方の邑が存在するということを、西周の王都の近傍にからめて理解できることの意味は大きい。殷のみでなく、周の場合も同樣の體制ができあがっていたことを傍證するからに他ならない。

いわゆる西周封建については、一般に、諸侯が周王に従ったことだけが話題にされやすいが、實は、王の日常的祭祀行動（軍事演習も加えての）により、配下の諸侯は周王の靈的威壓（祭祀儀禮による）を受けていたと説明することができる。おそらく殷王朝に先行する王朝においても同樣の狀況があったに違いない。(20)

とすれば、殷周時代から戰國時代への變化の中で、何が繼承され、何が變わったかも、より明確に説明がつくことになる。中領域の中が大國と小國との關係で説明される殷周時代は、その大國中央に小國から物資がもたらされるというモノの流れがあった。そのモノの流れ自體は、戰國時代も同じである。異なるのは、戰國時代には小國が縣になって官僚統治の場になることと、物資をもたらす都市・邑の田地と人口が、鐵器の普及によって急激に増加したことである。こうした經緯で、もともと小國の管理下にあった山林藪澤は、領域國家中央の管理下におかれることになった。それが、戰國時代の王による「占有」のもつ第一の意味だった。

殷周時代から戰國時代への山林藪澤利用の變化については、增淵論をすでに紹介したわけだが、その紹介部分をここにまとめなおせば、「①小領域の「山林藪澤」が問題になる時代について言えば、もともと古代田獵（狩獵）には、藪澤のなかに防（しきり）をつくり、獵場をくぎることがならわしであった。古代田獵は防をもってさかいとなし、防を越えて逃げる獸は深追いしないならわしであった。殷周時代の諸侯は、據點たる都市の外に廣がる山林藪澤を祭祀や軍事に利用していた。そもそも、山林藪澤は新石器時代にはその利用は限られ、また靑銅器時代になっても木材切り出しの利器は依然として石器であったから、同じくその利用は限られた。殷や周という大國は、自己の山林藪澤における祭祀・軍事の行動を日常的に行い、近傍に配下の諸族・諸方（諸侯）の出先の邑を設け、これらの邑に出向いて儀禮を行い、靈的威壓を加えた。②中領域の「山林藪澤」が問題になる時代について言えば、春秋時代中期から戰國時代前期にかけて領域國家が成長する過程で、多くの諸侯國が滅ぼされて縣となった。それと併行して、かつてあった大國による靈的威壓の儀禮は消えていき、かつて諸侯國において國君を長として行われていた祭祀儀禮も、消滅したり中央から派遣された官僚による統制を受けたりすることになった。ここに中領域を領土とする領域國家の王による山林藪澤の「占有」が議論される。かつては小國の管理下にあった山林藪澤が縣の官僚を通して領域國家中央の管理下におかれる。この中領域規模の山林藪澤の統制の下で、天下を相手にした貨幣經濟が進展して、一般物資が天下の交通路を行き來することになった。すると、山林藪澤の財のうちでも、鐵・銅など鑛産資源、そして鹽などが、軍需物資として統制强化の對象となった。③大領域の「山林藪澤」が問題になる時代について言えば、それらに天下の王朝としての立場から統制を加えたのが漢王朝（漢代中期以後）であった、ということになるだろう。

かくして、「山林藪澤」が有する意味は、①（小領域の下で説明されるもの）→②（中領域の下で説明されるもの）→③（大領域の下で説明されるもの）と變化した。

すでに述べたように、增淵の山林藪澤論において、注目されたのが、貨幣經濟の進展であった。增淵は、『鹽鐵論』において、山林藪澤を經濟的基礎として占有したことが霸王の資となったと述べているのを解釋しなおして、貨幣經濟の發展による税收として、專制君主の經濟的基礎を論じた。增淵は「戰國期に入ると、各國の山林藪澤の産物は、個々の地方國家の自給的需要をこえて、『當時の中國の全土にわたって交易されていた』のであって、それだけまた各地方の山澤の産物に對する需要は增大していたのである」という見解を示しているが、そこに貨幣經濟の發展と大領域との關係を重視する姿勢が示されていた。そして、そのためもあって、山林藪澤の占有自體は、過渡的なものとの評價を與えたのであった。

この增淵が注目した貨幣經濟の進展の問題を、上記において重要性がかいま見えてきた中領域との關係において、よりわかりやすいものとするため、郡縣制の進展を通して見た山林藪澤について、やや詳しく見ておこう。

戰國時代の領域國家は中領域の領域化を進めている。小國を滅ぼして縣としたと述べた「縣」は、古くから議論されているように（言葉の淵源はともかくとして）「懸（＝縣）かる」意味を含んでいる。どこに「懸かる」のかと言えば、領域國家の中心都市である。春秋時代までの大國（それぞれの文化地域の大都市國家）と小國（諸侯たる小都市國家）との關係（中領域内の都市國家が問題になる）が、領域國家の中心都市と縣（官僚統治される都市）との關係になる過程で、山林藪澤の有する意味が變化したことを、上記において述べてみたわけである。また、これも古くから議論されているように、そうした中領域の周邊にあって、都市と都市の位置づけを行政的に再編し、軍事編成を再構築する動きが出てくる。そうした周邊の軍區（にして行政區）が「郡」となった。戰國時代、大領域を抱えた楚において、そうした軍區の再編が議論されている（本論では詳しくは述べないが『戰國策』楚策にある）。秦は諸國を滅ぼして統一を進める過程で、諸國の中領域を分割して「郡」を置いていった。戰國時代の七つの領域國家が問題になる天下では、統一された後に三六の郡ができた。縣が「懸かる」中心都市は、戰國時代の領域國家を滅ぼして分割統治する際に増えた勘定である。中心都市があらためて管轄することになった山林藪澤の富であるが、それは帝室財政に組み込まれ、一般に郡が管轄する國家財政とは分けられていた。ここに戰國時代以來の政策の延長がある。戰國時代の王室財政と國家財政の問題が議論できる。[22] 王室財政を論じる目から「霸王の資」という評價が生まれる。「占有」のもつ意味もそこに求められた。山林藪澤の富として特に重視された鐵と鹽は、武帝の時代に、天下に鐵官（鐵を産出する場所）が五十箇所（鐵を産出しない所には小鐵官を設置し廢鐵回收と再鑄を郡縣が管理）、鹽官三十六箇所を通して國家の專賣が始まり、その富は國家財政に組み込まれた。[23] 鐵官・鹽官は郡とは異なり、鑛産資源たる鐵と鹽の占有を司る役所ということではあるが、戰國時代の領域國家の舊領域を分割統治するという意味は、郡と共通して議論できる。

郡にせよ、鐵官・鹽官にせよ、中央が地方に出向いて統制を加える側面がある。その統制は、戰國時代に溯って議論でき、かつ戰國時代の王として成長する勢力は、春秋中期以來、小領域を越えた中領域的規模において山林藪澤の占有を進めていたのであった。貨幣には、天下の物流を促す側面と、それにも關わらず中領域内の物流を基礎づける側面がある。おそらく後者だけでは、貨幣は出現しない。大領域が問題になるということである。しかし、現實には中領域規模の占有・統制が問題となった。貨幣經濟の進展の問題を最初から大領域に關わるものと決めてかかった結果、中領域規模の占有・統制の問題は、よく見えないものとなってしまった、ということだから、增淵の重要視した貨幣經濟の進展の問題は、中領域に主な視點を當てて說明しなおせばよい。また、殷周時代の田獵の範圍を小領域とすべきところ、これを中領域規模で理解してしまったことが、これも中領域規模の占有の問題を見にくくしてしまった、ということだから、この田獵については、小領域に視點を當ててまとめ直せばよい。ただ、殷周時代には、中領域規模を舞臺として、小國から大國（殷・周など）への物資の貢納、および大國から小國への威信材等の賜與のことが議論されている(24)。大國都市近傍等、據點據點に設置された「湯沐の邑」は、この物資のやりとりにも關わる。この物資のやりとりが、利用される形で、領域國家による中領域規模の山林藪澤占有が進められる。したがって、中領域規模の占有の問題を溯って檢討するのであれば、やはり中領域規模のモノの行き來を議論する必要がある。

以上、總じて、中領域規模の山林藪澤の有り樣に視點をあてて檢討することで、上述の①（小領域の下で說明されるもの）→②（中領域の下で說明されるもの）→③（大領域の下で說明されるもの）という變化に對應する形での、物資のやりとりの場という繼承の面が見えてくる。鐵器の普及による道路整備や車の發達という面が無視できないことは、言うまでもないが、確かに繼承面が見えている。

ともあれ、上記のような山林藪澤に關する新たなまとめは、とにもかくにも松丸の檢討を前提にしている。殷王の日常的田獵地の大半が、半徑二〇キロ以内に收まることは、數學的に證明された。これに關連して、松丸が明言を避けつつ述べたのが、田獵と殷に支配される諸族・諸方（諸侯）との關係であった。松丸が明言を避けたのは、田獵地と諸族・諸方（諸侯）との關係を探るにあたり、參照する研究が想定の積み重ねになることを恐れたためである。松丸が明言を避けつつ述べた見解を、私は繼承しようとする。先行研究たる松丸論が「單なる思いつき」のレベルを超えていることは、あらためて言うまでもないが、田獵地と諸族・諸方（諸侯）との關係が深いと考える點について言えば、それは「單なる思いつき」のレベルでも充分だと考えた。その上で、「大國」が小國をひきいる體制の維持のためには、小國から物資が絶えず「大國」にもたらされる必要があることを考え、『左傳』隱公八年に見える遠方の邑の交換記事をひきあいにだし、關連する『公羊傳』に「諸侯、皆湯沐の邑あり」と述べている言わば戰國時代の前代認識に注目して、上記の「思いつき」が「單なる思いつき」のレベルにとどまらないことを、松丸の想定とは別の觀點から論じてみた次第である。

日本江戸時代、太田錦城の山林藪澤說

以上、伊藤仁齋の「九夷」に關する見解の檢討から始まり、松丸道雄の殷代田獵地論等を參照しつつ、增淵龍夫の山林藪澤論を再檢討してみた。

そこであらためて浮かびあがったのが、殷周時代を語るに當たって、殷周王朝の領域を戰國時代の各領域國家と同樣に見なしてしまうという點であった。それは、『史記』などに見える天下の王朝としての殷・周王朝像とは異なっているのだが、それでもなお、都市國家時代の大國殷王朝、同じく大國周王朝の實態を語るものではなかったわけである。その實態を語るについて、我々にあらためて示されたのが、殷周時代の山林藪澤における日常的田獵が、結局は都市の領域をさほど出ることのない範圍で擧行されていたということである。それでいてなおかつ、大國が小國を從えるための方策がちゃんととられていた、ということであった。

さて、殷周時代の山林藪澤について、都市の領域が問題になることを確認した後、あらためて『孟子』に目を通す

と、とても興味深い記述に出會うことになる。先に『孟子』公孫丑章句上の一節「夏后（夏王朝）・殷（殷王朝）・周（周王朝）の盛んなる、地、未だ千里に過ぐる者あらざるなり」を引いたわけだが、この一節の前には、「文王、猶方百里にして起る」とある。これに關連する話題が同じ公孫丑章句上にも示されている。

詳しくは述べないが、ここには、戰國時代の領域國家に匹敵する方千里だけでなく、都市國家なみの方百里が話題にされている。

つまり、考えようによっては、『孟子』の時代にあっても、かつての殷王朝・周王朝の時代が都市國家であり、その都市を基盤にして大國として君臨していた時代の記憶が、細々としたものながら繼承されていた、ということもできる。

冒頭に、都市國家なみの小領域、現代の國家なみの中領域、現代のEUなみの大領域のことを述べた。『孟子』には、中領域を特別に位置づけつつも、なお小領域を特別に位置づける記憶が殘されている。

こうなると、中領域を幕府がまとめ、多くの藩士が小領域たる藩の下で生活していた江戸時代の學者の說に、興味がわく。

ここに話題にしたいのが、大田錦城である。

大田錦城は、その著『梧窓漫筆』の中で、「商鞅ノ言ニ云々」として次のように述べている（カタカナ表記をひらがなに變え、濁點を附した）。商鞅は、戰國時代の秦國で用いられ、改革運動を進めて秦を有數の大國に押しあげた人物である。山林藪澤利用は、中領域を問題にし、大國化も中領域を問題にし、始皇帝の時代に天下という大領域の統一をなしとげる基礎をつくりあげた。

本來はだから、商鞅については、中領域を念頭において、史料を讀み取ればいいわけである。

商鞅の言に、民は共に始を圖るべからず。倶に成るを樂むべしとは、妙語と云ふべし。新規に事を興さんとすれば、洶洶然として物論涌沸して左支右吾しこれを沮格せんとす。必竟は姑息に因仍するを喜ぶ。愚昧より起るなれば、蚩々無智の古頭を怯れて興すべき利をも興すに憚り、除くべき害をも除くに畏るるは、才力の淺劣にて共に治道を語るに足らず。事の紛更を好（む）は甚（だ）不善事ながら、心を食貨に用ひ、民生の教育國用の冨實を旨とし、山林藪澤の土宜等を稽［かんが］へ、萬世の必利を觀ること有らんには、一時財を散じ民を勞することをも隱忍に果決を以て事を剏［はじ］むべし。但貨利を上に收めんとせば、民の怨府を作るなり。恐るべく戒むべし。鹿臺の財、鉅橋の粟は周の資となり、李密王充が財とも唐の大宗の軍實に供するに足れり。不仁にして冨むは、自ら斃るを速《まね》く也。

大田が「萬世の必利」と言いつつ、商鞅に言及しているのは、商鞅の改革によって秦の富强がもたらされ、やがては始皇帝の天下統一を迎えることを述べている。これは、正しい讀み取りである。ところが、「山林藪澤の土宜等を稽［かんが］へ」という部分には、鑛産資源や鹽という中領域の領域化にあって始めて意味をもつ山林藪澤利用の發想はなさそうだ。木材や魚・獸という、殷周時代以來問題にされてきた山林藪澤の材に目がそそがれている。これは、都市國家時代以來の山林藪澤利用を述べたものである。「山林藪澤」という字面にまどわされていそうである。

増淵龍夫が、大領域を念頭において貨幣經濟の進展を論じ、山林藪澤利用を述べたのと好對照をなしている。

こうした江戸時代の學者太田錦城と戰後の増淵龍夫の山林藪澤への接近法の違いは、江戸時代の學者が『孟子』の記事の中に正確に小さな「中國」を讀みとり、戰後の學者の間で、ともすれば小さな「中國」が曖昧になりがちであったのと、密接に關わるものである。

日本の江戸時代では、外交を擔うのは中領域を代表する幕府であり、その幕府の下に藩があった。その藩の下で、學者たちは議論を展開した。だから、小領域にめくばりし得る環境がととのっていた。しかし、論理的に言えば、中國を見る目にあって、大領域・中領域・小領域という鼎立の構圖が、直感的には理解しにくかったことが豫想される。一方、清朝の方はというと、天下という大領域を代表して外交を擔う清朝の下で、地方自治を議論する漢族たちがいた。かれらが主張した地方自治は中領域を場とするものになっていた。だから、中領域と大領域には目くばりし得る環境がととのっていた。しかし、論理的に言えば、中國の過去を溯るにあたって、大領域・中領域・小領域という鼎立の構圖が、日本と同じく直感的には理解しにくかったことが豫想されるのである。

こうした論理的に議論し得る問題からして、私には、中國史を語る江戸時代の學者大田錦城の議論の中に、小領域を問題にする部分が結果的に出てしまったという點が、とても興味深いものとなっている。本論でも話題にした宮崎市定も、都市國家論をもって名高い。この點もあらためて新鮮な目をもって想起し得る。その上で、あらためて『孟子』をみたとき、小領域を特別に扱う記事に出會って驚くのである。

興味深いというだけで、中國の學者たちの視點の中に小領域を語る部分があるのかないのか、という點や、日中ともに、小領域・中領域・大領域の鼎立の構圖にめくばりする視點があったのかなかったのか、という點などは、なお不明のままである（私には）。

おわりに

現代の世界は、多くの國家から成り立っている。その國家には大小さまざまなものがあって、それを前提にして國際政治が成り立っている。冒頭に述べたように、そうした現實に異を唱えるべく本論を執筆したのではない。その點は誤解のないようあらためてお願いしたい。

ただ、歴史を溯って檢討していく上では、いわゆる都市國家相當の小領域、日本・韓國なみの、そして戰國時代の領域國家なみの中領域、さらには現代の歐州や中國という大領域を、それぞれ混同せずに檢討しなければならないことを、あらためて述べてみたわけである。そして、歴史の皮肉として、時代も場所も異なる地域に、意外に古い時代と同じ現實が部分的に確認できることがあることも、指摘してみた。

本論は、山林藪澤が産出する資源を問題にした。そして、その資源が殷周時代（小領域の都市國家が基礎となる時代）と戰國時代（中領域が問題になる時代）とではもつ意味が異なっていること、それらは漢代以後の帝國下（天下という大領域が問題になる時代）においてもつ意味とも異なっていたことを述べた。そして、さらには、同じ文章を讀んでも、現代人が陷りやすい危險、先人たちが陷りやすかった危險があり、それらが樣々な絡まり方を見せていることを指摘し、それが私の近來の檢討結果に對する評價にまで及んでいそうだという點にも、言及してみた。

ここに、すでに述べたことにやや增補しつつ、山林藪澤に關する增淵論を繼承し、手なおしした内容を述べ、擱筆したい。表題に示した戰國時代の國家領域と山林藪澤論は、先行する都市國家の時代や、後にやってくる天下統一以後の時代をも視野にいれて、こうまとめられる。

「①もともと都市國家ごとに行われ、小領域が問題になる古代田獵（狩獵）では、藪澤のなかに防（しきり）をつくり、獵場をくぎることがならわしであった。古代田獵は防をもってさかいとなし、防を越えて逃げる獸は深追いしないならわしであった。都市の近くの藪澤の一部が獵場として常時利用されてくる。殷周時代の諸侯（小國・小都市國家）は、いずれも都市の外に廣がる山林藪澤を祭祀や軍事に利用していた。そもそも、山林藪澤は新石器時代にはその利用は限られ、また青銅器時代にあっても木材切り出しの利器は依然として石器であったから、同じく利用は限られた。

殷や周という大國は、その山林藪澤における祭祀・軍事の行動を日常的に行い、近傍に設けられた配下の諸族・諸方（諸侯）のムラに出向いて儀禮を行い、靈的威壓を加えた。山林藪澤の財は小國の貢納品として中領域内の大國に獻上された。大國は中領域内の玉や銅等の產地を軍事的に抑え、產品を製品化して威信材とし、獻上品とともに小國に分配した。以上、山林藪澤の管理は都市國家ごとになされたが、モノは中領域内を行き來していた。②春秋時代から戰國時代前期にかけて、中領域を官僚統治する領域國家が成長し、多くの諸侯國が滅ぼされて縣となった。それと併行して、大國が近傍の田獵（狩獵）により小國に對してかけていた靈的威壓の儀禮は消滅し、かつて諸侯國において國君を長として行われていた祭祀儀禮も、消滅したり中央から派遣された官僚による統制を受けたりすることになった。中領域を領土とする領域國家の王による山林藪澤の「占有」が、ここに議論される。この中領域内の各地の「山林藪澤」統制の下で、天下という大領域を相手にした貨幣經濟が進展し、一般物資が天下の交通路をいきすることになる。しかし、これと裏腹に鐵・銅などの鑛產資源や鹽など、いわゆる軍需物資は統制が强化された（あくまで「强化」ということである。新石器時代以來の文化地域ごとに個性の强い貨幣が作られたのもその統制强化のためであった）。前漢中期までの漢王朝下においても、天下の半ばが諸侯王國として獨立し、その山林藪澤の富は諸侯王に歸していたから、問題になる天下の統制として强化したのが、前漢中期であった。首都を含む特別地域の外の戰國時代の領域國家の故戰國時代と同じく、中領域規模の統制が問題になった。③それら中領域が問題になっていた統制を變更し、大領域が地は分割統治され、天下の中央と結ぶために郡や鐵官・鹽官などが置かれた。統一貨幣（個性の强い各地の貨幣は、改鑄により時間をかけてなくなったようだ）が天下の物資流通を支える一方で、依然として「山林藪澤」の地方的統制が問題となり、以後もこの問題は繼承される」。

山林藪澤が有する意味は、①小領域が問題になる都市ごとの祭祀儀禮の場→②中領域が問題になる領域國家の統制の對象→③大領域が問題になる天下の統制の對象、の順序で變化した。にも關わらず、中領域に視點を當てて見た場合、①大國と小國の間でモノが行き來する道路網がある（「湯沐の邑」に注目）。山林藪澤の管理は都市國家→②中領域が問題になる領域國家において中央と地方の間を結ぶ道路網・水路網があり、それらは連結されて天下の交易網となっている。山林藪澤は領域國家の王が占有→③前代以來の交易網を利用するが、中央の官僚が出向いて統制する場は、郡や鐵官・鹽官になっていて、かつての戰國時代の領域國家を分割統治する意味をもつ、という具合にまとめなおすことができる。ここには、モノの行き來に着目した場合にうかびあがる道路網という古來の繼承の側面がある。

變化に着目するにせよ、繼承に着目するにせよ、中領域に視點を當てることで、山林藪澤の有した①・②・③の各段階における意味を明確にすることができる。この①・②・③は、本論冒頭において①・②・③の三つの段階を述べ、それらと小領域・中領域・大領域の數の一致を指摘したものとは、內容が大分異なっている。冒頭の②（軍需物資としての意味をもつがまだ貨幣經濟の中で機能するにいたっていない「山林藪澤」）は、ここにまとめた新しい②の一部にすぎない。領域國家の王による「占有」の意味を詰めた結果である。その詰めの作業により、新しい①の小領域の山林藪澤と中領域との關係も明確になった。ご確認いただければ幸いである。

くりかえして述べたように、本論は、增淵龍夫の山林藪澤論を繼承しようとする。しかし、その繼承をはかるに當たっては、增淵の視點にあって缺けていた小領域・中領域の別を述べ、あらためて中領域に主たる關心をよせる必要があった。その中領域を結果として輕視してしまった根本原因が、小さな「中國」（中領域としての「中國」）と大きな「中國」（大領域としての「中國」）に關する誤解にあるらしいこと、小領域の田獵を述べた松丸道雄の檢討をまたずになされてしまったことを、比較的丹念に述べ、かつその「中國」に關する誤解が、近年來の私の檢討結果に對して、一般になされていると風聞する評價問題にも、密接に關わっていそうなことを述べてみた次第である。

そして、その評價問題に關して、『公羊傳』・『左傳』本文の讀み方すら、それらの注釋に影響されていることを述べ、その注釋の「讀み」（和訓）も、本文成立の時期の確認作業を誤らせていることを、比較的丹念に説明してみた。冒頭において日本の貨幣の定着に關連して、日本が中領域だという認識も希薄なまま、大領域たる東アジアにめくばりする意識が希薄であることを述べたが、中國史研究にあっては、逆に大領域が前提にあって、中領域にめくばりする意識が希薄であったことを述べてみた。日本に關して、「おや」と思う點があるとすれば、おそらく中國においても、同樣に思う點が出てくるはずだとも述べた。こうした點も、あらためてご確認願いたい。

最後になるが、本論に興味關心を抱かれた向きには、周代から唐代までを見据えて當該問題に言及した堀敏一[25]、西周から後漢にかけての山林藪澤（山川藪澤――他にも類似の言い方がある）を檢討した重近啓樹[26]等、關連する先行研究もご參照下さると有り難い。增淵を繼承して視點が異なるものではありながら、本論では扱えなかった問題や多くの具體的史料の實際を知ることができるからである。

第二節　上海博楚簡『天子建州』と「封建」論

はじめに

私は、別稿(27)において、龜趺碑が建てられた意味をあらためて検討した。龜趺碑出現のいきさつを詰めてみると、大地が海に浮かぶという宇宙觀の下、太陽の道筋を靑龍・朱雀・白虎・玄武で代表させる考え方の存在が大きい。讖緯說では、孔子を玄武のように表現し、劉邦を朱雀（一部玄武）のように表現した。これで、劉邦と孔子が特別の存在であり、しかも劉邦が上位にあることを示した。

この宇宙觀が述べる大地は、漢代には「八紘」と表現されるにいたる。この「八紘」は基本的に『史記』から始まり（『淮南子』を受ける）、『舊唐書』まで繼承された（『新唐書』では、やや廣めの「八紘」が說明される）。その後、征服王朝をまきこんだ天下觀が歷史世界を席卷することになり、「八紘」觀は衰えた。『明史』にいたるまで、『史記』の「八紘」觀が繼承議論されている（『明史』樂志に漢唐間のことを論じ、同じく楊榮傳・朱燮元傳等に八紘内最遠の地である荒服が具體的地域とともに議論されている）のだが、史書世界は征服王朝の下、より廣大な領域を問題にしていた。

馬王堆漢墓帛畫の時代には、汀の龜と大地を支える力士が表現されている。この力士が龜におきかわったとき、大地を支える龜が登場する。これを具體的形として表現したのが龜趺塔である。龜趺塔は、平安時代以後の日本や、朝鮮半島の高麗の事例が知られている。いずれも「舍利塔」であり、佛教に關わっている。つまり、「八紘」觀に密接に結びついて出現した龜趺塔は、中國で「八紘」觀が衰亡した後も、朝鮮半島や日本の佛教世界で、繼承されたということである。

こうした位置づけがなされる龜趺塔とは別に、龜趺碑が存在する。讖緯說が猛威を振るった後漢時代に出現し、薄葬令が出された後は、龜形墓誌や龜趺碑形墓誌として存續し、やがて地上の石碑として再出現した。もともと賢人としての孔子が、皇帝としての劉邦の出現を預言する形から始まり、賢人を自任する後漢時代の豪族たちが建て始めたようである。再出現した後は、品階規定が嚴しくなり、唐令では「五品以上」に許すものとなった。以後、山嶽を含む神格や英傑（死後に神格化）についても建てられるようになる。ここで問題になる品階は、中國皇帝や周邊國家の君主の下の品階で、それぞれの國家の形を、官僚制の面から具體的に表現するものとなった。墓前碑の場合は、一般に「儒式」墓葬として議論される（佛式の折衷他もある）。この「儒式」と密接に關わって建てられた龜趺碑は、それぞれの國家、言い換えれば、それぞれの設定する「八紘」世界の中で、品階で規定して造られた。そして、「八紘」觀が衰えた後も、造られ續けた。

龜趺碑・龜趺塔いずれも、「八紘」觀の時代に出現し、「八紘」觀が衰えた後も造られ續けた。

中國・日本、いずれも獨自の「八紘」觀をもつ。高麗の龜趺塔を見る限り、朝鮮半島も同樣のようだ。それぞれの「八紘」はそれぞれの律令秩序を形成した。それぞれの「八紘」の品階は、同じ數値のものが同等だというのが前提だったようだ(28)（外交の場の品階比較）。品階は同等だが、それぞれの「八紘」はそれぞれの王道によって統治される。自分の德により他は風化されると考える（自分は本物で他は僞物）。「八紘」觀が衰えた後については、明と朝鮮李朝の事例が知られており、李朝では中國皇帝より朝鮮王を一等下げ、明の三品を朝鮮の二品に讀み換えた(29)。

ところで、私の檢討したところによると、こうした國際秩序の表現は、「八紘」觀の時代を遡り、戰國時代にいたると、別の様相を呈している。代表的經典である『孟子』等を具體的に讀めば明らかなことだが、戰國時代は、天下を九つの「方一千里」に分け、そのうち一つが天子、他が八人の覇者（方伯）が治めたという歴史を述べた（『孟子』梁惠王章句上・公孫丑章句上）。天子・方伯それぞれの「方一千里」の治め方は同じである。しかし、天子は、その「方一千里」に王道（仁政）を敷き、他の覇者の「方一千里」はその德に風化される。つまり、「八紘」觀の時代の德化の理念は、戰國時代のものを領域的に擴大する形でできあがったものである。

さて、こうした事態が、史料に卽して確認できるのだが、同じ天下の九州を論じるのでも、『孟子』と『禮記』では、大いに異なった部分ができる。そもそも成書された時代の世界觀が上記のように異なっているだけでなく、一つの州、つまり「方一千里」の中を『禮記』王制は「（大小）二百十國」あったとする。これに對し、『孟子』萬章章句下を讀むと、「方一千里」の中には、「（大小）十四個程度の國」があったとするしかない（一邊の數値をもって面積の大小を語る）。これは、何をもって國を數えるかの基礎が違っているためである。戰國時代には、君主の家産となった山林藪澤を國とは分けて論じていたのだが、漢代の鹽鐵專賣の議論を通して國に組み入れて論じるようになった。このことが影響する。「方一千里」の中を碁盤の目のように區劃するにいたったのが漢代で、戰國時代は、大道に沿った耕作地を基礎に國を論じていた。[30]比較的大きな面積を述べる場合に碁盤の目を意識するのは、この漢代の「方一千里」の中だけのことで、中國古代の面積の數え方としては例外に屬する。一般に議論されたのは、『孟子』と同じ數え方で、一邊の數値をもって面積の大小を語った。天下を「方萬里」（略稱「萬里」）とするのもその考え方を繼承したものので、これは「萬里四方」ではなく「方一千里」十個分のことである。「八紘」は「萬里」である。[31]

ところが、戰國時代の出土遺物について、『禮記』王制を引用し、そのまますませる研究が少なくないようだ。『孟子』以來の繼承を論じる場合は別として、『孟子』と『禮記』王制との間に議論の上での斷絶が見える場合は、分けて論じるのが筋である。本稿は、この「筋」から出發し、『天子建州』に見える議論が戰國時代の「封建」論であって、漢代のそれとは異なること、さらに言えば、戰國時代にあって先行する『左傳』の議論とも異なること等を確認してみたい。

『孟子』萬章章句下等に見える「封建」論

『孟子』萬章（章句）下には、以下の文章が見える。

北宮錡問曰、周室班爵祿也、如之何、孟子曰、「其詳不可得聞也、諸侯惡其害己也、而皆去其籍、然而軻也嘗聞其略也、①天子一位、公一位、侯一位、伯一位、子男同一位、凡五等也、②君一位、卿一位、大夫一位、上士一位、中士一位、下士一位、凡六等、③天子之制、地方千里、公侯皆方百里、伯七十里、子男五十里、凡四等、不能五十里、不達於天子、附於諸侯曰附庸、④天子之卿、受地視侯、大夫受地視伯、元士受地視子男、⑤大國地方百里、君十卿祿、卿祿四大夫、『大夫倍上士、上士倍中士、中士倍下士、下士與庶人在官者同祿、祿足以代其耕也』、⑥次國地方七十里、君十卿祿、卿祿三大夫、『大夫倍上士、上士倍中士、中士倍下士、下士與庶人在官者同祿、祿足以代其耕也』、⑦小國地方五十里、君十卿祿、卿祿二大夫、『大夫倍上士、上士倍中士、中士倍下士、下士與庶人在官者同祿、祿足以代其耕也』、⑧耕者之所獲、一夫百畝、百畝之糞、上農夫食九人、上次食八人、中食七人、中次食六人、下食五人、庶人在官者、其祿以是爲差」。

以上、問題の箇所について、内容からいくつかに分け、①〜⑧を附してみた。ここでまず注目していただきたいのは、⑤⑥⑦である。⑤では「大國」、⑥では「次國」、⑦では「小國」が話題にされている。

その前に③において「天子之制、地方千里」とあり、「公侯皆方百里、伯七十里、子男五十里」とあるから、ここにいう「天子の制」において、「公侯」は「方百里」の「大國」⑤、「伯」は「方七十里」の「次國」⑥、「子男」は「方五十里」の「小國」⑦に相當することがわかる。

また、④において「天子之卿」・「大夫」・「元士」が話題になるわけだが、「天子之卿、受地視侯」とあるから、「天子の卿」は「侯」すなわち「大國」に相當し、同じく「大夫」は「伯」すなわち「次國」に相當し、「元士」は「子男」すなわち「小國」に相當することがわかる。

さて、あらためて⑤⑥⑦を見てみると、『大夫倍上士、上士倍中士、中士倍下士、下士與庶人在官者同祿、祿足以代其耕也』の部分は共通していることがわかる。この共通部分をうけたのが⑧であり、「祿足以代其耕也」の「耕」を説明する。つまり、共通部分は⑤⑥⑦同じことを述べている。その上で、よく見てみると、「⑤大國地方百里、君十卿祿、卿祿四大夫」、「⑥次國地方七十里、君十卿祿、卿祿三大夫」、「⑦小國地方五十里、君十卿祿、卿祿二大夫」と述べた意味がよくわかる。ここでは、大國の卿⑤と次國の卿⑥と小國の卿⑦の「祿」を比較する。それはそれぞれ「卿祿四大夫」⑤、「卿祿三大夫」⑥、「卿祿二大夫」⑦になるというのである。つまり、⑤⑥⑦共通して「君十卿祿」であって、「大國地方百里」は「卿祿四大夫」⑤、「次國地方七十里」は「卿祿三大夫」⑥、「小國地方五十里」は「卿祿二大夫」⑦になる。ここで確認したいのは、面積單位である。「大國地方百里」・「次國地方七十里」・「次國地方七十里」は、共通の基礎をもって祿高が討論されており、それぞれの差は「卿祿四大夫」⑤、「卿祿三大夫」⑥、「卿祿二大夫」⑦に具體的に示されている。簡單に氣づくことだが、「百」：「七十」（計算上は「七十五」の方がよい）：「五十」が卿錄の比そのもの、つまり四：三：二になっている。

常識にしたがって「方百里」が「百里四方」だとすると、百里四方：七十（七十五）里四方：五十里四方は、それぞれの邊の自乘、すなわち一六：九：四にならねばならない。そうではなく、四：三：二である。だから、ここに示されている事實は、『孟子』に示された面積單位（嚴密に言えば祿高）の數が一邊の數値になっている、ということである。「天子之制、地方千里」の中に、大國なら十個、次國なら十三個と少し、小國なら二十個あった計算になる。この次國十三個は七十五里で計算したが、本文どおり七十里なら十四個とちょっとという計算になる。おそらく、次國を十五個で計算したいという思惑がからんで、「七十五里」ではなく「七十里」という數値が選ばれているのであろう。

ここでは、①において、天子と諸侯の序列を述べ、②において國ごとに君・卿・大夫・士（上士・中士・下士）の序列があることを述べている。その議論を見る限り、「①天子一位、公一位、侯一位、伯一位、子男同一位、凡五等也」も「②君一位、卿一位、大夫一位、上士一位、中士一位、下士一位、凡六等」も、「天子之制」を述べているのであり、「地方千里」の中を述べている（「③天子之制、地方千里、公侯皆方百里、伯七十里、子男五十里、凡四等」）。

この「地方千里」の中のことを述べている、という事實は、『孟子』の他の箇所で再確認できる。

梁惠王章句上には、次のようにある。

曰「鄒人與楚人戰、則王以爲孰勝」、曰「楚人勝」、曰「然則小固不可以敵大、寡固不可以敵衆、弱固不可以敵强、海內之地、方千里者九、齊集有其一、以一服八、何以異於鄒敵楚哉、蓋亦反其本矣、今王發政施仁、使天下仕者皆欲立於王之朝、耕者皆欲耕於王之野、商賈皆欲藏於王之市、行旅皆欲出於王之塗、天下之欲疾其君者、皆欲赴愬於王、其若是、孰能禦之」。

言うまでもなく「海內」とは海にかこまれた世界のことを言う。その「海內」に「方千里」なるものが九つあるという。そして、その「方千里」は孟子が仕えた戰國齊國の領土に等しいという（「齊集有其一」）。その「方千里」に仁の政治すなわち王道を行うならば、天下は王のものになるという（「今王發政施仁、使天下仕者皆欲立於王之朝、耕者皆欲耕於王之野、商賈皆欲藏於王之市、行旅皆欲出於王之塗、天下之欲疾其君者、皆欲赴愬於王、其若是、孰能禦之」）。明言してはいないが、「天下」と「海内」は同じ領域を指している。

また、公孫丑章句上には、次のようにある。

夏后殷周之盛、地未有過千里者也、而齊有其地矣、雞鳴狗吠、相聞而達乎四境、而齊有其民矣、地不改辟矣、民不改聚矣、行仁政而王、莫之能禦也、且王者之不作、未有疏於此時者也、民之憔悴於虐政、未有甚於此時者也、飢者易爲食、渇者易爲飲、孔子曰、「德之流行、速於置郵而傳命」、當今之時、萬乘之國行仁政、民之悅之、猶解倒懸也、故事半古之人、功必倍之、惟此時爲然。

「夏后殷周之盛、地未有過千里者也、而齊有其地矣」というのは、夏王朝・殷王朝・周王朝、そして戰國の齊、いずれも「千里」が問題になることを述べている。夏王朝・殷王朝・周王朝は「地未有過千里者也」であり、齊は「有其地矣」である。

以上、『孟子』では、天子の制は「方一千里」の中を問題にする。そして、天子はその「方一千里」に「仁政」（王道）を行う。その中は、「①天子一位、公一位、侯一位、伯一位、子男同一位、凡五等也」であり、「②君一位、卿一位、大夫一位、上士一位、中士一位、下士一位、凡六等」であり、「③天子之制、地方千里、公侯皆方百里、伯七十里、子男五十里、凡四等」である。だから、天子は「方一千里」を自らの下に置いているが、直轄地は限られる。すでに述べたように、「公侯」は「方百里」の「大國」⑤、「伯」は「方七十里」の「次國」⑥、「子男」は「方五十里」の「小國」⑦に相當する。だから、天子の直轄領は、その「大國」程度であることがほのめかされている。

そこで注目されるのが、告子章句下の以下の文章である。

魯欲使愼子爲將軍、孟子曰「不教民而用之、謂之殃民、殃民者不容於堯舜之世、一戰勝齊、遂有南陽、然且不可」、愼子勃然不悅、曰「此則滑釐所不識也」、曰「吾明告子、天子之地方千里、不千里、不足以待諸侯、諸侯之地方百里、不百里不足以守宗廟之典籍、周公之封於魯、爲方百里也、地非不足、而儉於百里、太公之封於齊也、亦爲方百里也、地非不足也、而儉於百里、今魯方百里者五、子以爲、有王者作、則魯在所損乎、在所益乎、徒取諸彼、以與此、然且仁者不爲、況於殺人以求之乎、君子之事君也、務引其君、以當道、志於仁而已」。

ここには孟子の發言として、「天子之地方千里、不千里、不足以待諸侯」と「諸侯之地方百里、不百里不足以守宗廟之典籍」が紹介されている。天子の「方千里」は諸侯封建を議論する場合に問題にする。諸侯の「方百里」は宗廟運營を議論する場合に問題にする。上記に話題にした『孟子』のいくつかの文章から、「天子の直轄領は大國程度である」ことを述べておいたが、これは、言い換えれば、「天子が宗廟を議論する場合に問題にする」のは、大國程度すなわち「方百里」であるということであった。それに沿った文意が、告子章句上に見えている。「太公之封於齊也、亦爲方百里也、地非不足也」というのも、宗廟運營を問題にする文意で述べている。

天子の「方千里」については、梁惠王章句上において「海内之地、方千里者九、齊集有其一」と表現された。だから、告子上に述べる「今魯方百里者五」の場合も、「方千里者九」との表現上の類似からして、「天子の〝方千里〟は諸侯封建を議論する場合に問題にする」のと類似の文意があると見なければならない[32]。その文意において、王が出現することを話題にし、「仁を爲していない」からだめだと述べている。

ここで、さらに話題にしなければならないのが、公孫丑章句下（上）の以下の文章である。

孟子曰、「以力假仁者霸、霸必有大國、以德行仁者王、王不待大、湯以七十里、文王以百里、以力服人者、非心服也、力不贍也、以德服人者、中心悅而誠服也、如七十子之服孔子也、詩云、自西自東自南自北無思不服此之謂也」。

ここに「以力假仁者霸、霸必有大國」というのは、上記において問題にした諸侯封建を問題にする文脈、宗廟運營を問題にする文脈のうち、後者の文脈を問題にしている。その上で「湯以七十里、文王以百里」というのは、殷の湯王は「次國」をもって「以守宗廟之典籍」していたこと、周の文王は「大國」をもって「以守宗廟之典籍」していたことを述べるものである。

ちなみに、盡心章句上には、「孟子曰、『堯舜性之也、湯武身之也、五霸假之也、久假而不歸、惡知其非有也』」とある。ここでいう「仁」を行うか「仁」を「假る」かだとされている。ここで王と霸を分けているのは、「仁」を行うか「仁」を「假る」かだとされている。ここにいう「五霸假之」も仁を假ることを問題にしている。堯舜は仁を「性」とし、殷の湯王と周の武王は仁を「身」にしていたということである。この仁の政治を行うのに、「次國」（七十里）や「大國」（百里）をもって「以守宗廟之典籍」し、「方千里」をもって「以待諸侯」した。文脈上、當然のこととして、五霸はこの「方千里」をもって「以待諸侯」するのに「仁を假りた」わけである。

『孟子』に示された文脈のみをもって理解するということで、はなはだ迂遠な説明を進めてきた。以上をまとめてみると、「海内」（天下）は「方千里」なるものが九つあり、天子はそのうち一つをもって仁政を行う。五霸はその「方千里」一つをもって、仁政を「假る」。いずれも、「以待諸侯」するには「方千里」をもってし、「以守宗廟之典籍」するには「方百里」や「方七十里」をもってした。そしてそれぞれの下には、大國「方百里」、次國「方七十里」、小國「方五十里」がひかえていた。「天子の卿」は「侯」すなわち「大國」に相當し、同じく「大夫」は「伯」すなわち「次國」に相當し、「元士」は「子男」すなわち「小國」に相當するという考えも示されていた。また、これら「大國」・「次國」・「小國」いずれも、「卿——大夫——士（上士・中士・下士）」の序列があるとされた。だから、天子の「卿」・「大夫」・「元士」は、それぞれ内部にみずからの「卿——大夫——士（上士・中士・下士）」の序列をかかえていたことになる。

以上を言い換えると、こうなる。天下は、「以待諸侯」する天子と霸者（五霸を代表とする）からなり、その下には「以守宗廟之典籍」する「方百里」の「大國」、「方七十里」の「次國」、「方五十里」の「小國」がある。天子の「大國」（の長）は（天子の）「卿」といい、「次國」（の長）は（天子の）「大夫」といい、「小國」（の長）は（天子の）「元士」という。それぞれの「大國」・「次國」・「小國」には、それぞれ「卿――大夫――士（上士・中士・下士）」の序列があるとされた。

つまり、天子と霸者の「封建」の基礎は全く同じである。異なるのは、天子が「仁政」を行い、霸者が「仁政」を「假」りたことである。天子はみずからの「方一千里」に王道を行い、霸者はみずからの「方一千里」にそれを行うことができなかった――とされたのである。

『禮記』王制に見える「封建」論

以上、『孟子』に見える「封建」論をまとめるに當たり、一點附記しなければならない點がある。それは、「五霸はその〝方千里〟一つをもって、仁政を〝假る〟」という部分である。この「方千里」は「堯舜性之也、湯武身之也、五霸假之也」から推測しているわけだが、直接的には「仁政」（王道）について述べている。天子の場合、諸侯を問題にする文脈では「方千里」、宗廟を問題にする文脈では「方百里」が議論された。後者は具體的數値が示されている。しかし、「方千里」という數値は具體的に示されているわけではない。

ところが、公孫丑章句上の「海内之地、方千里者九、齊集有其一、以一服八、何以異於鄒敵楚哉」の文脈には、漠然とながら、「天子でない」という意味での覇者が八人いることが示されている。だから、覇者も「方千里」を問題にするのだろうということになる。

この隔靴掻痒の感がある「方千里」と覇者の關係を明言したのが『禮記』王制である。

①凡四海之內九州、州方千里、州建百里之國三十、七十里之國六十、五十里之國百有二十、凡二百一十國、名山大澤不以封、其餘以爲附庸閒田、八州州二百一十國、②天子之縣內、方百里之國九、七十里之國二十有一、五十里之國六十有三、凡九十三國、名山大澤不以朌、其餘以祿士、以爲閒田、③凡九州千七百七十三國、天子之元士、諸侯之附庸不與、④天子百里之內以共官、千里之內以爲御、⑤千里之外、設方伯、五國以爲屬、屬有長、十國以爲連、連有帥、三十國以爲卒、卒有正、二百一十國以爲州、州有伯、八州八伯、五十六正、百六十八帥、三百三十六長、八伯各以其屬、屬於天子之老二人、分天下以爲左右、曰二伯。

④には、「(天子)千里之外、設方伯」、「二百一十國以爲州、州有伯、八州八伯」と明言されている。『孟子』においていまひとつはっきりしない點は、はっきりした。

ところが、①にみえる「州建百里之國三十、七十里之國六十、五十里之國百有二十、凡二百一十國、名山大澤不以封、其餘以爲附庸閒田、八州州二百一十國」は、『孟子』萬章章句下等に見える「封建」論と根本的に異なる部分がある。すでに述べたように、『孟子』萬章章句下に示された面積單位の數は、一邊の數値になっていた。「天子之制、地方千里」の中に、大國なら一〇個、次國なら一四個と少し、小國なら二〇個あった計算になった。ところが、『禮記』王制に示された數値は、州ごとに「二百十國」である。

これは、『孟子』の段階で面積單位が一邊の數値であったのが、『禮記』王制では一邊の自乘をもって面積を表現するにいたったことが關係する。「百里之國三十、七十里之國六十、五十里之國百有二十、凡二百一十國、名山大澤不以封、其餘以爲附庸閒田」であるから、面積計算はこうなる。「方千里」は一〇〇〇〇〇〇平方里である。「百里之國三十」は一〇〇〇〇平方里の國が三〇個で三〇〇〇〇〇平方里、「七十里之國六十」は四九〇〇平方里の國が六〇個で二九四〇〇〇平方里、「五十里之國百有二十」は二五〇〇平方里の國が一二〇個で三〇〇〇〇〇平方里になる。合計八九四〇〇〇平方里となるので、差し引き一〇六〇〇〇平方里が「名山大澤不以封、其餘以爲附庸閒田」として殘される。

つまり、『孟子』から『禮記』にいたって、面積單位の表現法が劇的に變わったということである。しかも、『孟子』の段階で面積としては集計の外にあった「名山大澤」や其の餘の「附庸閒田」が計算に組み込まれるにいたる。「名山大澤」とは、いわゆる山林藪澤のことである。漢代にひきおこされた著名な動きとしては、武帝時期の鹽鐵專賣の開始が擧げられる。鹽鐵は山林藪澤の主要な富である。私は、別稿「中國戰國時代の國家領域を山林藪澤論」(33)において、都市國家の時代の都市ごとに管理されていた山林藪澤が、戰國時代領域國家においてそれぞれ中央集權的に管理されるようになり、さらに漢代にいたってそれらも連結されて鹽官・鐵官による一元的管理下におかれるにいたった經緯を述べ、その動きと研究史(增淵龍夫・松丸道雄等)との關わりを比較的丁寧にまとめた。この戰國領域國家から漢帝國への變化が、『孟子』萬章章句下等から『禮記』王制への變化に反映されている。

ちなみに、②にいう「天子之縣內、方百里之國九、七十里之國二十有一、五十里之國六十有三、凡九十三國、名山大澤不以朌、其餘以祿士、以爲閒田」の場合は、「方百里之國九」は一〇〇〇〇平方里が九個で九〇〇〇〇平方里、「七十里之國二十有一」は四九〇〇平方里が二十一個で一〇二九〇〇平方里、「五十里之國六十有三」は二五〇〇平方里が六十三個で一五七五〇〇平方里、合計三五〇四〇〇平方里になる。

③にいう「凡九州千七百七十三國、天子之元士、諸侯之附庸不與」について述べると、州ごとに二一〇國だから、

八州で一六八〇國、天子の一州は、さしひき九三國となる。これが、②で問題にした九三國である。この九三國をひいた殘りが「名山大澤不以朌、其餘以祿士、以爲閒田」となり、それは六六四九六〇〇平方里だったということになる。

④にいう「天子百里之內以共官、千里之內以爲御」は、『孟子』に見える議論を繼承して、宗廟を問題にする文脈の「方百里」と諸侯を問題にする文脈の「方千里」を分けて述べているのである。

⑤にいう「千里之外、設方伯、五國以爲屬、屬有長、十國以爲連、連有帥、三十國以爲卒、卒有正」は、天子の「方千里」と「伯」（霸者）の「方千里」が、統治の方法において異なることを述べている。しかし、「二百一十國以爲州、州有伯、八州八伯」という配下の國の數は、「天子」の「方千里」と何ら變わらない。「八州八伯、五十六正、百六十八帥、三百三十六長、八伯各以其屬、屬於天子之老二人、分天下以爲左右、曰二伯」という部分は、「伯」（霸者）が官制として天子の下にあることを述べる。そして天下の封建は、伯のレベルとその屬のレベルの二段階になっている。

ただし、「天子之老二人」という表現は、やや微妙なものになっている。「老」というのは、官制にはなじまない表現である。直接天子に屬するのではなく、この「老」に屬するとしたところが、『孟子』の議論を繼承した現實を反映しているようだ。

以上、『禮記』王制に述べる九つの州は、官制として天子の「老」二人に屬することを明言し、「方千里」の中の面積單位も碁盤の目條に計算されている。これは、ここに話題にした『禮記』王制の文章が『漢書』刑法志に引用され、「伯」が「牧」に言い換えられていることとも關わっている。(34) この「州牧」は漢代の州の長官名である。『禮記』王制にみえる「封建」の世が、漢代の「郡縣」の世にかわったとき、「伯」は「牧」になった。

ちなみに「封建」の世から「郡縣」の世への變化が統一帝國成立による大きな變化であるというのが、漢代の歴史認識であり、それは『史記』三王世家に記述がある。この「封建」は、天子が州の「伯」を「封建」していることを前提に述べたものである。漢代の諸侯王の「封建」を問題にしている。

『禮記』王制は、その説明からも、また『漢書』との對應關係からも、漢代の帝國領域を「中國」として特別にみなす意識の下で作られていることがわかる。これに對し、『孟子』は天子の「方一千里」に「仁政」がしかれ、他の「方一千里」には、（五霸に代表される）霸者による「仁を假る」政治が行われる。いわゆる天下の一部に王道がしかれ、その德が周圍に及ぶという前提がある。德が周圍に及ぶという説明は同じだが、中國とされる領域が、全く異なっている。

『孟子』の「封建」は、王道をしく「方一千里」の中だけを述べ、他はそれに準じて推量するようになっている。これに對し、『禮記』王制の「封建」は、帝國の領域たる中國の中について、天子の「方一千里」と伯（霸者）の「方一千里」が存在することを述べ、その天子と霸者の關係が「封建」になることを『史記』三王世家が述べている。

ちなみに、『禮記』王制には、上文の「①凡四海之內九州、州方千里～」の前に以下のようにある。

王者之制祿爵、公侯伯子男、凡五等、諸侯之上大夫卿、下大夫、上士、中士、下士、凡五等、天子之田方千里、公侯田方百里、伯七十里、子男五十里、不能五十里者、不合於天子、附於諸侯、曰附庸、天子之三公之田、視公侯、天子之卿、視伯天子之大夫、視子男、天子之元士、視附庸、制農田百畝、百畝之分、上農夫食九人、其次食八人、其次食七人、其次食六人、下農夫食五人、庶人在官者、其祿以是爲差也、諸侯之下士、視上農夫、祿足以代其耕也、中士倍下士、上士倍中士、下大夫倍上士、『卿四大夫祿、君十卿祿、次國之卿、三大夫祿、君十卿祿、小國之卿、倍大夫祿、君十卿祿』、次國之上卿、位當大國之中、中當其下、下當其上大夫、小國之上卿、位當大國之下卿、中當其上大夫、下當其下大夫、其有中士下士者、數各居其上之三分。

注目のしどころは、ここに『卿四大夫祿、君十卿祿、次國之卿、三大夫祿、君十卿祿、小國之卿、倍大夫祿、君十卿祿』と『　』でくくった部分が、『孟子』萬章章句下を引いていることである。しかも、この部分を含め、「大國」・「次國」・「小國」という用語は、上に説明した「①凡四海之内九州、州方千里」以下の「百里之國」・「七十里之國」・「五十里之國」とは切り離されている。つまり、②において「天子之縣内、方百里之國九、七十里之國二十有一、五十里之國六十有三、凡九十三國」と述べた「百里之國」・「七十里之國」・「五十里之國」は、「大國」・「次國」・「小國」とは別に論じられている。『孟子』において、「大國」は「百里」、「次國」は「七十里（七十五里）」、「小國」は「五十里」とされたのとは異なる「大國」・「次國」・「小國」が論じられている。そうなっている理由は簡單で、『孟子』を引いて大國が四、次國が三、小國が二という面積（祿高）の議論をすれば、『禮記』の述べる百里四方・七十里四方・五十里四方の面積がそれぞれの一邊の自乗の比較になるのと矛盾を生じるからである。『孟子』を引いて、かつ矛盾がないようにする唯一の解決法は、「大國」（祿高四倍）・「次國」（祿高三倍）・「小國」（祿高二倍）と「百里之國」（一〇〇〇〇平方里）・「七十里之國」（四九〇〇平方里）・「五十里之國」（二五〇〇平方里）を次元の異なる存在として分けておくことである。[35]

はからずも、こんなところに『禮記』の後代性と、その編纂時に『孟子』と苦闘した痕跡を看取することができる。そして②の部分において、天子と覇者の關係から「封建」を論じた。『孟子』の「封建」論は、ここで全く次元の異なる議論にすりかわった。[36]

『左傳』僖公二十四年に見える「封建」論

さらに述べると、同じ「封建」という用語が、『左傳』僖公二十四年では全く異なる意味で使われている。問題の部分は、西周封建を回顧して述べた部分にある。

昔周公弔二叔之不咸、故封建親戚以蕃屏周、管蔡郕霍魯衛毛聃郜雍曹滕畢原酆郇文之昭也、邘晉應韓武之穆也、凡蔣邢茅胙祭周公之胤也、……。

ここには、具體的國名が並べられ、かつ「封建親戚以蕃屏周」という説明がある。確認し得る限りにおいて言えば、金文に見える「侯」（侯とする）は、この『左傳』において、はじめて「封建」と言い換えられた。「管蔡郕霍魯衛毛聃郜雍曹滕畢原酆郇文之昭也、邘晉應韓武之穆也、凡蔣邢茅胙祭周公之胤也」として並べられた國々は、「晉」を除いてすべて小國である。ここで、「小國」について、一言しておけば、私は、「方一千里」ないしそれに準じる廣い領域に軍事的影響力を行使した國を「大國」、この「大國」に從っていた國々を「小國」として議論している。上記において『孟子』について話題になった「大國」「次國」「小國」という史料上の用語と關連するところがあるが、『孟子』に據って「大國」「小國」を論じているわけではないので、ご了解願いたい。

さて、晉は、山西一帶に軍事的影響力を行使した大國である。これを除けば小國が並んでいる。そして、それらは、中原を防衛するように位置する國々である。それを「蕃屛」と表現した。「蕃屛」の「蕃」は屬國、「屛」は「屛風」の「屛」、周圍からの脅威に對抗すべくついたてのように配された國々を言う。

晉を特別に加えているのは、『左傳』が晉を後に三分した韓で作られたことと關係する。(37)

周は、陝西という「方一千里」を手中におさめた後、鄰接する殷を滅ぼし、中原という「方一千里」を自らのものとした。だから、この僖公二十四年に述べている「封建」は、まさに「方一千里」の中の「封建」を論じているのである。

そして、「藩屛」という表現からうかがえることは、周圍は周にとって「對抗すべき相手」だったということである。

こうした認識は、すでに話題にした『孟子』と同じ土俵で議論することができる。『孟子』によれば、天子の「方一千里」の外には、八つの「方一千里」が廣がる。天子の「方一千里」は仁政がしかれ、八つの「方一千里」は、霸者によって「仁を假る」政治が行われる。實際には、中原は殷を滅ぼして得たもう一つの「方一千里」だが、『孟子』に準じて議論することができる。

この『左傳』の議論と『禮記』の議論を結ぶ内容が『國語』鄭語に見えている。

桓公爲司徒、甚得周衆與東土之人、問於史伯曰「王室多故、餘懼及焉、其何所可以逃死」、史伯對曰「王室將卑、戎狄必昌、不可偪也、當成周者、①南有荊蠻申呂應鄧陳蔡隨唐、②北有衞燕翟鮮虞路洛泉徐蒲、③西有虞虢晉隗霍楊魏芮、④東有齊魯曹宋滕薛鄒莒、④是非王之支子母弟甥舅也、則皆蠻荊戎翟之人也、非親則頑、不可入也。

ここに配列された國々は、④に「是非王之支子母弟甥舅也、則皆蠻荊戎翟之人也」と説明された。『左傳』において「藩屛」とされた國々を含みつつ、その外を論じている。①の「荊蠻」は楚を指す。「申呂應鄧陳蔡隨唐」は、その楚に時に附き從わざるを得なかった。②の「衞」は狄に滅ぼされたことが議論される。「燕」はもっとも遠い。「翟鮮虞路洛泉徐蒲」は夷狄とともに議論される國々である。③の「虞虢晉隗霍楊魏芮」は晉とそれに附き從う國々である。④の「齊魯曹宋滕薛鄒莒」は、「齊」とそれに附き從う「滕薛鄒莒」およびその齊を牽制すべく封建された「魯」と「曹」、および殷の末裔たる「宋」である。だから、「非親則頑、不可入也」と總括されている。

ここでは、『左傳』の「藩屏」の内側が周の影響力が及ぶところ、という認識が示される一方で、周の諸侯が「蠻荊戎翟之人」に及ぶがごとき説明になっている。この説明が、『孟子』の認識と合體すると、やがて『禮記』王制の認識に發展する。①の「荊蠻」、②の「燕」、③の「晉」、④の齊は、いわゆる霸者、もしくはそれに相當する大國である。

現在多くの人々が、周の「封建」について、『孟子』萬章章句下等を參照することもなく、また『禮記』王制を參照することもなく、さらには、『左傳』僖公二十四年を參照することもなく、周王と天下の諸侯との關係であるかのように考えて疑わないのは、この『國語』鄭語の文章があるためである。そして、上記の諸書を參照しても、それぞれがいかなる「封建」を議論しているか、必ずしも了解されていない。全く次元の異なる『左傳』僖公二十四年を、『史記』三王世家の文脈と混同して論じる例も、みかけないわけではない。

いわゆる西周の「封建」認識を支えるべき史料は、實は存在しない。

上博楚簡『天子建州』

上博楚簡『天子建州』は次の文章をもって始まる。

天子建之以州、邦君建之以都、大夫建之以里、士建之以室。凡天子七世、邦君五世、大夫三世、士二世……。

これを傳世の文獻と比較するのであれば、同じ時代のものを用いる。まずは『孟子』と比較する。

すでに述べたことを、くりかえしておくと、「海内」（天下）は「方千里」なるものが九つあり、天子はそのうち一つをもって仁政を行う。五霸はその「方千里」一つをもって、仁政を「假る」。いずれも、「以待諸侯」するには「方千里」をもってし、「以守宗廟之典籍」するには「方百里」や「方七十里」をもってした。そしてそれぞれの下には、大國「方百里」、次國「方七十里」、小國「方五十里」がひかえていた。「天子の卿」は「侯」すなわち「大國」に相當し、同じく「大夫」は「伯」すなわち「次國」に相當し、「元士」は「子男」すなわち「小國」に相當するという考えも示されていた。また、これら「大國」・「次國」・「小國」いずれも、「卿――大夫――士（上士・中士・下士）」の序列があるとされた。だから、天子の「卿」・「大夫」・「元士」は、それぞれ内部にみずからの「卿――大夫――士（上士・中士・下士）」の序列をかかえていたことになる。

以上を言い換えると、こうなる。天下は、「以待諸侯」する天子と霸者（五霸を代表とする）からなり、その下には「以守宗廟之典籍」する「方百里」の「大國」、「方七十里」の「次國」、「方五十里」の「小國」がある。天子の「大國」（の長）は（天子の）「卿」といい、「次國」（の長）は（天子の）「大夫」といい、「小國」（の長）は（天子の）「元士」という。それぞれの「大國」・「次國」・「小國」には、それぞれ「卿――大夫――士（上士・中士・下士）」の序列があるとされた。

つまり、天子と霸者の「封建」の基礎は全く同じである。異なるのは、天子が「仁政」を行い、霸者が「仁政」を「假」りたことである。天子はみずからの「方一千里」に王道を行い、霸者はみずからの「方一千里」にそれを行うことができなかった――とされたのである。

以上を理解した上で、『天子建州』の上記の部分を見てみると、「天子建之以州、邦君建之以都、大夫建之以里、士建之以室」は①「天子建之以州、邦君建之以都」と②「大夫建之以里、士建之以室」に分けて、『孟子』と比較できることがわかる。①は「以待諸侯」する天子と、「以守宗廟之典籍」する「方百里」の「大國」、「方七十里」の「次國」、「方五十里」の「小國」を述べたものである。「大國」・「次國」・「小國」の相異を捨象して、それぞれの「長」を「邦君」と述べた。また、②は「大國」・「次國」・「小國」の下の「卿――大夫――士（上士・中士・下士）」の序列を述べたもので、これらを簡略化して「大夫建之以里、士建之以室」とした。

天子の「邦君」には、『孟子』にいう「大國」相當の「卿」、「次國」相當の「伯」、「小國」相當の「元士」がおり、それぞれ「卿」・「大夫」・「士」がいることになる。「百里」の「大國」の場合、「卿」は「十里」であり、「大夫」はその四分の一の「二・五里」であり、上士は「一・二五里」であり、中士は「〇・六二五里」、下士は「〇・三一二五里」となる。（「七十里」を）「七十五里」で計算した「次國」、「五十里」の「小國」の場合も同じである。この「十里」の「卿」・「二・五里」の「大夫」・「一・二五里」の「上士」・「〇・六二五里」の「中士」・「〇・三一二五里」の「下士」を『天子建州』は「大夫建之以里、士建之以室」とまとめたことになる。『孟子』のいうところの「大夫」・「上士」を「大夫」、『孟子』のいうところの「中士」・「下士」を「士」と述べていることは、明らかである。

『天子建州』の議論は、『孟子』に比較して、著しく簡略である。逆に『孟子』は天下をみすえてかなり複雑化させた議論をしている。『孟子』が複雑な議論になったのは、天子の「方一千里」と霸者の「方一千里」の違いを述べたためである。それぞれ「方一千里」は「仁政」の有無が問題になっただけでなく、天子の「卿」・「大夫」・「元士」が特別である「形」を作った。この「仁政」の有無も、天子の「卿」・「大夫」・「元士」の特別である「形」も、『天子建州』は議論しない。だから、議論が簡略になっている。

『天子建州』の冒頭に續いて、しばらくすると、「視、侯量寡（顧）還身、諸侯飤同狀、視、百正寡（顧）還㫄、與卿大夫同恥度、士視、日恆寡（顧）還面、不可以不聞恥度、民之儀也、凡天子禽氣、邦君飤濁、大夫丞薦、士受餘」

とある。[38] ここには、「天子――侯――百正（卿・大夫）――士」と「天子――邦君――大夫――士」という階層が並列されている。これは、上記に問題にした「封建」論が、官僚制度とどのように關わるかを示したものである。『天子建州』に見える「封建」論が、つまるところ、戰國時代の官僚制度を理念的に支えるべく議論されていることの裏返しである。そして、この部分を通して「侯」が複數語られて「諸侯」になること、「侯」は官僚制的には「邦君」と稱されること、その「諸侯」の下に「卿・大夫」と同等の「百正」が位置づけられている（「視、百正寡（顧）還脊、與卿大夫同恥度」）ことを知る。この「卿」は、『孟子』の議論を參照する限り、『孟子』に言う「大國」・「次國」・「小國」それぞれの内部の「卿」である。つまり、言わば都市國家ごとに「卿」が存在することだけを、『天子建州』は述べているわけである。この「卿」を、天子の「卿」・「大夫」・「元士」の一つとして特別に議論していない。だから、議論が簡略になっている。

上記の複雜化は、『左傳』の「封建」論から『禮記』王制の「封建」論への流れを見て、おおよそをたどることができる。だから、通常の感覺から言って、『天子建州』の「封建」論は、『孟子』の「封建」論より古い。

すでに『孟子』の「封建」論に先行して『左傳』僖公二十四年に見える「封建」論があることを述べた。それは、陝西の東、殷を滅ぼして得た中原の地を守るために、言い換えれば周圍の「大國」（霸者）による軍事的脅威に對抗するために、「藩屏」として諸侯を封建した、という内容であった。それに周圍の「大國」や若干の諸侯を加えて天下の議論にかえたのが『國語』鄭語であった。『左傳』の「封建」論は、「藩屏」を封建したことを述べていて、天子の下の國の秩序がどうだったかを述べるものにはなっていない。『金文』に見える「侯」（侯とする）を「封建」と言い換え、具體的にどの國を封建したかを述べるものになっている。これに對し、『天子建州』の「封建」論は、理念的枠組みを述べる。『國語』鄭語と違って天下の枠組みを述べるものではない。『左傳』僖公二十四年が「中原」の

「封建」を述べているのと同じく、「方一千里」の中を述べている。しかし、『左傳』が具體的事例を述べたのに對し、『天子建州』は理念的枠組みを述べるものになっている。これは、『天子建州』の「封建」論が、『左傳』僖公二十四年に繼承された傳承より新しい時期のものであることを物語っている。

「州」をめぐる問題——兼ねて『管子』度地の「封建」論を論ず

とはいえ、「州」をめぐる問題は、なお簡單でない部分をもっている。周知のように、同じ戰國の書である『管子』度地に氣になる記述が見えている。

①昔者桓公問管仲曰「寡人請問、度地形而爲國者、其何如而可」、②管仲對曰「夷吾之所聞、能爲霸王者、蓋天子聖人也、故聖人之處國者、必於不傾之地、而擇地形之肥饒者、鄉山、左右經水若澤、内爲落渠之寫、因大川而注焉、乃以其天材地之所生、利養其人、以育六畜、天下之人、皆歸其德、而惠其義、乃別制斷之、③州者謂之術《スイ》、不滿術者謂之里、故百家爲里、里十爲術、術十爲州、州十爲都、都十爲霸國、④不如霸國者、國也、以奉天子、⑤天子有萬諸侯也、其中有公侯伯子男焉、天子中而處此、謂因天之固歸地之利、内爲之城、城外爲之郭、郭外爲之土閬、地高則溝之、下則隄之、命之曰金城、樹以荊棘、上相穡著者、所以爲固也、歲修增而無已、時修增而無已、福及孫子、此謂人命萬世無窮之利、人君之葆守也、臣服之、以盡忠於君、君體有之、以臨天下、故能爲天下之民先也、此宰之任、則臣之義也、故善爲國者、必先除其五害、人乃終身無患害、而孝慈焉」。

ここには、天下の制度が見えている。まず注目できるのは、④の「不如霸國者、國也、以奉天子」である。これは、國が天子を奉ずることと、それと別に「霸國」があることを述べている。

その上で「霸國」以下がどうなっているかを見てみると、③に「州者謂之術、不滿術者謂之里、故百家爲里、里十爲術、術十爲州、州十爲都、都十爲霸國」とある。最初の「州者謂之」は「不滿州者謂之」とすべきことを、豬飼彦博が述べる。安井衡が言うように、「術」は「遂」である。この「霸國―都―州―術（遂）―里」という大小關係は、『孟子』を參照した場合、Ⅰ：「天子―卿（侯。「大國」）―大夫（伯。「次國」）―士（士。「小國」）」という上下關係と、Ⅱ：「卿」・「大夫」・「元士」それぞれの內部における「卿―大夫―士（上士・中士・下士）」の序列が讀みとれるのと對照させることができる。

くりかえして述べれば、こう言い換えられる。天下は、「以待諸侯」する天子と霸者（五霸を代表とする）からなり、その下には「以守宗廟之典籍」する「方百里」の「大國」、「方七十里」の「次國」、「方五十里」の「小國」がある。天子の「大國」（の長）は（天子の）「卿」といい、「次國」（の長）は（天子の）「大夫」といい、「小國」（の長）は（天子の）「元士」という。それぞれの「大國」・「次國」・「小國」には、それぞれ「卿―大夫―士（上士・中士・下士）」の序列があるとされた。「霸國―都―州―術（遂）―里」のうち、どうやら、「霸國―都」が、霸者・天子と國との關係を示すようだ。とすると、その國の中をさらに細分して「州―術（遂）―里」を述べている、ということになる。

『孟子』によると、「百里」の「大國」の場合、「卿」は「十里」であり、「大夫」はその四分の一の「二・五里」であり、上士は「一・二五里」であり、中士は「〇・六二五里」、下士は「〇・三一二五里」であった。（「七十里」を「七十五里」で計算した「次國」、「五十里」の「小國」の場合も同じであった。これら、「十里」・「二・五里」・「一・二五里」・「〇・六二五里」・「〇・三一二五里」について、「州」・「術（遂）」・「里」に分けて論じる。字面と數値と分け方を見れば、「十里」、「二・五里」・「一・二五里」、「〇・六二五里」・「〇・三一二五里」の三者に分けて論じているのがよくわかる。つまり、「十里」を「州」とし、「二・五里」・「一・二五里」を「術」とし、「〇・六二五里」・「〇・三一二五里」を「里」としているとみなせばよい。つまり、『管子』の州は『孟子』の「十里」（「都」の十分の一）の「卿」、同じく『管子』の術（遂）は『孟子』の「二・五里」の「大夫」・「一・二五里」の「上士」、同じく『管子』の「里」は『孟子』の「〇・六二五里」の「中士」・「〇・三一二五里」の「下士」を念頭において論じればよい、ということである。

『孟子』	『管子』	『天子建州』
内部卿（一〇里）	州	
内部大夫（二・五里）	術（遂）	大夫（里）
内部上士（一・二五里）		
内部中士（〇・六二五里）	里	士（室）
内部下士（〇・三一二五里）		

『孟子』と『天子建州』を比較した際、『孟子』の「十里」の「卿」、「二・五里」の「大夫」と「一・二五里」の「上士」、「〇・六二五里」の「中士」と「〇・三一二五里」の「下士」にわけて、『天子建州』の「大夫建之以里、士建之以室」に對應させた。これが、議論の上ではおさまりがよさそうであった。『孟子』・『管子』・『天子建州』を比較して一覧にすればわかるように、「里」が『管子』と『天子建州』でずれを示す。

ずれ、という點でいえば、『管子』の「州」は、明らかに「國」の内部の單位である。しかし、『天子建州』では、「國」をまとめあげる單位である。そこが違っている。

また、②の「夷吾之所聞、能爲霸王者、蓋天子聖人也」の意味の文意も、常識では推測しがたいものがある。ただし、私は別に述べた論理をもって、これに答えることができる。私は、たびたび戰國時代の國家ごとの正統觀を述べた。『春秋』と『公羊傳』は戰國時代の齊において作られた。『左傳』は戰國時代の韓において作られた。『穀梁傳』は戰國時代の中山において作られた。等々[39]。そこで述べた論理をくりかえせば、戰國時代の國家は、歴史的に自國領域内や他國領域内において出現した霸者を語り、その霸者を凌駕する存在として、新しい王の出現を預言させた。それが史書の役割であった。ここで、『管子』の舞臺設定は、春秋時代の齊國の管仲が發言する、ということだから、當然正統天子は周王なのである。そして、その周王に匹敵する軍事力をもっていて、『孟子』において「仁を假る」とされたのが霸者である。だから、齊國を舞臺にして、預言的に「能爲霸王者」と述べたのは、ゆくゆくは、この地に「王が出現する」という含意があり、かつ王は「霸者」とは分けて論じる必要があるから、「能爲霸王者」という妙な表現を用いているのだろう。そして、それが可能なのは「蓋天子聖人也」だと述べているのである。

そして、⑤に「天子有萬諸侯也、其中有公侯伯子男焉、天子中而處此」と述べる。これは周王を説明している。その「有萬諸侯」は、『國語』鄭語に述べたような認識がはたらいている。

こうして想定し得る『管子』の「封建」論は、『孟子』と多少の齟齬をもって議論する。そして、『禮記』との關係でいっても、領地の大小の對應を追うには齟齬が殘る。しかし、天子の「封建」を天下の中で議論しようとする點、『禮記』の先驅をなしているのは、疑いない。

しかも、ここで注意しなければならないのは、『左傳』にも、『孟子』にも、そして『國語』にも見えていない用語が、ここで議論されていることである。小見出しにもつけておいた「州」である。『孟子』梁惠王章句上において「海内之地、方千里者九、齊集有其一」とされていた「方千里者九」は、『禮記』王制において、「凡四海之内九州、州方千里」とされるにいたる。それらの中間的時期にあって、『管子』度地に「州」が議論されているということである。

上記に話題にしたように、『管子』度地の「州」は、天子に相當する「方一千里」より下位の面積單位として議論されている。しかし、このこと自體は、『包山楚簡』の議論を知るものには、さして意外なものではない。『包山楚簡』受期の中に「州加公」の名があり、(40)「州、《周禮・地官・大司徒》：〝五黨爲州〟、〝鄭司農云：〝二千五百家爲州〟、按《周禮》記載、州是鄉的下屬行政單位。州加公、州的官吏」と論じられている。『管子』度地にいう「州」は計算上「一〇〇〇〇家」となり、鄭注の述べる「二千五百家」の四倍になるが、いずれも、通常議論される「方一千里」の「州」より下位の行政單位であるという點は共通する。

これもよく知られた議論だが、「郡縣」の「郡」も、もとは邊境に設置された小さな行政區であり、次第にその行政區が擴大されて多くの「縣」を統括するにいたった經緯がある。(41)新しい行政單位の名として、古い時代の小さな行政區が用いられたということである。「方一千里」の「州」がどのように出現するかの經緯はいま一つ不明なところがあるが、結果から見れば、戰國時代の小さな行政區の名稱が漢代の大きな行政（監察）區の名稱として用いられていることになる。

そこで問題になるのは、上博楚簡『天子建州』の「州」は、上記の議論に關する限り、「方一千里」の「州」になるということである。つまり、『包山楚簡』受期に見える「州」でもなく、『周禮』地官大司徒に見える「州」でもなく、また『管子』度地に見える「州」でもなく、漢代の州の先驅ともいうべき大きな領域としての「州」になっているということである。小さな「州」が大きな「州」になるという經緯をもってすれば、『天子建州』は時期的に遲れるとしなければならない。これは、先に議論の複雜化と天下との關わりから、『天子建州』は時期的に早いとした論理と明らかに矛盾する。

この點はどのように考えるべきか。一般的に言えば、一つの解決法は、いま述べたばかりの論理を使って、『天子建州』の時期を戰國時期の比較的遲い方にもっていくことである。しかし、これもいま述べたばかりの論理をもってすれば、議論の複雜化と天下との關わりから、『天子建州』は時期的に早いとした論理と明らかに矛盾する。この矛盾に「敢えて」目をつぶることになる。賢明な選擇ではあるまい。

そして、もう一つの解決法は、この『天子建州』を作り出した地域が、上記の諸書を作り出した地域とは別だと考えることである。これなら、「州」の領域が異なる理由を、地域の相異をもって説明することができる。

一方、通常、『孟子』・『管子』兩書は同じ齊地でできたと考えられているから、時期の差異という考え方は魅力的である。上記の一覽において、「里」の上下關係が『孟子』・『管子』で若干の齟齬をきたしている點は、これで理解できる。「州」の有無も、この想定を支持してくれる。

ここまで論を進めてくると、われわれは、あらためて新しい想定を述べねばならない。これは、より愼重に議論したいという配慮から述べるものである。

『天子建州』について、『包山楚簡』受期に見える「州」でもなく、『周禮』地官大司徒に見える「州」でもなく、また『管子』度地に見える「州」でもない「州」の用法である理由は、これらの成書國と地域が異なったところにある、という推測を述べた。この推測は、先に述べた議論の複雜化と天下との關わりから、『天子建州』が『孟子』より古いと述べたことと、どう關わるか。地域が違うということは、この古い議論が、他の地域で繼承された可能性について検討することを意味する。そして、假に、という話だが、その議論を繼承した國家が、理念の上で「方一千里」の王國だったとしても、實際には「方一千里」に滿たない領域しかなかったとすればどうなるか。自國の實際に合わせて、一般的「方一千里」より小さな、つまりコンパクトな領域を念頭において議論を組み上げるに違いない。『天子建州』には、このコンパクトな領域が見え隱れしている。それは、上記の戰國文獻にみえる「州」と違って、國をまとめるおおきな領域には違いないのだが、他に較べてややこぶりの感じがする、という意味で述べている。そんな議論を打ち立てた戰國國家で、一般に議論されるのでない「州」を用い始めるのはどこか、という問題になる。

私は、「中國古代における說話（故事）の成立とその展開[42]」の中で、說話の成立と繼承の問題を述べ、說話を繼承する者が、自己の意を加えるべく「くさし」の表現を用いたことを述べた。上博楚簡『昭王毀室　昭王與龔之脽[43]』には、楚の昭王に對し、『左傳』・『國語』等に見える「くさし」の表現の「君王」を用いる部分がある。楚のものであれば、「王」（本來の用例）や「君」（說話の用例）でいいところである。おなじく上博楚簡『柬大王泊旱[44]』にも、柬大王すなわち簡王について「君王」の表現が見られ、「楚邦有常、故爲楚邦之鬼神主、不敢以君王之身」とあって、「楚邦」とも述べている。「邦」は都市を意味する言葉であって、小をもって大を表現する「くさし」の意がこめられている。こうした「くさし」の表現は、楚國でもつけられる可能性もないわけではないが、昭王と簡王という二人について、共通に「くさし」の意を示すことは、楚では考え難い。このことから、これらの書物は、楚以外の地で書かれたのではないかと推測した。

いま、あらためて、『天子建州』の検討により、同様の結果を得ることができた。上博楚簡が「楚簡」と考えられる理由は、内容が楚に關わるものが多いことによる。だから、假に他國由來の文獻が含まれるにしても、楚に近い「他國」を考えねばならない。そうなると「宋」などというのが、比較的こぶりの王國として楚の北東にあったことが想起される。この「宋」に關連づけて言えば、齊が宋王偃を攻め、他の諸國の介入を招いて一帶を混亂に導いたことが想起できる。「宋」の情報が、掠奪品とともに各國にもたらされた可能性もある。

また、本論でも『孟子』告子章句下に「今魯方百里者五、子以爲、有王者作、則魯在所損乎、在所益乎」とあることを指摘しておいた。「魯」が一時的に軍事的成功をおさめた可能性がある。この點も念頭においておくとよい。

本論は、この地域の特定にこだわるつもりはないが、少なくともこうした楚以外地における成書を匂わせる事例が存在することを述べ、大いなる注意を喚起しておくことにした。

おわりに

本論は、戰國時代と漢代の書物に、字面は同じに見えてその實まったく意味の異なる內容が書かれていることを基に、『天子建州』に見える「封建」論の性格と新舊の問題を論じてみた。

「封建」論としては、われわれは『左傳』僖公二十四年に見える「封建」論、『國語』鄭語に見える「封建」論、『孟子』の萬章章句下等に見える「封建」論という戰國時代の諸書に見える「封建」論と比較することができる。これらと漢代の『禮記』王制に見える「封建」論を併せ検討することができる。

また「州」という（廣い意味での）行政區については、『包山楚簡』受期に見える「州」、『周禮』地官大司徒に見える「州」、また『管子』度地に見える「州」と比較することができる。これらと漢代の『禮記』王制の「州」を併せ検討することができる。「郡縣」の「郡」が邊境に設置された軍區から始まり、次第に領域を擴大させた歷史を念頭に置くこともできる。

『孟子』の萬章章句下等に見える「封建」論は、『禮記』王制と同じ字句をもって論じた部分が少なからずあり、これらを比較するだけでも多くの知見を得ることができる。別に論じた内容を援用しつつ述べれば、『孟子』の時代の面積單位は一邊の自乘ではなく、一邊の長さをもって大小を表す。道路に沿って展開する田地を念頭におき、山林藪澤を除いて論じることが前提にある。これに對し、『禮記』王制に見える「封建」論では、「方一千里」の中を碁盤の目のように區切り、一邊の自乘をもって面積の大小を表す。ここでは、山林藪澤が含まれて議論されている。

不思議なことに、と述べていいかどうか微妙だが、戰國時代はすでにかけ算九九ができあがっていて、面積を自乘で表現することは知っていた。だから、『孟子』でも、「方一千里」は「一千里」の自乘になっている。しかし、「方一千里」の中は、一邊の長さをもって大小を論じた。この「方一千里」の中が、漢代には一邊の自乘をもって大小を論じるにいたる。『孟子』と『禮記』には、この一邊の長さをもって面積の大小を論じるか、一邊の自乘をもって面積の大小を論じるかという、越えがたい相異がある。

この相異をもたらしたのは、武帝時代の鹽鐵專賣である。それまで、別立てで議論していた山林藪澤を含めて一本化し、天下の財を議論するにいたった。

『禮記』王制は、『孟子』萬章章句下に見える「大國」・「次國」・「小國」を冒頭にまとめなおした。そして、これらとは別に、一邊の自乘を基礎とする面積論を述べる。こうすることで、『孟子』萬章章句下に見える「大國」・「次國」・「小國」が參照されて、一邊の長さをもって面積の大小を語る議論が比較されても、それが、一邊の自乘を基礎とする自らの面積論に直接影響を與えないよう工夫したのである。

この種の工夫は戰國時代の諸書と漢代の諸書の間に廣く存在する。

以上をもって、氣兼ねすることなく戰國諸書と『天子建州』を比較すると、以下の結論が得られる。

『天子建州』の議論は、『孟子』に比較して、著しく簡略である。逆に『孟子』は天下をみすえてかなり複雑化させた議論をしている。『孟子』が複雑な議論になったのは、天子の「方一千里」と霸者の「方一千里」の違いを述べたためである。漢代と違って、戰國時代にあっては、天子・霸者それぞれの「方一千里」は「仁政」の有無が問題になった。『孟子』は、それだけでなく、天子の「卿」・「大夫」・「元士」が特別である「形」を作った。この「仁政」の有無も、天子の「卿」・「大夫」・「元士」の特別である「形」も、『天子建州』は議論しない。だから、議論が簡略になっている。

ここで述べた複雑化は、『左傳』の「封建」論から『禮記』王制の「封建」論への流れを見て、おおよそをたどることができる。だから、通常の感覺から言って、『天子建州』の「封建」論は、『孟子』の「封建」論より古い。『左傳』の「封建」論は、中原の地に（『孟子』で問題になる「方一千里」の地に）「藩屛」を封建したことを述べていて、天子の下の國の秩序がどうだったかを述べるものにはなっていない。『金文』に見える「侯」（侯とする）を「封建」と言い換え、具體的にどの國を封建したかを述べるものになっている。これに對し、『天子建州』の「封建」論は、理念的枠組みを述べる。『國語』鄭語はさらに進んで天下の枠組みを述べるものであるが、理念的枠組みを述べるものではない。以上から、『天子建州』の「封建」論が、『左傳』僖公二十四年に繼承された傳承、そして『國語』鄭語という具體的事例を並べる議論とは別に、理念的枠組みを述べたものであること、一つの可能性としては、『左傳』僖公二十四に傳承された說話と『國語』鄭語の記事の間に、時期的に位置することがわかる。

「州」について論じてみると、上博楚簡『天子建州』の「州」は、「方一千里」の「州」になる。『包山楚簡』受期に見える「州」でもなく、『周禮』地官大司徒に見える「州」でもなく、また『管子』度地に見える「州」でもない。これらで議論される小さな領域としての「州」ではなく、漢代の「州」の先驅ともいうべき大きな領域としての「州」

になっている。小さな「州」が大きな「州」になるという經緯をもってすれば、『天子建州』は時期的に遅れるとしなければならない。これは、上記において議論の複雑化と天下との關わりから、『天子建州』は時期的に早いとした論理と明らかに矛盾する。

論理を詰めるなら、この矛盾に對し、取り得る一つの解決法は、『天子建州』の時期を戰國時期の比較的遲い方にもっていくことである。しかし、これは、議論の複雑化と天下との關わりから、『天子建州』は時期的に早いとした論理と明らかに矛盾するという、この矛盾に「敢えて」目をつぶるものである。そのままでは、とるべき方法ではない。

そして、もう一つの解決法は、この『天子建州』を作り出した地域が、上記の諸書を作り出した地域とは別だと考えることである。これなら、「州」の領域が異なる理由を、地域の相異をもって説明することができる。この地域の觀點を勘案しつつ、議論の複雑化と天下との關わりを検討し、あらためて新舊を述べるのであれば、それは一つのとるべき方法となり得よう。

『天子建州』には、議論の簡略さからくるものでもあるが、「州」の廣さにやや狹められた感覺が殘る。楚のものなら、こうした感覺は無用である。また、別に論じたことではあるが、同じ上博楚簡の別の書には、楚王を扱いつつ「くさし」の表現を加えたものが見えている。これらは、この上博楚簡の來歷が、楚以外の地に求められる可能性があることを物語っている。少なくとも、楚地出土ということを暗默の前提にすることなく、議論を進める必要があろう。

第三節　戰國時代の天下とその下の中國、夏等特別領域

はじめに

一般には、天下についての人々の認識は模糊としたものになっているだろう。地圖などをかいまみるだけでも、世界圖を天下圖と稱する場合など、天下はとても大きな領域を示したりする。

その一方では、日本の織田信長の「天下布武」が示すように、小さな國家領域を天下と稱する場合もある。天下が示す領域は大小様々である。

始皇帝が統一した天下は、戰國時代の七雄などが割據した地域であった。始皇帝は、その天下を擴大して廣東方面にも進出したが、その帝國が瓦解した後、漢の高祖劉邦が統一した天下は、始皇帝の統一した時點の天下にほぼ等しいことが知られている。始皇帝が擴大した天下を、漢王朝が回復するのは、武帝のときである。

天下と並んで、特別に位置づけられたのが、中國や夏などと稱された地域である。ところが、この特別な領域については、一般に大きな誤解があるようだ。

戰國時代にできあがった典籍を讀むと、一般に考えられているのとは異なって、天下の一部としての特別領域が浮かび上がってくる。その特別領域内に存在した王朝として、傳說の夏王朝や殷・周両王朝が語られている。語られ方は、戰國時代の國家ごとに一様ではないが、一様に特別地域を念頭においての說明がなされる。

こうした諸書を通してえられる「事實」は、「事實」なのだが、それら「事實」がなかなか知られない狀況にある。それは、多年の傳統が、後漢以來の注釋を用いてできあがっているからである。

後漢以來の注釋は、帝國の論理をもって、戰國時代の諸書を讀んだ。相異なる論理も、多くをまぜこぜにしてしまうと、見えなくなってしまう。ある書物から特定の論理を讀み取れても、その論理を否定する論理が他の書物にあったりすると、その論理の讀み取りが、正しくないような錯覺におそわれる。

そもそも多くの見解を參照するには、大きく分けて二つの方法がある。一つは、系統だって整理し、問題の所在を明らかにして、個々の論理が讀み取れるように工夫する方法である。そして、もう一つは、やみくもに混交させ、個々の論理が讀み取れないようにし、自分の論理を強調する方法である。本論は前者の立場をとる。

廣域的漢字圏の成立

周知のように、漢字は殷代後期の甲骨文を嚆矢とする。甲骨文には、さらに溯り得る歴史があるらしいと皆が考えているが、どう溯り得るかは、誰も提示しえていない。

殷代からさらに溯った時代に、漢字とは系統を異にする文字があったことが次第にわかってきた。しかし、こうした文字が、どのような運命をたどって消滅したのかは、よくわかっていない。

ただ言えることは、漢字（の祖先）を含むこうした文字が、どうやら特定の都市で使用されたものだったらしいということである。

殷代後期には、龜甲獸骨に漢字を刻するだけでなく、青銅器に文字を鑄込むことも行われた。この方法は、殷王朝を滅ぼした周王朝にも繼承された。ところが、出土遺物の現狀からすると、周王朝は、靑銅器銘文は熱心に作ったものの、甲骨文は次第に作らなくなったようである。しかも、殷王朝に始まった銘文入り靑銅器を他に分與するというやり方を、周王朝は大規模に進めることになる。この周王朝のやり方が、廣域的漢字圈の成立に關して、重要な意味をもっていた。

恩師西嶋定生は、後代の東アジア册封體制の成立に關して、興味ある提言をしている。それは、册封體制の始まりが、周邊國の意識を高めて漢字を學ぶ機運を作り、周邊國に漢字が定着する轉機をもたらしたという內容である(45)。これも周知のように、東アジア册封體制ができあがった結果として「漢委奴國王」金印が日本にもたらされた。その當時はまだ日本では漢字は根づいていない。それ以後、日本に文書行政が始まって自前の律令が制定されるまでには、七百年近くの時を要している。その間に、確かに漢字を學ぶ機運が高まり、鐵劍銘などが作られ（四世紀末?〜五世紀）、やがて佛教經典を輸入する（六世紀）までになった。

日本で漢字を學ぶきっかけを作り出したのは、モノとしての靑銅器や鐵器である。それらに文字が表現されていた。鏡の銘文は、中國で製作されたものが各地にもたらされ、倣製鏡の銘文も同じであった。やがて出現した鐵劍銘文は、系圖を記す程度の簡單な內容になっている。

さて、西周王朝から靑銅器銘文が諸侯に與えられ、その結果、諸侯國では漢字に對する興味關心が高まったであろう。ところが、靑銅器に銘文を鑄込む方法は、殷王朝から周王朝に繼承されたものの、その技術は他には傳えられなかったようだ(46)。

西周末、外族の侵入と西周王朝を支える諸侯の內紛により、西周王朝は滅亡した。そのおり、多くの工人が難を逃れて靑銅器に銘文を鑄込む技術を各地に傳えたようである。ここに、まずは周の諸侯に漢字が廣く傳えられ、漢字になじんでいた諸侯は、漢字を靑銅器に鑄込む技術をわがものとした。

楚や吳など長江流域の大國が漢字圏の諸侯を滅ぼすと、そこですでに根づいていた技術がそれぞれにもたらされた。

こうして、漢字圏は、急激に膨張することになった。

漢字圏の變容

以上の想定は、以下の點を根據とする(47)。

《1》言語學で議論される共通祖語は、漢字音についても檢討することができる。それによれば、廣東の地に始皇帝の軍隊がやってきた後の方言分化で、現代の廣東語ができあがる。これを含めて各地に存在する漢語の祖語を議論する場合、出版點は始皇帝時の發音になる。議論の上では、戰國時代には、漢字音の差がないようであり、漢代に作られた『方言』でも、問題にされるのは漢字で表現した場合の言葉の相違である。漢字音が各地で異なることは議論されていない。殷代後期に假に漢字圏が廣域化していたとすれば、千年ほど後の戰國時代には、漢字音に相當の地方的差異が生じていなければならない。以上から、漢字は始皇帝をさほど溯らない時期に廣がったことが想定できる。

《2》春秋時代から盟書が作られ始めたことが古典籍にも見えているが、實際に出土した春秋後期の侯馬盟書・溫縣盟書の書式は、西周金文中に引用された周王の蠻夷への呼びかけの文章の書式を繼承する。西周金文にあって、一方的呼びかけの體裁をとる文章があるのは、呼びかけられた相手に漢字が根づいていないからであり、春秋時代に盟書が作られたのは、國々に漢字が根づいた結果である。

《3》盟書を『左傳』に「載書」という。この「載」をさかのぼっていくと、甲骨文に見える祭祀の一つにたどりつく。都市の祭祀のやり方が、後に盟誓という祭祀の場でなされる儀禮に繼承され、結果として「載書」という言葉ができたのだと考えられる。

《4》『史記』に掲載された年代記事は膨大であり、かつその中に膨大な年代矛盾がある。いにしえ以來の記事と、漢代の整理によって作り出された記事が年代矛盾を引き起こすのが、第一の原因である。年代矛盾を解消して得られる結果からすると、春秋時代の記事には、いにしえ以來の年代記事が數多く存在する。それらは、司馬遷などが、各地において收集したはずの記事である。ところが、西周時代についても、同樣に收集されたはずなのに、各國の年代記事は見られない。これは、西周時代には、周だけの記録が殘され、春秋時代に漢字が各地に根づいた結果、諸國が自國君主の在位年を記録するようになったためだと理解することができる。

《5》『史記』編者は、『竹書紀年』を見ていなかったようである。この『竹書紀年』に示されたのも殷の記録と周の記録である（傳説の夏王朝のものもある）。晉の文侯が西周携王を殺した際に得た記録（さらに周の平王に手渡したかどうかは不明）が戰國魏に傳わり、『竹書紀年』の基礎となったようだ。殷の甲骨文と金文に年代記事があり、西周の金文にも年代記事がある。しかし、他の國の記録は知られない。これは《4》の推測を補足する。

こうして各地の祭祀の場に根づいた漢字は、やがて鐵器の普及とともに大きく性格を變える。

鐵器が普及すると、都市が增加した。この點は、木村正雄『中國古代帝國の形成』(48)の膨大な一覽を見れば了解できる。

この鐵器の普及にからんで念頭においておきたいのが、水田形態の變化である。現狀、二つの發見がある。一つは我が國の藤原宏らが日中共同調査で發見した水田である。(49)江蘇省草鞋山の馬家浜《ホウ》文化の水田であり、いわゆる田の字形水田ではなかった。それは後に「くぼみ形水田」として議論されている[50]。第二の發見は湖南省城頭山遺跡の水田である[51]。屈家嶺文化の水田であり、これも「くぼみ形水田」であった。こうした水田は、自然地形が作り出すくぼみ、すなわち水のたまりやすい場所に水田を營むもので、自然地形を改變して水田を作り出すものにはなっていない。

このくぼみ形水田が、やがていわゆる「田の字形水田」に變化する。その變化について、注目されるのが、我が國の菜畑遺跡の最古層の水田である[52]。この水田は、「谷水田」と命名されているが、實質上記の「くぼみ形水田」に他ならない。この種の水田が我が國にも存在するということは、我が國に古くから水田が渡來しており、その水田の形態が「くぼみ形水田」であったことを物語りそうである。

その「くぼみ形水田」が、田の字形水田に變化するわけだが、それが菜畑遺跡で確認できるわけである。「田の字形水田」が普及した彌生時代、鐵器の普及が問題にされている。

だから、私は、このくぼみ形水田が田の字形水田に變化するのには、鐵器の普及が關わっているのではないかと考えている。

水田の形態が變わり、田の字形水田が普及するということは、それまで手つかずであった未開の土地に開墾の手が加わることを意味する。その結果として都市が增加したのだとすれば、これはよく理解できる話である。

都市の增加は、舊來の秩序に大きな變動をもたらした。筆者は、谷口滿[53]などを參照しつつ、都市の人の移動を考證したことがある[54]。こうした都市の人々の移動は、縣の設置にともなって引き起こされている。長い傳統をほこる都市國家を滅ぼし、縣を置いた。そこに官僚を派遣する。それだけでなく、都市の人々の秩序にも介入したのである。

都市國家にすでに根づいていた漢字は、縣と中央を結ぶものとなり、文書行政が始まった。それまでの漢字は祭祀の文字であった。それが性格を大きく變えたのである。

縣を文書行政によってとりしきる中央が複數できあがった。

新石器時代以來の文化地域と天下

圖23は、新石器時代の文化地域である。[55]これらの地域を母體として、やがて戰國時代の領域國家ができあがる。春秋時代には、それらの地域にそれぞれ大國が出現し、小國すなわち都市國家を配下におさめた。西周は、中原區の西部からおこって東部の殷を滅ぼした王朝である。殷を滅ぼすに當たっては山東の齊の助力を得ている。殷は、中原區の東部に勢威を張った王朝であり、周圍にさらに軍事的壓力をかけた。その勢威の及ぶ範圍は、中原區を母體とし、それよりも延びることはあっても永續的ではなかったようだ。[56]

新石器時代以來の文化地域は、ややおおざっぱな言い方をすれば、秦の統一後も監察區や軍區として機能することになる。

この文化地域は廣大である。面積は、日本や韓國など現代の國家領域に匹敵する。日本は南北に長いが、九州南端から關東にいたるまでの距離が、例えば中原區に含まれる。

始皇帝は、これらの文化地域を母體として成立した諸國家を三十六の郡に分けた。だから、郡とは、こうした文化地域や戰國時代の諸國家を分割統治する意味があったことになる。

しかし、こうして分割統治した地域を中央の一極集中で支配するのではなく、監察區や郡區という中間的區域を設定して支配したわけである。その中間的區域が、新石器時代以來の文化地域を繼承するものだった。

この長い傳統を有する文化地域の中で、殷王朝が大國となり、周王朝が大國となり、春秋時代には、海岱區の齊、

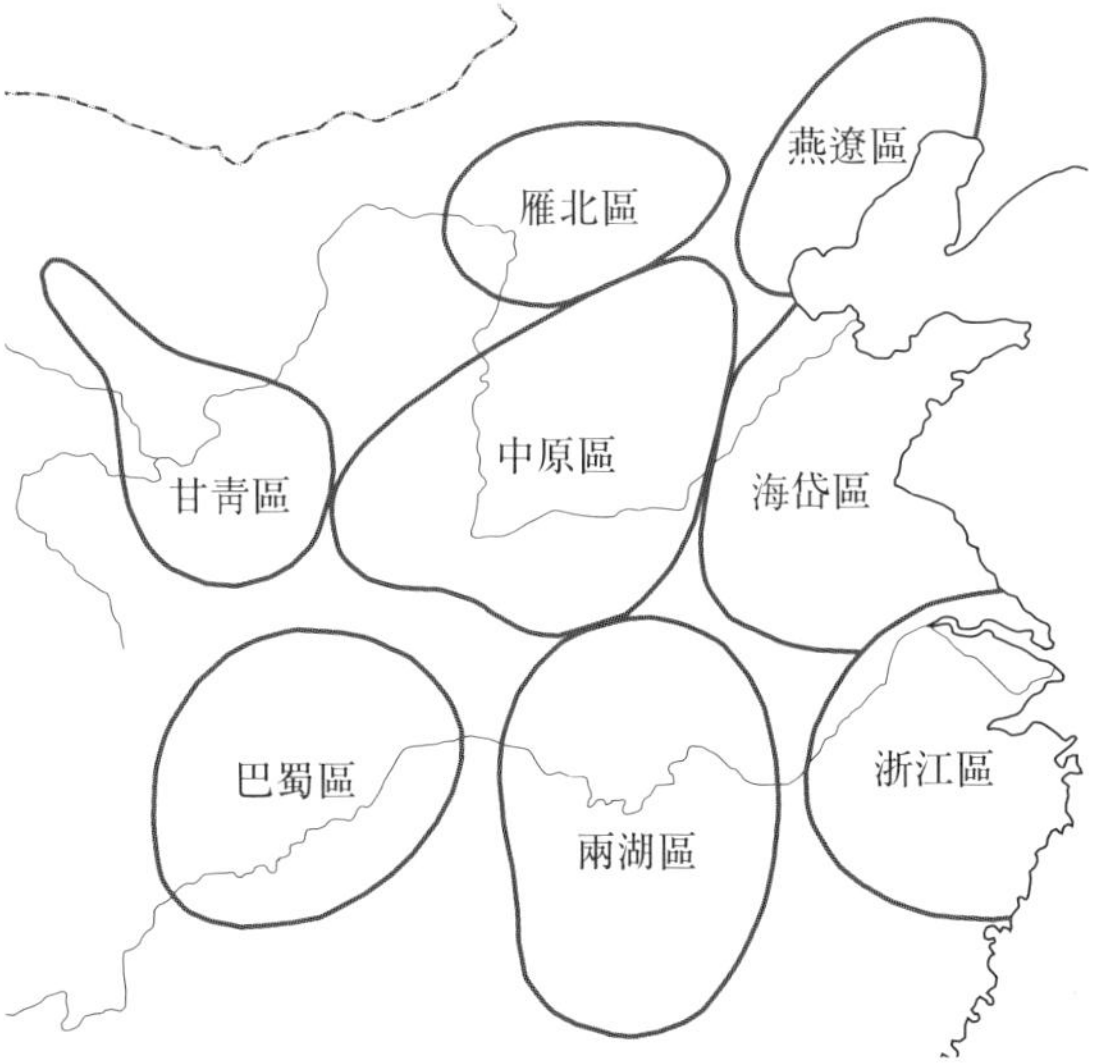

圖23　新石器時代的文化地域

兩浙區の呉、兩湖區の楚、中原區東部の晉、同西部の秦が大國となった。そして、戰國時代には、海岱區の齊、燕遼區の燕、兩浙區の越、兩湖區の楚、中原區西部の秦、中原區東部の趙・魏・韓（三晉）がそれぞれ各文化地域において領域國家となった。

それぞれの領域國家は、中山を含め、自前の律令を有し、それを自國の國家領域内に施行した。

天下の具體的領域は、『戰國策』に示されている。天下に王たりとされた各國君主の領土は、「方何千里」と記されている。統合した天下は「方萬里」あるいはそれ以上である。[57] つまり、戰國時代の天下とは、各國の領域を合わせた領域である。その天下方萬里の中にそれぞれの國家領域がある。

始皇帝は、敵對する國家を滅ぼして天下を統一した。周知のように、始皇帝の統一を記した遺物として「始皇帝詔權」がある。これには、「二十六年、皇帝、盡く天下を併兼す」と記されている。始皇帝は齊を滅ぼして「天下」を統一を宣言した。これにより、天下の範圍が秦と敵對する國家の領域を合わせたものであることがわかる。

始皇帝は、その後軍を廣東の地等に進めた。だから、天下は擴大したのである。

始皇帝沒後の混亂を收拾し、再度天下を統一したのは楚の義帝である（前二〇七年）[58]。卽位時の名稱は楚の懷王であり（楚では生前からこの種の名稱を用いるのが傳統であった）、この時天下統一を宣言して義帝と名のったのである。この時の天下の範圍は、よくわかっていない。

義帝は翌年（前二〇六年）に義帝としての元年を始めた。義帝の下で、西楚の霸王となった項羽は、この年に義帝を殺した（私は、このときに帝になったのだろうと考えている）。これに對抗したのが漢王劉邦である。項羽と劉邦の元年は翌年の前二〇五年から始まった。項羽に勝利した劉邦は、前二〇三年に天下統一を宣言する。この時に作られたのが「惟漢三年大倂天下」瓦當である。劉邦の在位年は、十一年まで續いた。後に義帝の元年を抹殺してあらためて漢元年とし、在位年を一年ずつずらしたので、劉邦の死去は十二年のこととなった。以上の經緯があるので、『史記』の中で、劉邦には一年ずれの二種の年代が出現する。

劉邦が天下統一を宣言したときには、南越は自立したままであった。だから、劉邦の天下は、擴大する前の始皇帝の天下、つまり戰國時代の天下に等しい。

南越・朝鮮を滅ぼして天下を擴大したのは、漢の武帝である。

戰國時代の中國と夏（華夏）

戰國時代の中國の範圍は、書物ごとに違っている。この「中國」という言葉を、戰國時代の諸國家が自己都合によっ

て使用したからである。(59)

ただし、書物ごとに檢討すれば、その書物ごとの「事實」は明々白々である。

この種の檢討に最適なのが、いわゆる『春秋』三傳である。

『春秋』は、踰年稱元法をもって記事を配列している。この踰年稱元法を始めたのは、齊の威宣王である。前三三八年のことである。(60)これに先驅けて魏の惠成王が前三四二年を元年とする踰年稱元法を開始しようと試みたが、齊の威宣王は、これを打ち破った。魏の惠成王は、結局前三三四年を元年とする踰年稱元法を開始することになる。

『春秋』は、齊の曆に都合よくまとめられている。だから、齊の威宣王が前三三八年に踰年稱元法を始めるに當たり、作り出されたものに違いない。このとき、その説明書も作られた。それが『公羊傳』である。『春秋』と『公羊傳』はセットで作られた。

この書物に、あちこち、「中國」であると認められる國と認められない國のことが書いてある。この記事から、『公羊傳』に示された「事實」としての「中國」の範圍がわかる。それが、圖24に示した範圍である。この範圍は、齊を含む特定の地域を「中國」と規定するものである。『公羊傳』はこの「中國」以外に「諸夏」の地域を設定し、さらに、『春秋』にいくつかの名稱で示された外族をすべて「夷狄」と言い換えている。「夷狄」は天下の中にいる。つまり、天下から「中國」と「諸夏」を引いた殘りが「夷狄」の居住域である。

『公羊傳』の特色は、この「事實」に加え、下克上の論理を展開することである。この論理によれば、大夫は諸侯を滅ぼすことができる。ただし、このことが正當なものとして認められるのは、『公羊傳』によれば、「中國」の大夫たる田氏だけである。

『公羊傳』は、『春秋』と對になって、齊の田氏の正統性を「形」にする書物である。

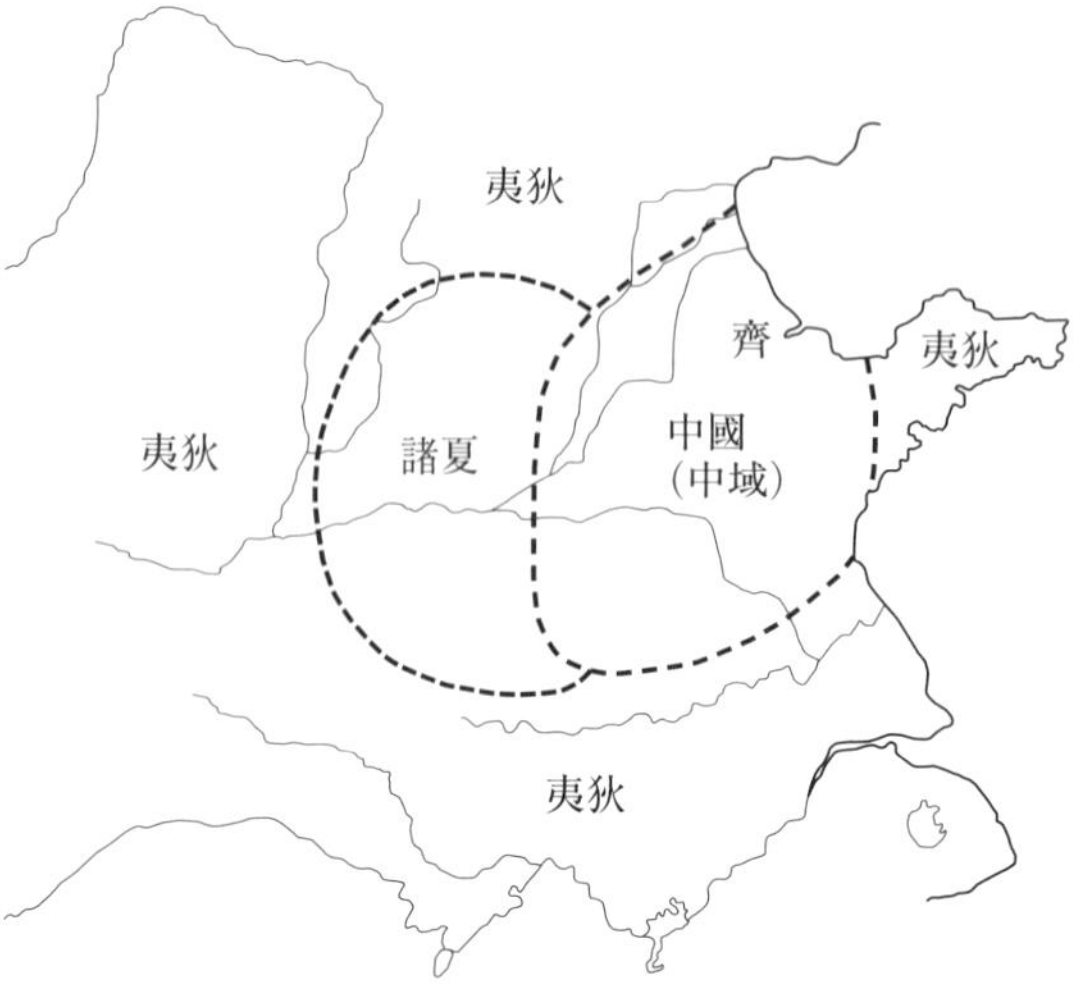

圖24　齊《公羊傳》の特別區域
中國（中域）と一等劣った「諸夏」と野蠻の地

『左傳』は、これとは別の「形」を作り出す。『左傳』が據ってたつのも『春秋』であるが、『公羊傳』が據ってたつ『春秋』の文章を書き換えてある。とりわけ注目されるのは、『公羊傳』の『春秋』が前四八一年の「獲麟」で終わるのに對し、『左傳』の『春秋』は前四七九年までの記事を掲載することである。前四七九年には、孔子死去の記事もある。

『左傳』に示された「事實」により、われわれは、『公羊傳』の場合と同樣、**圖25**に示したような「夏」の領域を設定することができる。「夏」の外には、西の西戎、南の蠻夷、東の東夷、北の狄が居住する。これらも『公羊傳』の場合と同樣天下のうちにある。『春秋』に示されたいろいろな名稱を、『公羊傳』の場合と同樣、上記のように言い換えている。

『左傳』で注目されるのは、『公羊傳』に述べる下克上とは異なる下克上の「形」が示されていることである。『左傳』によれば、夏の民も殷の民も支配される民である。これらに支配者として臨んだのは、周であり、姫姓である周

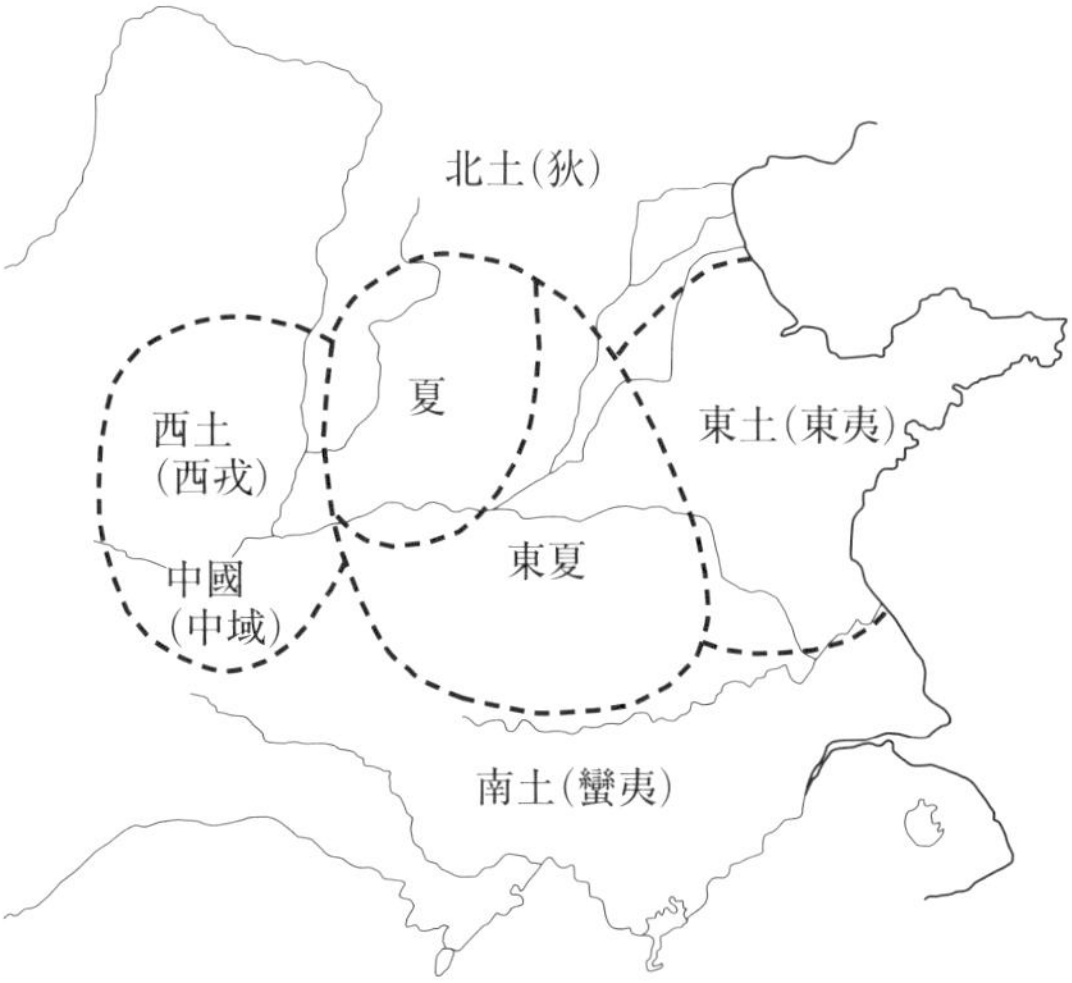

圖25　韓《左傳》の特別區域
「夏」、「東夏」と野蠻の地

の一族を「諸姫」と表現する。支配者たる「諸姫」の中から出現する唯一の有德大夫が、殷の民を治め、夏の祭祀を復活する。それこそ韓氏であり、とりわけ德ありと稱揚されるのが韓宣子である。

『左傳』は昭公九年で、周の詹桓伯に發言させて天下を分け、「夏王朝から周の祖先たる后稷にいたるまで、魏・駘・芮・岐・畢はわが西土であった。武王が商（殷）に勝つと、蒲姑・商奄はわが東土となり、巴・濮・楚・鄧はわが南土となり、燕・亳はわが北土となった」と述べている。西土は秦、南土は楚、東土は齊、北土は燕の支配下にある。その上で、「晉の惠公が秦から歸り、戎（陸渾の戎）を誘って以來、戎はわが「諸姫」にせまり、我が郊外の地に入ってそれを領有した。戎が中國（中域）を有しているのは誰の咎か。后稷が天下に諸侯を封建して以來、いま戎がわれわれ（諸姫）を制する位置にきたのも無理はない。」と述べる。

戎が中國（中域）を有しているということと、戎が諸姫を制する（位置にきた）ということは、異なる狀況を述べ

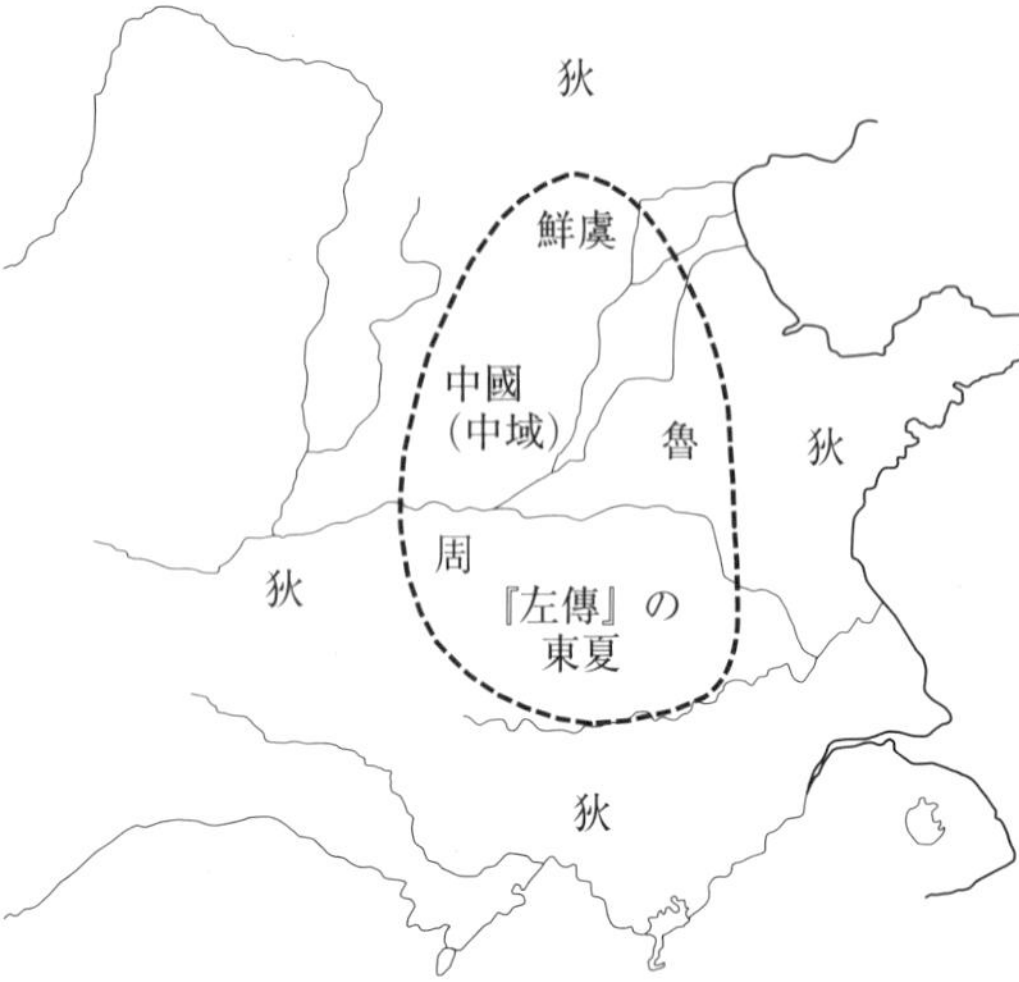

圖26　中山《穀梁傳》の特別區域
中國（中域）と周圍の野蠻の地

ている。文章の上では、西土・南土・東土・北土が問題になり、具體的地名も擧げられている。それらに圍まれた地域が直接「中國」ということにはなっていない。『左傳』の他の文章では、殷の故地が問題になり、それを含む一帶を「東夏」とよび、その西に「夏虛」を設定する。その「東夏」と夏虛のある地域が西土・南土・東土・北土に圍まれる地域である。「東夏」の東、つまり東土の一角に魯は封建された。それは「商奄」の地（殷王朝が支配を及ぼした地域）を治めるためだったという（定公四年「因商奄之民、命以伯禽而封於少皞之虛、分康叔…命以康誥而封於殷虛…分唐叔…命以唐誥而封於夏虛…」）。

つまり、『左傳』では、みずからの特別領域として「夏」と「東夏」を用い、東よりの「東夏」の地に殷王朝を語り、西方に周王朝を語っているのである。**圖25**に示したのが、『左傳』に見える「夏」と「東夏」の範圍である。

『穀梁傳』は、『公羊傳』と『左傳』、およびそれぞれの經典たる『春秋』を參照した。微細な字句の相違ではあるが、『穀梁傳』に附いている『春秋』も、他の田に附いている『春秋』と違っている。

その『穀梁傳』では、『公羊傳』と違って下克上を否定する論陣をはった。こうしておくと、齊の田氏、三晉とくに魏氏や趙氏は否定される存在となる。韓氏も晉の一族ではあるが大夫あがりだから、やはり否定されることになる。

そうしておいて、諸侯について、つぎつぎにだめだという評價を下していく。褒められるのは、鮮虞だけである。鮮虞は、他の書物では「白狄」とされたりする國であるが、『穀梁傳』では「中國」とされる。逆に『左傳』では「夏」の扱いである晉は、「狄」とされている。(61)

「中國」が特別であり、その中で唯一鮮虞だけが特別である。

『穀梁傳』に見える「中國」を示してみると圖26のようになる。

殷周時代の省・德（征伐の靈力）

戰國時代の領域國家は、以上のように、それぞれが描いた特別地域をもっていた。新石器時代以來の文化地域を母體とし、それとすこしずれた領域であったり、それを少々はみ出したりする領域ではあったけれど、である。

そうした特別地域と同じ規模の領域の中にあって、大國と小國の關係が作られていたのが、靑銅器時代である。殷王朝も周王朝も、そうした領域に威令を及ぼす大國であった。

その威令の及ぼし方であるが、彼らには彼らの論理があった。周王朝の論理を以下に檢討してみよう。

周王朝の論理をたどる上でのキーワードは、「天令（天命）」と「省」・「德」である。天命を受けて出征する。この出征により威嚇することを省という。その出征を靈的に支え、出征によって各地にもたらされるのが、出征の靈力で

ある。この靈力を「德」という。(62)

具體檢討を新出土の「逨盤」について進めてみよう。(63)第一段は以下のようにある。

逨が言った。「おおいに顯らかなるわが高祖單公は、武威をたからかにし、神明にかけてその出征（省や德と字釋される字。後に德の意味に變わる）に心をくだき、文王・武王をたすけて、殷に至った。王が天のたまわりものたる令（天令＝天命）を受けて四方（殷の四方）を制壓し、その領土に居を定めて、それを天に捧げるのを助けたのである。

ここにいう「四方」とは、殷の四方のことである。方は方角ではなく、方國、すなわち諸侯國のことである。「四方をものにする」という表現を「不廷方（の地）をものにする」とする青銅器銘文の事例（毛公鼎(64)）があるのは、そのことをよく示している。方角ではこの「不廷方〜」は意味がとれなくなる。第二段落は以下のようにある。

ここに我が皇いなる高祖公叔は、成王のもとに馳せ參じ、成王が天の大命、すなわち『方』（諸侯）や『狄』の服從しない者がいるのでそれらを討伐し、もって『四域』の『萬邦』を定めよ」との命を受けて、それらを定めるのをたすけた。

ここでは、周初の殷民の反亂と山西の狄の反抗のことが述べられている。「四域」とは四つの「域」であり、そこに萬邦があるわけだが、かかわるのが「狄」と「方」だというのが注目點である。

第三段落以下は次のようになる。

ここにわが皇いなる高祖新室中は、その心を深く神明の前に示し、遠きより至り、康王に會して、「方」（諸侯）をもって不廷をかこんだ。

ここにわが皇いなる高祖惠中盠父は、政につとめ、外のつかいをもつとめ、昭王・穆王に會して「四方」に政をしき、楚荊の地を討伐した。

ここにわが皇いなる高祖零伯は、その心を神明にあきらかにし、服（賜り物）を墜としめることなく、共王・懿王をもりたてた。

ここにわが皇いなる高祖亞祖懿中は、王に助言し、たすけて孝王・夷王をもりたてた。また周邦になすとことがあった。

ここにわが皇いなる父の共叔は、つつしんで、政に功があり、神明の力をもって出征に功をたて、厲王をもりたてた（以下略）。

ここで注目しておきたいことは、昭王・穆王期に、「四方」に政をしき、楚荊の地を討伐したことである。これから、楚荊の地が「四方」の外であることがわかる。

以上を勘案して得られる「四域」の範圍は、三六八頁の圖33のようになる。この「四域」について、征伐を敢行し、及ぼされる靈力が「德」であった。この時期の「德」は征伐とセットになるのが特徴である。後代の德が征伐することなく及ぼされるのと著しい對照をなすものである。(65)

戰國時代の德

ところが、殷周時代にあって征伐の對象となった地域、およびそれと同規模の領域は、戰國時代になると、各國の特別地域となった。つまり、新石器時代以來のまとまりを見せていた地域は、領域國家化されるか、もしくは將來領域國家化することが豫定された地域となったのである。言い方を換えれば、征伐を必要としないか、將來征伐が必要となくなることが豫定された地域となったのである。理念的には、おのずから德がいきわたる地域となった。

その外には、漢字圈が廣がっている。お互い樣ではあるが、自己の特別地域を除いた地域は、天下のうちではあるが、野蠻の地だとみなされる。しかし、その野蠻の地には、德がいきわたるものだとされた。

つまり、征伐を靈的に支える德は、征伐なしでおのずといきわたる德へと變貌したわけである。

この新しい德が、戰國時代の古典籍に書かれている。『論語』爲政「子曰、爲政以德、譬如北辰居其所而衆星共之」、『左傳』成公二―八・九「且（楚）先君莊王屬之曰、『無德以及遠方、莫如惠恤其民、而善用之』」に示されたのはその意味の「德」である(66)。

西周時代には、王に關わって征伐の德が問題になっていた。ところが、戰國時代には、周王から諸侯へ、諸侯からさらに大夫へと、「德」が問題になる層が擴大される。これは、戰國時代に、大夫層から諸侯へ、さらに王へという下克上が論じられたことと關係がある。將來、子孫が王になることを預言する意味で、大夫に德があるということが問題になる。

こうして大夫層まで擴大された「德」は、もはやかつての征伐に關わる靈力ではなくなっている。

このことに關わるのが、上記の戰國時代における領域國家の成立である。領域國家が成立したため、かつて征伐が問題になった諸都市は、官僚が派遣される縣となった。そのため、領域國家の民には、征伐を前提とせずして「德」が及ぶことになった。その國家を運營したのが官僚たる大夫層であり、その「德」が問題にされた。

ただし、おしなべて「德」が問題にされるというわけではない。かつて周王に靈力としての「德」が備わり、征伐によりその靈力が各地にもたらされた記憶は、戰國時代にあっては、王の「德」が特別であることを力說させた。

「王德」である。「王德」は民に及び、さらに外の國家領域に及ぼされる。その外の國家領域の君主たちは、すべて「德」がないと說明される。いわば無主の民に「德」が及ぼされるのである。

現實には、軍事力が拮抗しているから、征伐できないということなのだが、征伐を必要とせずして、「德」が及ぶという說明ができあがった。

統一帝國の下の「德」

王の「德」が征伐によらず、みずからの領域と周圍にもたらされるものになった後、實際は征伐によって始皇帝の天下統一が實現した。

その結果、王の「德」がもたらされることが豫定されていた地域がすべて皇帝の領土となってしまう。こうすると、皇帝の「德」は、おのずと「民」におよんでいるというだけの話になってしまう。

戰國時代には、天下という漢字圈の中を特別地域たる「中國」「夏」と、その他の野蠻の地にわけ、野蠻の地（他の國家領域）に「德」がいたるということであった。ところが、その野蠻の地がなくなってしまったわけである。

戰國時代の古典籍は、天下の中を特別地域と野蠻の地に分けることを前提に書かれている。ところが、現實がこれにそぐわなくなった。

このずれを解消するには、多くの時間を要することになった。それまでの天下を「中國」と言い換え、その「中國」の周圍に「德」が及ぶ、と說明するようになると、「德」はそれまでよりさらに擴大された地域に及ぶことになった。「德」が及ぼされる野蠻の地は、文字どおりの野蠻の地、つまり漢字圈の外になった。

この漢字圏の外と、皇帝の國家が關係を結ぶ。それがいわゆる東アジア冊封體制である。冊封關係が構築されるに當たっては、野蠻の地にでむいた通譯や歸化人が文書の作成に關與したようだ（野蠻の地は漢字がわからない）。

やがて、そうした周圍の國家が獨自の法體系をもつにいたると（漢字を自らのものとするにいたると）、中華帝國から直輸入の自己を一尊とする論理や規定を、みずからのものとしてふりかざすようになる（自らの領域を「中國」と稱したりするようになる）。

地域が擴大された形で、戰國時代の狀況が復活したことになる。

こうなると、「德」もそれぞれの自己中心的論理の下で、外に及ぼされることになる。

外交使節の役割

戰國時代には、使節が國家間の間をとりもち、上手に相手をたてていたようだ。『戰國策』の内容や、『戰國縱橫家書』の文書形態を參照することで、縱橫家と稱される使節が、出向いた先の君主を一尊とする論理を展開していたことがわかる。このいわば二枚舌政策が機能したおかげで、國家間の文書のやりとりは問題が生じにくかった。

天下を統一した中華帝國の周圍に、獨自の律令法體系をもつ國家ができあがった後も、使節の役割は同樣である。しかし、このころになると、國書という形態をもつ文書がやりとりされるようになっている。こうなると、國書の形式は、實態と矛盾をきたす。その形式は、形式たるがゆえに、二枚舌が機能しにくい。

こんな中で、玉蟲色のやり方が一つできあがっていて興味を引く。日本の天皇は、和訓を使って「須明樂美御德」

と書くことができる。日本の側は、これをもって天皇を示すことにした。受け取った唐の側は、これを勝手に日本國王の名だと判斷することにした。こうして、普通ならあり得ない國書のやりとりが始まった(67)。

ただし、唐はやりとりができるし文書も殘せるのだが、日本の側は、唐から「日本國王主明樂美御德」と記されもたらされる文書を、問題なしに受け取るわけにはいかなかったであろう。文書が破棄されたのか、途中で使節が書き直したのか、よくはわからないが、日本に文書がくるまでには、使節の介在が必要になった。これも、當時の經濟・文化をめぐる唐の優位がもたらしたものと言うことができる。ただし、遣唐使が廢止されるまでのことではあるけれど。

その前の隋の時には、優位の確定がなかったためであろう。日本から「日出處天子致書日沒處天子無恙云云」という文書がもたらされ、隨の煬帝の怒りをかっている。怒りつつ日本に使節を出した（「明年上遣文林郎裴淸使於倭國」）ところに、當時の隋をめぐる國際情勢、つまり高句麗と對峙しなければならないという現實が、日本に强硬な姿勢を取りえない状況を作り出している。なお、この無禮な文書を唐のときに『隋書』に記したのは、隋の煬帝の不德をとがめる意味をこめているのだろう。

戰國時代の前代認識と領域認識

話を戰國時代にもどすことにしよう。

『左傳』には、陝西一帶を「中域（中國）」、山西一帶を「夏」、河南一帶を「東夏」、山東西南部を「蒲姑（齊）・商奄（魯）」と稱する地域觀があった(68)。これは、最近陝西省眉縣で發見された逨盤銘(69)に見える「四域」を繼承する認識に違いない。

ちなみに、この盤銘では、「狄」と「方」（諸侯）をもって「四域」を論じ、これとは別に「荊楚」を論じている。「四域」は掌握される地域であり、「荊楚」は伐たれるだけの地域である。

『左傳』では、「夏」と「東夏」を特別地域とし、(70)これを西土・南土・東土・北土が圍むとした。陝西の「中域」は西土で戎の支配下にある。「蒲姑（齊）・商奄（魯）」は東土にあり、明言はしていないが、東夷の支配下にあると言いたいのだろう。『公羊傳』が「中國（中域）」だとした地域は、『左傳』の言う「蒲姑・商奄」と「東夏」の一部に當たる。つまり、『左傳』の認識による特別地域の周圍には、西にも東にも異なる來歴をもつ「中國（中域）」が存在したわけであり、『左傳』としては、西は「中域」と呼ぶが東はそうは呼ばなかったということになる。

こうした特別地域の解釋が、前代の歴史認識をも規制する。

『左傳』は、山西の地（唐虞の封地）に「夏虚」があると述べた（定公四年）。『左傳』昭公元年は「晉國、以爲盟主、於今七年矣。再合諸侯、三合大夫、服齊・狄、寧東夏、平秦亂、城淳于」と述べ、『左傳』昭公十五年は「文公受之、以有南陽之田、撫征東夏」と述べている。以上を綜合すると、南陽の田を含む山西の地が『左傳』の言う「夏」であり、その東域が「東夏」になる。また、「東夏」の地に宋・陳・鄭・衞の四國をもって説明し、宋・陳・鄭は殷王朝の星たる大火の分野に屬するとした（昭公十七年）。衞は殷墟を治めた。この四國をもって代表される地域が殷の故地であり、周初にあっては、管叔・蔡叔の封建された地と宋・衞をもって語られる地域である。多くの西周金文に語られる「四方」（四つの方國）は、周によって制壓された殷を象徴する。それが、『左傳』では「四國」として議論されているのである。

つまり、『左傳』は、特別地域の西より（「夏」）に夏王朝の故地をもとめ、東より（「東夏」）に殷王朝の故地を求めているのである。夏の民も殷の民も、いずれも支配される存在である。この地にいたって支配層となったのが周の一族たる「諸姫」である。ただし、夏虛たる唐の地をまかされたのが晉であり、晉では宗家から分家の曲沃一族に君主の地位が移り、さらに曲沃一族から別れた韓氏に君主の地位が移ることになる。この一種の革命によりやがて君主となる韓氏が殷の民を治める正當性があり、夏王朝の祭祀を復活する。

注目のしどころは、夏王朝・殷王朝ともに、戰國時代の國家が規定する特別地域の中にあった王朝として語られていることである。

『公羊傳』の論理も、この『左傳』に見える認識を一部共有し、かつ別の説明を展開する。『公羊傳』は『左傳』に先行して作られた。その『公羊傳』に先行して作られたのが魏の『竹書紀年』である。おそらく『竹書紀年』の背後にある理念が、『公羊傳』・『左傳』雙方に影響を與えているのであろう。

『公羊傳』では、『左傳』にいう東夏の「四國」の内の一つである宋を「中國」と規定し、齊も「中國」だとする（僖公二年「中國曷爲獨言齊宋」）。こうして、齊を中心とする世界觀を提示し、殷の餘民の一部を自己に取り込む。その西には、廣く「諸夏」の地域を設定し、「中國」よりはおとった地域だとする。その上で、東西南北いずれも「夷狄」がいると説明する（成公十五年「外吳也、曷爲外也、春秋内其國〈中國〉、而外諸夏、内諸夏、而外夷狄」等）。「中國」と「諸夏」と「夷狄」の地を併せたものが天下になる。

齊の田氏は、陳の出である。陳の祖先は禹だとされている（陳世家）。その子孫たる田氏が夏王朝の曆を用いて新しい王朝を創始する。ただし、夏王朝の子孫がすべて同じ權利があるのではなく、「中國」における特別の大夫となったからこそできるとする。そこに下克上が介在する。「中國」は殷の故地を繼承する權利がある。『左傳』に言うところの「蒲姑商奄」の地を「中國」とし、『左傳』にいう「東夏」の一角に「中國」を擴大する。『左傳』が山東の一角を「商奄」としたのと裏返しで、『公羊傳』は『左傳』にいう「夏」と「東夏」の一部（「中國」と規定する地を除いた「東夏」）を「諸夏」として一等低く見なすのである。

『穀梁傳』は、『左傳』にいう「東夏」の地と「商奄」の地の西よりの部分（魯）と周と鮮虞を含む地域を「中國」と規定する(71)（『春秋』昭公十二年「晉伐鮮虞」『穀梁傳』「其曰晉、狄之也、其狄之、何也、不正其與夷狄交伐中國、故狄稱之也」等）。「中國」の諸國中唯一貶められないのは鮮虞であり、この鮮虞が戰國時代には中山王國となる。中山の領土主張は、「中國」によって示されているが、前代認識は、いま一つ不明である。「中國」の設定域から見て、領域的には殷王朝、周王朝を含む論理を展開したようだ。曆は、夏王朝の曆とされた夏正の一種を使っていたことがわかっている。

禹の治水をどう見るか

第一章第四節において、「五服」論を展開した。『尙書』禹貢の九州に關して顧頡剛以來著名になった五服の圖は、後漢の鄭玄説を誤解したことに基づくことを述べた。實際のところ、最初に構想された「五服」は、陝西の周が河南の殷を滅ぼして東方に諸侯を封建した領域、つまり、大きく見積もっても「方一千里」三個分を基礎にして、その中や接する地域に設定したものだろうと考えられた(72)。

その『尙書』禹貢は、夏王朝の祖たる禹の治水事業をどう說明したか。

『尙書』禹貢では、租税が問題になっており、すべて冀州に集まることが述べられている。だから、古來、この篇は魏でできたものだろうと考えられてきた。

この禹貢の見解とおおいに異なる禹の治水を述べたのが、新出土遺物たる上海博物館楚簡『容成氏』（訟城氏）[73]である。

この篇に示された九州は、圖29のようになる。『尚書』禹貢とは、かなり異なる州の配置と名稱が話題になっている。しかも、禹は租税をとらなかったと述べる。そして、漢（水）を溯って谷五百を作り、それを下って谷五百を作ったとも述べている。だから、『容成氏』にいうのは、漢水流域たる長江中流域、すなわち荊州の地を、禹が重點的に治水した、という話なのである。

租税をとらなかったという點も、荊州を重點的に治水したという點も、『尚書』禹貢と眞っ向から對立する。

この『容成氏』の出土によって、同じく禹の治水を論じているとして知られていた『墨子』兼愛中の記述も、意味するところがはっきりしてきた。

『墨子』兼愛中は、「夫挈太山而越河濟、可謂畢劫有力矣。自古及未有能行之者也。況乎兼相愛利則與此異。古者聖王行之何以知其然。古者禹治天下」と述べる。これによれば、禹は兼愛に成功してはいない。兼愛中は「北利燕代胡貉與西河之民、東利冀州之民」と述べる。これは北、東的地域を含み、禹が主に冀州と西河の民のために治水したことを述べている。そしてこれは、『尚書』禹貢の記述内容を批判するものである。

『墨子』兼愛中はさらに續けて、「南利荊楚干越與南夷之民」と述べる。この説明は、南の地においてのみ兼愛の方策の實施に成功したことを述べる。その内容は『容成氏』が荊州を中心として治水した事情と異なり、その内容を批判している。

『墨子』兼愛中が論ずる前提には、『尚書』禹貢と『容成氏』の禹の治水内容がある。

一般に『尚書』禹貢について論ずる際に用いる圖は『周禮』職方氏の外族（夷狄）、九州と九服を參照する。しかし、その圖を用いたのでは、『周禮』職方氏に言う天下の中の外族（夷狄）、九州と九服の配置を説明することはできない。圖30に示したように、『周禮』職方氏の考え方は冀州と豫州を王畿とし、幽州を侯服、甸服、男服、采服および衞服の地として、その外を外族（四夷〈山東〉、八蠻〈湖北〉、七閩〈淮南與江南〉、九貉〈燕之北與西〉、五戎〈陝西〉、六狄〈山西〉）が割據するところとするのがよい。戰國時期の燕國領土を侯服とし、衞を衞服とし、王畿に近いところを甸服、男服、采服とすると考えた。これは、まさに出現せんとする有德の王が燕王であることを預言する。[74]

おわりに

本論は、簡單に戰國時代成書の諸書の內容を述べてみた。それぞれがそれぞれの天下內の特別地域觀、外族（夷狄）觀と獨自な領土主張をもっていた。注意しなければならないのは、この種の觀點と主張には、戰國時代特有の考え方があるということである。天下は漢字圈であり、その中には、各國がそれじれ設定した特別地域と野蠻の地がある。諸書が記載する「德」は、甲骨文・金文が記載する內容、すなわち征伐を保證する靈力の意味と異なり、征伐なしの「德」の意味に變化している。「王德」は自ずと特別地域內の民に及び、地域外の野蠻の地にも及ぼされる。[75]

王莽時期と後漢時代、すでに特別地域となっていた天下の外の及ぼされる「德」の議論が始まる。それは經典の注釋中において論じられた。時代が更に降ると、いわゆる天下の外にも律令國家が出現する。これは、戰國時代に複數の律令國家があった狀況が再來したのである。

この種の天下、國家、特別地域、外族觀の變化は、われわれに、春秋時代以前、戰國時代、秦と前漢時代、後漢時代、隋唐以後のそれぞれを研究する際、それぞれ獨自の觀點が必要なことを教えてくれる。

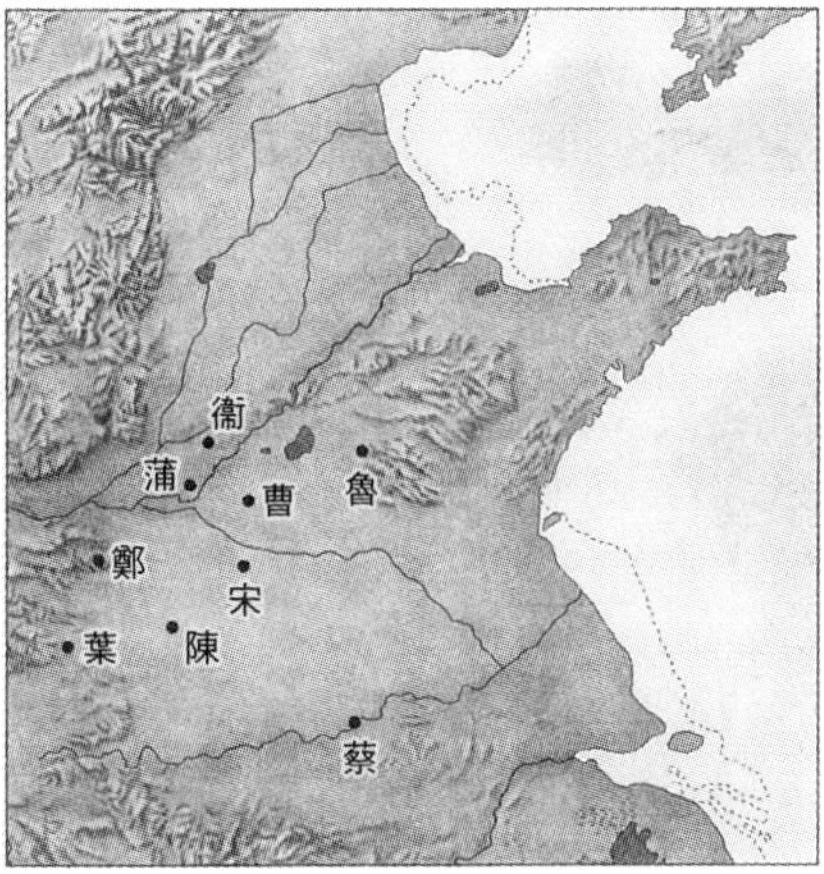

圖27　孔子が魯を去って遍歷した國々

衛は西周初期の位置より東に遷っている。蔡も孔子がくる直前に吳を賴って圖の位置に遷ってきた。とはいえ、宋・陳・鄭・衛は、『左傳』が四國としてまとめ、殷の故地を問題にする國々である。蔡は西周の始め、圖の蔡とは場所がずれたところに、殷の民を支配する據點として封建された國である。孔子は、殷の故地とその故地にゆかりのある國々を遍歷したことになる。

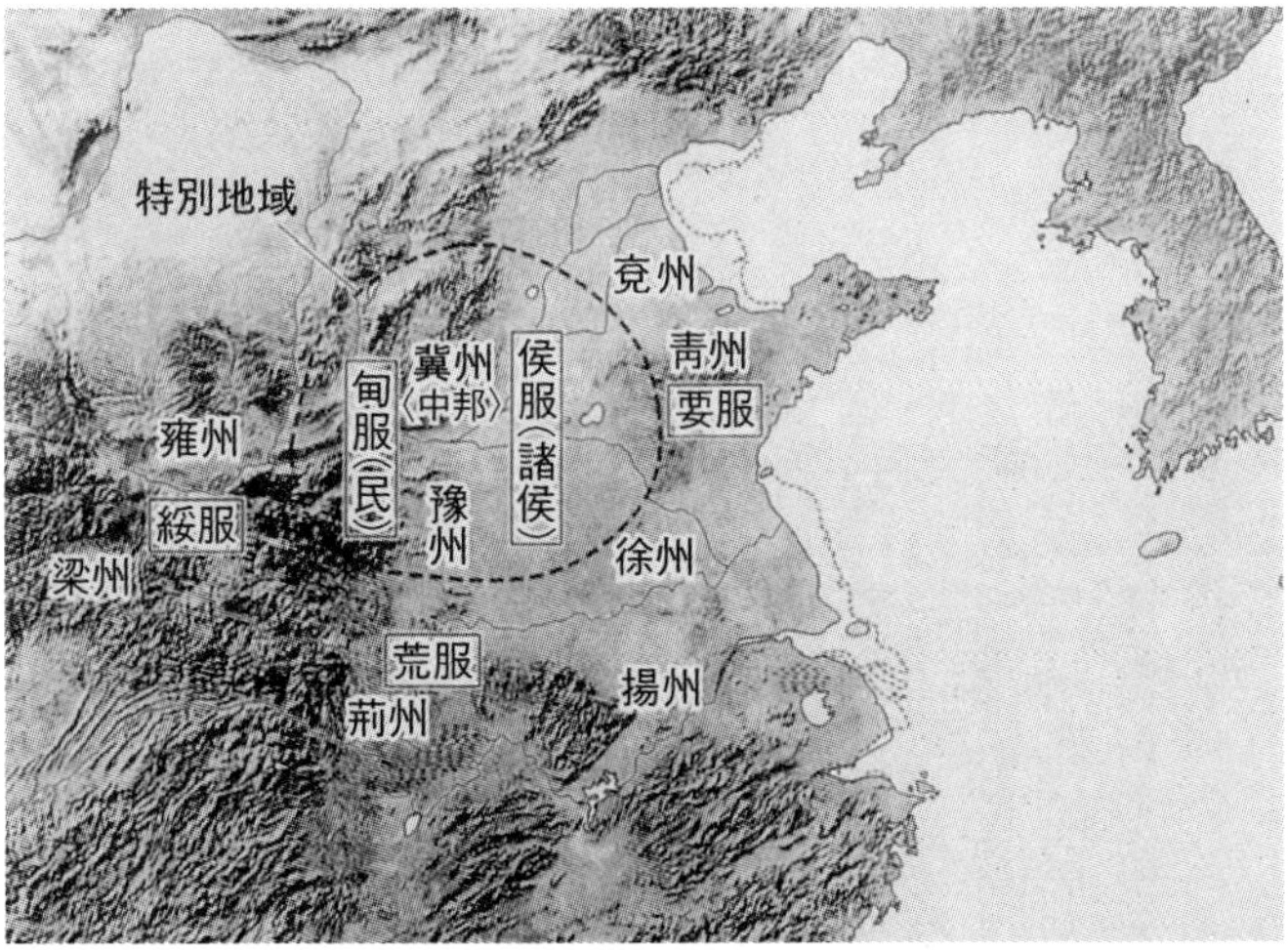

圖28　『尙書』禹貢の九州と五服

禹貢は、古くから戰國時代の魏でつくられたものだろうとされている。本書もそのように考える。「中邦」に租稅が集まるのが特徵で、魏が中心であることを敎えてくれる。九州では、冀州と豫州が魏の特別地域の中に入るようだ。五服は侯服が諸侯、甸服が民を述べ、特別地域の中を語る。他は、戰國時代の外族呼稱、つまり他國を誹謗するための呼稱を參照して、地域を特定することができる。九州・五服の名稱や內容は、『尙書』禹貢や『容成子』等と異なっている。

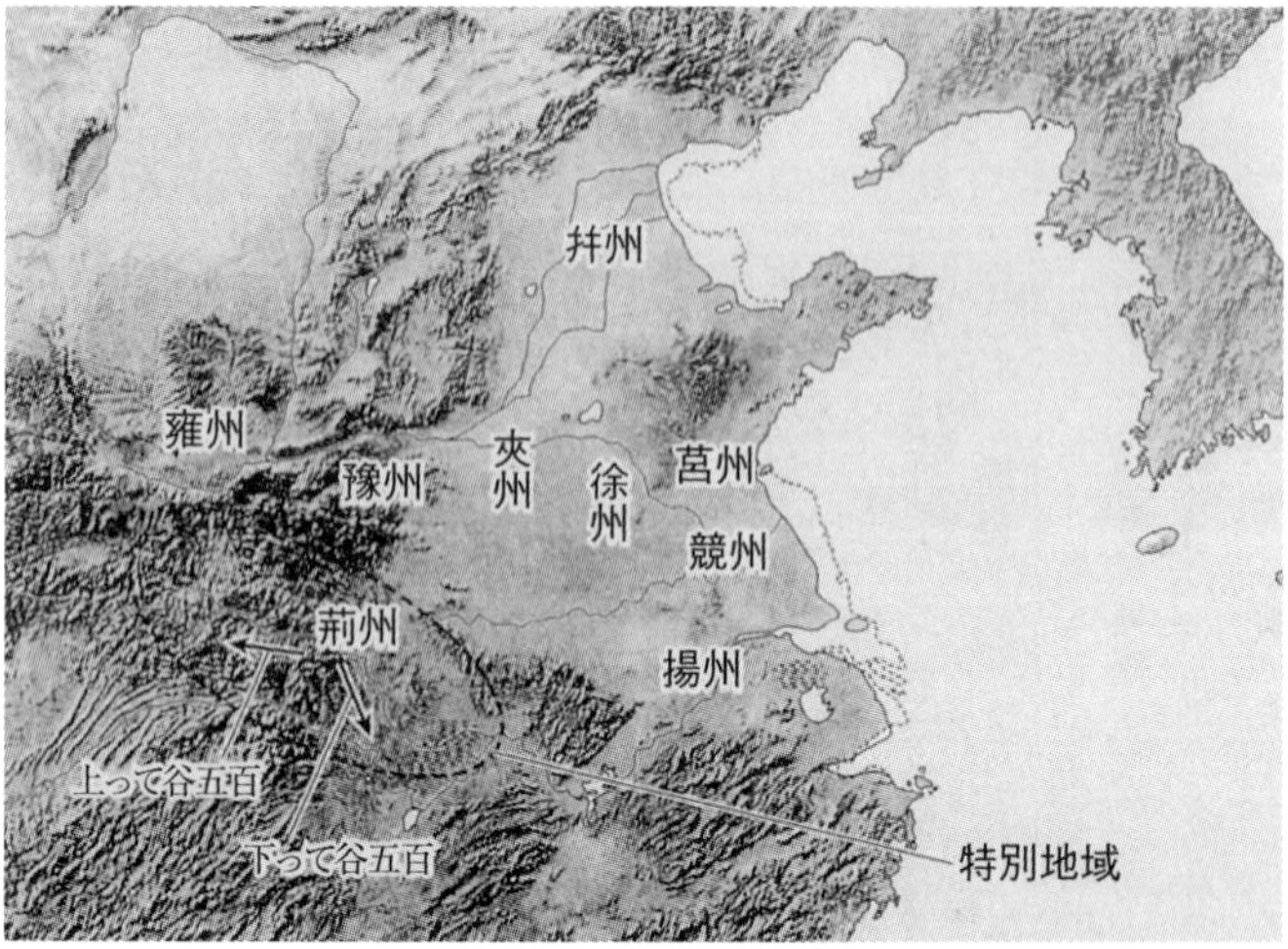

圖29　『容成氏』（訟城氏）の九州と禹の治水

ここに示した九州は、名稱も位置も『尙書』禹貢と異なったものが多い。禹貢と異なって、禹が最も意を用いて治水した地域は荊州になっている。

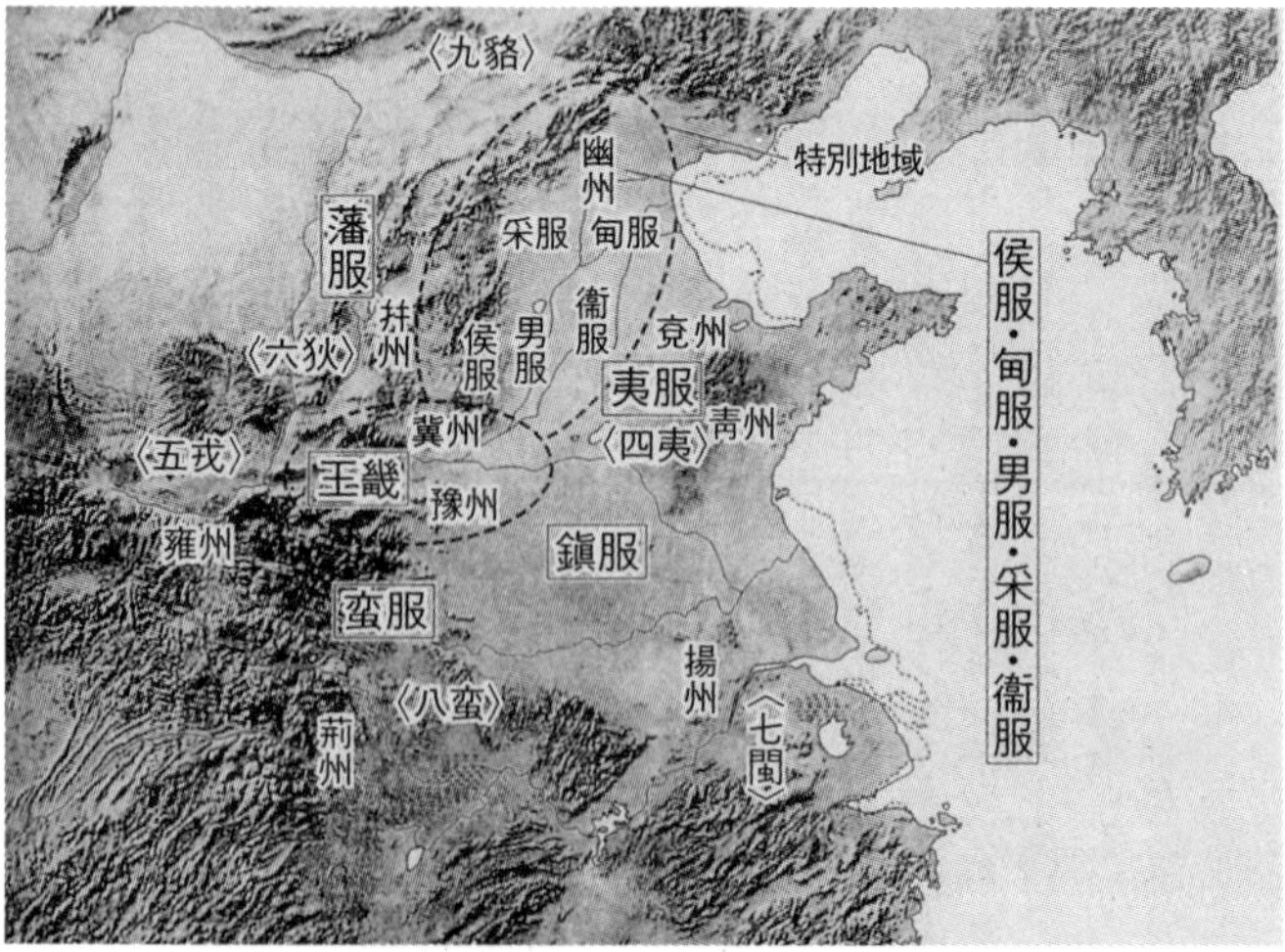

圖30　『周禮』職方氏の外族・九州・九服

九州については、山鎮と藪澤の記載があるので、おおよその位置がわかる。九服は、外族名稱に關連するものと、王の封建に關わるものとを分けて論じることができる。九服は王畿の外にあるので、外族名稱によらぬ侯服・甸服・男服・采服・衛服が幽州に集まり、きたるべき王に關わることを暗示する。公・侯・伯・子・男の方域は、王畿と幽州をもって説明することができる。

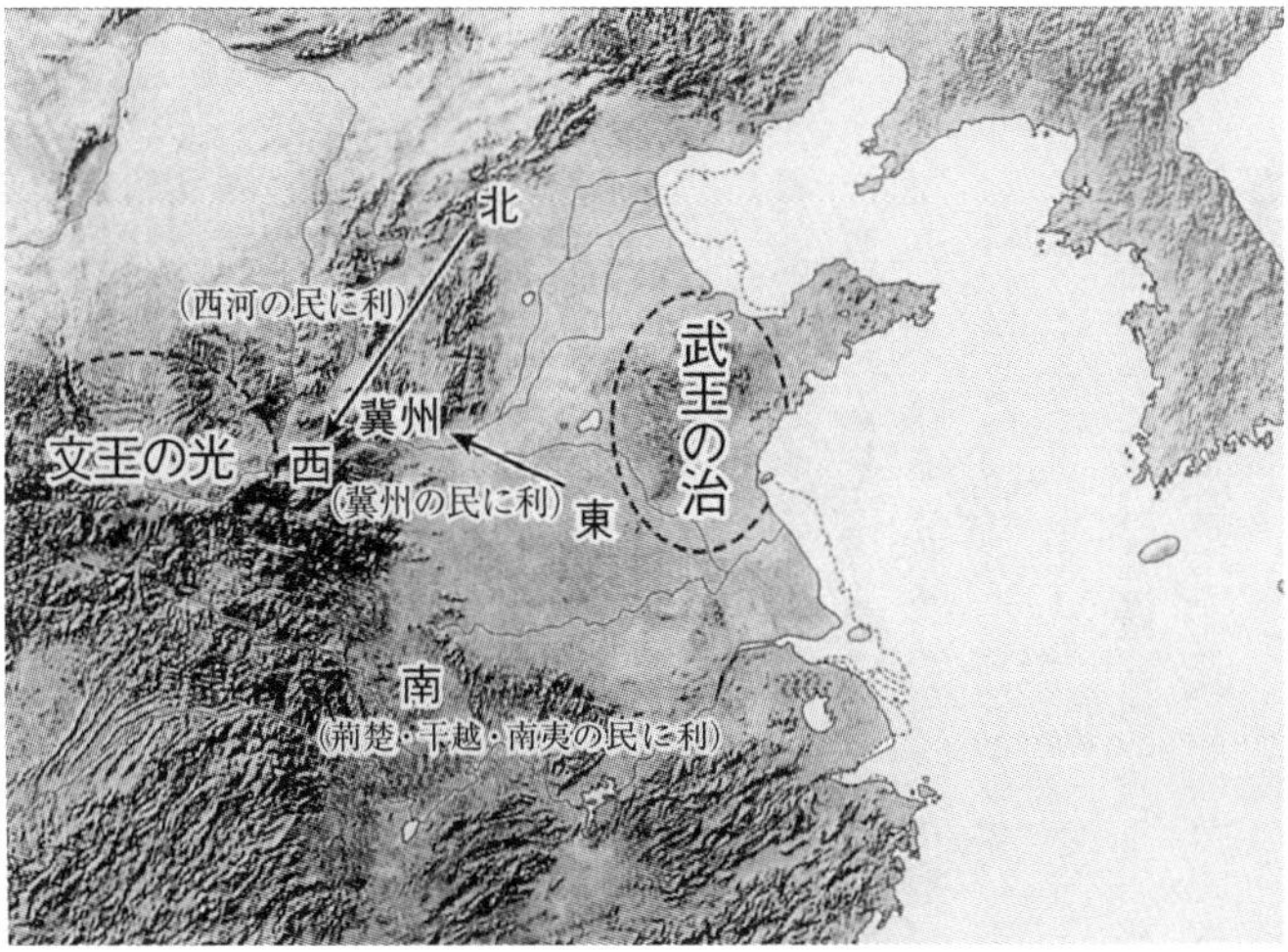

圖31　『墨子』兼愛中の禹の治水

北・西・東が利が冀州にかたよる（『尚書』禹貢を批判）。南は利が廣く行きわたった（『容成氏』を批判）。ただし、南はとじた世界になっている。州の文王の光が注いだ陝西、武王が治めた泰山は、禹には關わらない（禹の治水にはかたよりがあるだけでなく、天下の治水にもなっていない）。

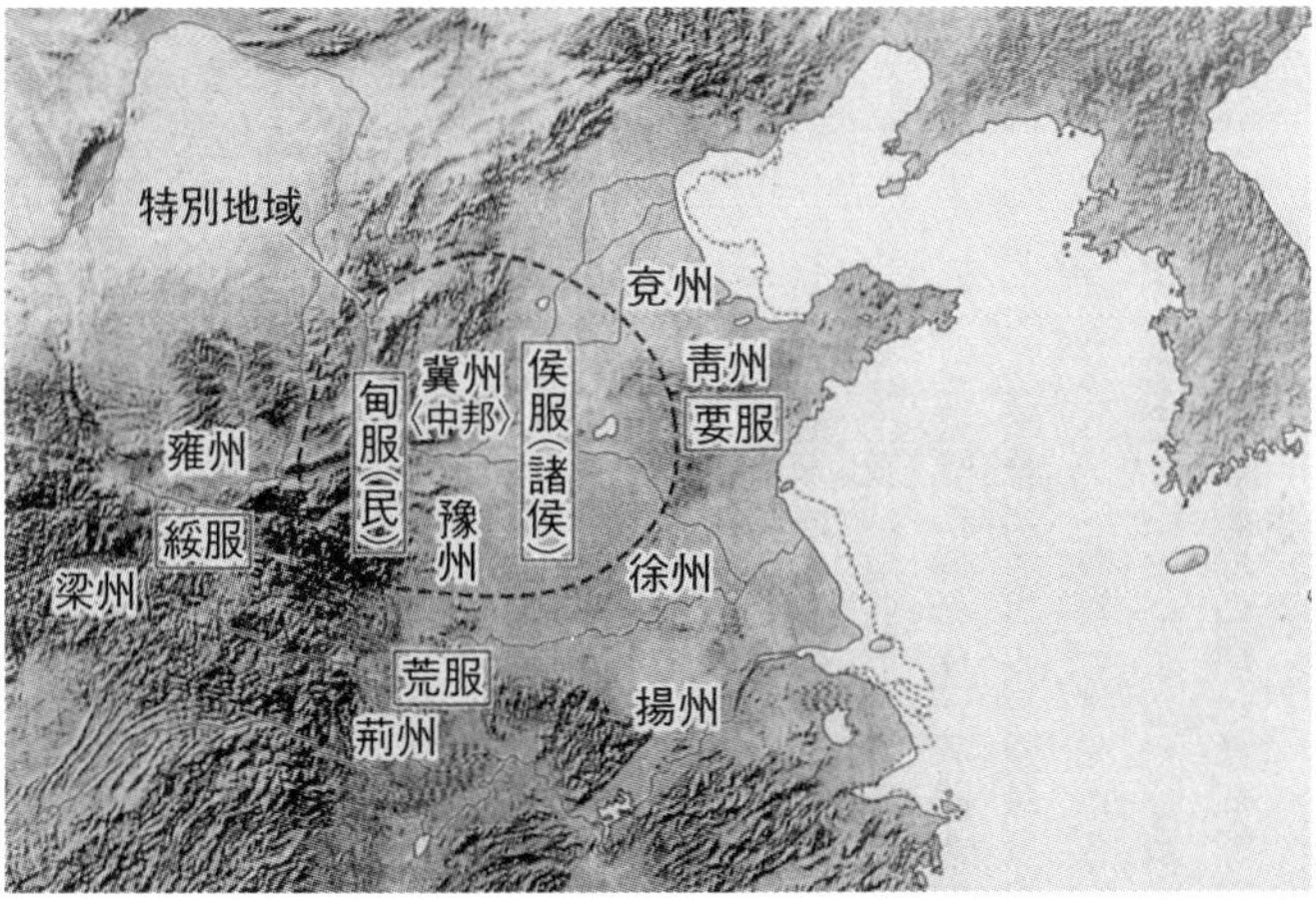

圖32　『尚書』禹貢の九州と五服

禹貢は、古くから戰國時代の魏でつくられたものだろうとされている。本書もそのように考える。「中邦」に租稅が集まるのが特徵で、魏が中心であることを教えてくれる。九州では、翼州と豫州が魏の特別地域の中に入るようだ。五服は侯服が諸侯、甸服が民を述べ、特別地域の中を語る。他は、戰國時代の外族呼稱、つまり他國を誹謗するための呼稱を參照して、地域を特定することができる。九州・五服の名稱や內容は、『尚書』禹貢や『容成子』等と異なっている。

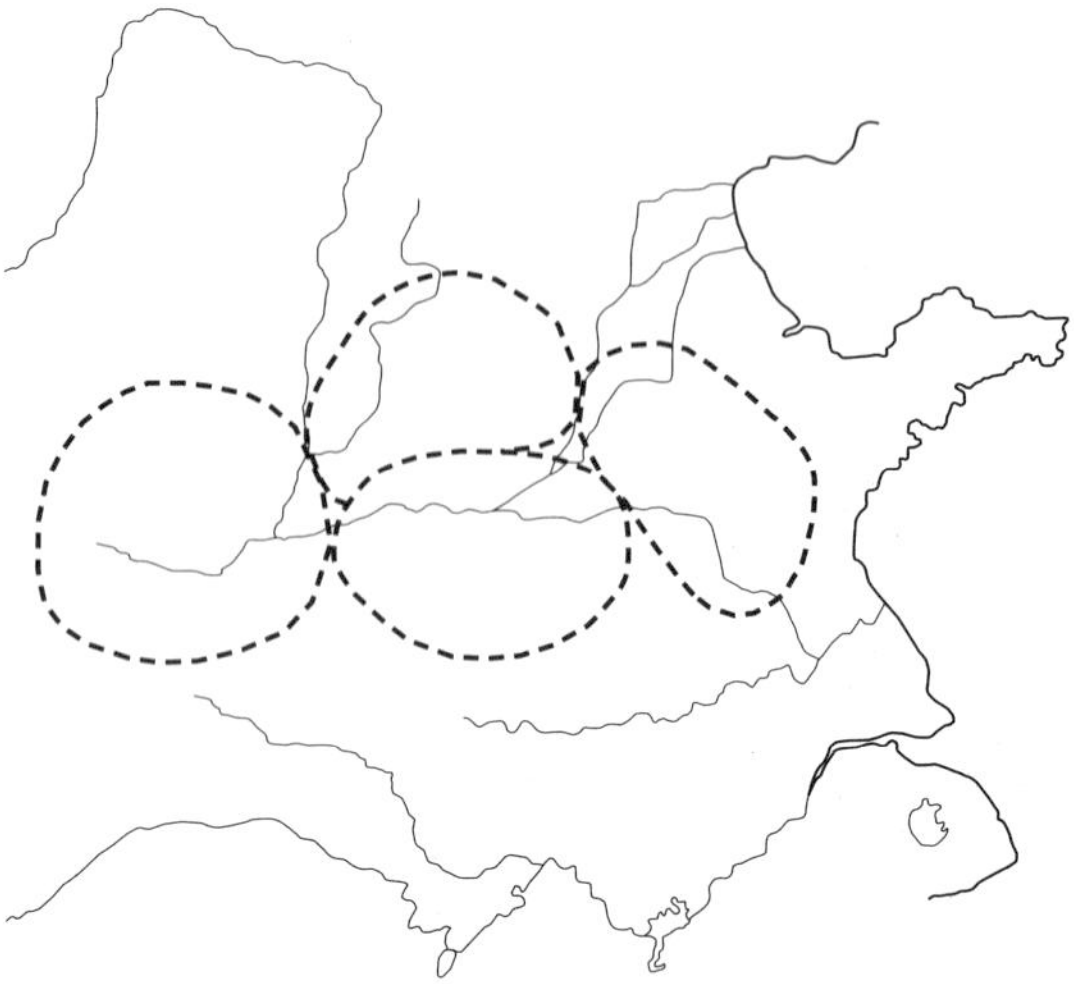

圖33　逵盤の四域（概要）

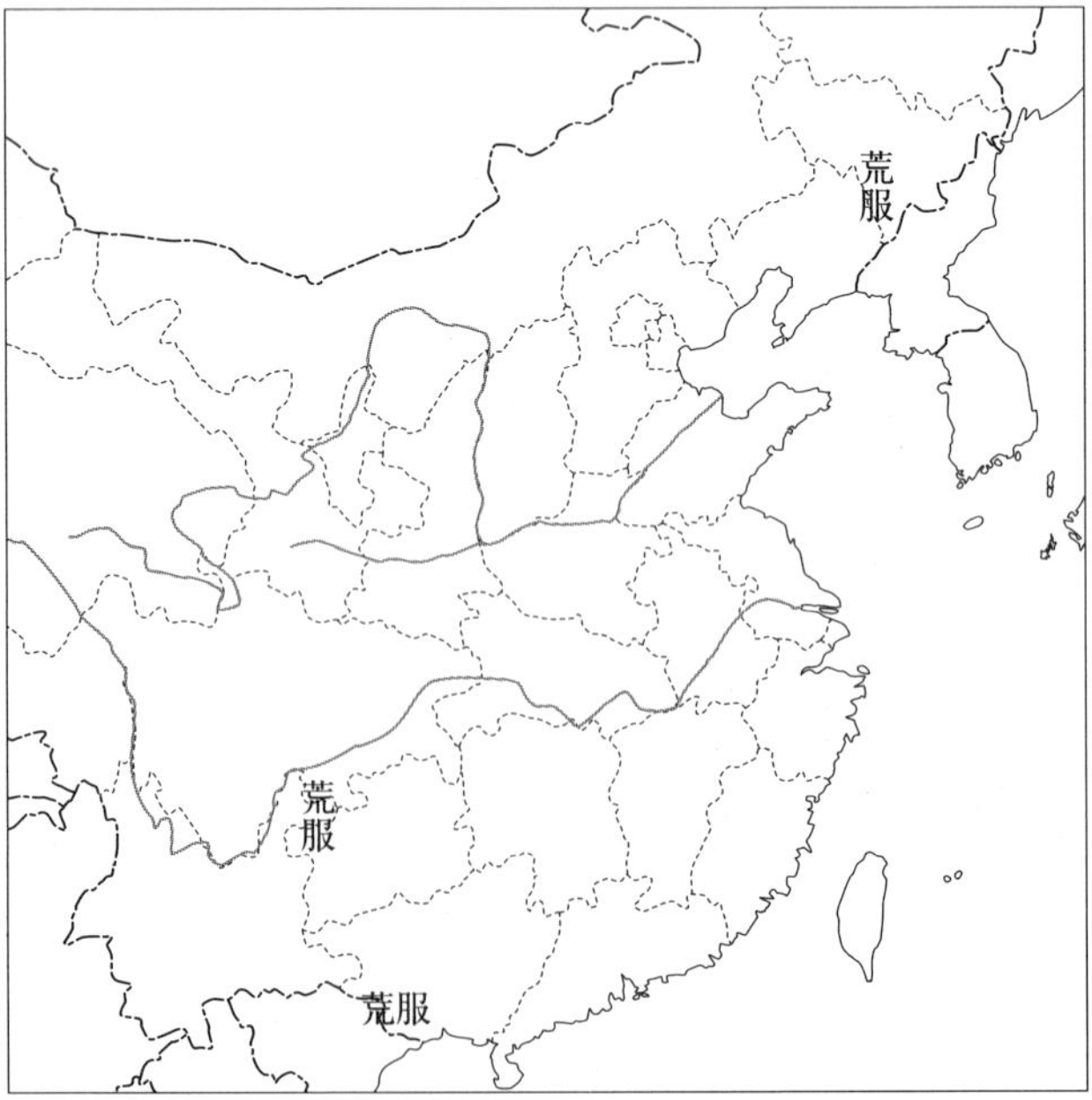

圖34　『史記』五帝本紀、秦始皇本紀に述べる荒服

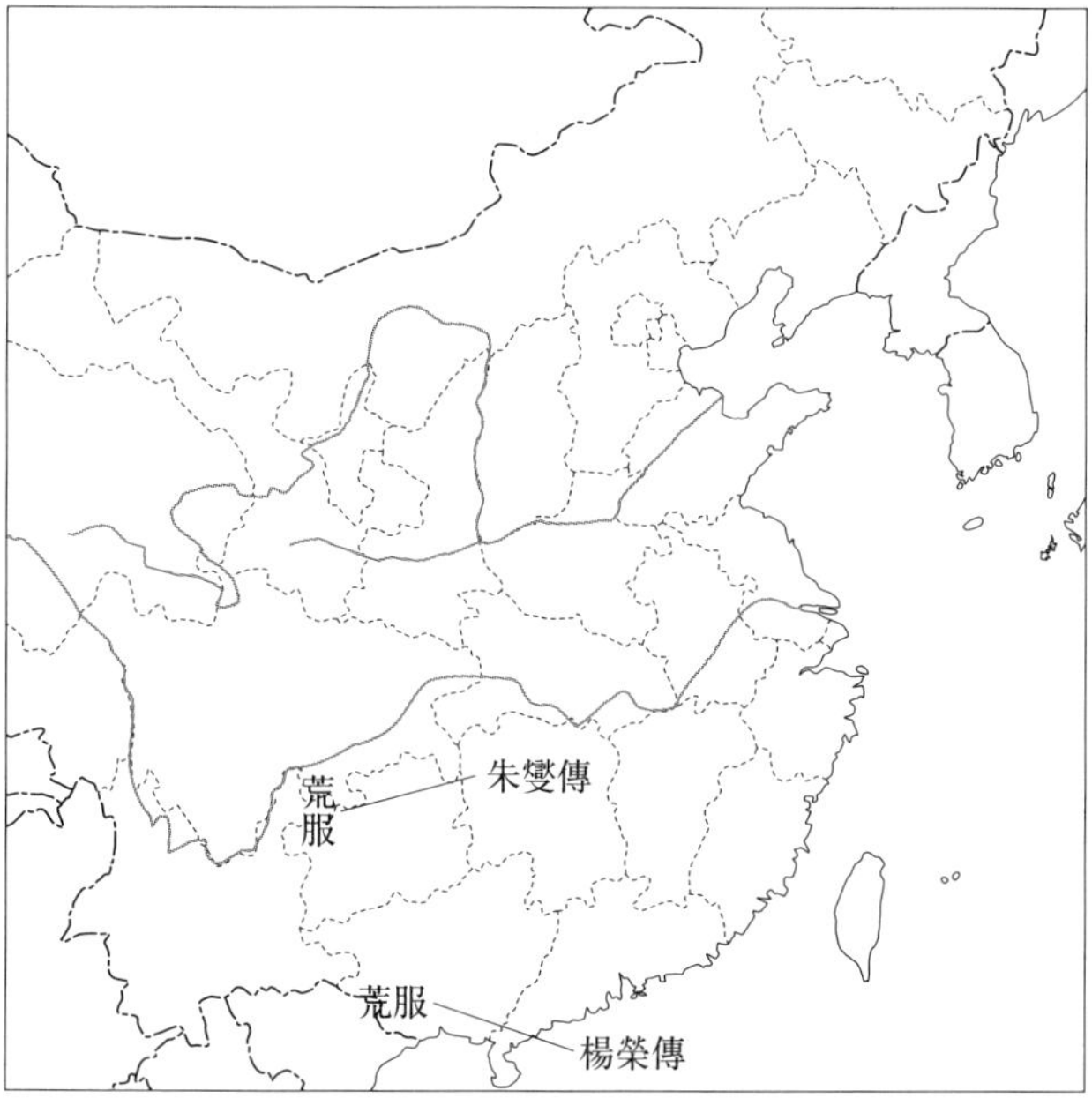

圖35　『明史』に述べる荒服（荒服の內が中國）

〈補〉戰國期「封建」論、特別地域論、五服論と孔子
――上博楚簡『天子建州』の成書國を検討するために――

はじめに

私は別稿(76)において、戰國封建論と漢代封建論の決定的違いを述べたことがある。また、別にその封建論を基礎に、東アジアの外交がもつ構造を論じたこともある(77)。その際、上記第二論文で、つぎのように論じた。

つまり、『左傳』の段階では、周王と覇者とのそれぞれの勢力圏の間の外交關係が問題になっていたのに、漢代の『禮記』王制になると、周王と覇者の「封建」關係に説明が變更された、ということである。そして、「封建」という用語は、『左傳』では「中原」の都市國家（藩屏）と周王との關係を示す用語であったのに、『禮記』王制の時代、『史記』三王世家の記すところでは、覇者と周王との關係に説明が變更された、ということである。

言い換えれば、春秋時代の周王と覇者の外交關係（軍事的對抗關係。周と諸侯の「封建」關係の外が問題になる）が、漢代にあって「地方分権」であったかのように説明しなおされた（「外」が「内」に變更された）、ということである。

ここであらたに始まったおおきな「内」は、その「外」との外交を論じるものとなる。

戰國時代の小さな「內」と「外」との外交關係が巨大な「內」の封建關係に說明しなおされ、あらたに巨大な「內」とその「外」との外交關係が議論されはじめた。

この外交上の構造的變化は、研究史上議論されてきたことがない。議論されないままに、戰國時代の儒教と漢代の儒教は連續する同じ場の上で議論檢討されてきた。そのため、曲阜の孔子廟も、天下の「內」にあるものという前提で檢討されてきた感がある。しかし、上述したような意味での戰國時代の「內」を前提にする場合、曲阜を含む齊の「方一千里」では、曲阜は「內」にあるが、その他の「方一千里」を「內」とする場合は、曲阜の地は「外」に位置附けられる。このことは、孔子を祭る場としての曲阜の位置づけが「內」と「外」とで異なる可能性を示唆する。

そこで、以下に、この戰國時代の曲阜の位置づけについて、若干の考察を加えてみたい。

戰國時代の「中國」、「夏」等の範圍

すでに本章第二節に述べたように、天下は、「以待諸侯」（諸侯封建を議論）する天子と霸者（五霸を代表とする）からなり、その下には「以守宗廟之典籍」（宗廟運營を議論）する「方百里」の「大國」、「方七十里」の「次國」、「方五十里」の「小國」がある。天子の「大國」（の長）は（天子の）「卿」といい、「次國」（の長）は（天子の）「大夫」といい、「小國」（の長）は（天子の）「元士」という。それぞれの「大國」・「次國」・「小國」には、それぞれ「卿——大夫——士（上士・中士・下士）」の序列があるとされた。

つまり、天子と霸者の「封建」の基礎は全く同じである。異なるのは、天子が「仁政」を行い、霸者が「仁政」を「假」りたことである。天子はみずからの「方一千里」に王道を行い、霸者はみずからの「方一千里」にそれを行う

ことができなかった——とされたのである。

孟子が述べる「方一千里」は、齊の宣王についてのものである。他國の「方一千里」については、實際に郡縣統治した領域のおおよそを知ることができる(78)。

これら各國の統治領域のうち、曲阜を「内」に含むのは、魯のみである。

ところが、各國の「理念的統治領域」は、これら實際の統治領域とは別に設定されている。「中國」や「夏」などと稱される領域である。

この點について、私は、いくつかの論文で具體的領域を議論したことがある(79)。

【圖24】『公羊傳』の「中國」、「諸夏」、「夷狄」（三五〇頁參照）

【圖25】『左傳』の「夏」、「東夏」、四方（三五一頁參照）

【圖26】『穀梁傳』の「中國」と「狄」（三五二頁參照）

これらの圖は、個々の具體的な國について、「中國」とみなす、とか「夷狄」とみなす、といった評價を基に作成することができる（誰もが檢證できる）。後漢以後の注釋がこれらの傳文に示された個々の具體的な評價と異なる説明を附していることも、具體的に檢討した。

これらの圖を見て（それぞれの書に記載された個々の事實を圖におとしてみて）一目瞭然なのは、『公羊傳』では、「中國」に魯が含まれていることであり、『左傳』では「東夏」に魯が含まれていることであり、『穀梁傳』では「中國」に魯が含まれていることである。『左傳』の「東夏」はかつての殷の故地を特別にみなすものになっている。それに魯が含まれている。

これら諸書に見える「中國」や「夏」「東夏」は、それぞれについて想定される成書國、つまり『公羊傳』の齊、

『左傳』の韓、『穀梁傳』の中山、それぞれの支配した領域より大きな領域が示されている。

つまり、實際の自己の國家領域を問題にしていては、孔子が活躍した魯を含めることができないのに、『公羊傳』・『左傳』・『穀梁傳』の論理を使えばその魯を含めて特別地域を語ることができる、ということである。

そこで、あらためて『孟子』の論理を見てみると、「方一千里」を話題にしているだけで、實際の領土を話題にしているわけではない。しかも、議論されているのは、「天下は、『以待諸侯』する天子と霸者（五霸を代表とする）からなり、その下には『以守宗廟之典籍』する『方百里』の『大國』、『方七十里』の『次國』、『方五十里』の『小國』がある」という内容である。魯は霸者ではない(80)。だから、この『孟子』の論理では、魯は、天子の下の「大國」（方百里）・「次國」（方七十里）・「小國」（方五十里）のいずれかだと論じることができる。

齊で成書された『公羊傳』は、まさにこの齊の「方一千里」を問題にしている。

中山で成書された『穀梁傳』は、河北から南に特別領域を擴大して、魯を取り込む領域を設定した。だから、これも「方一千里」より大きな地域を特別領域だとする結果をまねいている。

韓で成書された『左傳』は、もともと「夏」とされた地域に鄰接する殷の故地を話題にし、「東夏」と規定することによって、魯を取り込む領域を設定した。だから、「方一千里」より大きな地域を特別地域だとする結果をまねいているのは、『穀梁傳』と同じだが、魯の取り込み方が違っている。

ということなので、『孟子』にいう「方一千里」を基準とする「封建」論をもって魯の取り込みを論じる場合は、中山の『穀梁傳』の論理と齟齬が生じる。韓の『左傳』も、「方一千里」の「夏」ともう一つの「方一千里」の「東夏」を論じるから、『孟子』の論理をそのまま使うことはできない。唯一『公羊傳』のみが齟齬を生じることなく「中國」を議論しつつ魯を取り込むことができる。

『孟子』の論理は、一見普遍性をもつかに見えているのだが、戰國時代當時の諸書の内容からして、そうではなかったことがわかるわけである。孔子の生地である魯を取り込むという、誰もが注目しそうな條件を前提に考えようとすると、『孟子』の論理どおりにいかないものになってしまう。

實際の領土が特別だと主張するだけなら、「方一千里」を問題にするだけで、『孟子』と同じ論理を振りかざすことができる。しかし、上記の特別領域の擴大の論理を見てみると、「方一千里」を重視する立場よりは、孔子が活躍した魯を取り込むことに、大いなる關心を抱いていたと考えるしかない。

さて、『公羊傳』・『穀梁傳』・『左傳』それぞれの特別領域を見てみると、別にもう一つ、これらの書物の編者がこだわった國があることがわかる。東遷後の周である。

『穀梁傳』は南の東側に魯を取り込み、同じく西側に東遷後の周を取り込むように、「中國」を設定している。『公羊傳』は東遷後の周をとりこむために「諸夏」を設定している。「諸夏」は「中國」より劣るが、四方の野蠻の地「夷狄」とは異なるところである。これは、『左傳』が周を含む地域として「夏」を設定し、魯を取り込む地域として「東夏」を設定しているのと對比して議論することができる。『左傳』は魯を二義的に位置づけたのに對し、『公羊傳』は周を二義的に位置づけている。

東遷後の周は、もともと殷の故地であり、陝西の周がこれを滅ぼして自己の勢力圏に組み入れた。この殷の故地をどうとりこんで特別地域を設定するか、『公羊傳』・『左傳』・『穀梁傳』それぞれに違いがある。

戰國期の特別地域論、五服論と孔子

すでに本章第二節では、宋と魯に注目できることを述べておいた。そして、『天子建州』が議論しようとする天子の領域が、比較的小さいのではないかとの臆測を述べた。ここでは、宋魯いずれもがこれに該當する。そして、興味深いのは、兩國とも孔子に縁の深い國だということである。

すでに、孔子の生地である魯を特別領域の中に組み入れて議論するか、準特別領域の中に組み入れて議論するか、二つの方策があったことを論じた。

これに加えて述べておけば、魯と特別領域との關係を直接は論じないため、議論の錯綜をさけるべく、上文に觸れるのを控えておいた問題がある。本書の序説と第一章第五節において、『論語』泰伯が述べる天下が「方一千里」三つ分であること、同じく『呂氏春秋』審分覽が述べる「冠帶の國」という特別領域も「方一千里」三つ分（「方三千里」）であったことを述べた。(81)『論語』・『呂氏春秋』いずれの場合も、魯が特別領域の中に組み込まれていると考えてよい。これらは、『公羊傳』・『穀梁傳』・『左傳』の場合より廣い「方一千里」三つ分を特別領域として論じ、その中に魯を組み入れる。(82)

つまるところ、「方一千里」を論じて魯を組み入れる議論ができる場合は、それを活用して特別領域を論じ、それができない場合は、「方一千里」二つ分、あるいは「方一千里」三つ分を特別領域として論じて、魯を組み入れる議論を展開したとまとめることができる。

この「方一千里」三つ分の領域は、「方一千里」の半分の面積である「方五百里」を六つつくることができる。この「方五百里」を「服」として論じ、五つの「服」を議論したのが「五服論」である（【圖12】戰國前期の五服論の一例〈二〇二頁〉）。「方一千里」三つ分の中に「方五百里」の「服」を五つ作り出すこともできる。「方一千里」三つ分それぞれに一つずつ「方五百里」の「服」を作り、残り二つを「方一千里」三つ分の外に作り出すこともできる。(83) 本節との關わりから述べれば、五服の中では、「侯服」に魯を組み入れたらしい。

【圖14】（二〇四頁）は、『尙書』禹貢の「五服」(84)を「九州」にどう對應させることができるかを考えた。

同じく、『周禮』職方氏は外族、九州、九服の對應を考えている。(85)

ここでは、魯は「夷服」に含めて考えたようである。『周禮』が周公に名を借りて編纂されたことと關係ありそうだ。

これらの想定事例は、「方一千里」三つ分の外にまで「服」の地を考えているのが特徵で、上記に論じた成書國の特別地域の中に魯を組み入れる場合（『尙書』）とその外に魯を組み入れる場合（『周禮』）があるようだ。

『周禮』職方志の九服が比較的大きな領域を想定していることは、すでに本書第一章第三節「「五服」論の生成と展開」で述べた。中原から遠方に位置する燕が魯や周をまきこんだ領域論をぶちあげるには、比較的廣い地域を對象としておかねばならなかった。

以上、魯から離れた國々では、所謂特別地域（「夏」や「中國」）に魯を含めることはできないので、この特別地域とは別の方策を講じて、魯を位置づけようとしたようである。

そうした中にあって『天子建州』は、やや小ぶりな「州」を天子の領域として論じ、どうやら魯をその中に組み入れたらしいことを述べてみた次第である。

おわりに

別に論じたことだが、春秋時代の周王と覇者の外交關係（軍事的對抗關係。周と諸侯の「封建」關係の外が問題になる）

は、漢代にあって「地方分權」であったかのように説明しなおされた（「外」が「內」に變更された）。ここであらたに始まったおおきな「內」は、その「外」との外交を論じるものとなった。

この外交を史的に解説する上での構造的變化は、研究史上議論されてきたことがない。議論されないままに、戰國時代の儒教と漢代の儒教は連續する同じ場の上で議論檢討されてきた。そのため、曲阜の孔子廟も、天下の「內」にあるものという前提で檢討されてきた感がある。

戰國時代の「內」を前提にする場合、曲阜を含む齊の「方一千里」では、曲阜は「內」にあるが、その他の「方一千里」を「內」とする場合は、曲阜の地は「外」に位置附けられる。各國の議論は、はたしてこの「外」を容認するものになっていたのか否か。本稿は、孔子を祭る場としての曲阜の位置づけが「內」・「外」いずれであったのか、その「內」・「外」を分ける論理は、いかなるものであったのかを考察した。

戰國時代、『孟子』は九つの「方一千里」が天下になることを論じ、その一つに「仁政」を布くことが王たるの條件であることを説いた。この議論自體は、他の國も同樣だろうと容易に想定できる。行論の都合で、上文には言及しなかったが、戰國時代の諸書の間には、同じく禹が治水したことを論じつつ、それぞれの成書國の特別領域を禹が特別に論じたことがわかっている(86)。

ところが、この「方一千里」を强調すればするほど、孔子の墓がある曲阜が自らの「方一千里」から離れる事實を認めねばならなくなる。

しかしながら、特別領域論を比較檢討してみると、その特別領域を「方一千里」より擴大させて魯を組み入れる事例が認められる。擴大の仕方は、大きな特別領域一つであったり、特別領域と準特別領域を作って、それらに組み入れたりしている。さらには、「冠帶の國」という「方一千里」三つ分の領域を論じて、その中に魯を組み入れたり、この「方一千里」三つ分の外に「五服」や「九服」をのばして、魯を組み入れたりの事例も見られた。總じて、東遷後の周や、孔子の墓がある魯は、特別に議論しなければならないという意識があったことが、共通して認められる。

そうした議論のうち、「夏」や「中國」などの特別領域と比較しつつ『孟子』の「封建」論を検討してみると、新出の『天子建州』に見える「封建」論が、比較的小ぶりの領域を議論しているらしいことがうかがえる。そして、別に議論した伴出の諸書にみえる「くさし」の表現の検討をも加味すると、『天子建州』が語る「州」の中に、魯が含まれた可能性が濃いことがうかがえる。

こうした状況下にあって、あらためて『天子建州』の成書國の問題を考えてみると、比較的小ぶりの領域という點が、再度注目されることになる。すでに宋と魯が注目できることを述べておいたが、本論でも、その點を再確認することになった。

第二章　まとめ

本章は、以下の四つの節に分けて論を展開してきた。

第一節：中國戰國時代の國家領域と山林藪澤論

第二節：上海博楚簡『天子建州』と「封建」論

第三節：戰國時代の天下とその下の中國、夏等特別領域

〈補〉：戰國期「封建」論、特別地域論、「五服」論と孔子

中國古代史を學ぶ者が、かつて大きな目標とした三人による研究がある。西嶋定生・增淵龍夫・木村政雄の研究である。このうち、增淵龍夫の山林藪澤論を、第一節はとりあげた。

中國史を語る上で、最大の問題點は、現代の中國、歐州なみの大領域、我が國の縣や郡などの面積を念頭におく小領域、その大領域と小領域の間にあって、日本や韓國などさまざまな面積が議論できる中領域を歴史的に位置づけることがなかったことである。

以上、第一節で話題にした山林藪澤に關する研究は、增淵龍夫の業績を抜きに語ることはできない。ところが、松丸道雄の殷王田獵論などを介在させて検討すると、增淵の検討には、小領域と中領域を混同して検討してしまったところがあるのがわかってくる。

殷代の王の日常的田獵は、半徑二〇キロ程度のいわば小領域の中で擧行されていた。これは、松丸道雄の數學的證

明をもって明らかにされた。この日常的田獵とは別に、遠方にでかけてなされる田獵もあったようだ。この臨時になされる田獵のことは、松丸に指摘がある。

この殷代の王の日常的田獵がなされるところは、殷に服屬する國が、殷の王都近くに置いた出先の邑であった。これについては、『春秋』に見える魯と鄭の邑の交換記事が、それぞれ「湯沐の邑」として議論されているのを參照することができる。魯が周の出仕する際に使用する鄭近くの村と、鄭が泰山の祭祀の際に出向いて使用する魯の近くの邑を、交換しようという話である。こうした「湯沐の邑」があちこちに點在し、そうして邑を活用しつつ殷代や周代の都市國家は相互に結びついていた。

そうした王都の近くに設定された邑に對し、殷王が日曜的田獵儀禮を行っていた、というのが、松丸の檢討がもたらした事實だとしてよかろう。この儀禮が、殷や周の王朝體制を引き締める役割を果たしていたことは、間違いない。

ところが、春秋から戰國にかけての鐵器普及がもたらした社會變動にともない、かつての國が滅ぼされて縣となり、その縣が大國中央に懸かる體制が整備されて、それぞれの縣に中央の官僚が派遣されるようになると、遠方の都市に屬していた山林藪澤も、大國中央の管理下におかれることになる。中領域の山林藪澤が、一つの中央によって、官僚が派遣される體制の下で、管理される體制が整ってくるということである。

この小領域の獨立度が高かった時代の山林藪澤管理から、中領域が官僚統治されるに至った時代の山林藪澤管理への變化は、舊來の議論で言うところの「山林藪澤の家產化」という表現を用いて説明することができる。

ところが、增淵の檢討では、松丸の檢討がまだなされていなかったこともあって、殷代にすでに殷王が日常的に中領域を廣く田獵してまわっていた、という前提理解があった。そのため、增淵山林藪澤論は、鐵器普及がもたらした變化という事實をうまく組み込んだ説明を展開することができなかった。

增淵山林藪澤論は、殷・周・春秋の時代における山林藪澤管理と、春秋戰國の鐵器普及後の山林藪澤管理の違いが、小領域管理から中領域管理への變化だと說明することができなかった。

そのため、漢代鹽鐵論が、そうして戰國以來の中領域管理を天下規模で一元化するものだという發想も、提示されることがなかった。

この小領域に關しては、宮崎市定が游俠を檢討している。增淵は、この宮崎が先鞭をつけた議論を、山林藪澤論とかかわらせつつ議論することになった。游俠は、漢代にあって、戰國時代の領域國家の末裔たる中領域を舞臺にして、獨自の輿論形成を行った人々を言う。

宮崎は、小領域に熱い視線を向け、後代の都市論へと論を展開した。そのため、中領域がもつ歷史的に意味を、うまく檢討の場に載せることができなかった。一方、增淵は、戰國時代以來の、都市にあって、獨自の秩序をもっていた人々に視線を送り、一方で、山林藪澤の家產化を述べた。だから、この點だけからすれば、小領域と中領域の史的展開を說明する材料を目にしていたことになる。しかし、上記の山林藪澤論が影響したためか、小領域と中領域の關係があいまいになってしまった。增淵の場合も、中領域がもつ歷史的意味を、うまく檢討の場に載せることができなかった。

第一節は、この中領域のもつ歷史的意味を述べて、春秋戰國時代の鐵器普及時代に、小領域の山林藪澤管理體制から中領域の山林藪澤體制へという變化（山林藪澤の戰國君主による家產化）があったことを指摘し、さらに、武帝時期に、天下規模での、つまり大領域の山林藪澤管理體制への變化（中央による鹽鐵專賣開始）があったことを述べた。

『孟子』の王朝交替論は、相異なる中領域を支配域とする王朝の交替を述べている。『論語』の天下說も、中領域を天下とするものになっている。そして、中華夷狄論を簡單に紹介しつつ、それが、中領域をいわば小中華とし、天下の殘りの領域を夷狄視するものであったことを簡單に述べた。東アジア册封體制が、始皇帝が統一した大領域とその外との外交關係を語ったのと、異なっている。この小中華と天下内の夷狄との關係が經典類に反映された。後に始皇帝が統一した大領域を中華とし其の外を夷狄として外交關係を語るようになると、その經典の再解釋がなされることになった。この經典の再解釋という變化にいち早く氣づいていたのが、西嶋定生であった。ところが、西嶋の檢討は、戰國時代の小中華と天下内の夷狄との關係を論じるまでにいたっていなかったので、それを平勢が檢討したことを述べた。

第二節は、「封建」論に關する根深い誤解を話題にした。

この根深い誤解を語る前に確認しておきたいのは、天下大一統に關する、同じく根深い誤解である。すでに第一章第五節に言及した(87)ように、その「天下大一統」の誤解に氣づき、注意を喚起した人として、蘇秉琦を擧げることができる。蘇秉琦は、天下大一統の「一統」を「統一」に置き換えて理解することの誤りを述べた。この誤りに氣づくことと、彼の研究とは表裏の關係にあり、氣づいた結果として蘇秉琦は區系說を述べ、新石器時代以來の文化地域の獨自な展開に目を向けたのである。

文化地域の獨自な展開の下で(天下の)「一統」を述べた場合、その意味が(天下の)「統一」の意味にならないことは、(はなはだ)自明である。

その區系說をも念頭におきつつ述べておけば、その獨自な展開の中から漢字が出現し、儀式用の文字として繼承され、やがて官僚制の道具として機能するようになる。漢字は一つの文化地域で儀式用の文字として(確認し得るところ殷や周など大國により)繼承され、やがて他の文化地域(それぞれの大國やその下の諸國)に傳播し、それらを基礎にして官僚制の道具としての漢字が整備される。その整備の過程では、それぞれの文化地域が强烈な中華意識をもち、他を野蠻の地とさげすんだ。その事實が、戰國時代の經典に反映される。そして、天下が統一された後は、その天下統一後に整理された經典に、新たな解釋が反映される。

天下統一以前の戰國時代と、天下統一以後の漢代とでは、文化地域の扱いが異なっている。戰國時代の『左傳』に繼承された「封建」の語義（中領域内の小國を封建することを議論）と、『史記』三王世家（『史記』中では後補の部分とされる）に示された「封建」の語義（大領域内の中領域の覇者を封建することを議論）には、大きな開きがある。

『左傳』の「封建」は、新石器時代以來の文化地域二つ分を舞臺とし、陝西の周が河南の殷を滅ぼして、周が殷の故地に諸侯を定めて「藩屏」にしたことを言う。三王世家は、始皇帝の統一の前と後との變化を論じ、前の時代を「封建の世」、後の時代を「郡縣の世」とするものである。だから三王世家の「封建」は、『左傳』の「封建」を、大領域の天下のものに變更し、「天下の統治」に繫げている。

『禮記』王制に反映された「封建」も、『史記』三王世家と同じく天下を舞臺にして論じられる。天下は九つの「方一千里」からなり、周王と八人の「伯」（覇者）の合計九人がそれぞれの「方一千里」下の小諸侯を配下に置く。この周王と八人の覇者との間の關係が『史記』三王世家の述べる「封建」内容になっている。

この理解は、通常天下の周王朝と諸侯との關係として「封建」を述べるのと齟齬するところがある。この點、研究者の間でも自覺に缺けるところがある。

一般に見られる説明は、『左傳』の「封建」と『禮記』王制の「封建」が渾然一體となり、議論される内容であり、實のところ史料的根據が缺けている。この無根據の狀況に注意しないことが、上記の「封建」をめぐる自覺の缺如を引き起こしている。

そして、新出土遺物である楚簡研究にも、その自覺の缺如が影をおとしている。

上海博楚簡『天子建州』を検討する際、引用されるのはまずは『禮記』王制である。ここに記された「封建」と、『左傳』に繼承された「封建」は、上記のように次元の異なる議論をしている。『孟子』萬章下に示された「封建」は、この『左傳』に通じる内容をもっている。だから、『天子建州』等を「楚簡」すなわち戰國時代の遺物として檢討するのであれば、まず參照すべきなのは、『孟子』や『左傳』の方であり、『禮記』王制ではない。

その意味から、『天子建州』の「州」を他の戰國時代諸書に見える州と比較すると、『禮記』王制に見える州と比較するのと異なる結果が得られる。

この州に關する議論は、『尙書』禹貢に見える九つの州の記事がまずは參照されてきた。これと比較されたのが『周禮』職方志に見える十二の州の記事である。これらに見える州の議論では、上記『孟子』萬章下や『禮記』王制が州の中を區切って多くの國が置かれていることを述べているのと異なり、天下の中に、どんな州が置かれているかの概要を述べている。

第三節は、こうした天下と州の關わりを、天下と「特別地域」との關わりと比較した。『尙書』禹貢・『周禮』職方志に見える戰國時代の議論では、天下のどの州を特別に扱うかは、書物ごとに異なっている。ところが、漢代の『禮記』王制になると、どこにどんな名稱の州がおかれたかの概要はわかるが、戰國時代と違って、どこが特別なのかが不分明になっている。一見同じように天下と天下の中の州を扱って議論しているように見えているが、天下の一部として「特別地域」を設定するかどうかが異なっている。これは、『禮記』が成書された漢代において、戰國時代の天下が、すべて特別地域の「中國」とされるにいたったことと關係している。

こうした天下の一部としての特別地域の有無、天下を廣く特別にみなすかどうかという、次元の異なる議論が見えていることを前提にすれば、本論において戰國時代のものとして扱った諸書が確かに戰國時代の議論の産物であり、

『禮記』王制が確かに漢代の産物であることが理解できよう。傳統的古文・今文論爭において、後代の成書と見爲されることが多かった『周禮』は、明らかに戰國時代に成書されている。王莽新代の僞經ではない。

第三節では、「特別地域」に王が「德」を及ぼし、その「德」が周圍にもたらされる「風化」を論じて、戰國時代の德が天下の一部としての「特別地域」に及ぼされ、殘りの天下が「風化」されるものであったこと、漢代に天下が中國という特別地域となり、そこに德が及ぼされ、その外、つまり天下の外が「風化」されるものになったことを述べた。

戰國時代の『韓非子』や『左傳』に見える德を通して、德の意味が西周以來の古い意味（征伐に關わる靈力としての「德」）から、新しい意味の德（「王德」が「特別地域」の民に及ぼされ、さらに外の天下內の國家領域に及ぼされる）に變化する様を具體的に讀み取ることができる。

最後に「補」としてまとめた部分では、戰國時代特有の「內」と「外」との關係を論じた。

春秋時代までは始皇帝の天下統一以後の天下の中をいくつかに分けた領域の中が特別であり、それぞれの領域の中で、周王と諸侯の政治關係、いわゆる霸者と諸侯の政治關係が、それぞれ構築された。周王といわゆる霸者の關係は、言わば周の諸侯の政治關係が構築された「內」と、その政治關係が構築された世界の「外」との外交關係であった。ところが、漢代になると、周王と霸者の關係は、「天下」という大領域の「內」のものとして說明されるようになった。

周王と諸侯の政治關係は、西周靑銅器銘文に「王」と「侯」・「伯」・「子」等の關係として記述され、周王と霸者との關係も、同様の關係として記述された。

この秦の始皇帝による天下統一の前後で、外交上の「內」と「外」をめぐる構造的變化がひきおこされている點は、研究史上意外なほどに議論されてきていない。議論されないままに、戰國時代の儒教と漢代の儒教は連續する同じ場の上で議論検討されてきた。そのため、曲阜の孔子廟も、天下の「內」にあるものという前提で検討されてきた感がある。

ところが、春秋時代と漢代を結ぶ戰國時代には、上記の説明では不足する獨自の「內」と「外」の世界があった。領土としては、みずからのよって立つ「方一千里」がまず議論される。その上で、鄰接地域に向かって、それぞれがそれぞれの言い方によって、「內」の領域を理念的に擴大していた。政治的に支配を及ぼす領域は、それぞれ獨自に存在するわけだが、支配領域の外に、理念的に「內」を擴大させると、それぞれの「內」は重なり合うことになる。

そうした「內」は、各國それぞればらばらに構想されたわけだが、にも拘わらず、共通して周都洛邑と魯都曲阜が含まれている。東遷後の周や、孔子の墓がある魯は、特別に議論しなければならないという意識があったようである。洛邑・曲阜に近い國家の場合、その「內」は小さくてすむが、洛邑・曲阜から離れるほど、構想される「內」は廣いものとなる。

以上のことが書かれている戰國時代の諸書の內容を、取り混ぜて論じようとすると、當然ながら、「內」の重なり合いに氣附くことになる。それらの一部のみを論じていると、氣附かずじまいになってしまうわけだが、多少なりとも多めに材料を集めるなら、一部たりとはいえ、重なり合いに氣附くことになる。

そうした議論のうち、「夏」や「中國」などの特別領域と比較しつつ『孟子』の「封建」論を検討してみると、新出の『天子建州』に見える「封建」論が、比較的小ぶりの領域を議論しているらしいことがうかがえる。そして、別に議論した件出の諸書にみえる「くさし」の表現の検討をも加味すると、『天子建州』が語る「州」の中に、魯が含まれた可能性が濃いことがうかがえる。

こうした狀況下にあって、あらためて『天子建州』の成書國の問題を考えてみると、比較的小ぶりの領域という點が、再度注目されることになる。すでに宋と魯が注目できることを述べておいたが、ここでも、その點を再確認することになった。

注

（1）伊藤仁齋『論語古義』（服部宇之吉・安井小太郎・島田鈞一監修、關儀一郎編纂『日本名家四書註釋全書』東洋圖書刊行會、非賣、一九二二年等を參照）。

（2）平勢隆郎『『春秋』と『左傳』』（中央公論新社、二〇〇三年）等。

（3）平勢隆郎『新編史記東周年表――中國古代紀年の研究序章――』（東京大學東洋文化研究所・東京大學出版會、一九九五年）、平勢隆郎『中國古代紀年の研究――天文と暦の檢討から――』（東京大學東洋文化研究所・汲古書院、一九九六年）、平勢隆郎「戰國中期から漢武帝にいたるまでの暦」（『史料批判研究』三、一九九九年）。平勢隆郎「戰國中期より遡上した暦と『春秋』參傳」（『史料批判研究』四、二〇〇〇年）、平勢隆郎「克殷の年代について」（『史料批判研究』五、二〇〇〇年）。以上、年代をご參照賜りたい。

（4）工藤元男・早苗良雄・藤田勝久『戰國縱橫家書――馬王堆帛書――』（朋友書店、一九九三年）等參照。

（5）平勢隆郎「中國古代正統的系譜」（『第一回中國史學國際會議研究報告集・中國の歷史世界――統合のシステムと多元的發展』東京都立大學出版會、二〇〇二年）の注參五は、渡邊信一郎「天下の領域構造」（『京都府立大學學術報告』人文社會五一、一九九九年）の具體的檢討を引用しつつ材料を補い、その天下の擴大という視點に修正を加え、天下方萬里の中に特別な領域が設定議論されていることを述べた。

（6）一〇四頁。

（7）平勢隆郎『『春秋』と『左傳』』（中央公論新社、二〇〇三年）。

（8）西嶋定生『中國古代國家と東アジア世界』（東京大學出版會、一九八三年）等參照。
（9）川島眞『中國近代外交の形成』（名古屋大學出版會、二〇〇四年）等。
（10）平勢隆郎『『史記』二二〇〇年の虛實』（講談社、二〇〇〇年）、平勢隆郎「夏王朝從「祖形」逐漸擴大的過程」（『學術月刊』二〇〇六年一期）、平勢隆郎「戰國時代的天下與其下的中國」甘懷眞主編『東亞歷史上的天下與中國概念』臺灣大學出版中心、二〇〇七年六月（二〇〇四年一一月臺灣大學東亞文明研究中心「東亞歷史上的天下與中國概念研討會」の報告書）等。
（11）平勢隆郎『『春秋』と『左傳』』（中央公論新社、二〇〇三年）、平勢隆郎『都市國家から中華へ』（講談社、二〇〇五年）の特に二〇八頁、平勢隆郎「夏王朝從「祖形」逐漸擴大的過程」（『學術月刊』二〇〇六年一期）、平勢隆郎「戰國時代的天下與其下的中國」甘懷眞主編『東亞歷史上的天下與中國概念』（臺灣大學出版中心、二〇〇七年六月、二〇〇四年一一月臺灣大學東亞文明研究中心「東亞歷史上的天下與中國概念研討會」の報告書）、高津純也「春秋公羊傳何休注の「中國」と「夷狄」について――公羊傳文との比較から――」（『史料批判研究』七、二〇〇六年）等。
（12）日原利國『漢代思想の研究』（研文出版、一九八六年）一六七頁。
（13）平勢隆郎『『春秋』と『左傳』』中央公論新社、二〇〇三年。
（14）高津純也「春秋公羊傳何休注の「中國」と「夷狄」について――公羊傳文との比較から――」（『史料批判研究』七、二〇〇六年）參照。
（15）平勢隆郎「王莽時期、木星位置に關する劉歆説の復元とその關連問題」（『日本秦漢史學會會報』二〇〇四年）。平勢隆郎『都市國家から中華へ』（講談社、二〇〇五年）參照。
（16）平勢隆郎『中國古代紀年の研究――天文と曆の檢討から――』（東京大學東洋文化研究所・汲古書院、一九九六年）。
（17）增淵龍夫『中國古代の社會と國家』（弘文堂、一九六〇年。新版岩波書店、一九九六年）第三篇第二章。
（18）陳夢家『殷虛卜辭綜述』（科學出版社、一九六四年）。島邦男『殷墟卜辭研究』（私家版・中國學研究會、一九五八年。增訂版・汲古書院、一九七一年。新版・汲古書院、二〇〇四年）。
（19）松丸道雄「殷墟卜辭中の田獵地について――殷代國家構造研究のために――」（『東洋文化研究所紀要』三一、一九六三年）。

(20) 以上、平勢隆郎『よみがえる文字と呪術の帝國——古代殷周王朝の素顔』(中央公論新社、二〇〇一年) に述べたところをやや詳しく述べてみた。

(21) 平勢隆郎『左傳の史料批判的研究』(東京大學東洋文化研究所・汲古書院、一九九八年) 第二章。春秋時代の縣に關して述べれば、官僚の中でも世族と稱される有力者は、派遣された縣を世襲することは次第になくなり、それまでの小國君主の再來にはならなかった。しかし、縣を管領する身分自體は保證されていて、代々管領地を換えていったために、縣の世襲自體は問題にならなくなったこと「も」論じた。

(22) 諸國の中領域を分割して「郡」を置いたことについては、平勢隆郎『都市國家から中華へ』(講談社、二〇〇五年) 等參照。また、戰國時代の王室財政と國家財政については、紙屋正和「前漢諸侯王國の財政と武帝の財政增收策」(『福岡大學研究所報』三七、一九七八年) 參照。

(23) 以上、西嶋定生『秦漢帝國』(講談社學術文庫、一九九七年) 等を參照されるとよい。近年の出土史料の增加、およびそれによる研究の進展で、鐵官・鹽官の名稱自體は、秦國の設置に遡ることがわかっている。だから、これら鐵官・鹽官等を通して、戰國時代以來山林藪澤の富が管理されていたのが、武帝時代に專賣が始まって、國家中央による統制が強まったということになる。戰國時代の中央が支配した領域は漢代にいくつかの郡に分割された。その武帝時代の國家統制强化に着目することになる。詳細は別に檢討する必要があろう。これについては、靑木俊介靑木俊介「秦から漢初における都官と縣官」(『中國出土資料研究』一五、二〇一一年) および紹介された先行研究參照 (ただし文脈に留意されたい)。

(24) 西江淸高「先史時代から初期王朝時代」(松丸道雄他編『世界歷史大系・中國史一』山川出版社、二〇〇三年) 等。

(25) 堀敏一『均田制の研究』(岩波書店、一九七五年)。

(26) 重近啓樹「中國古代の山川藪澤」(『駿臺史學』三八、一九七六年)。

(27) 平勢隆郎「龜趺が支える宇宙と東アジアの外交」(「長安佛教國際學術研討會」提出論文、西安、二〇〇九年)。手を加えて本書序に利用。これにいたるまでの龜趺碑研究としては、平勢隆郎「日本近世の龜趺碑——中國および朝鮮半島の歷代龜趺碑との比較を通して——」(『東洋文化研究所紀要』一二一・一二二、一九九三年)、平勢隆郎「東亞册封體制與龜趺碑」(高明士主編『東亞文化圈的形成與發展——政治法制篇——』國立臺灣大學歷史學系、二〇〇三年）、平勢隆郎『亀の碑と正統——領域國家の正統主張と複數の東アジア冊封體制觀——』（白帝社、二〇〇四年）、平勢隆郎「東アジアにおける律令施行域と冊封關係——龜趺碑などを題材として——」（『九州大學東洋史論集』二〇〇五年）、平勢隆郎「關野貞の龜趺碑研究」（藤井惠介他編『關野貞アジア踏査』東京大學總合研究博物館・東京大學出版會、二〇〇五年）、平勢隆郎「南方の守神朱雀の誕生」（秋篠宮文仁・西野嘉章編『鳥學大全・東京大學創立百參十周年紀年特別展示「鳥のビオソフィア——山科コレクションへの誘い」展』東京大學出版會、二〇〇八年。本書第一章第二節に利用）。

(28) 平勢隆郎「龜趺が支える宇宙と東アジアの外交」、本書の序において、韓昇の研究を引用しつつ述べた。

(29) 平勢隆郎「日本近世の龜趺碑——中國および朝鮮半島の歷代龜趺碑との比較を通して——」等。戰前の研究として、葛城末治「朝鮮金石攷」（大阪屋書店、ソウル、一九三五年）に、朝鮮王朝の龜趺碑は「二品以上に建てる」ことが推測されている。管見の限り、朝鮮王朝の「規定」は見えない。明の規定を援用し、明の「參品」以上を朝鮮の「二品」以上に讀みかえたものらしい。ただし、朝鮮王朝獨自の正統觀があった點は、上掲諸論文。

(30) 平勢隆郎「「五服」論の生成と展開」（『（韓國）中國古中世史研究』二一、二〇〇九年）等參照。本書第一章第四節に利用。

(31) 「五服」論で問題になる「五百里」も「方一千里」の半分である。

(32) 注釋には、「今魯方百里者五」をいわゆる領土として說明するものもあるが、本文に述べるように、『孟子』の文脈はそうなっていない。

(33) 平勢隆郎「中國戰國時代の國家領域と山林藪澤論」（松井健責任編集『自然の資源化』弘文堂、二〇〇七年）、本書第二章第一節に利用。

(34) 注釋等において、州の「牧」は虞夏及び周の長官名、同じく「伯」は殷の長官名とする見解があることは了解しているが、本文に述べたように解釋するのが、『孟子』・『禮記』本文に沿った見解と言えるだろう。

(35) 贅言しておけば、上文において述べた『孟子』「封建論」の文脈が『禮記』「封建論」の文脈と矛盾することを、『禮記』編者は「心得て」いるということである。矛盾を「心得た」上で、矛盾する内容が相いに別次元のものになるよう、『孟子』の文章を細かく切斷してそれらの順番を入れ替えたのである。この文章入れ替えの事實を讀みとることで、『孟子』「封建論」の文脈が、『禮記』「封建論」と違って、上文のようになることが、よりよく理解できる。

(36) 經典を讀む者が先刻承知のことを基礎に、若干附言しておくと、『禮記』王制は「王者之制祿爵、公侯伯子男、凡五等」として、王者の下に「五等」あることを言う。『孟子』萬章章句下「天子一位、公一位、侯一位、伯一位、子男同一位、凡五等也」は、子男を一つとみて、天子を含めた「五等」を述べる。天子の下には「四等」ある。これらの相異も、『禮記』は天子の制度を「方一千里」九つ分の天下について論じ、『孟子』は天子の制度を「方一千里」について述べる（他の「一千里」八個は八人の「伯」の下）ことの相異に基づく。『孟子』萬章章句下が「君一位、卿一位、大夫一位、上士一位、中士一位、下士一位、凡六等」とし、『禮記』王制が「諸侯之上大夫卿、下大夫、上士、中士、下士、凡五等」とするのは、『孟子』が「君」を入れて「六等」とし、『禮記』が「君」（諸侯）をはずして「五等」とするためである。これらの相異が生じるのも、『孟子』が「天子」を「君」としても問題にするのに（「天子が宗廟を議論する場合に問題にする」のは、大國程度すなわち「方百里」であることを述べ）、『禮記』はそれを避けていることによる。こうすることで、『禮記』は天子の特別さを、より際だたせようとしている。

(37) 『左傳』が韓で作られたことは、平勢隆郎『中國古代紀年の研究——天文と曆の檢討から——』（汲古書院、二〇〇六年）、平勢隆郎『左傳の史料批判的研究』（汲古書院、一九九八年）、平勢隆郎『『春秋』と『左傳』——戰國の史書が語る「史實」、「正統」、國家領域觀——』（中央公論新社、二〇〇三年）などにおいて、たびたび論じた。

(38) この『天子建州』の文章について、中國出土資料學會二〇〇九年七月例會において、清水浩子「『天子建州』の一考察」が發表された。今後の展開を注視したい。本論に述べた「封建」論、つまり時代と地域を異にすると、內容が異なるという意味での「封建」論が、すでに發表された諸研究において檢討の對象となっているとは言い難い。この點にも注目しておきたい。

(39) 平勢隆郎『新編史記東周年表——中國古代紀年の研究序章』（東京大學東洋文化研究所・東京大學出版會、一九九五年）、そして前掲〈9〉書等。

(40)　湖北省荊沙鐵路考古隊『包山楚墓』（文物出版社、一九九一年）三七四頁注63。
(41)　古くから論じられた問題であるが、例えば鎌田重雄『秦漢政治制度の研究』（日本學術振興會、一九六二年）一〇二頁以下にも常識的議論がある。
(42)　平勢隆郎「中國古代における説話（故事）の成立とその展開」（『史料批判研究』八、二〇〇七年。本書第三章第三節に利用）。
(43)　馬承源主編『上海博物館藏戰國楚竹書（六）』（上海古籍出版社、二〇〇七年）。
(44)　馬承源主編『上海博物館藏戰國楚竹書（四）』（上海古籍出版社、二〇〇四年）。
(45)　たとえば西嶋定生『倭國の出現』（東京大學出版會、一九九九年）一七六頁。
(46)　松丸道雄「西周青銅器製作の背景――周金文研究・序章――」（松丸道雄編『西周青銅器とその國家』（東京大學出版會、一九八〇年）。
(47)　平勢隆郎『『春秋』と『左傳』』（中央公論新社、二〇〇三年）「はしがき（序）」。また載書の「載」時について、呂靜「春秋時期盟誓研究――神靈崇拜下的社會秩序再構建」（上海古籍出版社、二〇〇七年）第五章參照。
(48)　木村正雄『中國古代帝國の形成』（不昧堂書店、一九六五年、新訂版比較文化研究所、二〇〇三年）。
(49)　シンポジウム實行委員會事務局編『シンポジウム　稻作起源を探る　中國草鞋山における古代水田稻作』（一九九六年）、尾形勇・平勢隆郎『中華文明の誕生』（中央公論社〈現中央公論新社〉『世界の歴史』二、一九九八年）二章、岡村秀典「中國初期國家の形成過程」（第三回歴博國際シンポジウム・東アジアにおける農耕社會の形成と文明への道、二〇〇〇年一月三十一日〜二月四日）。藤原宏志『稻作の起源を探る』（岩波新書、一九九八年）。
(50)　前掲岡村論（二〇〇〇年）。
(51)　全日空ANA機内誌『翼の王國』二〇〇三年三月號。何介鈞主編、湖南省文物考古研究所編『新石器時代遺址發掘報告』（文物出版社、二〇〇三年）。
(52)　中島直幸他『菜畑遺跡』（唐津市文化財調査報告五、一九八二年）。

（53）谷口滿「靈王弑逆事件——古代楚國の分解・その二——」（『史流』二三、北海道教育大學史學會、一九八二年）。
（54）平勢隆郎「『左傳』昭公十三年〝靈王遷許胡沈道房申於荊焉〟をめぐって——對楚從屬國の遷徙問題——」（『東洋史研究』四六—三、一九八七年。平勢隆郎『左傳の史料批判的研究』〈東京大學東洋文化研究所・汲古書院、一九九八年〉第二章第一節七・八）。
（55）嚴文明『農業發生與文明起源』（科學出版社、二〇〇〇年）。西江清隆「先史時代から初期王朝時代」（松丸道雄他編『世界歷史大系・中國史1——先史～後漢——』、二〇〇三年）參照。
（56）最近山東の一角から五點という少數の點數ではあるが、刻字甲骨が發見されている。すでに本文に述べたように、この地に漢字が根づいたことを示す狀況にはなっていない。將來、殷墟なみに多數の刻字甲骨が發見されれば、漢字圈について新たな想定が必要となるが、現狀あまりに少數である。刻字甲骨は、祭祀官が作ったものであるから、あるいは、その祭祀官が出征に同行し、そのまま捕虜となって當地にいたり、これら甲骨を殘したのかもしれない。ただし、そうした想定が可能なほど、この地に近接した地點まで、殷軍がいたっていたことは確かである。なお、殷王の日常的田獵地については、松丸道雄「殷墟卜辭中の田獵地について——殷代國家構造研究のために——」（『東洋文化研究所紀要』三一、一九六三年）を參照。
（57）平勢隆郎「中國古代帝國的系譜」（『第一回中國史學國際會議研究報告集・中國の歷史世界——統合のシステムと多元的發展——』東京都立大學出版會、二〇〇二年）注三五。ここに渡邊信一郎「天下の領域構造」（『京都府立大學學術報告』人文社會五一、一九九九年）を參照しつつこの種の問題を論じた部分がある。
（58）以下義帝と項羽・劉邦問題については、平勢隆郎『『史記』二二〇〇年の虛實——年代矛盾の謎と隱された正統觀——』（講談社、二〇〇〇年。增補修訂して『史記の「正統」』講談社學術文庫、二〇〇七年）參照。
（59）平勢書にあちこち言及しているが、具體的にやや詳しく檢討したものとして平勢隆郎『『春秋』と『左傳』』（中央公論新社、二〇〇三年）。
（60）『史記』所見の膨大な年代矛盾解消結果については、平勢隆郎『新編史記東周年表——中國古代紀年の研究序章——』（東

京大學東洋文化研究所・東京大學出版會、一九九五年）等。

(61)『文物』二〇〇三年六期（七個有關論文）、陝西省文物局・中華世紀壇藝術館編『盛世吉金――陝西寶鷄眉縣靑銅器窖藏』（北京出版社・北京出版社出版集團、二〇〇三年）等。

(62) 白川靜『字統』（平凡社、一九八四年）等。小倉芳彦「中國古代政治思想研究――「左傳」研究ノート――」（靑木書店、一九七〇年）。

(63)『文物』二〇〇三年六期の關連論文七點、また陝西省文物局・中華世紀壇藝術館編『盛世吉金――陝西寶鷄眉縣靑銅器窖藏』北京出版社・北京出版集團、二〇〇二年（逨盤）。『中國國寶展』東京國立博物館・朝日新聞社、二〇〇四年（松丸道雄により逨盤）。

(64) 王國維「與友人論史書中成語書二」（『觀堂集林』巻二）に毛公鼎を論じて「率懷不廷方、左隱十年傳、以王命討不庭、則不庭方謂不朝之國、非不直之謂也」と述べる（これについては、豊田久「周王朝の君主權の構造について――『天命の膺受』者を中心に」〈松丸道雄編『西周靑銅器とその國家』東京大學出版會、一九八〇年〉四〇六頁に紹介がある）。

(65) ただし、本書「結びにかえて」の「戰國的王化思想のもう一つの『形』とその後裔」に言及する『荀子』・『韓非子』議論は、『孟子』に見える禮教主義と異なっている。しかし、自らの領域等に統治行爲を施し、その外に影響を及ぼすという基本は、說明の違いを超えて共通している。

(66) 前揭注に述べ言及したことだが、後代の禮教主義を『孟子』が述べ、それと異なる議論が『荀子』と『韓非子』に見えている。その『荀子』・『韓非子』に似よりの議論が『左傳』に見えている。『左傳』成公八―一「大國制義、以爲盟主、是以諸侯懷德畏討、無有貳心」（盟主の力をもって德に懷かせる）、『左傳』成公九―二「爲歸汶陽之田故、諸侯貳於晉。晉人懼。會於蒲。以尋馬陵之盟。季文子謂范文子曰『德則不競、尋盟何爲』。范文子曰『勤以撫之、寬以待之、堅彊以御之、明神以要之、柔服而伐貳、德之次也』（服せるを柔んじて貳を伐つは德の次なり）、『左傳』成公一六―六「德・刑・詳・義・禮・信、戰之器也。德以施惠、刑以正邪、詳以事神、義以建利、禮以順時、信以守物」（德は戰の器の一つで、以て惠を施す）などである。儀式を通して遠方にもたらされるという意味で、德はなお靈力の一種だが、かつての征伐に直接關わる靈力ではなくなっている。

(67) 西嶋定生『倭國の出現』(東京大學出版會、一九九九年)第十一章。

(68) 平勢隆郎『『春秋』と『左傳』』(中央公論新社、二〇〇三年)。

(69) 前揭注。

(70) 平勢隆郎『『春秋』と『左傳』』(中央公論新社、二〇〇三年)。

(71) 平勢隆郎『左傳の史料批判的研究』(東京大學東洋文化研究所・汲古書院、一九九八年)一六七頁(ただし、「『左傳』に見える北燕伯」・「『左傳』に見える鮮虞」の兩『左傳』はいずれも『穀梁傳』に訂正されたい)、「『周禮』の構成と成書國」(『東洋文化』八一、二〇〇一年)の『穀梁傳』中國圖、平勢隆郎『中國古代の豫言書』(講談社現代新書、二〇〇〇年)七八頁、平勢隆郎『『春秋』と『左傳』』(中央公論新社、二〇〇三年)「結びにかえて」(『公羊傳』『左傳』の事例を引きつつ對比)、平勢隆郎『都市國家から中華へ』(講談社、二〇〇五年)「中山國の正統主張と三代」等。この他、高津純也「春秋三傳に見える『華夷思想』について」(『史料批判研究』創刊號、一九九八年)、高津純也「春秋三傳に見える『華夷思想』について――續――」(『史料批判研究』五、二〇〇〇年)。

(72) この部分について、本論の元となる「戰國時代的天下與其下的中國、夏等特別領域」(甘懷眞編『東亞歷史上的天下與中國概念』〈國立臺灣大學出版中心、二〇〇七年〉)では、「五服」論について、「計算上は、五百里は、縱五十里・橫十里の四方と考え、帶狀の土地で說明したと考えればうまくいく。甸服と侯服が同じ土地で、五百里は方二千五百里ということになるから、五服の合計は方萬里になる。こうしておくと、甸服と侯服が、天下の中の特別地域となる。そして綏服が『參百里は文教を揆り、二百里は武衞を奮う』ものであり、要服が『參百里が夷、二百里が蔡』、荒服が『參百里は蠻、二百里が流』であることも說明がつく。特別地域の外は、一等低いか野蠻の地とされることはすでに述べた」と述べた。その後、私平勢は、この五百里は、おそらく『孟子』に見える面積單位であって、實質五百里という長さ(距離)をもって表示するものであることを想定するにいたった。ただし、幸いなことに、甘懷眞編著中で使用した五服に關する圖自體は、そのまま使って差し支えない結果となった。

(73) 馬承源主編『上海博物館藏戰國楚竹書（二）』（李零考釋「容成氏」）他。

(74) この他、『爾雅』釋地に「東至於泰西～謂之四極、～謂之四荒、九夷、八狄、七戎、六蠻謂之四海」とある。この「四海」中の夷狄も天下の中にいわゆる外族がいることを述べている。

(75) 新出緣公盨の銘文にも「天下」の語（『緣公盨』〈保利藝述博物館、綫綴書局、二〇〇二年〉）が見える。もしこの青銅器が西周時代のものとすれば、ここに言う「天下」の規模は、殷王・周王が進めた征伐範圍になる。それは、本書第一章第五節・第三章第四節等に言及した陝西・中原・山東を念頭に置く天下に相當する。「德」の用法から見て、戰國時代特有の「德」概念はまだ出現していない。さらに注意を喚起しておくと、この銘文中の「天下」を含む部分は、「顧（？）在天、下用氒卲」と切って讀むこともできる。この讀み方が正しいとすると、西周時代には、まだ「天下」の語はないことになる。

(76) 平勢隆郎「『論語』の天下觀・『孟子』の天下觀・『禮記』の天下觀――「天下の正統」とその曆を理解するために」（相馬充・谷川清隆編『第2回「歷史的記錄と現代科學」研究會集錄』國立天文臺、芳文社、二〇〇九年、本書第一章第五節に利用）。

(77) 平勢隆雄「龜趺が支える宇宙と東アジアの外交」（增勤主編『長安佛教學述研討會論文集』同籌備委員會、二〇〇九年）、また本書の序。

(78) 譚其驤主編『中國歷史地圖州・第一册・原始社會・夏・商・西周・春秋・戰國時期』（新華書店上海、一九八二年）。

(79) 平勢隆郎『『春秋』と『左傳』――戰國の史書が語る「史實」、「正統」、國家領域觀――』（中央公論新社、二〇〇三年）において、具體的に論じた。また、下記にも言及するように、平勢隆郎「『周禮』とその成書國」（『東洋文化』八一、二〇〇一年）、平勢隆郎『都市國家から中華へ――殷周春秋戰國』（講談社、二〇〇五年）二〇八頁以下、平勢隆郎「戰國時代的天下與其下的中國、夏等特別領域」（甘懷眞編『東亞歷史上的天下與中國概念』臺灣大學出版中心、二〇〇七年）において、書物內容に應じた「五服」の有り樣を論じている。

(80) 『孟子』告子章句下に「今魯方百里者五、子以爲、有王者作、則魯在所損乎、在所益乎」とあり、「魯」が一時的に軍事的成功をおさめた可能性がある。しかし、理念的であるにせよ、『孟子』は「方一千里」をもって「方伯（霸者）」を論じる。

だから、この『孟子』の論理をもってすれば、魯は覇者ではない。

(81)『戰國策』などによって具體的に想定できる後者の「冠帶の國」の廣さが「方一千里」二つ三つ分に過ぎないことは、平勢隆郎「中國古代正統的系譜」(『第一回中國史學國際會議研究報告集・中國の歴史世界——統合のシステムと多元的發展』東京都立大學出版會、二〇〇二年)の注三五參照。

(82)平勢隆郎『新編史記東周年表——中國古代紀年の研究序章——』(東京大學東洋文化研究所・東京大學出版會、一九九五年)における膨大な年代矛盾の系統的解消作業を基礎に、世田谷美術館・日本放送協會・NHKプロモーション編集、樋口隆康監修『秦の始皇帝とその時代展』圖錄(一九九四年)二〇二頁に、秦國領域の擴大過程圖を掲載した。この圖は尾形勇・平勢隆郎『中華文明の誕生』(中央公論社中國の歴史2、一九九八年。後、中央公論新社より中公文庫本、二〇〇九年)一五三頁(文庫二〇二頁)、平勢隆郎『都市國家から中華へ』(講談社中國の歴史2、二〇〇五年)二九一頁において再利用した。これらを見れば容易に判斷できるが、「冠帶の國」は、秦國の領土擴大・縮小に密接にからんで議論されている。韓魏を「東藩」と規定するなど(前掲「中國古代正統的系譜」注35)、秦國の領土そのものではなく、『論語』泰伯にみえる「天下」の議論を受けて、東周と魯を取り込んだもののようである。

(83)前掲平勢隆郎「『論語』の天下觀・『孟子』の天下觀・『禮記』の天下觀」。すでにたびたび論じてきたが、戰國時代の面積は一邊の自乘ではなく、一邊の長さで大小を表現する。「方百里」十個が「方一千里」、「方一千里」十個が「方萬里」である。これが漢代の『禮記』になると、「方一千里」の中だけが一邊の自乘で計算されるようになる。「方百里」一〇〇個が「方一千里」である。しかし、「方一千里」十個が「方萬里」だという考え方は以後長く繼承された。

(84)平勢隆郎「江戸と中國古代を考える」(『東洋文化』八五、二〇〇五年)の「説明1:戰國時代の典籍を竊かに改造した漢代の注釋」、および前掲平勢隆郎『都市國家から中華へ——殷周春秋戰國』・「戰國時代的天下與其下的中國、夏等特別領域」。

(85)同上。なお、『周禮』については、さらに平勢隆郎「『周禮』とその成書國」(『東洋文化』八一、二〇〇一年)および同「『周禮』の内容分類(部分)」(同上)參照。

(86)前掲平勢隆郎「江戸と中國古代を考える」の「説明1:戰國時代の典籍を竊かに改造した漢代の注釋」、および前掲平勢隆

郎『都市國家から中華へ――殷周春秋戰國』・「戰國時代的天下與其下的中國、夏等特別領域」。

（87）第一章第五節「はじめに」。

第三章　説話の時代

第一節　周初年代諸説

はじめに

私は、Ⅰ：膨大な西周金文事例を網羅して整理し、西周王朝歴代の年代を推定した。(1) また、Ⅱ：甲骨文事例中の帝乙・帝舜に關わる膨大な周祭の記事を網羅して整理し、帝乙・帝辛兩代の年代を推定した。(2) そして、Ⅲ：膨大な『史記』の紀年矛盾を検討して、一見矛盾するかに見えている膨大な年代の相違は、それらの由來がいくつかの條件によって論理的・系統的に説明できることを、膨大かつ個々に、そして系統的に確認した。そして、すべての紀年矛盾を解消した。(3) その上で、Ⅳ：『竹書紀年』や『逸周書』・『國語』・今文『尙書』に見えている殷末周初の年代が、Ⅰ・Ⅱ・Ⅲと矛盾なく復元年代に納まることを論證した。(4)

本論は、この點を略述するとともに、Ⅳで話題にした今文『尙書』といわゆる古文『尙書』の相違を論述し、あらためて今文・古文問題を議論するものである。

『史記』紀年矛盾の解消

私はどういう想定をもって『史記』の紀年矛盾を解消したか。

それは次のようなものである。(5)

司馬遷たちの前には、春秋時代については、『春秋』という年代記があった。また戰國時代については、始皇帝にいたるまでの秦國の年代記事があった。

『春秋』は、前七二二年から前四八一年までの記事が配列されている。各年代ごとに複數の記事がある。『春秋』には異本があり、前四八〇年・前四七九年の記事を載せるものもあった。いずれにせよ、前七二二年から前四七九年までの記事が年代つきで得られる。

その『春秋』には、各國君主の死去の記事がある。どの國もというわけにはいかないが、代々の君主の死去が記される場合がある。そうした君主死去の記事に着目すると、司馬遷たちにとって未知の年代が復原できる。

縁臺を横何列かにわたって相當多數並べる。最上部に『春秋』から書き寫した竹簡を配列する。年代ごとに横に並べる。餘計なことを言っておくと、現代のパソコンでも文書は複製を作っておく。文書がこわれたら目もあてられないからである。漢王朝の文書庫に置かれている書物は、複製を三つ作り、一つは編綴して參照用にしただろう。そして一つはばらして年代ごとに並べる。年代がわかる注記を竹簡ごとにつけておく。考えている間に元が不明になってはこまるからである。その上で横一列に周・魯・齊・晉・秦・楚・宋・衛・陳・蔡・曹・鄭・燕・吳という十四國の列を作る。『春秋』の記事からそれぞれどの國に關わる記事かを判斷してそれぞれの國に移す。記事によっては、二カ國、三カ國に關わるものもある。そういう場合、二カ國目、三カ國目の記事を複製してそれぞれの國に移す。例えばA國がB國と戰った、という記事があれば、それぞれの國の記事に作り替える。A國の蘭なら「A國、B國を伐つ」と記せばいいし、B國の蘭なら「A國、我を伐つ」と書けばいい。

そうした記事の年代は、『春秋』としての年代は與えられているが、各國の君主の在位年としては、年代が與えられていない。ちなみに、そのころはまだ年號がない。前漢武帝の時にはじめて年號ができる。年號の前身が議論されるものも戰國時代にできる（稱王の際に改元する等）。この在位年は、君主死去の年代を確認しながら計算することができる。

『史記』の材料としては、系圖があったことが古くから知られている。そうした系圖を使うと、『春秋』に記された君主死去の記事が、拔け落ちなく存在するかどうかが判斷できる。拔け落ちがあれば、何らかの便法を使って穴埋めをする。

『春秋』に見える君主死去の記事を各國の列に移し替える。そして、拔け落ちがないことを確認して、目の前にある君主死去の年と、その國の前君主死去の年との年代差を計算する。そうすると、その目の前にある君主の在位年が復原される。こうした復原と何らかの便法をもって、十二諸侯年表の各國君主の在位年代は決定された。ここに、『春秋』の記事は、各國の記事、それも君主在位の年代つきの記事としてよみがえることになった。年代は、踰年稱元法をもって復原された（一部に例外あり。矛盾例の方が多くなる場合など）。

ところが、春秋時代の記事は、他にも結構殘されていたのである。『春秋』に由來しない記事が少なからずあり、君主在位の年代も附されていた。それも『史記』に採用されている。そうした『春秋』に由來しない年代記事と、『春秋』から復原された年代を附された記事がある。そして、往々その二つは矛盾を引き起こしたのである。

それが、『史記』の中に殘された春秋時代の記事の紀年矛盾として、議論される。紀年矛盾解消方法は、簡單である。『春秋』由來の記事は、『春秋』にもどすことができる。『春秋』に由來しない記事は、そのまま殘しておく。そして、司馬遷たちのやり方を變更する。各國の年代記事を復原するのに踰年稱元法を使ったのが司馬遷たちであるが、我々は前君主死去の年から元年を始める立年稱元法で年代を復原する。『春秋』に由來しない記事は、この新しい復原年代を西曆に換算する。『春秋』由來の記事は、『春秋』として西曆に換算する。こうして二つの換算によって得られた西曆は、矛盾がない。

司馬遷たちの復原の誤りをただして、正しく復原したから、結果として矛盾がなくなったのである。

戰國時代についての矛盾解消は以下のようになる。

司馬遷たちの眼前には、秦國の年代記があった。司馬遷たちから曆日を連續してたどっていくと、『春秋』の時代にいきつく。『春秋』の最後の記事から彼らの時代まで何年であるかは傳えられていた。だから、曆日の實際から、『春秋』の最後の記事が何年前になるかは、正確に判斷した。秦國記事は、『春秋』の時代までさかのぼり、さらに先までいく。『春秋』との接點から、『春秋』以後始皇帝の統一までの間に、年代のだぶつきを發見した。そこで、そのだぶつきを、彼らの判斷によりまとめて削除した。

秦國以外、趙國の年代記や他の國の年代記の一部も殘されていた。それと秦國年代記との接點は多くはなかったが、適宜判斷して接合した。その他、系圖の注記として君主在位年があれば、それを使って年表を組み上げた。しかし、秦國の場合と同じく年代のだぶつきができたので、彼らの判斷によりまとめて削除した。

その上で、基準とした秦國の年代記事を、周・秦・魏・韓・趙・楚・燕・齊それぞれに移し替えた。それぞれの國家の記事も少なからず殘されていた。複數の國家に關わるものは、作成した年表を使って他國に移し替えた。「とんでもない」問題は、こうしてとんでもなくいりくんだ構造を作り出した。

問題を解決するには、どうするか。私がとった方法は、まず、系圖と在位年の復原を進める。これらの材料は、『史記』の中にねむっている。『史記』とは別に『竹書紀年』という年代記が知られている。これは散佚したが、注釋に引用されたものが殘されており、『史記』との年代比較がなされているものが多い。これを利用する。こうして各國君主の在位年を復原しつつ、司馬遷たちがどこの年數を削ったかを特定する。お考えになればわかると思うが、試行錯誤の連續である。

基本的にこうだろうという試案がかたまる。そうなった段階で、『史記』に記された年代記事が、どこの國の記事であって、他の國の記事として轉寫されているのかいないのか、轉寫されている場合どこの國に轉寫されているのかを特定する作業を進めた。この作業を進めながら、年數削除の試案を修正する。

こうして、紀年矛盾を一つ一つ解消していった。

紀年矛盾を作り出した原因として、他に、よく似た名稱の人物を取り違えたり、宰相や封君の年代を國家君主の年代と取り違えたりという間違いがあったこともわかった。現在でも西曆と舊曆は年初がずれているが、同じような曆の違いによる年初のずれが紀年矛盾に關わることもわかった。西曆では新年だが、舊曆では年末という場合、西曆で記すか、舊曆で記すかにより、同じ記事について記錄上一年のずれが起こって當然である。國ごとに年初がずれていれば、同樣の一年ずれが起こる。こうした點は、本書で述べてきたので、もう一度確認いただければと思う。西曆と舊曆を、年と年度の關係に置き換えて說明した方がいい場合もある。本書でも年頭十月年末九月という秦國や漢の特異な曆を說明したが、平成四年度の二月は平成五年二月だという類の面白いものになる。

以上のような點も考慮にいれ、最終案がかたまった。紀年矛盾はすべて解消された。紀年矛盾が解消されるという結果は同じなのだが、說明方法として可能性が二つあって、どちらか迷ったという場合もある（例えば原因は曆の違いか王紀年・封君紀年の取り違えか）。將來材料が增えると、迷った別の方に軍配があがる可能性もある。

なお、紀年矛盾の解消について、やや贅言しておくことにしたい。從來からなされてきた矛盾解消法をそのまま念頭において、私の議論を判斷されると、矛盾解消の意味を取り違える可能性が出てくるからである。

例えば、上記の立年稱元法と踰年稱元法の問題の場合、本來はすべて立年稱元法による年代であったと假定する。『春秋』の配列は、この立年稱元法の時代の記事を、魯君主の年代として整理したもので、整理が終わった後、立年稱元法年代をきれいに踰年稱元法年代におきかえたから、西曆になおした年代はくるいがない。『史記』は隨所でこの『春秋』基準を使った。それは當然踰年稱元法による年代として記される。ところが、『春秋』基準によらず採用された記事も相當數ある。この場合に、それがもともと立年稱元法による年代だったりすると、立年稱元法の年代が『史記』に記される。この立年稱元法による年代と踰年稱元法による年代が同じ記事について問題になると、當然ながら一年のずれを示す。これは一年のずれを示すのが自然なのだと説明する。得られる西曆年代は一つである。

こうした檢討が、「矛盾を解消した」の內容になるのであって、從來なされてきた方法、つまり一つを是、他を非とする方法ではない。從來非として捨てられたものを捨てずに復元に組み入れたのである。(6)

殷代後期甲骨文事例と西周金文事例

殷代後期の帝乙・帝辛時期については、周祭と稱される甲骨文の材料がある。これらは、先人陳夢家などの檢討があり、日本の島邦男が材料をほぼ網羅的に使って年代を組み上げるための基礎を提供している。これら先人の檢討の缺陷は、第一に島の研究を除いて、網羅的に材料を使っていないことである。網羅的に材料を使わないということは、相當程度の恣意の介在を許す結果となる。

次に、島の檢討は材料をほぼ網羅的に使用した點、他の研究の追隨を許さない劃期的成果と言えた。ところが、その島の檢討は、實際の具體的年代の曆の上に材料を配列したものではなかった。「材料はこう配列される」という具體的年代なしの試案を示しただけであった。そして後に出土した殷金文の暦日も排列できなくなった。

私は、上記に論述した『史記』紀年矛盾の解消作業の結果を基礎に、この問題を検討した。古來知られた周初の年代記事がある。それらは多くの場合相互に「矛盾」したものとして議論されてきている。私は、その中から、特定の材料に注目し、島のなしえなかった甲骨文材料の網羅的配列を可能にする年代が議論できることに氣づいた。

その年代から溯って帝乙・帝辛時期の周祭の材料を網羅的に配列できないかを検討し、結果としてすべてを配列することに成功した(7)。

問題の周祭の記事は、三六〇日をもって終わる祖先祭祀の體系として説明される。十日ごとに特定の祖先と祭祀が記される。癸の日に次の十日を占うものになっている。この癸の日が何月の何の日干支であるのかが記されている。一部に何年のものかまでわかるものがある。この年・月・日干支（癸の日）・祭祀名稱が完備するものを骨格として利用し、三六〇日の體系を重ねて年代を決定する。

從來これができなかった理由は簡單に説明できる。最大の原因は、殷代の暦はいわゆる殷正だと勝手に判斷していたことにある。近代以來多くの學者が推定してきたように、殷代の暦は観象受時の暦であり(8)、この観象受時の暦をもって検討してはじめて、求める配列案ができるということだったのである。

私は、この観象受時の暦を想定復元しつつ、その上に「材料を網羅して配列してみた」。

今にいたるまで、私の案以外、「材料を網羅的に配列した」研究を知らない。

次に、西周金文についても、過去にうまくいかなかった理由は同じである。観象受時の暦を基礎に据える必要がある。

西周金文の場合、検討するのは「年・月・月相・日干支」を具備する事例である。この場合も、網羅して配列しなければ何の意味もない。

西周金文の場合も、『史記』紀年矛盾の解消作業の結果を基礎に、この問題を検討した。すでに述べたように、古來知られた周初の年代記事がある。それらは多くの場合相互に矛盾したものとして議論されてきている。私は、その中から、特定の材料に注目し、それに接合する年代を決定しつつ、金文の材料を「網羅的に配列した」。

こと金文事例だけに限っていえば、「材料を網羅的に配列した」と稱し得るものは、私の案以外にもう一つある。ただ、この別案には缺點がある。甲骨文の材料を網羅して配列し金文事例の網羅排列結果と接合していないという點である。

別案と私案との相違は、月相の決め方にある。月相は初吉・既生覇・既望・既死覇（他にこれらと類似する表現があるが、この四つに收斂する）の四つがある。私案では、一朔望月たる二十九日の小月、三十日の大月を四分して、一日～八日を初吉、八日～十五日を既生覇、十五日～二十二日を既望、二十三～三十日（小月の場合二十二日も考慮）を既死覇と規定する。別案では、初吉と既生覇がほぼ前半、既望と既死覇がほぼ後半の半月ずつになる。つまり、初吉と既生覇が一ヶ月の前半でほぼ重なり、既望と既死覇が一ヶ月の後半でほぼ重なるということである。

別案は初吉と既生覇がいずれも一ヶ月の前半になるということになると、私案の初吉が一ヶ月の最初の四分の一というのは、別案の條件を滿たす。逆に、別案の條件にあって初吉でいいとされる二番目の四分の一は私案の條件には合わない。同じように、私案の既生覇が一ヶ月の二番目の四分の一というのも、別案の條件を滿たす。逆に別案の條件にあって既生覇でいいとされる一番目の四分の一は私案の條件には合わない。

別案と私案について、一ヶ月の後半の既望・既死覇を使って議論しても、同様の結論が得られる。

つまり、別案は私の案を否定することができないが、私の案は別案を否定することができる。あくまで月相に關する限り、ということであるが、論理的にそうなる。

現状私案と別案がいずれも「月相の意味を規定して網羅的に配列した」という結果を出している以上、その「網羅して配列した」案は二つ提出されているのである。そして、私案が是だとすれば別案は非ということになり（論理的に）、別案が是だとしても私案を否定することはできないということである（論理的に）。

別案になくて私案にある强みは、①私案が上記の甲骨文に關する網羅的材料配列をなしとげていること、そして、②それに關連して「はじめに」に述べたように、「Ⅳ・『竹書紀年』や『逸周書』・『國語』・今文『尙書』に見えている殷末周初の年代が、Ⅰ・Ⅱ・Ⅲと矛盾なく接合することを證明したこと」である。別案については、今後に同じ強みを主張すべく作業を進めていただくよう期待する。(9)

殷末・周初の年代

『史記』に存在する膨大な紀年矛盾の解消を通して、前三三八年、齊において踰年稱元法が開始されたこと（前三四三年、魏の惠成王が施行しようとし、各國連合軍の攻撃で頓挫した）がわかった。

『春秋』に記されたいわゆる魯君主の年代（踰年稱元法）は、『史記』の中に少なからず殘された本來の魯君主の年代（立年稱元法）と異なっている。いわゆる『春秋』は戰國時代の齊で作られたものであり、孟子が「魯の『春秋』」と述べているのは魯にそもそも存在した年代記（立年稱元法）のことである。『公羊傳』に「不脩春秋」（立年稱元法）と述べているのも、この本來の魯の年代記を念頭において述べたものである。

『竹書紀年』は、現在は注釋によって骨格などが復元されている。この復元法は、從來踰年稱元法によってなされていた。これでは、『史記』の紀年矛盾を解消するのに利用できない。私はこれを立年稱元法を驅使して復元しなおし、『史記』紀年矛盾の解消に役立て、かつ復元された本來の年代の中に、『竹書紀年』を矛盾なく位置づけることに成功した。以下の諸史料は、復元された本來の年代中にそれぞれ矛盾なく配列できたという結果を基礎にして説明する。

『竹書紀年』は魏の惠成王にいたってはじめて踰年稱元法を採用するのであり、それ以前は立年稱元法による年代が使われていた。西周金文はその立年稱元を前提に檢討する。西周王の年代は立年稱元法をもって組み上げられる。その立年稱元法による西周王の在位年が『竹書紀年』に示されていたのであり、それを讀んで書かれた注釋が『史記』周本紀集解「汲冢紀年曰、自武王滅殷、以至（于）幽王、凡二百五十七年」、『通鑑外紀』巻三「汲冢紀年曰、自武王至幽王二百五十七年」である。この「二百五十七年」は立年稱元法による（攝政を受けて卽位した成王と宣王は別に議論する）在位年を合算したものである。このことから、前一〇二四年に「伐殷」、翌年の前一〇二三年に「滅殷（克殷）」があったことを知る。(10)

『竹書紀年』周紀は武王元年から始まる。晉紀は晉の文侯元年から始まる。周文王までの周の記事は、殷紀で記されている（殷紀は周の文王卒で終わる）。その文王の在世中、帝乙と帝辛が殷王であった。これらのことを知り、立年稱元法を使用した年代（王死去の年が次代の王の元年）のことを知って、周武王の元年は前一〇二四年、「伐殷」の前一〇二四年は武王十一年、「滅殷」の前一〇二三年は武王十二年であることを知る。(11)

『逸周書』小開解「維三十有五祀、王念曰、多□丙子拜望、食無時、……維德曰爲明、食無時……」は、周文王が死去する時の記事だが、上記の武王元年、つまり前一〇二四年のことを記している。この年に文王が死去して武王が卽位した。實際に調べてみれば明らかになることだが、前一〇二四年一月十五日（ユリウス暦）が戊戌の日で、朔日であった。その月の望の日は第十五日、つまり丙子の日である。[12]

同じ『逸周書』酆保解「維二十三祀庚子朔、九州之侯咸格于周」は文王二十三年の記事である。前一〇四六年は文王二十三年に當たるが、この前一〇四六年四月二十六日（ユリウス暦）が庚子の日で、朔日であった。[13]

以上、實際の天象と、『逸周書』の記載が合致しているという話である。その年代は、西周金文の「年・月・月相・日干支」を具備する事例を網羅配列して得た結果と、『竹書紀年』を引用した「伐殷」・「滅殷」の記事を滿足するものだということである。

加えて述べておけば、『竹書紀年』には、『晉書』束皙傳所引の「紀年曰、自周受命至穆王百年、非穆王壽百歲也」とある。これは、『太平御覽』卷八七四咎徵部所引の「書紀年曰、周昭王末年、夜有五色光貫紫微、其年、王南巡不返」に關わる。南巡したまま不歸の人となった昭王をどこでみかぎったか。私は『初學記』卷七地部下所引の「紀年曰、周昭王十九年、天大曀、雉兎皆震、喪六師於漢」（『開元占經』卷一〇一、『太平御覽』卷九〇七獸部にも上文の一部引用がある）がこれに關わると考えた。理由は、上記の金文材料を網羅配列した結果として、西周の昭王は在位九年で不歸の人となっている。すみやかに穆王が卽位した。その穆王の十年の前九七六年に日食がある。[14] 本來は昭王九年と穆王元年は同じ年であるが、注釋者はこれを二年分と讀み取るから、穆王十年を「昭王がそのまま在位していたらその十九年にあたる年」と記す。この日食は、食帶がかなり南の方にあり、さほど深い食にはならない。「喪六師於漢」とあるように、南方に遠征したために日食の存在を知り得たということであろう。いつまでも昭王を「不歸」とのみ扱うわけにもいかないから、日食情報をもって死去宣言したのかと思う。

その穆王十年までの西周王の在位年を單純加算していくと、文王元年からちょうど一〇〇年になることがわかっている（『竹書紀年』）。それを注釋は「自周受命至穆王百年」と記したのである。

『竹書紀年』には、『太平御覽』巻二天部「汲冢紀年書曰、懿王元年、天再旦于鄭」（『開元占經』巻三、『事類賦』注巻一天にも同様の引用がある）という記事もある。そして、上記の金文材料を網羅配列した結果としてわかった懿王元年、つまり前九〇三年にも、日食（七月三日）[15]が存在する。この日食は想定される食帯が西にずれている。[16]「天再旦于鄭」と表現される氣象條件を議論するには、例えば西安における曇天や黄砂などの影響を考える必要が出てくる。黄砂は春に多く冬に少ないものだが、氣象によっては冬にも起こることが知られている。[17]

この日食食帯については、この程度確認するにとどめておくが、このことと關わりつつ、存在すること自體がとても意味のある月食の事例を確認することができる。私の想定では、滅殷の前一〇二三年から溯った甲骨文一期の月食記事は、例えば下記のように年代が議論できる。幸いにも、「谷川・相馬」を入手することができた[18]（隷定したり印刷體として示したりするのが難しい字を●で示すことにする）。

1：【合集11484】「□丑卜、●、貞翌乙［未酒］黍●于祖乙□。王●曰、●●、□□［不］其雨。六日［甲］午夕月●食、乙未酒、多工率條遣。一」（前一一九八年十一月四日）

1（別の釋文）：【合集11484】「□（癸）丑卜、●、貞翌乙［卯酒］黍●于祖乙□。王●曰、●●、□□［不］其雨。六日［戊］午夕月●食、乙未酒、多工率條遣。一」（前一二一七年五月十一日）

2：【合集11482】「旬壬申夕、月●［食］」（前一一八九年十月二十五日）

3：【合集11485・11486】「三日乙酉夕月●食、聞、八月」（前一一八一年十一月二十五日）

4：【合集11483正反】「［癸未］卜、●、貞翌［甲］申易日、之夕月●食、甲●、不雨。二二告」（前一一八〇年五月二十二日）

5：【合集（摹）40204正反】「己未夕……庚申月●〔食〕」（前一二一八年十一月十五日）
6：【英國885反886反】「王●〔曰〕：●●。十日己未●、庚申月●〔食〕」（同上）（前一二一八年十一月十五日）

贅言を續ければ、甲骨文第五期の周祭記事を網羅排列したことに加え、それと年代的に連繫する形で、甲骨文第一期の月食事例が配列できることがわかったことの意味は多大である。この兩者は密接に關連づけて議論できる。(19)

『漢書』が述べる周初

『國語』周語下の景王條の「對曰、昔武王代殷、歳在鶉火、月在天駟、日在析木之津、辰在斗柄、星在天黿、星與日辰之位皆在北維、顓頊之所建也帝嚳受之、我姫氏出自天黿、及析木者有建星及牽牛焉、則我皇妣大姜之姪伯陵之後逢公之所馮神也、歳之所在則我有周之分野也、月之所在辰馬農祥也、我太祖后稷之所經緯也、王欲合是五位三所而用之、自鶉及駟七列也、南北之揆七同也」は、古來注目されてきた年代記事である。「歳在鶉火」が年代決定の決め手にされた。

そもそも木星紀年が始まったのは戰國中期のことであり、そうであるがゆえに、『左傳』の木星位置は實際とずれている。そのずれは、『左傳』木星位置が戰國時代中期から遡上したものであることを教える。(20)したがって、周語の木星記事も、戰國時代以後の産物であることは間違いない。すでに述べたように、膨大な西周金文の事例を網羅配列した結果からすると、武王伐殷は前一〇二四年である。また克殷は前一〇二三年である。いずれの木星位置も、周語の記事と合致しない。ところが、戰國後期（前二七二年以後）から前三三五年の「秦惠文君王冠」の年まで溯り、戰國後期の知識で木星位置を判断すると「午」となる。さらに周王の在位年を單純に（立年稱元法による在位年を踰年稱元法によるものと勘違いして）加算していくと、「克殷」がちょうど「午」と判斷される。計算上「秦惠文君王冠」の年の七二〇年前とされる。あくまで立年稱元法による年代を踰年稱元法によると勝手に思いこんで合算した結果である。

具體的に周王の在位年を述べておけば、周公攝政一三年（前一〇二二年～）、成王八年、康王十年、昭王九年、穆王四十六年、共王三十八年、懿王二十八年、孝王十四年、夷王十年、厲王十四年、共和攝政十五年（十六年）、宣王四十六年、幽王十年（以上、西周王）、平王五十一年、桓王二十四年、莊王十七年、釐王六年、惠王二十五年、襄王三十四年、頃王七年、匡王七年、定王二十二年、桓王十五年、靈王二十八年、景王二十六年、悼王一年、敬王四十一年、元王八年、定王二十八年、哀王一年、思王一年、考王十五年、威烈王二十四年、安王二十六年、烈王十年（～前三七四年）、以上を合算して六七八年になる。烈王に續く顯王は前三七四～三二七年在位だが、前三三五年は顯王四十年になる。これを加えると七一八年になる。これに武王の在位年を二年分足すと七二〇年になる計算である。

求める年の二年後が武王死去の年になるとすればよい。武王は在位十三年であった。だから、武王十一年が前三三五年の七二〇年前と判斷される年である。この武王十一年は伐殷の年である。

上記においては、共和攝政を「十五年（十六年）」としておいた。これは、宣王の卽位月に關わる。卽位が正月元旦からなら共和攝政は前年末までの十五年となり、年の途中からならその年までの十六年となる。これは、實際どうだったかという問題と、戰國時代にどう解釋されたかという問題の二つが關わる。實際の金文事例からすると、宣王の年代は「正月」から始まっている。この正月は「卽位の月」という意味なので、金文例としては「正五月」などの表現もある。周公攝政の後、一月元旦から元年を稱した成王の紀年は、踰年稱元法の歷史的先驅に位置づけることができる。この踰年稱元法の先驅として宣王を加えて議論するかしないかの相違が生まれる。戰國時代の議論上の問題である。

嚴密にいえば、成王についても宣王の場合と同じ解釋と實際の問題がある。だが、幸か不幸かこの時期の青銅器銘文は判斷すべき暦日を殘してくれていない。ここでは行論上必要が生じるということで、戰國時代の議論上の問題のみを述べる。

戰國時代の諸國は一般に文王・武王と成王・宣王を特別に位置づけているが、國家ごとに誰を特別視するかは違っている。秦の惠文君は惠文王として王を稱する。惠王にして文王である。當然成王の名を特別視している。續く秦王は悼武王（悼王にして武王）、莊襄王（莊王にして襄王）、孝文王（孝王にして文王）、昭襄王（昭王にして襄王）である。文・武が特別視されていることはわかる。また「襄」は「成」に通じる字であって成王を特別視の仲間にいれていたことも想定できる。しかし宣王を特別視した跡は見えない。そこで、秦國では西周成王について故事として踰年稱元の「形」を作り、宣王についてはそれを作らなかったのだろうと考えてみると、共和攝政は十六年となり、前三三五年の「七二〇年前」は、計算上武王十二年だと判斷される。あくまで戰國時代秦國人の計算上はということだが、前一〇五五年が「克殷」だとされたことになる。[21]

この武王十二年は「克殷」の年である。上記に引用した周語の「武王代殷」は「武王伐殷」なのではなく、「武王代（克）殷」だろうということになる。

ちなみに、すでに述べておいた『竹書紀年』を述べた「西周二百五十七年」は幽王三年まで（ここで周紀が終わり、晉紀の文侯元年が始まる）を問題にする。この場合も周公攝政元年から數えて、宣王が年の途中で即位したとして合計二五五年と合算される。これに武王十二年と十三年を加えると二五七年になる。武王十二年の「克殷」から數えて「二五七年目（二五六年後）」が幽王三年だとされるという話である。『竹書紀年』は魏の年代記だと考えられている。

魏で最初に王を稱したのは惠成王であり、宣王は重視されていない。

くりかえすようだが、あくまで、周語下の木星位置をこう理解することができる、という話である。「克殷」は本來の木星位置とは關係なく、戰國時代に「午」と判斷されたのだろうということである。この想定をもって、周語下の木星位置の記事「も」、西周金文を網羅配列した作業と矛盾なく説明することができた。

『漢書』に見える周初の年代は、この周語下の記事を基礎にして成り立っている。『漢書』律歷志に①「春秋曆、周文王四十二年十二月丁丑朔旦冬至、孟統之二會首也、後八歲而武王伐紂、武王、書經牧誓武王伐商紂、水生木、故號曰周室、三統、上元至伐紂之歲、十四萬二千一百九歲、歲在鶉火張十三度、文王受命九年而崩、最期、在大祥而伐紂、故書序曰、『維十有一年、武王伐紂、［作］太誓』、八百諸侯會、還歸二年、乃遂伐紂克殷、以箕子歸、十三年也、故書序曰、『武王克殷、以箕子歸、作洪範』、洪範篇曰、『維十有三祀、王訪于箕子』、自文王受命而至此十三年、歲亦在鶉火、故傳曰、『歲在鶉火、則我周之分壄也』、師初發、以殷十一月戊子、日在析木箕七度、故傳曰、『日在析木』、是夕也、月在房五度、房爲天駟、故傳曰、『月在天駟』、後三日得周正月辛卯朔、合辰在斗前一度、斗柄也、故傳曰、『辰在斗柄』」とある部分で、「傳曰」というのは、周語を引いたものである。

この①の部分では、周語を念頭におき、書序を引用して武王十一年の伐紂を述べ、『尙書』洪範の「維十有三祀、王訪于箕子」の武王十三年が伐紂の二年後なのだと述べている。つまり、武王十一年の「伐殷」を三統曆によって算定すると、「鶉火」の歲、つまり「午」に木星がやどる年になると述べている。ここでは「伐紂」が「伐殷」として議論されている。そもそも三統曆と周語の記事は關係がないわけであるが、『漢書』としては、三統曆を論じつつ、周初の年代を決めたということである。

これが世に有名な周初の年代である。[22]三統曆法は、漢末劉歆のとなえたもので、一九年を一章とし、二七章五一三年を一會、八一章一五三九年を一統とする。太初元年（前一〇四年）より一五三九年前、つまり前一六四三年より始まる一統を孟統とする。春秋暦とは、三統暦のうち『春秋』所載の暦日に適應する部分を指して言う。その第二會首はそれより五一三年後の前一一三〇年、その後八歳は前一一二二年になる。その年に紂を伐って克ったというのである。くりかえすようだが、三統暦によれば、そう計算できるという話である。三統暦は、劉歆説によって實際とは異なる木星位置を論じているから、議論が錯綜しないよう（うかつに『竹書紀年』といっしょに議論しないよう）注意されたい。

私は、周語の記事を上記において解釋したが、それは、三統暦によるのではなく（そして前一一二二年を議論するのではなく）、戰國時代、それも後期秦國の議論を想定復元しつつ議論を進めている（くりかえすようで恐縮だが、計算上前一〇五五年に當たる年が問題になった。實際は前一〇二三年のことなのであるが）。しかも『漢書』の説（武王十一年「克殷」）とちがって、周語では武王十二年が「克殷」にして「午」とされたのだろうと考えているわけである。戰國時代には、武王十二年が「克殷」だという判斷材料があったということであり、それが『竹書紀年』にも反映されているということである。

『漢書』の上記の記事の後には、すこしとんで、③「故武成篇曰、『維四月既旁生覇、粵六日庚戌、武王燎于周廟、翌日辛亥、祀于天位、粵五日乙卯、乃以庶國祀馘于周廟』、文王十五而生武王、受命九年而崩、崩後四年而武王克殷、克殷之歳八十六矣、後七歳而崩、故禮記文王世子曰、『文王九十七而終、武王九十三而終』、凡武王卽位十一年、周公攝政五年、正月丁巳朔旦冬至、殷歴以爲六年戊午、距煬公七十六歳、入孟統二十九章首也、後二歳、得周公七年復子明辟之歳、是歳二月乙亥朔、庚寅望、後六日得乙未、故召誥曰、『惟二月既望、粵六日乙未』、又其三月甲辰朔、三日丙午、召誥曰、『惟三月丙午朏』、古文月采篇曰、『三日曰朏』、是歳十二月戊辰晦、周公以反政、故洛誥篇曰、『戊辰、

王在新邑、烝祭歳、命作策、惟周公誕保文武受命、惟七年』」とある。

年代に關連した部分を議論しておこう。先に三統暦に言及しつつ「その第二會首はそれより五一三年後の前一一三〇年、その後八歳は前一一二二年になる」と述べたが、その前一一二二年は武王十一年にして「克殷」の年とされた。①に問題にされた「八年後」ではなく、③は第二會首の朔旦冬至が再來する「十九年後」を問題にし、それが「周公攝政五年」だという。周公攝政は「十五年後」から始まる。「その後八年」の「克殷」から「七年後」のことである。だから「克殷之歳八十六矣、後七歳而崩」と述べている。武王は即位十八年に死去したと考えていたことになる。そして攝政だからということで、踰年法は使われていない。「克殷之歳八十六矣」と考えられる根據が、『禮記』文王世子「文王九十七而終、武王九十三而終」である。したがって「受命九年而崩、崩後四年而武王克殷」は、一面において「文王の生前に武王が即位していた」という想定を述べているわけである。「實際どうかではない」。そう〝想定〟していたのである。だから、①に「自文王受命而至此十三年、歳亦在鶉火」と述べている。武王十一年が「伐殷」の年であり、それは「受命九年而崩、崩後四年而武王克殷」つまり文王受命から十三年後のことだと述べているわけである。つまり、ここに「伐殷」は「克殷」だったと述べているのである。

①に「還歸二年、乃遂伐紂克殷、以箕子歸、十三年也」という部分がある。これは、「乃遂伐紂克殷」は武王十一年なのだが、「以箕子歸」は武王十三年だということを述べていることになる。あくまで『漢書』の文脈としては、ということである。

③の前には、②「明日壬辰、晨星始見、癸巳武王始發、丙午還師、戊午度于孟津、孟津去周九百里、師行三十里、故三十一日而度、明日己未冬至、晨星與婺女伏、歷建星及牽牛、至於婺女天黿之首、故傳曰、『星在天黿』、周書武成篇、『惟一月壬辰、旁死霸、若翌日癸巳、武王乃朝步自周、于征伐紂』、序曰、『一月戊午、師度于孟津』、至庚申、二

月朔日也、四日癸亥、至牧埜、夜陳、甲子昧爽而合矣、故外傳曰、『王以二月癸亥夜陳』、武成篇曰、『粤若來三月、既死霸、粤五日甲子、咸劉商王紂』、是歳也、閏數餘十八、正大寒中、在周二月己丑晦、明日閏月庚寅朔、三月二日庚申驚蟄、四月己丑朔死霸、死霸、朔也、生霸、望也、是月甲辰望、乙巳、旁之」がある。年代を決める材料はない。諸書を引用しつつ、『漢書』が自己の意見を述べている（己未冬至など）。周正と三統暦を基礎に述べるもので、實際の暦を議論するものではない。實際の暦は、觀象受時の暦であり、漢代の三統暦を溯った結果と朔日と月序（どの月を何月にするか）が乖離する。觀象受時の暦を復元するには、具體的な暦日記事がそれなりに多數殘されていないといけない。だから②のような簡單な記事（三統暦により插入された暦日を除く）だけでは、年代を決めることができない。

ちなみに、私は前一〇二四年「伐殷」、前一〇二三年「克殷」を考えているわけだが、(23)これらの年などについて、諸書に合わせて部分的ながら觀象受時の暦を復元することができた。我々の前には、合朔時刻の一覧(24)が提供され、關連する材料も得られるからである。

拙著『中國古代紀年の研究』(25)横組七四頁などに示しておいたので、ご參照いただければと思う。

以上の檢討を通して、『漢書』が述べる周初年代とは、『國語』周語の記事をもとに三統暦を使って議論するものであることがわかる。議論の基礎となるのは、周語の他、『尙書』の記事などであり、特徴的なのは、年代を決定する根據としては、融通がききすぎるものばかりだということである。一度年代を決定した後、それに合わせて諸書の暦日を議論することはできるが、逆は難しい。

そして、その『漢書』の年代決定の基礎となった周語の記事は、記事自體は興味深いのであるが、その實戰國時代後期の知識をもって、誤った木星紀年観により溯ったものであった（厖大な紀年矛盾解消作業など厖大な材料を基礎として言えることであり、そして、その誤りの過程が復元できるものであった）。

議論の可能性として、『漢書』を眞なりとして議論を始めることもできる。しかし、その場合、本論の冒頭に述べた條件（厖大な材料の檢討を基礎とする）を一つも議論することがない、という結果だけがのこされる。近代以來の木星紀年についての常識にも、配慮することはない。

『史記』が述べる周初

さて、『漢書』に先行する『史記』にも、「伐殷」・「克殷」に關する記事がある。周本紀の一節である。

九年武王上祭于畢、東觀兵、至于盟津、爲文王木主、載以車、中軍、武王自稱太子發、言奉文王以伐、不敢自專、乃告司馬、司徒、司空、諸節、……是時、諸侯不期而會盟津者八百諸侯、諸侯皆曰、紂可伐矣、武王曰、女未知天命、未可也、乃還師歸、居二年、聞紂昏亂暴虐滋甚、殺王子比干、囚箕子、太師疵、少師彊、抱其樂器而犇周、於是武王徧告諸侯曰、殷有重罪、不可以不畢伐、乃遵文王、遂率戎車三百乘、虎賁三千人、甲士四萬五千人、以東伐紂、十一年十二月戊午、師畢渡盟津、諸侯咸會、曰孳孳無怠、武王乃作太誓、告于衆庶、今殷王紂乃用其婦人之言、自絕于天、毀壞其三正、離逷其王父母弟、……不可再、不可三、二月甲子昧爽、武王朝至于商郊牧野、乃誓、……誓已、諸侯兵會者車四千乘、陳師牧野。

『漢書』に關連する話題を含めて論じておこう。

周本紀では、盟津に兵をしめしたのが、まず武王九年であることが記されている。そして、その際は一度軍を引いて國にもどったことが記される。その武王九年に「爲爲文王木主、載以車、中軍、武王自稱太子發、言奉文王以伐、不敢自專、乃告司馬、司徒、司空、諸節」と述べる。この時、文王の所謂位牌をつくり、太子と自稱したという話である。『史記』の話としては、武王は即位しているのだから、文王はすでに死去しているのであり、にもかかわらずあえて太子と稱したのである。この一節の前には、「詩人道西伯、蓋受命之年稱王而斷虞芮之訟、後十年而崩、諡爲文王、改法度、制正朔矣、追尊古公爲太王、公季爲王季、蓋王瑞自太王興」と述べているから、『史記』は文王がすでに受命しているとの立場で述べている。その上で、「武王曰、女未知天命、未可也、乃還師歸」と言う。これは、天命はすでに受けているのを前提にし、そもそも天命がどういう指示を出しているかを論じている。

以上を敢えて説明してみたのは、先に述べた『漢書』の見解と相違するところがあるからである。『漢書』では、「文王の生前に武王が即位していた」という想定を述べ、文王受命から一三年後（文王受命後九年のさらに四年後）の武王十一年に「克殷」があったことを述べていた。しかし、『史記』の立場では、「武王九年に一度伐殷があり、さらに武王十一年にまた伐殷の軍をおこした」ことを述べているだけで、どうやら文王が死去したのちにすみやかに武王は即位したと考えているらしい。要するに、『史記』は武王九年に「伐殷」があったと述べ、『漢書』は「文王受命後九年」に「伐殷」があったと述べる。『漢書』は上記を述べた結果、文王生前に武王が即位したという文脈上の結果を殘すことになった（明言しているわけではないが、そうなった）のである。

そして、『史記』は、「十一年十二月戊午、師畢渡盟津」と述べ、「伐殷」が武王十一年の一二月に「師畢渡盟津」になったことを述べる。これに對し、すでに述べた『漢書』は「明日壬辰、晨星始見、癸巳武王始發、丙午還師、戊午度于孟津、……周書武成篇、『惟一月壬辰、旁死霸、若翌日癸巳、武王乃朝步自周、于征伐紂』、序曰、『一月戊午、師度于孟津』、至庚申、二月朔日也、四日癸亥、至牧壄、夜陳、甲子昧爽而合矣、故外傳曰、『王以二月癸亥夜陳』、武成篇曰、『粵若來三月、既死霸、粵五日甲子、咸劉商王紂』、是歲也、閏數餘十八、正大寒中、在周二月己丑晦、明日閏月庚寅朔、三月二日庚申驚蟄、四月己丑朔死霸、死霸、朔也、生霸、望也、是月甲辰望、乙巳、旁之」と述べ、

『史記』の「十一年十二月戊午」が「一月戊午」に變更されている。この書き換えによって、三統暦の「午」の年が「伐殷」すなわち「克殷」の年として議論されるのである。

『史記』の記事は、「十一年十二月戊午」から始まって翌年、つまり武王十二年の記事が續いている。私が想定する武王十一年の前一〇二四年から翌年の前一〇二三年の天象に沿って、それらは全て矛盾なく解釋できる。

古文『尙書』に述べる周初

『尙書』泰誓には、次の文章がある。

惟十有三年、春大會于孟津、王曰、嗟我友邦冢君、越我御事庶士、明聽誓、惟天地萬物父母、惟人萬物之靈、亶聰明作元后、元后作民父母、今商王受、弗敬上天、降災下民、沈湎冒色、敢行暴虐……

これには漢の孔安國のものとされる（一般には後代のものだと考えられている）書序がついている。それには、「惟十有一年武王伐殷、一月戊午師渡孟津、作泰誓三篇」と記されている。

『尙書』泰誓の本文を文脈に沿って讀めば、冒頭の「惟十有三年、春大會于孟津」は、書序にいう「一月戊午師渡孟津」の際のものだと讀める。『漢書』の文脈をたどった目からすると、武王十三年に箕子に會っているのだから、そのおりに何らかの式典を擧行した際のもので、武王十一年の「克殷」を回顧したもの、と讀めなくもない。しかし、唐の孔穎達の正義に「十三年正月二十八日、更與諸侯期而共伐紂」と述べているように、一般にここで問題になっているのは、武王十三年の「克殷」である。

ということになると、この『尙書』泰誓の冒頭は、『漢書』の述べるところと矛盾するという話になる。これはまず確認しておきたいことである。矛盾する以上、少なくともいずれか一方が「誤り」なのである。

次に、上述したように、『史記』周本紀の述べるところは、武王十一年「伐殷」（渡盟〈孟〉津）、翌年「克殷」である。したがって、『尚書』泰誓の冒頭は、『史記』の述べるところとも矛盾するという話になる。これも確認しておこう。矛盾する以上、少なくともいずれか一方が「誤り」なのである。

ただし、私は、膨大な『史記』の紀年矛盾が生じた理由を系統的に説明した。その目から何らかの理由が説明できないかということで、『尚書』泰誓を見てみると、上述の『漢書』律歴志の①が目にとまる。上述したように、『尚書』泰誓の冒頭は、『漢書』の①に沿って、「武王十一年の「克殷」を回顧したもの、と讀めなくもない」のであるが、あらためて問題になる部分をここに記してみると、「八百諸侯會、還歸二年、乃遂伐紂克殷、以箕子歸、十三年也」とある。この部分は『漢書』の文脈からして、「乃遂伐紂克殷」が武王十一年のことを述べていることは、すでに述べたところである。しかし、③の部分なしにこの部分を讀んだ場合、普通は武王十三年に「克殷」があったと理解してしまうはずである。この「はずである」に『尚書』泰誓の冒頭記事ができあがった端緒がある「はずである」。

何を述べたのかというと、『尚書』の古文・今文論争に關わるという話である。その論争では、泰誓篇を含むいわゆる「古文」を「僞古文」として「今文」を眞の古文だとする見解と、「古文」こそが眞の古文だとする見解の論争である。上記に述べたように、私は直接この論争を述べたわけではなかったが、「はじめに」に述べたように、Ⅰ：膨大な西周金文事例を網羅して整理し、西周王朝歴代の年代を推定した。Ⅱ：膨大な甲骨文事例から帝乙・帝辛に關わる周祭の記事を網羅して整理し、帝乙・帝辛兩代の年代を推定した。Ⅲ：膨大な『史記』の紀年矛盾を檢討して、一見矛盾するかに見えている膨大な年代の相違は、それらの由來がいくつかの條件によって論理的・系統的に説明できることを證明した。Ⅳ：『竹書紀年』や『逸周書』・『國語』・今文『尚書』に見えている殷末周初の年代が、Ⅰ・

Ⅱ・Ⅲと矛盾なく接合することを證明した。以上Ⅰ～Ⅳの確認作業を進めてきたのであるが、その結果は、古文『尚書』泰誓の冒頭に矛盾し、上述の『漢書』の記事に矛盾し、ただ上述の『史記』周本紀の記事にのみ合致するわけである。

そのついでに述べておけば、出土遺物が增加した結果、從來否定的評價を受けていた史料が、一轉肯定的に評價されることがある。この常識的判斷の下に、私は、拙稿「今本『竹書紀年』の性格」(27)において、要求される史料批判のやりなおしを、今本『竹書紀年』について進めた。王國維が諸書の引用に基づくとしたのみで、それ以上追求しなかったこの書の繫年の由來を檢討したところ、立年稱元法に基づく史料を踰年稱元法によって配列し、しかも南宋の書によって繫年している箇所があることがわかった。後代性は著しく使用に耐えないことを再確認した。

つまり、王國維の檢討を、上記Ⅰ～Ⅳの檢討（嚴密に時系列的として述べれば、この檢討の基礎的檢討を進めていた段階での話になるが、結論は變わらない）を基礎にやりなおし、再確認してみたわけである。

あくまで上記Ⅰ～Ⅳの檢討が基礎になる。

その上での話になるが、その今本『竹書紀年』に關しては、武王十七年までの紀年が見えている。これは上記Ⅰ～Ⅳの檢討に矛盾する。

ただ、古本『竹書紀年』を引く『水經』淸水注に、「王率西夷諸侯伐殷、敗之于坶野」とあるその文章の前に「（武王）十二年辛卯」を冠したもの等が、今本には見えている。これは今本が「十二年」について『史記』を參照したものであろう。とはいえ、それはごく一部にそんな事例があるというだけで、今本『竹書紀年』が上記Ⅰ～Ⅳの檢討に矛盾する點に何ら影響を與えるものではない。

一方、私の厖大な作業に合致する例を更に述べておけば、今文『尚書』の中には、洪範・金縢兩篇も含まれる。

『漢書』に引用された『尙書』洪範には「維十有三祀、王訪于箕子」から始まる記事が記されていた。武王十二年の「克殷」の後の記事として落ち着きがよい。また『尙書』金縢には「既克商二年、王有疾弗豫、二公曰、我其爲王穆卜」から始まる記事がある。武王がその十三年に死去した次第を記すもので、上記Ⅰ～Ⅳの検討にすっぽり納まるものであった。

拙著[28]に述べたことを、さらに贅言しておけば、『逸周書』世俘解に見える暦日は、前一〇三四～一〇二二年（武王元年～一二年）に納まる。『逸周書』酆保解「維二十三祀庚子朔」以下は前一〇四六年（文王二三年）に納まる。『逸周書』作雒解「武王十（在）二月崩……元年夏六月葬武王於畢」は、「在」を「十」に誤ったもので（矛盾を作らないという意味でこう想定するわけだが）、武王・周公いずれの年代も、武王十三年にして周公攝政元年（立年稱元法にして年の途中から元年）、すなわち前一〇二二年として納まりがよい。

何が言いたいのかというと、僞書とみなされやすい『逸周書』[29]は私のⅠ～Ⅳの検討に適合的だということである。つまり、私はいわゆる疑古派の論調を單純に眞に受けてものを言っているのではないことを、述べてみたのである。

古文今文論爭を概觀するだけで、「書いてあるかないか」が論爭の種になっていることがわかる。本論に問題にしたのはこの問題ではない。年代が明記してある部分について、矛盾するもの（古文）と矛盾しないもの（今文）があることを問題にし、それらは相互に矛盾することを述べただけである。そして、矛盾しない（今文）という判斷の背後には、Ⅰ～Ⅳの作業が控えていることを述べただけである。加えて、甲骨文に見える月食記事の適合性も述べてみただけである。

おわりに

本論は、過去の試案提示の際、說明が十分でなかった點について、あらためて贅言を施してみた。「はじめに」において、あらためてⅠ～Ⅳの厖大な私的作業を紹介し、加えて甲骨文に見える月食記事の適合性も述べつつ、今文古文論爭に歩を進めてみた次第である。

本論は、あくまで、このⅠ～Ⅳの私的作業、加えて甲骨文に見える月食記事の適合性を基礎に論じるもので、これらに矛盾する年代記事（古文）と適合する年代記事（今文）があることを述べた。そして、それらは相互に矛盾することを述べ、（論理的には）すくなくとも一方が誤りであることを述べた。この兩者のうち今文が、Ⅰ～Ⅳの厖大な私的作業と甲骨文所見の月食記事に適合する。

本論に提示したのは、「書いてある事實」と厖大な私的作業である。したがって、すべて「先刻承知のことである」との叱正もいただくかもしれない。しかし、時折風聞するところ、私の議論は「違う」という言い方がある。確かに「違う」ということを問題にした。「違う」という點自體は、私の言うことと全く同じである。本論は、私も完全に同意する。問題は「違う」にあるのではない。「違う」のであれば、どちらが正しいかを論證しなければ意味がない。だから、私の檢討の基礎として厖大な作業と「書いてある事實」があることを述べてみたのである。私の檢討結果と「違う」意見の場合は、どのくらいの數のデータとどんな「書いてある事實」に基づくだろうか。「言われるまでもない」という諸賢のご批判を念頭におきながら、恐縮しつつ改めて御寛恕を請う次第である。

判斷の基礎は多くの材料が檢討された方がいい。そうしないと、（根據とするところにおいて）釣り合いのとれた研究比較ができないからである。

［別添］古代紀年と曆に關するチェックポイント

曆を検討する前提

われわれは、ともすると、征服王朝が出現した後の理念をもって、歴史を語りがちである。「五服」を解釋するにしても、宋以後に主流となった（議論自體は後漢からあるが主流にはなりえなかった）議論を使ってすますことが多い。しかし、その前には、漢族の居住地を「八紘」とし、その外を海と見なして峻別する天下觀があった。外交關係もこれを基礎に議論された。そして、さらに戰國時代に遡ると、その漢代の武帝期以後に「八紘」とされた領域より小さい天下の中を九つの州に分け、天子の州と他の八つの州との外交關係を語る天下觀（今日の外交と違って相當に自己中心的いいまわしではあるが）があった。さらに遡れば、「方一千里」三つ分を天下とする天下觀があった。

その戰國時代に、儒教の經典はできあがった。われわれは、その儒教經典に後漢以後、いろいろな注釋が附されたことを知っている。經典に反映された戰國時代の實體（『論語』の時代と『孟子』の時代がある）と、漢から唐にかけての注釋に反映された見解と、宋以後に議論された內容は、その政治理念の基礎がまったく違っている。

後代の注釋や學者の見解は、儒教經典に記された內容そのままではない。とくに、「天下」、「中國」、「五服」などに關わる用語は、上記のように、諸々の「事實」が確認できる。

新城新藏以來、天文定數を定めて曆を論じるにいたったのは戰國時代だとされてきている。打倒な見解だと思う。

圖36 『春秋』・『左傳』暦日に基づく正月朔と冬至

（新城新藏作成『春秋』年始早晩圖を年末置閏として修正し、『左傳』を附加）

——×△■『春秋』所載暦日（『左傳』が言及するもの〈王正月等〉をも參照。△■はこれらを含まない）に據る場合

----○『左傳』所載暦日（『春秋』所載暦日と月がずれるもの、『春秋』に暦日なく晉國關係のもの、經文なし〈王正月を除く〉に據る場合）

× 前後の暦日から年内置閏による調整不可のデータに基づく正月朔

△ 同可 ただし置閏しない場合のデータに基づく正月朔

■ 日蝕データ（非蝕が議論されるものを除く）に基づく正月朔

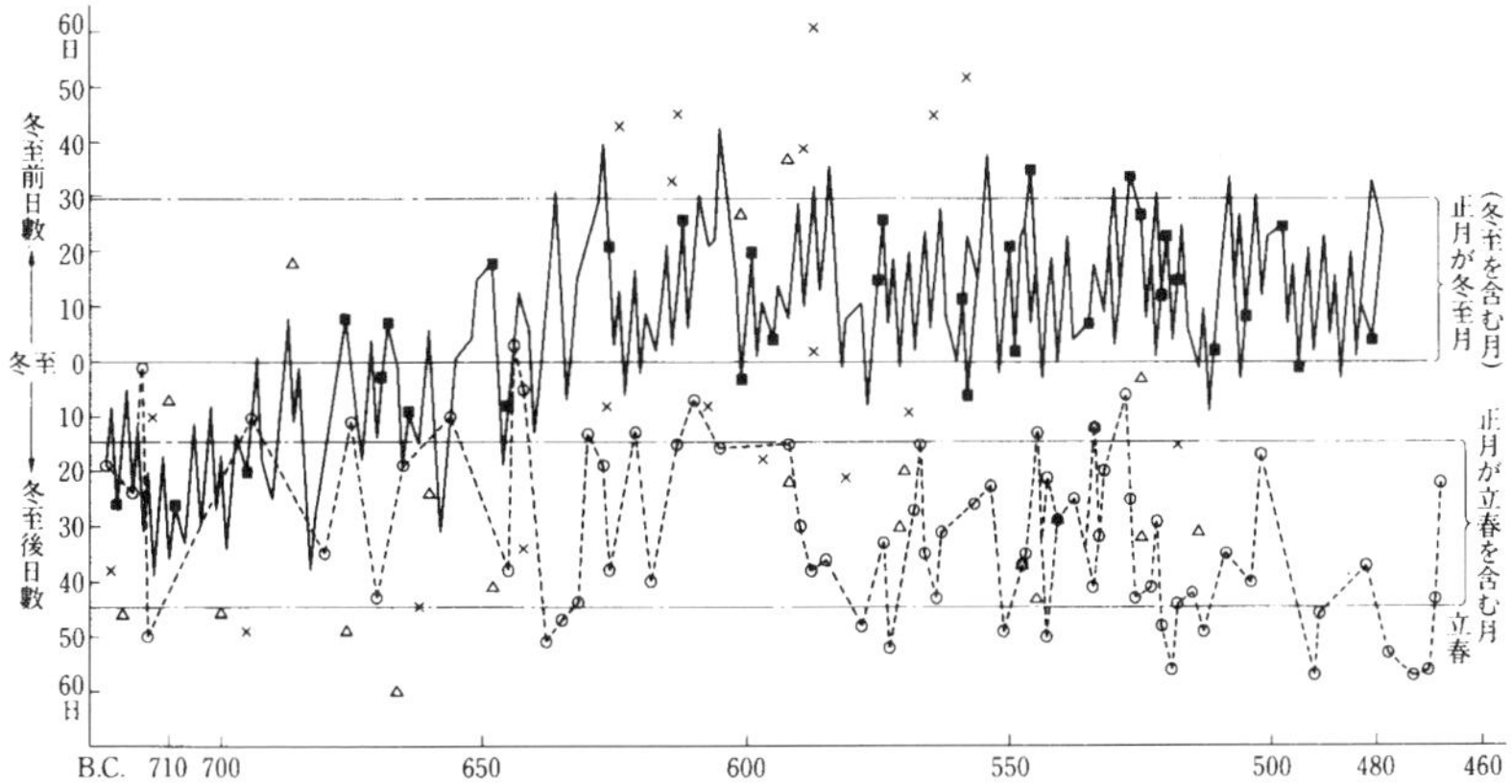

1：例えば前719年の隱公4－2「二月……（三月）戊申」は、月と暦日の間にブランクがあるので、一國の暦として處理するためには三月を補わなければならない。これについて、矛盾例である可能性が濃いとしたような場合、圖中には△を附した。

1：「左傳月日干支」中、春夏秋冬を示したのは、「春秋」暦の月との對應。

1：歳中置閏では、矛盾する暦日が存在するので、一國の暦としては收まらない。このことが、「春秋」暦として二種の暦日が存在することを示す。觀象授時暦なので、相互に出入があると見られる。

1：「左傳」暦は、機械的に正月朔を結んである。その變化幅が大きいので、これも「春秋」暦の場合と同じく二種の暦日が存在し、相互に出入の可能性がある。

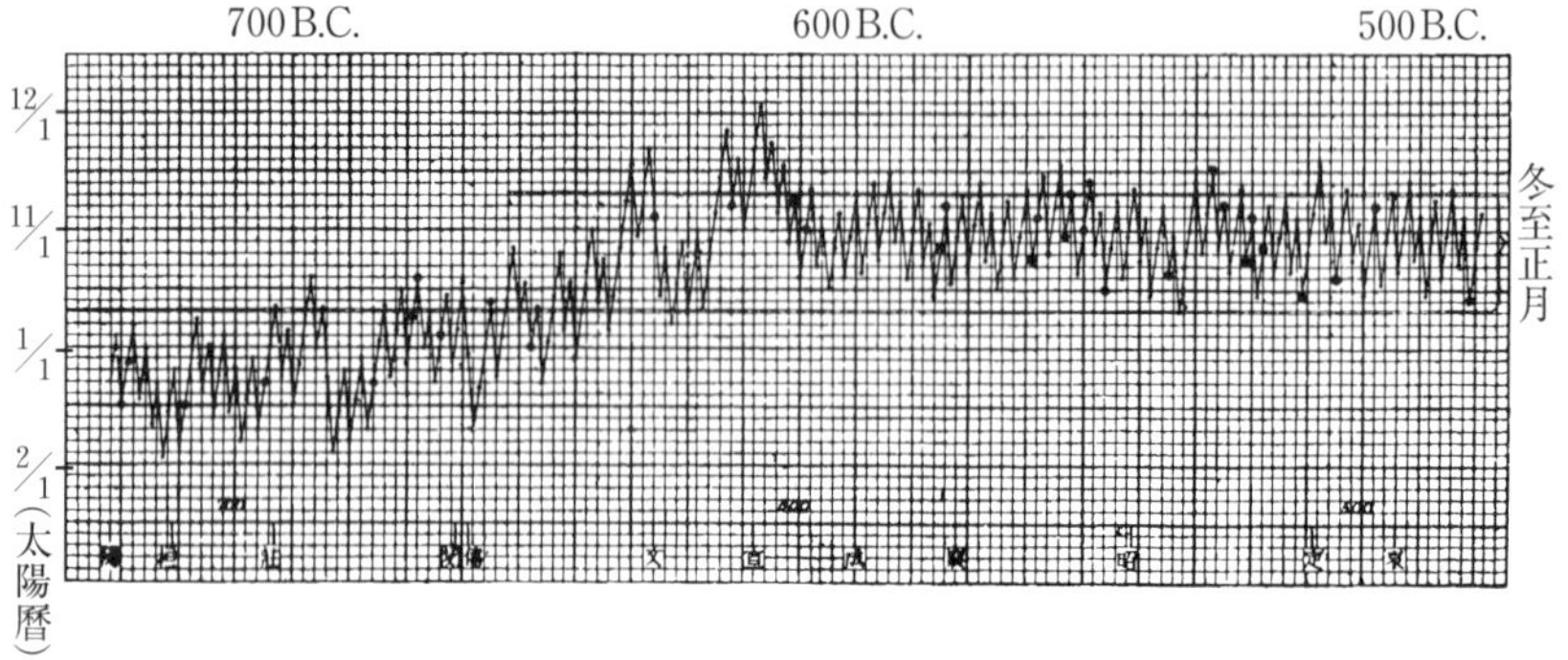

圖37　新城新藏春秋年始早晩圖

中國では、この戰國時代に官僚による地方統治が整備され、いわゆる領域國家が「方一千里」を支配するにいたった。このときに整った統治のしくみが、天下統一後も地方統治の基礎となった。そうした官僚統治を支えたのが文書行政である。そうした時代、諸子百家と總稱される人々が出現し、統治の理念と統治の術を議論した。その時代に、天文定數を定めて暦を論じるにいたったというのだから、これほどわかりやすい說明はない。

ここに始まった新しい暦は、それまでの暦とは違っていた。それまでは、例えば冬至や春分など一年の基準とするのにふさわしい日を觀測により知って、それを基準にしていた。基準になる日が近づいたら新年を始めるとか、基準になる日がすぎたから新年を始めるとかしていた。多くの場合、月の盈ち虧けの途中で、基準になる日がやってくるから、そういう便法がとられた。その基準になる日と月の盈ち虧けを計算により事前に知って、未來まで見通した暦ができあがる。それが新しい暦であった。

さて、ただ單に、文書行政が始まったというだけではない。まずは『論語』に示された「方一千里」三つ分を天下とする天下観ができあがり、それにおくれて『孟子』に示された「方一千里」九つ分を天下とする天下観ができあがった。そしてその天下観の下でも、「方一千里」にできあがった國家どうしの外交關係が議論されていた。そうした「方一千里」を春秋時代に遡ったらどうなるか、さらに西周時代にさかのぼったらどうなるか。これを考えずに暦を語っても、實體に卽した議論にはならない。

よくよく考えてみると、われわれに提供された青銅器銘文が說明する世界は地域的に限られている。周の文王の時代に周の勢力圈となっていた陜西の「方一千里」と、周に滅ぼされた殷の下にあった河南の「方一千里」から出土した有銘靑銅器が壓倒的多數であり、これに山東の齊の「方一千里」や他の「方一千里」から出土したものが加わる。このことは、本論でも紹介した『春秋左氏傳』僖公二十四年の「封建」が、周が滅ぼした殷の「方一千里」を外敵から防御するために置かれた小諸侯と周王朝との關係を問題にしていることに通じる。戰國後期の『國語』がこの『春秋左氏傳』の議論を受けて「封建」の世界を擴大して論じている點も、すでに述べた。戰國中期の『春秋左氏傳』は、戰國時代になって各地に出現した説話を使って史實を説明している。新城以來、古くとも戰國中期の成書であることを疑う者はいない。その書物に書かれた事實が、『論語』に示された天下觀や青銅器銘文の出土狀況に通じるものをもっていることの意味は大きい。本論では割愛したが、最近出土の青銅器銘文には、山西の晉との關係を論じ得る內容がある。山西の勢力を横目でにらみながら、殷に侵攻した事實が書かれているようだ。この晉を念頭においても、『春秋左氏傳』に關する上記の事實説明は變わらない。

始皇帝が統一した天下の中を九つの「方一千里」に分ける考えは意外に新しい。戰國中期を遡らないようだ。したがって、この九つの「方一千里」のうち、どの「方一千里」に王道を敷くべきかという議論も、當然新しい。『春秋左氏傳』を參照するかぎり、西周時代の周の勢力圏は、陝西の「方一千里」と河南の「方一千里」であり、これに山東の齊の「方一千里」と山西の晉の「方一千里」をどう關連づけるかが議論されたはずである。『論語』に示されたのは、これらのうち、陝西・河南・山東の「方一千里」を天下とする天下觀であった。別に山西の晉を組み込んで齊を除いたような天下觀があってもいい。それらは、あくまで戰國前期の話であり、戰國中期は、さらに擴大された九つの「方一千里」を天下とする天下觀の下で、どの「方一千里」を特別に位置づけるかが議論されている。

以上のように理解できる、という意味であるが、「方一千里」二つ分を勢力圏としていた西周王朝の曆はどうだったのか、そのうち陝西の「方一千里」を失っただけでなく、周圍の大國に壓倒されて、河南の「方一千里」の內ですら勢力をうしなっていく時期（つまり春秋時代）の周王朝の曆はどうだったのか。

これらの時代の暦は、少なくとも孟子の時代の「天下の暦」ではない。ましてや『史記』以後『舊唐書』の時代の「天下の暦」でもなければ、『新唐書』以後の「天下の暦」でもない。

私は、こうした時代の暦を検討するため、まず材料をくまなく集めることから始めた。議論すべきものを議論しないのでは、相當に恣意的議論だとのそしりを免れないと考えたからにすぎない。

戰國時代に始まった新しい暦は、實際どんな暦であったのか。また、それまでのいわゆる觀象受（授）時の暦は、一年の何の日を基準にしてどういう具合に新年を始めたのか。可能性はいろいろあるわけだが、下記のように整理して説明することにしよう（恣意的な議論は話題にしないことにする。恣意的かどうかは、各自下記のチェックポイントを用いてご判斷されたい）。

I：二〇〇〇年このかた行われてきた論争、今文・古文論争

漢代のテキスト論争に根ざすもの。

今文テキストを是とするか古文テキストを是とするかで對立。

おたがいに矛盾するので、兩者を統合することはできない。

したがって、下記のチェックポイントをどれだけ満たしていずれを是とするかを議論しないと意味がない。

平勢は今文テキストを是とする。

これに古文テキストをもってきて「違う」というだけでは、古來の論争をもちだしただけの意味しかない。平勢は、厖大なデータを驅使しているのだから、同じように厖大なデータを驅使して古文テキストが正しいことを論證しなければならない。

贅言しておけば、以上は「年代」を念頭において述べている。本書に述べた内容に即して言えば、殷周以來の記録をどう論じるかが要になる。戰國時代に各國がさまざまなテキストを作り出している。それに加えて漢代以後僞作されたテキストがある。「年代」が僞作されたものは平勢は用いないという立場であり、戰國以後さまざまに作り出されたテキストの相異は、當然あってしかるべきだと考えている。だから、テキストの文字ずらのみを持ち出して「違う」と述べても批判にはならない。論理の上でのこととして述べれば、戰國時代に「僞作された年代がある」とすると、それは本來の殷周以來の記録と矛盾するであろうし、今文テキスト（平勢がすでに殷周以來の記録と矛盾しないと論證した）が述べる年代と矛盾するであろう。「文王が天命を得て以來五十年」（『尙書』今本無逸「文王受命惟中身、厥享國五十年」）など、王の在位年とは別の年代（文王の在位は三十五年であることが『逸周書』小開解に記されており、この年代が他の膨大な紀年材料と矛盾なく收まる。したがって、他の膨大な紀年材料と矛盾することになる「五十年」は文王の在位年たりえない。もしこれを在位年だと記すのであれば、これは、「矛盾しない」今本系統の中での例外扱い、つまり、今本成立の過程で、すでに「矛盾する」年代が混在することを認める必要が出てくる）も、今文テキストを否定すべき材料なのか、むしろ矛盾しない材料なのか、二〇〇〇年このかた爭われた年代問題を前に置いて、注意して檢討したい（上記の意味で「矛盾しない」『尙書』今本金縢に「既克商二年」とあるのを「既克殷三年」、同じく「周公居東二年」とあるのを「周公石（宅）東三年」と記すテキストが近年公表された。「周武王有疾周公所自以代王之志」である。[30] この編の場合、『尙書』今本とも矛盾しかつ上記の意味で「矛盾」する年代である。これは、單なる贋作として捨てるのが一つの可能性。もし贋作でないということであれば、今本と矛盾するテキストが早くから出現していると考えるしかない）。以上の論理を否定して古文テキストが正しいことが論證できれば、逆に大きな意義がある。

くりかえし述べておけば、厖大なデータを驅使した論理に對しては、同じように厖大なデータを驅使して、論證を進めなければならない。

	古文テキスト是	今文テキスト是	厖大なデータ全面検討
平勢		○	○
お名前1			
お名前2			

Ⅱ：暦法と天象の問題

天文に詳しい方なら、ある時代にできた暦が、次第に天象とずれてくることは、すぐご理解いただけよう。時代を降って天象とずれるのであれば、時代を遡っても同じことになる。これは言わば常識と言ってよい。

漢代にできた三統暦で、どんどん時代を遡り、それと「合致する」という結論を得るような場合、上記の常識が缺如しているということが理解されていないことになる。

例えば、木星の位置をさかのぼる場合、概數としても八三年七周天ぐらいは知って遡る必要がある。それと異なる三統暦で遡って「正しい」と結論づけた研究（と稱するもの）があるとの風聞がある。

戰國時代にできた『左傳』にも、八三年七周天を無視した記事が見える。近代以來の常識である。

戰前、著名な論爭があった。その『左傳』は戰國時代にできたものか、漢代の三統暦を利用したものか、に關する論爭である。これは、天文學に詳しい方なら、何を議論したかは、すぐ理解できるであろう。これは學問的論爭である。上記の常識を大幅に逸脱したものとは根本から異なっている。

平勢は戰國時代から遡ったという前提ですべて檢討ずみ。

時代を遡っても時代を降っても暦は天象とずれていくということを

	知って検討	知らずに検討	厖大なデータ全面検討
平勢	○		○
お名前1			
お名前2			

Ⅲ・・春秋戰國時代の紀年矛盾

『史記』の中には、厖大な紀年矛盾が存在する。前二二一年の始皇帝統一前に限って述べても、全體で二九〇〇箇所について年代が議論できる。そのうち（少なくとも）八三五箇所について、紀年矛盾が生じる。厖大な數である。

この紀年矛盾を克服できたかどうか。

平勢は克服した。これについて、おかしいということは簡單に言えるが、實際自分で配列するのは難しい。

厖大な紀年矛盾が存在するということを

	知って検討	知らずに検討	厖大なデータ全面検討
平勢	○		○
お名前1			
お名前2			

Ⅳ・・戰國～秦漢時代の暦日記事

新城新藏が一覧にしている。それすら議論できないという場合、その議論が正しいとは言えない。

加えて、出土史料によって明らかになった暦日が多數存在する。それを自己の作成した暦日一覧に位置づける必要がある。これをせずに、こういう理論だと述べても、それは單なる「繪に描いた餅」のそしりをまぬかれないと思うが如何。


厖大なデータ［傳世史料であれ出土史料であれ］が存在するということを

	知って検討	知らずに検討	厖大なデータ［傳世・出土］全面検討
平勢	○		○
お名前1			
お名前2			

V：『春秋』所載の暦日記事

新城新藏等が過去に一覧にしている。これが觀象受（授）時の暦によるものであることを、否定する人はいないであろう。

厖大なデータを平勢も一覧にし、この點を再確認した。——その一覧について、まったく別次元のご意見をいただいたことがある。

古來、戰國時代と同じ天文定數を使って、『春秋』の時代の暦を議論するもの（［A］としよう）がある。

しかし、その意見を述べる見解で、すべての暦日データを使って議論したものが皆無なので、すべて使って検討していただくとよい。［A］を信じる方は、すべて使って検討し、上記の言わば學問的常識を覆されることを希望する。

學問的常識を覆さないまま、一部のデータを使って議論するのは不可だと思うが如何。

『春秋』の暦日データを觀象受時の暦によるということを

	自分で檢討して肯定	自分で檢討して否定	『春秋』暦日データ全面檢討
平勢	○		○
お名前1			
お名前2			

【例外に見えるもの】①日食記事　これは觀測データである。これを使うと觀象受時の暦の實際が理解できる——というのが新城新藏の得た結論の一つである。天象の記錄は記錄として確認できる。次にその記錄から何が言えるかを檢討する。

②冬至（日南至）の記事　現代の天文學が復元するものと日數がずれている。後代から遡ったとすると、日數のずれはなくなる。いいかげんな觀測だとするか、戰國時代から遡ったとするか、いずれかしかない。

以上①②が觀測データである可能性が高いと考えているかどうか。

	觀測データである	後代の竄入である
平勢	①は○	②は○
お名前1		
お名前2		

Ⅵ：『左傳』所載の木星紀年　これは上記のⅠ・Ⅲに重なる部分がある。

近代以來著名な論爭がある。Ⅰで問題にした平勢と同じ立場をとる。後代の竄入を議論する。戰國時代から八三年七周天を知らずに（八四年七周天だとして）時代を遡って竄入したとする立場と、漢代から三統曆を使って竄入したとする立場がある。木星位置の記録を眞の天象だとするのは天文學上間違いである（Ⅰを參照）。

論爭がおきたのは、『左傳』の木星紀年の記事の扱いの違いによる。①『左傳』の木星記事自體は、戰國時代八三年七周天を知らずに遡ったものと一致する。漢代の三統曆を遡ったものとは一つだけずれるデータがある。②その一つのデータと矛盾するデータがある（Ⅲ參照）。それを使うと三統曆を遡った結果と一致する。①に適合する『左傳』の記事と②に適合する記事は矛盾するのであって（一年ずれる）、兩者を混同することは許されない。Ⅲの檢討によれば、①が正しいという結論が得られる。

①に適合する『左傳』の記事と②に適合する記事は矛盾することを、

	知って檢討	知らずに檢討	Ⅲを檢討ずみ ［紀年矛盾全面檢討］
平勢	○		○
お名前1			
お名前2			

Ⅶ：西周金文の曆日

西周金文には、「（王の在位の）年・月・月相・日干支」を記すものがある。一般に耳慣れないのは「月相」である。月相の用語は四つある（同じ月相について少々異なる表現も存在）。初吉・既生霸・既望・既死霸の四つである。これら四つの表現を、古來、①望・朔などの定點とする說、②朔望を四分する表現（月の盈ち虧けの狀態――王國維、新城などの説）とする説、③朔望をほぼ二分する表現（②の四つの表現のうち、二つずつがほぼ同じと考える）とする説がある。すべての材料を使って検討することが必要なのだが、今にいたるまで、①ではそれは皆無である。②について一つ（平勢説）、③について一つ（［B説］としておく）ある。

「（王の在位の）年・月・月相・日干支」のうち、一つでも缺けると、年代配列の上で可能性が多々生じてしまい、一つに決めることができない。この決めることができない材料は、「決めることができない」のであって、決めることはできない（西周前期・西周中期・西周後期ぐらいにわけることは考古學的にできる。王を特定することは不可能）。それを決めた場合、別の判斷基準を示す必要がある（何を使ったかを明示する）。恣意の介在を許さない愼重な検討の場合、こうした材料は使わないのがよい。「材料の數だけ增やして、すべての材料を使ったかのように装っている」という批判をさける意味でも、使わないのがよい。

［B説］は初吉・既生覇をほぼ重なる期間を示す表現とし（相いにすこしだけ期間が前後にでっぱる）、既望・既死覇をほぼ重なる期間を示す表現とする。平勢説は朔望を四分して初吉（半月まで）、既生覇（滿月まで）、既望（半月まで）、既死覇（朔まで）と考えるので、［B説］の中に平勢説は含まれる。したがって、上記において③は一つあると述べたのだが、實際は、平勢説を含めて二つあると言ってもよい。

上記において「半月」と述べ、「上弦」を使わなかった。これは後代の表現で、定點を表す。金文に見える定點は、朔、朏（二日月ないし三日月）、望、辰（朔の直前の月）の四者である。

平勢説は、月相を「月を四分して季節調節に役立てるもの」とする。したがって、より嚴密な季節調整を可能にした「二十四節氣」が出現すると月相は消滅する。

B説は、なにゆえ月相があり、なにゆえ月相が消滅したかの理由は述べていない（將來なされるかも）。

	定點説 ①全ての材料	四分説 ②全ての材料	新説 ③全ての材料	月相の出現消滅
平勢		○	（○）	○説明あり
B説			○（?）	
お名前1				
お名前2				

近年、眉縣青銅器が多数出土し、「四十二年鼎」と稱するものと、「四十三年鼎」と生ずるものが検討され、混亂した議論が見られる。これらの青銅器の銘文には、文字原稿を作る際に使った碁盤の目のような方劃が見えていて、字が上に寄っているか、下に寄っているかの判斷ができる。「四十二」の「二」とされる字は、上に寄っている。「四十三」の「三」とされる字も「まん中から上寄り」である。

これまで知られている西周青銅器を精査すると、「三」はまん中から上寄りに書かれ、「二」はまん中から下寄りに書かれている。したがって、上記の「二」とされた字は、字劃がとんでいるだけであって、實際は「三」である。したがって、「四十二年鼎」と「四十三年鼎」はすべて「四十三年鼎」である。（「上」「下」は「二」に似て書かれ、別に議論できる）

	眉縣青銅器の「四十二年鼎」は「四十三年鼎」であることを 知って議論している	 知らずに議論している
平勢	○	
B説		

お名前1
お名前2

Ⅷ：殷代後期甲骨文第五期の暦日

殷代甲骨文は、殷代後期のもので、五期に區分される。そのうち、第五期のものには、周祭と稱される三六〇日周期の祭祀の記事がある。日干支は六十あるが、そのうち干が癸の日にこの祭祀は行われ、翌日から十日を占う（卜旬）。その癸の日が何月かが記される場合がある。さらには、王の何年かが記される場合もある。三六〇日の祭祀は十日ごとであり、順番が決まっている。その順番については、島邦男が甲骨文の材料を精査して作成した一覧表がある。それを參照することができる。

①十日ごとに番號を振ることができる三六〇日の祭祀、②卜旬を行った癸の日が何月であったかの記載、③同じくそれが王の何年であったかの記載がある。①②③を組み合わせて實際の天象（つまり觀象受時の暦）に合うかどうかを檢討すると、かなり窮屈な條件となり、すべての材料を配列する可能性は、極めて限られる。

今にいたるまで、島邦男、平勢、そしてもう一つ（「C説」としよう）が議論できる。島説は、こう配列できるはずだという一覧を示したが、實際の天象に合わせ西暦年代を具體的に議論するにはいたらなかった。「C説」は、一見①②③を網羅しているかに見えるが、實際に檢討してみると、③に缺けるものがある。また、③として扱った事例にも、「朏以後の暦日について、新月を判斷していないので、前月として記録した」といった無理な説明がある（上記Ⅱについても、「知らずに檢討」に屬する）。

甲骨文第一期には、月食の記事がある。これを想定される年代に沿って適宜位置づける必要もある。

①②③を組み合わせてすべて扱ったものであり、かつ
　③についてのすべての材料を検討　　一期月食をすべて説明

平勢　○　○
お名前1
お名前2

Ⅸ・・その他　以下は、Ⅰに述べた今文・古文論争には直接關わらないものを問題にする。

【1】『竹書紀年』にみえる周初の年代に關する記事を上記の検討の上に適宜説明

平勢　○
お名前1
お名前2

【2】『逸周書』に「文王三十五年の正月丙子の日に望（の月）を拜した」という記事がある。これを自己の議論する年代に配列する。

平勢　○
お名前1
お名前2

第二節　大國・小國の關係と漢字傳播

はじめに

私は、別に『中國の歴史2・都市國家から中華へ』（講談社、二〇〇五年）を刊行することができた(31)。おりしも、復旦大學一〇〇周年を記念した會議において、發表する機會を與えられる幸運にめぐまれた。そこで、前掲書に述べた諸點を念頭におきながら、東アジアにおける漢字傳播の問題を考えてみたい。

周知のように、わが國の西嶋定生は、王莽から後漢にかけての時期に、中國皇帝を頂點とする東アジア冊封體制が出現することを論じた(32)。この東アジア冊封體制の存在が、周邊諸國に「自覺」をうながし、周邊諸國において漢字受容の基礎が作られていくことを述べている。

私は、この東アジア冊封體制と漢字傳播の問題を考える上で、日本・韓國といった領域内に歴史上形成される大國と小國の政治關係が大きく關わることを論じるにいたった。日本でいえば邪馬臺國や大和朝廷とこれに従う小國との關係である。時代を遡れば、殷や周という大國（大都市國家）とこれに從う小國（小都市國家、諸侯）とが作り出す政治關係がある。そして、その政治關係が問題になる領域は、新石器時代以來の文化地域に規制されている。しかも、その殷がさほど熱心でなかった青銅器賜與を周王朝が積極的にすすめたことが知られている。松丸道雄によれば、青銅器に銘文を鑄込む技術は殷王朝から周王朝に繼承されて獨占された。この獨占狀況の下、青銅器を通して小國が次第に漢字に慣れ親しんでいく。

大國と小國の政治關係の下、漢字に慣れ親しんでいく過程がある。

本論は、以下にこの問題に關して若干の檢討を進めることにしたい。

新石器時代以來の文化地域

話を始める前に、お手元に世界地圖があったら、それをじっくりご覧いただきたいと思う。日本と中國が載っているものがいい。

日本の新石器文化は一つないし二つあるにすぎないが、中國では始皇帝の天下の内でもいくつかの文化地域が問題になる。彼我の面積の差をまずは見ていただきたい。

日本には、縄文時代があったことが知られている。それに繼いで彌生時代が始まることも知られている。彌生文化と併行して、續縄文文化があったことも、結構知られているだろう。

中國の新石器時代には、いくつかの新石器文化が華開いていた。それらの文化が廣がる地域も結構なもので、面積的には日本に匹敵し、はしからはしまでの距離を見ても、彌生文化がひろがる地域の大半を飲み込む勢いがある。

さて、日本では、彌生時代の末に墳墓の巨大化が徐々にすすみ、古墳時代を迎えることになる。同様に、中國の新石器時代の各文化地域の中で、墳墓の巨大化がすすんでいく。日本では、やがて飛鳥白鳳時代を經て律令時代にいたる。中國でも、新石器時代以來の文化地域を母體にして、戰國時代の領域國家が成長し、それぞれが自らの律令をもつにいたる。

ここまで話を進めてみたとき、おそらく讀者はあることに氣づかれるに違いない。日本や、ややこぶりの領域をもった（統一）新羅を比較對象とした場合、戰國時代の領域國家は、その日本や新羅なみの國家領域をもっていたという事實に、である。

そこでさらに踏み込んで述べるなら、春秋時代の大國、つまり通常霸者として知られている都市國家が影響を及ぼしていた範圍が、同樣の文化地域を母體とする領域だったことにも氣づくはずである。

では、この霸者の時代と新石器時代との間にはさまれた殷や周の時代はどうなのか。答えはもう見えたようなものであろう。やや廣めの領域が問題になるとはいえ、やはり新石器時代以來の文化地域を母體とした領域を、殷・周は睥睨していたのである。

以上の歷史と異なる歷史觀が、讀者の腦裏にあるとすれば、それは、いざなう先導役がその誤った認識を與えていたためである。代表的な先導役は『史記』である。

『史記』は戰國時代の領域國家を複數たばねた天下を統治した時代にできあがった。そのため、『史記』に展開される歷史は、その天下の王朝ができあがるまでを、天下の視點でまとめている。

これに對して、遡れば、戰國時代にも、『公羊傳』や『左傳』・『穀梁傳』などの史書が作られている。それら戰國時代の史書では、それらを作り上げた國家の領域をやや擴大して特別領域とみなし、それが天下の中でいかに特別であるかを證明する。その證明を分析して得られるのは、新石器時代以來の文化地域が一つのまとまりとして意識されているということである。

天下とは漢字圈である。都市の文字であった漢字は、西周時代の青銅器分與を經て、春秋時代には廣域的に使用されるようになった。それが天下のもととなった。漢字を使っている地域が一つのまとまりとして意識される。しかし、より強固なまとまりを示すのは、新石器時代以來の文化地域を母體とする領域である。漢字圏の中に特別に意識される地域がある。

天下というまとまりと、新石器時代以來の文化地域というより強固なまとまりの、いずれもがまとまりとして意識されていたということである。

天下の視點からまとめられた『史記』ではなく、新石器時代以來の文化地域を母體とする地域の視點からまとめられた戰國時代の史書によれば、新石器時代以來の文化地域を母體として展開された歷史が見えてくる。その歷史の展開過程は、日本の國家形成の過程ととてもよく似ている。

春秋——都市國家の時代にして大國の時代

以上に述べたところからわかるのは、春秋時代が、決して動亂の時代と規定して終わりだというわけではない、ということである。

春秋時代は、廣域的漢字圏ができあがり永續性をもつにいたった時代であり、新石器時代以來のこととして、大國が文化地域を母體に小國を睥睨した時代である。殷は中原區東部を睥睨し（時期によっては長江中流域に影響をおよぼし）、周は中原區西部から東部を睥睨する大國であった。春秋時代の秦は中原區西部を繼承して睥睨し、三晉は中原區東部を繼承して睥睨し、楚は長江中流域を睥睨し、吳・越は長江下流域を睥睨し、齊は山東を睥睨し、燕は河北を睥睨した。

殷や周が問題にする領域と、春秋時代の大國が問題にする領域は、三晉を一つとみなすなら大同小異ということができる。

殷や周の時代に、他の文化地域でいかなる大國が存在したのかは、よくわからない。それぞれの地域で、大國は交替していった。そうした大國のうち、漢字を手にしていた殷・周、そして春秋時代の各地の大國は、その漢字による記録が殘されている。

われわれが春秋時代の各地について多くを語ることができるのは、漢字による記録が殘されているためである。殷や周の時代に王道がしかれてうまくおさまっていたために各地の記録が殘されなかったのでもなく、その王道が衰えたために諸侯の自立性が芽生え記録が增えたのでもない。

では、どうして周王朝は特別に位置づけられたのだろうか。

漢字の傳播

それは、漢字傳播の問題に關わっている。

よく知られたように、我が國にはだいぶ後になってから漢字が根づいた。「漢委奴國王」金印がもたらされたのが紀元後五七年だが、文書行政を始めた後、自前の律令を手にしたのは八世紀初めである。鐵劍銘などが作られたのは六世紀のことである。

我が國に漢字が根づくには東アジア冊封體制が關わったことが指摘されている。西嶋定生[33]による。文化は高きから低きに傳わるように單純に考えられている向きもあるが、實際は違う。受け手の側に一定の文化的高まりと自覺がないと、文化なるものは素通りしてしまう。日本にそれなりの自覺を促したのが、東アジア冊封體制だったということである。漢字を記したモノがやってくることと、漢字が根づくことは別だということである。

中國皇帝の下の律令施行域の外に、漢字が傳播して根づくには、それなりのしくみが必要だった。とすれば、中國において、都市の文字であった漢字が周圍に廣がるについても、日本の場合の東アジア册封體制に相當する「何か」がなければならない。周圍の都市國家に自覺を促した「何か」である。漢字以外にも都市の文字があったことがわかっている。そうした文字の中で漢字が都市の文字であり續けた時間は長い。その中から漢字が突出し、やがて周圍に傳播するには、どんな「何か」が關わったのか。

松丸道雄の指摘によれば、西周は銘文いり青銅器を作る技術を獨占していた（青銅器製作工房は複數あったようだが(34)）。その獨占が東遷に代表される混亂の中で各地に流出し（工房の技術者が各地に非難し、技術を傳え、さらに增加した技術者が捕捉され）、その技術は各國が共有することになる。いっきに漢字圈ができあがることになった。その際ことが短時日のうちに進んだのは、西周王朝が銘文いり青銅器を熱心に諸侯に賜與していたからである。その賜與によって各國では漢字に慣れ親しんでいた。そこに技術が傳わったからいっきに漢字圈が擴大したわけである。

日本でも、邪馬臺國が三角縁神獸鏡などを各地に賜與したことが知られている。大和朝廷もそのやり方を踏襲したようだ(35)。鐵劍銘もその延長上にある。つまり、日本でも、漢字が根づくまでに、漢字に親しむ過程があったのである。それは日本に形成されていた邪馬臺國や大和朝廷という大國と各地の小國との政治關係の中に、青銅鏡や鐵劍がくみこまれた結果もたらされたものである。中國皇帝と日本の大國との册封關係が、日本の自覺をうながしたということはさらに說明が必要で、うながされた側が自覺するについては、うながされた側の大國と小國の關係が大きく關わることに氣づく。

古鏡についての研究では、一般に舶載鏡と倣制鏡が議論される。舶載鏡は、中國や朝鮮半島からもたらされ、各地に運ばれた。この運ばれるルートだが、大國と小國の秩序が作りだしたものである。大國たる邪馬臺國や大和朝廷と各地の小國の關係が作り出す秩序がある。モノは邪馬臺國や大和朝廷に集中するように移動し、また各地の小國にももたらされる。これら各地にもたらされたモノの中で、邪馬臺國起源の鏡が大和朝廷から各地に分配されたと考えられている。それが三角緣神獸鏡である。(36) 鐵劍銘文は、殘されたものがわずかだが、系圖を記して大和朝廷との關係を示すもののようだ。この鐵劍と三角緣神獸鏡との間に、何らの賜與物もなかったと考えるのは不自然である。そうしたモノを通して大國と小國の關係が維持され、その關係の中で漢字を表現したモノがいきかっている。

中國皇帝と大和朝廷との間には、册封關係が作り出されたことが知られている。この册封關係の下で漢字が大和朝廷にやってくる。そこで自覺がうながされたという場合、大國たる大和朝廷だけが對象なのではなく、また、日本各地にあった大國・小國がそれぞればらばらに對應していたということにもならない。すでに作り出されていた大和朝廷と小國との關係が漢字世界に組み込まれて自覺を促されている。

同じ自覺の高まりが、中國の西周時期のあまたある都市國家の側に關して、想定できるわけである。

ただし、中原地域と陝西地域とを中原區と稱して一つの文化地域とする見方からすると、若干の補足說明が必要になる。殷王朝は主として中原區の東部（中原地域）を睥睨し、周王朝は、中原區の西部（陝西地域）を睥睨し、さらに副都雒邑を通して東部を睥睨していた。殷王朝が睥睨していた地域に漢字が廣く根づいた形跡が見えないのに對し、周王朝は陝西の地から雒邑を通して東部を睥睨しつつ靑銅器を熱心に賜與して「自覺」をうながしている。

中國の場合は、新石器時代以來の文化地域が複數あって、それぞれに漢字が傳播するということがある。そこで、日本を見る目を若干ずらせて東北アジアを視野にいれてみると、高句麗がやや早く漢字圈に參入し、やがて百濟や新羅がつづくということではある。やはり複數の文化地域が漢字圈に參入するという狀況ができあがっている。

中國でも、周王朝が睥睨していた地域の外に、つまり、楚や呉や越や燕などが睥睨する地域に漢字が根づくについては、それぞれの地域における大國と小國の關係が大きく關わっていたと見るのが、まずは自然である。

楚や呉や越や燕について、これらの下にあったはずの小國と周王朝との關係がよくわからないのは、周王朝との關係を取り結んだのが、直接的にはこれらの大國だったからであろう。

これらの國が周王朝との關わりからいち早く漢字になじみ、大國と小國の關係を通してさらにそれらの下の小國が漢字になじんでいったようだ。

漢字資料の殘り具合

漢字が廣域的に根づいていく過程で、中國は未曾有の社會變動を經驗していく。鐵器の普及がもたらす變動である。鐵器の開始時期はやや遡り得るようだが、普及しはじめるのは、春秋中期ごろからだろうと考えられている。出土遺物の狀況から判斷すると、本格的には戰國時代になってからのようだ。

鐵器が普及するということは、それまで一般的であった石器に鐵器がとってかわることを意味する。

鐵器は作業效率を飛躍的に高め、それまで人の手が及ばなかったところまで、開發の手をのばさせることとなる。鐵器は鐵を木に裝着するが、木材の切り出し作業も革命的に效率化した。おびただしい數の道具が作られる。車などの製造も效率化される。そのため畜力の利用も大幅に增えた。

かくして、鐵器と畜力利用による耕作地は劇的に增え、都市の人口を養って餘りあるようになり、都市を劇的に增加させることになる。こうした變動の中で官僚層が廣く形成されてきた。

その官僚が、中央と地方の政治をとりしきり文書によるやりとりを頻繁に行う。彼らは、新しい世の中の文化の擔い手となった。

彼らが手にしたのは、春秋時代までに作り續けられた靑銅器銘文と、春秋時代に作られた年代記など簡單な記録であった。

『史記』には、おびただしい紀年矛盾があり、それは稱元法と暦を驅使することで矛盾解消の道筋が得られる。それによってわかるのは『春秋』が戰國時代の產物であるということであり、『史記』の春秋時代の記事は、かなりの部分がこの『春秋』から作り出されたことである。その『史記』の時代に作り出された年代が、本來の年代と矛盾を引き起こす。本來の年代は、古くからの傳承や記録によるものだが、その種の年代は、西周時代にはほとんど確認できず、春秋時代になると相當多數が確認できる。記事の殘り方を考慮しても、文字が春秋時代に根づいたことを裏附ける事實である。

この確認できる、という點をさらに説明しておけば、『史記』を編纂した司馬遷たちは、各地から史料を收集したはずだが、『史記』に殘されている年代記事は、ほぼ春秋以後のものである。西周時代・殷代についえは、殷末周初のもの、それも殷と周のものがわずかに確認できる程度である。こうした點は、おびただしい紀年矛盾を解消した結果として判明したものである。その檢討で、『春秋』によらぬ古くからの傳承や記録が多數あぶりだされた。その記事から具體的に、春秋時代になると、各國獨自の記録が少なからず殘されたことがわかったのであり、西周時代や殷代には、周や殷以外の各國（諸侯）の記事が殘されていないことが明らかになった。

『竹書紀年』の復原で、殷や周の年代が殘されていたことがわかるが、同じ時代の各國（諸侯）の記事はやはり殘されていない。

そうした檢討で明らかになる春秋時代の記事は、大半が年代記やそれに附隨する簡單な記事であるようだ。そうした年代記などを手にした戰國時代の官僚たちは、それぞれが屬する國家の思惑にそって、手にした記錄を整理しはじめた。

しかし、記錄にあるのは、殷王朝の記事、周王朝の記事、そして周王朝の下に組織された諸侯の記事である。これをどのように整理するかは、戰國時代の國家ごとに異なった。

いま我々が手にする戰國時代の材料は、『史記』とは異なる夏・殷・周三代觀を記している。『史記』が三代を天下の王朝として敍述するのに、戰國時代の材料では、天下の一部を問題にし、その中で三代の交替を語っている。天下の一部とは、つまり新石器時代以來の文化地域を念頭においたものである。

禹の傳說も、『尙書』禹貢に述べるところは禹が魏の地域を中心に治水したことであり、新出の『容成氏』が述べるところは禹が湖北の地を中心に治水したことである。『墨子』兼愛中は、北方は陝西の地と山東魯の一帶に禹の治水の中心があり南方は治水の中心がないことを述べている。いずれも禹がそもそもいかなる地域を中心にすえていたかの見解が異なっている。各地に殘る禹の傳說の存在も知られていて、そのことと連動する話になっている。

注目しておきたいことは、ここで問題になる治水の中心が、新石器時代以來の文化地域を念頭において提示されていることである。

この戰國時代における各領域國家の思惑（夏殷周三代、禹の傳說にかかる）と新石器時代以來の文化地域との關係が、春秋時代やさらに遡った三代、さらに述べればそれに先行する初期王朝の時代の實態を容易に豫想させることである。

大國と小國が作り出す政治關係は、新石器時代以來の文化地域に強く規制されている。

そうした文化地域がいくつかまとまって天下を構成する。その天下に廣く漢字が根づいていった。その際、西周王朝と東方諸國（副都雒邑によって影響を及ぼす地域）との政治關係、山東の齊、湖北の楚、江蘇の呉、河北の燕などがそれぞれ作り出していた大國・小國の政治關係が、青銅器というモノを通して漢字を受容する基礎を作り出していく。

同じ周の諸侯の扱いをうけながら、西周が直接統治した陝西の地は諸侯としての記録が青銅器銘文に限られ、副都雒邑を通して統治した中原の地は青銅器銘文以外に系圖などの資料が小國ごとにかなり殘され、その外の地域になると、大國のわずかな資料と青銅器銘文が殘されているにすぎない（という状況に近い）という現狀は、上記のような漢字傳播の過程を考えないと理解不能に陥る。

傳統的制度と觀念語

傳統的制度として論じるべき代表格は、暦と稱元法である。この二つを論じることで、『春秋』ならびに三傳の成書時期が特定できる。この傳統的制度は、文書行政が進展することでできあがった。春秋時代に盛んであった盟書（都市と都市を結びつける役割を擔ったもの）が消滅し、かわって國家中央たる都市と地方都市を結ぶ文書行政が整備され、その文書行政を支える律令法體系が出現した（文字のない時代から、秩序維持のための刑罰は存在したはずである。都市や農村の秩序を維持するものであった。それが「刑」という漢字で表現されるようになった。都市間の秩序維持は、盟誓が機能し、西周までは盟書がなく、春秋時代に漢字が廣域的に使用されるようになると、盟書が作られるようになった。律令法體系ができあがると、刑罰は、いかなる意味で罪になるか、いかなる名稱と內容をもつ刑罰が科されるかの細かな規定がなされる。それが文字のない時代の「刑」、盟誓が規定する「刑」と異なっている。また、中央と地方を結ぶ文書行政を支える法規定も、律令が出現してできあがるものである。だから、律令の先驅として「刑」を語るのはいいが、同じ次元の規定として議論することは不可である)。

『春秋』と三傳の成書時期が特定されれば、これと比較對象しつつ、他の書物の成書年代も議論できる。ただ、その際、私が注意を喚起しているのは、新石器時代以來の文化地域を特別にみなす觀點の存在である(37)。

傳統的制度は、通常この文化地域を特別にみなす觀點を捨象して議論されている。その捨象された議論が二〇〇〇年の傳統を形成したと言ってよい。ところが、『春秋』と『左傳』などに具體的に示したように、戰國時代の諸書においては、明らかに文化地域を特別に見なす觀點が存在する。この種の觀點が、傳統的制度の形成にあって、いかように關わってくるのかが、詰めなければならない問題となる。

多くの論者が豫想するように、觀念語の意味するところは、天下共通のものである。しかし、新石器時代以來の文化地域が悠久の傳統をもって養ってきた獨自意識は、現代的視點からすると微細な差異をことさらあげつらい競い合った。曆の差異がその代表である。ただ、その微細な差異を強調するのも、つまるところみずからの領域を統治する獨自の正統を言祝ぐ目的からするものであった。

「一統」をめぐる戰國時代の共通理念と地域的、時代的多樣性

「大一統」という表現がある。『春秋』冒頭「元年春王正月」の『公羊傳』にある說明で、「一統を大にす」(「大」は「とうとぶ」と訓じたりする)と讀む。通常、この「一統」はいまいうところの統一、すなわち天下統一を意味する、とされている。では「大」とはなんだろうか。

この部分は、文王の制度である踰年稱元法、つまり元年は一月から始まる(年の途中からではない)制度をとりあげ

たものである。これについて「大一統」と述べている。踰年稱元法は、膨大な紀年矛盾の解消作業からすると、前三三八年に初めて始まる戰國時代の制度である（このとき初めて「元年正月（一月）」は春から始まることになった。そこで『春秋』の冒頭は「元年、春、王正月」が示された）。それについて、「大一統」と述べているのであるから、なにゆえにこのときに踰年稱元が始まったかを論じなければならない。

踰年稱元法は、最初に始めようとして失敗したのが魏の惠文王であり、これをつぶしたのが齊の威宣王であり、いずれも、周の文王・武王の制度を繼承する意圖をこめている。その制度について「大」にする、という意味になる。この「一統」は唯一の正統を繼承する意味の表現である。だから「大」にする必要があるわけである。それを天下統一の意味に解したのでは、意味がいま一つはっきりしなくなる。

拙著『春秋』と『左傳』でも、この「大」を問題にしたが、『左傳』の「大」は、韓に關連づけて理解できる（韓がやがて都にする鄭に關連づけて理解できる）ものであった。

この「一統」を、從來そうしてきたように、天下統一として解釋すると、それは秦の始皇帝を念頭におかざるを得なくなる。當然その表現には漢代がふさわしい、ということになり、戰國時代までさかのぼったところで、それは「統一が見え始まった戰國末にしかならない」ということになる。その前提とするところから見れば、とても自然な結論である。

津田左右吉は、『左傳の思想史的研究』(38)でこう述べている。

公羊傳がその王（『春秋』冒頭の「元年春王正月」の「王」）をとくに文王を指すものとし、また哀公十四年の獲麟の說話の後に春秋の述作を論じて「撥亂世、反諸正、莫近諸春秋」といひ、「制春秋之義、以俟後聖」といつてゐることと對應して考へると、此の「大一統」には、王者が出て天下を一統することを確實に期待する意味があると解しなければなるまい。

興味深いのは、津田がこの議論の中で『公羊傳』の後漢代の注釋である何休の注を引き、誤解だろう、と述べ、前漢中期の董仲舒の議論をこれに加え、「公羊傳の說も董仲舒のも、ただ「王正月」もしくは「春王正月」といふ文字から展開せられたものであつて、春秋の全體にわたつての考察から來てゐるのでは無い。」と述べていることである。

津田自身が、『公羊傳』と何休注、董仲舒の議論が、「王正月」もしくは「春王正月」から展開されていることを認めている。何休は「統とは始めなり」と注している。「大一統」とは「一つの始めを大にする」ことだと言っているわけである。これは、上記に、一統とは唯一の正統を繼承する意味の表現だと述べたことを裏づけるものである。

董仲舒は「正月」を「月をただす」と解釋しているが、元年春にこれを問題にするのは、夏正正月を論じるもので、「正月（一月）」を問題にしていると言うのと本質は變わらない。だから、津田も上記のように『公羊傳』（何休注）と董仲舒をからめて評價しているのである。この董仲舒の「月をただす」を「統一」にからめたのでは、文意がとれない。

宮崎市定は、津田の『論語』解釋が集注の域を出ていないことを述べている。この宮崎の指摘に關連づけて言えば、「一統」をめぐる津田の議論は、宮崎の指摘するところと材料こそ違え、津田の經典解釋が後代に影響されていることを裏づけるものとなっている。

ただ、津田がなんの根據もなく「一統」を統一と解釋していたかというと、そうではない。津田は『公羊傳』の論理を特異だと見ている。實際『史記』始皇本紀には、「今、海内は陛下の神靈に賴り、一統皆郡縣となる。」とある。これを「統一」の意味にとって理解しているようだ。しかし、これも「一統もて皆郡縣となる。」とも讀めるところがミソである。この始皇本紀の文章の前には「今、陛下は義兵を興して殘賊を誅滅し、天下を平定し、海内は郡縣となり、法令は一統に由る。」とある。こちらの「一統」は、明らかに統一の意味でなく、一系の正統と見なした方がいい。そもそも一系の正統の支配が天下に及ぶのが統一の中身であるから、まったく別のことを議論しているわけではない。

津田のみでなく、漢代の注釈を、後代の解釋で讀み替えてしまう場合がある。

その津田が『公羊傳』の論理を特異だと見なしたことは、とても重要である。『史記』ではみやぶれなかった論理が、どうしても見えてしまうことを、具體的に教えてくれるからである。

私は、その特異な論理が戰國時代のものだと考えているわけである。上記の事例の場合、『公羊傳』が述べる「一統」は、正統の繼承を問題にし、『史記』秦始皇本紀の方は、「殘賊を滅ぼした結果、法令は一統の下で發布される」ことを問題にしている。殘賊と一統が問題にされているのがミソで、これが戰國時代の認識である。みずからは正統とし、他を殘賊とするわけである。殘賊とされた方も、同じ論理をもっている。漢代には、このことがまだ理解される素地があったのである。

以上、『公羊傳』の「一統」を「正統」と讀む見解は、後漢の注釋を基にすれば自然に出てくるものであり、董仲舒の「月を正す」論理も、同じ土俵で論じることができる。戰國時代、前漢時代、後漢時代の論理が「正統」という見解をもってつながる。これに對し、「一統」を「統一」と見なす論理は新しい。

そもそも、ということだが、清朝に『大清一統志』という書物がある。この「一統」も、「統一」の意味だと解釈したのでは、意味が通じない。われわれが遡り得る目と鼻の先に、「一統とは唯一の正統のことである」という常識がはたらく世界があった。

みずからを正統とし、他を殘賊とみなす論理は戰國時代と漢代で共通している。異なるのは、直接統治の及ぶ範圍である。戰國時代と漢代の現實が、正當性を主張する領域支配の範圍を決定づける。戰國時代に作られた史書には、天下を一統の制度で直接統治するという發想がなく、みずからの特別領域を王の制度で治め、他國は（天下の內にあるとはいえ、さかのぼれば夷狄・蠻夷の跋扈するところだから）、この制度になびいてくると考える。これに對し、漢代の史書では、一統の制度で天下を治めると考える。一統という以上、多統から繼承するのははなはだ不自然である。それゆえ、一つの正統のうち、傳統ある周だけを問題にした。他の正統は議論が封印された。有名な封印が始皇帝の焚書坑儒である（『史記』には「儒」ではなく「諸生」つまり諸學者が記されている）。議論が封印されるのは、現實に存在し支持者が廣く存在したからでる。そうでなければ封印もされない。

戰國時代の領域國家の論理が見えないと、漢代の論理も正確にはつかめなくなる。

「一統」を「正統」の意味で使用するのが、戰國時代に共通し、漢代に繼承されたのであり、その正統をどの系統とみなすかは、地域的に（新石器時代の文化地域ごとに）異なっていた。時代的にもそれらと漢代とでは異なっていた。

おわりに

本論は、西嶋定生の東アジア册封體制に關する議論、そして松丸道雄の西周靑銅器賜與に關する議論を基に、拙著『中國の歷史2—都市國家から中華へ』に述べた諸點を念頭において、若干の檢討を進めてみた。

東アジア册封體制が周邊に漢字文化受容をめぐっての「自覺」を促すといった場合、その周邊において形成されていた大國と小國の政治關係が重要な役割を果たした。本論はこのことを問題にした。そして、その自覺をうながす動きは、遡った中國にもあることを論じてみた。新石器時代以來の文化地域については、蘇秉琦氏の區系說が名高い(39)。

本論は、それを基礎にのべたところがある。

その文化地域を念頭において論じてみれば、西周王朝と周王朝下の諸侯との政治關係、西周王朝に匹敵する他の文化地域大國と周圍の小國との政治關係、周王朝とそうした地域大國との政治關係が、廣域的漢字圏の成立をめぐっての各地の「自覺」を促す上で、重要な役割を果たしたことを論じてみた次第である。

本稿にはあまり言及しなかった問題として、中國という大領域は、結局は漢語に同化された地域であり、日本や韓國やベトナムは同化されなかった地域だという事實がある。だから、同化された地域と同化されなかった地域を同列に論じることはできないという立場もあろう。しかし、中國の各地にはいわゆる少數民族がおり、彼らの祖先は現在漢族が居住する地域に廣く分布していたことも論じられている。また、後漢の時代に揚雄『方言』が著されている。甲この書に示された方言は發音の差異が問題にされず、もっぱら漢字では別字で表現される言葉が議論されている。甲骨文の時代から一〇〇〇年の時を經ている時代に發音の差が問題にされていないのは、甲骨文以來漢字使用の場がなかなか廣域的にはならず、廣域的漢字圏ができあがってさほど時を經ていない時期に『方言』が書かれているからではなかろうか。言語學の實際は、秦の始皇帝時期から漢字音の文化が始まるとして決定的矛盾が引き起こされてはいないように見える。

カールグレンのように、近代の學者の中には、春秋戰國時代の方言があった可能性を論じた者もいる(40)。しかし、その檢討成果を今見直してみると、西周時代や春秋時代以來の古風な表現と戰國時代の會話表現を比較して得た結論と言っても過言ではないようだ。戰國時代に流布した「說話」は、語法上の地域差が見られない。同じ「說話」が地域を越えて使用されていることは、當のカールグレンが指摘している。例えば齊で作られた『管子』と韓で作られた『左傳』が同じ說話を利用している。その『左傳』には、齊で作られた『春秋』が引用されている。同じ齊でも『春秋』と『管子』では語彙がとても異なっている。「說話」の會話に見られる新しい表現は、古來の表現とは異なっている。

その說話を利用して作られた『史記』張儀列傳の陳軫の條に、「越聲・楚聲・秦聲」を比較した部分がある。これは、越人莊舃の本音を見破るために發音を聞け、という内容だから、同じ發音のなまりぐあいを問題にするようだ。戰國時代は官僚制度が急速に發展した時代であり、天下の交流も盛んで、天下共通の官僚語とその發音があったのだろう。そのことを基礎にして說話が共有されたもののようだ。

こうした漢字音をめぐる狀況を一方において念頭におき、本論を書き進めてきた。ただし、今後の研究により、この前提が覆される事態が引き起こされる場合は、その研究を前提とした議論を再度進める必要があることは言うまでもない。

なお、最後に贅言しておけば、私は、漢字が殷王朝を遡らないと述べようとしているのではない。甲骨文の實際からすると、さらに遡った時代に漢字の起源を求めるのがよいと考える。

周知のように、甲骨文は殷代後期の遺物である。前期・中期の漢字使用の實態はよくわかっていない。その殷王朝の漢字は、どこから來たのであろうか。一つの可能性はいわゆる夏王朝からもたらされたという想定であろう。しかし、このことを論じるには、現狀夏王朝の都城と稱されているところから漢字が出土していないことはとても氣になることである。また、本稿に述べたように、戰國時代の諸書にあって、禹をめぐる傳說は多岐をきわめている。このことと漢字の起源の問題とは關わるのかどうかも、とても氣にかかるのである。

以上のことがあるために、若干愼重に對處しているということにすぎない。將來、いずこからか甲骨文をさらに遡る漢字の祖先（符號でなく文章をなすもの）が出土してくることを首を長くして待つ次第である。

第三節　中國古代における説話（故事）の成立とその展開

はじめに

『左傳』には、多くの説話が引用されている。これはよく知られた事實である。また、『戰國策』においても、各文章に多くの説話が引用され、また説話そのものも採録され、『國語』が説話集と位置づけられることも知られている。『左傳』や『國語』については、成書の時期をめぐる論争があることが知られている。古くは春秋時代の時代層をみる見解から、新しくは漢代僞作説にいたるまで、百花繚亂の様相を呈している。しかし、こと説話の位置づけに關していえば、さしたる注意がはらわれているとは言い難い。本論は、この説話の歴史的位置づけを明確化し、あわせて、それが古來の論争である『左傳』・『國語』の成書時期とどう關わるかを論じてみたい。

本論中に、出土史料をいくつかおりこんでいくことになるが、そうした新史料に關する見解を見ても、説話に關する歴史的位置づけが極めて不十分である。この點も、本節執筆の一つの動機となっている。

『戰國策』の體例

こと成書の時期という問題に關する限り、『戰國策』のそれはほぼ決まっている。前漢末に現在の體裁ができあがった。いわゆる先秦の書の成書の時期を問題にするものが、ほぼこの前漢末を下限としているから、成書時期の問題がおこらないのは、自然のことである。ただ、この書物は後に散逸し、輯逸されて現在鮑本・姚本の二種の系統が存在する。それらの間に若干の字句の異同が見られるが、本書で論じるところとは、關わらぬものなので、敢えて論じないことにする。

以下は、鮑本系の正解本を使って説明する(41)（ただし、一般に姚本系のテキストが用いられている現状に鑑み、文章の配列は姚本系に從う）。

『戰國策』楚策四に「虞卿謂春申君」（中五八二）がある。それには次のようにある。

①虞卿、春申君に謂って曰く、「臣之を聞く、『春秋、安きに於て危きを思ひ、危ければ安きを慮る』と。今、楚王は春秋［年齡］高し。而して君［あなた］の封地は早く定めざるべからず。主君［あなた］の爲に封を慮るに、楚［の都］に遠ざかるに如《し》くは莫し。秦の孝公、商君［商鞅］を封じ、孝公死して後、王［秦王］之［商君］を殺すを免れず。秦の惠王、冉子を封じ、惠王死して後、王之［封地］を奪う。公孫鞅［商鞅］は功臣なり。冉子は親姻なり。然り而して奪死を免れざるは、封［封地］近きが故なり。［後略］」と。

また、同じく楚策四（中五五一）には、次のようにある。

②或《ある》ひと、楚王に謂ひて曰く、「臣聞く、『從者［合從を說く者］、天下を合して以て大王に朝せしめんと欲す』と。臣、願はくは、大王、之を聽されんことを。［後略］」と。

戰國時代の外交を擔った者たちが、訪れた先に文書を提出し、それが何らかの形で殘された。それを再利用した說話が少なからず作られ、そうした說話を集めた書物も複數できた。『戰國策』は、そうした說話集を前漢末にまとめなおしたものである。それゆえ提出された文書を、抽出することができる。この種の文書で注目しておくべきなのは、君主の自稱や他稱である。「虞卿謂春申君」では、提出者が「臣」と自稱する。そして提出先の春申君を「君」・「主君」と言っている。②では、提出者は「臣」と自稱し、提出先の楚王を「大王」と言っている。いずれも第三者として紹介する言い方として、楚王・秦王といった「國名」＋「王」の形式が用いられている。

こうした言い方が、はたして本來のものなのかどうか、整理者による書き換えがないのかどうか、という點につき、一定の見通しを與える發見がなされている。湖南省長沙の馬王堆漢墓［前漢前期］より出土した。『戰國縱横家書』がそれである。(42) この書物は、現行『戰國策』［前漢末］のものとよく似た體裁をもっていた。しかも、すべて、というわけではないが、例えば、上記の①の冒頭が、「●、春申君に謂って曰く」という具合になっていて、「●」が文頭を著す記號として使われていた。つまりは「誰が」が記されない文書だったということである。こうした主語なしの書き出し部分は、體裁が決まっているため、書き出し部分であることがより明確になった。その書き出し部分を「注記」と見なして除くと、提出された書狀の部分が殘ることになる。

こうした新知見を加味し、戰國時代における外交擔當者の提出した文書の有り様が復原できる。そして、そうした文書の存在を前提にして、當時の外交文書の實際を述べることができる。後代の文書と比較して顯著に異なるのは、いわゆる國書の體裁をとっていないことである。外交擔當者が目下の存在として「臣」と自稱し、提出先を「君」や「大王」と稱してあがめる。後代になると、漢字圈は統一され、その外との外交が制度化される。そうなる過程で、戰國時代に外交擔當者がいわば私的に提出していた文書を、公の文書として提出する形ができあがる。それが國書である。冊封體制が形として示されるので、その形（誰を上とし誰を下として文書を作るか）をいさぎよしとしない周邊國（例えば日本など）が出てくると、國書のやりとりが面倒になる。このこともよく知られている。

戰國時代の外交では、合從連衡という國家同盟が問題になった。そもそも從は「縱」つまり南北のこと［南を上にする」であり、衡は「横」つまり東西のことである。合從連衡に代表される同盟外交の擔い手たちを縱橫家という。「縱橫家」とは別に「行人」という言葉もある。「行人」は『春秋』に見え、春秋時代の外交を擔った。當時の外交は、都市國家どうしを結ぶものであり、まだ行政文書のやりとりは始まっていない。文字は國ごとの祭祀の場で使われるものだった。祭祀の一つとして盟誓があり、その際に盟書を作った[43]。この盟書づくりを共同で行い、その盟誓內容を自國にもちかえることが、春秋時代の情報傳達の一翼を擔った。補足する內容は、「行人」たちが口頭で傳えたもののようである。

『春秋』の記事には、「行人某」の「某」に具體的人名が記されている。しかし、『戰國策』所載の一節になると、行人は具體的人名が記されなくなる。おそらく、これは行人の地位低下に關係があるのであり、新しい外交の擔い手を「縱橫家」と稱するにいたったのも、そうした變化と關係があろう。

注目されるのは、『戰國策』所載の一文章の中の說話の位置づけである。①に引用された「秦の孝公、商君〔商鞅〕を封じ、孝公死して後、王〔秦王〕之〔商君〕を殺すを免れず。秦の惠王、冉子を封じ、惠王死して後、王之〔封地〕を奪う。公孫鞅〔商鞅〕は功臣なり。冉子は親姻なり。然り而して奪死を免れざるは、封〔封地〕近きが故なり。」は、短いものではあるが、說話である。ここに長い說話が引用されることもある。長い說話の場合、十中八九は會話文が插入されている。

說話は、大きく分けて、地の文（書き言葉）と會話文（話し言葉）からなる。

『戰國策』を通覽すると、

1：縱橫家の訪問國への提出文書を基礎に、書き出し部分に說明を加えたもの。

2：1に說話的說明が附加されたもの。

3：説話そのもの。

の三種がある。1と2の提出文書には、説話が引用されることが多い。

身振りと文學

宮崎市定は、本論に述べるところの説話について、『史記』をひきあいに出し、「身振りと文學」という表現を用いて、その特質を述べている。(44) 宮崎は『水滸傳』を引用解説した後に、「相似た狀態は、相似たる文學を成立せしめる。われわれはいま例にあげた（水滸傳）「李逵斧劈羅眞人」と同じように、讀者に演出家の身振りを想起させるような文章を、ゆくりなくも史記の中に見出して、あまりの類似に、はっとすることがある。……後世の正史では、本紀は概ね朝廷に傳わった實錄などの記錄により、列傳には時に民間の野史を採用する所があるというのが大體の原則である。然るに史記においては、まだそのような傳統は成立していなかった」と述べる。

宮崎が具體的に引用した中に、『戰國策』燕策三と共通する荊軻の説話がある。荊軻が始皇帝をおびやかす場面がある。『戰國策』から一部引用しておこう（下一一三九）。

秦王、方に柱を還って走らんとす。「卒惶急」なり。爲す所を知らず。左右乃ち曰く、「王、劍を負へ」と。遂に拔いて以て荊軻を擊って其の左股を斷つ。荊軻廢す。乃ち其の匕首を引いて以て秦王に提つ。中らず。柱に中る。秦王、復た軻を擊つ。軻、八創を被る。軻、自ら事の就らざるを知り、柱に倚って笑ひ、箕踞して以て罵って曰く、「事の成らざる所以の者は、乃ち以て之を生きながら劫し、約契を得て以て太子に報ぜんと欲すればなり。左右既に前んで、荊軻を斬る。

これは長い説話文の一部にすぎないが、長い説話の常として、會話文が插入されている。成書の問題としては、『史記』の方が『戰國策』より早い。一般には、『戰國策』の材料を『史記』が用いたと考えている。宮崎はこのことを當然知っているから、この一般的考えと、『戰國策』は『史記』の文章をとった事例があって、この荊軻の説話はそれに當たるのだという説も紹介している。宮崎自身は、この『戰國策』が『史記』をとったという説を考えていることも述べている。とはいえ、こうした影響關係がある以上、宮崎の『史記』に關する「身振り」の指摘は、『戰國策』所載の説話に關する指摘におきかえることができる。

宮崎は、上記の「卒惶急」について（本論で引用したのはその一部だが）、「時（卒）惶急の三字が三度繰り返されているが、これは正しく相撲の行司の『殘った、殘った』に相當する。オリンピック競技なら『がんばれ』でもよい」と述べている。

「このような語り物が實演された場所」について、宮崎は、こう述べている。

類似の演出は、王侯の宮廷においては倡優によって行われたであろうし、學者の私塾においても、師匠から弟子に對して故事の物語が行われたことも亦疑いない。併しいわゆる雜語が、倡優や學問の師匠でなく、普通一般の市民のうちの物知りにすぎない長老によって語られたりすると、その場所は都市の『市』であったと思われる。古代の市は、單に商業取引の場であったのみならず、市民の憩いの場、有閑階級の時間つぶしの娯樂場であった。娯樂場といっても別に劇場や映畫館や音樂堂の設備があるわけではない。ただ市民が集まって互いに雜談し、互いに聞き手になり、互いに演出するより外に遊び方はない。……。

ここにあるように、宮崎の主眼は、都市の「市」にある。そこで、本論の讀者にこんな質問をしてみよう。語り物を實施する場において、語り部がないことには話にならない。『水滸傳』の時代には、語り部ならぬ書き手が、出版による利益を得た。劇場もあって、興行主はそれによる收入が得られた。では、宮崎ものべるように、「娯樂場といっても別に劇場や映畫館や音樂堂の設備があるわけではない」所で、語り部はいかなる利益を得たのか。宮崎は「長老」と述べていて、それが彼の答えであることがわかる。收入など問題ではなかったのだ、ということだろう。では、「市」の語り部は、すべて長老だったのか。

私は、ここにある想定を述べておきたい。

宮崎も注目する「市」の機能を、私も無視しようとは思わない。しかし、そこで語り部が必要とされ、かつ人々の喝采を得て、かつ生活の糧を得るための條件は何か。集まってくる人々共通の思い、ということになりはしないか。例えば、いまはなき戰國王朝の支配地にあって、かつての榮光を傳えてくれる語り部は、心のオアシスになる、という類である。そんな「市」にあって、錢をもたらしてくれる商人は、その土地土地の事情に詳しい者たちに違いない。

こうした想定を敢えてしてみたのにはわけがある。宮崎は、『戰國策』の例えば荊軻の一節は、『史記』を參照して作られたことを述べている。戰國から漢初、というのが、宮崎が注目した時代である。しかし、それは、說話の舞臺の話であって、說話を聞く者たちのこととしては、「いまはなき戰國王朝の支配地にあって」というのは、漢代の都市、もしくは戰國も末になって秦などに滅ぼされた地域のことになる。大手を振ってというわけにはいかない。官憲の目をぬすんでのことになる。

戰國時代にあって、說話を受け入れた者たちが假に「市」にいたとした場合、彼らはいったい何を說話に期待したのか。ここまで述べた時、われわれは、宮崎の「市」に關する想定が、實は漢代や戰國時代の被征服地については、現實味がありながら、戰國時代に關して述べれば、必ずしもそうではなくなることを知るのである。では戰國時代一般に、說話に期待する場があったとすれば、それはどこか。それは、宮崎も述べた「王侯の宮廷」（倡優によって行われた）や「學者の私塾」（師匠から弟子に對して行われた）に他ならない。

こうした場であれば、語り部は相應の利を語り物によって得ることができる。「學習」の場は都市にあったに違いない。語り部となるための「學習」の場である。これは成り立つ。「學者の私塾」がこれに當たる。

私は、どうして「いまはなき戰國王朝の支配地にあって」と述べたのか。それは、『史記』の時代と『漢書』の時代を念頭においてのことである。宮崎はこう述べる。

司馬遷の史記から班固の漢書への推移は、單に通史から斷代史へというような形式的な變化ばかりではなく、もっと本質的な問題に關する推移を示すものである。結論から先にいうと、もし文章の上からいえばそれは寧ろ後退であるが、史學の立場からいえばそれは確かに進步を示すということになる。但し物事には必ず一利一害の伴うものであるから、この際も同時にその裏面をも併せ考えねばならぬであろう。史記の文章は、それが民間の語り物を、そのまま文章に引き寫すことを努めたため、甚だ寫實的であり、精細である。但しこれを嚴密な意味で史料として見た時、果してどこまで信用していいかという段になると、首をかしげざるを得ない場合が生ずる。……平心にして言えば、史記における行文の妙處は、妙なれば妙なるほど、確實な史料として見ようとする時には反って弱點となり、一種の泣きどころにさえなる。……漢書「高祖本紀」は、史記の「項羽本紀」に據りながら、よくもこのように面白くなく書きかえたものだと思われるほど素氣なく……、併し一面から考えると、面白くなくなったことは確かであるが、史實としてはそれだけ贅肉を去り、信賴しうる範圍にまで壓縮し得たものということができよう。……。

私は、『史記』南越列傳の中で趙佗を扱った部分について、高祖時代・呂后時代・文帝時代・景定時代と分けて記されている部分が、『漢書』兩越列傳にあって、前後ごちゃまぜにされて紹介されていること、後漢時代にできあがった冊封體制の知識が當然ながら『史記』南越列傳にはなく『漢書』兩越列傳には盛り込まれていること等を知っているから、『史記』から『漢書』への變化を「確かに進歩を示す」とは思わない。宮崎自身が、張良傳や陳勝傳を引いて、「班固はもしその所信に忠實であったなら、このところ、史記の文をもっと簡潔に、ずっと面白くなく書き換えるべきだったのだ」と述べている論點を、もっと敷衍すべきだと考えている。宮崎がやや丁寧に述べた『史記』と『漢書』の相異自體を、もっと注目すべきだと思うのである。

いましがた述べたことではあるが、『漢書』には、册封體制の知識がくみこまれ、『史記』にはくみこまれていない。もっと一般的言い方をすれば、『漢書』は、體制を敍述する體例が確立した後の文章になっているが、『史記』では、その書き方の體例が、まだ確立されていない。

この點につき、宮崎は、「游俠の（儒學への）轉向[45]」という言い方で、關連する歴史的推移を論じている。體制を支える官僚の側にも、體制を敍述する體例の確立に相應する動きが見られた、ということである。このことが、先に述べた漢代の都市における「語り物を實施する場」の衰亡に關わる。だから、「いまはなき戰國王朝の支配地にあって」という點を述べてみたのである。地方に根強く残されていた游俠の輿論形成の場が、「游俠の轉向」の波に洗われて衰亡した――そして、「いまはなき戰國王朝の物語」に替わって、天下の治を考える儒教が彼らの腦裏をしめることになった――ことを考えている。

こうとでも考えないと、『史記』に見える説話を多用する體例が、『漢書』のようにそうした説話を嫌う體例へ變化した理由は、説明がつくまいと思う（いわゆる史學の進歩でないことは確かだから）。

贅言を附しておけば、漢代に説話自體がなくなったなどと述べているつもりはない。宮崎も上記の文章において「本紀は概ね朝廷に傳わった實錄などの記錄により、列傳には時に民間の野史を採用するところがある」と述べている。「時に……採用」と言っている。一つの傾向性が讀み取れる、ということを述べたまでである。また、宮崎は

「身振り」に注目して述べているが、この「身振り」自體は說話の一部にすぎない。その指摘から出發して說話の有り樣を語ることができる、と述べてみたのである。

戰國時代における說話の發生

では、戰國時代において、說話はいかなる經緯で發生し、どう展開したのだろうか。

この點に關して注目されるのが、先に述べた縱橫家の提出文書である。

そもそも、漢字は、殷王朝が用いた文字である。(46) 殷王朝の祭祀に用いられ、外には出ていかなかった性格のものらしい。殷王朝の後期の遺跡からは確認されているが、中期以前については、符號が確認される程度なので、殷王朝にどこから漢字がもたらされたか、という問いは殘る。その漢字の「故鄉」で漢字がどう使われ、どうなったか（使用の場が滅亡したのかどうか）という問いも殘る。しかしこれらは解答が得られる狀況にはない。

周王朝は、この殷王朝を滅ぼして、漢字を繼承した。漢字を靑銅器に鑄込む技術を獨占したので、漢字をめぐる狀況は、殷代に比較して劇的に變わったわけではなかった。しかし、周の諸侯にその銘文いり靑銅器を代々賜與したので、諸國は次第に漢字になじみ、まずはこの周とその諸侯が作り出す世界の中で、漢字圈が生まれた。周と諸侯が作り出す世界の周圍には、別の大國が存在した。いちはやく周との關係を構築したのは山西の晉と山東の齊である。これにおくれて湖北（・湖南）の楚、江蘇・浙江の吳・越も參入してくる。こうした大國は、その周邊の小國との間に大國・小國の政治關係を作り出していたので、漢字は、これら大國とその下の小國との政治關係を通して廣がることになった。こうして春秋時代には、天下に匹敵する廣域的漢字圈が出現することになった。

こうして出現した漢字圈において、漢字を使用する場は、大國・小國の差はあれ、都市の祭祀の場であった。そうした祭祀の場を越えて漢字が機能する場として、盟誓という祭祀があり、この祭祀の後に作られる盟書が各國に持ち歸られ、祭祀の場で確認されている。

戰國時代には、この廣域的漢字圈の中の文化地域それぞれにおいて、大國の流れをくむ勢力が王國として領域國家を形成する。領域國家は、それまで作り出されていた祭祀の場を吸收し、文書行政を始めた。

こうした歷史的推移の中で、說話の發生はどう說明できるか。

鍵をにぎるのは、春秋時代の外交を司った「行人」である。すでに述べたように、行人は、外交を司ったとはいえ、文字使用の場から見た場合、祭祀の場を繫ぐ存在でしかない。作り出される文書は盟書である。

ところが、戰國時代には、行人が衰亡し、替わって縱橫家と稱される人々が活躍するにいたる。彼らは、訪問先の宮廷に文書を提出した。そうした文書が保管された後、國家の滅亡などを通して外に流出し、それらが、說話集として利用されることになったのだろう。その說話集の一つとして出土したのが、上述した馬王堆出土『戰國縱橫家書』なのである。

提出文書が後世どうなったかは、以上で說明できる。では、文書を提出するに當たって、縱橫家は文章の材料をどう集めたのか。

縱橫家は、文書を提出するまでになれば、國家の庇護を受けている。經濟的基礎がここにある。では成り上がる前はどうか。おそらくそれは都市の有力者か、もしくは商人として成功したものが、政治的活躍の場を求めて、材料を集める場を作ったのだろうと考える。そこに學者の私塾ができた。

國營の場も作られる。魏の文侯が學者を集め、齊の稷下に學問の場が作られたことが名高い。こうした國營の場に出入りが許されれば、それだけで、材料集めは進む。それがかなわぬ場合は、各地に作られたはずの私塾に足をはこぶ。

實は、私は、こうした私塾で教えた人々の中に、孔子の門人やその徒が多かったのではないかと考えている。そこで材料を得た者は、自然と孔子の教えに一定の敬意をはらうようになる。したがって、こうした場において作り出されたのが、いわゆる『原始論語』ではないか、と考えているのである。

說話は、會話を交えて物語を構成する。その最後に、賢人が總括する部分がつくことが少なくない。こうした賢人の一人として孔子がいる。文章をつくり、そこに說話を引用し、最後に總括する。その總括のための發言事例集が『原始論語』だろう、ということである。

『原始論語』がこのように說明できるとすると、說話がどんな場で作られたかも、おのずと說明できることになる。場は同じである。ただ、說話を提供する場は、多岐にわたるだろう。人物も國も多岐にわたるからである。ここで、あらためて注目したいのが、宮崎が述べている「口碑」である。この「口碑」を語る場はどこだったのか。私は、これこそ都市の市ではないかと思う。宮崎の想定とは、若干異なって、領域國家が作り出される過程で滅ぼされた者たちを念頭におく。

現狀確認される說話を概觀すると、いわゆる小國のものはほとんどない。殘されているのは、春秋時代の有力者の物語である。しかも滅ぼされた者が、これもまた少なくない。領域國家が形成される過程は、決して一直線にはならない。紆餘曲折、さまざまな事件が關わってくる。有力者は、春秋時代に設置され始まった縣を複數領有する者である。そのまま發展すれば、戰國時代の國家君主になる可能性を祕めた者たちであった。こうした者たちが複數の縣を掌握した後、從來の都市の枠を越えた人的關係が作りだされる。そこには、宮崎が注目した「游俠」が出現する。游俠は、一度作り出された人的關係は、大事にする。「主」が滅ぼされても、かつての關係は捨てきれるものではない。損得ぬきだから、「主」の記憶は物語として强固に繼承される。こうして繼承された口碑が、有力者や商人の出資を經て作り出された學者の私塾にとりこまれていく。こうして文字化された說話ができあがる。

縣の設置、郡の發生と說話

現代の陸上世界を見渡した場合、容易に看取できるのが、國家領域の大小である。おおよそで述べた場合でも、アメリカやロシア・中國のようにヨーロッパなみの大領域をもつものがある。逆にバチカンのように、都市國家なみの小領域の場合もある。その中間を中領域と稱すれば、多少の大小の差はあれ、日本も韓國も中領域と位置づけることができる。

話を中國史にもどせば、戰國時代の領域國家は中領域の領域化を進めている。小國を滅ぼして縣とし、官僚による統治を推し進めた(47)。

この「縣」は、古くから議論されているように（言葉の淵源はともかくとして）「懸（＝縣）かる」意味を含んでいる。どこに「懸《か》かる」のかと言えば、領域國家の中心都市である。春秋時代までの大國（それぞれの文化地域の大都市國家）と小國（諸侯たる小都市國家）との關係（中領域内の都市國家が問題になる）が、領域國家の中心都市と縣（官僚統治される都市）との關係になるわけである。だから、「懸かる」意味が議論できることになる。

また、これも古くから議論されているように、そうした中領域の周邊にあって、都市と都市の位置づけを行政的に再編し、軍事編成を再構築する動きが出てくる。そうした周邊の軍區（にして行政區）が「郡」となった。戰國時代、大領域を抱えた楚において、そうした軍區の再編が議論されている（本論では詳しくは述べないが『戰國策』楚策にある）。秦は諸國を滅ぼして統一を進める過程で、諸國の中領域を分割して「郡」を置いていった。(48)戰國時代の七つの領域國家が問題になる天下では、統一された後に三十六の郡が置かれた。縣が「懸かる」中心都市は、戰國時代の領域國家を滅ぼして分割統治する際に增えた勘定である。

この分割統治を具體的に說明した文章もある。『史記』漢興以來諸侯王年表の冒頭の說明である。

漢定百年之間、親屬益疎、諸侯或驕奢、忕邪臣計謀爲淫亂、大者叛逆、小者不軌于法、以危其命、殞身亡國、天子觀於上古、然後加惠、使諸侯得推恩分子弟國邑、故齊分爲七、趙分爲六、梁分爲五、淮南分三、及天子支庶子爲王、王子支庶爲侯、百有餘焉、吳楚時、前後諸侯或以適削地、是以燕代無北邊郡、吳淮南長沙無邊郡、齊趙梁楚支郡名山陂海咸納於漢、諸侯稍微、大國不過十餘城、小侯不過數十里、上足以奉貢職、下足以供養祭祀、以蕃輔京師、而漢郡八九十、形錯諸侯間、犬牙相臨、秉其阸塞地利、彊本幹、弱枝葉之勢、尊卑明而萬事各得其所矣。

これは、直接的には、郡ではなく諸侯王國を說明したものだが、諸侯王國を多數設けて、領地を狹くし、さらに分割したことを述べている。その諸侯王國に絡めて、郡の記事も見えている。

殷周時代には、中領域規模を舞臺として、小國から大國（殷・周など）への物資の貢納、および大國から小國への威信材等の賜與のことが議論されている。(49)大國都市近傍等、據點據點には、小國の出先の邑が設置されており、この物資のやりとりに關わった。(50)この物資のやりとりの道が、利用される形で、領域國家による中領域規模の山林藪澤占有が進められた。(51)そうした中領域規模の領有に關わる問題を郡が擔うことになった。分割統治されても、中領域を扱うことに變わりはない。

したがって、大領域たる天下が統一された後も、中領域規模の官僚統治が制度的に繼承され、その官僚統治は戰國時代にできあがり、さらに溯れば中領域を舞臺として、小國から大國への物資の貢納、大國から小國への威信材等の賜與が問題にされる。中領域規模のモノの行き來を議論すると、殷周時代以來天下統一以後にいたるまで繼承された場を検討することになる。

先に述べた遊俠の輿論形成の場は、小領域や中領域である。口碑は初期の複數の縣を支配した有力者の説話が問題になるので、一般に中領域とその中の小領域の人的交流を視野におく必要がある（時に鄰接する中領域との關係も問題になるが）。その中領域を基礎にして領域國家ができあがる。説話の文字化も、中領域を基礎として進むことになる。先に、漢代や戰國時代の説話を論じて、「いまはなき戰國王朝の支配地にあって」という點を問題にした。ここでも、主として戰國王朝という中領域が問題になっていることを確認しておこう。小領域も問題になるが、郡縣という行政組織からして中領域なしの小領域にはならない。そして、それが後にどうなるかというと、後漢時代の「游俠の轉向」は、儒教化（天下の教えとしての儒教を問題にする）を論じて、大領域を視座におくものになっていることを、ここに確認しておこう。[52]

編鐘の時代

孔子が生きた時代は、編鐘の時代である。[53]この孔子の時代の特徴は、鐵器が普及しはじめたのに、青銅器が壯麗になったことである。編鐘はその青銅器を代表する。言わば最後のあだ花として編鐘が存在する、ということになる。

編鐘の祖先は殷代の編鐃である。鐘は持ち手を横木（懸架）に懸けるが、鐃は持ち手をもって鐘を言わば逆さにして叩いて音を出す。基本的な構造は同じである。

この殷代の編鐃と春秋中期にいたるまでの編鐘とは、大小の並べ方に一つの特徴がある。大きな鐘がさほど差を考慮することなく複數並べられ、がくんと小さな鐘が横に複數並べられ、その複數の鐘も、さほど大小の差を考慮することなく作られている（①としよう）。個々の鐃や鐘の紋様なども、一個一個が獨立的に作られる傾向がある。

これに對し、春秋中期から後期になると、大小の鐘の變化に氣をつかうようになる。言わば寸きざみで大きさを縮小するようになる（②としよう）。戰國前期の後半ごろから、この大きさの縮小のさせ方が、寸刻みでなくなり、大小の鐘を横に並べたときに變化の様が曲線を描くようになる。最大鐘を基準として、その幅の三分の二の幅をもつ鐘と最大鐘との間に、一オクターブの音が表現されるよう調整をとるものになる（③としよう）。さらに言えば、戰國中期になると、一部に胴太で小型の編鐘が作られるようになり（④としよう）、この型のものが漢代に引き繼がれ、前漢中期をもって、編鐘は急激に廢れていく。

つまり、編鐘（編鐃を含む）は①→②→③→④と變化して衰亡することになる。④の時代になっても一部の地域では③が作られている（ことを知っている）。①の時代は、都市國家の時代であり、行人の時代である。この時期の最後に廣域的漢字圏ができあがる。②の時代は鐵器の普及が始まる時期であり、この時期に説話が發生する。盛んに盟書が作られた時期であり、行人がなお活躍した時代である。③の時代に説話の使い手でもある縱横家が活躍するようになる。④の時代は、③を受けた時代であり、縱横家が活躍するとともに、靑銅器が衰亡していく時期である。漢代も④の時代の延長上にある。武帝のころをもって編鐘は消滅する。

以上は、編鐘の形に着目して時期區分を試み、それを他の事象と關連づけて述べてみたものである。大要、ということではあるが、結構意味のある變化を指摘することができる。

このような變化を追ってみたのには、わけがある。この編鐘の時代は、①と②③④との間に大きな劃期がある。大小の變化に興味を抱いたということである。こうした興味が廣く引き出された背景として、漢字圏の擴大による西周の音樂用語の各地への傳播があり、さらに、それらが國ごとに發展した後に、つまり、原始的な周の音樂用語が、各國でばらばらに進化したことがある。②の時代になって、國を滅ぼして縣が設置される動きが進んだ。結果として複數の國の音樂用語が、縣を統括する有力者の都市にまとめられた。鐵器の普及に呼應して、縣の設置が本格化し、それが音樂の世界にも反映されたということである。こうして多樣になった者が纏められた結果、音に關する複雜化が進む。メロディも簡單なものから複雜なものに變化したようである。

④の時代になって、史書ができあがるのだが、その史書には、②③の時代にできた説話が引用されている。[54] それら説話には、音樂に合わせて詩を賦したという話がけっこうの數みとめられる。編鐘の時代とはいえ、「金石の樂」という言い方が象徴的に示すように、編磬その他の樂器をも用いた音樂が奏でられていたわけだが、音樂に合わせて詩を賦すという行爲は、いったいいかなる意味を有していたのか。

私は、春秋時代に活發化する縣の設置に關して、次のような説をたてている。それは②の時代に特徴的なのだが、この時期の縣は、世襲が否定されていくことになる。この世襲否定こそが、それまでの封建諸侯國と縣との質的な違いを示す。言うまでもなく、封建諸侯は、それぞれの都市を據點とし、その都市を世襲する君主という存在である。その君主が地位を追われ、あらためて縣の長官が赴任する。では、その縣の長官は、後代と同じ官僚と言っていいのだろうか。答えは否である。というのは、こうして設置された縣も、また諸侯國も、同じ場で移動を繰り返すことが確認できるからである。君主の一族が、言わば國替えを經驗するのと同じ土俵で、縣の長官が國替えならぬ縣替えを經驗する。そしてしばしば、縣がおかれた都市が國になったり、またその都市があらためて縣になったりということ

があったことが認められる。(55)

何のことを言っているのかというと、諸侯も縣の長官も、一族をひきつれて移動をくりかえすということである。これが上述した「縣の世襲支配否定」の裏の事實なのである。ここで問題にする「一族」というのは、諸侯と傳統的結びつきを保持してきた「人」の集團になる。同じような集團を縣の長官がもっている。そうした「人」が構成する秩序が强固に殘されている以上、諸侯を滅ぼすことは、何かと「人」を使いにくくする。「人」が軍團を構成する。都市ごとの軍團である。それを統合して大國が大軍を作り出す。

縣の長官は、諸侯と同じような君主としての地位を保持しつつ、國替えならぬ縣替えを經驗する。ここで問題になっているのは、こうした君主層を念頭においた「爵位」である。

③の時代には、そうした「爵位」を否定する動きが出てくる。そして、秦の十七等爵のような上は諸侯身分から下は平民にいたるまでの秩序を構成する爵位が出現する。(56)この種の爵位否定に代表される改革を「變法」と稱している。この③の變法を受け、④の時代に複數の王が林立するにいたる。そして、この③の時代に律が出現し、整備され、④の時代を迎える。

以上のような動きが見えるということであるから、②の時代の音樂を支えていたのは、前代以來の傳統を保持する「人」の社會だったということがわかる。しかもこの「人」社會は、度重なる移動を經て、相當に多用な出自の者たちを包みこむようになった。そうした社會に新興階層の人々が參入してくるのが③の時代である。

そこで想定し得るのが、②の時代に、各地の有力者が、一族や各地からきたった「人」と音樂をかなで、詩を賦する場があったということである。「人」が自然に發想し作り出した詩がどんどんできあがり、音樂にのって歌われたのであろう。くりかえすようだが、孔子はこの時代の人である。

③の時代には、新興階層が加わり、詩や音樂に新しい意味づけを始める。それが、④の時代の史書に引用される。この新興階層とは、前代までは君主ではなかった人々や次第になりあがってくる商人層である。

ちなみに③の時代は大型貨幣の時代になる（大型貨幣は②の時代まで溯るかどうかが議論される）。④は小型貨幣の時代である。

ここに先に述べた『原始論語』と説話に關する檢討を重ねてみよう。孔子は②の時代に生まれ、弟子たちを養成する。この時代に音樂に詩を合わせてうたうことが「人」社會で行われる。「人」社會は、度重なる移動を經驗して不安定になった。そこで精神を安寧ならしめる思想が人々の心をつかむにいたる。かくして孔子の言葉をかたる弟子の發言がまとめられていく。それが『原詩論語』である。

③の時代になると、領域國家が次第に形をなしてくる。「人」社會は崩壞していき、新興層が官僚層を形成するにいたる。『原詩論語』には、こうした領域國家を特別に位置づけ他を蔑視する天下夷狄觀が反映される。そうした「語」が附加されていく。

孔子の時代にも詩はあったし、その詩は編鐘を主とする樂器に合わせて歌われているが、そのころは、詩の内容自體を樂しんでいたというべきである。これに對し、③の時代に生きた人々、とりわけ孔子の弟子筋の人々は、すでにできあがっていた詩と音樂との關係に、さらに獨特の意味づけを附け加えた。その意味づけは、③の時代にできあがっていく領域國家の秩序を議論するためのものになった。

『左傳』の文章構造

私は、かつて小倉芳彦などの先行研究を引きながら、『左傳』の文章構造を検討したことがある。(57) そこで述べたことは、次のようである。

1：『左傳』が成書されるに當たって、すでに「會話」を含む「説話」が豊富に提供されており、『左傳』はそれを引用し、これに若干の書き加えをした。

〈1〉：「夫子」や「吾子」などの言葉。「吾が君」や「吾が主」など仕える者に對する尊稱の部分を、これも一般に尊稱として用いられ始めた「夫子」や「吾子」に書き換えた。書き換えたのは、ところどころであり、この種の書き換えを私は「微言」と呼んだ。この微言により、レッテルを貼る。「夫子」・「吾子」の場合、あくまで『左傳』中では、ということだが、このレッテルを貼られた者は、本人や子孫が遠からずして滅亡する。

〈2〉：原文に「楚王」とあるのを、ところどころ「楚子」に書き換えたなども、微言になる。この種のいわゆる爵位の書き換えは、『春秋』でなされている。それとは必ずしも同じでないレッテル貼りをしている。

2：「君子曰く」・「凡例」も成書時に附加されたらしい。

3：「經解」も成書時に附加された。この「經解」は、『左傳』とは別に、すでに成立していた『春秋』の傳であろう。

つまり、『左傳』の編纂者の前には、1の説話（故事）、2の「君子曰く」・「凡例」、そして「經解」が存在していた、ということである。

1：の説話はすでに述べてみた説話である。また2の「君子曰く」や「凡例」は、すでに述べた内容でいえば、『原始論語』に似よりのものである。これらは、説話などを引用した後に、まとめを行うために附加する。『左傳』編者の意見は、「君子曰く」において述べられたようで、他は、すでに存在した『原始論語』に似よりの「語」を利用したものと考えられる。説話部分の次に置かれた「語」は『左傳』編者が引用したもので、説話文中に見えるものは、そもそも説話につけられていたものであろう。説話の中にすでに詩は引用された狀態でおさまっている。『左傳』では、「君子曰く」とは別に示されている孔子の發言（「仲尼曰く」など）は、必ず他の人物の「語」によって修正されている。

この孔子の發言のことを述べてみたのは、『左傳』の成書を漢末にもってこようとする見解の大きな缺點を述べてみたかったからである。周知のように、漢初は、いわゆる黃老思想が主流で、武帝の時にいたって儒教がようやく中央政界に大きな位置を占めるにいたる。そして、漢末王莽のときに儒教の國教化が論じられ、後漢時代は儒教國家が議論される。その王莽のときに僞作されたことが論じられるのが『左傳』である。

そもそも、こうした議論がおこるのは、王莽に關してあやしい人物としてのレッテルがはられていることと、『左傳』の議論が、漢代思想を語る上でアウトローに位置づけられることとに起因する。ところが、これも周知のように、王莽のそうしたイメージについては、學問的には緯書思想が議論されている。この緯書思想が儒教の國教化に寄與したことの研究も盛んである。この緯書思想では、孔子は聖人に位置づけられている。

ということであるから、『左傳』が漢末に僞作されたものであれば、上記の孔子の「語」（孔子の發言内容は修正される）の位置づけは、まことに奇妙なものになる。假にそうした僞作がなされたとの前提で話を進めるなら、孔子の上記のような引用部分は、まず改作がなされなければならない。他の部分の改作や附け加えを論じる前に論じるべきことである。

そして、假に他の「語」の部分において、王莽時期の附け加えを議論するのであれば、その附け加え部分が、明らかに王莽のときのことである證據を出す必要がある。それが出されたという話は、寡聞にして聞かない。

次に説話部分であるが、これについては、説話そのものの問題を出さねばならない。すでに引用した宮崎市定が述べているように、『史記』に見える説話を多用する體例が、『漢書』のようにそうした説話を嫌う體例へ變化した事實がある。その『漢書』の世界を用意したのは、これも常識的には、王莽の時期である。その王莽の時期に、説話を僞作したという想定は、常識に相當抵觸する話になる。ここで問題にする常識は、いわゆる疑古派も共有するものだから、自己矛盾に陥ろう。

こうした自己矛盾が引き起こされる最も大きな原因は、本論で論じている説話の歴史的展開にまったくといっていいほど無頓着だったことにある（宮崎市定が「身振り」という言葉を通して説話の歴史的展開を述べていることはすでに述べた）。

中華夷狄觀と漢代前期の狀況

無頓着だと言われた場合、言われた立場に立っての檢證も必要になろう。そうした立場に立つ場合、言ってみたくなるのは次のような理屈であろう。

『左傳』は『原左傳』があったのであり、それを利用したのが王莽である。古風な書物を利用するのが人々にアピールする。だから、『原左傳』を利用しつつ、そこにさりげなく自分の意見を插入したのだ。

では、ここで問題になるはずの「自分の意見」はどのようなものなのか。

すでに述べたように、これについての具體的説明は、どうもなさそうだ、と述べてみたわけである。

津田左右吉『左傳の思想史的研究[58]』の中で、説話をとりあげ、漢代的思想を述べたところがある。その大要は、

『公羊傳』・『穀梁傳』との關わりにある。この『公羊傳』・『穀梁傳』については、漢代前期が議論されており、そこから、『左傳』を後代に位置づける見解ももたらされている。王莽が何を利用したか、という指摘はなく、時期が遅れることを述べるだけである（『史記』より遲れると述べる）が、ここに『公羊傳』・『穀梁傳』をもちだす論理は、検討しないわけにはいかない。

津田は、漢末の思想を論じ、その時期の思想が『左傳』説話に反映されていることを述べている。しかし、上述したように、王莽が何を期待したのか、という點については、何も述べていない。

逆に『左傳』は古來のもので、王莽時期にその『左傳』を利用したのだ、という見解に立つ場合、漢末以後の思想に、『左傳』の影響が見られるのは、不思議なことではない。また、王莽が『左傳』の説話でなく、「別の何か」に興味を抱き、『左傳』利用を思い立ったのだとすれば、津田が王莽の説話に關してなした作爲の證據（儒教思想の濃厚な影響といった、現在の出土史料の實際からして意味の薄いものではなく）を提示できていない（していない）理由もわかる。

この「別の何か」については、天文學の世界において、議論がある。新城新藏[59]と飯島忠夫[60]の論争である。新城が『左傳』は戰國中期の書物だということを、天文學的に「論證」したのに對し、飯島は、その新城の論證の要である木星紀年について、『史記』記事の紀年矛盾を利用して王莽時期から遡上したことを再「論證」している。紀年矛盾が關わり議論に決着が附かないところがあったわけだが、私の膨大な紀年矛盾解消作業[61]により、新城が正しいことがあらためて「論證」された。

したがって、この結果に不滿な場合は、私の「論證」つまり、膨大な紀年矛盾の解消の検討を、再検討していただくのがよい。

この點に關連しては、王莽が何を『左傳』木星紀年に求めたか、という觀點からも、比較的丁寧に論じておいた[62]。

反論には、當然、この「王莽が何を求めたか」の說明も必要になろう。

以上、私としては、王莽が『左傳』に何を求めたかの解答は得られた（王莽の始建國元年の木星位置・太歲位置と『春秋』「獲麟」の木星位置・太歲位置が、天方位において同じく夏至點になる。このことを劉歆說によって說明する。この說明のためには、『左傳』の木星位置に關する記事が是非とも必要だった。實際は、新城が言うように、『左傳』の木星位置は戰國中期から溯って論じられたものであることが紀年矛盾の解消作業からも確認され、飯島說がよった劉歆說では紀年矛盾が克服できないことが證明された）わけだが、津田が論じた思想史的檢討の內容中には、『公羊傳』・『穀梁傳』と『左傳』を對比した部分がある。とりわけ中華夷狄觀がとりあげられている。そこで、それについて、鍵となる話題を示しておく。[63]

『公羊傳』は、山東を中心とする一帶を「中國」とし、鄰接する中原一帶を「諸夏」とし、周圍を野蠻の地（すべて夷狄とする）として、天下の中を三つに分ける（三者鼎立）。『左傳』は山西から河南にかけてを「夏」とし、その東の殷の故地を「東夏」とし、周圍を野蠻の地（東夷・狄・西戎・蠻夷）として、天下の中を三つに分ける（三者鼎立というよりは、夏・東夏と野蠻の地の對立だが、夏と東夏を分けて論じる。殷の故地の領有を歷史的に主張するものらしい）。『穀梁傳』は、河北を中心にひろめに「中國」を設定し、周圍を野蠻の地（すべて狄とする）とする（兩者對立）。

以上は、それぞれの傳の本文を讀んでいけば、「某地を中國とする」などの記事によって、具體的におさえることができる。だから、論理的には、ということではあるが、この確認內容を否定することは不可能である。

ところが、注釋は、個々に附される。この注釋は、本文から得られる結論とは異なる內容を說明している。個々の點だけを見るからいいように見えるのであって、全體を通してみると矛盾だらけになる。

また、これも論理的には、ということではあるが、以上を知った上で、『公羊傳』・『左傳』・『穀梁傳』を重ね合わせると、相互の相異が見えなくなる。個々の部分に見えている相異を見にくくするために、「夏と中國は同じだ」と説明すれば、三傳が述べる「中國」と「夏・東夏」がいずれも「中國」にして「夏」だということになる。それぞれ違っているのに、強引に同じだとしてしまうのだから、不可能を可能にする方法である（もちろん皮肉で言っているのであるが）。

しかし、いくら強引に押さえつけても、事實の方が殘されると、現代の我々でも容易にその作爲を見拔くことができる。本文に見える「事實」は上記のようである。

かくして、強引な作爲の結果は、さも「事實であるかのように」注釋に示された。

例えば、『春秋』隱公七年に、「天王（周王）、凡伯をして來たり聘せしむ。戎（野蠻人）、周の大夫凡伯を楚丘に伐ち以て歸る」という記事がある。[64] 最初に論理的に述べておけば、否定しようのない上述の確認作業からして、次のことが言える。『公羊傳』の「中國」・「諸夏」・「夷狄」の三者鼎立の分類からすると、周は「諸夏」に屬する。だから、これについては第二番目の周のことだという見解を示すことになる。『左傳』の「夏」・「東夏」・野蠻の地という區分からすると、第一番目の「夏」に屬する周の話だということになる。『穀梁傳』の「中國」・狄という區分からすると、第一番目の「中國」に屬する周の話だということになる。『春秋』としてはさまざまな呼稱を殘しているのだが、それらを引用しつつ、三傳それぞれの言い方として、上記のようにまとめあげている。

周王朝が春秋時代において第一の存在であることは『春秋』の體例に示される。周王は「天王」と書かれている。他は、五等爵（公・侯・伯・子・男）による諸侯のランクづけがなされている。このランクづけは、歴史的事實でなく、諸書に殘された記述から歸納されるところ、諸侯の一般呼稱は「侯」、特別なものが「公」で、親族扱いを受けたのが「伯」・「仲」・「叔」・「季」・「孟」などと稱されている。[65] 都市内の成員を「子」・「男」と稱する。他の文化地域からきた施設があった場合、この「子」をもって稱し、動亂の中で本來下位の者が都市を有するにいたった場合、「子」

「男」をもって稱したようだ。これは、西周から春秋にかけての金文や『左傳』にみえる説話を參照して得られる事實である。こうした事實とは別に、『春秋』は、編纂者の意向として、まるで諸侯が五等爵の序列により分類されているかのように記録したわけである。『春秋』は戰國中期に成ったことが論證されている[66]。この時期に始まる踰年稱元法をもって記事が配列されているからである。この戰國中期の『春秋』の體例として、周王は明らかに第一位にランクづけされている。

しかし、戰國時代には、周王朝は衰え、あらたに稱王した諸國の立場からすると、「昔はよかったが今は衰え、自分に王の權威を讓るだけの存在だ」ということになる。だから、「昔はよかった」ことを言うために説明をつけるか、「今はだめ」を言うために説明をつけるかのいずれかになる。上記の『春秋』は、「昔はよかった」をランクづけで示したのである。『左傳』は、第一に位置づけた「夏」のことであるのに、事實を簡單に紹介して終わりにする。第一の王の使者がこともあろうに戎に捕らえられたのに、ほとんど無視である。『穀梁傳』は、やや長く説明している。表面上は、「周王の命を尊ぶためにこういう書き方をしたのだ」という説明を加えているのだが、それに關して、「凡伯は（伯という諸侯のような稱號をもっているが）、結局個人であり、國もちではない、にも關わらず、國もちのような體例で書いたのは、周王の命をたっとんだからだ」と述べている。附帶して示された事實は、「周王は、そんな人間を使者としてよこした」という意味になっている。しかも、「戎」とは、實は衞國のことで（楚丘は衞の地である）、ここでは衞をさげすんで「戎」とのべたのだ、と述べる。どうしてこう述べるのかというと、先ほど述べた「否定できない事實」からすると、衞の地は『穀梁傳』の「中國」に入る。それを「戎」と述べているのだから、「本來は違う」という説明をつけなおしているわけである。いずれにせよ、『左傳』・『穀梁傳』、いずれも「今はだめ」をいうための説明を附している。

面白いのは『公羊傳』の説明である。「伐という表現を用いた（とらえたのに「執」という表現を用いなかった）のは、『夷狄の中國を執ふるに與らざればなり』（夷狄が中國を捕らえた事例にはならないからである）」と述べている。他の傳と同じく「今はだめ」を説明しているのだが、執拗に周は「中國」ではないことを述べる。

どうして『春秋』の周王を「天王」と記述することに對する態度が、こうも違ってくるのか。『左傳』・『穀梁傳』では、周は自らを含む特別地域の中にあるから、無視すればいい。ところが『公羊傳』の場合、周は第二番目の「諸夏」に含まれる。無視するという方法を使うと、『春秋』の記事にある「天王」が勝手に動き出し、周は第二番目ではなく、第一番目だろうという議論になる。そうならないようにするには、周は第二番目だということがわかるように、説明をくりかえすしかない。

以上に對し、漢代前期には、いわゆる郡國制を敷いた。西安・洛陽を含む天下の半分を「中國」とし、殘りに複數の諸侯王國を置いた。だから、この現實からして、三傳はいずれも西安を野蠻の地としていて、まずいのである。しかし、洛陽は、いわゆる東遷の混亂以後、長らく周の都のあったところで、この洛陽については、『左傳』・『穀梁傳』がそれぞれ「夏」・「中國」に入れている。だから、周を繼承した形の漢王朝としては、そして直接は秦を繼承しながら、次第に始皇帝批判の論調が強くなった漢王朝としては、そうした「洛陽重視」が見える傳は内容上このましいものになる。

しかし、現實には、漢代前期において重視されたのは『公羊傳』である。西安・洛陽の位置づけ以上に、問題視されたのが暦だったからである。別に論じたので、ここでは詳しくは述べないが(67)、秦の暦を漢は繼承している。『公羊傳』は齊で、『左傳』は韓で、また『穀梁傳』は中山で作られ、それぞれの暦を正統視する記事が全體を規制している。これら三國の暦の中で、齊のものが秦と一番近い内容をもっていた。少なくとも暦法上問題になる暦の起點は同じであった（他は違っていた）。そのため、『公羊傳』がまずは重要視されたのであった。

しかし、武帝の時に大きな改暦がある。以後、暦法上の問題から三傳を云々する必要性は比較的なくなってきた。王莽のときに『左傳』を重要視したことは、すでに述べたとおりだが、この『左傳』重視にあっても、かつて問題になった漢代前期の暦の起點は、何ら顧慮されていない。顧慮されないから、重視することができたと言ってもよい。顧慮されたのは木星紀年であった。

そして後漢の時代になると、都は洛陽になる。こうなると、三傳のうち、『公羊傳』の分類において、洛陽が第二番目に位置づけられているのは、容認できない事實となった。このため、『公羊傳』の「説明のやりなおし」が注釋の使命となった。

以上長々と説明してきたのは、三傳の本文を、漢代においてどうとらえたか、という話である。そこで、使命となった「説明のやりなおし」であるが、下記のようになった。

問題の部分を、後漢時代からさかのぼって漢代前期の「中國」と諸侯王國、さらに（勝手に）さかのぼって「中國」と野蠻の地、という兩者對立の文脈で讀もうとすると、周は「中國」（順位の一番目）なのだから、「戎が周大夫を伐って捕らえた」事實は忌むべきで、積極的評價などもってのほかである。それなのに、後漢時代の注釋者の目の前にあった『公羊傳』本文は、こともあろうに、上記の事實について「大なりとす」と積極的な評價を下してしまっていた。注釋者の立場からすると、目の前に示されている積極的評價は、問題にならないことを釋明しておかないといけない。そこで注釋では、「伐つ」という表現は、「執える」という表現を避けたものだと説明した。本來中國を「執（捕）える」というのなら、禮儀ある者によらねばならないが、戎は禮儀がない。また、捕らえられた地も京師（首都雒邑＝洛陽）に接していなかった。だから、「伐つ」と述べて「中國〈の論理〉を以て正した」のだと説明したのである。

これに對する「不與夷狄之執中國也」の和訓は、「夷狄の中國を執ふる〈事實を〉を與《ゆる》さず」(68)（日原一九八六〈一六七頁〉）となる。

このように、注釋は、本來『公羊傳』本文が語ろうとした中華夷狄觀とは相當に異なる文脈の記述を加えた。それが、和訓にも影響を與えている。本文を讀み通せば、その讀みが本文内容と矛盾することは、容易にわかるものではあるが、後代、容易にわかるものとはならなくなる。注釋が膨大になればなるだけ、研究は進んだのだが、皮肉なことに、本文全體を讀み通す讀者が著しく減少したためであろう。そして、儒教が諸子の中で一尊の立場におかれるようになって、三傳はまぜこぜにして議論されることになり、上述したように、三傳相互の差異は、ほとんど見えなくなってしまうのである。

以上、長々と述べてみたのは、戰國時代の狀況と漢代前期の狀況、漢末の狀況、後漢時代の狀況を、それぞれ再確認していただきたかったからである。そして、その上で述べるならば、津田左右吉の置かれた狀況では、『春秋』三傳をまぜこぜにして議論するのが常識だったということがある。

そこで、（今後期待される檢討について）あらかじめ述べておけば、「まぜこぜの論理」をもって、「本來あったことが事實として確認できる三傳相互の差異を知って、その上でなされる論理」を批判しても、實のある議論にはならないだろう。一方、後者で前者を批判することは、「事實」の名のもとに、實に容易にできることである。

一般に言われる疑古派は、『公羊傳』を重視する。これに對し、津田『左傳の思想史的研究』では、『穀梁傳』が多く使われている。津田は中華夷狄觀を問題にする際、無意識にこの『穀梁傳』を參照した。すでに述べたところから、この『穀梁傳』によるのが、漢代の中華夷狄觀を述べるには都合がいいことは、ご理解いただけよう。それが意識的だったかどうかと言われれば、多分に無意識のうちにであろうと考えられるが、『穀梁傳』が漢代の著作であることを述べる說があるのも、その「都合よさ」が關係している。

その「都合よさ」は、『穀梁傳』が中山の前身である鮮虞を中國とし、山西の晉を狄とするような、漢代では絕對にあり得ない論理をもつことを、論者が無視して成り立つものではあるのだが、『穀梁傳』がのべる「中國」と「狄」の天下二分論は、漢代の天下の半分が「中國」、殘りが諸侯王國である現實に一番なじむのも、確かなのである。

注釋なしで中華夷狄觀を述べる場合、『公羊傳』は、漢代の說明に必ずしもなじむものではない。だから、津田の中華夷狄觀を論じた際の對應は自然のものである。

津田が無意識に『穀梁傳』に目を向けたのも、『公羊傳』に期待すべき記述が見えなかったからである。『公羊傳』は、注釋をもって、「中國」・「諸夏」・「夷狄」の三者鼎立の中華夷狄觀ではなく、「中國」（にして「夏」）・「夷狄」の兩者對立の中華夷狄觀で讀まれることになった。そのため、本文では漢代前期になじまない論理を展開しているのに、それがなじむ論理であるかのような世界ができあがってしまった。注釋が附された結果、三傳の中では、『公羊傳』は最も周王朝を高く評價する傳になった經緯がある（ずいぶんとまわりくどい議論にはなっていたのだが）。そもそも直接的表現として周王朝を評價するものではなかった。だから、讀者に本文引用をもって說明しようとすると、漢代注釋の方法を踏襲して『穀梁傳』をからませるしかなかったのである。當然矛盾も生じるわけで、津田は『穀梁傳』を使っているにも關わらず、結果として、『穀梁傳』の立場、つまり中山（春秋時代の鮮虞の後裔）のために作り上げた論理は、無視している。

以上から、「說話」に對する適切な對應を（結果的に）しなかった、というだけでなく、津田の方法論には、中華夷狄觀を論じたところにも（結果的に）缺陥があったことがわかる。戰國時代の中華夷狄觀を讀み取ることなく構築された方法論であった、という事情は考慮しておきたいと思うのではあるが。

そしてもう一つの缺陷を述べておけば、この津田の方法を論じる中で、天文學に關する飯島忠夫の檢討が、津田の『左傳』漢代僞作説を述べる場合に、從來意味を見いだされていたことを述べたわけだが、その檢討も、私の膨大な紀年矛盾解消作業によって、否定されたこと（という結果）を述べてみた次第である。

『左傳』と『史記』の先後

「説話」に關する從來の研究について、津田左右吉等をひきあいに出し、いかなる缺陷を有していたかを述べた。「説話」はいかにして生み出され、いかなる場において繼承されたのかを述べた上でのことである。

以下には、「説話」に關する從來の研究の缺陷を、時代を遡る形で檢討することにしよう。

「説話」の研究、というより、結果的にそうなっている、と言った方がいいのだろうが、その種の研究において注目されているのが、カールグレンの研究である。(69)『左傳』の古奧難解な文章を『史記』が平易分明に書き直していることを具體的に指摘している。鎌田正(70)は、これに加えて劉子培を紹介した後、『左傳』文章の平易化を一覧にしている。その一覧を下敷きにし、若干異なる視點からの檢討を加えてみよう。煩雜になるのを防ぐ意味もあって、簡略な言い方にする。すべて鎌田氏の著書をご參照くだされればと思う。以下に一部示したのは『左傳』から『史記』へ（↓）の書き換えになる。『左傳』は、經文引用・經文換言・説話地の文・説話會話・君子曰く・その他人物曰く（説話の後に引かれるもの）・凡例にわけて（　）内に注記する。『左傳』のどの部分が問題にされたのかを見るためである。會話について（身振り）と入れたのは、いわゆるまとめとして插入される賢人の語ではなく、聞き手を前にしてなされる講談中の會話だという意味である。

（1）以（經文換言・説話が二例）↓率　文公七―四「穆・襄之族率國人以攻公」、文公一六―五「麋人率百濮聚於選」など。『左傳』説話地の文に『史記』と同じ用例あり

（2）以（經文換言・説話が一例）↓虜　『左傳』に「虜」はなし

（3）以（説話地の文）以飛↓而蜚　『左傳』に「而蜚」はなし

（4）縊（説話地の文が七例）↓自殺　莊公一九―A「亦自殺也」、昭公一三―三「二子皆自殺」、昭公二七―三「遂自殺也」の三例。『左傳』説話地の文に『史記』と同じ用例あり

（5）于（説話地の文十例）↓於　『春秋』は一般には、「于」を使うが、隱公三―六・莊公一一―七など『春秋』にも少なからず「於」が認められる。『左傳』も同様

（6）盈數（説話會話〈身振り〉）↓滿數　『左傳』には「滿數」なし

（7）越竟（説話會話〈身振り〉。他に莊公二七―一の經解にも同語あり）↓出境　『左傳』説話地の文に「出竟」あり

（8）通焉・加焉↓通之・加之　『史記』と同じ「通之」は『左傳』文公一六―六の説話地の文に見える。『史記』と同じ「加之」は『左傳』では、僖公七―四など八例の説話會話（身振り）、僖公三三―二の一例の説話地の文に見える

（9）辱焉（説話會話〈身振り〉。『史記』との對應がないものが他に三例あるが、二例は〈身振り〉、一例は〈賢人の語〉）↓辱耳　『左傳』には「辱耳」なし

（10）何（説話會話〈詩歌〉）↓胡　『左傳』には『史記』と同じ「胡」が少なからず用いられている（説話會話

〈身振り。一部詩歌〉〉。「何」の方が多いが

（11）禍將作（說話會話〈賢人の語〉）↓亂將作

『左傳』にも『史記』と同じ「亂將作」がある（說話會話〈賢人の語〉）

（12）寡人↓我　本書五一四頁別表に讓る

以下略

以上から確認できることをまとめておこう。

鎌田正の検討は、諸語の用例を同じ内容の說話について比較し、『左傳』の古い字の用例が『史記』の新しい字の用例に置き換えられている事實を一覽にしている。この點に關して、おそらく異論を差し挾む議論はおこるまい。ところが、同じ內容の說話でなく、他の說話を參照すると、『左傳』が引用する他の說話には、『史記』の用字用例が見えている。

この點を論理的につめるなら、

1：『左傳』には、古い字の用例と新しい字の用例が混在し、『史記』では、その『左傳』の古い字の用例が新しい字の用例に置き換えられている、という事實に注目せざるを得ない。

2：1の理由として、一つには、『左傳』の材料の中の古い字の用例が『史記』の時代にはなくなり、『左傳』の材料の中に見えていた新しい字の用例が一般化した、と解釋することができる。

3：1の理由として、別の可能性としては、『左傳』は古い材料を含むだけでなく、『史記』に近接した時代の材料をも含んでいて、『左傳』の後代性がそこに具體的に示されている、と解釋することができる。

以上のうち、2は『左傳』戰國中期說を支え、3は『左傳』漢代僞作說を支えるものとなり得る。ところが、すでに「身振りの文學」に關する検討を進めてみた。3はあり得ないだろうと述べてきたわけである。つまり、2の解釋によって、『左傳』の材料を語ることができる、ということである。

『公羊傳』の「くさし」の「形」

「別表」[71]（五一〇頁以下）にまとめたように、そして、上記において『左傳』の文章構造についても述べたように、私は、『左傳』の文章構造を「正統」主張にからめて附されるいくつかの用語に注目しつつ述べたことがある。その結果として、『公羊傳』は、齊の田氏とくに田成子を稱揚する「形」をもつこと、『左傳』は韓氏とくに韓宣子を稱揚する「形」をもつこと、『穀梁傳』は、戰國時代の中山王國の前身である鮮虞を特別に位置づける「形」をもつことを指摘した。

そこで扱った言葉の一部は、鎌田正が『左傳』・『史記』の先後を述べるについても注目している。そのことにも留意しつつ、ここにあらためてまとめなおしておく。

『左傳』において、「吾子」はひとかどの人物に用いられ、しかも不吉な豫兆をもって附される言葉であることを述べた。これは、『左傳』に見える「吾子」を具體的に分析して得られた結果である。これに附加してのべておけば、『公羊傳』にもこの「吾子」は見えている。しかも、この「吾子」は出奔に關わる人物について使われ、「わが子」の意味で議論されている。文字どおり「吾が子」である。特に注意しておくべきなのが、魯の桓公とその夫人姜氏の話題である。有名な話であるが、夫人姜氏は、齊の出であるにもかかわらず、齊侯との間に不義の子をもうけた。その子が即位して莊公になる。だから、魯の君主は、實はこの莊公以後、齊侯の血筋が繼承されたことになっている。莊公の父が齊侯、母がその子（密通相手の齊侯が釐公ならその子）または妹（密通相手の齊侯が釐公の子の襄公ならその妹）、という設定で話ができあがっている。このいまわしい話題をにおわす言葉として「吾子」（吾が子）が使われた。

『公羊傳』・『左傳』・『穀梁傳』の先後は、說話の内容をさまざまに比較して得られる結論になるが、私の檢討によれば、この『公羊傳』・『左傳』・『穀梁傳』の順番になる。[72]

ということであるから、『左傳』は、『公羊傳』のその用法を知った上で、不吉な豫兆を示す言葉として「吾子」を用いたと考えることができる。ただし、この『左傳』の「吾子」は、『公羊傳』と違って、ひとかどの人物を示す用語になっている。おそらく、說話に使用された言葉としては、「わがこ」の外に、この「ひとかどの人物」に使う用法があって、こんな『公羊傳』・『左傳』の用例の相異が生まれているのであろう。

同じように「ひとかどの人物」に使う言葉として「夫子」があり、それも『左傳』は不吉な豫兆を示すものとして用いた。『公羊傳』には、この「夫子」の用例が見えない。周知のように、この「夫子」は孔子を示す言葉として使われている。ひとかどの人物である孔子に使うということである。こうした「夫子」の用例からしても、戰國中期の段階で、この「夫子」をひとかどの人物に用いる用例があり、それを『左傳』が採用し、かつ不吉な豫兆を附加するものにしたことが想定できる。

同じような「微言」によるくさしの「形」を作り出すものとして、本論ではさらに「寡君」・「寡人」を附け加えておこう。

「寡人」は「德の少ない者」という意味の謙讓の自稱で、『戰國策』等に王の自稱として見えている。これに對し、「寡君」は、「德の少ない君」ということになる。これを自稱として用いるのであれば、「寡人」に準じて考えればよいのだが、そうはならない。この「寡君」は臣下が自分の君主を他に紹介する場合に用いるものとなっている。他國に使節としておもむいたときに、「わが德の少ない君は」という具合に用いる。臣下が君主について「德がない」というわけで、本來あってはならぬ表現である。だから、容易に了解できることは、この表現は、實際に用いられたものではなく、後代の者が説話を利用する場合に、「わが君」と述べる部分を書き換えたものだ、ということである。

『公羊傳』は、この「寡君」を特別に注目した人物に用いている（別表、昭公二十五年）。それは魯の昭公を相手にした齊の景公である。『公羊傳』の「形」の中では、田氏の祖先を稱揚するとともに、姜齊君主と魯君主をくさしている。この魯君主をくさすのに用いたのが、すでに述べた魯の桓公夫人姜氏が齊侯（文脈の上では姜氏の父である釐公〈僖公〉、兄である襄公いずれも考えられる）に密通したという話題である。つまり父を齊侯、母を姜氏とする魯の莊公の子孫が昭公であり、この昭公は追放されて流浪の身となる。齊侯（釐公・襄公）の子孫が齊の景公であり、また魯の昭公である。魯の昭公が齊の景公のもてなしをうけ、「これは齊の先祖の着物であり、これは齊の先祖の器物である」と提供された衣服と器物を、再三ことわった話が紹介されている。(73) その先祖とは兩者共通の先祖だとほのめかされているわけで、それもわからない愚か者という意味をこめて齊の景公を「寡君」と表現している。

「寡君」については、『左傳』を譯した小倉芳彦が「わがきみ」と訓點を施している。辭書（大修館『大漢和辭典』）にも、自國の君主を紹介する場合に用いる、という意味が記されている。「わがきみ」で意味が通じるのは、そもそも「わがきみ」という意味の言葉「君」・「吾君」等が使われていたのを「寡君」に書き換えたことを裏書きする。そして、「寡君」が「わがきみ」ではなく「かくん」であることを如實に示すのが、『公羊傳』の用例である。「吾寡君」と記している。『左傳』にもこの表現「吾寡君」と「寡君」が併存している。辭書に示されているのは、文脈からみてそうなる、という意味内容である。

さて、『公羊傳』の「寡君」は一例しかない。上記のように齊の景公について用いられている。その用いられた理由もわかる。その景公だが、「寡人」という自稱も用いている（別表）。つまり、「寡人」とは「寡君」だということである。

その意味から『公羊傳』に見える「寡人」を見てみると（「別表」）、齊の景公を記す昭公二十五年から溯って、莊公四年・六年では、齊の襄公が「寡人」と自稱したことになっている。この齊の襄公は、上述したいまわしい事件の發端を作り出した齊姜の兄である。この齊の襄公について記されるのは、魯の莊公（『公羊傳』莊公十三年・莊公三十二年）である。これは、くだんの姜氏の子供である。ついで記されるのは、虞をだまして滅ぼした君主である晉の襄公（『公羊傳』僖公二年）、齊の桓公とともにかんばしくない評價を受けた晉の惠公（『公羊傳』僖公十年）、無用の情けをかけて敗戰し死んだ宋の襄公（『公羊傳』僖公二十二年）、蠻夷の地にあって王を稱した楚の莊王とその莊王に降伏の儀禮をもってのぞんだ鄭の襄公（『公羊傳』宣公十二年）である。そして、昭公二十五年の記事に續いては、呉王をひきいて楚を滅亡の淵に陥れた蔡の昭公（『公羊傳』定公四年）の記事がある。

いずれも「寡人」と自稱するにふさわしくない内容をもって記されているのが、特徴である。注目すべきことは、闘わる人物として齊の桓公、宋の襄公、楚の莊王、呉王闔閭といういわゆる覇者として議論される人物が並ぶことである。それらが、『公羊傳』の「くさし」の「形」の中で語られている、ということである。すでに述べたように、『公羊傳』には、「吾子」を用いた「くさし」の「形」があるわけだが、「別表」に示したように、この「吾子」による「くさし」の「形」において、最初に問題にされるのが齊の姜氏の密通であり、魯に嫁してきた邾の夫人の密通である。

『公羊傳』の「寡人」の「形」では、「君王」という言葉も用いられている。楚の莊王に闘して用いられており、これは、文脈上「王」とよびかける部分になっている。「王」ではなく「君王」（諸侯を「君」というように、諸侯扱いすべき「王」）だということである。周王だけが「王」であり、楚が「王」を稱しているのは、僭稱でしかない、という意識がはたらいている。だから、楚の莊王に「寡人」を用い、呉王闔閭に關連して蔡の昭公に「寡人」を用いることで、楚王ですら「君王」なのだから、他（呉や越）は推して知るべきである、ということなのだろう。

『公羊傳』には、こうした「くさし」の「形」が明らかに存在する。

參考までに、『國語』を見てみると（「別表」）、この「寡人」と「君王」を用いた「微言」が呉語や越語に見えている。そこでは呉王や越王が「君王」とされている。説話によっては「天王」という言葉も用いられたようで、それも「君王」であることがわかるようになっている。言うまでもなく、「天王」は『春秋』において周王を示す言葉として用いられている。それが呉王や越王に用いられていることを知って、それに「くさし」の「形」を重ね、「君王」と述べたのである。

「くさし」の「形」としては、上記の「形」の他に、いわゆる中華夷狄觀、『公羊傳』に即して言えば、山東一帶を「中國」とし、他を「夷狄」として蔑視する觀念がある。[74] 私は、すでに、この中華夷狄觀には、下克上（大夫が諸侯を滅ぼしてなりあがる）がからまっていて、地域わけからすれば「中國」とされる地域にあっても、姜齊君主のように「中國」扱いされないものがあることを述べておいた。そうした扱いを「形」にするのが、上記の「くさし」の「形」だと言ってよい。山東一帶が地域的に特別であることを、中華夷狄觀による「くさし」の「形」として示し、さらにその「中國」の中で齊の田氏が特別であることを、別の「くさし」の「形」として示したということである。

こうしたいくつか認められる「くさし」の「形」は、『公羊傳』所載の説話全體を規制するものになっている。その説話が語る内容は、齊の田氏、とりわけ田成子が特別であることを、讀者に知らしめるものになっている。

『左傳』・『穀梁傳』の「くさし」の「形」

すでに述べたように、『左傳』には獨特の「くさし」の「形」がある。それは、おそらく先行する『公羊傳』の「形」を參照して作られている。

すでに參照したものではあるが（別表）、『左傳』には、「吾子」・「夫子」による「くさし」の「形」の他に、『公羊傳』と同様、「寡君」・「寡人」による「くさし」の「形」ができあがっている。

『左傳』の「寡人」は、あちこちに用いられていて、一見諸侯の自稱のようになっているが、よく見てみると、そうした「寡人」たちは家臣たちに「寡君」と稱されていることがわかる。そういう「形」ができあがっている。「寡人」は、結局「寡君」なのだという「形」ができあがっている、ということである。個人もさることながら、どの國の君主が「寡人」であり、「寡君」であるかを示すものになっている。

そしてすでに述べたように、「吾寡君」という表現もあり、「寡君」が「かくん」であって、「わがきみ」にはならないことも示されている。

おそれいるのは、「寡大夫」という言葉もあることである。これは楚の靈王に關して用いられている。靈王が王として卽位する前の時期に關して用いられていて、「寡君」にすらなっていない、という含意があるようだ。

そうした「寡人」の「形」の中で、大夫でありながら、「寡人」と稱されている人物が一人だけいる。「晉人」と記されている人物である（昭公二八―二）。これは韓宣子であることは、容易にわかる。つまり、「寡人」は「寡君」でしかない、中には「寡大夫」もいる、という状況下にあって、ただ一人例外扱いすべき大夫がいる、ということであり、それが韓宣子だ、ということである。

私は、すでに『左傳』の説話の配列を比較的丹念にたどりつつ、『左傳』が全體の「形」として韓宣子を特別に位置づけていることを述べた[75]。そこで話題になった説話は、上記の「寡人」・「寡君」・「君王」に關わるものになっている。つまり、これらの言葉に着目することで、すでに内容的に確認した點を、あらためて再確認することができるということである。

こういう全體を規制する「形」が、説話に關してできあがっている。にもかかわらず、そんな「形」の存在を前提として、『左傳』は語られたことがない。そうした「形」をないがしろにするから、結果的にさまざまな意見が出てくる、と言ってもよい。注目すべきことは、この「形」の中には、木星紀年の記事がすっぽりはまりこむことである。この木星紀年にからんだ説話も、韓宣子を特別に位置づける「形」の一環をなしている。過去に何度も述べたことだが[76]、この木星紀年は、毎年の冬至における木星の位置（天のどこにあるか）で判斷する（しかない——他にうまい方法があれば別だが）。おおよそ十二年で天を一周する（毎年天に附された十二方位の一つずつを移動する）ので、歳星ともいう。十二年一周天なら、八十四年で七周だが、實際は八十三年で七周する。問題になる八十三年間の後ろの方になると、この一年分（一方位分）のずれが顯在化する（ある日突然一方位分ずれるのではなく、如如にずれていって一方位分になる）から、木星紀年を議論したのは、おそらく問題の八十三年間の後ろの方ではない。

『左傳』に見える木星位置は、前三五三～二七一年の八十三年間の位置に重なる。その位置が十二年位置周天だと誤解し、『春秋』の時代に溯って計算した位置を述べたものである。この八十三年間の後ろの方ではない時期に、『左傳』の木星位置に關する説話は作られたと考えられる。

それ以前に、『左傳』が採用した説話は作られているのであり、説話地の文は、さらにそれに先行する時代の表現を繼承する、ということが證明されている、ということである。

そうした觀點から、「別表」を見れば、明らかになることがある。「寡人」や「寡君」、「君王」が何を言い換えているか、ということである。「寡人」は自稱を言い換えており、「寡君」・「君王」は臣下が君主を紹介する部分を言い換えている。自稱の字としては、「不穀」・「孤」が見えている。これらは、『春秋』までの金文の表現には見えていない。「小子」という言葉は見えていて、「孤」との關連がたどれるが、より新しい説話獨自の表現と考えてよい。「不穀」は長江流域で流行したようである(77)。

金文にも見えていて、説話にも見えているのが「吾」である。侯馬盟書(78)に「Ꜿ君」とあるのは、「吾君」のことである。「我」も見える。

臣下の自稱は、一般に自己の名前を述べるものであることも、「別表」に示したいくつかの事例からわかる。それを説話ができた段階で「臣」という自稱にかえているものがある。

「寡君」・「君王」はそれぞれ「君」、「王」を言い換えている。このうちの「君」だが、これは後に「君子」という言葉の元となるもののようだ。個人的には、侯馬盟書に見える「Ꜿ君」が晉國を代表する神格と見られるのが示唆を與えてくれると考えている。この神格を示す表現に見える「君」が、臣下が君主を紹介する言葉として定着し、一方においてそうした神格の子を念頭に「君子」の語を生み出すのではあるまいか。そうなった後に、「封君」の「君」という言葉も生まれるのであろう。

こうなる前に、楚では、すでに縣の管領者を表す用語として「君」を使い始めている。楚が王を稱するにいたるころは、一面において周と同じく楚が大國として小國を從屬させていく側面をもっていただけでなく、小國を滅ぼして縣とする時期にも當たっていた。楚は王號を使うに當たって、當然のことに周の制度を援用した。周では王に「侯」

が従い、特別な「侯」を「公」としていた。これに倣って、楚は王に「君」が従い、特別な「君」が「公」と稱するものにした。おそらく、中原において神格を「君」と稱していたことが、この「君」を支配下におくという意味の「君」を使わせることになったのかと考えている。

中原では、上記のように楚とは別の文脈から封君を議論するにいたり、それとは異なる前代以來の楚の制度が不快なものとなった。そこで、楚の制度中にあった「君」はすべて「尹」字におきかえて紹介することにした。『左傳』に見える楚の縣管領者がおおむね「尹」をもって稱されているのはそのためであり、部分的に「君」が確認できるのは、『左傳』が必ずといっていいほど本來の表現を殘し、それが別の言葉に置き換えられていることを示す手法を用いているからである。上記の「寡君」「寡人」「君王」も、この手法が用いられているから、われわれは、それらが何の言い換えになっているかを詮索することができる。

『春秋』には「君氏」という言い方も見えており、夫人について「君」という用例がある。しかし、この用例は、あまり定着しなかったようだ（個人的には、『敬事天王鐘』[79]に「敬事天王、至於父兄、以樂君子」とあるのなども、『春秋』に見える「天王」が記され、かつ「君」に言及していて興味深く感じている。楚の事例だが、この「君子」も「夫人と皆の者」あるいは「夫人と子供」という意味にすると通りがいいようだがいかがだろうか。この場合楚だから「封君と諸子」でもいいのだが、「父兄」の下にくるのが氣になるのである）。

「君王」は、神格としての「君」やその意味を繼承する「君子」の「君」、君主の「君」というよりは、「封君」という王の下位に屬する身分を問題にして言うものであろう。

『穀梁傳』にも、獨自の「形」がある。「寡君」の用例はない。「寡人」は蔡の昭公・楚の昭王（『穀梁傳』定公四年）、齊侯（齊の景公――『穀梁傳』定公十年）に用いられている。これらは、『穀梁傳』の中華夷狄觀からすると「狄」の地の君主になる。「寡人」とは、「中國」の王の自稱として用いるべきであり、「狄」の君主が用いるべきではない、という「くさし」の「形」が示されていると見るべきだろう。

『穀梁傳』の「吾子」も中華夷狄觀に沿って用いられている。『公羊傳』で問題にされた姜氏の密通を知って、秦の「人の子女の教に男女の別なし」が問題とされ、その上で「吾子」が記されている。百里子と蹇叔子がその子の出征を送り、哭したという。それが「男女の別なし」が話題にされた後に書かれている。しかも、この戰いの後に、秦が狄となった（狄であることが歴然とした、ということだろう）と記す。確かに、この時に、秦は東方に伐って出たので、『穀梁傳』が河北を中心に設定した「中國」に入り込む の擧に出たのである。『穀梁傳』には、下克上の論理は見えていない。「くさし」の論理は、中華夷狄觀にからんで示されているようだ。

上海博物館藏楚竹書に關する問題

上海博物館藏楚竹書に含まれる一編である『昭王毀室　昭王與龔之脾』[80]は、楚の昭王を扱った編だが、そこでは楚の昭王に對し「君王」と呼びかける部分があちこちある。文脈上は「王」（本來の用例）や「君」（說話の用例）でいいところである。「別表」に示したように、楚の昭王は『左傳』においても「寡君」と稱される人物で、「くさし」の對象となっている。『左傳』の場合は、韓宣子を第一に位置づける目的からなされた「くさし」の「形」だと解釋できるが、『昭王毀室　昭王與龔之脾』の場合、どう考えたらよかろうか。内容上は、昭王が「くさし」の對象となってもよい首都陷落に關する話題である。周知のように、この編を含む上海博物館藏楚竹書は、その名が示すように楚簡とみなされている。出土地はいまだ不明のままであるが、この楚竹書には『柬大王泊旱』[81]などの編もあって、確かに楚色が濃厚に示されている。とすれば、問題の『昭王毀室　昭王與龔之脽』に見える楚の昭王の「くさし」の「形」は、楚國内における昭王の負の位置づけと見なすべきか、あるいは、他國の「くさし」の「形」を示す文献がもたらされ、それが問題視されないままに殘されたかのいずれかと考えるべきことになる。

　ところが、上記にも名を示した『柬大王泊旱』は、楚の簡王（柬大王）を扱った編であり、この王については、さしたる落ち度が認められない。にもかかわらず、この王についても「君王」をもって稱する部分がある。この王は惠王（前四八九～四三三年在位）の子（前四三二～四一〇年在位）に當たる。この戰國時代の王に關して、『柬大王泊旱』は、「楚邦有常、故爲楚邦之鬼神主、不敢以君王之身」と述べている。よくよく詰めて考えてみると、あまりいい内容とは言えないようだ。

　出土地が不明なこの竹簡群については、現狀楚地、楚地以外、いずれの可能性をも示唆する編が含まれている。『魯邦大旱』(82)は、楚地とは關係のない話題を語る。『容成子』(83)は禹の治水を語り、かつ、その禹の治水域が漢水という楚の中樞を主に治水した内容をもつ。

　假に楚地出土が間違いないということであれば、領域國家楚について「楚邦」と稱しても問題が生じにくい（かもしれない）戰國前期に、『柬大王泊旱』成書時期をもっていく可能性もないわけではない。「邦」が本來都市を意味する言葉であることから、こんなことを述べている。「君王」という表現も、その時期にあっては「王」をどう表現するかの模索段階のものであって、悪い意味はないと說明することもできそうだ。しかし、諸家はこの竹簡群をもっと後代のものとして檢討している。そうなると、「楚邦」の表現は、より「くさし」の意味を帶びてくると言わざるを得ないのである。

　そして、楚地出土とした場合、本論においてすでに檢討した内容のうち、「不穀」という自稱が說話に見えているることを想起せざるを得ない。この「不穀」が現狀楚や吳・越の王に關して用いられたものとして確認できる點からすると、問題の竹簡群にこの語が確認できないことが、とても氣になってくるのである。

ということで、從來楚地出土が濃厚だと考えられているこの竹簡群については、その出土地が不明であるがゆえもあって、今後も詰めなければならない問題がなお控えていることを、本論の檢討によって、あらためて再確認することになった。

なお、本論の檢討に關連する話題を、さらに附け加えておけば、『君子爲禮』[84]に、「夫子」（孔子のこと）と「吾子」という『春秋』三傳に關して檢討した言葉が、見えている。『競建內之』[85]には「寡人」（魯公の自稱）の語があり、『姑成家父』[86]にも「吾子」の語が見える。これらの點も、この竹書群の成書時期の問題とどう關わってくるだろうか。

『春秋事語』の說話

出土遺物『春秋事語』については、過去少なからざる研究者が意見を出している。[87]これら個々の研究について、それぞれの勞苦に敬意を表する點は、まず申し上げておかねばならないが、總じて、次の點をコメントしておきたい。まず、從來この『春秋事語』と他の書籍を比較する觀點が示されてきているのであるが、『左傳』に言及する場合に、どれ一つとして、『左傳』の材料を念頭におくことがなかったようだ。

すでに本論にながながと述べてきたことからも明らかなように、『左傳』が成立する前に、多くの說話が作られている。そうした說話は、あちこちで作られ、あちこちに傳えられ、あちこちでの必要に應じてまとめられ保管されていたと考えられる。そうして保管されていたものが、後に利用され、馬王堆漢墓の被葬者の手元にあった、と考えるのが妥當だろう。こうした想定は、『戰國縱横家書』の體裁を『戰國策』と比較しても容易になされるものである。『戰國縱横家書』は、『戰國策』の材料として議論されている（『戰國策』序）『國策』や『短長』などの類の書物と考えるべきで、いわば『戰國策』の材料、『史記』の材料と同様のものである。つまり、『戰國縱横家書』は、『戰國策』・『史記』の材料を念頭において檢討すべきものである。これと同じ文脈で言えば、『春秋事語』は、『左傳』の材料を念頭において檢討すべきものである。

あくまで風聞だが、『左傳』と『春秋事語』、およびいわゆる傳世文獻を比較するのに、それらに見える用語を俎上に載せ、新舊はおろか地域差までを檢討するものがあると聞く。これは、材料の新舊や地域差にまったく意を用いぬものであり、得られる結果は有意なものとはならない。これは、少なからざる研究者がなさってきたことでもあるが、同じ內容の文章を比較し、どの表現が異なるかを論じてはじめて意味がある。そして、さらに述べれば、『公羊傳』・『左傳』・『穀梁傳』および關連して言及した『國語』には、「くさし」の「形」が見えている。この「くさし」の「形」によって、特定の表現が變更されているとすれば、それを論じて元に復原しておく必要がある。その上で比較しなければ意味がない。

これらを論じれば、出土史料と比較されるのが、『公羊傳』・『左傳』・『穀梁傳』・『國語』それぞれというよりは、それらの材料であることがわかるはずであり、その材料は、上記の「くさし」の「形」をはずして復原されたものになることもわかるはずである。

この意味から『春秋事語』をながめた場合、これら材料との新舊を語るのは難事である。一部に「寡君」の語も見えている（第十六章）ので、三傳に近接した時期のものとして議論することは可能だが、それ以上のものにはなりそうもない。「夫子」・「吾子」も見えている（第九章）が、これらの語も、『左傳』に先行して使用されていることがうかがえる點、すでに述べたとおりである。

「吾」（第五・六章）・「我」（第六・九章）など、傳世文獻にひろく見える用語であって、かつ金文にも見えているものも確認できる。臣下の自稱は、そもそも自己の名前を言うものだっただろうが、第十二章に「丘、之を聞く」とある。孔子だと目されている。この場合、孔子の語が問題にされる。一方、『左傳』が孔子を引用する場合は、必ず別人の語を引用し、孔子の語は豫言がはずれ、別人の豫言が當たることを示す。だから、『左傳』との關係でいえば、これも『左傳』の材料との比較で議論すべきものとなる。

ここに關連する話題を附加しておけば、『春秋事語』には、楚を荊と表現するものがある（第十三章）。これは、傳世文獻に廣く見えていて、さしてめずらしいものではないが、包山楚簡に「擧禱荊王、自○麗以就武王、五牛、五豕」（簡二四六）、新蔡楚簡に所見の祭禱對象に、「以○玉、荊王就禱、刑牢、○、文王以○、就禱大牢、○……」（乙四九六）、「……荊王、文王、以逾至文君□□……」（零三〇一、一五〇）などとあり、楚の文王の前に「荊王」と稱される王がいたこと、それが稱王以前の王の總稱らしいことがわかる。[88] そして、武王・文王という追號（だと私は考えている。詛楚文が成王から始まることや、系譜上の王號の有り樣などによる）をもって稱される王は、この荊王には含まれないのであろう。この楚における荊王の用例を知って、他國が稱王後の楚王を「荊王」と稱する場合、それは、「寡君」などに似た「くさし」の意味を加えることができる。つまり、近年の楚簡の出土によって、「荊王」があらためて他國による「くさし」の表現であったことが確認されたということである。荊と楚の兩字について、避忌の事例とする見解もあるが、そう考えるより、「くさし」の表現とみなした方が落ち着きがよい。

同樣の諸王の「くさし」の表現としては、郢威王（楚威王）（『戰國策』秦策四「或爲六國說秦王」）、梁惠王（『孟子』梁惠王章句上）などがあり、これらは、郢・鄭という都市をひきあいに出して、都市を治めるにすぎないという「くさし」の意味をこめている。

この種の「くさし」の表現は、『春秋』三傳の材料の段階ですでにできあがっていたようであり、『春秋事語』の時期を考える上でも、その點は考慮しておいてよい。『春秋事語』を『左傳』に先行して論じる意見があるのも、理由のないことではない。

內容が『左傳』に似よりの部分をもち、後代性の強さをにおわせていて、『春秋事語』の「語」が『原始論語』の時期まで溯るとは思えないが、「語」をまとめて保管するということ自體は、その教育の場たる「學者の私塾」の性格上、早くから行われていただろうことは、すでに述べたとおりである。

おわりに

本論は、說話（故事）の性格を檢討することにより、いわゆる傳世文獻や出土文獻の成書時期について、若干の私見を提示してみた。

この種の問題につき議論される說話の舞臺は、おおむね時代がきまっている。楚漢紛爭までのものが多い。そして、こうした說話を多く紹介する史書は『史記』であり、『漢書』になるとそうした說話の文體は、換骨奪胎されてしまう。このことは、宮崎市定が「身振り」の語を問題にしつつ早くに提示した話題である。王莽時期に『左傳』の僞作を考える際は、おおむね、この話題を避けている。こうした說話がどこでいかようにして作られたか、その「身振り」の表現からもうかがえる「說話を語る場」とはいかなるものか、說話の語り手はいかなる對價をいかなる人々の支持の下で得ていたのか、など、當然詰めて議論すべき點をあらためて論じてみると、說話出現の背景や議論內容の時代的展開を追うことができる。説話出現のころの語を想定しつつ『原始論語』を議論することができる。

こうした説話に關する検討を基礎にすると、『左傳』王莽僞作説が『左傳』のいかなる部分について王莽の僞作を論じるか、その僞作によって王莽が期待したところは「具體的に」どんな點なのかは、意外にも議論不能であることを知る。王莽が期待したところは、説話の思想史的内容というよりは、その説話に引用されていた木星位置に求められることを、私見としてあらためて論じてみた次第である。

『左傳』王莽（漢末）僞作説の非なることは、『公羊傳』・『左傳』・『穀梁傳』所載の説話を全體的に規制している「くさし」の「形」によっても、語ることができる。この「くさし」の「形」の中に『左傳』木星位置に關する記事群はすっぽりはまりこんでいる。この「形」に對し王莽が改編を加えた部分は指摘できないが、彼が木星紀年を自己の正統主張にどうからめようとしたかは、極めて論理的に説明できる。

こうした議論を經て、あらためて出土史料たる『春秋事語』の性格を論じてみると、これまで『春秋』三傳と『春秋事語』を比較していた方法の缺陷も見えてくる。『春秋事語』は、三傳の編纂材料たる説話と比較すべきものであることを、（個人的にはあちこちで申し上げていたのだが）あらためて論じてみた次第である。

ご教示を期待する次第である。

【別表】

1：平勢隆郎『左傳の史料批判的研究』（東京大學東洋文化研究所・汲古書院、一九九八年）に一覧にしたもの

○『左傳』における卦變……二九頁

○晉國諸氏の宗主號……三四九頁
○『左傳』における「室」の用例……三九六頁
○『左傳』に見える「宗人」……四〇七頁
○『左傳』に見える「兄弟」……四〇七頁
○『左傳』に見える「兄」……四〇九頁
○『左傳』に見える「弟」……四一〇頁
○『左傳』に見える「昆弟」・「昆孫」……四一四頁
○『左傳』に見える「士」……四一五頁
○『左傳』に見える「大夫」……四一八頁
○『左傳』に見える「卿」……四三一頁

2..『史料批判研究』四號（二〇〇〇年）に一覽にしたもの
○戰國中期より遡上した暦と『春秋』三傳……一四七～二七六頁

3..平勢隆郎『『春秋』と『左傳』』（中央公論新社、二〇〇三年）に論じたこと
○第一章第一節..史書出現の背景
「說話記事の出現」・「音樂と踊りと詩」・「爵位の出現と史書の整理」等
○第一章第二節..『春秋』と『公羊傳』の編纂

○第一章第三節：田氏の正統と褒貶の「形」
「同姓の密通――姜齊の誹謗」・「同姓を弑する――魯君主の誹謗」等
○第一章第四節：殷の故地の繼承
○第二章第一節：『左傳』の末尾と「某の某年」
「「獲麟」の「形」を崩す」・「『春秋』に孔子は關わらなかったという「形」」等
○第二章第二節：『左傳』冒頭から韓氏の祖へ、そして鄭の子産へ
○第二章第三節：子産、天下を語り韓宣子と殷の故地におよぶ
「子産、鄭の衰亡を語る」・「子産、韓宣子と夏の祭祀を語る」等
○第二章第四節：「君子」・「夫子」・「吾子」と韓宣子
「孔子の豫言を正す」
○第二章第五節：嗣君・易筮・木星紀年と韓宣子
○第二章第六節：「諸夏」の繼承

4：平勢隆郎「王莽時期、木星位置に關する劉歆說の復元とその關連問題」（『日本秦漢史學會會報』五號、二〇〇四年）に、標題の問題を論じた

5：平勢隆郎『中國の歷史2：都市國家から中華へ』（講談社、二〇〇五年）に論じたこと
○尺度の整備と度量衡……三三〇頁

○商鞅變法と阡陌……三三五頁

6・『左傳』に見える諸語の用例

【「寡人」の用例】

隱公三─五・宋穆公疾、召大司馬孔父而屬殤公焉、曰「……寡人……」

隱公五─五・公怒、乃止。辭使者曰「……寡人……」

隱公五─七・公曰「……寡人……」

隱公一一─一・公使羽父請於薛侯曰「……寡人……」

隱公一一─三・公曰「……寡人……」

莊公一四─A・鄭厲公自櫟侵鄭……厲公入、遂殺傅瑕。使謂原繁曰「……寡人……」

莊公二〇─A・鄭伯聞之、見虢叔曰「寡人……」。厲公曰「寡人……」

閔公二─C・公曰「寡人……」

僖公四─一・楚子使與師言曰「……寡人……」……管仲對曰「……寡人……」……（楚子）對曰「貢之不入、寡君之罪也、……」

僖公一五─一二・公（晉侯）曰「一夫不可狃、況國乎」。遂使請戰、曰「寡人（晉侯）……」……秦伯使公孫枝對曰「……寡人……」……秦伯使辭焉、曰「……寡人……」……子金教之言曰「朝國人而以君命賞。且告之曰、『孤（晉侯）雖歸、辱社稷矣、其卜貳圉也』」。……「……歸妹睽孤（獨り身）……」

僖公二二─四・宋公及楚人戰于泓……公（宋公）曰「……寡人……」

僖公三〇―四・晉侯・秦伯圍鄭……公曰「吾（鄭伯）不能早用子（佚子孤）、今急而求子、是寡人（鄭伯）之過也。然鄭亡、子亦有不利焉」。許之。夜、縋而出。見秦伯曰「秦・晉圍鄭、鄭既知亡矣。若亡鄭而有益於君（秦伯）、敢以煩執事（秦の執事）。……」

宣公一一―五・王（楚王）使讓之、曰「……寡人……寡人……寡人……」

成公二―三・對曰「……寡君……」齊侯曰「……寡人……」……韓厥執縶馬前、再拜稽首、奉觴加璧以進、曰「寡君……」

成公一三―三・晉侯使呂相絕秦、曰「……我寡君（晉侯）……我寡君……寡君……寡人……寡人……寡人……寡人……寡人……敢盡布之執事（晉の執事）、俾執事實圖利之」

成公一七―一三a・公使辭於二子曰「寡人（晉侯）……」

襄公二―四・五・鄭成公疾、子駟請息肩於晉。公曰「……寡人……」

襄公三―B・公（晉侯）讀其書、曰「……執事（魏絳）……」……公跣而出曰「寡人（晉侯）……寡人……寡人……寡人……」

襄公一一―八・一〇・晉侯以樂之半賜魏絳、曰「……寡人……」……公曰「……寡人……」

襄公二一―C・齊莊公朝、指殖綽・郭最曰「……寡人……」

襄公二六―一・二・故公（衞獻公）使子鮮。子鮮不獲命於敬姒、以公命與甯喜言、曰「……寡人……」

襄公二六―三・公至、使讓大叔文子曰「寡人……寡人……寡人……寡人……」

昭公三―B・齊侯使晏嬰請繼室於晉、曰「寡君（齊侯）使嬰曰、『寡人願……寡人……寡人……寡人之望也』」。韓宣子使叔向對曰「寡君（晉侯）之願也。寡君……寡君……」

昭公四—A：楚子……使椒擧如晉求諸侯、二君待之。椒擧致命曰「寡君（楚王）使擧曰……寡人……」……乃許楚使。
使叔向對曰「寡君（晉侯）……」
昭公七—七：晉侯謂伯瑕曰……公（晉侯）曰「……寡人……」
昭公八—七・九・一一：王（楚王）曰「……寡人……寡人……」
昭公一二—A：晉侯以齊侯宴、中行穆子相。投壺、晉侯先、穆子曰「有酒如淮、有肉如陵。寡君中此、爲諸侯師」……
齊侯擧矢、曰「……寡人……」
昭公二〇—D：公（齊侯）曰「……寡人……」
昭公二五—五：齊侯曰「寡人（齊侯）……」……齊侯曰「自莒疆以西、請致千社、以待君命。寡人（齊侯）將帥敝賦以従執事（晉の執事）、唯命是聽。君之憂、寡人之憂也」
昭公二五—七：宋元公……公曰「寡人……寡人……」
昭公二六—E：公（齊侯）曰「……寡人……」
昭公二八—二：春、公如晉。將如乾侯。子家子曰「有求於人、而卽其安、人孰矜之。其造於竟」。弗聽、使請逆於晉。晉人曰「天禍魯國、君淹恤在外、君亦不使一个辱在寡人（晉人——韓宣子）、而卽安於甥舅、其亦使逆君」。使公復于竟、而後逆之
定公三—B：唐成公如楚……唐侯曰「寡人……」※昭公一—Gに「及成王滅唐、而封大叔焉、故參爲晉星。由是觀之、則實沈、參神也」とあり、韓氏の祖先である晉の大叔が滅ぼした「唐」とこの箇所に見える「唐」を關連づけ、特別にみなした可能性がある。あるいは、唐があまりにも小國なので、「寡君」の微言を使う必要なしと判斷した可能性もある。

定公四—一五：從楚師、及清發、將擊之……謂隨人曰「……寡人（楚王）……」……隨人卜與之、不吉、乃辭吳曰「……執事（吳の執事）……」……及昭王在隨、申包胥如秦乞師、曰「……寡君（楚王）……」秦伯使辭焉、曰「寡人（秦伯）……」對曰「寡君（楚王）……」

定公六—五：公（宋景公）謂樂祁曰「……寡人……」

定公八—D：公（衞侯）以晉詬語之、且曰「寡人……寡人……」……公曰「……寡人……」

定公九—五：衞侯曰「……寡人……」

定公一〇—一一：武叔聘于齊。齊侯享之、曰「子叔孫。若使郈在君之他竟、寡人（齊侯）何知焉。屬與敝邑際、故敢助君憂之」。對曰「非寡君（魯公）之望也。所以事君、封疆社稷是以、敢以家隸勤君之執事。夫不令之臣、天下之所惡也、君豈以爲寡君賜」

定公一三—一：齊侯曰「……寡人……」

哀公九—A：吳子曰「……寡人……」

哀公一四—九：宋公使止之、曰「寡人……」

哀公一五—七：陳成子館客、曰「寡君使恆告曰、『寡人願事君如事衞君』。」景伯揖子贛而進之、對曰「寡君之願也。……」

哀公一五—C：衞孔圉取大子蒯聵之姉、生悝。孔氏之豎渾良夫長而美、孔文子卒、通於內。……孔悝立莊公。莊公害故政。欲盡去之、先謂司徒瞞成曰「寡人……」

哀公二〇—C：越圍吳、趙孟降於喪食。……告于吳王曰「寡君（晉侯）之老無恤使陪臣隆、敢展謝其不共、黃池之役、君之先臣志父（趙孟）得承齊盟、曰『好惡同之』。今君在難、無恤不敢憚勞、非晉國之所能及也、使陪臣敢展布之」。

王拜稽首曰「寡人（呉王）不佞、不能事越、以爲大夫憂、拜命之辱」。與之一簞珠、使問趙孟曰「句踐將生憂寡人（呉王）、寡人死之不得矣」。

【「寡君」の用例】

隱公四—六・・石碏使告于陳曰「衞國褊小、老夫耄矣、無能爲也。此二人者、實弑寡君（衞侯）、敢卽圖之」。陳人執之、而請涖于衞。

隱公八—D・・公使衆仲對曰「……寡君（魯隱公）……」

桓公一八—一・二・・魯人告于齊曰「寡君（魯隱公）……」

僖公四—一・・上掲【寡人】

僖公四—三・・楚子使屈完如師……齊侯曰「豈不穀（齊侯）是爲……不穀……」……（屈完）對曰「……寡君（楚子）……寡君……」

僖公二二—B・・晉大子圉爲質於秦、將逃歸……（夫人嬴氏）對曰「……寡君（秦の穆公）……」

僖公二六—三・・公使展喜犒師、使受命于展禽。齊侯未入竟、展喜從之、曰「寡君（魯の僖公）聞君（齊侯）親擧玉趾、將辱於敝邑、使下臣（展喜）犒執事（齊の執事）」

僖公二八—四・・晉侯使欒枝對曰「寡君（晉侯）……」

僖公三三—一・・鄭商人弦高將市於周、遇之、以乘韋先、牛十二犒師、曰「寡君（鄭伯）……」

僖公三三—三・四・晉於是始墨。文嬴（文公夫人）請三帥、曰「……寡君（父たる秦の穆公）……寡君……」……孟明稽首曰「……寡君（秦穆公）……」……秦伯素服郊次、鄉師而哭曰「孤（秦伯）違蹇叔、以辱二三子、孤之罪也」。不替孟明曰、「孤（秦伯）之過也、大夫何罪。且吾（秦伯）不以一眚掩大德」
文公一二―六：秦伯使西乞術來聘。【説話】且言將伐晉。襄仲辭玉、曰「……寡君（魯文公）……」……主人三辭。賓答曰「寡君（秦伯）願徼福于周公・魯公以事君（魯文公）、不腆先君之敝器、使下臣（西乞術）致諸執事（魯の執事）、以爲瑞節、要結好命、所以藉寡君（秦伯）之命、結二國之好、是以敢致之……」
文公一三―六・七・九・一〇：季文子曰「寡君（魯文公）……」
文公一七―四：鄭子家使執訊而與之書、以告趙宣子、曰「寡君（鄭伯）……寡君是以不得與蔡侯偕。十一月、克減侯宣多、而隨蔡侯以朝于執事（趙宣子）。……歸生（鄭子家）佐寡君（鄭伯）之嫡夷、以請陳侯于楚而朝諸君……寡君……寡君……夷與孤（鄭子家）之二三臣相及於絳。……」
宣公一二―三：知莊子曰「……執事（一般名詞としての執事、または晉の執事）……」……楚少宰如晉師、曰「寡君（楚王）……」隨季對曰「……寡君（晉侯）……」彘子以爲諂、使趙括從而更之曰「……寡君（晉侯）……」……楚子使唐狡與蔡鳩居告唐惠侯曰「不穀（楚王）不德而貪、以遇大敵、不穀之罪也。……」
宣公一四―一：遂告于諸侯曰「寡君（衛侯）……」
宣公一五―二：楚子將殺之、使與之言曰「爾既許不穀（楚王）而反之、何故。……對曰「……寡君（晉侯）……」……宋人懼、使華元夜入楚師、登子反之牀、起之曰「寡君……」
成公二―三：上掲【寡人】
成公二―四・七：對曰「……寡君（齊侯）……寡君……」……晉人許之、對曰「……寡君（晉侯）……」
成公三―A：對曰「二國治戎、臣（知罃）不才、不勝其任、以爲俘馘。執事（楚の執事）不以釁鼓、使歸卽戮、君（楚王）之惠也。臣實不才、又誰敢怨」。……王曰「雖然、必告不穀（楚王）」。對曰「……寡君（晉侯）……寡君……雖遇

執事（楚の執事。あるいは楚王を指すか）、其弗敢違、其竭力致死、無有二心、以盡臣禮、所以報也」。
成公三—C：郤克趨進曰「……寡君（晉侯）……」
成公四—九：子反不能決也、曰「……寡君（楚王）……」
成公八—九：（范）文子不可、曰「……寡君（晉侯）……」
成公一二—A：子反曰「……寡君（楚王）……」……子反曰「……寡君……」
成公一三—三：上揭【寡人】
成公一六—六：楚子使工尹襄問之以弓、曰「……識見不穀（楚王）而趨、……」。郤至見客、免冑承命、曰「……寡君（晉侯）……」……使行人執榼承飲、造于子重、曰「寡君（晉侯）……」
成公一六—C：曹人請于晉曰「……我寡君……」
成公一六—一二：對曰「……寡君（魯の成公）……寡君……」……「……寡君……」
成公一七—一三a：使楚公子茷告公曰「……寡君（楚王）……」
襄公二—六：知武子曰「……寡君（晉侯）……寡君……寡君……」
襄公三—二・三：知武子曰「……寡君（晉侯）……」孟獻子曰「……寡君（魯襄公）……」
襄公三—五a：使士匄告于齊曰「寡君……寡君……」
襄公四—二：對曰「……寡君（魯襄公）……」
襄公四—六：孟獻子曰「……寡君（魯襄公）……執事（晉の執事）……寡君……」
襄公七—七：叔孫穆子相、趨進、曰「……寡君（魯襄公）……寡君……寡君……」
襄公八—八：子駟曰「……孤（鄭の子駟）也與其二三臣不能禁止……」。知武子使行人子員對之曰「……寡君（晉侯）……

寡君……」
襄公八—九・季武子曰「……寡君（魯襄公）……」
襄公九—B・季武子對曰「……寡君（魯襄公）……」……武子對曰「……寡君……」
襄公一〇—二・向戌辭曰「君若猶辱鎭撫宋國、而以偪陽光啓寡君、羣臣安矣、其何貺如之。（この文の後の部分で「君」を「わがきみ」と訓ずる——他に類例多し）
襄公一〇—C・范宣子曰「……寡君（晉侯）……
襄公一一—八・一〇・鄭人使良霄・大宰石㚟如楚、告將服于晉、曰「孤（鄭人）……」……公使臧孫紇對曰「……寡君（魯襄公）……」
襄公一四—一・范宣子親數諸朝、曰「……寡君（晉侯）……」
襄公一四—四・公使厚成叔弔于衞、曰「寡君（魯襄公）……執事（衞の執事）……」衞人使大叔儀對、曰「……寡君（衞侯）、寡君……」
襄公一六—一一・冬、穆叔如晉聘。且言齊故。晉人曰「以寡君（晉侯）之未禘祀、與民之未息、不然、不敢忘」穆叔曰「……執事（晉の執事）……執事……」
襄公二二—B・鄭人使少正公孫僑對曰「在晉先君悼公九年、我寡君（鄭伯）於是卽位。……寡君……執事（晉の執事）……執事……寡君……寡君……執事……寡君……寡君……寡君……」
襄公二四—A・子西相、曰「……寡君（晉侯）……」
襄公二五—三・公使子服惠伯對曰「……寡君（魯襄公）……」
襄公二六—D・上其手、曰「……寡君（楚王）……」

襄公二六―七：叔向命晉侯拜二君、曰「寡君（晉侯）……」
襄公二六―E：鄭伯歸自晉、使子西如晉聘、辭曰「寡君（鄭伯）……執事（晉の執事）……」
襄公二七―二・五：趙孟曰「……寡君（晉侯）……」
襄公二七―B：趙孟曰「寡君（晉侯）在、武何能焉」
襄公二八―C：蔡侯之如晉也、鄭伯使游吉如楚。及漢、楚人還之、曰「……寡君（楚王）」……「……寡君（鄭白）……執事（晉の執事）……」
襄公三一―D：士文伯讓之曰「……寡君（晉侯）……寡君……」對曰「……執事（趙文子・晉の執事）……執事……」
昭公一―二：令尹命大宰伯州犁對曰「君辱貺寡大夫圍（楚令尹公子圍）、謂圍將使豐氏撫有而室。圍布几筵、告於莊・共之廟而來。若野賜之、是委君貺於草莽也、是寡大夫不得列於諸卿也。……寡君（楚王）……」……楚伯州犁曰「……寡君（楚王）……」
昭公一―四：后子見趙孟。趙孟曰「吾子其曷歸」。對曰「……寡君（秦伯）……」
昭公一―G：叔向問焉、曰「寡君（晉侯）……」
昭公二―一：晉侯使韓宣子來聘。且告爲政、而來見、禮也。觀書於大史氏、見《易・象》與魯《春秋》、曰「周禮盡在魯矣、吾乃今知周公之德與周之所以王也」。公享之、季武子賦《緜》之卒章。韓子賦《角弓》。季武子拜、曰「……寡君（魯昭公）……」武子賦《節》之卒章。……遂賦《甘棠》。宣子曰「起不堪也、無以及召公」。宣子遂如齊納幣。自齊聘於衞、衞侯享之。北宮文子賦《淇澳》、宣子賦《木瓜》。
昭公二―二：叔弓聘于晉。報宣子也。晉侯使郊勞、辭曰「寡君（魯昭公）……徹命於執事（晉の執事）、敝邑弘矣、……」致館、辭曰「寡君命下臣來繼舊好、好合使成、臣之祿也。敢辱大館」

昭公三—B：上揭

昭公三—F：鄭罕虎如晉、賀夫人、且告曰「……敝邑之往、則畏執事（晉の執事）其謂寡君（鄭伯）而固有外心。……寡君……寡君……」。宣子使叔向對曰「……寡君……寡君……寡君……寡君……寡君……」

昭公四—A：上揭【寡人】

昭公四—二：王使往、曰「……寡君（楚王）……」

昭公五—八：對曰「……寡君（楚王）……」

昭公六—三：季孫宿如晉……韓宣子曰「寡君（晉侯）……」對曰「寡君（魯昭公）……」

昭公七—二：薳啓彊來召公、辭曰「……孤（楚の薳啓彊）與其二三臣悼心失圖、社稷之不皇、況能懷思君德……寡君（楚王）……寡君……寡君……寡君……」

昭公七—C：對曰「……寡君（楚王）……」

昭公七—D：晉侯有疾、韓宣子逆客、私焉、曰「寡君（晉侯）寢疾……」

昭公一二—A：上揭【寡人】

昭公一三—三：鄭人請曰「……寡君（鄭伯）……」……王執其手、曰「……不穀（楚王）有事、其告子也」。

昭公一三—五：叔向告于齊曰「……寡君（晉侯）……」。……叔向曰「……寡君（晉侯）……」。使叔向來辭曰「……寡君……」……子服惠伯對曰「……寡君（魯昭公）……」。叔向曰「寡君（晉侯）……」

昭公一三—C：惠伯曰「寡君（魯昭公）……」

昭公一六—C：宣子謁諸鄭伯、子產弗與、曰「……寡君（鄭伯）……」

昭公一八—B：晉之邊吏讓鄭曰「……寡君（晉侯）……執事（子產・鄭の執事）……」

昭公一九—E・子産不待而對客曰「……寡君（鄭伯）……寡君……寡君……寡君……」

昭公二〇—三・賓曰「寡君（齊侯）命下臣於朝曰、『阿下執事（衞の執事）』。臣不敢貳」。……賓曰「寡君……寡君……」

昭公二一—二・士鞅怒、曰「……寡君（晉侯）……」

昭公二二—二・楚薳越使告于宋曰「寡君（楚王）……寡君……」對曰「孤（宋公）不佞、不能媚於父兄、以爲君憂、拜命之辱。抑君臣日戰、君曰『餘必臣是助』……」

昭公二三—三・晉人使與邾大夫坐、叔孫曰「……寡君（魯昭公）……」

昭公二四—二・士伯曰「寡君（晉侯）……」

昭公三〇—二・三・對曰「……寡君（鄭伯）……」

昭公三一—二・荀躒曰「寡君（晉侯）……」

昭公三一—四・荀躒以晉侯之命唁公、且曰「寡君（晉侯）……」……荀躒掩耳而走、曰「寡君……寡君……」

定公四—一五・上掲【寡人】

定公六—四・獻子曰「寡君（晉侯）……」

定公八—B・獻子私謂子梁曰「寡君（晉侯）……」

定公一〇—一一・對曰「非寡君（魯定公）之望也。所以事君、封疆社稷是以、敢以家隷勤君之執事（齊の執事）。夫不令之臣、天下之所惡也、君豈以爲寡君賜」。

哀公二—五・簡子誓曰「……寡君（晉侯）……」

哀公四—五・使謂陰地之命大夫士蔑曰「……寡君（晉侯）……」

哀公七—三・景伯曰「……執事（吳の執事）……」……對曰「……寡君（魯哀公）……」

哀公一二—三・公不欲、使子貢對曰「……寡君（魯哀公）……

哀公一二—四・大宰嚭曰「寡君（吳王）……寡君……」

哀公一三—A・吳人將以公見晉侯、子服景伯對使者曰「……寡君（魯哀公）……執事（吳の執事）……」

哀公一五—A・吳子使大宰嚭勞、且辭曰「……寡君（吳王）……」上介芋尹蓋對曰「寡君（陳侯）……」

哀公一五—七・陳成子館客、曰「寡君（齊侯）……『寡人……』」景伯揖子贛而進之、對曰「寡君（魯哀公）……寡君……」

哀公一七—C・晉趙鞅使告于衞、曰「君（晉侯）之在晉也、志父（趙鞅）爲主。請君若大子來、以免志父。不然、寡君（晉侯）其曰志父之爲也」

哀公一七—G・武伯曰「……寡君（魯哀公）……」

哀公二〇—C・上揭【寡人】

哀公二一—B・齊閭丘息曰「……寡君（齊侯）……寡君……」

哀公二四—A・晉侯將伐齊、使來乞師、曰「……寡君（晉侯）……」……晉師乃還。餼臧石牛、大史謝之、曰「……寡君（晉侯）……」

哀公二六—A・皋如曰「寡君（越王）……」

哀公二七—C・知伯……使謂成子曰「大夫陳子（陳成子）、陳之自出。陳之不祀、鄭之罪也、故寡君（晉侯）使瑤（知伯）察陳衷焉、謂大夫其恤陳乎。……」……成子曰「寡君（齊侯）命恆（陳成子）曰……寡君……」

【「寡大夫」の用例】

昭公一一―二・・上掲（【寡君】）

昭公一一―一〇・・對曰「寡大夫圍（王子圍・靈王）」

【「君王」の用例】

文公一―一〇・・江羋怒曰「……君王（楚王）……」

成公九―B・・公（晉侯）曰「君王（楚王）何如」

襄公一八―六・・子庚歎曰「君王（楚王）……」

昭公七―A・・王將飲酒、無宇辭曰「……吾先君文王（楚文王）……君王（楚王）……」

昭公一二―九・・對曰「與君王（楚王）哉。昔我先王熊繹辟在荊山、篳路藍縷以處草莽、跋涉山林以事天子、唯是桃弧棘矢以共禦王事。……今周與四國服事君王（楚王）、將唯命是從、豈其愛鼎」……對曰「與君王（楚王）哉。周不愛鼎……」

昭公二〇―B・・對曰「臣告之。君王（楚王）……」

昭公二一―六・・費無極取貨於東國、而謂蔡人曰「……君王（楚王）……」……朱愬于楚、楚子（楚王）將討蔡

昭公二六―六・・子西怒曰「是亂國而悪君王（楚王）也……」

哀公六―六・・子閭退、曰「君王（楚王）……」……王曰「……不穀（楚王）不有大過……」……王曰「……不穀（楚王）雖不德、河非所獲罪也」

【「執事」の用例】

僖公二六―三：上掲（【寡君】）　執事（齊の執事）
僖公三〇―四：上掲（【寡人】）　執事（秦の執事）
文公一二―六：上掲（【寡君】）　執事（魯の執事）
文公一七―四：上掲（【寡君】）　執事（趙宣子・晉の執事）
宣公一二―三：上掲（【寡君】）　執事（易卦の解説なので一般名詞としての執事、ここで意味するところは晉の執事）　知莊子曰「此師殆哉。《易》有之、在師☷☵之臨☷☱、曰、『師出以律、否臧、凶』。執事順成爲臧、逆爲否。衆散爲弱、川壅爲澤。有律以如己也、故曰律。否臧、且律竭也。盈而以竭、夭且不整、所以凶也。不行之謂臨、有帥而不從、臨孰甚焉。此之謂矣。……」
成公三―A：上掲（【寡君】）　執事（楚の執事）
成公一三―三：上掲（【寡人】）　執事（晉の執事）
襄公三―B：上掲（【寡人】）　執事（魏絳・晉の執事）
襄公四―六：上掲（【寡君】）　執事（晉の執事）
襄公一四―四：上掲（【寡君】）　執事（衞の執事）
襄公一六―一一：上掲（【寡君】）　執事（晉の執事）
襄公二二―B：上掲（【寡君】）　執事（晉の執事）
襄公二六―E：上掲（【寡君】）　執事（晉の執事）
襄公二八―C：上掲（【寡君】）　執事（晉の執事）
襄公三一―D：上掲（【寡君】）　執事（趙文子・晉の執事）

昭公一—三：乃請諸楚曰「魯雖有罪、其執事（魯の執事）不辟難……呉・濮有釁、楚之執事豈其顧盟。……」
昭公二—二：上掲（【寡君】）　執事（韓宣子・晉の執事）
昭公三—F：上掲（【寡君】）　執事（韓宣子・晉の執事）
昭公一八—B：上掲（【寡君】）　執事（子產・鄭の執事）
昭公二〇—三：上掲（【寡君】）　執事（衞の執事）
昭公二五—五：上掲（【寡人】）　寡人（齊侯）將帥敝賦以從執事（晉の執事）
定公四—一五：上掲（【寡人】）　執事（呉の執事）
定公一〇—二：公會齊侯于祝其。實夾谷。孔丘相……孔丘謂梁丘據曰「齊・魯之故、吾子何不聞焉。事既成矣、而又享之、是勤執事（齊の執事）也。……」
定公一〇—一一：上掲（【寡君】）　執事（齊の執事）
哀公七—三：上掲（【寡君】）　執事（呉の執事）
哀公七—四：邾茅夷鴻以束帛乘韋自請救於呉、曰「……執事（呉の執事）……」
哀公一三—A：上掲（【寡君】）　執事（呉の執事）
哀公一六—A：衞侯使鄢武子告于周曰「……執事（周の執事）……」

【「不穀」の用例】
僖公四—三：上掲【寡君】　不穀（齊侯）
僖公二三—B：楚子饗之曰「公子若反晉國、則何以報不穀（楚王）」

僖公二四―四：王使來告難、曰「不穀（周王）不德……」
宣公一二―三：楚子使唐狡與蔡鳩居告唐惠侯曰「不穀（楚王）不德……」
宣公一五―二：上揭【寡君】　不穀（楚王）
成公三―A：上揭【寡君】　不穀（楚王）
成公一三―三：上揭【寡君】　不穀（楚王）
成公一六―六：上揭【寡君】　不穀（楚王）
成公一六―七：楚師還、及瑕、王使謂子反曰「……不穀（楚王）之罪也」
襄公一三―三：楚子疾、告大夫曰「不穀（楚王）不德、少主社稷。……」
襄公一八―六：楚子聞之、使楊豚尹宜告子庚曰「國人謂不穀（楚王）主社稷……」
昭公五―A：王曰「不穀（楚王）之過也、大夫無辱」。厚爲韓子（韓宣子）禮。王欲敖叔向以其所不知、而不能、亦厚其禮。韓起反、鄭伯勞諸圉。
昭公一三―三：上揭【寡君】　不穀（楚王）
昭公二六―七：十二月癸未、王入于莊宮。王子朝使告于諸侯曰「……不穀（周王・王子朝）……不穀……」
哀公六―六：上揭【寡君】　不穀（楚王）

【「孤」の用例】

桓公一三―A：楚子曰「孤（楚子）之罪也」
莊公一一―三：對曰「孤（宋公）實不敬、天降之災……」臧文仲曰「宋其興乎。禹・湯罪己、其興也悖焉。桀・紂罪人、其亡也忽焉。且列國有凶、稱孤、禮也。言懼而名禮、其庶乎」。

僖公九—五：公疾、召之曰「以是藐諸孤、辱在大夫、其若之何」　子供という意味の孤。ここは諸孤

僖公一五—一二a：上掲（【寡人】）　孤（晉侯）

僖公三三—三・四：上掲（【寡君】）　「孤（秦伯）違蹇叔、以辱二三子、孤之罪也」。不替孟明曰、「孤（秦伯）之過也、大夫何罪。且吾（秦伯）不以一眚掩大德」

文公一—B：殽之役……秦伯曰「是孤（秦伯）之罪也……是貪故也、孤之謂矣。……」

文公一三—三：邾子曰「苟利於民、孤（邾子）之利也。天生民而樹之君、以利之也。民既利矣、孤必與焉」

文公一七—四：上掲（【寡君】）　孤（鄭子家）之二三臣

文公一八—九：孤寡（孤兒とやもめ）

宣公一二—二：鄭伯肉袒牽羊以逆、曰「孤（鄭伯）不天、不能事君、使君懷怒以及敝邑、孤之罪也、敢不唯命是聽……」

成公一一—A：婦人怒曰「己不能庇其伉儷而亡之、又不能字人之孤（子供）而殺之、將何以終」。

成公一八—二：使荀罃・士魴逆周子于京師而立之、生十四年矣。大夫逆于清原。周子曰「孤（即位した周子）……」

襄公八—八：上掲（【寡君】）　孤（鄭の子駟）也與其二三臣不能禁止

襄公一一—八・一〇：上掲（【寡君】）　孤（鄭人）

襄公二六—F：歸老幼、反孤疾（子供と病人）

襄公二六—八・九・一〇：許靈公如楚、請伐鄭、曰「師不興、孤（許靈公）不歸矣」

襄公二七—D：東郭姜以孤（子供）入

昭公四—三：使言曰「無或如齊慶封弑其君、弱其孤（子供）、以盟其大夫」

昭公七―二・上揭（【寡君】）　孤（楚の薳啓彊）與其二三臣
昭公一〇―二・國之貧約孤寡（孤兒とやもめ）者、私與之粟
昭公一〇―四・五・既葬、諸侯之大夫欲因見新君……叔向辭之曰「大夫之事畢矣、而又命孤（晉の新君）。孤斬焉在衰經之中、其以嘉服見、則喪禮未畢。……」
昭公一四―B・孤（子供）幼……孤（子供）寡
昭公二〇―D・夭昏孤（孤兒）疾
昭公二一―B・公自揚門見之、下而巡之、曰「國亡君死、二三子之恥也、豈專孤（宋公）之罪也」
昭公二二―二・上揭（【寡君】）　孤（宋公）
哀公一―D・孤（子供）寡
哀公二二―B・越滅吳、請使吳王居甬東。辭曰「孤（吳王）老矣、焉能事君」
哀公二七―C・孤子（孤兒）

【「大上」の用例】
僖公二四―二・王怒、將以狄伐鄭。富辰諫曰「不可。臣聞之、大上（周王のような至上の存在）以德撫民、其次親親、以相及也。……」
襄公二四―一・穆叔曰「以豹所聞、此之謂世祿、非不朽也。魯有先大夫曰臧文仲、既沒、其言立、其是之謂乎。豹聞之、『大上（至上の存在）有立德、其次有立功、其次有立言』。

7・『國語』に見える諸語の用例

【不穀】

楚語上・恭王有疾召大夫曰不穀（楚恭王）不德失先君之業覆楚國之師不穀之辠也。……大夫曰、君王（楚恭王）有命矣

楚語上・王病之曰、子復語、不穀（楚靈王）雖不能用吾憖寘之於耳

楚語下・呉人入楚昭王出奔……王使謂之曰成臼之役而棄不穀今而敢來何也。

呉語・呉王懼、使人行成曰、昔不穀（呉王）先委制於越君

越語下・三年而呉人遣之……王曰不穀（呉王）之國家蠡之國家也……四年王召范蠡而問焉、曰先人就世不穀（呉王）即位……呉人之那不穀（呉王）亦又甚焉……又一年、王召范蠡而問焉曰吾（呉王）與子謀……王怒曰、道固然乎妄其欺不穀（呉王）邪、吾（呉王）與子言人事子應我以天時今天應至矣子應我以人事何也……戰居軍三年呉師自潰……曰、昔者上天降禍於呉得罪於會稽今君王（越王）其圖不穀（呉王）不穀請復會稽之和。

【君王】

楚語上・上揭

楚語下・呉人入楚楚昭王奔鄖……子西諫曰、君有二臣、或可賞也、或可戮也、君王（楚昭王）均之、羣臣懼矣。

呉語・呉王夫差起師伐越越王句踐起師逆之江、大夫種乃獻謀、曰「夫呉之與越唯天所授、王（呉王）其無庸戰、夫申胥華登簡服呉國之士於甲兵、而未嘗有所挫也、夫一人善射百夫決拾、勝未可成、夫謀必素見成事焉而後履之、不可以授命、王不如設戎約辭行成以喜其民、以廣侈呉王之心、吾以卜之於天、天若棄呉必許吾成而不吾足也、將必寬然有伯

諸侯之心焉、既罷弊其民而天奪之食安受其燼、乃無有命矣」。越王許諾乃命諸稽郢行成於吳、曰、「寡君句踐（越王句踐）使下臣郢不敢顯然布幣行禮、敢私告於下執事曰『昔者越國見禍得罪於天王（吳王闔閭）、天王（吳王夫差）親趨玉趾以心孤（捨てる）勾踐、而又宥赦之、君王（吳王夫差）之於越也、緊起死人而肉白骨也、孤（越王句踐）不敢忘、天災、其敢忘君王（吳王夫差）之大賜乎、今句踐（越王句踐）申禍無良、草鄙之人敢忘天王（吳王夫差）之大德而思邊垂之小怨、以重得罪於下執事、句踐（越王句踐）用帥二三之老、親委重罪頓顙於邊、今君王（吳王夫差）不察盛怒屬兵將殘伐越國、越國固貢獻之邑也君王不以鞭箠使之而辱軍士使寇令焉、句踐（越王句踐）請盟一介嫡女執箕箒以晐姓於王宮、一介嫡男奉槃匜以隨諸御、春秋貢獻不解於王府、天王（吳王夫差）豈辱裁之、亦征諸侯之禮也、夫諺曰狐埋之而狐搰之是以無成功、今天王（吳王夫差）既封殖越國、以明聞於天下、而又刈亡之是天王（吳王夫差）之無成勞也、雖四方之諸侯則何實以事吳、敢使下臣盡辭唯天王（吳王夫差）秉利度義焉』」。

吳語（續）‥吳王夫差乃告諸大夫曰、「孤（吳王）將有大志於齊……」……「……君王（吳王夫差）……。

吳語（續）‥吳王夫差還自黃池息民不戒、越大夫種乃倡謀、曰「……吳王將恥不戰必不須至之會也、而以中國之師與我戰……王（越王）安厚取名而去之」……君王（越王句踐）……。

吳語（續）‥吳王懼使人行成、曰「昔不穀（吳王）先委制於越君、君告孤（吳王）請成男女服從孤（吳王）無奈越之先君何、畏天之不祥不敢絕祀許君成以至于今、今孤不道得罪於君王（越王）、君王以親辱於弊邑、孤（吳王）敢請成男女服爲臣御」。越王曰「昔天以越賜吳、而吳不受、今天以吳賜越、孤（越王）敢不聽天之命、而聽君（吳王）之命乎」乃不許成。因使人告于吳王、曰「天以吳賜越、孤（越王）不敢不受、以民生之不長、王（吳王）其無死、民生於地上、寓也、其與幾何、寡人（越王）其達王（吳王）於甬句東、夫婦三百、唯王所安、以沒王年」。夫差辭曰「天既降禍于吳國、不在前後、當孤（吳王）之身、寔失宗廟社稷、凡吳土地人民、越既有之矣、孤（吳王）何以視於天下」。夫差將死、使人説於子胥、曰「使死者無知、則已矣、若其有知、吾何面目以見員也」。遂自殺。越滅呉、上征上國、宋鄭魯衞陳蔡執玉之君皆入朝、夫唯能下其羣臣以集其謀故也。

越語上：越王句踐棲於會稽之上、乃號令於三軍、曰「……」、大夫種進對曰「……君王（越王句踐）……」……遂使之行成於呉、曰「寡君句踐（越王句踐）乏無所使、使其下臣種（大夫種）、不敢徹聲聞於天王（呉王夫差）、私於下執事（大夫種）、曰『寡君（越王句踐）之師徒、不足以辱君矣。願以金玉子女賂君之辱、請句踐女女於王、大夫女女於大夫、士女女於士、越國之寶器畢從、寡君（越王句踐）帥越國之衆、以從君（呉王夫差）之師徒、唯君左右之。若以越國之罪爲不可赦也、將焚宗廟、係妻孥、沈金玉於江、有帶甲五千人將以致死、乃必有偶。是以帶甲萬人以事君（呉王夫差）也、無乃卽傷君王（呉王夫差）之所愛乎、與其殺是人也、寧其得此國也、其孰利乎』」。……句踐說於國人、曰「寡人（越王句踐）不知其力之不足也、而又與大國執讎、以暴露百姓之骨於中原、此則寡人（越王句踐）之罪也、寡人（越王句踐）請更」。……

越語下：越王句踐卽位三年而欲伐呉、范蠡進諫曰（以下、范蠡が越王句踐を「君王」と呼ぶ）

【寡君】

魯語上：文仲以鬯圭與玉磬如齊告糴、曰「……寡君（魯公）與二三臣……」……「……寡君（魯公）……」

魯語下：寡君（魯公）

齊語：桓公自莒反于齊……桓公曰「夫管夷吾射寡人（齊桓公）中鈎、是以濵於死」。……桓公曰「施伯魯君（魯公）之謀臣也。

（その他）

【大上】

國語になし

【孤】

周語上：宣王既喪南國之師……孤（孤兒）終

魯語下：季康子欲以田賦……於是乎有鰥寡孤（孤兒）疾

齊語：即位數年……刜令支斬孤竹（國名）而南歸

晉語二：二十六年獻公卒……而殺其孤（子供）吾有死而已吾蔑從之矣

晉語七：既殺厲公欒武子使知武子彘恭子如周迎悼公、……「孤（晉悼公）……孤……孤……孤……孤……」……孤（孤兒）疾……

吳語：（上揭）（句踐）孤句踐　孤不敢～　（夫差）孤　孤豈敢～　孤日夜相繼　孤欲吾先君之班爵　孤之事君在今日　孤用親　孤無奈越之先君何　今孤不道　孤敢請成　孤敢不聽天之命　當孤之身　孤何以視於天下

越語上：孤子（孤兒）

8：『管子』に見える「寡君」の用例

【寡君】

大臣第十八：二月魯人告齊曰、寡君（魯公）畏君之威

小臣第二十：魯公曰、施伯魯之謀臣也彼知吾將用之必不吾豫也、鮑叔曰、君詔使者曰、寡君（魯公）有不令之臣在君之國願請之以戮羣臣……魯君曰、諾將殺管仲、鮑叔進曰殺之齊是戮齊也。若不生得是君（齊侯）與寡君（魯公）賊比也

9：『公羊傳』に見える諸語の用例

【寡君】→【寡人】

【寡人】昭公二十五年に【寡君】、宣公十二年に【君王】あり

莊公四年：紀侯大去其國。傳。大去者何、滅也、孰滅之、齊滅之、曷爲不言齊滅之、爲襄公諱也、春秋爲賢者諱、何賢乎襄公、復讐也、何讐、爾遠祖也、哀公亨乎周、紀侯譖之、以襄公之爲於此焉者、事祖禰之心盡矣、盡者何、襄公將復讐乎紀卜之、曰師喪分焉、寡人（齊襄公）死之、不爲不吉也、遠祖者幾世、乎九世矣、九世猶可以復讐乎、雖百世可也、家亦可乎、曰不可國何以可、國君一體也、先君之恥、猶今君之恥也、今君之恥、猶先君之恥也、國君何以爲一體、國君以國爲體、諸侯世、故國君爲一體也、今紀無罪、此非怒與、曰非也、古者有明天子、則紀侯必誅、必無紀者、紀侯之不誅、至今有紀者、猶無明天子也、古者諸侯、必有會聚之事、相朝聘之、道號辭、必稱先君、以相接、然則齊紀無說焉、不可以竝立乎天下、故將去紀侯者、不得不去紀也、有明天子、則襄公得爲若行乎、曰不得也、不得則襄公曷爲爲之、上無天子下無方伯、緣恩疾者可也。

莊公六年：冬齊人來歸衞寶。傳。此衞寶也、則齊人曷爲來歸之、衞人歸之也、衞人歸之、則其稱齊人何、讓乎我也、其讓乎我奈何、齊侯曰、此非寡人（齊侯――襄公）之力、魯侯之力也。

莊公十三年：冬公會齊侯盟于柯。傳。何以不日、易也、其易奈何、桓之盟不日、其會不致信之也、其不日何以始乎此、莊公將會乎桓、曹子進曰、君之意何如、莊公曰、寡人（魯莊公）之生、則不若死矣、曹子曰、然則君請當其君臣、請當其臣、莊公曰、諾、於是會乎桓、莊公升壇、曹子手劍而從之、管子進曰、君何求乎、曹子曰、城壞壓竟、君不圖與、管子曰、然則君將何求、曹子曰、願請汶陽之田、管子顧曰、君許諾、桓公曰、諾、曹子請盟、桓公下與之盟、已盟曹子、摽劍而去之、要盟可犯、而桓公不欺曹子可讎、而桓公不怨、桓公之信著乎天下、自柯之盟始焉。

莊公三十二年：秋七月癸巳公子牙卒。傳。何以不稱弟、殺也、殺則曷爲不言刺、爲季子諱殺也、曷爲爲季子諱殺、季子之遏惡也、不以爲國獄、緣季子之心而爲之諱、季子之遏惡奈何、莊公病將死、以病召季子、季子至、而授之以國政、曰、寡人（魯莊公）卽不起此病、吾將焉致乎魯國、季子曰、般也、存君何憂焉、公曰、庸得若是乎、牙謂我曰、魯一生一及、君已知之矣、慶父也存、季子曰、夫何敢是將爲亂乎、夫何敢、俄而牙弑械成、季子和藥而飮之、曰、公子從吾言、而飮此、則必可以無爲天下戮笑、必有後乎魯國、不從吾言、而不飮此、則必爲天下戮笑、必無後乎魯國、於是、從其言、而飮之、飮之、無傫氏、至乎王堤而死、公子牙今將爾、辭曷爲與親弑者同、君親無將將而誅焉、然則善之、與曰、然殺世子母弟、直稱君者、甚之也、季子殺母兄、何善爾、誅不得辟兄、君臣之義也、然則曷爲不直誅、而酖之行誅乎、兄隱而逃之、使託若以疾死然、親親之道也。

僖公二年：虞師晉師滅夏陽。傳。虞微國也、曷爲序乎大國之上、使虞首惡也曷爲使虞首惡、虞受賂、假滅國者、道以取亡焉、其受賂奈何、獻公朝諸大夫、而問焉、曰、寡人（晉獻公）夜者寢、而不寐其意也何、諸大夫有進對者、曰、寢不安與、其諸侍御有不在側者與、獻公不應、荀息進曰、虞郭見與、獻公揖而進之、遂與之入、而謀曰、吾欲攻郭、則虞救之、攻虞則郭救之、如之何、願與子慮之、荀息對曰、君若用臣之謀、則今日取郭、而明日取虞爾、君何憂焉、獻公曰、然則奈何、荀息曰、請以屈産之乘、與垂棘之白璧、往必可得也、則寶出之內藏藏之外府、馬出之內廏繫之外廏爾、君何喪焉、獻公曰、諾、雖然宮之奇存焉、如之何、荀息曰、宮之奇知、則知矣、雖然虞公貪而好寶、見寶必不從其言、請終以往、於是、終以往虞公見寶、許諾、宮之奇果諫記曰、脣亡則齒寒、虞郭之相救、非相爲賜、則晉今日取郭、而明日虞從而亡爾、君請勿許也、虞公不從其言、終假之道以取郭、還四年、反取虞、虞公抱寶牽馬而至、荀息見曰、臣之謀何如、獻公曰、子之謀則已行矣、寶則吾寶也、雖然吾馬之齒、亦已長矣、蓋戲之也、夏陽者何、郭之邑也、曷爲不繫于郭國之也、曷爲國之、君存焉爾。

僖公十年：晉殺其大夫里克。傳。里克弑二君、則曷爲不以討賊之辭言之、惠公之大夫也、然則孰立惠公、里克也、里克弑奚齊卓子、逆惠公、而入里克立惠公、則惠公曷爲殺之、惠公曰、爾既殺夫二孺子矣、又將圖寡人（晉惠公）、爲爾君者、不亦病乎、於是殺之、然則曷爲不言惠公之入、晉之不言出入者、踊爲文公諱也、齊小白入于齊、則曷爲不爲桓公諱、桓公之享國也長、美見乎天下、故不爲之諱、本惡也、文公之享國也、短美未見乎天下、故爲之諱、本惡也。

僖公二十二年：冬十有一月己巳朔宋公及楚人戰于泓宋師敗績、偏戰者日爾此其言朔何、春秋辭繁而不殺者正也、何正爾、宋公與楚人期戰于泓之陽、楚人濟泓而來、有司復曰、請迨其未畢濟而擊之、宋公曰、不可、吾聞之也、君子不厄人、吾雖喪國之餘、寡人（宋襄公）不忍行也、既濟未畢陳、有司復曰、請迨其未畢陳而擊之、宋公曰、不可、吾聞之也、君子不鼓不成列、已陳然後、襄公鼓之、宋師大敗、故君子、大其不鼓不成列、臨大事而不忘大禮、有君而無臣、以爲雖文王之戰、亦不過此也。

宣公十二年：夏六月乙卯晉荀林父帥師及楚子戰于邲、晉師敗績。傳。大夫不敵君此其稱名氏以敵楚子何、不與晉而與楚子爲禮也、曷爲不與晉而與楚子爲禮也、鄭伯肉袒左執茅旌、右執鸞刀、逆莊王曰、寡人（鄭伯——襄公）無良邊垂之臣、以干天禍、是以使君王（楚莊王）沛焉、辱到敝邑、君如矜此喪人、錫之不毛之地、使帥一二耋老而綏焉、請唯君王（楚莊王）之命、莊王曰、君之不令臣交易爲言、是以、使寡人得見君之玉面、而微至乎此、莊王親自手旌、左右撝軍退舍七里、將軍子重諫曰、南郢之與鄭相去數千里、諸大夫死者數人、厮役扈養死者數百人、今君勝鄭、而不有無乃失民臣之力乎、莊王曰、古者杅不穿皮不蠹、則不出於四方、是以君子篤於禮、而薄於利、要其人而不要其土、告從、不赦不詳、吾以不詳道民災、及吾身何日之有、既則晉師之救鄭者至、曰請戰、莊王許諾、將軍子重諫曰、晉大國也、王師淹病矣、君請勿許也、莊王曰、弱者吾威之、彊者吾辟之、是以使寡人（楚莊王）無以立乎天下、令之還師而逆晉寇、莊王鼓之、晉師大敗、晉衆之走者、舟中之指可掬矣、莊王曰、嘻吾（楚莊王）兩君不相好、百姓何罪令之還師而佚晉寇。

昭公二十五年・齊侯唁公于野井。傳。唁公者何、昭公將弑季氏（魯の昭公が季氏を弑せんとする）、告子家駒曰、季氏爲無道、僭於公室久矣、吾欲弑之何如、子家駒曰、諸侯僭於天子、大夫僭於諸侯久矣、昭公曰、吾何僭矣哉、子家駒曰、設兩觀、乘大路、朱干、玉、以舞大夏、八佾以舞大武、此皆天子之禮也、且夫牛馬維婁、委己者也、而柔焉、季氏得民衆久矣、君無多辱焉、昭公不從其言、終弑而敗焉、走之齊、齊侯唁公于野井、曰、奈何君去魯國之社稷、昭公曰喪人、不佞、失守魯國之社稷、執事以羞、再拜顙、慶子家駒、曰、慶子免君於大難矣、子家駒曰、臣不佞、陷君於大難、君不忍加之以鈇鑕、賜之以死、再拜顙、高子執簞食、與四脡脯、國子執壺漿、曰、吾寡君（齊景公）聞君（魯昭公）在外餕饔未就、敢致糗于從者、昭公曰、君不忘、吾先君延及喪人、錫之以大禮、再拜稽首以衽受、高子曰、有夫不祥、君無所辱大禮、昭公蓋祭而不嘗、景公曰、寡人（齊景公）有不腆先君之服未之敢服、有不腆先君之器、未之敢用敢以請、昭公曰、喪人不佞、失守魯國之社稷、執事以羞敢辱大禮、敢辭、景公曰、寡人（齊景公）有不腆先君之服、未之敢服、有不腆先君之器、未之敢用、敢固以請、昭公曰、以吾宗廟之在魯也、辭之、有先君之服未之能以服、有先君之器、未之能以出、敢固辭、景公曰、寡人有不腆先君之服、未之敢服、有不腆先君之器、未之敢用、請以饗乎從者、昭公曰、喪人其何稱、景公曰、孰君而無稱、昭公於是噭然而哭、諸大夫皆哭、既哭以人爲菑、以幦爲席、以鞍爲几以遇禮相見、孔子曰、其禮與其辭足觀矣。

定公四年：冬十有一月庚午蔡侯以吳子及楚人戰于伯莒楚師敗績。傳。吳何以稱子、夷狄也、而憂中國、其憂中國奈何、伍子胥父誅乎楚、挾弓而去楚、以干闔廬、闔廬曰、士之甚、勇之甚、將爲之興師、而復讎于楚、伍子胥復曰、諸侯不爲匹夫興師、且臣聞之、事君猶事父也、虧君之義、復父之讎臣不爲也、於是、止蔡昭公、朝乎楚、有美裘焉、囊瓦求之、昭公不與、爲是拘昭公於南郢數年、然後歸之、於其歸焉用事乎河、曰、天下諸侯、苟有能伐楚者、寡人（蔡の昭公）請爲之前列、楚人聞之怒、爲是、興師使囊瓦將而伐蔡、蔡請救于吳、伍子胥復曰、蔡非有罪也、楚人爲無道、君如有憂中國之心、則若時可矣、於是興師而救蔡、曰、事君猶事父也、此其爲可以復讎奈何、曰父不受誅、子復讎可也、父受誅、子復讎、推刃之道也、復讎不除害、朋友相衞、而不相迿、古之道也。

【君王】→【寡人】

【子曰】夫子は注釋にある。『公羊傳』本文に「夫子」なし

昭公……十有二年、春齊高偃帥師納北燕伯于陽。傳。伯于陽者何、公子陽生也、子曰「我乃知之矣」、在側者曰子、苟知之、何以不革、曰如爾所不知何、春秋之信史也、其序則齊桓晉文、其會則主會者爲之也、其詞則丘有罪焉爾。

（『穀梁傳』は、「納者、內不受也、燕伯之不名何也、不以高偃挈燕伯也」とする）

【吾子】

隱公三年……癸未葬宋繆公。傳。葬者曷爲或日或不日、不及時而日、渴葬也、不及時而不日、慢葬也、過時而日、隱之也、過時而不日、謂之不能葬也、當時而不日正也、當時而日、危不得葬也、此當時、何危、爾宣公謂繆公曰、以吾愛與夷、則不若愛女、以爲社稷宗廟主、則與夷不若女、盍終爲君矣、宣公死繆公立、繆公逐其二子莊公馮與左師勃、曰、爾爲吾子、生毋相見、死毋相哭、與夷復曰、先君之所爲、不與臣國、而納國乎君者、以君可以爲社稷宗廟主也、今君逐君之二子、而將致國乎與夷、此非先君之意也、且使子而可逐、則先君其逐臣矣、繆公曰、先君之不爾逐可知矣、吾立乎此、攝也、終致國乎與夷、莊公馮弑與夷、故君子大居正、宋之禍宣公爲之也。

莊公元年……三月夫人孫于齊。傳。孫者何孫猶孫也、內諱奔謂之孫、夫人固在齊矣、其言孫于齊何、念母也、正月以存君念母以首事、夫人何以不稱姜氏、貶、曷爲貶、與弑公也、其與弑公奈何、夫人譖公於齊侯、公曰、同非吾子、齊侯之子也、齊侯怒與之飲酒、於其出焉、使公子彭生送之、於其乘焉、搚幹而殺之、念母者所善也、則曷爲於其念母焉貶、不與念母也。

成公十五年……三月乙巳仲嬰齊卒。公孫嬰齊也、公孫嬰齊則曷爲謂之仲嬰齊、爲兄後也、爲兄後則曷爲謂之仲嬰齊、爲人後者爲之子也、爲人後者爲其子則其稱仲何、孫以王父字爲氏也、然則嬰齊孰後、後歸父也、歸父使于晉而未反、何以後之、叔仲惠伯傅子赤者也、文公死子幼、公子遂謂叔仲惠伯曰、君幼、如之何願與子慮之、叔仲惠伯曰、吾子相之、老夫抱之、何幼君之有、公子遂知其不可與謀、退而殺叔仲惠伯、弑子赤、而立宣公、宣公死、成公幼、臧宣叔者相也、君死不哭、聚諸大夫而問焉曰、昔者叔仲惠伯之事、孰爲之諸大夫、皆雜然曰、仲氏也、其然乎、於是遣歸父之家、然後哭君、歸父使乎晉還、自晉至檉聞君薨、家遣墠帷哭君成踊、反命于介、自是走之、齊魯人徐傷歸父之無後也、於是使嬰齊後之也。

昭公三十一年、冬黒弓以濫來奔。傳。文何以無邾婁、通濫也、曷爲通濫、賢者子孫宜有地也、賢者孰謂、謂叔術也、何賢乎叔術、讓國也、其讓國奈何、當邾婁顏之時、邾婁女有爲魯夫人者、則未知其爲武公與懿公與孝公幼、顏淫九公子于宮中、因以納賊、則未知其爲魯公子與邾婁公子與臧氏之母養公者也、君幼則宜有養者大夫之妾士之妻、則未知臧氏之母者、曷爲者也、養公者必以其子入養、臧氏之母聞有賊、以其子易公、抱公以逃、賊至湊公寢而弑之、臣有鮑廣父與梁買子者、聞有賊、趨而至臧氏之母、曰、公不死也、在是吾以吾子易公矣、於是負孝公之周愬天子、天子爲之誅顏、而立叔術、反孝公于魯、顏夫人者、嫗盈女也、國色也、其言曰有能、爲我殺、殺顏者、吾爲其妻、叔術爲之殺、殺顏者、而以爲妻、有子焉、謂之盱夏父者、其所爲有於顏者也、盱幼而皆愛之、食必坐二子於其側、而食之有珍怪之食、盱必先取足焉、夏父曰、以來、人未足、而盱有餘、叔術覺焉、曰、嘻此誠爾國也、夫起而致國于夏父、夏父受而中分之、叔術曰、不可、三分之、叔術曰、不可、四分之、叔術曰、不可、五分之、然後受之、公扈子者、邾婁之父兄也、習乎邾婁之故、其言曰、惡有言人之國、賢若此者乎、誅顏之時、天子死、叔術起、而致國于夏父、當此之時、邾婁人常被兵于周、曰、何故死吾天子、通濫、則文何以無邾婁、天下未有濫也、天下未有濫、則其言以濫來奔何、叔術者賢大夫也、絶之則爲叔術不欲絶、不絶則世大夫也、大夫之義不得世、故於是推而通之也。

10：『穀梁傳』に見える諸語の用例

【寡君】

なし

【君王】

なし

【寡人】

（定公四年）冬十有一月庚午、蔡侯以吳子、及楚人戰于伯擧、楚師敗績。傳、吳其稱子何也、以蔡侯之以之擧其貴者也、蔡侯之以之則其擧貴者、何也、吳信中國而攘夷狄、吳進矣、其信中國而攘夷狄奈何、子胥父誅于楚也、挾弓持矢、而干闔廬、闔廬曰、大之甚、勇之甚、爲是欲興師、而伐楚子、胥諫曰、臣聞之、君不爲匹夫興師、且事君猶事父也、虧君之義、復父之讎、臣弗爲也、於是、止蔡昭公朝於楚、有美裘、正是日囊瓦求之、昭公不與、爲是拘昭公於南郢、數年、然後、得歸、歸乃用事乎漢、曰、苟諸侯、有欲伐楚者、寡人（蔡昭公）請爲前列焉、楚人聞之、而怒爲是興師、而伐蔡、蔡請救于吳、子胥曰、蔡非有罪、楚無道也、君若有憂中國之心、則若此時可矣、爲是興師、而伐楚、何以不言救也、救大也。楚囊瓦出奔鄭。庚辰吳入楚日、入易無楚也、易無楚者、壞宗廟、徙陳器、撻平王之墓、何以不言滅也、欲存楚也、其欲存楚奈何、昭王之軍敗、而逃父老送之曰、寡人（楚昭王）不肖、亡先君之邑、父老反矣、何憂無君、寡人（楚昭王）且用此入海矣、父老曰、有君如此其賢也、以衆不如吳以必死不如楚、相與擊之、一夜而三敗吳人、復立、何以謂之吳也、狄之也、何謂狄之也、君居其君之寢、而妻其君之妻、大夫居其大夫之寢、而妻其大夫之妻、蓋有欲妻楚王之母者、不正乘敗人之績、而深爲利居人之國、故反其狄道也。

（定公）十年、春王三月、及齊平。夏公會齊侯于頰谷。公至自頰谷。傳、離會不致、何爲致也、危之也、危之則以地致何也、爲危之也、其危奈何、曰、頰谷之會、孔子相焉、兩君（魯公・齊侯）就壇兩相相揖、齊人鼓譟而起欲以執魯君（魯公）、孔子歷階而上不盡一等而視歸乎齊侯、兩君合好夷狄之民、何爲來爲命司馬止之、齊侯逡巡、而謝曰、寡人（齊侯）之過也、退而屬其二三大夫、曰、夫人（孔子）率其君與之行古人之道、二三子獨率我、而入夷狄之俗何爲、罷會齊人使優施舞於魯君之幕下、孔子曰、笑君者罪當死使司馬行法焉、首足異門、而出齊人來歸鄆讙龜陰之田者蓋爲此也、因是以見、雖有文事、必有武備、孔子於頰谷之會見之矣。

【吾子】我が子供……『公羊傳』と比較。『公羊傳』の用法を知り、秦の「無男女之別」をそしる僖公三三年、夏四月辛巳、晉人及姜戎敗秦師于殽。傳。不言戰而言敗何也、狄秦也、其狄之何也、秦越千里之險入虛國、進不能守、退敗其師徒亂、人子女之教無男女之別、秦之爲狄、自殽之戰始也、秦伯將襲鄭、百里子與蹇叔子諫曰、千里而襲人、未有不亡者也、秦伯曰、子之冢木已拱矣、何知、師行、百里子與蹇叔子送其子、而戒之曰、女死必於殽之巖唫之下、我將尸女於是、師行、百里子與蹇叔子隨其子、而哭之、秦伯怒曰、何爲哭吾師也、二子曰、非敢哭師也、哭吾子也、我老矣、彼不死則我死矣、晉人者晉子也、其曰人何也、微之也、何爲微之、不正其釋殯、而主乎戰也。

第四節　先秦兩漢の禮樂の變遷
――孔子の時代の樂を知るために――

はじめに

私は、青銅編鐘の形式や組み合わせの變化を検討したことがある。(89) また、戰國時代の文獻と漢代の文獻では、同じ言葉でも用法が異なることを述べ(90)、説話の成立と展開がこうした用法の變化と密接に關わっていることを述べた。(91) 以上から、論理的歸結として期待されるのが、青銅編鐘の形式や組み合わせの變化と樂との關係、そして、それらと説話との關係を詰める作業である。

周知のように、禮樂が儒教的儀禮の中で占める役割は少なくない。しかしその淵源を古い時代に遡るとなると、必ずしも詰めの作業がなされてはいない。本稿は、その詰めの検討を進めようとして提示するささやかな試論である。

編鐘の考古學的検討

編鐘は、孔子の時代に流行した樂器である。西周時代に複數の鐘を並べて演奏しており、その風は春秋時代に及んだ。春秋時代に複數の鐘の配列に工夫するようになり、戰國前期に新たな工夫が始まり、戰國中期に鐘の小型化と形狀の變化が始まり、前漢武帝のとき以後急速に衰亡した(92)。

西周時代の編鐘は、大小複數の鐘を配列するのに、個々の模樣がばらばらであることが多い。大きさから見ても、大きなものが二、三あって、鄰が急に小さくなるなど、大小と配列の釣り合いの關係に、後代ほど氣を遣っていないことがわかる（編鐘時期Aとしておく）。

春秋時代になると、大小複數の鐘に秩序が見られるようになる。模樣は同じものがつくられ、大小の變化も、基準の幅に示される。基準は銑間徑にあり、それが一定の長さ（寸の整數）をもって縮小される。出音の變化にも氣遣いが反映される（編鐘時期Bとしておく）。

そもそも鐘の出音は二つある。開口部中央を敲いて得られる正鼓音と、その中央と銑部下端の中ほどを敲いて得られる側鼓音である。正鼓音と側鼓音の開きは、一般に長三度または短三度である。それら二つの出音も、銑間徑の變化に沿って變化していく。出音の變化と大小に秩序を見出しているらしい。模樣が比較的統一性をもつにいたるのも、その秩序觀に關わるだろう。

その秩序觀に若干の變化が見られるのが戰國前期（前四七九年〜二二一年を戰國時代とする）後半である。そのころ、大小複數の鐘の銑間徑の縮小のさせかたが、直線的でなく、曲線的になる。正鼓音で比較し、一オクターブ高い音に目配りする。最大鐘の正鼓音と銑間徑を基準とし、一オクターブ以内に治まる正鼓音の編鐘を、銑間徑が最大鐘の三分の二におさまるようにする。この複數の鐘の縮小のさせかたと出音の關係は、前漢武帝まで繼承される（編鐘時期Cとする）。

そして、その武帝のころを境に編鐘の時代は終焉する。

編鐘時期Cは、さらに二つに分けることができる。戰國中期には、鐘の小型化と形狀變化が始まる。形狀は正面から見た形が胴太になる（編鐘時期C―2とする）。それまでの鐘は、陶土等で模型をつくり、音を調整した上で、内范を作ってすぽっと抜き、別に外范を作る。胴太では、すぽっと抜くわけにはいかない。この胴太の鐘は、内范・外范による陶模法ではなく、蠟模法で作られる。つまり、青銅器製作法が大きく變わったということである。おりしも、鐵器が普及し、青銅器生產は、蠟模法を驅使しての量產體制に入る。そして、作品は次第に粗悪なものとなり、やがて青銅器時代の終わりを迎えるのである。その青銅器時代の終わりを告げるのが、編鐘の衰亡だったということもできる。

青銅器生產の有り樣の變化、鐵器の普及という觀點から注目されるのは、編鐘時期C―2の開始である。これはまず把握しておくべき事實である。

曾侯乙墓出土編鐘からわかること

次に、さかのぼって編鐘時期Cの開始時期は、湖北省隨縣（隨州市）曾侯乙墓出土編鐘によって議論できる。この墓出土の編鐘には、編鐘時期Bと編鐘時期Cの二つの形式の編鐘が混在する(93)。

曾侯乙墓出土編鐘からは、多くの知見が得られた。代表的なものが、絶對音高の出現である。周知のように、音階には、ドレミに相當する相對音程と、イロハに相當する絶對音高がある。新石器時代の昔から、簡單な音階は出現していたことが豫想され、それは、その場その場で作り出される相對音程であったことは間違いない。その相對音程の世界に革命的な變化が現れた。この間の事情は、次の四つの時期に分けて論じることができる。

Ｉ：簡單な樂器によって相對音程が作り出された時期。

Ⅱ：合奏が始まり、靑銅編鐘に合わせて弦樂器などの音程を調整した時期。いわば次のⅢの時期の準備段階。

Ⅲ：靑銅樂器の絶對音高を作り出すことに成功し、つまり、靑銅樂器の音を模の段階で豫想して作るようになり、
　その靑銅樂器にあわせて弦樂器の音程を調整した時期。

Ⅳ：複數の地域を統合し、絶對音高の基準も統合された時期。

以上は、論理的にこうなる、というだけでなく、すでに言及した編鐘時期A・B・C・C―2の區分、および下記に論じるような新知見を加味して得られる時期區分である。

曾侯乙墓出土編鐘からわかることは、この出土編鐘がⅣの時期に相當するものだということである。これら編鐘には絶對音高・相對音程が複數介紹されている。顯著なのは、絶對音高が國ごとに違う様が介紹されていることである。そして相對音程にも異名が見える。さらに言えば、この相對音程は傳世文獻に見える五音を基礎にしつつも、十二音を別々に表現するものであり、オクターブを異にすれば名稱も異なるという、かなり複雜な様相を示すものである。

以上からすぐに想定できることは、
①まず相對音程が成立していた（宮・商・角・徵・羽）。
②それが各國に傳わり名稱として定着した。そのため、相對音程は國ごとの相違があまりない。
③そののち絶對音高たる十二律ができあがった。そのため、國ごとの相違が名稱の相違となって現れた。
④國によっては、十二律に影響されて十二の相對音程やオクターブの相違による音程名稱ができあがった。この
　動きは一般的でなかったし、②の定着を土臺にしているので、その土臺は各國の間で共有されたままであった。

という變化である。曾侯乙墓出土編鐘は、曾國の④の複雜な相對音程の名稱を記しているが、それは①②の五音を基礎にしている。また、③につづく④の時期であることを反映して、各國の③の十二律名稱を比較して記載している。

ここで、さらに注目點を加えておけば、この曾侯乙墓出土編鐘には、鄘音（＝黃鐘）、剌音（＝大族）が周の律名として介紹されている。これらは、傳統的に知られる十二律名（上記の（　）內）と異なる。上記③の段階に關して、傳統的十二律名が西周の故地を席卷した秦國でできあがり、漢帝國に繼承されたこと、周ではこれと別の十二律名ができあがったことを示すようだ。春秋時代に②から③への交替があるということである。これは、ちょうど上述した編鐘時期Aから編鐘時期Bへの交替に對應するようだ。

このことは、③から④への交替が、編鐘時期Bから編鐘時期Cへの交替に對應する可能性がある、ということでもある。

私は、漢字傳播の問題を考察した際、新石器時代以來の文化地域それぞれに形成された大國と小國の政治關係に注目した(94)。そして、松丸道雄の提言をうけつつ、漢字が長らく廣域的に使用されなかったことを述べた。漢字が新石器時代以來の文化地域を越えて天下規模の廣域性をほこるにいたったのは、春秋時代のことであり、西周時代にあっては、周の睥睨する文化地域にあってすら、漢字がさほど根づいているようには見えない。そのみずから睥睨する地域に銘文いり青銅器を賜與したのが、漢字圈形成の大きな契機となったのであり、春秋時代には、周圍の大國がその青銅器の魅力に氣づいて漢字を學び始め、それぞれの睥睨する地域內に漢字を廣めたのである。

西周王朝と、その下の限られた範圍內で使用されていた漢字は、相對音程のうちの五音（宮・商・角・徵・羽）を表現するにいたった（上記①の時期）。それが春秋時代に漢字圈の廣域化にともなって各國に根づいた（上記②の時期）。そして、各國において絕對音高たる十二律名ができあがった（上記③の時期）ということのようだ。

上記の新石器時代以來の文化地域と殷・周・春秋時代との關わりは、私自らがすすめた厖大な作業に資料的根據が求められる(95)。

『禮記』からわかること

しかし、周圍の反應を見てみると、必ずしも贊同を得ていないようである。そもそも史料的にこうなっている、という紹介をこまめに進めつつ、提示した內容であるにも拘わらず、ややいぶかしい結果となっている。

原因として考えられるのは、その史料に對し、信賴をおくことができない、という思いがあることである。周知のように、古くから今文古文論爭があり、僞書たるかどうかの詮議がなされ、今にいたっている。だから、自らの立場から卽斷して、立場の違う史料をもとにしているのだろうと考えても、何ら不思議ではない。

しかし、實のところ、私のとる方法は、いわゆる疑古派のものとも、またいわゆる信古派のものともなっていない。厖大な私的作業の結果判明した事實をもとに附け加えた推論と可能な限り丹念な史料の紹介をもとに組み上げたものである。だから、傳統的論爭を念頭において是非を論じられると的はずれになろうかと思う。

とはいえ、現實に存在する上記の反應を前に、いま何をなすべきか。

大膽に推論すれば、疑古的な方法をとる方々は、漢代成立だと自らが考える儒教經典には、新しい內容がもりこまれていると考えているだろう。これに對し、信古的方法をとる方々は、そうした儒教經典は、もっと古くから存在し、內容も古いと考えているだろう。

そこで、その儒教經典に、私が提示した「非常識な內容」が書かれていると、ご紹介したら、いかがな結果となるだろうか。

つまり、疑古的な方法によれば漢代に降る經典に、私が提示する春秋時代の實體が繼承議論されている、ということであり、それを戰國時代にもっていったとしても、通常信古的な方法をとる方が想起する實體とは、だいぶかけはなれた內容が書かれている、ということである。「儒教經典には、實はこう書かれています」という紹介にすぎないのではあるけれども。

『禮記』王制は、周王朝の制度を述べたものである。そこに「天子の田は方千里」とある。方千里は面積單位である。とりあえず千里四方としておこう。古くから議論されているように、當時の一里は四〇〇メートル前後である(96)。したがって方千里とは、現在の省をやや大きくした程度の面積になる。

そして、その先にこうある。

凡そ四海の內に九州あり。州ごとに方千里。州ごとに百里の國三十、七十里の國六十、五十里の國百有二十を建つべし。凡そ二百十國。名山大澤は以て封ぜず。其の餘は以て附庸・間田と爲す。八州は州ごとに二百十國。天子の縣內は方百里の國九、七十里の國二十有一、五十里の國六十有三、凡そ九十三國。名山、大澤は以て朌けず。其の餘は以て士に祿し、以て間田と爲す。

凡そ九州、千七百七十三國。天子の元士、諸侯の附庸は與らず。

……千里の外は方伯を設く。五國、以て屬と爲し、屬に長あり。十國、以て連と爲し、連に帥あり。三十國、以て卒と爲し、卒に正あり。二百一十國、以て州と爲し、州に伯あり。八州に八伯、五十六正、百六十八帥、三百三十六長あり。八伯、各々其の屬を以て天子の老二人に屬し、天下を分けて以て左右と爲す。二伯と曰ふ。

つまり、天下は天子の州と方伯に屬する八つの州とからなり、州はそれぞれ方千里の面積をもっている、ということである。

「方伯」という言葉は、同じ儒教經典である『公羊傳』にしばしば見える言葉であり、「伯」とは「覇」のことである。つまり「方伯」とはいわゆる覇者のことである。したがって、儒教經典『禮記』王制によれば、周王は方千里をみずからのものとし、他の八州は覇者にまかせていた、ということになる。

これは、春秋時代の實體について、私が述べることと通じる内容になっている。周は、そもそも陝西の地（方千里）をみずからの地としていたが、東に勢力を擴大して殷王朝を滅ぼした。その外には、大國の勢力圏が廣がっていた。春秋時代には、齊の勢力圏（山東）、燕の勢力圏（河北）、晉の勢力圏（山西から河南）、秦の勢力圏（陝西）、楚の勢力圏（湖北）、吳の勢力圏（江蘇）、越の勢力圏（浙江）が認められる。[97] 周のそもそもの勢力圏であった陝西は、秦の勢力圏になり、周は殷の故地を勢力圏とすることになった。

周の勢力圏の中では、鄭が獨自の動きを示したり、宋が覇者としてふるまったりの記事が『左傳』に残されている。つまり、記錄の多寡や面積の多寡は問題になるが、齊・燕・晉・秦・楚・吳・越の七國に宋を加えた八國が大國として議論できる。そのうち、いわゆる春秋五覇は齊・晉・楚・吳・越・宋について議論されており、秦の穆公は西方の覇者とされている。これら覇者と周王朝とは、諸侯と王との關係として記錄されているわけだが、實は、これら大國の下の國については、本來周に屬すべきだとされた中原諸侯を除いて、周との關係が議論されることはない。まさに大國に屬するものとして扱われているのである。

だから、『左傳』等から想定できる春秋時代の政治關係は、ほぼそのまま『禮記』に繼承され議論されているということができる。

なお、ここに確認できる『禮記』王制の政治關係は、漢代以後議論される「封建」の理論的基礎を提供する。通常議論される西周封建は、都市國家と周王朝との政治關係を問題にする。しかし、『禮記』王制のそれは、周王朝と霸者との關係である。だから、例えば漢王朝において、封建の實踐によって生まれたのは郡國制であり、やや小ぶりではあるが、王國とされる領域國家が複數生まれた。

こうした意味における「封建」に對置されるのが「郡縣」である。『禮記』王制の「封建」に對置される「郡縣」は、『漢書』刑法志に記されている。そこでは、『禮記』王制を引用しつつ「天子畿方千里、提封百萬井、定出賦六十四萬井、……五國爲屬、屬有長、十國爲連、連有帥、三十國爲卒、卒有正、二百一十國爲州、州有牧……」と述べる。これは、殷周の制度を述べているのだが、注目のしどころは、「州有牧」とあるところである。これは、『禮記』の「方伯」を「牧」と言い換えるものである。「州牧」は言うまでもなく漢王朝の官名である。周王朝の（とされる）「封建」の制度を參照しつつ、現實の漢王朝の「郡縣」が議論されることを示している。『漢書』律歷志には帝國下の郡の下の縣數が列記されており、數えてみると總數一三八一縣におよぶ（國とされるものを含む。『漢書』が總括する數字は別にある）。『禮記』王制をもとにして得られる天下の國數は一七七三國だから、かなりおおざっぱとはいえ、現實に存在する漢代の縣數を念頭においた數字になっている。

以後二千年の歷史では、上記の意味における「封建」と「郡縣」が、帝國の政治秩序を語る上で參照されるものになった。兩にらみだったということである(98)。

『左傳』と『國語』からわかること

以上は、春秋時代の大國小國關係が、『禮記』王制の記事にまで繼承議論されているということであった。

次に參照願いたいのは、『左傳』僖公二十四年の記事である。ここでは、獨自の動きを示し始めた鄭を周王が伐つにあたり、そもそも親族の國は大事にせねばならぬとして言及されたのが周初の事情である。

昔、周公、二叔の咸がざるを弔む。故に親戚を封建し、以て周室に藩屛たらしむ。管・蔡・郕・霍・魯・毛・聃・郜・雍・曹・滕・畢・原・酆・郇は文の昭なり。邘・晉・應・韓は武の穆なり。凡・蔣・邢・茅・胙・祭は周公の胤なり。

ここに示された國々を地圖上で確認してみると、いわゆる中原を守るように配置された國々であったことがわかる。その配置を「藩屛」と表現したのである。

注目できるのは、唯一晉を例外として、他は春秋時代について上述した大國の勢力圈、つまり齊の勢力圈（山東）、燕の勢力圈（河北）、晉の勢力圈（山西から河南）、秦の勢力圈（陝西）、楚の勢力圈（湖北）、吳の勢力圈（江蘇）、越の勢力圈（浙江）に圍まれた地域になるということである。武の穆たる四國は、春秋時代にあって、晉が勢力圈を擴大した際に晉の勢力圈にくみこまれたものである。他にも、春秋時代に次第に周圍の大國のため滅ぼされたものがある。しかし、おおよそのこととして言えば、これらの國々は、周圍の大國から周王朝を守るために封建されたものと言ってよい。

この『左傳』の記事は、戰國時代韓國で作られた『左傳』に記された傳承である。しかし、この傳承を是とする限り、周初の周の勢力圈、つまり陝西と中原の地のうち、中原はほぼ繼承されて春秋時代にいたり、次第に周圍の大國に浸食された樣を讀み取ることができる。

後代の議論としてよく聞かれるのは、王朝の理想化であり、周を天下の王朝として論じる內容である。しかし、ここに書いてあるのは、それと全く次元の違う內容である。

そこでさらにご參照願いたいのが『國語』鄭語の記事である。鄭語の冒頭は、西周の末年、陝西の地をのがれるため鄭が中原のどこに遷徙すべきかを論じている。史伯の發言として次のようにある。

王室將に卑しからんとす。戎・狄必ず昌んにして偪るべからず。成周に當る者、南に荊蠻・申・呂・應・鄧・陳・蔡・隨・唐あり。北に衞・燕・狄・鮮虞・潞・洛・泉・徐・蒲あり。西に虞・虢・晉・霍・楊・魏・芮あり。東に齊・魯・曹・宋・滕・薛・鄒・莒あり。是れ王の支子母弟甥舅に非ずんば則ち皆蠻・荊・戎・狄の人なり。親に非ずんば頑、入るべからず。

これらは、最後に「入るべからず」とあるように、最初から遷徙先としては考えない地域である。「是れ王の支子母弟甥舅に非ずんば則ち皆蠻・荊・戎・狄の人なり。親に非ずんば頑」と記しているように、「親」ではあるが「王の支子母弟甥舅」である國々と「皆蠻・荊・戎・狄」からなる。ここにいわゆる大國たる北の燕、西の晉、東の齊を除いてみよう。そして、南の「荊蠻」と北の「狄」を除いてみよう。すると、殘りの國々は、上記『左傳』僖公二十四年に問題にした「藩屛」に位置する國々そのものでないにしても、比較的近くに位置するものが多く問題にされている。つまり、この『國語』鄭語に問題にされている周の勢力圈も、周圍の大國と夷狄以外は、「藩屛」に圍まれる地域だと言ってよい。

ここで、注目しておいていいのは、「是れ王の支子母弟甥舅に非ずんば則ち皆蠻・荊・戎・狄の人なり」という評價である。南の「荊蠻・申・呂」以下は、楚に滅ぼされる國が多い。ここに言う「荊蠻」は楚を指している。楚は夷狄だと述べているのである。また北は、「衞・燕・狄・鮮虞・潞・洛」などが並ぶが、「鮮虞・潞・洛」はそれぞれ狄の國として議論されるものである。そして「狄」が記され、その前に「燕」がある。狄のさらに遠くに「燕」があるということである。「藩屛」の外は、夷狄扱いだといって過言ではない。

以上『左傳』・『國語』の記事からわかること、それは、西周時代を通して、周王朝の勢力圏は、さほど變化していないらしい、ということである。

『左傳』に見える周王朝の衰微

『左傳』昭公九年にある次の説話は、上記の「藩屏」の問題を周王朝の衰微とからめて議論し得るものになっている。

周の甘人、晉の閻嘉と閻田を爭ふ。晉の梁丙・張趯、陰戎を率ゐて潁を伐つ。王、詹桓伯をして晉に辭せしめて曰く、「我、夏より以后、稷、魏・駘・芮・岐・畢は吾が西土なり。武王の商に克つに及び、蒲姑・商奄は吾東土なり。巴・濮・楚・鄧は吾が南土なり。肅愼・燕・亳は吾が北土なり。吾、何の邇封か之れ有らん。文・武・成・康の母弟を建て、以て周に蕃屏たらしむるも、亦た其の廢隊是れが爲なり。豈に辨髦の如くして、因りて以て之を敝てん。先王、檮杌を四裔に居らしめ、以て螭魅を禦がしむ。故に允姓之姦、瓜州に居り。（晉の）伯父惠公、秦より歸り、而して誘ひて以來、我が諸姫に偪り、我が郊甸に入らしめたり。（しからば）則ち戎、焉んぞ（今後）之を取らん。戎、（すでに）中國を有せしは、誰の咎ぞや。后稷、（かつて）天下を封殖せしも、今、戎、之を制す。亦た難からずや。伯父、之を圖れ。我、伯父に在るは、猶ほ衣服の冠冕有り。木水の本原有り、民人の謀主るがごときなり。伯父、若し冠を裂き冕を毀ち、本を拔き原を塞ぎ、專ら謀主を棄てなば、（わが地は今後）戎狄たらんと雖ども、其れ何ぞ餘一人有らん」と。叔向宣子に謂ひて曰く、「文の伯たりしや（晉の文公が覇者となった際は）、豈に能く物を改めん。天子を翼戴して、之に加ふるに共を以てせり。文より以來、世々衰德有り。

而して宗周を暴滅し、以て其の侈を宣示せり。諸侯の貳ある、亦た宜ならずや。且つ王の辭直なり。子、其れ之を圖れ」と。宣子説ぶ。王に姻喪有り。（晉は）趙成をして周に如きて弔らひ、且つ閻田と襚とを致し、潁俘を反さしむ。王も亦た賓滑をして甘大夫襄を執へて以て晉に説かしむ。晉人禮して之を歸す。

ここにあるのは、周の下の甘人と晉の下の閻嘉が土地を争ったという説話である。その際、周が苦し紛れの世界観や歴史観を述べたことになっている。實際のところ、「戎、中國を有せしは、誰の咎ぞや。后稷、天下を封殖せしも、今、戎、之を制す。亦た難からずや」とあるように、周の先祖后稷が定めた地、すなわち中國たる陝西の地は戎たる秦の下にある。覇者文公が秦から歸國した際に、秦をひきいれたため、さらに彼等の勢力は雒邑の周にせまってきた。これが、ここに述べられた現状認識である。その前提の上に、夏王朝以來の西土として「稷、魏・駘・芮・岐・畢」、武王が殷王朝に勝利した後の東として「蒲姑・商奄」、さらに南土として「巴・濮・楚・鄧」、北土として「肅愼・燕・亳」をあげ、周王朝の威光を主張する。現實には、『左傳』において史實をもって示されたことは、これら西土は秦と晉の下にあり、北土は燕の下にあり、東土は齊の下にあり、南土は楚の下にあるということである。そして、「いまや文王・武王・成王・康王の母弟を建て、以て周に蕃屛たらしめたものたちも廢隊の憂き目にあっている」という現状認識を述べるにいたる。西土・北土・東土・南土があるのだから「廢隊」した、というのが强がりであるのは、讀者には痛いほどよくわかる筋になっている。

そして、落としどころはというと、周の喪に晉が遠慮して事を沈靜化させたというのである。

『孟子』と『論語』からわかること

以上、『禮記』王制に繼承された周王朝の勢力圏と周圍の大國との關係は、周王朝の勢力圏がどうなっているかの議論、それも『左傳』と『國語』という世に知られた傳世文獻のそれを通して、西周時代まで遡って議論できることがわかる。西周王朝の勢力圏から陜西の地（春秋時代には秦の勢力圏）を除けば、『禮記』に繼承された議論になる。

春秋時代には、陜西の地が周の勢力圏から秦の勢力圏にかわっただけでなく、周の勢力圏の東半であった中原の地において、周の勢力圏がせばまり、周圍の大國の勢力圏が次第に擴大されていることもわかる。

周圍の大國の勢力圏が、西周時代にあって具體的にどうであったのかは、記録がないのでわからないところが多い。しかし、考古遺物などを參照することで、北の燕が周初にさかのぼって青銅器の賜與が議論できること、淮水流域から南にあって徐など獨自の政治勢力があること、楚が湖北の一角から勢力をのばし、當地域最大の勢力に發展したことなどを議論することができる。

中原の地にあっては、鄭が獨自の動きを示したことや、宋が覇者の一つに數えられる軍事行動をおこしたことなどが史料を通して議論できるので、それらと比較して検討することができる。

『禮記』王制に關して問題にした内容は、その先驅的議論を『孟子』の中に見出すことができる。下記にそれを論じようとするのだが、その前に關連する記事から問題にすることにしよう。

『孟子』公孫丑章句上には、次の一節がある。『孟子』には齊の宣王に述べた發言が多い（冒頭は梁の惠王だが）わけだが、これもその一つになる。

夏后・殷・周の盛んなる、地、未だ千里に過ぐる者あらざる也。而して齊はその地を有てり。鷄鳴き狗吠ゆるを、相聞きて四境に達す。而して齊、その民を有てり。地、改め辟かず、民、改め聚めず、仁政を行うて王たらば、之を能く禦むること莫きなり。

ここに、孟子の言う王道政治が示されている。『孟子』梁惠王章句上の齊の宣王に述べた發言では、次のようにある。

海内の地、方千里なるもの九、齊は集めて其の一を有つ。一を以て八を服するは、何を以てか鄒の楚に敵するに異ならん。蓋ぞ亦た其の本に反らざる。今、王、政を發し仁を施さば、天下の使ふる者をして皆王の朝に立たんと欲し、耕す者をしてみな王の野に耕さんと欲し、商賈をして皆王の市に藏せんと欲し、行旅をして皆王の塗に出んと欲し、天下の其の君を疾ましめんと欲する者をして皆王に愬へんと欲せしめん。其れ是の如くば、孰か能く之を禦めん。

ここに述べられたのも、孟子の言う王道政治である。天下は方千里（という面積）の領域が九つあり、その一つを齊がおさえている。だから、その方千里に王道（仁政）を行えば、天下を手中にすることができることを述べている。注目されるのは、前者の公孫丑章句上の一節に夏・殷・周三代のことが述べられていることである。三代も同じで、たかだか方一千里に王道を敷いたにすぎない。三代の王朝はそれで天下に王として君臨した。だから、いまやその一千里に王道を敷きなさい、というのが孟子の主張である。ここには、夏・殷・周三代に關する歴史觀が示されている。

夏・殷・周それぞれの王朝は、首都が異なることが議論されている。夏（として最も注目されている二里頭文化を問題にしておけば）と殷は比較的近いが、周は遠く離れている。だから、それらと異なる方一千里に、王道を敷けと述べているのである。

いわゆる王朝史観とは異なる見解である。

贅言して恐縮だが、これは、私が勝手に述べた見解ではない。『孟子』に書いてあることである。

いわゆる王朝史観では、天下の王朝が革命を繰り返し、そのつど易姓革命の形をとっていたと理解されているはずである。それとはだいぶ違うことが書いてある。しかも、この『孟子』に述べられた見解は、先に介紹した『禮記』王制と通じる内容をもって論じられている。

ここで參照しておきたいのが、中國の李伯謙『中國青銅文化結構體系研究』[99]の冒頭に示された「圖1：公元前二一―前一六世紀中國青銅文化分區示意圖」（三頁）・「圖2：公元前一六―前一三世紀中國青銅文化分區示意圖」（四頁）・「圖3：公元前一三―一〇世紀中國青銅文化分區示意圖」（七頁）である。これらには、中國内に生起した複數の青銅器文化圏が圖示されている。注目すべきことは、こと始皇帝の統一した天下に限って言えば、殷・周時代の青銅器文化圏が、似よりの分布域を示していることである。すなわち、中原を中心とする分布域、その北方の分布域、長江中流域、長江下流域にそれぞれ分布域がある。中原を中心とする分布域が最も大きく、先に述べた「方一千里」をもっていえば、「方一千里」四つ分よりやや廣い程度である。

この中に、先に述べた『左傳』・『國語』に記された周王朝の勢力圏が入る。同じ青銅器文化圏と分類される地域ではあるが、政治的勢力圏は複數あった、ということになる（『左傳』・『國語』によれば、ということではあるが）。

もう一つ、簡單に介紹しておくと、『史記』ではあちこち「中國」という用語が出てくる。『史記』が編纂された前漢武帝期の認識が反映する。それを概觀して判明することは（實際讀めばわかる）、吳・越は中國に入れてもらえないということである。楚はかろうじて中國扱いなのだが、吳・越はその外におかれている。何が言いたいのかというと、李伯謙の上記圖にいう青銅器文化圏が同じところは中國扱いされているが、吳・越の地は文化圏が異なっていて、それは中國の外だと扱われているということである。あくまで、『史記』に示された認識である。その上で、さらにご介紹したいのが、『論語』泰伯に見える次の二つの文章である。説明の都合上、前後を逆轉させておく。

②：舜、臣五人ありて天下治まる。武王曰く、「豫、亂十人有り」と。孔子曰く、「才、難し」と。其れ然らずや。唐虞の際、斯に於て盛んなりと爲せど、婦人有りて九人のみ。（周は）天下を三分して其の二を有ち、以て殷に服事す。周の德は其れ至德と謂ふべきのみ。

①：子曰く、「泰伯、其れ至德と謂ふべし。三たび天下を以て讓り、民得て稱するなし」と。

②には、とても非常識なことが書かれている。「殷に服事す」とあるから、周が殷を滅ぼす前である。從って、中原は殷の勢力下にあった時期である。それに對抗した周は陝西を勢力圈にしていた時期である。その周の勢力圈を基礎にして述べた場合、「天下を三分して其の二を有つ」は、どう説明できるだろうか。

このことがあるから、あえて李伯謙の研究を引用しておいたのである。『論語』の概説を見て、すぐに了解できることは、ここに述べる「天下」を『孟子』の「天下」と同列において解釋している、ということである。これが、いわば常識と言っていいだろう。しかし、この常識は通用するだろうか。

結論から言おう。通用しないことは明らかである。青銅器文化圈を考慮にいれても（『史記』の中國はすでに説明した）、方一千里四つ分よりやや大きめの分布域からはずれたところがネックになる。

それを端的に示すのが上記①である。周知のように、吳の泰伯は周の祖先から分かれたという傳説をもつが、「天下を讓ってのがれた」ところが、吳の地とされている。靑銅器文化圈が異なる地域であり、『史記』の時代にあってすら「中國」の外とされた地域である。そんなところに逃れた、という話にすると、當然人々は「知らない」ことになる。「知らない」から「稱するなし」ということになる。『論語』の文脈では「至德」とされている行爲であるにもかかわらず、である。

したがって、『論語』の上記②では、大きめに考えても李伯謙の圖示した中原を中心とする靑銅器文化圈が問題になるのであり、さらに言えば、もっと限られた領域が問題になる。周が勢力圈としている陝西の「方一千里」、殷が勢力圈としている殷の「方一千里」、それ以外に周が「天下を三分して其の二を有つ」と言い得るもう一つの「方一千里」はどこか。ここまで述べれば、おおかたの結論は一つになろう。山東の齊の勢力圈である。周知のように、周は齊の太公望を味方にひきいれ、殷を討ち滅ぼしている。この周と齊による殷の挾み擊ちの構圖を述べたのが上記の②だと考えてよさそうである。齊は、敵にまわしてはいけない。だから滅殷後、周は齊の勢力圈にくさびを打ち込んで魯を封建した。

ここに分かること、それは、『論語』に述べる「天下」が「方一千里」三つ分であり、『孟子』に述べる「天下」が「方一千里」九つ分であることである。『論語』について疑古派的見解が問題にする時期としては、戰國前期から漢代まであるわけであるが、『孟子』が假に戰國中後期の見解を示しているとすると、『論語』の上記の「天下」觀には、それより古い見解が示されていると見なければならない。

三代との關連で言えば、夏・殷が問題になる中原と、周が問題になる陝西と、齊が問題になる山東を念頭においた「天下」が、『論語』に示されているということである。

『孟子』の三代に關する歷史觀は、上記の『論語』を繼承して述べている側面がある。しかも「天下」は「方一千里」三つ分から九つ分に擴大されている。後者が『禮記』王制に繼承され、後代の「常識」（中央集權・地方分權兩にらみの）になっている。

ちなみに、『左傳』襄公四年には、韓獻子の發言として、「文王、殷の叛國を帥ゐて以て紂に事へたり」とある。これは、戰國時代中期の『左傳』の見解であり、『論語』に示されたものより廣い天下を構想し（魏絳曰、芒芒禹迹畫爲九州）、あらためて周の文王が殷の紂王に多勢をもって仕えた事實を述べたもののようである。

『孟子』に垣間見える特異な見解

『孟子』萬章章句下には、『禮記』王制に關して上記にのべた記事の先驅的內容が見える。

北宮錡問ふて曰く、「周室の爵祿を班するや、之を如何せん」と。孟子曰く、「其の詳は聞くを得べからず。諸侯、其の己を害するを惡む。而して皆其の籍を去る。然れども、軻や、嘗て其の略を聞けり。①天子一位、公一位、侯一位、伯一位、子・男同じく一位、凡そ五等なり。君一位、卿一位、大夫一位、上士一位、中士一位、下士一位、凡そ六等。②天子の制は地、方千里。公侯皆方百里。伯七十里。子男五十里。凡そ四等。五十里なる能はずして天子に達せず、諸侯に附くを附庸と曰ふ。天子の卿は地を受くるや侯に視らふ。大夫は地を受くるや伯に視らふ。元士は地を受くるや子男に視らふ。③大國は地、方百里。君は卿の祿を十にす。卿の祿は大夫を四にす。大夫は上士を倍にす。上士は中士を倍にす。中士は下士を倍にす。下士は庶人の官に在る者と祿を同じくす。祿、以て其の耕を代ふるに足る。④次國は地、方七十里。君は卿の祿を十にす。卿の祿は大夫を三にす。大夫は上士を倍にす。上士は中士を倍にす。中士は下士を倍にす。下士は庶人の官に在る者と祿を同じくす。祿、以て其の耕を代ふるに足る。⑤小國は地、方五十里。君は卿の祿を十にす。卿の祿は大夫を二にす。大夫は上士を倍にす。上士は中士を倍にす。中士は下士を倍にす。下士は庶人の官に在る者と祿を同じくす。祿、以て其の耕を代ふるに足る。⑥耕者の獲る所は一夫ごとに百畝、百畝の糞。上農夫は九人を養ふ。上の次は八人を養ふ。中は七人を養ふ。中の次は六人を養ふ。下は五人を養ふ。庶人の官に在る者は、其の祿、是を以て差と爲す」と。

以上、孟子の發言内容に①〜⑥の番號をふってみた。①は周王朝と各國との關係を爵位で秩序づける場合に五等（周天子を含めて五等。天子の下なら四等）あり、國ごとに六等の位があることを述べる。②は周天子の方千里の中の狀況、③は大國の官吏の俸祿、④は次國の官吏の俸祿、⑤は小國の官吏の俸祿を述べる。⑥は「耕者の獲る所は一夫ごとに百畝」として面積のことを述べつつ、土地土地のあがりは違うので、養える人數も違うことを述べる。注目されるのは、⑥で「庶人の官に在る者は、其の祿、是を以て差と爲す」と結ぶことである。同じ「百畝」でも俸祿には差ができることを述べている。これがあるから、全體の意味がすこぶるわかりにくいものとなっている。

まず、「方〜里」という表現だが、すでに説明してみたように、本來「〜里」四方の意味であろう。そうすると、③④⑤の説明がいぶかしいものとなる。これらは「大夫は上士を倍にす。上士は中士を倍にす。中士は下士を倍にす。下士は庶人の官に在る者と祿を同じくす。祿、以て其の耕を代ふるに足る。」という部分が共通する。⑥がなければ、という話を進めてみると、③の「卿の祿は大夫を四にす」、④の「卿の祿は大夫を三にす」、⑤の「卿の祿は大夫を二にす」が、③の「大國は地、方百里」、④の「次國は地、方七十里」、⑤の「小國は地、方五十里」の「百里」・「七十里」・「五十里」という數値に比例していることがわかる（嚴密に言えば④は「七十五里」であるべきだが）。つまり、「大夫の祿」を基準にする限り、「百里」・「七十里」・「五十里」は、それぞれ「四倍」・「三倍」・「二倍」（四：三：二）ということになり、つまるところ、それらは「百里四方＝一萬平方里」・「七十里四方＝四千九百平方里」・「五十里四方＝二千五百平方里」（四：二：一）ではないということである。

⑥は文脈からして③④⑤すべてを説明するものだが、假に③については「上農夫は九人を養ふ」、④については

「中は七人を養ふ」、⑤については「下は五人を養ふ」を充當するという强辯をはる場合にのみ、「四…三…二（概數）」を「「四倍」・「三倍」・「二倍」（四…三…二）」に重ねることができる。そうした場合にのみ、「「百里四方＝一萬平方里」・「七十里四方＝四千九百平方里」・「五十里四方＝二千五百平方里」（四…二…一）」が説明できるのはいいが、「上農夫は九人を養ふ。上の次は八人を養ふ。中は七人を養ふ。中の次は六人を養ふ。下は五人を養ふ」という「上の次は八人」・「中の次は六人」は無視しないといけない。かなり無理な讀み方になる。

どうしてこうなっているのか。

理由は、ここに、面積だけでなく、面積を勘案した「祿」の目安が示されていることにある。⑥は面積と「祿」は一致しないと述べている。そうであるにも關わらず、③④⑤は一致するかのごとき説明をしている。

假に面積と「祿」が一致した場合、「「百里」・「七十里」・「五十里」」は面積の目安ということになるから、「方千里」も目安ということになる。實體としては、方千里だけが、「千里四方」という意味で現實の「里」と一致している、という話になる。大夫を基準にした俸祿の比率を參照すると、「方千里」の中に、「方百里」の大國は十個、「七十里」の次國は十四個、「五十里」の小國は二十個作り得る計算になる。

實際には、王の「方一千里」にせよ、「方伯」（霸者）の「方一千里」にせよ、王や「方伯」の國も考えねばならないから、その下の國々は、大小あわせて十三〜十七個程度という計算になろう。

この國の數は、『禮記』王制に見える「方一千里ごとに二百一十國」という國數と著しく相違する。

ここに、晉の「方一千里」に關する次の記事を見てみよう。『孟子』を檢討するのだから、本來なら齊の「方一千里」に關する記事があればいいのだが、得られない。そこで、參照史料として晉に關する記事を提示するものである。

『左傳』昭公五年（五―A）（前五三七年）に「韓の賦せる七邑は皆成（盛）縣なり。羊舌四族は皆彊家なり。晉人、若し韓起・楊肸（羊舌肸）を喪はば、五卿・八大夫、韓須・楊石（羊舌石）を輔け、其の（韓氏・羊舌氏の）十家九縣、長轂九百、其の餘四十縣、遺守四千に因り、その武怒を奮ひ、以て其の大恥に報いん」とある。「韓の賦せる七邑は皆成（盛）縣なり」・「其の（韓氏・羊舌氏の）十家九縣」から、羊舌氏の縣は二縣であることがわかる。ついで、『左傳』昭公二十八年（二八―B）には、祁氏と羊舌氏を滅ぼした後のことが記されており、「祁氏の田を分かって以て七縣と爲し、羊舌氏の田を分かって以て三縣と爲す」とある。以上から、羊舌氏の縣が二縣から三縣に増加した經緯がわかる。このように、春秋時代の縣は、分縣によって次第に數を増していった。『左傳』昭公五年の時點で、晉の縣は合計四十九縣あって、その後さらに増加したことがわかる。

そうした「分縣」を念頭におきながら知る上記の「四十九縣」は、上記の『孟子』に示された國の數を考える上で、とても示唆的である。

また、『左傳』昭公五年にある「十家九縣」という言い方は、「家」が縣規模で議論されていることを知るのであり、それは、「羊舌四族」という言い方が示すように、當時の族組織の反映でもある。さらに言えば、そうした「家」・「族」をまとめて集權化をはかることになるのが、晉の場合の大氏族である六卿（知氏・韓氏・魏氏・趙氏・范氏・中行氏）や他の中小氏族（祁氏・羊舌氏など）である。つまり、後代の記録に殘るような大小の氏族を念頭においた場合、上記において『孟子』の記事として話題にした「十三～十七個程度」という國々の數がまさにその氏族の數に相當する。

つまり、『孟子』の上記の記事から想定される「方一千里」の國々の數は、おそらく春秋時代の「縣」や氏族の數が念頭にあり、少なくみつもった場合の「十三～十七個程度」という數値から、當時の大小の氏族が想起できるようになっている。(100)

こうした讀み取りが可能な『孟子』萬章章句下の記事內容は、『禮記』王制では「强辯」の議論へと收斂して「方一千里ごとに二百一十國」という漢代において意味のある數値がはじきだされるにいたった。

この結果は、『禮記』が『孟子』より遲れて出てきたことを示すもので、疑古派的見解が、『禮記』を漢代の著作とみているのを補强する。(101) そして『孟子』には、戰國時代からみた春秋時代の實體が反映されている。

さらに述べれば、そうした戰國・漢代の著作が議論される二つの書物ともに、天下が方一千里九つ分であることを述べ、新しい『禮記』には、そのうち一つが天子のもので、他は「方伯」（霸者）の手にゆだねられるという知見が繼承されている（『孟子』ははっきり述べないが、『國語』鄭語にその先驅的議論が見え隱れしている）わけである。

『左傳』が「樂」をどう紹介するか、その1

以上、西周・春秋・戰國・漢代の各時代を通して、「方一千里」が議論し得ることと、春秋時代について、その「方一千里」の中の族集團の有り樣が氣にかかることを述べてきたわけである。

それらの時代のうち、戰國から漢代にかけて、「禮」・「樂」の紹介の仕方が變化しているという話を以下に續けてみよう。

私は、普段何氣なく使用している「俠」という言葉を檢討したことがある。(102) 游俠を支える輿論の場は、帝國中央として天下の運營に臨んだ秦王朝や漢王朝に對しては、不服從の對應から始まって、反社會的行動に打って出ることも少なくなかった。その反社會性をとらえての表現である「俠」は、帝國出現後に流行するようである。戰國時代の文獻、『史記』、『漢書』に見える同じ內容の記事、例えば戰國四君の記事を比較すると、游俠を語る目線が變化していることがわかる。一般に戰國時代の文獻では「俠」の字が使われない（例外に見えるのは、荊軻の記事だが、これは帝國成立後の說話である）ので、「俠」行爲に批判的まなざしがうすいことがわかる。そして、戰國四君の作り出した場については、「客」の交流を語っている。『史記』では戰國四君を說明するにあたり、「客」をそのまま說明するのだが、關連して巷間の「俠」を述べる。「俠」を批判的に紹介しつつ、巷間に一定のあたたかいまなざしがあることをも紹介する。『漢書』になると、戰國四君の「客」を「鷄鳴狗盜」と言い換え、四君の場そのものの反社會性を強調するにいたる。「俠」の反社會性に對するまなざしはきびしくなっている。かくして「俠」の字の使われ方が時代をおって變化していることを通して（そうした「動かぬ事實」を文獻に卽して確認するというきわめて單純な作業を通して）、游俠を支える輿論の場に對する種々の目線の變化を語ることができる。

この種の檢討を進める上で、とても役立つのは、『左傳』である。すでに『左傳』のすべての文章構造を一覽にしておいた(103)ので、それを參照しつつ話を進めたい。

『左傳』には、春秋以來の簡單な記事を繼承する部分と、會話のように戰國時代の雰圍氣を直接的に表現する部分がある。この『左傳』に關して「樂」の用法を確認してみた。

『左傳』に見える「樂」の用例を通覽して、まず氣づくことは、『左傳』の地の文（會話や君子の發言でないもの）においては、音樂と「樂しむ」の用例が見えていることである。そして、會話において、それら「樂」と「樂しむ」ことについて、何らかの判斷が示される場合があるということである。

判斷が示されない場合、樂には、（1）樂を奏する（隱公一─三・桓公九─四・莊公二〇─A・莊公二一─二・成公五─四・襄公二三─六〈樂ができる〉・昭公九─B〈酒を飮んで樂す等〉・昭公一五─二〈樂が終わり樂器を去る〉・哀公二五─B〈酒を飮んで樂せず〉）、（2）樂器（襄公二五─三〈宗器と樂器を併稱〉）、（3）樂を名稱に含む詩を賦す（襄公二六─七）、（4）詩を樂にのせて歌う（襄公二九―八）、（5）樂の名稱（昭公二八―A）といった用例がある。

これらのうち、（2）は（1）に關連づけて、また（3）（5）は（4）に關連づけて論じることができる。つまり、ここで問題にすべきなのは、樂を奏することと、詩を樂に合わせて歌うことである。樂は、音樂を奏でるということだけでなく、それに合わせて詩を歌うことが話題になっている。

編鐘を檢討した結果としてすでに述べたように、①西周王朝と、その下の限られた範圍内で使用されていた漢字は、相對音程のうちの五音（宮・商・角・徵・羽）を表現するにいたった（編鐘Aの時期）。②それが春秋時代に漢字圈の廣域化にともなって各國に根づいた（編鐘Aの時期）。③そして、各國において絕對音高たる十二律名ができあがった（編鐘Bの時期）ということのようだ。④さらに國によっては、十二律に影響されて十二の相對音程やオクターブの相違による音程名稱ができあがった。この動きは一般的でなかったし、②の定着を土臺にしているので、その土臺は各國の間で共有されたままであった（編鐘Cの時期）。これに遲れて編鐘C―2の時期がおとずれる。

十二律が③の段階でできあがることは、メロディーが複雜化したことを物語る。この複雜化を讀み解く上で、どうしても無視できないのは、詩を樂に合わせて賦すという行爲である。詩の起源を論じることは、別になすべきことだと思うが、②西周以來の五音が春秋時代に漢字圈の廣域化にともなって各國に根づいた（編鐘Aの時期）ことを受けて、③各國において絕對音高たる十二律名ができあがった（編鐘Bの時期）のであるとすれば、明らかに詩と樂とが密接な關係をもつにいたったのは③の時期である。そして、それは、メロディーが複雜化したことが想定される時期である。このことは、現在われわれが目にする詩なるものが、いつから流行するにいたったかを示すもののように見える。そうした詩が『左傳』に引用され、また樂に合わせて歌うことが記されているということである。

『左傳』が「樂」をどう紹介するか、その2

すでに述べたように、『左傳』は古くからの傳承を記す地の文と、戰國時代の雰圍氣を直接的にもちこむ會話部分がある。その會話部分には、上記にまとめた「樂」に對しての評價が示されている。

その評價を以下に記述していくのだが、その評價は、いくつかに分けて論じることができる。

まず（1）禮と併稱するもの（莊公二七―A「夫禮・樂・慈・愛、戰所畜也。夫民、讓事・樂和・愛親・哀喪、而後可用也」〈晉侯〉）、（2）禮ありとするか、それをにおわすもの（成公九―B〈晉の楚囚〉・襄公九―B〈晉侯に魯の武子が説明「君冠、必以祼享之禮行之、以金石之樂節之、以先君之祧處之……公還、及衞、冠于成公之廟、假鍾磬焉。禮也」〉・・定公一〇―二〈宴は中止されたが、結局禮あり。禮の説明「嘉樂不野合」〉）、（3）非禮・無禮とするか、それをにおわすもの（成公一二―A〈晉使に對する楚の對應〉・襄公一〇―二〈宋・魯の樂の奏し方〉・襄公二三―二〈晉の平公の非禮「飮酒樂」〉・昭公二五―一〈宋公の非禮〉・昭公二五―二〈內容自體は禮あり「淫則昏亂、民失其性。是故爲禮以奉之。……爲九歌・八風・七音・六律、以奉五聲」、結局非禮〉）がある。

（2）（3）は表裏をなす議論で、『左傳』獨自の「くさし」の「形」がある。いずれも、先に述べたことと關わりがあり、詩と樂とが密接な關係をもつにいたったのが編鐘時期Bだったことを受けている。『左傳』は編鐘時期C―2において作られた。そこで、前代以來の「禮」を紹介しつつ、禮があるとか、非禮・無禮であるとかの評價を下している。その紹介は、禮の有無にあるというよりは、『左傳』獨自の褒貶の「形」により、褒貶を加えることに意味がある。だから、その「形」の基礎は、「形」に先行してできあがったということができる。樂と禮が密接に關わるものだという意識自體は遡って議論できよう。その意識を遡るについて、念頭におくべきなのは、「詩と樂との密接な關係」である。言葉とメロディーの複雜化との關わりからいって、編鐘時期Bまで遡って論じることができると考える。

莊公二七―Aに「夫禮・樂・慈・愛、戰所畜也。夫民、讓事・樂和・愛親・哀喪、而後可用也」とするのは、その意味からも興味深い。禮は「讓事」、樂は「樂和」、慈は「愛親」、愛は「哀喪」にそれぞれ對應するものとして議論されている。「樂和」は下記において論じる樂の別の意味との比較からも、樂の古くからの意味を繼承して述べるものであることがわかる。そもそも音樂は、人々の心をなごませるものであり、それを「樂和」と表現している。それが「禮」や「慈」・「愛」と併稱されている。そして、それが「戰所畜也」とされるものである。祭祀と軍事の密接な關係がうかがわれるのも注目點である。

次に、（4）「德」を問題にするもの（僖公二七―五〈「《詩》・《書》、義之府也。《禮》・《樂》、德之則也」〉・襄公一一―八・一〇〈「夫樂以安德、義以處之、禮以行之、信以守之、仁以厲之、而後可以殿邦國・同福祿・來遠人、所謂樂也」〉。ここでは女樂も問題になる〉・昭公二〇―F〈「先王之濟五味・和五聲也、以平其心、成其政也。聲亦如味、一氣、二體、三類、四物、五聲、六律、七音、八風、九歌、以相成也。清濁・小大、短長・疾徐、哀樂・剛柔、遲速・高下、出入・周疏、以相濟也。君子聽之、以平其心。心平、德和。故《詩》曰、『德音不瑕』。」〉）がある。

これは、君子の德を問題にするものである。樂が心を平らかにして德が和するという。そして、政を成すものだという。注目されるのは、「《詩》・《書》、義之府也。《禮》・《樂》、德之則也」という見解である。先に、樂と禮が密接に關わるものだという意識自體は遡って議論でき、その意識を遡るについて、念頭におくべきなのは、「詩と樂との密接な關係」であることを述べた。言葉とメロディーの複雜化との關わりからいって、編鐘時期Bまで遡って論じることができると考えた。ところが、ここでは、詩の役割とは別に、樂の役割が論じられている。

この點をつめるのに役立つのが、（5）「先王の樂が淫樂と對照的であること」を述べる事例である（上記の襄公一一―八・一〇〈女樂〉・昭公一―H〈「公曰「女不可近乎」。對曰「節之。先王之樂、所以節百事也、故有五節。遲速本末以相及、中聲以降。五降之後、不容彈矣。於是有煩手淫聲、慆堙心耳、乃忘平和、君子弗聽也。物亦如之。至于煩、乃舍也已、無以生疾。君子之近琴瑟、以儀節也、非以慆心也。天有六氣、降生五味、發爲五色、徵爲五聲。淫生六疾。六氣曰陰・陽・風・雨・晦・明也、分爲四時、序爲五節、過則爲菑、陰淫寒疾、陽淫熱疾、風淫末疾、雨淫腹疾、晦淫惑疾、明淫心疾。女、陽物而晦時、淫則生內熱惑蠱之疾。今君不節・不時、能無及此乎」」〉）。ここには、先王の樂と對照的なものとして女樂と女淫が論じられている。

女樂という場合、具體的事例として有名なのが、音樂史の上で劃期的知見をもたらした曾侯乙墓である。(104) この墓からは、二十一人にのぼる女性殉葬者の骨が出土した。これらは、この墓を特徴づける多數の編鐘の演奏に關わった者たちと考えられ、編鐘と合わせてまさに「女樂」の具體的遺物になる。この墓からは、「王の五十又六祀」（楚の惠王五十六年〈前四三四年〉）の銘文をもつ鎛鐘も出土しており、この年代が示すこの墓の時代に、「女樂」が盛んであったことを、我々に教えてくれる。この墓から出土した編鐘は、編鐘B時期と編鐘C時期が混在する。兩時期の交代期であることを教えてくれる。つまり、編鐘C―2の時期から遡った編鐘Bの時期も、編鐘Cの時期も、「女樂」が盛んな時期であり、編鐘C―2の時期の『左傳』は、その「女樂」に對して批判的目を向けていることがわかるのである。

樂に關して「德」が議論される場合、この「女樂」に對する批判的目線が存在するのが注目される。私は、このことから、こうした「德」と樂との關係を議論するのは、比較的新しく編鐘C―2の時期に降るのではないかと考えるのである。

編鐘C―2の時期を編鐘Cの時期と區別したのは、この編鐘C―2の時期の編鐘は、蠟模法で作られる傾向があり、一般に小型のものが目立つためである。この時期、すでに始まっていた鐵器の普及はいよいよ本格化し、青銅器は重厚さを失ってしまう。

つまり、編鐘C―2の時期において、「女樂」を批判する目線の先には、かつて存在した重厚な樂器、そうした樂器を並べた演奏がありそうなのである。

襄公二五―三には、樂そのものではないが、樂器に言及する。「齊人以莊公說、使隰鉏請成、慶封如師。男女以班。賂晉侯以宗器・樂器。自六正・五吏・三十帥・三軍之大夫・百官之正長師旅及處守者皆有賂。晉侯許之」とある。これは『左傳』の地の文であり、古くからの傳承を殘すものである。「宗器・樂器」とあるから、宗廟の祭祀に用いるべき重厚な器が問題にされているようだ。そこに「男女以班」とあるのは、そうした重厚な祭祀に奉仕する者たちであろう。ここに話題にされているのは、いわゆる大國である齊と晉のやりとりである。そこに重厚な祭祀の世界がある。そうした重厚さに對し、編鐘C―2の時代に批判的目線が向けられている。

その上で述べれば、『左傳』の樂の議論には（6）天子や身分を問題にするもの〈文公四―六〈「昔諸侯朝正於王、王宴樂之、於是乎賦《湛露》、則天子當陽、諸侯用命也。諸侯敵王所愾、而獻其功、王於是乎賜之彤弓一・彤矢百・玈弓矢千、以覺報宴」〉・襄公四―二〈「三夏、天子所以享元侯也、使臣弗敢與聞。《文王》、兩君相見之樂也、使臣不敢及。《鹿鳴》、君所以嘉寡君也、敢不拜嘉」〉・昭公一七―二〈時令思想。「在此月也。日過分而未至、三辰有災、於是乎百官降物。君不擧、辟移時。樂奏鼓、祝用幣、史用辭。故夏書曰、『辰不集于房、瞽奏鼓、嗇夫馳、庶人走』、此月朔之謂也。當夏四月、是謂孟夏」〉・昭公二一―A〈「夫樂、天子之職也。夫音、樂之輿也。而鐘、音之器也。天子省風以作樂、器以鐘之、輿以行之。小者不窕、大者不摦、則和於物。物和則嘉成。故和聲入於耳而藏於心、心億則樂。窕則不咸、摦則不容、心是以感、感實生疾。今鐘摦矣、王心弗堪、其能久乎」〉〉がある。襄公四―二の日食の際の鼓は、君主一般のこととして議論できるが、そこには時間を管理する時令思想が反映されていて、そこには天子の影を讀み取ることができる。他の二例は、いずれも天子の樂を述べている。文公四—六の「王於是乎賜之彤弓一・彤矢百・玈弓矢千」などは、儀禮自體は金文にも類例が見えるものだが、續けて「以覺報宴」とあることの意味は、考慮の必要がある。

ここには、樂をもって天子と諸侯の秩序を定めようとする考えが示されている。重厚な樂器の時代、天子と諸侯はいずれも同じく重厚な樂器を使って祭祀をしている。だから、傳承には古くからの記事を含むものがあっても、一旦天子と諸侯の秩序を語るということになれば、重厚な樂器の世界に對する批判的目線がそそがれることになる。

上記において問題にされた「天子」というのも、編鐘C—2の時期という、『左傳』編纂の時期において、望ましいと考えられた天子像であると考えた方がよさそうである。それゆえ、おそらくは漢字傳播の一般的趨勢として、すでに一度密接に關わりをもった詩と樂の世界が、分離説明され、德を論じるにあたって、僖公二七—五のように「《詩》・《書》、義之府也。《禮》・《樂》、德之則也」とされたのであろう。

編鐘という重厚な樂器をもってする詩と樂との密接な關係は、編鐘の小型化をもって、變質していったことが豫想される。

『國語』に見える「樂」

『國語』に見える多數の説話は、『左傳』所載の説話と似よりのものが多い。ただ、從來、『國語』所載の説話は、『左傳』に比較してやや遲れる傾向が指摘されている。この指摘はいわゆる疑古派において顯著に見られる。[105]

私は、拙稿「中國古代における説話（故事）の成立とその展開」[106]において、説話や「語」の成立や展開を論じ、それに本稿でも用いた編鐘の斷代結果を關連づけて検討した。説話を検討する際は、もともとの説話を諸書が引用していることを前提に考えねばならない。そして、すでに述べたように、その引用の際に、諸書が説話にさまざまな「くさし」の表現を加えていることを知らねばならない。

上述した『左傳』の「樂」の用例によって、樂が「詩」と密接に關わるものになったこと（編鐘Bの時期から）、編鐘の複數配列に大小の規則性を求めるにいたった時期（編鐘B、編鐘Cの時期）について、編鐘を含む青銅器衰退の時期（編鐘C―2）の時期からの「くさし」の表現が見えることが明らかとなった。

『國語』を管見する限り、以下の事例(107)は、『左傳』と同じく編鐘C―2の時期において、前代をくさしたものだと見なすことができる。『左傳』に見える樂を論じる際に問題にした點と比較できるように、番號と説明を附して示せば、以下のようになる。

（1）禮と併稱するもの（楚語上―1「禮などと併稱される樂」）、（4）「德」を問題にするもの（周語下―6、周語下―7、晉語八―7「新聲　風德　衛の靈公の故事〈師曠が新聲を亡國の音だとして止めさせた〉を知って意味がわかる」）、（5）「先王の樂が淫樂と對照的であること」を述べる事例（周語下―3「共工は淫樂に安んじて天下を害した」、晉語七―8「女樂」、楚語下―6「耳不樂逸聲、目不淫於色」、呉語―2「使淫樂於諸夏之國、以自傷也」、越語下―1「女樂、樂しむ、今呉王淫於樂」）、（6）天子や身分を問題にするもの（周語上―11「王子頽は樂を奏すべき人物ではない」、周語中―7「民を逸樂から遠ざけるのが先王の法制」、魯語下―1「天子が元侯をもてなす樂、文・武・周公に關わる樂、君が使臣に賜る樂」、晉語五―4「軍樂の鐘鼓、弑君を明らかにする」、楚語上「奏樂、章華之臺が立派すぎる」）、（7）その他（鄭語―1「樂を爲す、和樂如一、周其弊乎」〈鄭の淫樂をにおわすもの〉、呉語―9「聽樂不盡聲」〈努力のあとは見えるが時期がきていない〉）。

以上のうち、『左傳』に比較して注目できる事例を抜き出しておけば、周語下―6、周語下―7（德を問題にするもの）がある。關連する周語下―5と並べて示しておこう。

周語下―5には、大錢を鑄造したことが、無射の鐘を鑄たことと關連づけて論じられている。

（周）景王二十一年將鑄大錢、……夏書有之曰、「關石、和均、王府則有」、詩亦有之曰、「瞻彼旱鹿、榛楛濟濟、愷悌君子、干祿愷悌」、夫旱鹿之榛楛殖、故君子得以易樂干祿焉、若夫山林匱竭、林鹿散亡、藪澤肆既、民力彫盡、田疇荒蕪、資用乏匱、君子將險哀之不暇、而何易樂之有焉、……

續けて、周語下―6には、「無射の鐘を鑄たことの意味」の言わば「その1」が語られる。

（周景王）二十三年、王將鑄無射、而爲之大林、單穆公曰、「不可、作重幣以絶民資、又鑄大鐘以鮮其繼、若積聚既喪、又鮮其繼、生何以殖、且夫鐘不過以動聲、若無射有林、耳不及也、夫鐘聲以爲耳也、耳所不及、非鐘聲也、猶目所不見、不可以爲目也、夫目之察度也、不過步武尺寸之間、其察色也、不過墨丈尋常之間、耳之察和也、在清濁之間、其察清濁也、不過一人之所勝、是故先王之制鐘也、大不出鈞、重不過石、律度量衡於是乎生、小大器用於是乎出、故聖人愼之、今王作鐘也、聽之弗及、比之不度、鐘聲不可以知和、制度不可以出節、無益於樂、而鮮民財、將焉用之、夫樂不過以聽耳、而美不過以觀目、若聽樂而震、觀美而眩、患莫甚焉、夫耳目、心之樞機也、故必聽和而視正、聽和則聰、視正則明、聰則言聽、明則德昭、聽言昭德、則能思慮純固、以言德於民、民歆而德之、則歸心焉、上得民心、以殖義方、是以作無不濟、求無不獲、然則能樂、夫耳内和聲、而口出美言、以爲憲令、而布諸民、正之以度量、民以心力、從之不倦、成事不貳、樂之至也、口内味而耳内聲、聲味生氣、氣在口爲言、在目爲明、言以信名、明以時動、名以成政、動以殖生、政成生殖、樂之至也、若視聽不和、而有震眩、則味入不精、不精則氣佚、氣佚則不和、於是乎有狂悖之言、有眩惑之明、有轉易之名、有過慝之度、出令不信、刑政放紛、動不順時、民無據依、不知所力、各有離心、上失其民、作則不濟、求則不獲、其何以能樂、三年之中、而有離民之器二焉、國其危哉」、王弗聽、問之伶州鳩、對曰、「臣之守官弗及也、臣聞之、琴瑟尙宮、鍾尙羽、石尙角、匏竹利制、大不踰宮、細不過羽、夫宮、音之主也、第以及羽、聖人保樂而愛財、財以備器、樂以殖財、故樂器重者從細、輕者從大、是以金尙羽、石尙角、瓦絲尙宮、匏竹尙議、革木一聲、夫政象樂、樂從和、和從平、聲以和樂、律以平聲、金石以動之、絲竹以行之、詩以道之、歌以詠之、匏以宣之、瓦以贊之、革木以節之、物得其常曰樂極、極之所集曰聲、聲應相保曰和、細大不踰曰平、如是、而鑄之金、磨之石、繫之絲木、越之匏竹、節之鼓、而行之、以遂八風、於是乎氣無滯陰、亦無散陽、陰陽序次、風雨時至、嘉生繁祉、人民龢利、物備而樂成、上下不罷、故曰樂正、今細過其主妨於正、用物過度妨於財、正害財匱妨於樂、細抑大陵、不容於耳、非和也、聽聲越遠、非平也、妨正匱財、聲不和平、非宗官之所司也、夫有和平之聲、則有蕃殖之財、於是乎道之以中德、詠之以中音、德音不愆、以合神人、神是以寧、民是以聽、若夫匱財用、罷民力、以逞淫心、聽之不和、比之不度、無益於教、而離民怒神、非臣之所聞也」、王不聽、卒鑄大鐘、二十四年、鐘成、伶人告和、王謂伶州鳩曰、「鐘果和矣」、對曰、「未可知也」、王曰、「何故」、對曰、「上作器、民備樂之、則爲和、今財亡民罷、莫不怨恨、臣不知其和也、且民所曹好、鮮其不濟也、其所曹惡、鮮其不廢也、故諺曰、『衆心成城、衆口鑠金』、三年之中、而害金再興焉、懼一之廢也」、王曰、「爾老耄矣、何知」、二十五年王崩、鐘不和。

續けて、周語下―7には、「無射の鐘を鑄たことの意味」の言わば「その2」が語られる。

　王將鑄無射、問律於伶州鳩、對曰、「律所以立均出度也、古之神瞽考中聲而量之以制、度律均鐘、百官軌儀、紀之以三、平之以六、成於十二、天之道也、夫六、中之色也、故名之曰黃鐘、所以宣養六氣、九德也、由是第之、二曰大蔟、所以金奏贊陽出滯也、三曰姑洗、所以修潔百物、考神納賓也、四曰蕤賓、所以安靖神人、獻酬交酢也、五曰夷則、所以詠歌九則、平民無貳也、六曰無射、所以宣布哲人之令德、示民軌儀也、爲之六間、以揚沈伏、而黜散越也、元間大呂、助宣物也、二間夾鐘、出四隙之細也、三間中呂、宣中氣也、四間林鐘、和展百事、俾莫不任肅純恪也、五間南呂、贊陽秀也、六間應鐘、均利器用、俾應復也、律呂不易、無姦物也、細鈞有鐘無鎛、昭其大也、大鈞有鎛無鐘、甚大無鎛、鳴其細也、大昭小鳴、和之道也、和平則久、久固則純、純明則終、終復則樂、所以成政也、故先王貴之」、王曰、「七律者何」、對曰、「昔武王代殷、歳在鶉火、月在天駟、日在析木之津、辰在斗柄、星在天黿、星與日辰之位、皆在北維、顓頊之所建也、帝嚳受之、我姫氏出自天黿、及析木者、有建星及牽牛焉、則我皇妣大姜之姪伯陵之後、逄公之所馮神也、歳之所在、則我有周之分野也、月之所在、辰馬農祥也、我太祖后稷之所經緯也、王欲合是五位三所而用之、自鶉及駟七列也、南北之揆七同也、凡神人以數合之、以聲昭之、數合聲和、然後可同也、故以七同其數、而以律龢其聲、於是乎有七律、王以二月癸亥夜陳、未畢而雨、以夷則之上宮畢、當辰、辰在戊上、故長夷則之上宮、名之曰羽、所以藩屏民則也、王以黃鐘之下宮、布戎于牧之野、故謂之厲、所以厲六師也、以大蔟之下宮、布令于商、昭顯文德、底紂之多罪、故謂之宣、所以宣三王之德也、反及嬴內、以無射之上宮、布憲施舍於百姓、故謂之嬴亂、所以優柔容民也」。

以上のうち、周語下—7には、木星紀年を誤解して作り出された内容が見えている。「對曰、昔武王代殷、歳在鶉火、月在天駟、日在析木之津、辰在斗柄、星在天黿」という部分がそれである。やや詳しくは、本章第一節等に譲る(108)が、この記事において、年代を決めるのは、「歳在鶉火」だけである。他は毎年おこる現象を述べたにすぎない。そして「歳在鶉火」は、秦の「惠文君王冠」（前三三五年）が午歳であることを前提にし、その七二〇年前（やはり午歳になる）を「伐殷」の歳として論じたものである。七二〇年前というのは、武王伐殷以來の周王の在位年（周公攝政時期を含む）を合算したものである。そもそも周王の在位年は立年稱元法による。それを踰年稱元法によるものと誤って合算した「七二〇年前」は、あくまで合算した數字を示すにすぎない。歴代周王の元年は、（特別の事情がからんだ場合を除き）前代の王が死去した年と同年であるから、在位年を單純に合算すれば、本來同年である前代の王の死去の年と新王の元年が重複して數えられる。だから、この重複を勘案して得られる「六八九年前」が實際の年代差になる。その年代を遡れば前一〇二四年（または一〇二三年）が得られる。この年は武王十一年（または武王十二年）に當たり、それから遡った武王元年は前一〇三四年になる。これが文王死去の年であり、『逸周書』小開解「維三十有五祀、王念曰、多□〝丙子拜望〟、食無時、……維德曰爲明、食無時……」が說明できる。前一〇三四年一月十五日（ユリウス曆）が戊戌朔であり、その月の望は丙子である。

秦の「惠文君王冠」（前三三五年）を午歳とするのは、戰國後期から漢代にかけて（前二七〇年～前一八八年）の木星紀年に關する知識を用いて誤って遡ったものである。木星は、約十二年で天を一周するが、七周するのには八十三年しかかからない。正確に十二年だと假定した場合の八十四年より一年少なくてすむ。この一年が問題になると、每年配當されている十二支は一つとばして調整しなければならない。これを「超辰」という。この「超辰」は、前二七〇年に起こっていて、前三三五年は未歳である。これを「午歳」と誤るのは、戰國後期から漢代にかけて（前二七〇年～前一八八年）の木星紀年に關する知識を用いて、超辰を考慮せずに「木星は正確に十二年で天を一周する」として求めた結果である。

このことから、問題の周語下—7の記事は、戰國後期から漢代にかけて（前二七〇年～前一八八年）の木星紀年に關する知識を用いて書かれていることがわかる。この時期の最後のころには、「超辰」が問題になるようなずれが顯在化してくるから、私は、いわゆる戰國後期において、この記事が作られたと考えている。ただし、この段階で、「七二〇年は周王の在位年を合算したということのもつ意味がわからなくなっている」という條件がつく。周王朝が滅亡（周王の國が滅亡したのが前二六四年〈王赧五十九年〉、周公の國が滅亡したのが前二五五年）した後、「七二〇年」という數字が一人歩きし、上記の說話に利用されたと考えるしかあるまい。

ということであるから、周語下7は編鐘C—2の時期（戰國中期から漢代中期）の時期の中でも、戰國後期の見解を示すものと判斷することができる。

ついでに述べておけば、周語下—5と周語下—6は、周語下—7と一まとまりの內容をもっている。その周語下—5には、「大錢を鑄造する」という內容が見えている。この周語下—5を根據にして、「大錢を鑄造した」のが景王二十一年（前五二四年。從來の年代も同じ）だとされているが、これは、戰國後期の說話にある話題である。①『左傳』に見える木星紀年が、前三五三年から前二七一年の八十三年間の知識をもって書かれている（前五五四年以來の記事は、前五一九年以前について三年分、それ以後について二年分ずれている）こと、②前四三四年（楚惠王五十六年）の銘文入り靑銅鑄鐘を出土した曾侯乙墓の編鐘の銘文から、音の生成と十二方位がまだ關連づけられていないことがわかること、以上①②からすると、前三五三年から前二七一年の八三年間に十二方位と音の生成が關連づけられた可能性が濃い。このことは、九（天）→六（地）→八（人）の生成の理論が、この八十三年間にできあがったことを示唆する。度量衡の整備において、この九・六・八の倍數が重量單位のくりあがりに使用されるにいたるのも、この時期である。戰國時代の小型貨幣は、この重量單位によって造られている。したがって、それをさかぼった時期に造られたと考えられる「大錢」も、問題の景王二十一年までは遡らないと考えた方が無難である。斷定できるわけではないが、大錢なるものは戰國前期の鑄造ではないかと、私的には考えている。

では、なぜ「景王二十一年」という年が選ばれたか。『左傳』を參照すると、この年は（『左傳』の）昭公十八年（前五二四年）に當たっている。この『左傳』の年は、戰國時代の國家ではよく知られた年代だったであろう。『左傳』は韓で作られた[109]が、韓のみならず、他の國家も、その自作の史書を他國に送るなどして、宣傳したと考えられるからである。その年から二〇〇年目、それが上記の木星紀年で問題にした「惠文君王冠」の年（前三三五年）から十年後の惠文君が實際に王を稱した年（前三二五年。翌年が王の元年）である。内容上、周語下―5・周語下―6・周語下―7はひとまとまりのものだろうと述べたわけだが、周語下―5に話題にされる「景王二十一年」から二〇〇年目が惠文君が王を稱した年（前三二五年）、周語下―7に話題にされる「武王伐殷」から七二〇年目が「惠文君王冠」の年（前三三五年）だという話になっている。[110]

何を述べたいのかというと、『左傳』や『國語』の成立は、戰國中後期として議論すればいいわけだが、問題にする樂の議論は、編鐘C―2の時期の知見として成立したものが意外に多そうだという話である。德と音とを關連づける話、天子や身分の別を論じる話などである。『國語』の周語下―5・周語下―6・周語下―7がひとまとまりの議論であり、その中で、樂と德とが論じられているのは、象徵的である。

『史記』・『漢書』にみえる樂論と風德

『史記』には、禮書と樂書がある。また『漢書』には禮樂志がある。この書や志の立て方自體が示すのは、禮と樂が特別に扱われているという事實である。『左傳』や『國語』においては、禮と樂の關係は、さまざまな議論の一部であった。それが、『史記』において禮と樂が特別に議論され、『漢書』ではそれらが併稱されるにいたったことである。

『史記』禮書・樂書、『漢書』禮樂志には、戰國時代以來の議論がまとめられている。すでに紹介した内容が整然と語られている。『左傳』や『國語』などにあっては、分散して語られていた内容が、これら書や志に整然とまとめられている。

それらは、あらためて紹介するまでもなく、まとめられたものを讀めばよい。

ただ、意外な箇所に、『史記』の時代、『漢書』の時代の特色を見出すことができるので、それを紹介しておくことにしたい。

『史記』司馬相如列傳は、個人の列傳ではあるが、彼と交友關係があった諸侯王や、彼が任務として赴いた西南夷の情報がもりこまれている。

その諸侯王たる齊王をいさめた無是公の發言では、「楚則失矣、齊亦未爲得也、夫使諸侯納貢者、非爲財幣、所以述職也、封疆畫界者、非爲守禦、所以禁淫也、今齊列爲東藩、而外私肅愼、捐國踰限、越海而田、其於義故未可也、且二君之論、不務明君臣之義而正諸侯之禮、徒事爭游獵之樂、苑囿之大、欲以奢侈相勝、荒淫相越、此不可以揚名發譽、而適足以貶君自損也、且夫齊楚之事又焉足道邪、君未睹夫巨麗也、獨不聞天子之上林乎、左蒼梧、右西極……」とある。ここでは、發言を求めた齊王とみずからの出身地の王である楚王、すなわち漢代の諸侯王を引き合いに出し、「不務明君臣之義而正諸侯之禮、徒事爭游獵之樂、苑囿之大、欲以奢侈相勝、荒淫相越、此不可以揚名發譽、而適足以貶君自損也」と批判している。直接樂に言及した部分ではないが、『左傳』や『國語』においても議論されていた天子や身分を問題にする意識が、ここに記されている。現實に行われている諸侯王の行爲が皇帝をないがしろにするものだ、ということを述べている。

本稿において、すでに『禮記』や『孟子』を引用しつつ、春秋時代の周王朝と周圍の大國（方伯）との關係が繼承議論されていることを述べたが、その世界が、現實の皇帝と諸侯王との關係に置き換えられ議論されている。

司馬相如が使いとして蜀におもむいたおり、現地の長老たちが西南夷と通じることを必ずしも望んでいないことを

知るや、天子の意を傳えるために作ったとされる長文がある。それには、こんな部分がある。「漢興七十有八載、德茂存乎六世、威武紛紜、湛恩汪濊、羣生澍濡、洋溢乎方外、於是乃命使西征、隨流而攘、風之所被、罔不披靡……、且夫卭筰西僰之與中國並也、歷年茲多、不可記已、仁者不以德來、彊者不以力幷、意者其殆不可乎、今割齊民以附夷狄、弊所恃以事無用、鄙人固陋、不識所謂……且詩不云乎、普天之下、莫非王土、率土之濵、莫非王臣、是以六合之內、八方之外、浸潯衍溢、懷生之物有不浸潤於澤者、賢君恥之、今封疆之內、冠帶之倫、咸獲嘉祉、靡有闕遺矣、而夷狄殊俗之國、遼絕異黨之地、舟輿不通、人迹罕至、政教未和、流風猶微、內之則犯義侵禮於邊境、外之則邪行橫作、放弑其上、君臣易位、尊卑失序、父兄不辜、幼孤爲奴、係纍號泣、內嚮而怨、曰、盖聞中國有至仁焉、德洋而恩普、物靡不得其所、今獨曷爲遺已、擧踵思慕、若枯旱之望雨、盭夫爲之垂涕、况乎上聖、又惡能已、故北出師以討彊胡、南馳使以誚勁越、四面風德、二方之君（西夷の卭、僰、南夷の牂柯、夜郎）、鱗集仰流、願得受號者以億計、故乃關沫若、徼牂柯、鏤零山、梁孫原、創道德之塗、垂仁義之統、將博恩廣施、遠撫長駕、使疏逖不閉、阻深闇昧、得耀乎光明、以偃甲兵於此、而息誅伐於彼、遐邇一體、中外提福、不亦康乎、夫拯民於沈溺、奉至尊之休德、反衰世之陵遲、繼周氏之絕業、斯乃天子之急務也、百姓雖勞、又惡可以已哉……」。

西南夷に歸順をうながし、漢皇帝の立場からして、「喜んで歸順してきた」と述べているわけだが、北の彊胡（匈奴）と南の勁越（越族）を討伐し、結果として、「四面風德、二方之君（西夷の卭、僰、南夷の牂柯、夜郎）、鱗集仰流、願得受號者以億計」となった。ここでは、「且夫卭筰西僰之與中國並也……」・「今封疆之內、冠帶之倫、咸獲嘉祉、靡有闕遺矣、而夷狄殊俗之國、遼絕異黨之地……」と述べていることからもわかるように、「封疆之內」を「中國」と呼び、その外について「四面〈四方〉が德に風された」と表現している。いわゆる「德化」が廣大な「中國」の外に及ぶことを述べている。

『左傳』に樂を論じた中に、昭公二〇－F（「先王之濟五味・和五聲也、以平其心、成其政也。聲亦如味、一氣、二體、三類、四物、五聲、六律、七音、八風、九歌、以相成也。淸濁・小大、短長・疾徐、哀樂・剛柔、遲速・高下、出入・周疏、以相濟也。君子聽之、以平其心。心平、德和。故《詩》曰、『德音不瑕』。」）があり、風が德に關わることが了解できる。そして、『國語』晉語七―7に「平公說新聲、師曠曰、『公室其將卑乎、君之明兆於衰矣、夫樂以開山川之風、以耀德於廣遠也、風德以廣之、風山川以遠之、風物以聽之、修詩以詠之、循禮以節之、夫德廣遠而有時節、是以遠服而邇不遷』」とある。後者から、德を風にのせて遠くに廣めることがわかる。これは、すでに『孟子』に關して述べた王道を敷く地域に關わっていて、王が王道を敷くのは天下「方一千里」九個分の一つにすぎない。他は、王德が及ぼされる地域である。こうした考えは、王道を敷く地域が天下「方一千里」九個分の一つであるから成り立つのであって、武帝のころにいたって王道を敷くべき「中國」が廣大になると、說明は違ったものになる。それが上記の「四面〈四方〉が德に風された」だということになる。

『漢書』宣帝紀には「本始元年春正月、募郡國吏民訾百萬以上徙平陵、遣使者持節詔郡國二千石謹牧養民而風德化」とある。これは、漢の官吏が治める地域內の德化を述べている。『漢書』司馬相如傳は、上記の『史記』司馬相如列傳と同內容のことを述べている。

いずれにしても、中國の中と外に德が及ぶことを述べる。この考えが制度的に整備され、中國と外との外交關係が定まると、册封體制ができあがる。

春秋末の狀況と孔子

以上、編鐘時期A、編鐘時期B、編鐘時期C、編鐘時期C―2という編鐘の時期區分に着目し、一方において、『禮記』王制まで繼承議論された春秋時代の王と方伯との關係を念頭において、樂の議論を時期を追って檢證してきた。從來の檢討結果と併せて、編鐘の時期區分を關連させる方法は、諸書の內容の新舊を檢討する上で、かなり有用であることがわかった。

『孟子』の記事から想定される「方一千里」の國々の數は、おそらく春秋時代の「縣」の數が念頭にあり、少なくみつもった場合の「十三～十七個程度」という數値から、當時の大小の氏族を想起することができるものになっていることを述べておいた。

孔子は編鐘時期Bの人であるが、孔子に關して殘された記事とこの編鐘時期Bとは、どう關わるだろうか。試みに、孔子やその弟子たちの言葉を傳えているとされ、長い期間を經て現在の形になったと論じられている『論語』の中から、問題の編鐘Bの時期としておかしくないものを選んで配列してみよう(111)。

【八佾第三】

3◆子曰、人而不仁、如禮何、人而不仁、如樂何。

22◆子曰、管仲之器小哉、或曰、管仲儉乎、曰管氏有三歸、官事不攝、焉得儉乎、曰然則管仲知禮乎、曰、邦君樹塞門、管氏亦樹塞門、邦君爲兩君之好有反坫、管氏亦有反坫、管氏而知禮、孰不知禮也。

23◆子語魯大師樂曰、樂其可知也、已始作翕如也、從之純如也、皦如也、繹如也、以成矣。

【里仁第四】

2◆子曰、不仁者不可以久處約、不可以長處樂、仁者安仁、知者利仁。

【公冶長第五】

7◆子曰、道不行、乘桴浮于海、從我者其由與、子路聞之喜、子曰、由也好勇過我、無所取材。

8◆孟武伯問、子路仁乎、子曰、不知也、又問、子曰、由也、千乘之國、可使治其賦也、不知其仁也、求也何如、子曰、求也、千室之邑、百乘之家、可使爲之宰也（孔安國曰千邑之邑卿大夫之邑卿大夫稱家諸侯千乘大夫百乘宰家臣）、不知其仁也、赤也何如、子曰、赤也、束帶立於朝、可使與賔客言也、不知其仁也。

16◆子謂子産、有君子之道四焉、其行己也恭、其事上也敬、其養民也惠、其使民也義。

28◆子曰、十室之邑、必有忠信如丘者焉、不如丘之好學也。

【雍也第六】

5◆原思爲之宰、與之粟九百、辭、子曰、毋、以與爾鄰里鄉黨乎。

21◆子曰、中人以上、可以語上也、中人以下、不可以語上也。

22◆樊遲問知、子曰、務民之義、敬鬼神而遠之、可謂知矣、問仁、子曰、仁者先難而後獲、可謂仁矣。

23◆子曰、知者樂水、仁者樂山、知者動、仁者靜、知者樂、仁者壽。

【泰伯第八】

1◆子曰、泰伯其可謂至德也已矣、三以天下讓、民無得而稱焉。

8◆子曰、興於詩、立於禮、成於樂。

15◆子曰、師摯之始關雎之亂、洋洋乎盈耳哉。

20◆舜有臣五人而天下治、武王曰、豫有亂臣十人、孔子曰、才難、不其然乎、唐虞之際、於斯爲盛、有婦人焉、九人而已、三分天下有其二、以服事殷、周之德、其可謂至德也已矣。

【子罕第九】

15◆子曰、吾自衞反魯、然後樂正、雅頌各得其所。

30◆子曰、知者不惑、仁者不憂、勇者不懼。

【鄕黨第十】

5◆執圭鞠躬如也、如不勝、上如揖、下如授、勃如戰色、足蹜蹜如有循也、享禮有容色、私覿愉愉如也。

23◆色斯擧矣、翔而後集、曰、山梁雌雉、時哉、時哉、子路共之、三嗅而作。

【先進第十一】

1◆子曰、先進於禮樂野人也、後進於禮樂君子也、如用之、則吾從先進。

6◆南容三復白圭、孔子以其兄之子妻之。

26◆子路・曾晳・冉有・公西華侍坐、子曰、以吾一日長乎爾、毋吾以也、居則曰、不吾知也、如或知爾則何以哉、子路率爾而對曰、千乘之國、攝乎大國之間、加之以師旅、因之以饑饉、由也爲之、比及三年、可使有勇且知方也、夫子哂之、求爾何如、對曰、方六七十、如五六十、求也爲之、比及三年、可使足民、如其禮樂、以俟君子、赤爾何如、對曰、非曰能之也、願學焉、宗廟之事、如會同、端章甫、願爲小相焉、點爾何如、鼓瑟希、鏗爾舍瑟而作、對曰、異乎三子者之撰、子曰、何傷乎、亦各言其志也、曰、莫春者春服既成、得冠者五六人童子六七人、浴乎沂、風乎舞雩、詠而歸、夫子喟然歎曰、吾與點也、三子者出、曾晳後、曾晳曰、夫三子者之言何如、子曰、亦各言其志也已矣、曰、夫子何哂由也、子曰、爲國以禮、其言不讓、是故哂之、唯求則非邦也與、安見方六七十如五六十而非邦也者、唯赤則非邦也與、宗廟會同非諸侯如之何、赤也爲之小、孰能爲之大。

【顏淵第十二】

12◆子曰、片言可以折獄者、其由也與、子路無宿諾。
13◆子曰、聽訟吾猶人也、必也使無訟乎。
16◆子曰、君子成人之美、不成人之惡、小人反是。

【憲問第十四】

14◆子問公叔文子於公明賈、曰、信乎、夫子不言不笑不取乎、公明賈對曰、以告者過也、夫子時然後言、人不厭其言也、樂然後笑、人不厭其笑也、義然後取、人不厭其取也、子曰、其然、豈其然乎。
22◆陳成子弑簡公、孔子沐浴而朝、告於哀公曰、陳恆弑其君、請討之、公曰、告夫三子、孔子曰、以吾從大夫之後、不敢不告也、君曰、告夫三子者、之三子告、不可、孔子曰、以吾從大夫之後、不敢不告也。
30◆子曰、君子道者三、我無能焉、仁者不憂、知者不惑、勇者不懼、子貢曰、夫子自道也。
39◆子曰、賢者辟世、其次辟地、其次辟色、其次辟言、子曰、作者七人矣。
41◆子擊磬於衞、有荷蕢而過孔氏之門者、曰、有心哉擊磬乎、既而曰、鄙哉、硜硜乎、莫己知也斯已而已矣、深則厲、淺則揭、子曰、果哉、末之難矣。

【衛靈公第十五】

42◆師冕見、及階、子曰、階也、及席、子曰、席也、皆坐、子告之曰、某在斯、某在斯、師冕出、子張問曰、與師言之道與、子曰、然、固相師之道也。

【季氏第十六】

7◆孔子曰、君子有三戒、少之時、血氣未定、戒之在色、及其壯也、血氣方剛、戒之在鬬、及其老也、血氣既衰、戒之在得。

【陽貨第十七】

1◆陽貨欲見孔子、孔子不見、歸孔子豚、孔子時其亡也、而往拜之、遇諸塗、謂孔子曰、來、豫與爾言、曰、懷其寶而迷其邦、可謂仁乎、曰、不可、好從事而亟失時、可謂知乎、曰、不可、日月逝矣、歲不我與、孔子曰、諾、吾將仕矣。

5◆公山弗擾以費畔、召、子欲往、子路不説曰、末之也已、何必公山氏之之也、子曰、夫召我者、而豈徒哉、如有用我者、吾其爲東周乎。

7◆佛肸召、子欲往、子路曰、昔者由也聞諸夫子、曰、親於其身爲不善者、君子不入也、佛肸以中牟畔、子之往也如之何、子曰、然、有是言也、不曰堅乎、磨而不磷、不曰白乎、涅而不緇、豈匏瓜也哉、焉能繫而不食。

11◆子曰、禮云禮云、玉帛云乎哉、樂云樂云、鐘鼓云乎哉。

20◆孺悲欲見孔子、孔子辭以疾、將命者出戸、取瑟而歌、使之聞之。

【微子第十八】

4◆齊人歸女樂、季桓子受之、三日不朝、孔子行。

9◆太師摯適齊、亞飯干適楚、三飯繚適蔡、四飯缺適秦、鼓方叔入於河、播鼗武入於漢、少師陽擊磬襄入於海。

以上は、あくまで現行『論語』に新舊いりまじった成立の部分があることを前提に、(112)その中に内容上孔子の時代に遡り得るものを摘出した。

氣になるであろう點を述べておけば、『論語』微子第十八―4に「齊人歸女樂、季桓子受之、三日不朝、孔子行」とあるのは、孔子の時代に女樂が盛んであったことと、孔子がそれを嫌ったことを述べているがごとくである。女樂を批判する姿勢は、『左傳』や『國語』に見えていた。先王の樂が淫樂と對照的であることを述べるものであった。

そこで、『論語』において、他にどんな記事があるかを參照してみると、學而第一―7に「子夏曰、賢賢易色、事父母能竭其力、……」とあるのは、必ずしも色を否定したものではなく、『論語』季氏第十六―7に「孔子曰、君子有三戒、少之時、血氣未定、戒之在色、及其壯也、血氣方剛、戒之在鬭、及其老也、血氣既衰、戒之在得」とあるのも、血氣が不安定な若い時には色に氣をつけよと言っているにすぎない。そこで、よく讀んでみると、『論語』微子第十八―4は「三日不朝」を批判していることがわかる。それゆえ、上記の列に加えておいたのである。

また、『論語』において仁者を述べる場合、仁者だけを語るものが多數を占める（上には示さなかったが、爲政第二―3、爲政第二―6、里仁第四―4、雍也第六―22、雍也第六―26、雍也第六―30、顏淵第十二―3、顏淵第十二―22、憲問第十四―7、憲問第十四―18、衞靈公第十五―10、微子第十八―1〈三仁〉）のに對し、知者と仁者を語るもの（里仁第四―2、雍也第六―23〈22も關わる〉）、知者・仁者・勇者を語るもの（子罕第九―29、憲問第十四―30）、仁者と勇者を語るもの（憲問第十四―5）がある。知者と仁者を語るものは、「子曰、不仁者不可以久處約、不可以長處樂、仁者安仁、知者利仁」（里仁第四―2）とあるように、知者・仁者いずれについても仁への對應を問題にする。「子曰、知者樂水、仁者樂山、知者動、仁者靜、知者樂、仁者壽」（雍也第六―23）もその前の段に「樊遲問知、子曰、務民之義、敬鬼神而遠之、可謂知矣、問仁、子曰、仁者先難而後獲、可謂仁矣」（雍也第六―22）とあるのも、知者・仁者の仁への對應に矛盾しない。知者・仁者・勇者を語るものも、「子曰、知者不惑、仁者不憂、勇者不懼」（子罕第九―29）、「子曰、君子道者三、我無能焉、仁者不憂、知者不惑、勇者不懼、子貢曰、夫子自道也」（憲問第十四―30）ともに、知者・仁者の仁への對應に矛盾しない。それだけでなく、憲問第十四―30は、「君子道者三」として、知者・仁者・勇者を述べている。これらに對し、仁者と勇者を語るもの（憲問第十四―5）は、「子曰、有德者必有言、有言者不必有德、仁者必有勇、勇者不必有仁」というのは、勇者を仁者と明確に區別し、かつ憲問第十四―30が「君子道者三」として、知者・仁者・勇者を述べるのに矛盾する。それゆえ、この矛盾する憲問第十四―5を除き、他を上記の列に加えておいた。

こうした判斷を念頭において、上記の諸事例をまとめなおしておけば、次のようになる。

（1）禮に言及するもの（八佾第三―3、鄕黨第十―5）

（2）樂・樂奏に言及するもの（八佾第三―23、泰伯第八―15、憲問第十四―41、陽貨第十七―11〈禮は玉帛に言及〉、陽貨第十七―20、微子第十八―9〈樂が樂師とともに各地に〉）

（3）女樂に言及するもの

（4）鬼神祭祀を一極に集中する傾向を述べるもの（雍也第六―22）

（5）詩と樂に言及するもの（泰伯第八―8、子罕第九―15）

（6）大國・小國關係や國內の土地などに言及するもの（公冶長第五―8、公冶長第五―28、雍也第六―5、雍也第六―21）

（7）君子の原初的德目に言及するもの（公冶長第五―16、子罕第九―29、先進第十一―1、先進第十一―6、先進第十一―26、顏淵第十二―12、顏淵第十二―13、顏淵第十二―16、憲問第十四―14、憲問第十四―30、憲問第十四―39、憲問第十四―42、季氏第十六―7）

（8）その他（八佾第三―22、公冶長第五―7、泰伯第八―20、鄕黨第十―27、憲問第十四―22、陽貨第十七―1、陽貨第十七―5、陽貨第十七―7）。

「その他」には、孔子が陽貨や公山弗擾や佛肸のもとに出向こうとした話が含まれている（佛肸の話題は『史記』孔子世家にも書かれている）。これらは、（すでに述べたように）編鐘時期Bや編鐘時期Cが、大國小國關係の中で複數の都市を支配する有力者が成長した時代であったことを念頭において、加えている。

また、すでに論じたことだが、「三分天下有其二、以服事殷、周之德、其可謂至德也已矣」（泰伯第八―20）は、三代との關連から、夏・殷が問題になる中原と、周が問題になる陝西と、齊が問題になる山東を念頭においた「天下」が、『論語』に示されたものである。『孟子』梁惠王章句上・公孫丑章句上に示された天下觀に先行するので、これも加えておいた。

おわりに

本節では、考古學的検討としての編鐘時期の分期を論じ、これに戰國以來漢代まで繼承された周代の知見として、天下を「方一千里」九つ分とし、そのうち一つが天子のもの、他の八つを「方伯」（覇者）に委ねると考えられていたこと、それに先行する天下觀が『論語』に見えていること等を關連づけて論を展開した。

時期をいわゆる時期區分に合わせてまとめなおしておけば、次の時期が問題になる。

Ⅰ：春秋中期まで（編鐘時期A）
Ⅱ：春秋中期から戰國前期まで（編鐘時期B）
Ⅲ：戰國前期から戰國中期まで（編鐘時期C）
Ⅳ：戰國中期以後（編鐘時期C―2）

天下を方一千里九つ分とし、そのうち一つの州を天子のものとし、他の八つの州を「方伯」（覇者）に委ねるという考えは、その先驅が『孟子』梁惠王章句上・公孫丑章句上に示されており、Ⅳの時期のものである。これに先行する『論語』の「三分天下有其二、以服事殷、周之德、其可謂至德也已矣」（泰伯第八—20）という考えは、ⅡとⅢに屬する（あるいはⅢのみ）。

『孟子』の天下觀は、『禮記』王制（漢代）に繼承されるが、『禮記』に「方伯」（覇者）に委ねるという考えが明言され、その「方伯」が『漢書』刑法志において「州牧」に言い換えられ引用されている。そして、『禮記』王制に示された州ごとの國數（二百一十國）は、漢代の縣數を念頭において、多めに示されたものになっている（二一〇は、おそらく孔子の弟子數七十の三倍から導かれるものだろう。官僚は孔子の弟子筋を自任するにいたるからである）。これは、歴史を遡る『禮記』王制が「封建」（地方分權）を述べ、漢代を語る『漢書』が「郡縣」（中央集權）を述べるものになっている。

『孟子』萬章章句下から想定される「方一千里」の國々の數は、おそらく春秋時代の「縣」や氏族の數が念頭にあり、少なくみつもった場合の「十三～十七個程度」という數値から、當時の大小の氏族が想起できるようになっている。これは、Ⅳの時代からⅡの時代を述べるものになる。

こうした讀み取りが可能な『孟子』萬章章句下の記事内容は、『禮記』王制では「强辯」の議論へと收斂して「方～里」を「～里四方」と嚴密に規定するにいたり、「方一千里ごとに二百一十國」という漢代において意味のある數値がはじきだされることになった。

『左傳』や『國語』に示される樂論には、Ⅳから示されたⅡやⅢの時期の樂に對する批判の目が讀み取れる。『孟子』と同じく、『禮記』王制にくだらない時期の見解（Ⅳの比較的早い時期）である。

『左傳』には、春秋以來の簡單な記事を繼承する部分と、會話のように戰國時代の雰圍氣を直接的に表現する部分がある。『左傳』に見える「樂」の用例は、『左傳』の地の文（會話や君子の發言でないもの）においては、音樂と「樂しむ」の用例が見えていることである。そして、會話において、それら「樂」と「樂しむ」ことについて、何らかの判斷が示される場合がある。

まず、判斷が示されない場合を述べれば、樂には、（1）樂を奏する、（2）樂器、（3）樂を名稱に含む詩を賦す、（4）詩を樂にのせて歌う、（5）樂の名稱といった用例がある。

これらのうち、（2）は（1）に關連づけて、また（3）（5）は（4）に關連づけて論じることができる。つまり、ここで問題にすべきなのは、樂を奏することと、詩を樂に合わせて歌うことである。樂は、音樂を奏でるということだけでなく、それに合わせて詩を歌うことが話題になっている。

編鐘を檢討した結果として、①西周王朝と、その下の限られた範圍内で使用されていた漢字は、相對音程のうちの五音（宮・商・角・徵・羽）を表現するにいたった（Iの時期）。②それが春秋時代に漢字圈の廣域化にともなって各國に根づいた（Iの時期）。③そして、各國において絕對音高たる十二律名ができあがった（IIの時期）ということのようだ。④さらに國によっては、十二律に影響されて十二の相對音程やオクターブの相違による音程名稱ができあがった。この動きは一般的でなかったし、②の定着を土臺にしているので、その土臺は各國の間で共有されたままであった（IIIの時期）。これに遲れてIVの時期がおとずれる。

十二律がIIの段階でできあがることは、メロディーが複雜化したことを物語る。この複雜化を讀み解く上で、どうしても無視できないのは、詩を樂に合わせて賦すという行爲である。詩の起源を論じることは、別になすべきことだと思うが、Iの時期を受けて、IIの時期に各國において絕對音高たる十二律名ができあがったのであるとすれば、明らかに詩と樂とが密接な關係をもつにいたったのはIIの時期である。そして、それは、メロディーが複雜化したことが想定される時期である。このことは、現在われわれが目にする詩なるものが、いつから流行するにいたったかを示すもののように見える。そうした詩が『左傳』に引用され、また樂に合わせて歌うことが記されているということである。

それが、孔子の時代である。『孟子』萬章章句下が念頭においたはずの時代である。

『左傳』の會話において、「樂」と「樂しむ」ことについて、何らかの判斷が示される場合、（1）禮と併稱するもの、（2）禮ありとするか、それをにおわすもの、（3）非禮・無禮とするか、それをにおわすものがある。これらは、『左傳』の褒貶の「形」に先行して作られたらしく、「詩と樂との密接な關係」を念頭において、その意識を遡ることができる。Ⅱの時期まで遡れよう。これも孔子の時代である。

同じく『左傳』會話に見られるのが、（4）「德」を問題にするもの、（5）「先王の樂が淫樂と對照的であること」を述べるもの、（6）天子や身分を問題にするものである。これらは、Ⅳの時期からⅡやⅢの時期を批判したものである。（5）の批判の前提である淫樂は、女樂とも稱され、おそらく孔子の時代の音樂の特色である。また（6）の批判の前提である諸侯の僭越な行爲も、孔子の時代の特色である。孔子の時代にあって女樂も、諸侯のふるまいも批判の對象とはならなかっただろう。

『國語』についても、『左傳』に見えるのと同樣の性格のある記事を拔き出すことができる。記事を檢討することで、樂に關連して大錢の鑄造を語る部分が戰國後期に降る記事であろうこともわかった。

『左傳』・『國語』を通して樂との關連が議論される「德」は、「風」を通して遠方に運ばれるとされたこともわかる。

以上の性格と同樣の內容が、『史記』や『漢書』に見えている。『史記』・『漢書』には、その「風德」が司馬相如の列傳・傳に見え、そこでは「封疆之內」を「中國」と呼び、その外について「四面〈四方〉が德に風された」と表現している。いわゆる「德化」が廣大な「中國」の外に及ぶことを述べている。

戰國時代の特別地地域（王道を敷く地域。中國・夏など）が、『孟子』のいうように「方一千里」にすぎなかったのが、『史記』が書かれる武帝のころには、廣大な「中國」に變貌していた、という話である。Ⅳの時代において、樂をめぐる議論はほとんど變化しなかったが、「中國」の意味する廣さが變わったということである。

以上を知って、『論語』を見ると、孔子の時代に遡り得る內容を抽出することができる。

（1）禮に言及するもの、（2）樂・樂奏に言及するもの、（3）女樂に言及するもの、（4）鬼神祭祀を一極に集中する傾向を述べるもの、（5）詩と樂に言及するもの、（6）大國・小國關係や國內の土地などに言及するもの、（7）君子の原初的德目に言及するもの、（8）その他がある。

（7）については、知者・仁者・勇者を君子の道として述べるもの、知者と仁者をともに仁に對應させて述べるものがある。これらは、おそらく孔子の時代に遡って議論し得るもので、『論語』に多數みえる仁者のみを語るものと一線を劃している。

『論語』については、古くからの常識として、弟子筋によって長い間に作られたことが議論されている。一般に巻ごとの新舊を語る傾向が強いが、本稿は個々の部分の內容的新舊を問題にしてみた。その上で、先秦・兩漢の樂に關する議論を檢討し、孔子の時代の樂はいかなるものかを追究して、現行『論語』の中から、孔子の時代に遡り得る部分を、個々に抽出してみた次第である。

孔子の時代は、戰國時代の領域國家が成長する過程に位置している。後に王となる氏族も、まだ大國の有力者の地位を占めるにすぎない。彼らの一圓的支配は、まだ限られている。『孟子』萬章章句下もそのことを知って書かれているらしいことは、すでに述べたとおりである。つまるところ、孔子の時代は、後に天下の九つの構成單位とされた「州」一つ分の「方一千里」より限られた場を占有する有力者の時代だったということができる。孔子が對應をせまられたのは、そうした有力者である。それだけに、後に國家官僚の下で喧傳される中央集權の論理からも、比較的自由であり、かつ舊來の都市國家を複數支配する有力者の下での新しい對應が求められている。そこに生じた人々の心の動搖をおさえ、かつ新しい動きに對應する。そこで「心」の問題が論じられた。

『韓非子』顯學や、『史記』太史公自序、『漢書』藝文志を參照すると、諸子が語る內容は、統治の理念を語る部分と、統治の術を語る部分からなることがわかる。こうした諸子一般の性格と比較すると、『論語』に見える「心」の問題は、ひときわ人を惹きつける魅力にあふれている。その「心」の問題を孔子の時代に遡ってみた場合、どうなるか。本稿は、その點につきささやかな試論を提示した次第である。

領域國家の統治理念や統治の術から比較的自由な立場は、國家の枠を超えての議論として受け入れられやすい。孔子が國家を超えて注目を集める理由の一端がそこにありそうである。樂がその孔子に深く關わりそうだという話は、現代の若者が世界性をもつ音樂に醉いしれる現狀からみても、實に示唆的である。

第三章　まとめ

本章は、以下の四つの節に分けて論を展開してきた。

第一節　周初年代諸説
第二節　大國・小國の關係と漢字傳播
第三節　中國古代における説話（故事）の成立とその展開
第四節　先秦兩漢の禮樂の變遷――孔子の時代の樂を知るために――

第一章に「八紘」論と「五服」論、第二章に「八紘」論と「封建」論を検討したのを受け、重心を「八紘」世界が出現する前において、議論すべき諸點を検討してみた。

「八紘」世界出現以前については、孔子をどう理解すべきかという大問題が存在する。本章は、この點を研究するための道筋をつけるための基礎作業をめざした。

誰もが認める事實として、中國の歴史の大きな劃期は、二つ存在する。一つは、「八紘」世界を象徴する秦の始皇帝による天下統一である。これを準備したのは、春秋戰國時代の社會變動の時期であった。また、もう一つは、近代世界の出現である。これを準備したのは、西歐の産業革命であった。

この兩者の間にあって、中國史はさらに二つの時期に分けられる。一つは「八紘」が史書作りの母體であった時代、もう一つは征服王朝が出現して史書作りの母體がさらに廣大な領域に擴大された時代である。「八紘」がその母體の一部になった時代である。
ただ、漢字世界は、その母體に關する限り、この「八紘」にとどまっていた（郡縣支配の漢字圏）。一方において、冊封體制を通して、史書作りのさらに外に、漢字世界は擴大されている（外交の漢字圏）。漢字文化圏と中國の史書づくりの母體は一致していない。
こうした意味における「八紘」の出現を準備したのが春秋戰國時代であり、その春秋時代の最後に生きたのが孔子であった。
ところが、「八紘」を支えた政治制度の言わば前身ができあがったのは、孔子の死後百數十年を過ぎた後である。象徴的制度が踰年稱元法と曆法としての夏正である。
この二つの制度に關わりつつ世に出てきたいわゆる史書として、『春秋』とその三傳がある。その史書としての傳の材料となったのが説話であり、その説話ができあがる元となったのが、簡單な歴史記事である。簡單な歴史記事から再構成される歴史はどのようなものになるか。これについて、最も注目が集まっているのが、周初の年代である。
第一節は、この周初の年代に關する諸説を扱った。
「別添」として、「古代紀年と曆に關するチェックポイント」を附しておいた。
Ⅰ　二〇〇〇年このかた行われてきた論爭、今文・古文論爭
Ⅱ　曆法と天象の問題
Ⅲ　春秋戰國時代の紀年矛盾
Ⅳ　戰國〜秦漢時代の曆日記事
Ⅴ　『春秋』所載の曆日記事

Ⅵ　『左傳』所載の木星紀年

Ⅶ　西周金文の暦日

Ⅷ　殷代後期甲骨文第五期の暦日

Ⅸ　その他

に分けて、どの研究が、どの點について検討を進めてきたかがわかるようにしておいた。これらについて、何等検討を進めず、自説を展開したとしても、それは、根據なしの想定にすぎない。

これらに關連する話題として検討したのが、第二節である。漢字は、發生して今に至るまで繼承された文字である。どこで發生したかは、今に至るまで謎のままである。しかし、この文字の祖先として最古のものが、殷代後期に使用されている。この漢字が繼承されていくわけだが、最初に現れた大きな劃期は、漢字使用圏、本書では、これを漢字圏と稱したが、これが天下規模に擴大された春秋時代である。この時期の漢字は、祭祀の記事や、簡單な事件の記事を基礎とする。ところが、この春秋時代に、祭祀儀禮に關連して、『尙書』の元になる記録や『詩』の元になる詩が出現した（これについては、第四節を參照）。この時期、次第に鐵器が普及する。

この鐵器普及を受けて、小國が滅ぼされて縣として中央の管轄を受ける體制ができあがる。その體制整備の必要から法令が整備され、經典が作り出される。これが漢字に訪れた第二の劃期である。

經典には、史書が含まれる。この史書の材料となったのが説話である。この説話については、その成立の背景やその出現の様態について、歴史的に解明しようとしたものが極めて少ない。そうした限られた研究ではあるが、すでに提示されている先行研究をあらためて紹介し、その研究をどのように繼承し、何を附け加えて論じるべきか。これを論じたのが、第三節である。

この第三節の檢討は、第一節の「別添」としてとりあげた話題の一つに關わる。「二〇〇〇年このかた行われてきた論爭、今文・古文論爭」である。誰もが認めているのは、『尙書』や『詩』の材料が古く成立し、それが經典として整理され、現在にいたるということである。ところが、これらとは異質の感をもって檢討されてきたのが、說話である。『尙書』や『詩』を基準にすれば、當然說話は異質である。極端な場合、この異質性は後代性のレッテルを貼る條件とされてしまう。そのレッテル貼りの具體例は、「二〇〇〇年このかた行われてきた論爭、今文・古文論爭」を見れば隨處に指摘することができる（張心澂『僞書通考』上海商務印書館、一九三九年等）。

この說話がいかなる歷史的經緯によって出現し、いかに史書に編入されたか。個々の具體的檢討の基礎は、すでに平勢『左傳の史料批判的研究』（東京大學東洋文化研究所・汲古書院、一九九八年）の後の方に一覽にしてある。ここには、小倉芳彥『中國古代政治思想研究――「左傳」研究ノート』（青木書店、一九七〇年）に示された見解が、この種の檢討の嚆矢であることを述べつつ、それを楊向奎「論左傳之性質及其與國語之關係」（國立北平研究院『史學集刊』二、一九三六年）以來の「凡例」・「君子曰」等の分類と合體させた。楊向奎以來の分類に、小倉を受けての「いかなる歷史的經緯によって出現し、いかに史書に編入されたか」を反映させたのである。

小倉の檢討は、『左傳』の文章を古い文體と新しい文體に分けることに成功したが、これは、『左傳』一般の說明には向かなかった。この說明は、『左傳』が材料にした說話に應用すると威力を發揮する。この方法は、同じ說話集である『國語』にも應用できるが、『國語』所載の說話は新舊入り亂れた狀況が『左傳』に比較して複雜なので、この複雜さを加味した檢討が要求される。

第四節は、平勢『中國古代紀年の研究――天文と曆の檢討から――』（東京大學東洋文化研究所・汲古書院、一九九六年）第二章第一節に論じておいた編鐘研究を基礎にする。編鐘の形狀變化と、複數の鐘の大小配列の樣態變化によって、考古學的時期區分を行い、それに相對音程（ドレミ）の複雜化、絶對音高（イロハ）の出現を重ねて論じた。メロディーの複雜化と詩を音樂に合わせて賦する儀禮の出現とを關連づけて論じることができる。形狀變化のうち小型化の進行と蠟模法の普及は、青銅器文化の衰退と鐵器の普及に關連づけて論じることができる。

こうした檢討を通して、本書中、孔子をどう理解すべきかを論じるものとなった。殷周以來の文化の集大成ともいうべき樂の文化が、孔子の弟子たちの世にどう繼承されるか、この古い時代と新しい時代を繫ぐ位置づけを、原初的孔子の樂說に見いだすことができそうである。

注

（1）平勢隆郎『中國古代紀年の研究――天文と暦の檢討から――』（東京大學東洋文化研究所・汲古書院、一九九六年）第一章第三節。

（2）前揭平勢隆郎『中國古代紀年の研究』第一章第四節。

（3）平勢隆郎『新編史記東周年表――中國古代紀年の研究序章――』（東京大學東洋文化研究所・東京大學出版會、一九九五年）。

（4）前揭平勢隆郎『新編史記東周年表』・『中國古代紀年の研究』各表等を參照。『國語』については、『中國古代紀年の研究』二三七頁參照。

（5）この點については、平勢隆郎『史記の「正統」』（講談社學術文庫、二〇〇七年）終章に論じた。

（6）誤解せず、「兩方正しいと考える」說であると、正確に說明してくださった例として、小說家宮城谷昌光氏がある（宮城谷昌光・平勢隆郎「春秋戰國について」〈『季刊歴史ピープル』小說現代一九九七年四月增刊號、講談社〉九六頁下段）。

（7）前揭平勢隆郎『中國古代紀年の研究』第一章第四節。

（8）私は「授」の字を用いない。戰國時代になって始まる「暦法計算を基礎とする暦」が「未來までを見こして民に提示する暦」なのであり、それまでの觀象受時の暦は、天象を「受け」てそのつど記載する暦だからである。戰國時代に新しい暦が始まるまで、民にあらかじめ「授ける」暦は存在しなかったからである。この觀象受時の暦は、天象を「受ける」ものだから、「十四月」などという暦法計算を基礎としては絶對にあり得ない月が記されている。「十四月」は甲骨文・金文いずれにも見える。

（9）近年眉縣から出土した青銅器群中に「四十二年鼎」と「四十三年鼎」がある。ただし、「四十二年」という年代は、實は「四十三年」である。というのは、西周金文には、一つの特徴があるからである。すなわち、「二」が書寫される位置は、下の字に近い（眞ん中より下に偏る）。「三」は上の字に近い（眞ん中より上に偏る）。「四十二年鼎」の「二」の字の書寫位置は上に偏っているから、「三」字が鑄あがりがわるくて一角とび「二」になっているのに違いない。附言しておけば、「二」と似た字として「上」・「下」二字があるが、それらの書寫位置はいずれも上の字に近い（眞ん中より上に偏る）。これに附け加えておけば、問題の「二」字の附近の字も、字劃が飛んでいる。四十二年鼎は二點あるが、いずれも鑄あがりは悪いようだ。

（10）同上。とくに平勢隆郎『中國古代紀年の研究――天文と暦の檢討から――』（東京大學東洋文化研究所・汲古書院、一九九六年）五八頁。

（11）前掲平勢隆郎『中國古代紀年の研究』横組七四～七五頁。

（12）同上。

（13）張培瑜『中國先秦史暦表』（齊魯出版社、一九八七年）。前掲平勢隆郎『中國古代紀年の研究』第一章第三節。

（14）F.R.Stephenson & M.A.Houlden Atlas of Historical Eclips Maps, Camblidge University Press 1986。

（15）同（13）。

（16）そもそも日食の食帯は、實際どのあたりにあったのか。この問題は、近年議論がある（平勢隆郎（聞き手）「古川麒一郎先生、古代の天文を語る」〈『史料批判研究』七、二〇〇六年〉）。地球自轉には、長期的變動がある。加えて述べれば、時々刻々と變化するこきざみな變動がある。西暦一六〇〇年以後は數の多少はあっても、後者を知るための觀測データが得られる。そのデータによれば、後者を縫うように前者が作られる。つまり後者はあくまで長期的變動を見るために作り出される理論的曲線であって、實際の自轉の有り様を表現してはいない。西暦一六〇〇年以前は後者のデータがないので、不十分なデータをもとに前者を構想していくしかない。假に上記の「天再旦于鄭」が日食によりもたらされたものとするなら、一般に想定されている食帯が實際には、より東にあったとするしかない。前掲平勢隆郎『中國古代紀年の研究』六四頁注（27）等參照。

（17）念のために申し添えておけば、以上に述べた論理は、こうなる。膨大な『史記』紀年矛盾を系統的に解消した結果、東遷後の年代が正しくたどれるようになった。これを基礎に古本『竹書紀年』や今本テキストを驅使すると、殷末周初の年代を論じることができる。この想定に合致するように、西周青銅器銘文を網羅配列することができる。さらに上記の想定に合致し、青銅器銘文網羅配列に接續するように、殷代後期甲骨文の周祭記事のうち、帝乙・帝辛時期のものを網羅配列することができる。こうして確定し得る前九〇三年は、懿王元年になった。古本『竹書紀年』には、懿王元年に「天再旦于鄭」の記述があり、これが「もし假に日食を意味するものであれば」という前提にたって、日食がこの年にあるかどうかを調べてみると、確かに日食が存在する。——ということなので、「天再旦于鄭」が日食でないとしても、それはそれで、何等矛盾は生じない。「天再旦于鄭」なる天象があったというだけのこととなる。世に、特異な天象をもちだし、そのような天象はいったい何年にあったかという論理を展開する場合もあるようだが、平勢の論理は、紀元前の年代と資料との關係を説明する方向性が、眞逆になっている。くどいようで恐縮である。

（18）「1」の甲骨文について、二つの釋文の可能性を示しておいた。一つは《甲骨文合集》に見えるもの。もう一つは恩師松丸道雄にご教示いただいたものである。下記に示した一覽のうち、當面適當と判斷したもののみ本文に示しておく。論理上は、下記のものすべて想定範圍の中にあるが、年代が古くなればなるほど、殷王の在位年を長く見積もる必要が生じる。本文に示した日附と時刻は、まず Oppolzer（Translated by Owen Gingerich), Canon of Eclipses（Canon der Finsternisse), Dover Publications, INC. NEW YORK, 1961（Wien, 1887）による世界時を參照することができる（同書の月食表は前一二〇七年まで遡れる）。これは、專門外の者が問題なく入手できる資料である。天文學者谷川清隆・相馬充によると、「Oppolzer が用いた月の運動論の惑星の攝動による周期項の不備」が認められることに注意とのことである。その「谷川・相馬」によると以下のようになる（天文計算と丁寧な説明は相馬）。

以下は、安陽殷墟（Yinxu, 114d 18′10″E, 36d 08′22″N）の食の状況を示す。もちろんΔTの値の取り方により、時刻などは變わる。日附はユリウス暦による。日附の後にユリウス日・食の最大の世界時と食分・ΔT・干支（安陽殷墟の日附で、現代的な意味で翌日になるか翌日にまたがる場合は、ハイフンに續けて翌日の干支も）を示す。その下に示したデータは、時刻（世界時と安陽殷墟の地方視太陽時）・現象・月の中心に對する影中心の位置角（天頂方向から左回りに測る）・高度・方位角・食分である。時刻は時：分（○・一分の桁まで）、位置角と高度と方位角の單位は度、方位角は北から東回りに測っている。高度は大氣差を含まない眞高度で、月出・月入は月の中心の大氣差を含んだ視高度が0度になるときとしているため、月出・月入のときの高度はマイナスになっている。年代は、例えば -1197は前一一九八年を意味する。紀元前一年を0として扱うからである。上記のように日干支が翌日になる可能性に配慮したが、假に下記の月食それぞれが甲骨文に對應するものだと假定すると、すべて朝まで日附は不變だとしなければならない。本文の1～5の事例に合わせて番號をふっておく（その本文に示した5は甲骨片が二片があり、嚴密には二つの月食である可能性もある。ただし、そのうち一片は摹本であり、これも嚴密には要檢討のものである）。

1：-1283. 1. 3　1252445　23:32.5　0.359　28300s　戊午—己未

月入帶食（部分食、食の終わりが見られない）

22:29.3　05:58.5　食の始め　347.5　12.1　289.2　0.000

23:32.5　07:01.6　食の最大　316.3　0.8　297.4　0.359

23:40.5　07:09.6　月入　311.7　-0.6　298.6　0.352

2：-1281.11. 3　1253479　22:39.8　1.617　28200s　壬申—癸酉

月入帶食（皆既食の最大過ぎまで見られる）

20:44.7　04:32.0　食の始め　13.2　22.9　267.0　0.000

21:49.3　05:36.6　皆既始め　5.6　10.3　276.3　1.000
22:39.8　06:27.1　食の最大　291.7　0.6　283.4　1.617
22:46.1　06:33.4　月入　266.1　−0.6　284.3　1.594
3・・−1278. 9. 1　1254512　18:57.9　0.649　28200s　乙酉―丙戌
始めから終わりまで見られる　（部分食）
17:36.3　01:11.5　食の始め　96.6　37.6　203.7　0.000
18:57.9　02:33.1　食の最大　129.9　28.8　224.4　0.649
20:19.3　03:54.5　食の終わり　168.4　16.3　240.4　0.000
4・・−1277. 2.26　1254690　19:49.3　1.544　28100s　癸未―甲申
始めから終わりまで見られる　（皆既食）
17:53.2　01:12.1　食の始め　80.1　61.1　221.4　0.000
18:59.4　02:18.3　皆既始め　76.9　50.6　242.7　1.000
19:49.3　03:08.2　食の最大　141.9　41.3　253.6　1.544
20:39.3　03:58.2　皆既終わり　209.6　31.6　262.2　1.000
21:45.5　05:04.4　食の終わり　220.0　18.5　271.9　0.000
5・・−1263. 5.20　1259887　11:03.8　1.336　27800s　庚申
月出帯食　（皆既食の最大まで見られず、その後に月出）
11:08.4　18:54.8　月出　55.0　−0.6　112.0　1.330
11:44.2　19:30.6　皆既終わり　8.3　5.7　117.3　1.000
12:49.0　20:35.4　食の終わり　340.0　16.2　128.1　0.000
5・・−1258. 8.22　1261807　10:46.9　0.541　27700s　庚申

月出帯食　（部分食、食の終わりが見られる）
11:20.3　18:54.6　月出　16.4　−0.6　111.1　0.422
12:03.0　19:37.4　食の終わり　351.7　7.1　117.4　0.000
1・・-1237. 7. 1　1269425　17:59.0　1.574　27200s　戊午—己未
始めから終わりまで見られる　（皆既食）
16:04.5　23:47.3　食の始め　91.0　29.2　177.7　0.000
17:08.9　00:51.7　皆既始め　66.4　27.9　194.0　1.000
17:59.0　01:41.8　食の最大　344.5　24.5　205.8　1.574
18:49.1　02:31.9　皆既終わり　263.9　19.3　216.4　1.000
19:53.5　03:36.2　食の終わり　244.0　10.8　228.2　0.000
1・・-1228.12.16　1272881　18:52.2　0.770　26900s　甲午—乙未
始めから終わりまで見られる　（部分食）
17:21.6　00:59.5　食の始め　81.4　71.2　231.5　0.000
18:52.2　02:30.1　食の最大　119.5　54.8　259.3　0.770
20:23.0　04:00.8　食の終わり　172.4　37.1　273.5　0.000
3・・-1226. 5.31　1273412　17:35.1　1.321　26900s　乙酉—丙戌
始めから終わりまで見られる　（皆既食）
15:53.8　23:40.9　食の始め　119.1　33.5　175.7　0.000
16:56.6　00:43.7　皆既始め　126.7　32.5　192.8　1.000
17:35.1　01:22.2　食の最大　168.4　30.1　202.7　1.321
18:13.6　02:00.7　皆既終わり　210.9　26.6　211.8　1.000

19:16.4　03:03.5 食の終わり 222.7　19.0　224.9　0.000
5・・-1217.11.15　1276867　17:10.9　0.412　26700s　庚申―辛酉
始めから終わりまで見られる　(部分食)
15:56.5　23:43.7 食の始め　24.2　68.3　169.8　0.000
17:10.9　00:58.1 食の最大　307.6　65.2　215.1　0.412
18:25.3　02:12.5 食の終わり 248.8　54.1　242.9　0.000
1・・-1216. 5.11　1277045　10:46.0　1.429　26700s　戊午
月出帯食　(皆既食の最大まで見られず、その後に月出)
11:01.6　18:46.4 月出　288.2　-0.6　108.3　1.354
11:29.6　19:14.4 皆既終わり 314.5　4.4　112.5　1.000
12:31.2　20:16.0 食の終わり 325.8　14.9　122.5　0.000
1・・-1197 11　4　1284161　15:21.9　0.709　26200s　甲午―乙未
始めから終わりまで見られる　(部分食)
13:57.5　21:45.1 食の始め　147.4　51.6　120.5　0.000
15:21.9　23:09.5 食の最大　177.0　63.7　151.4　0.709
16:46.2　00:33.8 食の終わり 189.4　65.5　199.4　0.000
2・・-1188 10 25　1287439　14:04.6　0.524　26100s　壬申
始めから終わりまで見られる　(部分食)
12:50.6　20:37.5 食の始め　170.4　36.8　108.1　0.000
14:04.6　21:51.5 食の最大　205.7　50.0　124.6　0.524
15:18.5　23:05.4 食の終わり 231.0　60.1　150.6　0.000

3・・-1180 11 25 1290392 13:15.3 1.743 26000s 乙酉

始めから終わりまで見られる　（皆既食）

11:23.3	19:08.8	食の始め	124.4	24.4	84.6	0.000
12:24.4	20:09.9	皆既始め	121.2	36.5	93.0	1.000
13:15.3	21:00.8	食の最大	36.4	46.5	101.2	1.743
14:06.2	21:51.6	皆既終わり	308.7	56.3	111.9	1.000
15:07.3	22:52.8	食の終わり	291.9	66.7	132.3	0.000

4・・-1179 5 22 1290570 12:31.3 1.153 26000s 癸未

月出帯食　（食の始めが見られないが皆既は見られる）

11:06.4	18:52.9	月出	136.8	-0.6	112.6	0.305
12:01.3	19:47.8	皆既始め	103.6	8.9	121.0	1.000
12:31.3	20:17.8	食の最大	65.4	13.7	126.0	1.153
13:01.3	20:47.8	皆既終わり	26.6	18.2	131.5	1.000
14:16.8	22:03.4	食の終わり	341.3	27.7	147.5	0.000

以上に擧げた他、次のように（庚申の月食）、翌朝日附が變わった可能性を議論しなければならない事例もあるが、年代的に殷末に近づきすぎるという問題があったので、論じないことにした。

5・・-1165 8 13 1295766 22:34.8 1.642 25800s 己未—庚申

月入帯食　（皆既は見られず）

20:41.1	04:15.5	食の始め	38.6	7.1	240.2	0.000
21:25.3	04:59.7	月入	38.6	-0.6	246.8	0.705

「谷川・相馬」では、Oppolzer が検討していない時期まで遡って一覧にしていただいた。殷代後期を古めに検討する人々の見解をも考慮し、前一三〇〇年以後を検討した。

すでに述べたように、私が殷代甲骨文第五期の周祭記事を網羅配列した結果得られた年代がある。それによると、第五期は二人の王の在世時期であり、帝乙が前一〇六五～一〇四五年、帝辛が前一〇四五～一〇二三年である（前掲平勢隆郎『中國古代紀年の研究』）。この前一〇六五年から上記の月食に遡る。上記に示した年代は、前一二一八年～一一八〇年に納まる。この前一一八〇から前一〇六五年まで一一五年あり、これを單純に三で割って三十八・三年になる。

上記の注釋に示した一覧には、前一二八三～一二五八年に納まる事例もある。前一二五八年から前一〇六五年まで一九五年あり、これを單純に三で割って六十五年になる。あり得ない數字ではないし、月食を含む甲骨文第一期が實際何年まであったかという問題も關わるわけだが、やや長いと判斷して、前一二一八年～一一八〇年に納まるものを本文に示した。

この「谷川・相馬」は個人的に入手したものである。上記のコメントにあるように、「ΔT の値の取り方により、時刻などは變わる」とのことである。前七〇〇年を超えて遡るには、古川騏一郎によって上述したように、地球自轉に關しては、長期的變動が議論される。これとは別に數値化が困難な時々刻々の變動がある。長期的變動のおおよそについて、われわれが理解するのに有用な圖がある。長期變動を議論しなかった時代の日食の中心食帶圖と、議論した後の日食の中心食帶圖である。議論前の圖として、上記の Oppolzer と渡邊敏夫『日本・朝鮮・中國——日食月食寶典』（雄山閣、一九七九年）がある。議論後の圖として前掲 Stephenson の圖がある（Oppolzer は一八八七年に出版、渡邊は一九二六年の Schoch の要素を使っていて、地球の自轉變動の事實が確立する一九三〇年代より前に作られた。ただし、彼らの月と太陽の位置を表す計算式の時間の二次の項は古代の記錄に合うように定めているので、地球自轉の長期變動を意識していたかどうかは別にして、長期變動の効果を一應含んでいたものである）。春秋時代までを檢討するのに、以上の三者は相互に參照でき、特に渡邊の『春秋』所載日食一覽には、日入帶食・日出帶食という日の出・日の入りの日食についての指摘があり、「谷川・相馬」によれば、長期變動をより實際に近く算定する上で有用とのことである。上記渡邊の検討は月食にも及ぶが殷代まで遡らない。

上記Stephensonは殷代まで遡って検討できるが、月食の検討は參照できない。専門的に議論できる資料は別として、市販のソフトを使う方法があるが、どのように紹介してよいか専門外の身には判斷が難しい。幸いにして「谷川・相馬」が得られたので、それを參照した次第である。地球自轉の時々刻々の變動が實際どうなっていたかは、見きわめが難しいのだが、とりあえず得られる結論は、甲骨文第一期に關して確認できる月食記事は、私の想定する殷滅亡の年代、つまり前一〇二三年から遡って適切に、しかもある程度まとまって得られるということである。この件に關しては、これでよい。

贅言を續ければ、甲骨文第五期の周祭記事を網羅配列したことに加えて、甲骨文第一期の月食事例が配列できることがわかったことの意味は多大である。このことを本文に述べた。この兩者は相互に關連して議論できる。その點を確認の上で、すでに問題にした前九〇三年七月三日の日食（−702.7.3）を議論してみよう。この日食を『竹書紀年』の「天再旦于鄭」と絡む改めて議論するには、想定される食帶（Stephenson & Houlden 1986）が西にずれすぎている（個人的に「谷川・相馬」によると想定食帶も入手し得た。前七〇〇年を超えて推定する場合、推定時間の誤差が見こまれる點につき注意を受けた。これによると、「谷川・相馬」の−702.7.3の食帶はStephenson & Houlden 1986に示された食帶より西にややずれているようである）。この食帶が、實際には東にずれる可能性について議論した場合、上記の月食事例は論理上の問題を引き起こさないかどうか。どうやら、「1」の甲骨文釋文の二つの可能性を勘案しても、問題なく東にずらして議論できるようである（「谷川・相馬」に無理をお願いし、−702.7.3の觀測結果を假に岐山あたり〈107°37′E、34°27′Nとした〉でどうなるかの計算をしていただいたところ、當面ΔT = 22500sを用いることにして、最大食分が0.64、東に一時間ほどずらした場合、ΔT = 26100sを用いることにして、最大食分が0.83になるとのことである。さらに東にずらして例えばΔT = 30000sを用いると、皆既日食であり、日出が現地の視太陽時で四時四十五分ごろで、その二時間半近く後の七時十分ごろに皆既日食になるとのことである。食帶をここまで東にずらすのは、上記に示した甲骨文第一期の月食の想定時刻との關係からしても適切ではなさそうなので、假に日食を想定するにしても、深い食分を考えるのがよさそうである。なお、Stephenson & Houlden 1986の同日食の食帶では、ΔT =25224sを採用しているので、その食帶は相馬圖とそれを一時間ほど東にずらした圖の間にある）。

個人的にやや興味深いのは、本文に示した甲骨文第一期月食事例において、「夕」が比較的時間のはやいものが並んでいることである。甲骨文の「夕」は一般に「夜」のことと考えられているが、月食の記事に關して示されるにしても興味深い。ただし、同じ月食でも、やや古めの可能性を論じる場合は、それらの事例が、夜半すぎや翌朝にかかるものが多いのが、これも興味深い。これ以上の判斷は避けておくが、とても興味深い（「天再旦于鄭」の「鄭」なども、どこにあったのか。この問題も興味深い）。因みにということで述べておけば、このやや古めの可能性を考える事例でも、上記の前九〇三年七月三日の日食の食帶が、一般に想定されているより東にずれるとしても、問題はないようだ。

なお、ここに頂戴し示すことができたデータとは別に、Mitsuru Sôma, 'List of lunar eclipses between 1500 BC and 1000 BC', *Publications of the national astronomical observatory of Japan, Vol. 11, No. 3-4*（*2008 October*）が公表されている。御參照願うと有り難い。

（19）風聞によれば、「周代から遡った日干支を使っていたのでは、甲骨文第一期の事例中に見える月食を探し當てることはできない」という意見があるようであるが、上記のように「探し當てることができた」。想像するに、私の前一〇二三年から遡るという視點がないままの檢討だったのではなかろうか。この年代を知らなければ、甲骨文第五期の周祭の厖大な事例を網羅的に配列し得た結果も參照されることはなかっただろう。勿論論理上の可能性としては、あらかじめ日干支をまとめてずらして甲骨文第五期の周祭の厖大な事例を網羅配列し、さらに西周靑銅器銘文の「年・月・月相・日干支」をすべて記述する厖大な事例を網羅配列して、「殷代の日干支と後代の日干支には斷裂がある」「周代の日干支と後代の日干支には斷裂がある」などを議論することができる。體系的にまとまって存在する日干支を用いてこれらを網羅配列し、「斷裂」があることを立證し得れば、とても劃期的である。今後の檢討に期待する。

（20）平勢隆郎「王莽時期、木星位置に關する劉歆説の復元とその關連問題」（『日本秦漢史學會報』五、二〇〇四年）に、先行研究を參照しつつ問題點を整理しておいた。

（21）前掲平勢隆郎『中國古代紀年の研究』二三七頁參照。

（22）新城新藏『東洋天文學史研究』（弘文堂、一九二八年）四一頁に要領よくまとめられている。新城は『漢書』の述べる「伐殷」と「克殷」は同じ年で「午」であることを述べている。以下、『漢書』律暦志の紹介は、この新城書上記頁を參照されたい。

(23) 私は當初共和攝政を十五年として計算し、周語の問題の記事については、「伐殷」の年、つまり前一〇二四年を念頭において議論を組み立てていた（誤解のないようお願いしたい）。問題の鍵は、年代配列ではなく、共和攝政時期と宣王卽位の關係にある。共和攝政を十五年（前八二七年）までにして翌年（前八二六年）元旦から宣王元年を考えるか、共和攝政をその翌年たる十六年（前八二六年）までにしてその年に宣王元年が始まったと考えるか（宣王元年はいずれの場合も前八二六年）の相違になる。戰國時代の議論として前一〇五五年「克殷」を論じることは同じだが、結果的に、戰國時代の論者がそれを武王十一年だとみなしたか武王十二年だとみなしたか、の相違になる（現在の私は後者を想定）。

(24) 張培瑜『中國先秦史曆表』（齊魯出版社、一九八七年）。

(25) 前揭（1）書。

(26) 張心澂『僞書通考』（商務印書館、一九三九年）で通覽できる。

(27) 『九州大學東洋史論集』二〇、一九九二年。

(28) 前揭平勢隆郎『中國古代紀年の研究』橫組表Ⅲ。

(29) 前揭張心澂『僞書通考』別史類は、『逸周書』について「疑僞、不盡僞」と注記している。この書にあって僞書たることが疑われているということであり、なおかつ、內容的にすべてを「僞」とすることが躊躇されたということである。

(30) 精華大學出土文獻硏究與保護中心編・李學勤主編『精華大學藏戰國竹簡』（上海文藝出版集團中西書局、二〇一〇年）。

(31) 平勢隆郎『中國の歷史二―都市國家から中華へ』（講談社、二〇〇五年）。これに先行して平勢隆郎『『春秋』と『左傳』』（中央公論新社、二〇〇三年）等。

(32) 西嶋定生『中國古代國家と東アジア世界』（東京大學出版會、一九八三年）、『中國の歷史二・秦漢帝國』（講談社、一九七四年。講談社學術文庫、一九九七年）等。

(33) 西嶋定生『中國古代國家と東アジア世界』（東京大學出版會、一九八三年）第六章等。

(34) 松丸道雄『西周靑銅器とその國家』（東京大學出版會、一九八〇年）等。

(35) 近年、炭素C14による年代測定法により、彌生時代・古墳時代の開始時期が從來の想定より古かった可能性が指摘されている。この可能性によって述べれば、いわゆる邪馬臺國は、その實大和朝廷だったかもしれない。中國史書の年代はそのままで、考古遺物の年代が古くなるためそういうことになる、という話である。

(36) 前掲注に示したように、邪馬臺國すなわち大和朝廷だということであれば、大和朝廷が中國王朝より入手した鏡を各地に賜與したという話になる。

(37) この種の觀點は、『春秋』三傳に體系性を具備して示されている。これについては、平勢隆郎『春秋』と『左傳』(中央公論新社、二〇〇三年)などに、具體的記事の紹介を通してまとめておいた。また、平勢隆郎『都市國家から中華へ』(講談社、二〇〇五年)においても、さらに他の書物の紹介を通して同種の議論を展開している。

(38) 津田左右吉『左傳の思想史的研究』(東洋文庫、一九三五年)九六頁。

(39) 蘇秉琦『中國文明起源新探』(商務印書館、一九九七年。日本語版〈郭大順序、陸思賢解説、編集註記〉言叢社、二〇〇四年)。

(40) カールグレン『左傳眞僞考』On the Authenticity and Nature of the Tso Chuan, Gothebörg, 1926(上海・商務印書館、陸侃如譯、一九三六年。東京・文久堂、小野忍譯、一九三九年)。

(41) 横田惟孝著・安井衡補正・安井小太郎校訂『戰國策正解』(冨山房、一九一五年)。ただし、以下、上海古籍出版社一九七八年(姚本系)の頁數を示す。

(42) 佐藤武敏監修、工藤元男・早苗吉雄・藤田勝久譯注『馬王堆帛書・戰國縱橫家書』(朋友書店、一九九三年)。

(43) 平勢隆郎『『春秋』と『左傳』』(中央公論新社、二〇〇三年)。平勢隆郎『都市國家から中華へ』(講談社、二〇〇五年)。

(44) 宮崎市定「身振りと文學――史記成立についての一試論」(『中國文學報』二〇、一九六五年)

(45) 宮崎市定「游俠について」(『歴史と地理』三四―四・五、故内藤博士追憶記念論文集、一九三四年。『アジア史研究』Ⅰ、同朋社、一九五七年。『中國古代史論』平凡社選書、一九八八年)。同「漢末風俗」(『日本諸學振興委員會研究報告』特集四・歴史學、一九四三年。『アジア史研究』Ⅱ、同朋社、一九五九年。『中國古代史論』平凡社選書、一九八八年)。

(46) 平勢隆郎『「春秋」と『左傳』』（中央公論新社、二〇〇三年）。平勢隆郎『都市國家から中華へ』（講談社、二〇〇五年）。

(47) 平勢隆郎『左傳の史料批判的研究』（東京大學東洋文化研究所・汲古書院、一九九八年）第二章・第三章に、春秋戰國時代の縣の性格問題を扱っている。この部分は、多くは「楚王と縣君」（『史學雜誌』一九八一年）以來の既發表論文をもとにしている（一部書き下ろしもある。また、「殷周時代の王と諸侯」のように、題目だけでは縣に關わるかどうか見分けにくいものもあるので注意されたい）。ここにおいて、春秋時代の縣と諸侯國とが同じレベルで移動させられている事例をひきつつ、諸侯國の秩序と同じ秩序が縣にあることを考察し、その秩序を支えていた都市に居住する「人」が當時の軍團を支えていたことや、鐵器の普及にともない都市間の人の移動が顯著になると、その「人」の秩序が弛緩し、結果として小諸侯が姿を消し、新しい諸侯身分である「封君」が出現することを述べている。こうした變化は、春秋時代、すなわちなお「人」の秩序が必要だった時代に、諸侯も縣の管領者も、いずれもが言わば諸侯身分が安堵されつつ各地を移動させられ、やがてその「人」の秩序が崩壞するころには、あたらしい爵位の制度が整ってくることと關わっている。戰國時代の封君はこうした新しい爵位の整備に關わる身分である（前掲平勢隆郎『都市國家から中華へ』講談社、二〇〇五年の第九章に、述べたところがある）。ということなので、一言で「管領による統治」と說明しているのではあるが、「西周以來の國が、經驗することのなかった頻繁な移動」をも含めた新しい動きを一括して述べているのであって、いっきに新しい管領統治が始まったのではない。楚の場合、縣の長官を一般に「君」といい、戰國時代には「封君」が出現するということだから、名稱の繼承關係でいえば、楚の用例が戰國時代に一般化したということができる。過去の研究者の中に、この點を考慮せず、「君」とは封君だと述べている場合があるが、それは誤りである。ただし、どこでどう變化するかは、吳起などの變法との關わりを論じるしかないようだ。

(48) 前掲平勢隆郎『都市國家から中華へ』（講談社、二〇〇五年）四一二頁等參照。

(49) 西江清高「先史時代から初期王朝時代」（松丸道雄他編『世界歷史大系・中國史一』山川出版社、二〇〇三年）等。

(50) 平勢隆郎『よみがえる文字と呪術の帝國——古代殷周王朝の素顏』中央公論新社、二〇〇一年。平勢隆郎『都市國家から中華へ』三五〇頁。

(51) 平勢隆郎「中國戰國時代の國家領域と山林藪澤論」（松井健編『自然の資源化』弘文堂、二〇〇七年。本書第二章第一節に利用）。鹽官・鐵官が郡とは別の機關として設置されることが議論されているが、中領域の支配を委ねられたものである點は、郡とかわらない。こうした點も、先行研究を引きつつ論じている。

(52) 『韓非子』顯學において、儒・墨を顯學とし、天下に儒が八家、墨が三家いたことを述べ、それぞれのテキストの相異を述べたところがある。それが戰國末のことであり、儒教は、現在議論するところの天下の教えにはなっていない。武帝のときに中央において董仲舒が用いられ天下第一の地位を得たが、游俠の儒化を經て天下の教えとなった。以上が、いわば常識であることを、ここに確認しておこう。

(53) 平勢隆郎『中國古代紀年の研究――天文と曆の檢討から――』（東京大學東洋文化研究所・汲古書院、一九九六年）第二章參照。

(54) 平勢隆郎『『春秋』と『左傳』』（中央公論新社、二〇〇三年）。

(55) 平勢隆郎『左傳の史料批判的研究』（東京大學東洋文化研究所・汲古書院、一九九八年）第二章・第三章に、春秋戰國時代の縣の性格問題を扱っている部分を參照。

(56) 同上。平勢隆郎『都市國家から中華へ』（講談社、二〇〇五年）三四四頁以下。

(57) 平勢隆郎『左傳の史料批判的研究』（東京大學東洋文化研究所・汲古書院、一九九八年）。特に卷末の『左傳』分類一覽。五五頁において、「おそらくは『左傳』が成書されるに當たって、すでに『會話』を含む『說話』が豐富に提供されており」などを述べている。

(58) 津田左右吉『左傳の思想史的研究』（東洋文庫、一九三五年。岩波書店津田左右吉全集一五、一九六四年）。

(59) 新城新藏『東洋天文學史研究』（弘文堂、一九二八年。中華學藝社、一九三三年。臨川書店、一九八九年）。

(60) 飯島忠夫『支那曆法起源考』（岡書院、一九三〇年。第一書房飯島忠夫著作集二、一九七九年）。

(61) 平勢隆郎『新編史記東周年表――中國古代紀年の研究序章――』（東京大學東洋文化研究所・東京大學出版會、一九九五年）。

(62) 平勢隆郎「王莽時期、木星位置に關する劉歆說の復元とその關連問題」『日本秦漢史學會會報』二〇〇四年。

(63) 平勢隆郎「中國戰國時代の國家領域と山林藪澤論」（松井健編『自然の資源化』弘文堂、二〇〇七年）等。
(64) 平勢隆郎『都市國家から中華へ』（講談社、二〇〇五年）二〇八頁。
(65) 平勢隆郎『左傳の史料批判的研究』（東京大學東洋文化研究所・汲古書院、一九九八年）。縣と國君とを同じ性格をもつものとして、その存續と縣がえ・國がえの事例を述べた。その際、晉の縣管領者について「伯」・「叔」（男の兄弟とされる）・「孟」（女の兄弟とされる――を男子たる宗主に使う）等などが見えることを指摘しておいた。また、楚では、周の制度をまねて王を稱した時點からほどなくして、縣を設置しはじめることになるのだが、その楚の縣の管領者は一般に「君」を稱し（『左傳』ではこれがきれいに「尹」に言い換えられている。封君の「君」の起源が楚にある事實を嫌った對應らしい）、特別のものを「公」と稱している。これは、周の封建制度を參照した可能性が高いわけで、周の「公」が諸侯の特別なものであることを傍證するだろう。
(66) 前揭平勢隆郎『新編史記東周年表』等。
(67) 前揭平勢隆郎『中國古代紀年の研究』、および平勢隆郎「戰國中期から漢武帝にいたるまでの曆」（『史料批判研究』三、一九九九年）、平勢隆郎「戰國中期より遡上した曆と『春秋』三傳」（『史料批判研究』四、二〇〇〇年）。
(68) 日原利國『漢代思想の研究』（研文出版、一九八六年）一六七頁。
(69) カールグレン『左傳眞僞考』（小野忍譯、文求堂、一九三九年）。
(70) 鎌田正『左傳の成立とその展開』（大修館書店、一九六三年）一一〇頁以後。
(71) 「別表」には、具體的文章やその拔き書きを一覽にする前に、過去の私の著書・論文で何を議論してきたかを簡單に一覽できるようにしておいた。
(72) 平勢隆郎『『春秋』と『左傳』』（中央公論新社、二〇〇三年）。平勢隆郎「戰國中期より遡上した曆と『春秋』三傳」（『史料批判研究』四、二〇〇〇年）。
(73) 平勢隆郎『『春秋』と『左傳』』（中央公論新社、二〇〇三年）一一四頁。
(74) 平勢隆郎『『春秋』と『左傳』』（中央公論新社、二〇〇三年）第一章第四節。

(75) 平勢隆郎『「春秋」と「左傳」』(中央公論新社、二〇〇三年) 第二章。

(76) 平勢隆郎『新編史記東周年表――中國古代紀年の研究序章』(東京大學東洋文化研究所・東京大學出版會、一九九五年) 等。

(77) 王や臣下がどのような自稱を用いているかは、すでに世に公表されている一覽に若干の作業を加えることで、ほぼその概要を知ることができる。西周時代の王と諸侯等の自稱は、青銅器銘文に記されており、これについて、白川靜『金文通釋』は、索引を作成し一覽にしている。西周青銅器銘文を通覽すると、周王の自稱には、「我」、「吾」、「余」、「朕」の四者があることが知られる。そこで、白川靜の索引を利用すると、これらの語を檢討できる。そもそも『金文通爵』は、『白鶴美術館誌』として刊行されたものを、合本にした際に附けられた名稱である。以下引用に際しては『白鶴美術館誌』の刊年等のみ注記する。『金文通釋』第五五輯(白鶴美術館誌、一九八三年)に金文通釋索引、同第五六輯(白鶴美術館誌、一九八四年)が本文篇索引になっている。これを基礎に、『尙書』の同種の事例を對照させ、『左傳』・『國語』の同種事例を對照させ、他の青銅器銘文や竹簡の事例を對照させ、それぞれを比較檢討すればよい。以上の諸書や青銅器銘文を混同して時代も考慮せずに述べると、一般に議論される內容となる。そうせず、上記のように時代を分けて整理して檢討した結果として、得られる點を述べておけば、西周時代、王であると臣下であるとを問わず、自稱として用いられているのは「我」であり、これは後に地域的に「吾」・「盧」と記す場合がある(侯馬盟書參照。平勢隆郎『春秋戰國侯馬盟書字體通覽――山西省出土文字資料――』(東京大學東洋文化研究所附屬東洋學文獻センター叢刊別輯一五、一九八八年)四四頁、一―五七(第二類一種)。『國語』などの説話では、我と吾に文法上の相違を表現する場合も見える(この點は、すでにカールグレンに指摘がある。カールグレン『左傳眞僞考』文求堂、一九三九年 *On the Authenticity and Nature of the Tso Chuan*, Göteborg, 1926。私は侯馬盟書を檢討した結果から、漢字傳播により生じた地方的偏差として説明すべきだと考えている)。西周青銅器銘文の「余」は、王が儀式の場で用いる自稱のようであり、「朕」は「われわれの偉大なる」という意味をもつようである。戰國時代の諸書では、「余」を「予」とするものが少なくない。書物により混用される場合もある。『尙書』では、西周青銅器銘文の用例を繼承するものに混じって、「余」・「朕」ともに「我」と同じ君主の自稱として用いる場合が出てきている。特筆すべきなのは、西周金文と『尙書』とで周王の征伐の際の自稱に顯著な違いが見えることで、西周金文の「我」が『尙書』では「朕」に變貌している。これらに加え、説話に出てくるのが「寡人」であり、これは「徳が少ない」と述べる謙譲語である。この「寡人」が易姓革命を指向する國々で使用されたのに對し、『國語』楚語・吳語・越語から判るのは、楚など南方の地域では「不穀」が用いられているということである。これは楚が春秋以來の王であって、易姓革命を嫌いつつ、謙讓表現を用いた結果かと考えられる。また、周の「余一人」・「余小子」という表現は、楚・吳・越では別の自稱におきかわった。「孤」である。周と異なって「余」を使うにはいたらなかったが、祖先の前にあってへりくだる言葉は必要になった。そこで、「余一人」・「余小子」を表現する漢字一字をとって「孤」と稱するようになったのであろう。そして、それが儀式の場の自稱となった（戰國中山王䜌鼎では、「余小子」を「寡人幼童」と言い換えている）。平勢隆郎「戰國楚王の自稱」（『楚簡楚文化與先秦歷史文化國際學術研討會論文集』、待刊）。

(78) 平勢隆郎『春秋晉國侯馬盟書字體通覽』（東京大學東洋文化研究所附屬東洋學文獻センター叢刊別集一五、一九八八年）。「盧君」を「吾君」と記すものもある（三五頁）。

(79) 湖南省文物研究所・湖南省丹江庫區考古隊・淅川縣博物館『淅川下寺春秋楚墓』（文物出版社、一九九一年）。

(80) 馬承源主編『上海博物館藏楚竹書（四）』所收、上海古籍出版社、二〇〇四年十二月。陳佩芬注。

(81) 前掲馬承源主編『上海博物館藏楚竹書（四）』所收。濮茅左注。

(82) 馬承源主編『上海博物館藏楚竹書（二）』所收、上海古籍出版社、二〇〇二年十二月。馬承源注。

(83) 前掲馬承源主編『上海博物館藏楚竹書（二）』所收、李零注。

(84) 馬承源主編『上海博物館藏楚竹書（五）』所收、上海古籍出版社、二〇〇五年十二月。張光祐注。

(85) 前掲馬承源主編『上海博物館藏楚竹書（五）』所收。陳佩芬注。

(86) 前掲馬承源主編『上海博物館藏楚竹書（五）』所收。李朝遠注。

(87) 野間文史『春秋事語』（東方書店、馬王堆出土文獻譯注叢書の一、二〇〇七年）に要領よくまとめられている。

(88) 楊華『新出簡帛與禮制研究』（『出土思想文物與文獻叢書三三』）五五頁。

(89) 平勢隆郎『中國古代紀年の研究——天文と曆の檢討から——』（東京大學東洋文化研究所・汲古書院。一九九六年）。

(90) 平勢隆郎「游俠の『儒』化とは何か」(『史料批判研究』八、二〇〇七年。本書第一章第一節に利用)。
(91) 平勢隆郎「中國古代における説話の成立とその展開」(日本語、『史料批判研究』八、二〇〇七年。韓國語、『通過出土文物看中國史』中國史學會第八回國際學述大會報告書二〇〇七年。本書第三章第三節に利用)。
(92) 以下、前掲平勢隆郎『中國古代紀年の研究』。
(93) 前掲平勢隆郎『中國古代紀年の研究』。報告書として湖北省博物館編・中國社會科學院考古研究所編集『曾侯乙墓』(文物出版社、一九八九年。考古學專刊丁種第三七號、中國田野考古報告集)。
(94) 平勢隆郎「大國・小國の關係と漢字傳播」(韓昇主編『古代中國:社會轉型與多元文化』上海人民出版社、二〇〇七年。本書第三章第三節に利用)、平勢隆郎『都市國家から中華へ』(講談社中國の歴史二、二〇〇五年)等。
(95) 平勢隆郎『新編史記東周年表――中國古代紀年の研究序章――』(東京大學東洋文化研究所・東京大學出版會、一九九五年)、前掲平勢隆郎『中國古代紀年の研究』、平勢隆郎『左傳の史料批判的研究』(東京大學東洋文化研究所・汲古書院、一九九八年)、拙著『『春秋』と『左傳』』(中央公論新社、二〇〇三年)等。
(96) 小泉袈裟勝『歴史の中の單位』(總合科學出版、一九七四年)等。
(97) 前掲平勢隆郎『左傳の史料批判的研究』の二八六・二八七頁に、晉の勢力圏下の都市を圖示しておいた。參照されたい。これは『左傳』記事を典據とし、他の諸勢力圏も、おおよそながら、同樣に『左傳』を基に想定できる。
(98) この歴代の「封建」と「郡縣」の問題については、增淵龍夫『歴史家の同時代史的考察について』(岩波書店、一九八三年)を參照するとよい。もし、春秋時代を論じるに際して兩にらみでなく、一方のみが視野にはいってしまう(代表的儒教經典すら視野に入らない)とすれば、それは近代以來の政治問題に關わることであって、本來の春秋史とは無緣である。
(99) 李伯謙『中國青銅文化結構體系研究』(科學出版社、一九九八年)。
(100) 前掲平勢隆郎『左傳の史料批判的研究』の第二章「春秋時代の縣」の第一節に「楚國の縣」、第二章に「晉國の縣」を檢討している。
(101) 冨山房漢文大系『禮記』服部宇之吉解題、張心澂『僞書通考』(上海商務印書館、一九三九年)經部禮類等參照。ついでに

述べておけば、青龍・朱雀・白虎・玄武について、『史記』天官書は「東宮蒼龍（靑龍）」・「南宮朱鳥（朱雀）」・「西宮咸池」・「北宮玄武」と述べ、まだ四神が完備していない。そして白虎は咸池とは別に紹介され、西方に配置された星宿の代表たる參宿の説明として「參爲白虎」とある。これに先行する『淮南子』天文訓は、やはり四神について方位配當が異なる説を述べている。『淮南子』には、四神完備のごとき説明もあり、それは『禮記』曲禮上の「行けば朱鳥を前にして玄武を後にし、靑龍を左にして白虎を右にす」に繼承されているが、これは、五惑星の加護を期待するものであり、必ずしも東西南北に四神を配するものではない。『漢書』天文志は、四神に關して『史記』天官書を繼承して述べている。とはいえ、四神が完備していない狀況、四神がそろっても方位配當が違う説明がある時期から、四神がすべてそろい、東西南北に配當される時期へ、前後關係を論じることができる。こうした點も、『禮記』の後代性と世に知られた四神説のさらなる後代性を示すもののようである。これについては、本書第一章第二節參照。

(102) 前掲平勢隆郎「中國古代における説話の成立とその展開」。

(103) 前掲平勢隆郎『左傳の史料批判的研究』。

(104) 前掲『曾侯乙墓』。

(105) 張心澂『僞書通考』（上海商務印書館、一九三九年）。

(106) 前掲「中國古代における説話（故事）の成立とその展開」。

(107) 『左傳』には、楊伯峻『春秋左傳注』（中華書局、一九八一年）、小倉芳彥譯『春秋左氏傳』（岩波書店、一九八八年）などに用いられた分類番號がある。前掲『左傳の史料批判的研究』もこれらを參照して分類番號を附している。『國語』には、上海古籍出版社本（一九七八年）に附された番號があるので、本稿はそれを用いる。

(108) 平勢隆郎「周初年代諸説」（『第一屆世界漢學中的《史記》學國際學術研討會論文集』二〇〇八年。本書第三章第一節に利用）。

(109) 前掲（1）・（7）の諸拙著。そして拙稿「戰國中期から漢武帝にいたるまでの曆」（『史料批判研究』三、二〇〇〇年）および拙稿「戰國中期より遡上した曆と『春秋』三傳」（『史料批判研究』四、二〇〇〇年）。

(110)　『左傳』を通覧すれば、このころ禮などの問題を議論する記事が多いことがすぐわかる。「二〇〇年」という数字が切りが良いというだけでなく、注目される時期から、問題の年が選ばれた可能性もあろう。周の景王二十一年たる『左傳』昭公十八年には、殷の故地の代名詞である「宋・衞・陳・鄭」で火災がおこった記事がある。國の滅亡が議論されている。惠文君は前三二五年に王と稱し、翌年に王の元年を始めた。それに先驅けて前三三五年に「惠文君王冠」という記事がある。この年は魏の惠成王が王と稱し、翌年王の元年を始めている。この魏の歴史に對抗するため、遡って「王冠」という記事ができあがったものだろう。前三三五年だけであれば、魏の惠成王を論じるべきだが、前三三五年と前三二五年の二つを論じるから、秦の惠文君（後の惠文王）を論じる。

(111)　附してある番號は、金谷治譯注『論語』（岩波文庫、一九六三年）による。

(112)　かつては常識に屬する前提であり、例えば伊藤仁齋『論語古義』冒頭の總論に、鄭玄以來の學者を引いて、「鄭子曰、論語中弓・子游・子夏等選定。程子曰、論語之書、成於有子・曾子之門人。故其書獨二子以子稱。……」と述べている。どこまで下げるかは論者により異なるわけだが、風說には新舊を論じること自體に嫌惡をいだく向きもあるようなので、敢えて注記した。

結びにかえて

本書で論じたことは、正史や經典等に「書いてあること」の確認である。

このように「書いてある」のだから、こういう歴史敍述になるだろう、と述べた。この種の言い方に對して反論する場合は、「書いてある」のは事實だが、それから得られる歴史敍述はそうはならない、歴史敍述はこうなる、とか、「書いてある」とされる内容を檢證したら、そうではなかった、とかいった見解が、表明されるはずである。

ところが、現實に耳にしたりする意見は、そうではない。「書いてある」根據は無視したり、意識希薄な狀態のまだったりするが、思い込みを語るだけの場合が少なからず見受けられる。

本書において論じてみた「封建」論・「八紘」論・「五服」論は、共通する土臺の上に展開される。いずれも、大領域・中領域・小領域という三つの領域に區分して議論する。從來、この觀點がなかったため、論點がぼやかされてきている。この觀點がなかったから、西周春秋の世と、戰國の世と、漢代以後の世との區別がつかないのである。そして、區別がつかないから、周初の年代も、漢字傳播の問題も、說話成立の背景も、禮樂の變遷の問題も、そのいずれについても、時代を加味した檢討が爲されないままになってきたのである。

注目しておきたいことは、例えば「八紘」論を參照する限り、明清の、いわば意外に近い過去の時代にいたるまで、我々が通常耳にする常識とは異なる常識が働いていることである。そして、その言わば近過去の常識を働かせていれば、あるいは、「時代を加味した検討が爲されないまま」の現狀は、多少違ったものになってはいなかったかと推測されることである。

以下、本書で確認し得た基礎的歴史敍述を再確認しながら、概說で話題にすべき事柄について、こう説明できるのではないかという點を書き連ねてみたい。

西周・春秋・戰國前期の天下觀

新石器時代以來の文化地域は、始皇帝統一の天下の中に複數存在した。それぞれの中に都市が生まれ、都市國家どうしの連合が生まれ、連合を率いる大國が生まれた。大國の勢力圈は、新石器時代以來の文化地域に規制された。大領域・中領域・小領域のうちの中領域がこれに當たる。

大國の勢力圈を支えたのは軍事であり、その勢力圈を維持する上で大きな意味をもったのは、くりかえされる儀禮であった。松丸道雄が檢討した殷の田獵地の問題（「殷墟卜辭中の田獵地について——殷代國家構造研究のために——」『東洋文化研究所紀要』三一、東京大學東洋文化研究所、一九六三年）は、大國が田獵の儀禮を通して、從屬する都市國家にどんな精神的壓力を加えたかを推測させる。殷の都市の周圍に從屬する都市國家の出先の邑があり、殷王はこれに日常的に精神壓力を加えた。また、殷の軍事的侵攻は古代の道に沿って遠方に及び、そうした遠方でも田獵は行われている。

こうした田獵によって議論できる古代の道に、『春秋』隱公八年に見える湯沐の邑の記事を重ねて檢討すると、平時における貢納の途次、中繼地として湯沐の邑がはたした役割を推測することができる。

こうした都市國家どうしが貢納や儀禮によって強く結びついていた領域は、當然ながら、特別な領域として觀念されていたはずである。

この特別な領域、新石器時代以來の文化地域を越えて、モノは移動する。都市國家連合は、時にその外と戰爭する。ここに、みずからの特別な領域の接する地域を、特別な相手として認識することになったはずである。

こうした推測を具體的に検證し得る事實が、西周封建として記録されている。『左傳』僖公二十四年に採用された説話には、周が陝西の地から殷の勢力圏に軍を進め、殷を滅ぼして諸國を「封建」し、「藩屏」にしたことが記されている。自らのものとした殷の勢力圏を周圍から防衛するという意識が見えている。周が殷を滅ぼすに當たっては、山東の齊を身方につけたことが、『逸周書』克殷解に見えている。これが、後に著名となる太公望傳説のもとである。

かくして、周の本據たる陝西の地、殷を滅ぼして得た中原の地、殷を滅ぼすに當たって同盟關係を結んだ山東の齊の地は、いずれもが特別の意味を附與されていたと見た方がよい。

この三つの中領域を特別に見なして記述したのが、『論語』泰伯である。周が殷を滅ぼす前、まだ現在の陝西省一帶のたかだか「方一千里」一つ分を配下におくにすぎなかった文王（文侯）時期のことである。このころ、周は天下の三分の二をおさえ、天下の三分の一をおさえる殷王朝に仕えたという（二〇〇頁圖11）（「三分天下、有其二、以服事殷、周之德、其可謂至德也已矣」）。これは、『論語』のこの一節ができあがった當時、天下が「方一千里」三つ分であったことを具體的に示すものである。戰國時代に、「方一千里」九つ分を天下とする考えが定着する前に、まずは周王朝にとって克殷以來特別で有り續けた陝西の地、中原の地、山東の地を「天下」として特別にみなすようになったということであろう。

同じ『論語』泰伯の冒頭には、泰伯の至德のことが述べられている。泰伯は三たび天下を讓り、民は稱えることもできなかったという（「子曰、泰伯其可謂至德已矣、三以天下讓、民無得而稱焉」）。これは、泰伯が虞仲とともに吳越の地にのがれ、周の君主の位を弟の季歷に讓ったという傳說を題材として述べている。吳越にのがれたことが、周の世界の外にのがれたことを意味する內容になっている。

考古學的には、吳越の地の靑銅器文化は、中原地域の靑銅器文化とは異質のものとして檢討されている（二〇〇頁圖11）。このことも參照してよい。

『孟子』の天下觀と德概念

德概念の要となるのは、仁政と風化である。『孟子』公孫丑上に、力をもって仁を假るものは霸であり、德をもって仁を行うものは王だと述べている（「孟子曰、以力假仁者霸、霸必有大國、以德行仁者王、王不恃大、湯以七十里、文王以百里」）。德をもって仁の政治を行うことが、王の條件である。そして、仁の政治を行うのに、自己の領土は小さくても充分だという。德は力と對峙する。

力をもって人を服しても、人は心より服することにならない。力は及ばないからである。德をもって人を服する場合は、心からよろこんで服する（『孟子』公孫丑上「以力服人者、非心服也、力贍也、以德服人者、中心悅而誠服也、如七十子之服孔子也」）。それは、まるで孔子の弟子たちが孔子に服するがごときものだという。

孟子の時期、天下は海內とも稱された。この海內の地は、方千里なるものが九つあり、齊はその一つをもっていた（『孟子』梁惠王上「海內之地、方千里者九、齊集有其一、以一服八、何以異於鄒敵楚哉」）。その一つをもって、他の八つを服せしめようとしても、それは現實には小國の鄒が楚に相對するようなものだという。だから、仁の政治を行うことが肝要なのであって、仁政を行えばおのずと皆その政治をしたって服しきたることになる（「今王發政施仁、使天下仕者皆欲立於王之朝、耕者皆欲耕王之野、商賈皆欲藏於王之市、行旅皆出於王之塗、天下之欲疾其君者、皆欲赴愬於王、其如是、孰能禦之」）。だれもその趨勢をおさえることはできないという。

徳をもって仁政を行う領土は、天下の一部、具體的には「方一千里」である。他は力でおさえることはできない。「方一千里」に徳をもって仁政を行えば、他はおのずから從う。それが「徳」による風化である。

『孟子』は、王の領土を「方一千里」とし、その下に諸侯が従う構造を述べている（『孟子』萬章下「天子之制、地方千里、公侯皆方百里、伯七十里、子男五十里、凡四等、不能五十里、不達於天子、附於諸侯曰附庸」）。天子の「方一千里」は天子の制の下にあるが、その下の構造は、名稱こそ卿・大夫・元士となっているが、實質は卿は侯、大夫は伯、元士は子男に等しい（「天子之卿、受地視侯、大夫受地視伯、元士受地視子男」）。天子の制の外の諸侯はどうなっているかといえば、天子の制と同じような構造になっている。大國は「方百里」、次國は「方七十里」であり、小國は「方五十里」であり、それぞれに卿・大夫・士がいる。いずれも祿高については「大夫倍上士、上士倍中士、中士倍下士、下士與庶人在官者、同祿、祿足以代其耕也」と規定し、大國は「君十卿、卿祿四大夫」、次國は「君十卿、卿祿三大夫」「君十卿、卿祿二大夫」とする。

天子の制の外を言うと明言しているわけではないが、原理原則として天子の制の下ではありえない状態が霸者について想定されている。天子は討ちて伐せず、諸侯は伐ちて討ぜず、という存在だが、五霸は諸侯をひきいて諸侯を伐する者である（『孟子』告子下「……故天子討而不伐、諸侯伐而不討、五霸摟諸侯以伐諸侯也」）。「討」と「伐」の表現を使い分けて天子と霸者の違いを述べているが、要するに霸者は單なる諸侯ではない。諸侯をひきいる者である。原理原則としては、その霸者の勢力圏が天子の制の下の「方一千里」の外にひろがっている。

曖昧と言えば曖昧なのだが、上記の『孟子』梁惠王上「海內之地、方千里者九、齊集有其一、以一服八、何以異於鄒敵楚哉」を參照すると、霸者の地としては「八」という數價が問題になっている。

こうして曖昧さの残る『孟子』の天子・霸者の關係は、漢代の『禮記』王制になると、天下の九つの州のうち、一つを天子が、他の八つをそれぞれ八人の伯（霸者）が治めることを述べるにいたる。

以上、『孟子』により、あるいは『孟子』を參照する限り、天子の仁政は天子の制の下の「方一千里」に敷かれ、他は天子と實力あい拮抗する霸者の下にあった。天子の下では德をもって仁政がしかれるが、その外は、その王の德に従うべき存在である。霸者は仁政を行う者ではなく仁を假る者に過ぎない。力で諸侯を従える。

『孟子』は、齊について仁政を語り、その外の世界は異なることを述べる。『孟子』冒頭は、魏の惠成王（梁の惠王）が仁政を行う者ではないことを、具體的に述べ、盡心下は魏の惠成王が「不仁」であることを明言している。

『孟子』に示された戰國中期の考え方では、天下の一部である「方一千里」に德をもって仁政を行うのが王だとされている。その外には仁政は及ばない。

『左傳』に示される樂と風化

『孟子』を通して、齊という戰國國家の下でなされていた天下觀、そして德と風化についてのおおよその考え方を知ることができる。

風化については、風化を具體化させるものとして樂を論じることができる。

同じ言葉でも、書物が異なると、文脈や內容が異なってくる。そうした相違が、書物の新舊を決める重要な手懸かりを與える。また、書物が編纂されるに當たっては、過去の書物を參照する。それらは、編纂された書物よりは古い。それら材料は、うまく辨別すると、材料相互の新舊を議論することができる。

戰國中期に成書された『左傳』も多くの先行する材料を使ってできあがった。文體に注目すると、春秋時代以來の古い記述と、戰國時代に附加された新しい記述を分けることができる（本書第三章第三説）。『左傳』の材料には、先行説話もあるが、この説話がすでに古い文體と新しい文體を備えている。戰國後期成書の『國語』も先行説話を用いている。この『國語』の先行説話も、古い文體と新しい文體を備えている。

一方、考古學的には、編鐘の新舊を論じ、下記の四つの時期區分ができる。

Ⅰ：春秋中期まで（編鐘時期A）

Ⅱ：春秋中期から戰國前期まで（編鐘時期B）

Ⅲ：戰國前期から戰國中期まで（編鐘時期C）

Ⅳ：戰國中期以後（編鐘時期C―2）

『左傳』や『國語』に示される樂論には、Ⅳ（編鐘時期C―2）の時期から示されたⅡ（編鐘時期B）・Ⅲ（編鐘時期C）の時期の樂に對する批判の目が讀みとれる。『左傳』の古い文體の部分では、音樂を「樂しむ」という用例が見えている。新しい文體の部分には、それら樂を「樂しむ」ことに對し、何らかの判斷が下される。

古い文體で問題にされるのは、樂を奏することと、詩を樂に合わせて歌うことである。Ⅱの時期に漢字圏が廣域化した結果、絕對音高としての十二律ができあがり、メロディーが複雜化した。この複雜化と詩を樂に合わせて歌う行爲は密接に關わる。

詩は言葉で表現されるため、多く記錄に殘された。『左傳』においては、詩の內容に借りた批判が目白押しである。

批判されないのは、韓であり、とりわけ稱揚されたのは、韓宣子である。これは、『左傳』の立場から、天子の制の下にあるのが韓であり、他は周圍の地であることを事實をもって語る。

下記に話題にしていくように、天下は特別な地域とそれ以外に分けて論ぜられた。特別な地域の外は、書物ごとにさまざまな表現で、夷狄であることを述べている。ここで注意しておきたいことは、夷狄の地において、樂が存在するということである。存在するが本物ではないという含意で、批判が爲されている。未開の地を夷狄だと述べているのではないことを再確認しておく。

『孟子』は、そうした夷狄の地に對し、風化がなされることを述べている。そうした夷狄の地に對し、霸者の勢力圈を想定して述べている。

中國・夏等特別領域と夷狄

戰國時代成書の諸書内容を調べてみると、漢字圈を天下とする認識は共有し、それぞれがそれぞれ天下内の特別領域を設定し、他を野蠻の地だと主張しあっていたことがわかる（本書第二章第三節）。

諸書が記述する「德」は、上記において『孟子』をひきあいに出して述べた内容である。ところが、殷代までさかのぼってみると、「德」の内容は異なっている。

古文字を現代の漢字になおすには、部首に分解して現代漢字の部首におきかえる方法がある。それでも現代漢字との關わりがいろいろ詮索できるから、同じ意味の別の現代漢字におきかえて（字釋して）議論する場合もある。現代字の「德」の祖先は、甲骨文では、「德」の他に「省」などと字釋される字になる。

これらを便宜的にすべて「德」の字として論じておくと、殷代の「德」の字は、征伐の意味で使われている。戰國時代の「德」が「德をもって仁政を行う」のが天子の制であり、風化によって天子の制の及ばない地域は、王の「德」に從ってくると說明されるのと、明らかに異なっている。

殷代の「德」は、「德」があるから征伐するのであり、戰國時代の「德」は「德」があるから征伐しない。征伐によって天下を從えることはできない、というのが前提とされている。

戰國時代も、武力を完全に否定したのではなく、「討」と「伐」という二つの漢字を使って、說明のための說明を展開し、霸者とは違うことを强調する。これも說明のための說明として「仁を假る」存在が霸者であって、王は「德をもって仁を行う」とするが、武力行使は當然のことになっている。武力を使わずとも自然と從ってくるということが、「德」にからんで强調されているのである。

「仁を假る」霸者が、「仁を假る」ことによってその力を及ぼすのは、みずからの「方一千里」(等)である。『孟子』において魏の惠成王が「不仁」とされているように、戰國時代の諸國にとって、「天子の制」はみずからの特別の地に施行されるのであって、他はその外にすぎない。そこでは「力」による政治が行われる。これが、『孟子』の時代の基本認識である。

「天子の制」を遡れば、夏・殷・周の三代にいたる。あくまで戰國時代の認識だが、天下は、戰國時代と同じく「天子の制」の下にあって「仁政」が行われる地域と、他の行われない地域とからなる。

實際は、夏・殷・周の時代まで遡れば、「仁政」などは存在しない。「仁政」の概念と不卽不離の關係にある「德」の意味も全く異なっている。

周王に「德」が備わったので、殷を征伐したことが、靑銅器銘文に明言されている。

戰國時代にいたるまでに、殷周以來の諸侯は滅ぼされ、縣とされた。戰國七雄が統治したのは、諸侯ではなく縣である。その現實を前に、自らの領土の外は、春秋以來の體制がそのまま殘されているとし、自らの天子の制の下の縣を統治するについては、役人たちは外の世界の諸侯になぞらえて説明すればよい、というのが『孟子』の述べるところである。

『春秋』三傳等を實地に検討すれば、おのずと明らかになるように、各國が議論した特別領域は、名稱も異なっていたりするし、實際どこを論じるかも相互に異なっている。

『左傳』が語る春秋時代は、韓の領域から山西方面にかけて「夏」を設定し、東側に廣く「東夏」を設定する。山東方面は「東夷」、湖北方面は「蠻夷」、陝西方面は「西戎」、河北方面は「狄」とされる。

『公羊傳』が語る春秋時代は、山東から殷の故地にかけてを「中國」とし、山西・河南方面を「諸夏」とする。山東の東よりは「夷狄」、淮水方面・湖北方面は「夷狄」、陝西方面は「夷狄」、河北方面も「夷狄」である。つまり、「中國」と「諸夏」の外は、すべて「夷狄」である。引用する史料を使って、別の外族名稱を用いる場合も、結局「夷狄」と表現されることを述べる。

『公羊傳』の「諸夏」という表現には、霸者の地はまとまりにかけるという含意がある。

『穀梁傳』が語る春秋時代は、河北南部・中原の周・山東の魯が含まれる地域を「中國」と規定する。「中國」の周圍はすべて「狄」とされた。

『左傳』が規定する「夏」・「東夏」、『公羊傳』が規定する「中國」・「諸夏」、『穀梁傳』が規定する「中國」には、總じて共通した認識がある。孔子の生まれた魯と、周王朝の地である洛陽を、それらに含めて考える點である。嚴密に言えば、『左傳』の「東夏」は「東夏」より劣る地であり、『公羊傳』の「諸夏」は「中國」より劣る地である。しかし、いずれも外の野蠻の地とは異なる特別の地である。この特別の地に、周（洛陽）と魯を含めて議論するのである。

これは、少なくとも、『左傳』が成書された韓、『公羊傳』が成書された齊、『穀梁傳』が成書された中山にあって、周（洛陽）と魯を特別にみなす必要があったことを意味する。

『韓非子』顯學に、天下には八つの儒家と三つの墨家があるという。それぞれが自らこそ孔子（儒家）、墨子（墨家）の正統を繼承するものであることを述べているから、戰國各國には、顯學と稱される儒家や墨家がいたのであり、それら各國の儒家のうち、韓の儒家、齊の儒家、中山の儒家が、いずれも周（洛陽）と魯を特別の地にくみいれて論じていたのだと考えられる。

天子の制の下に、周（洛陽）と魯を組み込んで論じたということである。

五服論の發生と九州說との統合

上述したように、『論語』に記された天下は、「方一千里」三つ分ほどである。具體的には、陝西の地と中原の地と山東の地が念頭におかれる。

『孟子』によれば、「方一千里」が天子の制が敷かれるところで、この「方一千里」が子九つ分で天下になる。この「方一千里」の中にどの位の面積の諸侯がどのくらいの數あるかも、『孟子』萬章下に書かれている（本書第一章第四節）。それによれば、諸侯國の面積單位は、縱×横ではなく、直線的にのびる道路の距離で示される。方一百里の十倍が方一千里である。この場合は、表現上矛盾するにも拘わらず、「方」は面積だという意味しかない。

この言い方によれば、『孟子』の天下は方九千里になる。これを承けて『史記』以後、代々天下は「方萬里」だとされている。「方一千里」十個分という意味である。

ただ、『禮記』王制の記事に具體的に見られるように、漢代以後「方一千里」の中は、縱×横のいわゆる面積が議論されるにいたる。この變化をひきおこしたのは、武帝による鹽鐵專賣開始である（本書第二章第一節）。

山林藪澤は、『孟子』の時代、天下の下のいくつかの領域國家ごとに整備された。『孟子』の算法では、「方一千里」の中の諸侯を道路の距離で示す他、山林藪澤は別扱いになっている。漢代になると、舊王國の領土は分割され、郡縣統治されるところと諸侯王の領土に分かれた。少なからざる山林藪澤は、諸侯王のものとなった。これを中央直轄にしたのが武帝の改革である。この時、従來諸侯の領地計算とは分けられていた山林藪澤を、面積論の中に統合して示すことになった。結果として、「方一千里」の中を碁盤の目よろしく縱横に分けるようになり、「方一千里」の中だけが、いわゆる縱×横の面積計算の場となったのである。

戰國時代にあっては、「方一千里」の中は、道路の距離によって大小關係が示されていた。

「方一千里」の中には、當然「方五百里」は二個分ある。「方一千里」三つ分の天下であれば、當然「方五百里」は六個分となる。これが、いわゆる「五服説」の基礎單位である。

具體的にどこについて、最初の「五服説」が構想されたかは、確かな記録が殘っているわけではない。しかし、『論語』の天下説を參照すれば、陝西・中原・山東について、王の「方五百里」と他の五つの「方五百里」を構想したのが最初ではなかったかと想像できる。それを承けて、各國が自らの都合に合わせ、議論の中身を變えていったのであろう。

『尙書』禹貢に示された「五服説」はそうした議論の一つと見なすことができる。

ところが、戰國中期になると、漢字圈に關する認識は急激に變化し、天下は「方一千里」九つ分だと說明されるようになる。このとき、「方一千里」三つ分について構想されていた「五服說」を、あらためて「方一千里」九つ分の天下に重ねてみようという發想が生まれたようだ。

『史記』に見える「五服」は、もっとも外側の荒服が衞氏朝鮮と南越の地、西南夷の地について設定されている。いずれも、戰國時代の天下、つまり「方一千里」九つ分の天下の外に位置する。これらを含めて、天下は「方萬里」とされた。この考え方は、多少の曲折はあっても、基本的に『明史』まで繼承される。

この「方萬里」を「八紘」（字義通り言えば「八紘」すなわち天地をつなぐ八本の綱の「內」）をもって表現した。ただ、史書の有り樣は、唐までを扱う史書の前後で大きく變わる。宋以後、『遼史』に代表されるいわゆる征服王朝が中國史をいろどるようになる。問題になる領域は、格段に大きくなる。その影響もあって、『舊唐書』の「八紘」より大きめの領域が、『新唐書』の「八紘」で構想されている。

ほどなくして、「八紘」は舊に復し、史書が扱う領域の一部となり、『史記』の議論を參照するようになった。天下は「九州」（「方一千里」九つ分）だとして『孟子』等の古典を參照し、かつ一般に天下は「方萬里」（「方一千里」十個分）だと說明してすませる。これらとは別に、「九州說」で天下を分けると、明らかに邊疆に位置づけられてしまう燕等では、十二州を構想して天下の一部にこの十二州を位置づけ、自らの領土と周（洛陽）、魯を特別領域として位置づけようとした。この要請によって作られた『周禮』は、代々やっかいものであったことは、この書物が、往々「僞書」の扱いを受けたことからもわかる。

『周禮』では、この十二州と「九服」の對應がなされている。「九服」說も、代々のやっかいものであった。

近代の顧頡剛の「五服說」・「九服說」は、『史記』から『明史』にいたるまで膨大に存在する「五服」說（荒服を具體的にどこに設定するか）を全く無視していて、成立しない。また、戰國時代と漢代の面積單位の相違についても了解していない。

東アジア册封體制で議論されること

東アジア册封體制という言葉は、西嶋定生が提唱したものである（西嶋定生『中國古代國家と東アジア世界』第六章、東京大學出版會、一九八三年等）。この體制は、漢字使用を基礎に成立する。漢字が中國の周邊地域に傳播したのは、中國文化が周邊の地域に比較していちはやく發達したために、それが周邊の低い文化の地域に自然に擴大した、と考えるべきではない。中國との國際關係には、漢文文書が介在する。この政治關係を維持するためには、文書の交換が必要である。結果、漢文を學ぶという自覺が高められた場合、はじめて漢字は周邊に傳播する。

西嶋が述べるように、三世紀の邪馬臺國女王にして倭の女王の卑彌呼や、五世紀の倭の五王たちは、いずれも中國の王朝から册封を受けていた。ところがこの關係は六世紀初頭から消滅する。外交關係は相變わらずあり、いくたびか使節が派遣され、熱心に文化を攝取したことが知られているにも拘わらず、册封體制からは離脱した。

西嶋は、その離脱の理由はわからないとしたが、後に、日中の國書のやりとりの際の努力のあとが見えるのを紹介し、離脱の理由の一端に答えようとしたかに見える（『倭國の出現——東アジア世界のなかの日本——』東京大學出版會、一九九九年）。日本は、日本天皇から唐の皇帝への國書を送る。これに對し、唐は、大唐皇帝から「日本國王」への國書を送る。いずれも、みずからの君主を第一に位置づけるから、本來國書のやりとりは成立しない。しかし、日本は、天皇を「須明樂美御德《スメラミコト》」と記して國書を送り、唐は「日本國王須明樂美御德」への返書を送る。

日本は、その「日本國王」を無視する。

だから、本來あり得ない國書の交換が實際は成立していたようだ。

西嶋は、唐の認識、高句麗の認識、日本の認識が同一でなかったことを述べた。新羅・百濟は本來高句麗の冊封國であったとする高句麗の主張と、高句麗・新羅・百濟ともに唐の冊封國だという唐の主張とは、異なっている。これらは日本の主張とも異なっている。

西嶋は、中國の論理として、冊封體制を説明するためには、秦の郡縣制があらためられて、漢の郡國制が出現することが必要だったと述べている。また、冊封關係を持續させる政治思想は、中華思想と王化思想とによるものであるとも述べている。

西嶋によれば、中華思想とは中國と夷狄を分離し、中國にのみ人間としての價値を認める思想である。王化思想とは中國の君主は德を具備した人であり、その德が他に及んで無德のものが德化され、そこに理想の國家が實現するという思想である。これは儒家の君主思想として表現された。この王化思想が漢民族以外の周邊民族に對して發動するとき、中華思想によっていったん分離された中華と夷狄の關係が、これによって結合の道を發見するという。

通常議論されるところに據れば、秦の始皇帝以來、漢の武帝にいたるまでは、帝國中央で重視されていたのは黄老思想であり、儒家思想は前面にでることが許されなかった。この議論は、『史記』の記述をもとにしてなされる。

だから、西嶋のいう冊封體制は、儒家が中央に進出する武帝期をもってはじまる。中國とその外との政治關係ということでは、武帝にいたるまでに衞氏朝鮮と南越が漢と關係を結んでおり、それも形を述べれば冊封關係になる。しかし、中華思想と王化思想を上記のように説明した上での、持續的政治關係ということになると、まだ條件は整っていない。

戰國的王化思想から漢代的王化思想へ

『孟子』から伺える王化思想では、天下の一部、具體的には「方一千里」九つ分の「天下」の中の一つ分の「方一千里」に德をもって仁政を敷く。册封體制で想定される王化思想では、その「方一千里」九つ分の「天下」に前漢武帝の軍事侵攻で增えた領土を加えて「方一千里」十個分を「天下」とする。そして、その「方一千里」十個分の「天下」を「中國」として、その「中國」に德をもって仁政を敷く。

德をもって仁政を敷く領域は明らかに規模が異なっている。

歴史的に議論される領域は、大領域・中領域・小領域に分けて論じることができる。大領域は、「方一千里」九つ分（方九千里）ないし十個分（方萬里）の天下などを論じる。中領域は、「方一千里」に代表される戰國時代の國家領域や、それを分割して設置された郡などを論じる。小領域は、「方一千里」の中に存在する國やそれを滅ぼして設置された縣などを論じる。

戰國時代に仁政を敷くとされたのは、中領域（「方一千里」一つ分）であり、漢代以後に仁政を敷くとされたのは、大領域（「方一千里」十個分）である。

戰國時代の「方一千里」に德をもって仁政を敷くについては、すでに述べたように、國家ごとに構想される特別地域が異なっている。「方一千里」を特別地域の「夏」や「中國」とし、それに鄰接する地域をやや劣る地としたり、「方一千里」二つ分程度を「中國」としたりする例がある。「方一千里」三つ分程度を「冠帶」の語で表現し、「夏」や「中國」等とやや劣る鄰接地域をいっしょに論じる場合もある。

例えば、齊は山東を「中國」とし、西に鄰接する地域として「諸夏」を論じ、それらの周圍をすべて「夷狄」と稱した。韓は山西から河南にかけてを「夏」、その東側の殷の故地を「東夏」とし、その東の山東方面を「東夷」、陝西方面を「西戎」、湖北方面を「蠻夷」、河北から山西方面を「狄」と稱した。中山は河北から河南にかけて廣く「中國」を設定し、周圍をすべて「狄」と稱した。

青銅器銘文（秦公鎛「下國」「蠻夏」）や秦の律文（秦の女が生んだ子は「夏子」）を檢討すると、戰國秦は特別地域を「夏」と稱し、中原方面を「蠻夏」と稱していたことがうかがえる。

この秦の特別地域について、『戰國策』や『呂氏春秋』に「冠帶」の記載がある。『戰國策』魏策一は、魏王が秦に仕えることについて「稱東藩、築帝宮、受冠帶、祠春秋」と表現する。『戰國策』韓策一は、韓王が秦に仕えることについて、同じく「稱東藩、築帝宮、受冠帶、祠春秋」と表現する。また、『呂氏春秋』審分覽は、「凡冠帶之國、舟車之所通、不用象譯狄鞮、方三千里、古之王者、擇天下之中而立國、擇國之中而立宮、天下之地、以方千里以爲國、所以極治任也」と述べ、冠帶の國が方三千里、つまり方一千里三つ分であることを記している。「舟車之所通、不用象譯狄鞮」という表現は、この方三千里が特別な地域であることを示している。『呂氏春秋』のいう冠帶の國の中に、東藩と稱して帝宮を築く、というのが魏・韓が秦に臣從することの表現となっている。もとは天下の中央に王者が國を建て宮を建てたが、いまは秦のために東藩となり帝宮を築く。

中原の地を東藩にするという記述は、中原方面を「蠻夏」と記した意識に重なる。夏ではあるが、蠻夷の風をもつという意味であろう。齊の『公羊傳』の「中國」に鄰接する「諸夏」、韓の『左傳』の「夏」に鄰接する「東夏」に相當する。その「夏」と鄰接地域を總稱して、「冠帶」の語を用いる。

ちなみに、この「方三千里」は、『論語』泰伯にいう天下にも等しく、古く周初の「封建」を議論した場（『左傳』

僖公二十四年の説話にその話題が繼承された）が基礎になっている。かつての天下とその中の關係を、「冠帶の國」とその中の關係におきかえ、その「冠帶の國」を天下の中の特別な領域として説明する。

「三千里」を目安とする「冠帶の國」のことは、『韓非子』有度にも見えている。

韓と魏を藩にした後、秦の軍事的侵攻はさらに進み、これら兩國は秦に滅ぼされ、他の諸國も滅ぼされる。その結果、漢代には、冠帶の國は、始皇帝統一の天下に等しくなる。『史記』匈奴列傳に、戰國時代を回顧して「當時之時、冠帶戰國七、而三國邊於匈奴」と述べているのは、戰國時代の天下を冠帶と表現するものである。

すでに述べたように、「冠帶」の語は、そもそも「夏」や「中國」などの第一特別地域とそれにやや劣る鄰接地域を合わせた語である。

そのことは、また『史記』によくわかるように記されている。

『史記』の記述を確認していくと、春秋戰國時代の「中國」として議論されているのは、おおよそではあるが、始皇帝が統一した天下より狹い。江蘇・浙江の呉越の地は「中國」ではないとされている。この「中國」は、近年の考古學的成果からする中原（を中心とする）青銅器文化の地域に重なる。これが漢代前期の「中國」認識の一つである。

これに呉越の地を足すと「冠帶」の地になる。

この漢の「冠帶」の地を「中國」と記す記事も『史記』には見えている。

『史記』の酈生陸賈列傳には、漢高祖の時に「天下」を定めたことと、その時はじめて「中國」が定まったことを述べ、劉邦が再統一した天下がすなわち「中國」であることを示している。そして、尉他（趙它）に自分がもと「中國」の人で「冠帶」を捨てたことを述べさせる。中國は「冠帶」の地であり、その外に南越があるという認識が示されている。

その同じ『史記』の酈生陸賈列傳に、漢と南越を分け、高祖が統一した領域を「中國」とし「方萬里」と表現した部分がある。本文上記においては、始皇帝が統一し漢高祖が再統一した領域を「方一千里」九つ分とし、始皇帝が擴大し、武帝が再擴大した領土を加えて「方一千里」十個分（「方萬里」）として説明しておいたのだが、嚴密に言えば、その擴大前を「方萬里」として議論しているものがある、ということでもある。

ただいずれにせよ、始皇帝が統一し漢高祖が再統一した領域を「中國」とし、南越をその外に位置づけていることは確認できる。

だから、『史記』は春秋戰國時代を回顧して江蘇・浙江の呉越の地を除いて「中國」とし、呉越の地を含めて「冠帶」の語を用いた。『史記』ではさらに、漢高祖の統一した地が、武帝の時には「中國」となり、その外に南越の地が議論されたことを知る。

『史記』孝武本紀には、南越を伐つ前の認識として「天下に名山は八つあるが、三つは蠻夷にあり、五つは中國にある」と述べている。中國の山を具體的に擧げて、黄帝の常に遊んだところだともいう。このことから、始皇帝の天下統一、漢高祖の天下再統一は、あらためて「中國」の統一を意味することとなり、天下が擴大されたことを知る。

以上から、『史記』の記事は、漢高祖の天下統一以後、時間を追って變化してきた「中國」・「冠帶」・「天下」の認識を、それらの變化に沿って記述していることがわかる。

注目すべきなのは、『史記』の目錄である。外國は、列傳に記されている。いわゆる内藩の諸侯王國については、世家に記されている。同じ王でも、謀反人と外國は一等おとしめられて列傳に記載されている。だから、高祖の天下統一以來の認識の變化に沿って述べれば、漢と南越との外交關係は、中國と外國との關係であり、天下とその外との關係である。

したがって、冊封體制が前提とする大領域の中國と外國との外交關係、大領域の天下と外國との關係ということでは、漢と南越との外交關係は同じ土俵上にある。西嶋定生も、漢と南越から冊封體制の説明を始めている。しかし一方、儒教が天下の教えとならないと、德をもって仁政を行うという前提が作れていないのである。なお、德をもって仁政を行うという前提が結局はお題目にすぎない、などという身も蓋もないことを論じるのはやめておく。

『史記』・『漢書』の記載と南越問題

『史記』には編纂材料がある。『漢書』にも編纂材料がある。『史記』・『漢書』ともに、それらの編纂材料を用いて獨自の判斷を下している。

本書では、その判斷が、同じ事件に關するものでありながら、『史記』と『漢書』とで異なる事例を問題にした（第一章第一節）。これとは別に、平勢隆郎『史記の「正統」』（講談社學術文庫、二〇〇七年）の終章も、材料を通してみた『史記』と『漢書』の相違を述べている。

例えば、『史記』も『漢書』も、ともに「發憤」すると「道を通じることができない」（結果が悪い）ことを述べている。『漢書』は、『史記』の編纂のことを個人の傳記である「司馬遷傳」に記述している。そして、『史記』は「發憤」の書であることを述べている。『漢書』にとって、『史記』はおおやけの書物ではなく、私の書物である。ところが、『史記』において、『史記』編纂のことは、「太史公自序」の中で語られる。そこでは、編纂は「太史公」という公の官が司ったことが書かれている。そして、『史記』も「發憤」は「道を通じることができない」（結果が悪い）ことを述べつつ、『史記』の材料について、「發憤」の所産であることを述べる。『史記』にとって、『史記』はおおやけの書物である。

『史記』の材料の中には、『春秋』やその傳（『左傳』等）等もあるわけだが、太史公自序は、『春秋』等をやはり「發憤」の書だと評價している。

その『春秋』の傳である『公羊傳』は、『春秋』編纂の事情を説明し、「もって後世の聖人君子の判斷をまつ」と述べた。『史記』太史公自序は、この表現を自らのものに作り替え、『公羊傳』の名を伏せ、返す刀で『春秋』に「發憤」の評價を下した。

『史記』太史公自序は、最後にまとめにおいて、「以上、凡そ百三十篇、五十二萬六千五百字になる。これをもって太史公自序とした。序に略述しもって拾遺し馱を補い、一家の言を成す。それは六經の異傳にかない、百家の雜語を整えるものである。もってこれを名山に藏し、副本を京師（都）に置くことにする。もって後世の聖人君子の判斷をまつものである」と述べている。『公羊傳』の決めぜりふを自らのものに作り替えている。

『漢書』は、この『史記』の決めぜりふを、すべて個人の傳記である司馬遷傳の中の「任安に報ずるの書」という私信中に放り込んだ。おおやけの決めぜりふは、この操作によって私人の發言内容になってしまう。その上で、『史記』も「發憤」の書だとされたのである。

この『漢書』の立場が、後代に影響を與え、『史記』が私人の編纂になるとの解釋を生んでいる。

なお、「發憤」の語を肯定的に評價し、司馬遷を高く評價する現在の『史記』觀は、『漢書』の影響下にあるとはいえ、「發憤」に關する限り、『漢書』とは見解が異なっている。ましてや、『史記』の見解とも異なっている。現代の見解は、私人の編纂を高く評價しようとするものである。これに對し、『史記』・『漢書』はおおやけの編纂を高く評價するものである。その評價方法の違いに、「發憤」解釋の相違がからんでいる。
以上、ほんのわずかな具體例を示したまでのことで、同樣の「形」は『史記』・『漢書』のあちこちに作り出されている。

その「形」の一つとして、『史記』南越列傳と、『漢書』西南夷兩粤朝鮮傳の南粤條を比較することができる。個々の記事を短冊のように切り刻んで比較すると同じ語句や表現が兩者に共通して見えている。ところが、南越關係の記事の配列を比較してみると、『史記』の記事と『漢書』の記事は、記述される順序が異なっている。同じ記事でも使われる語句や表現も異なっていたりするし、增補される表現にも、違いが出てくる。結果として、『史記』では、南越の無禮なふるまいが、次第になくなっていく過程が讀みとれるようになっているのに對し、『漢書』では、漢初から南越側が禮を盡くした對應をとった（とろうとした）ことが、讀みとれるようになっている。『史記』では比較的後の部分に配列されている表現が、『漢書』では前の部分に移されたりしていて、そうした記事の前後關係の相違が、文脈の相違に直結していたりする。

例えば、南越帝趙佗が漢の文帝に提出した文書も、形式を含め、『史記』と『漢書』のものが、かなり異なっている。『史記』南越列傳では、「陸賈至南越、王甚恐、爲書謝、稱曰『蠻夷大長老臣佗、前日隔異……老臣妄竊帝號、聊以自娛、豈敢以聞天王哉』、乃頓頓首謝、願長爲藩臣、奉貢職、於是乃下令國中曰、『吾聞兩雄不俱立、兩賢不並世、皇帝賢天子也、自今以後、去帝制黃屋左纛』」と記すが、同じ表現の部分を、『漢書』南粤條は、「陸賈至、南粤王恐、乃頓首謝、願奉明詔、長爲藩臣、奉貢職、於是乃下令國中曰、『吾聞兩雄不俱立、兩賢不並世、皇帝賢天子也、自今以後、去帝制黃屋左纛』、因爲書稱、『蠻夷大長老夫臣佗昧死再拜上書皇帝陛下、老夫故粤吏也……（以下長めの文章）……老夫故敢妄竊帝號、聊以自娛……今陛下幸哀憐、復故號、通使漢如故、老夫死骨不腐、改號不敢爲帝號矣……昧死再拜、以聞皇帝陛下』」と記す。

兩者に特徴的なことを撰んで述べておけば、『史記』ではない表現が『漢書』に見えている。書狀の最初の「昧死再拜上書皇帝陛下」と最後の「昧死再拜、以聞皇帝陛下」である。後者の部分に關わる表現として、『史記』には「豈敢以聞天王哉」という表現が見える。この「天王」は、『春秋』に多出する表現で、周王を意味する。『春秋』の表現としては、敬意を示すものである。ところが、『史記』では、南越の趙佗が帝を稱していることが記されている。南越が帝であり、漢は天王だということである。これを前提に「吾聞兩雄不俱立、兩賢不並世、皇帝賢天子也」と述べている。南越の趙佗は武帝と稱した。書狀を受けとったのは、漢の文帝である。「文」は賢人を語る語であり、「武」は雄を語る語である。だから、「兩雄不俱立、兩賢不並世」と述べているのであり、「皇帝賢天子也」というのは、文帝のことを言う。南越武帝は「雄」だと述べているのである。

この『史記』に見える文脈は、『漢書』では、きれいに消されてしまう。「豈敢以聞天王哉」がなくなり、書狀の最初の「昧死再拜上書皇帝陛下」と最後の「昧死再拜、以聞皇帝陛下」が附加された結果、「吾聞兩雄不俱立、兩賢不並世、皇帝賢天子也」に本來含まれていた侮蔑の感情は、なくなってしまった。

それだけではない。「昧死再拜上書皇帝陛下」と「昧死再拜、以聞皇帝陛下」という實にうやうやしい表現は、おそらく後漢時代、册封體制下のものとして整備された文書の形式に違いない。それが『漢書』に見えていて、『史記』にはないということである。

以上から、外交關係としては、漢と南越との關係は册封體制のそれとして位置づけ得るものの、當時はまだ、册封體制としての外交文書の形式が、整っていなかったことがうかがわれるのである。

漢と南越の關係を語る場合、「德をもって仁政を行うという前提が作れていない」というだけではない大きな問題が、残されている。

戦國時代の外交文書の形式

遡って、戦國時代の外交文書の形式を論じると、『史記』所載の南越武帝の書條に關する議論を深めることができる。

現行『戰國策』所載の説話は、誰それが誰に書條を出した、という表現から始まるものが多い。この冒頭の部分は、出土史料である『戰國縱横家書』では、「●」の記號の後に、誰それに提出した、という表現になっている。おそらくこれがもともとの表現であり、各説話が整理されて『戰國策』という書物になるまでに、現行の表現になったのだと考えられる（工藤元男・早苗良雄・藤田勝久譯注『戰國縱横家書』朋友書店、一九九三年）。

これらの多數の材料から、戰國時代の縱横家が、各國の王等有力者に提出した文書が、生に近い形で残されていることがわかる。

『戰國策』の説話から、了解されることの一つとして、戰國時代の各國の王たちが、謙譲の自稱として、「寡人」を使っていることがある。とても有名な事實である。これに對し、『國語』の呉語や越語の説話を參照すると、「寡人」という表現と「吾」という表現が、君主の自稱として混在している事實に氣づく。同じ事實は、近年の出土竹簡についても確認することができる。

そこで、上記の『史記』所載の南越武帝の書條を見てみると、「蠻夷大長老臣佗、前日隔異……」で始まるものと、「吾聞兩雄不倶立……」で始まるものがあることがわかる。後者の「吾」は、『國語』に見える君主の自稱である。この自稱は、楚・吳・越の君主について少なからず確認できる。その自稱が、南越武帝に關しても確認できる。このことから推測できるのは、「吾」という自稱が、楚・吳・越では一般的に用いられていて、それが南越帝の自稱として繼承されているのではないかということである。

楚は、春秋時代以來、立年稱元法を襲用し、踰年稱元法を用いなかった。踰年稱元法と密接に關わる表現として「寡人」がある。「寡人」とは、德の寡なき人を意味し、德をもって仁政を行う君主を前提にした場合の謙讓表現になる。この實に戰國的な表現を採用したのが、中原の各國であった。彼らはまた革命によって、新たな王になることの意味を踰年稱元法に込めている。春秋以來、王を稱している楚、さらに以前から王を稱している周は、この踰年稱元法を採用することはなかった。だから、當然彼らは「寡人」と稱することも、いさぎよしとしなかったことが豫想される。

法家思想をもって天下を統一した始皇帝も、この「寡人」を捨てた。「朕」という自稱は、古く西周金文に見えている。戰國の秦は、それを君主の自稱として用いた（秦公𣪘等）。始皇帝は、これをあらためて皇帝の自稱とし、革命の匂いを消し去る役割を果たさせたのではないかと考えられる。

したがって、「蠻夷大長老臣佗」の部分も、本來のものではなく『史記』が增補したものだろう。この場合「蠻夷大長老臣佗」の後に、「聞」という動詞があったはずである。そして本來は、「吾聞兩雄不俱立……」の部分と同じく「吾聞」で始まる文章であったのだろうと考える。その「吾聞」を削除し、「蠻夷大長老臣佗」を書き加えておいたのが、整理の際に「聞」を遺漏したのではないか。

以上の想定が是であるとすれば、『史記』は『漢書』に比べてもともとの材料にはあまり手を加えず、必要最小限の增補を行っていたこと、これに對し、『漢書』は大幅に表現を變更し、大膽に增補を行ったことを論じることができる。

そして、この自稱の後に續く文章は、まさに相手を敬う意識に缺けた「手紙」の形式によって書かれていたことがうかがえる。それが恐らく戰國時代に遡って存在した君主の書條の形式になるのであろう。そして、その「君主の」書條を傳えたのではない文章が、『戰國策』等に殘されていることもわかる。『戰國策』所載の文章は、縱橫家が各國君主に提出したもので、言わば「彼ら縱橫家の」私的文書である。だから、提出した相手を「大王」と呼び、自らの君主を「楚王」とか「韓王」という表現で稱してすませることができた。

これがもし、南越帝趙佗の書條のような體裁をもつ文章であった場合、書く側がどういう形式を用い得たか。受け取る側がどう對應できたか。南越の場合を見ると、自らを「帝」と稱し、相手を「天王」と稱して、相手に對する侮蔑的含意が示されている。戰國時代にあっても、同樣に、相手に對する侮蔑的含意を示すことになった可能性が高い。政治的對立をさけるにしても、相手を直接呼ぶ表現をさけてるのがせいぜいで、他國の君主に「王」の稱謂を用いることはなかっただろう。縱橫家が用いたような「楚王」・「韓王」等の差別的表現（「王」とは違うという）も、王の書條としておちつくかどうかは微妙である。

しかして、實際はといえば、縱橫家が私的文書を相手の君主に差し出すのが一般的であって、上記のような外交文書のやりとりによって引き起こされる問題はなかったと考えられる。

ここで確認しておきたいことは、一般に戰國時代にあっては避けられていた方式により、つまり君主が別の君主に書條を送る方式により、南越の君主から漢の君主に、書條が送られたことである。その書條を、『史記』は記錄として殘すことになった。その結果、南越の侮蔑的含意を記錄することができないため、「吾聞」の「吾」を「蠻夷大長老臣佗」におきかえたのだろう。そして、「聞」を書き漏したのだろうと考えられたわけである。

王化思想が交錯する場と外交關係

戰國時代には、各國の言わば「唯我獨尊」認識の下で、王化思想が議論されていたということであるから、どこが「獨尊」であるかの相互に矛盾した主張が、天下を舞臺としてたたかわされていたことになる。

上述したように、『孟子』は、天子と霸者を分け、天子の制は「方一千里」に敷かれることを述べている。天下は「方一千里」九つ分である。天子と霸者の比較を讀むと、天子は德をもって仁政を行うものであり、霸者は力をもって仁を假るもの（仁政が行えないもの）である。これは、明言しないとはいえ、霸者の勢力が天子に匹敵することをほのめかしている。

この曖昧な表現のままの霸者の勢力圏について、明言しているのが漢代にできた『禮記』王制である（第二章第二節）。天下の九つの州のうち、一つを天子が、他の八つをそれぞれ八人の「方伯」（伯＝覇。方覇はつまり地方の霸者）が治めるという。

『禮記』王制の記事で注目できるのは、說明の相違はあっても、天子と霸者の勢力圏は、規模としては全く同じであること、八人の伯（霸者）は、「天子の老」二人に屬し、左老・右老は、天下を分けて「二伯」と稱されると述べていることである。この「二伯」は、周の傳說として名高い周公・召公を念頭において言っているのであり、天子の「方一千里」の中の諸侯の代表である。

天子の「方一千里」をもって内外を論じれば、「二伯」は内にあり、「八伯」（八人の霸者）は外にある。外の「八伯」が「二伯」を通して周に仕えるという「形」が示されている。これが『禮記』の述べる「封建」である。

天下の諸侯が、ひとしく周天子の下にあると述べているのではない。

この意識は、『孟子』まで遡って論じることができる。そして『孟子』においては、天子の「方一千里」には、徳をもって仁政が敷かれるのであり、他の（八人の）霸者のそれぞれの「方一千里」には、力をもって仁を假ることが行われる。

天子は本物だが、霸者は僞物だと述べているのである。

この天下の内における本物・僞物の別は、『禮記』王制ではなくなり、ひとしく周天子の下の體制であることが示されている。

これは、漢高祖によって天下が統一され、武帝のころにはその統一された天下が「中國」となり、その武帝が擴大した天下が郡縣統治の下におかれ、やがてすべて「中國」だとされるにいたることと關わっている。

周代の天下は、すべて「內」のこととして説明しなければならないというのが、とりわけ武帝以後の特徴になる。ただ、『孟子』にいう本物・僞物の別は、內・外を分けるための論理としては、その後も擴大された天下とその外との外交關係の場で生き續けることとなる。

このことが明らかになるのが、唐への外國の使者が、唐でどのような官位として遇され、歸國後にどのような官位と位置づけられるかの實蔡である。韓昇の研究を引き、冒頭の徐章に述べた。この唐の處遇は、新羅や日本を具體例として確認できる。例えば唐の官位の一品は外國の一品と等値であるという品階の等値に關係する暗默の了解がないと、成り立たない關係が成り立っている。また、唐の意識としては、「八紘」が「宇」だというのを前提に、インドを「西宇」と稱している。同じ意識を繼承した日本では、日本が「八紘」であり「宇」であると述べるにいたったた（『日本書紀』）。

唐は日本に關して「宇」であることを認めているわけではない。品階に關する上記の意識からすると、唐の天下に等しい品階の「形」があることを前提に外交關係をもっている。しかし、外交文書は、唐の君主は「皇帝」であり、外國の君主は「王」である。これはいかなる前例を意識しているか。容易に想像できることは、『禮記』王制を下敷きにしているのだろうということである。

しかし、外國を含めた領域を一つの「宇」だと考えているのではない。「宇」はあくまで唐の「八紘」を問題にする。「八紘」とその外との外交を問題にする。

上記のように、『孟子』において、天子の「方一千里」を內とし、天下の殘りを外としていた觀念は、『禮記』王制では、變更されて「方一千里」九つすべてが「內」とされた。その「內」である（嚴密には少し擴大された）「八紘」と、その外との外交關係が議論されるに當たって『禮記』王制が參照された。その皇帝と外國の「王」との關係は、『禮記』にいう天子と霸者との關係になぞらえられた――のではないかと、私は考える。

本來中領域どうしの外交關係を議論していたのが、後に大領域とその外との外交關係を議論するのに參照された。嚴密に比較すると、『禮記』王制をそのまま擴大させれば、唐の「八紘」を越えた廣大な領域を「天下」や「宇」とみなすことにしないといけない。それはしていない。この嚴密な對應をさせないで許されているのは、中領域を論じるか、大領域を論じるかの違いがあるからであり、その違いを曖昧にしているからである。

こうした外交關係を變化させたのは、征服王朝の出現である。龜趺碑の建て方を比較してみると、高麗と朝鮮李朝とでは、これらの王朝の品階と中國王朝との品階の關係が異なっている。高麗では、唐代以來の傳統が生きていて、高麗の品階と宋の品階は等値の關係にあったようだ。ところが、朝鮮李朝になると、朝鮮王は中國皇帝の一品に等しいとされ、朝鮮の一品が中國の二品、朝鮮の二品が中國の三品に等しいとされている。「形」の上では同じ冊封關係なのだが、中國の征服王朝が中國と周圍の王朝を征服して支配下に置いた意識が、冊封關係にも影響をあたえたと考えてよい。

この關係がいやなら、冊封關係を結ばなければよい。冊封關係を結ぶなら、この關係を是認しなければならなくなった。

西嶋定生は、日本と唐の冊封關係が結ばれなかった理由は、よくわからないと述べた。上記の冊封關係と品階の關係を念頭においての發言かどうか、いまとなっては確認するすべがない。

ここで、誤解してはならないことは、征服王朝の出現によって、冊封關係と各國の品階の關係が變わったことと、その變化の後の考え方をもって古典を無理に解釋することは、別のことだということである。まがりなりにも、『禮記』王制に示されている、讀めば明々白々了解できる天子と霸者の關係を曲げて、解釋を加えてはならない。天子と霸者の違いは、領域の差でもなく、政治體制の違いでもなく、その領域に對し「德をもって仁政を敷く」か「力をもって仁を假るか」の違いである——という『孟子』の考え方を繼承する。

「德をもって仁を行う」「力をもって仁を假る」に關わる觀念語と諸書の編年、諸書材料の編年

德治をめぐる環境の變化は、經典內容を注意深く讀むことで、了解できる。戰國時代の「德をもって仁を行う」領域は、天下「方一千里」九つ分のうちの一つの「方一千里」である。漢武帝の時期には、「方一千里」九つ分の天下から呉越の領域をのぞいた地域を「中國」として「德をもって仁を行う」領域としていたのが、南越の滅亡を機に武

帝が擴大した天下を「徳をもって仁を行う」領域と規定しなおした。擴大の過程では、「冠帶」の國という言い方や、「八紘」という表現をうまく用いたようだ。

『禮記』王制の認識は、すでに「八紘」を徳地の對象とするもので、そこに展開された論理構造をそのまま戰國時代にもっていってはならない。

一方、『孟子』に展開された徳治の内容は、明らかに『禮記』王制のものとは異なっていて、戰國時代の論理構造が示されている。

さらに遡って『論語』泰伯にしめされた天下の領域は、「方一千里」三つ分程度であり、この領域について論理をめぐらす場合は、『孟子』を使ってはならない。『孟子』では、天下は「方一千里」九つ分であり、天子は「方一千里」一つ分に「徳をもって仁を行う」のであり、明言されていないとはいえ、文脈から理解できることとして、殘りの「方一千里」八つ分は、それぞれ一つずつを八人の霸者が「力をもって仁を假る」。このような論理構造を『論語』に設定することはできない。

「方一千里」三つ分の天下に關して詮索する場合、參照できるのは『左傳』僖公二十四年に引用された説話である。「昔周公弔二叔之不咸、故封建親戚以蕃屛周、管蔡郕霍魯衞毛聃郜雍曹滕畢原酆郇文之昭也、邘晉應韓武之穆也、凡蔣邢茅胙祭周公之胤也」とあるうち、「邘晉應韓武之穆也」は、『左傳』が韓で成書されたことに關わる記述である。山西の晉が、周初において周に協力したことを記す。

「管蔡郕霍魯衞毛聃郜雍曹滕畢原酆郇文之昭也」は、文王の子とされる者たちの國を建てたことを述べ、「凡蔣邢茅胙祭周公之胤也」は周公旦の子孫とされる國を建てたことを述べる。

中原を防御するように、諸侯を封建し、「藩屛」としたことが記される。晉は山西の大國であり、後に霸者の國とされる。ここで、殷を滅ぼすに當たってできあがった周と齊の同盟關係が、『逸周書』等で確認できることを參照すると、『左傳』の上文では、山東の大國齊が脱落していることがわかる。そのかわりに晉が入っている。陝西と中原に、山西と山東を加えて天下を論じるわけだが、齊を脱して晉を入れる。

『史記』管蔡世家や宋世家を參照すると（平勢隆郎『都市國家から中華へ』講談社、二〇〇五年第十章參照）、殷についていた山西の方國は、殷が滅ぼされても、周に基準の意思を示さなかったし、殷の餘民の叛亂と呼應することが懸念された。そのため、殷の餘民が叛亂をおこした際は、北上しては山西の方國を滅ぼし、東進しては殷の餘民の叛亂をおさえている。したがって、『論語』泰伯は、太公望の山東の「方一千里」を周に加えて、「天下の三分の二」と述べているのだろう。

この狀況下では、陝西と中原を掌握して、山西の晉と山東の齊を身方にひきこむという認識を得ることはできても、『孟子』のように、天子の「方一千里」一つ分に德をもって仁政をしき、他の八つ分を德化するという發想は生まれない。

從って、『左傳』僖公二十四年の説話にせよ、『論語』泰伯の一節にせよ、そこで想定される天下觀は、『孟子』に示された天下觀とは、前提とされる領域觀が異なる。

加えて、西周金文に記された「德」は、征伐のための呪力の意味であり、後代の德化の德の意味ではない。從って、『論語』泰伯の説話や『左傳』僖公二十四年の上記説話ができたころ、『孟子』に見えるような德化の觀念はまだ成立していないか、未發達だったとするしかない。

以上から、言えることは、「德をもって仁を行う」「力をもって仁を假る」に關わる觀念語を検討するに當たっては、天下についてどの程度の領域を念頭において述べているかに注目しなければならないということである。

こうした點をうまく使うことで、『孟子』のころの観念語（天下は「方一千里」九つ分程度で、そのうち一つ分に徳をもって仁政を敷く）、漢の武帝以後の觀念語（天下は「方一千里」九つ分ないし十個分を意味し、それを「八紘」と稱し、「中國」と考える。その「中國」に德をもって仁政を敷く）を分けて議論することができる。そして、『孟子』のころの觀念が成立する前の言葉の意味を、別に詮索することができる。

これら三つの時期の觀念語を分けて論じることで、歷代の議論がかまびすしい諸書の成書時期も、先後を論じることができるだけでなく、『史記』の編纂材料、『左傳』の編纂材料など、諸書の編纂材料を分類檢討していく上でも、それら材料の先後を論じることができる。

この先後の議論に關連して述べておけば、樂論を德化の議論に關連づけて檢討できることは、すでに述べたところである。

『左傳』や『國語』に示される樂論には、Ⅳ（編鐘時期C―2）の時期から示されたⅡ（編鐘時期B）・Ⅲ（編鐘時期C）の時期の樂に對する批判の目が讀みとれる。『左傳』の古い文體の部分では、音樂を「樂しむ」という用例が見えている。新しい文體の部分には、それら樂を「樂しむ」ことに對し、何らかの判斷が下される。古い文體で問題にされるのは、樂を奏することと、詩を樂に合わせて歌うことである。Ⅱの時期に漢字圈が廣域化した結果、絕對音高としての十二律ができあがり、メロディーが複雜化した。この複雜化と詩を樂に合わせて歌う行爲は密接に關わる。

こうした點は、『詩經』の編年を考える上で、極めて重要な基準をもたらす。

天文觀と曆法の編年

天下觀とそれに關わる觀念語が編年可能だということになると、通常これに密接に關わって議論されている天文觀や曆法の議論も、その編年に關連づけて檢討することができる。

そもそも、近代天文學（新城新藏・飯島忠夫等）において、木星の運行と『左傳』等に見える「木星紀年」を關連づける議論がなされた。戰國中期に天文學上大きな轉換が爲され、いわゆる天文計算をもとにした曆が出現すると考えられた。この觀點について、反論はまだ出されていない。

蛇足を述べておけば、戰國中期以後成書の諸書や、漢代以後成書の諸書を使って、傳說の時代や三代の曆を論じることが、一般に爲されていることは、よく知られている。しかし、本書第三章第一節に「別添」として一覽にしておいたように、今にいたるまで、いわゆる曆法の材料を網羅的に驅使して曆の時代を論じ、戰國中期以後に成立した曆法が傳說の時代や三代に遡った研究を聞かない。

いわゆる三代の曆や、それ以前の曆は、おそらく冬至を基準にして毎年の一月を定めていたものと推測される。私が殷代後期の甲骨文を使って、その甲骨文第五期の周祭記事を網羅的に年代配列した結果は、殷の曆が冬至をすぎて翌月ないし翌々月を一月としていた（平勢隆郎『中國古代紀年の研究――天文と曆の檢討から』汲古書院、一九九六年、横組表Ⅳ等）。また、同じく私が西周金文のうち年・月・月相・日干支を具備する事例について、網羅的に年代配列し、しかも『史記』の膨大な年代矛盾解消に矛盾なく接續させ、『竹書紀年』や『國語』・『史記』にみえる周初や特定の記事と戰國時代の特定の事件との年代關係を述べた記載をも矛盾なく關連づけて論じた結果からすると、周の曆も冬至のある月やその翌月を一月としていた（同上、横組表Ⅲ等）。近代の天文學者新城新藏がすでに述べて久しいが、『春秋』所載の暦日も日食記事を基準に天象と關連づけることができ、それによれば、當初は冬至をすぎて翌月ないし翌々月を一月としていた。それが、冬至のある月を一月にする暦に近づいていく。

『春秋』所載の暦日は、一國の暦として配列することはできない。新城は日食記事をもとにその年の一月一日が西暦何月何日になるかを求め、新城の判斷によって『春秋』所載の暦日を適宜配列している。閏月について、新城（年内置閏）と違って年末置閏だとすると、新城とは別の一月一日の一覧（折れ線グラフ）ができる。私はこの一覧を自分で作って判斷しているが、「當初は冬至をすぎて翌月ないし翌々月を一月としていた。それが、冬至のある月を一月にする暦に近づいていく」という點は何等變らない。

ついでに蛇足を述べれば、新城の上記の檢討を除いて、『春秋』やそれ以前の暦について、年内（年中）置閏を「檢討」したものはない。これは、檢討すべき材料を網羅的に用いて檢討しているものを言う。甲骨文についても、西周金文についても、「檢討」したものは存在しない。私は、この種の網羅的檢討を進めてみたので、その結果を上記に述べておいた（平勢隆郎『中國古代紀年の研究――天文と暦の檢討から』）。

以上、冬至を基準にして、早く一月にするか、やや遲めに一月にするかの違いはあるが、冬至を基準にして、各國が一月を定めていたことは疑いない。

これ以外の季節に一月を求めようという見解も提示されたことを知っているが、いわゆる暦に關わる膨大な記事をまったくと言っていいほど扱っていない。自己都合に合わせてほんの少數の事例を問題にしているだけなので、議論としてそもそも成立しない。

くりかえすようだが、戰國以後に成立した暦が『春秋』の世、さらに周、殷と時代を遡って存在したかの幻想があることはよく知られている。また、その幻想が戰國以後の文獻に記されていることもよく知られている。しかし、これらはすべて、自己都合に合わせてほんの少數の事例を問題にしている議論である。議論としてそもそも成立すべき史料的根據（幻想を記した記述）は極めて少なく、それに矛盾する史料（多數の暦日記事）は多數をしめる。

戰國時代に成立した暦法の記事は、『左傳』など戰國時代に成書された書物にあっては、古い文體の部分ではなく、新しい文體の部分に記されている。それだけでなく、「戰國以後に成立した暦が『春秋』の世、さらに周、殷と時代を遡って存在したかの幻想」を述べているのも、新しい文體の部分である。これに對し、多數の暦日記事は、古い文體の部分に記されている。

さきに、樂論に關して「歴代の議論がかまびすしい諸書の成書時期も、先後を論じることができるだけでなく、『史記』の編纂材料、『左傳』の編纂材料など、諸書の編纂材料を分類檢討していく上でも、それら材料の先後を論じることができる」と述べたが、この點は、多數の暦日記錄や暦法の説明に據っても、確認することができる。

戰國的王化思想のもう一つの「形」とその後裔

『孟子』による限り、戰國的王化思想の特徴は、天下を分けて、その一部を特別地域（中國）とし、そこに仁政を敷き、天下の殘りを夷狄とみなして德化をはかる點にある。

その後に天下が擴大され、特別地域が天下に等しくなっていく過程があることも、上述しておいた。始皇帝が統一した天下（A）を再統一したのが漢高祖であり、さらに擴大した（B）のが漢武帝であった。擴大される前、（B）の中、（A）の外に存在したのが南越である。

武帝以後、(B)を中國とし、外を夷狄とする華夷観が定着することが知られている。その擴大版の華夷観の基礎は、『孟子』の議論を讀み換えた『禮記』王制などを用いて説明することができる。

ところが、漢初の漢と南越の關係をさぐる場合、漢側の論理として、まだ儒教經典を用いての説明はしにくかったことを述べておいた。

この時期の外交の基礎としては、いかなる論理が用意されていたのだろうか。

この點を以下に述べておきたい。

上記の南越と漢の關係は、この戰國的王化思想の場を擴大して設定されている。『史記』南越列傳に、「吾聞兩雄不倶立、兩賢不並世、皇帝賢天子也」とあるのが、漢文帝を「賢」とし、南越武帝みずからを「雄」とする論理であることを述べておいた。天下に二人はいらないことを述べている。

しかもここで注目しておきたいことは、「雄」も「賢」も、すでに述べた戰國的王化の基たる「王」の屬性とはずれたものだという點である。

「雄」なる者は、霸者の「力」をイメージさせる。これを、ここに強調している點に注目しておく必要がある。一方、「賢」の方は、王霸の別ではなく、戰國時代に盛んに喧傳された「王」を支える「賢人」の「賢」を強調する。「王」の屬性ではない「雄」と「賢」を並列し、お相いを象徴する言葉として用いているのである。

『孟子』と併稱される『荀子』にも王霸の議論がある(『荀子』王霸)。

荀子は楚に仕えた。その楚では、踰年稱元法と夏正は用いられなかった。踰年稱元法は、前君主死去の年は改元せず、賢人による新君補佐の時期とする。そして新君の元年は翌年の一月一日から始める。夏正は、冬至を含む月の翌々月を一月とするもので、太陽がもっとも低くなる冬至をこえて、さらに翌月を過ごして始めて一月一日とする。踰年稱元法とセットにするにはうってつけの形式を有する暦になっている。

賢人による補佐は、單なる血脈による君位繼承ではなく、德の有無を見極める意味がある。この德があるから、革命が起こる。踰年稱元法と夏正には、代々革命を行うという含意がある。

戰國時代の楚は、春秋時代以來王を稱してきており、革命を否定すべき立場を有する。そうしないと、過去の王としての榮光を否定することになるからである。おそらくこの理由によって、楚は夏正を使用しなかった。そして、それだけでなく、冬至月の前月を一月とする曆（楚正と稱しておく）を始めた。同じく踰年稱元法も用いなかった。賢人が議論して死後に贈る諡號も採用しなかった。生前から「威王」・「懷王」などと稱していた。

戰國時代の秦は、夏正と同じ名稱の月を用い、年頭を楚の一月に合わせ、十月を年初とした。だから、部分的革命の議論を認め、また部分的のその革命の議論を否定する立場もとりいれていた形が見えている。秦は、諡號を用いていた。

では、革命否定の楚や秦で用意された中華・夷狄觀とは、いかなるものだったのか。

『荀子』王霸はこう述べる。

國を用いる者は義が立って王たり、信が立って霸たり、權謀立って亡ぶ。三者は明主の撰ぶところだという。德が至らなくても、義がなされなくても、天下の理がほぼ行われ、刑賞のことがゆるされ天下に信ぜられるなど一定の條件が整えば、同盟國はこれを信じ、僻遠の地をもってしてもその威は天下を動かすという。それが五人の霸者だという。

この議論は『孟子』と異なっている。『荀子』君道は次のように述べる。

天子は視ずして見、聽かずして聰り、慮からずして知り、動かずして功あり、塊然として獨り坐して天下はこれに従うこと一體のごとく、四肢が心に従うようなものである。こういう場合、これを大形といい、詩に「溫溫恭人は、德の基」というのはこれを言っているという。

『荀子』を理解する上で、參照できるのが『韓非子』である。

『韓非子』二柄によると、明主が臣下を導き制するには、ただ「二柄」によるという。「二柄」とは「刑」と「德」である。殺戮が刑であり、慶賞が德である。ここでも「德」は内の問題とされている。

『韓非子』解老にも「德」が内の問題という見解が示されている。『韓非子』解老は、「德は内なるもので、得は外なるものだ」という。神が外に游ばなければ、身は保全される。「德」とは身に「得」ることをいう。また德は無爲をもって集まり、無欲をもって成るという。思わざるをもって安く、用いざるをもって固い。德を爲しそれを欲すると、德はいどころがなくなる。そうなると全たき狀況でなくなる。德を用い德を思うと、固い狀況ではなくなる。そうなると功はなくなり、有德の（德を意識した）狀況が生まれる。「德」というのは「德」を意識しないのであり、不德というのは、德を意識する「有德」をいう。だから、「上德」は「德」ではなく、「有德」である。

『韓非子』解老は續けて「德は道の功であり、仁は德の光であり、義は仁の事であり、禮は義の文である。だから道を失って德を失い、德を失って仁を失い、仁を失って義を失い、義を失って禮を失う」という内容を述べる。禮は内なる情の貌として外に出たものであり、文は質（まごころ）から出た飾りである。

『韓非子』八姦は、臣下が姦をなす場合を八通りに分けて紹介し、明主として心得ておくべきことだとする。その内一つは「四方」である。人に君たる者は、國が小なれば、大國に仕え、兵が弱ければ強兵を恐れる。大國の求めは小國は必ず聽き、强兵の壓力には弱兵は必ず服する。人に臣たる者は、稅を重くし、府庫をつくして國をむなしくし、大國に仕えてその威を利用し、その君に壓力をかけさせる。甚だしい場合は兵を擧げて邊疆に集め、内に壓力をかける。そうでなくても大國の大使をしばしば國に招き、その君をおどさせ恐れさせるという。この文脈は、天下の外交を述べている。

『韓非子』揚權は、「天有大命、人有大命……事在四方、要在中央、聖人執要、四方來效、虛而待之、彼自以之」と述べている。ここにいわゆる德化の議論の一端が見えている。明言しているのは、「無爲」の「虛」と「四方來效」である。

『孟子』が特別地域に仁を行えと述べたのに對し、『韓非子』は「德」は「無爲」を旨とせよと述べている。返す刀で、法を用いた人民統治の方策を熱心に說いている。『孟子』の王道を述べる部分に「無爲」を述べ、統治の實務は法家にまかせる（『荀子』成相「凡成相、辨法方、至治之極、復後王……明德愼罰、國家既治、四海平」）。

この『韓非子』の先驅が『荀子』に見えている。

『荀子』樂論には、次のようにある。先王は世を導くのに禮と樂を用いた。民に好惡の情があって喜怒の（節度への）對應がないと世は亂れる。先王はその亂を惡んだから、その行をおさめ、その樂を正して、天下はこれに從ったのである。

ちなみに『韓非子』十過は、「耽於女樂、不顧國政、亡國之禍也」とあって、樂に對する惡しき評價を述べている。『韓非子』と『荀子』の違いがここに見えている。

以上の樂論は、實質的に德化の議論となっている。先王が導くのに禮と樂を用いれば、天下が從うと述べている。『荀子』解蔽に、「天下に二道なく、聖人に兩心なし」という。上記『韓非子』に、德に優先するものとして「道」を述べる部分があった。その先驅的見解が『荀子』にも示されている。道が定まることが第一だから「無爲」を旨とすることになる。

臣下は叛亂を起こすことのないよう、統治すべき存在である。そこに「賢人」の介在を許し、革命の議論を爲さしめてはいけない。革命は起こさせてはならない。それが楚において强調されたことであり、そこで對外的方策として議論されたのは、やはり德化であった。しかし、仁政を行うことを前提の德ではなく、道に従う德であった（『荀子』解蔽に「一家得周道、擧而用之、不蔽於成積也、故德與周公齊、名與三王並、此不蔽之福也」とある）。德が及ぶ前提も道が天下の規範だという點に求められる（『荀子』正名に「道也者、治之經理也、心合於道、說合於心、辭典合於說、正名而期、質請而喩、辨異而不過、推類而不悖、聽則合文、辨則盡故、正道而辨姦、猶引繩以持曲直、是故邪說不能亂、百家無所竄、有兼聽之明、而無奮矜之容、有兼覆之厚、而無伐德〈德にほこる〉之色、說行則天下正、說不行則白道而冥窮、是聖人之辨說也、詩曰、顒顒卬卬、如珪如璋、令聞令望豈弟君子、四方爲綱、此之謂也」とある）。

ちなみに、『韓非子』解老は、「人君無道、則內暴虐其民、而外侵欺其鄰國、內暴虐則民產絶、外侵欺則兵數起」と述べていて、道が外交を決めることを述べている。さらに述べれば、『韓非子』は、「勢」が重要であることを述べている（『韓非子』功名）。堯舜のような德があっても「勢」がなければ功たたず名もとげられない（「聖人德若堯舜、行若伯夷、而位不載於世〈いきおい〉則功不立、名不遂」）という。

『荀子』では、當然のこととして、賢人は王より下位におかれる。『荀子』成相には、「請成相、世之殃、愚闇愚闇墮賢良、人主無賢、如瞽無相」とある。人主の下の賢人を述べている。だから、上記に紹介した漢文帝を「賢」とする南越武帝の論理は、『荀子』の議論に據れば、漢文帝が人主より下位にあることを暗示しているのである。

南越武帝がみずからを「雄」であるとする論理は、『孟子』に據れば、王たるにふさわしいものとは言えない。しかし、道を第一に述べ、德をそれに從屬させる『荀子』の論法の下では、武たることが否定的には評價されないものとなっている。

さらに『韓非子』まで參照すると、上記の『韓非子』八姦には、人に君たる者は、國が小なれば、大國に仕え、兵が弱ければ強兵を恐れるとあった。大國の求めは小國は必ず聽き、強兵の壓力には弱兵は必ず服すると述べていた。これはまさに「武」を第一におく論理である。

つまり、南越武帝を「雄」、漢文帝を「賢」とする見解は、南越武帝が天子たるにふさわしく、漢文帝はそれを補佐するものだということを暗示しているのである。

以上、『史記』にみえる南越武帝の書狀を、『荀子』や『韓非子』と比較檢討することによって、戰國楚や秦にあったはずの華夷觀の一端が見えてきた。

同時に、南越の主張の中に、戰國時代の華夷觀を繼承する面があることも、見えてきたのである。

かつて册封體制を論じた西嶋定生は、こう述べた（『中國古代國家と東アジア世界』東京大學出版會、一九八三年、第二篇第一章）。「皇帝支配の論理構造が整備され、その外民族に對する姿勢のあり方が思想的に思想的に調整されるのは、儒教が國教として成立したことによるものである。……以上のごとく中國王朝が周邊の諸民族の首長と政治關係を結ぶということは、漢代においてはじめて明確な形態をとることとなのである。しかしこれによってこの時代に「東アジア世界」の形成が完了したのではなかった。なぜならば漢王朝が政治的關係を結んだ周邊諸民族のうち、漢王朝によって重視されたのは北方および西方の諸民族であり、東方および南方の諸民族は、上述の朝鮮・南越・閩越のごとく、いずれも滅亡させられて郡縣とされ、わずかに東北山中の高句麗・扶餘などが存續したにすぎなかったのであって、その地域の首長との關係は恆久的なものとはならなかったからである。したがってそこでは、漢王朝の直接的な異民族支配は行われたけれども、その地域の諸民族の自立性が一應認められたうえで中國王朝の政治體制に參加するというかたちは、いまだ充分定着されえなかったのである。そしてそれは、この地方の自發的な政治社會の成熟がおくれていたことによるものであり、それをまたなければ「東アジア世界」という政治的世界は完成されなかったのである」。

ここでは、異民族の自發的政治社會の成熟が問題にされている。南越等は、これとは次元を事にする存在として論じられている。それだけでなく、儒教が國教として成立したこととの意味が述べられている。

本論は、この西嶋の問題提起の意味を、あらためて咀嚼し、西嶋が「恆久的」ではないとした南越等と漢との政治關係を、『荀子』や『韓非子』との比較を通して檢討してみた。その結果、確かに禮教主義的政策に據る外交關係ではない（『孟子』や『禮記』から議論できる外交關係にはならない）のだが、戰國時代には確かに存在した天下と國家を見据えた外交關係（『荀子』や『韓非子』に見える）が、復活議論されていたことを論じるにいたった。

そして同時に、戰國時代の齊や魏の考え方では、天下の中に西嶋のいう禮教主義的政策による外交關係が構築されており、かつそれとは別に、楚や秦の考え方では、『荀子』や『韓非子』にかいまみえる外交關係が、天下の中に構築されていたことも見えてきたのである。

西嶋が異民族の自發的政治社會の成熟を論じて、南越等を例外扱いしたのは、慧眼であり、かつ、そこに禮教主義的政策に據る外交關係ではないことを指摘したのも、同じく慧眼であった。西嶋定生の提起したこの問題を、ここに若干の修正を加えつつ論じてみた次第である。

『孟子』に見える內容をもって禮教主義を語り、王化思想を語るのであれば、『荀子』や『韓非子』に見える論理を基調として外交關係を語る楚や秦などの場合は、王化思想も禮教主義も語ることはできない。しかし、自らの領域等に統治行爲を施し、その外に影響を及ぼすという基本は、說明の違いを超えて共通している。道を第一に据えて禮を語るのも、王化思想において王德が周邊に及ぶという說明と比較して、一定の文化的高まりを前提にしていて、西嶋の指摘を思い起こさせる。

越の正統と戰國楚

上記において、戰國時代の秦と楚を話題にし、南越武帝が漢文帝に出した書狀内容を検討した。これらを同じ土俵の上で検討する基礎は、戰國楚の制度とその影響にある。

上述したように、戰國楚では、暦として楚正を使用し、冬至月の前月を一月とした。そして、踰年稱元法を採用せず立年稱元法を用いた。この立年稱元法は、踰年稱元法が出現するまで一般的な稱元法であった。殷や周もこの立年稱元法を用いていた。戰國楚はまた、王が謚號を採用せず、前代以來の生號を用いた。

以上の事實は、私の『新編史記東周年表——中國古代紀年の研究序章——』(東京大學東洋文化研究所・東京大學出版會、一九九五年)と『中國古代紀年の研究——天文と暦の検討から——』(東京大學東洋文化研究所・汲古書院、一九九六年)を基礎として述べている。

こうした暦を使用している、などと書いてあるのではない。膨大な年代矛盾を解消すると、暦と稱元法について、上記のような點がわかってくる、ということである。

また、生號は、古くから知られた事實である。秦二世のときに擧兵した「楚の懷王」は、秦を滅ぼした後に推されて「楚の義帝」となった。これも生號を前提に理解可能な事實である。

戰國秦は、暦の月の名稱は夏正と同じものを用いて一月を冬至月の翌々月とし、冬至月の前月、つまり楚正の一月、つまりみずからの暦の十月を年頭にした。一年が十月に始まり九月に終わる暦である。これは、夏正の制度と楚正の制度を折衷したものである。また王號は、楚と違って謚號を用い、生號を捨てた。始皇帝は謚號を廢止して「皇帝」

とのみ稱したので、謚號も捨てたことになる（『史記』）。

秦に反旗を翻した楚の懷王は、戰國楚の制度を復活した。義帝となった後は、一部の制度を改め、踰年稱元法を採用したようである。

義帝を殺害した項羽は、義帝の制度を襲用した。そのため、項羽關聯の記事の中に戰國楚以來の爵位が見えている。この楚以來の爵位は戰國秦の十七等爵や統一秦、漢の二十等爵と全く異なる名稱を用いている。

項羽と對抗した劉邦は、『史記』の記事に據る限り、秦の制度を踏襲している。

南越の制度としては、考古遺物である印章に楚の爵位に似たものを記した事例が出土している（吉開將人「印から見た南越世界」『東京大學東洋文化研究所紀要』一三六・一三七・一三八、一九九八～二〇〇〇年）。『史記』に據れば、南越は楚の義帝と同じく帝號を稱した。また謚號でなく生號を稱していた。南越が漢によって滅ぼされると、東越王餘善が武帝を稱した。これも生號である。

以上、戰國楚の制度は、秦に影響を與え、それを復活しさらに改變を加えた楚の懷王・義帝を經て、南越や東越の制度にも影響を殘している。楚の制度に變更を加えるに當たっては、秦の制度が參照されている。楚の制度の對極にあるのは、魏や齊等の制度であり、それらは、西嶋定生の述べた禮教主義的政策を具體化したものであった。だから、戰國楚の制度を檢討する上では、當然ながら『孟子』とは異なる主張を述べた『荀子』をまずは參照すべきであった。荀子は楚での動靜も傳えられる人物である。そして、秦の制度を檢討する上では、當然ながら『韓非子』を參照すべきであった。その『韓非子』の先驅的議論が『荀子』にあることは、よく知られている。

だから、孟子の時代に遡って禮教主義的政策を檢討しようという視點が假にあったとすれば、本來『荀子』や『韓非子』についても、どのような論理が用意され、外交の場をめぐって展開されていたかは、檢討しておくべきだったと言える。ここには、この本來爲されるべきであった檢討について、補足しておいた次第である。

『孟子』の樂論、『荀子』の樂論、『禮記』の樂論

以上においては、天下の中を特別地域とその他に分けて華夷を論じもの、それまでの天下をあらためて特別地域としてその外との比較の上で華夷を論じるものをあらためて辨別し、戰國時代から漢代の變化の中で、樂がどう論じられたかを問題にした。

『孟子』・『荀子』・『禮記』それぞれの樂論を比較しつつ論じてみると、上記で論じた點をあらためて再確認することができる。

『孟子』梁惠王下に、「今王鼓樂於此、百姓聞王鐘鼓之聲、管籥之音、擧疾首蹙頞而相告曰、吾王之好鼓樂、夫何使我至於此極也、父子不相見兄弟妻子離散、今王田獵於此、百姓聞王車馬之音、羽旄之美、擧疾首蹙頞而相告曰、吾王之田獵、夫何使我至於此極也、父子不相見兄弟妻子離散、此無他、不與民同樂也、今王鼓樂於此、百姓聞王鐘鼓之聲、管籥之音、擧欣欣然有喜色、而相告曰、我王庶幾無疾病與、何以能鼓樂也、今王田獵於此、百姓聞王車馬之音、見羽旄之美、擧欣欣然有喜色、而相告曰、我王庶幾無疾病與、何以能田獵也、此無他、與民同樂也」とあるのは、目に見える場に一同を集めて樂を樂しむのは、皆と樂を樂しむことにならないことを述べている。田獵をひきあいに出して、「音を聞かせればいい」ことをイメージさせている。この話題は、特別地域において樂を演奏することが、その外に音を傳えることを暗示するものである。

『孟子』離婁上に「聖人既竭目力焉、繼之以規矩準繩、以爲方員平直、不可勝用也、既竭耳力焉、繼之以六律正五

音、不可勝用也、既竭心思焉、繼之以不忍人之政、而仁覆天下矣、故曰、爲高必因丘陵、爲下必因川澤、爲政不因先王之道、可謂智乎、是以惟仁者宜在高位、不仁在高位、是播於衆也」とあるのは、聖人の目力、耳力を補完する諸制度を論じ、その中に耳力を補うものとして樂があることを述べている。その上で心思をつくして人に忍びざるの政治を行えば仁が天下を覆うと述べる。注目するところは、仁者は必ず高位にいなければならないと述べることである。高位から下位に影響が及ぶから、不仁なるものが高位にいるとその影響も衆に及ぶという。

これに對し、『禮記』になると、天下を特別地域の「內」とみなす説明がなされる。

『禮記』月令に、「立夏之月、天子親帥三公九卿大夫、以迎夏於南郊、還反行賞封諸侯、慶賜遂行無不欣説、乃樂師習合禮樂、命大尉贊傑俊、遂賢良擧長大、行爵出祿、必當其位」とあり、また、「立秋之月、天子親帥三公九卿大夫、以迎秋於西郊、還反賞帥武人於朝、天子乃命將帥選士、厲兵簡練傑俊、專任有功以征不義、詰誅暴慢、以明好惡、從遠方」とある。これは文官を賞するには樂師を用い、武官を賞するには將帥を用いることを述べているもので、樂の機能は征伐と別に議論される。ちなみに、立冬之月は、龜筮占兆を用いて死事・孤寡を賞する。立春之月は、公卿諸侯大夫を賞するのだが、太史に命じ、典を守り法を奉じ天の日月星辰の行を司らせ、天體に異變がないようにさせる。

同じ『禮記』月令に「立夏之月……是月也、天子飲酎用禮樂」というのは、天下內の儀禮をのべたものであり、「季秋之月……是月也、霜始降、則百工休、乃命有司曰、換氣總至、民力不堪、其皆入室、上丁命樂正、入學習吹」とあるのは、樂が吹を習う時期を話題にする。

『禮記』文王世子に、「凡三王之敎世子、必以禮樂、樂所以脩內也、禮所以脩外也、禮樂交錯於中、發形於外、是故其成也懌、恭敬而溫文、立大傅少傅以養之」とあるのは、世子の養育を述べつつ樂が內をおさめ、禮が外をおさめることを述べたものである。この內と外の問題を國家におきかえた場合にどうなるかは、『禮記』禮運に「故治國不以禮、猶無耜而耕也。爲禮不本於義、猶耕而弗種也、爲義而不講之以學、猶種而弗耨也、講之以學而不合之以仁、猶耨而弗穫也、合之以仁而不安之以樂、猶穫而弗食也、安之以樂而不達於順、猶食而弗肥也、四體既正、膚革充盈、人之肥也、父子篤、兄弟睦、夫婦和、家之肥也、大臣法、小臣廉、官職相序、君臣相正、國之肥也、天子以德爲車、以樂爲御、諸侯以禮相與、大夫以法相序、士以信相考、百姓以睦相守、天下之肥也、是謂大順者所以養生送死事鬼神之常也」とある。ここでは、すでに述べたように、天下を大領域とした場合、中領域を念頭において諸侯を論じ、その中に家を論じる。『孟子』の說をたくみに繼承して、樂をまずは家の問題ととらえ、ついで、天下を相手にした場合、天子に樂と德を、諸侯（霸者を含む）に禮を述べている。これが、西嶋定生の述べた（諸侯を霸者とするなどの說明はしていないが）禮教主義である。天子にとって、樂を問題にする天下は「內」であり、禮を問題にする天下も「內」である。しかし、家の中を問題にする世子にとって、樂を問題にするのは「內」たる家であり、禮の世界は「外」である。

禮教主義における禮と樂の違いを述べているのは、『禮記』樂記である。「樂由中出、禮自外作、樂由中出、故靜、禮自外作、故文、大樂必易、大禮必簡、樂至則無怨、禮至則不爭、揖讓而治天下者、禮樂之謂也、暴民不作、諸侯賓服、兵革不試、五刑不用、百姓無患、天子不怒、如此則樂達矣、合父子之親、明長幼之序、以敬四海之內、天子如此則禮行矣、大樂與天地同和、大禮與天地同節、和故百物不失、節故祀天祭地、明則有禮樂、幽則有鬼神、如此、則四海之內合敬同愛矣、禮者殊事合敬者也、樂異文合愛者也、禮樂之情同、故明王以相沿也、故事與時並、名與功偕」とある。「四海の內」と述べているのが注目點である。天下の中を問題にしている。

『禮記』王制に「司徒脩六禮、以節民性、明七教以興民德、齊八政以防民淫、一道德以同俗、養老以致孝、恤孤獨以逮不足、上賢以崇德、簡不肖以絀惡、……命鄉論秀士、升之學曰俊士、升於司徒者、不征於鄉、升於學者、不征於

司徒曰造士、樂正崇四術立四教、順先王詩書禮樂、以造士、春秋教以禮樂、冬夏教以詩書」とあるのは、官吏登用に當たって、詩書禮樂が尊重されていることを述べている。上記において天子に樂、諸侯に禮を問題にしたとはいえ、基礎教養としての樂は、當然習得されるものとなっている。

以上に對し、『荀子』では、どうなるか。

『荀子』樂論は、「夫樂者樂也、人情之所以不免也」から議論が始まる。「故樂者、審一以定和者也、比物以飾節也、合奏以成文者也、足以率一道、足以治萬變、前先王立樂之術也、而墨子非之奈何、故聽其雅之聲、而志意得廣焉、執其干戚、習其俯仰屈伸、而容貌得莊焉、行其綴兆、要其節奏、而行列得正、進退得齊焉、故樂者、出所以征誅者、入所以揖讓也、征誅揖讓、其義一也、出所以征誅、則莫不聽從、入所以揖讓、則莫不從服、故樂者天下之大齊也、中和之紀也、人情之所必不免也、是先王立樂也」とある部分は、外を征伐するに當たり、「樂は征誅する所以」であることを述べる。

これは、『孟子』には見えず、『禮記』の禮教主義としては採用されなかった考え方である。

禮教主義のその後

禮教主義がその後どのように繼承されたかについては、いくつかの話題に着目することで、その概要を知ることができる。

『禮記』樂記の議論を前提に作られた『漢書』禮樂志には、「樂者、聖人之所樂也、而可以善民心、其感人深、其移風易俗易、故先王著其教焉、夫民有血氣心知之性、而無哀樂喜怒之常、應感而動、然後心術形焉……」とある。これは『史記』樂書に「樂者、聖人之所樂也、而可以善民心、其感人深、其風移俗易、故先王著其教焉、夫民有血氣心知之性、而無哀樂喜怒之常、應感起物而動、然后心術形焉……」を受けている。これが、『孟子』の議論を受けていることは、言うまでもない。ただ、『孟子』の時期の天下の中に特別領域を設定しての議論から、漢代の從來の天下を特別領域と見なす議論へと變化をとげていることは、すでに述べたとおりである。

現在の『禮記』樂記は、『漢書』藝文志では、冒頭の六藝の一つに入っている。『漢書』藝文志は、儒教の教養たる六藝をまずまとめ、次に諸子十家をまとめ、その諸子のまとめの後に、書物ごとの「家」を諸子の「家者流」の意味でまとめなおすことを述べ、最後にその他をまとめる。『禮記』樂記は、そのうちもっとも重視される六藝中に「凡そ樂、六家」の筆頭として記されている。これに對し、『荀子』は「儒家家流」の中の一書『孫卿子』として記述されている。『孟子』も同じ「儒家家流」の中の一書である。『禮記』樂記をより前面に出し、『孟子』・『荀子』をひっこめているということである。

このまとめに相當する部分は、『史記』の場合太史公自序の中にあり、「儒者」・「墨者」・「法家」・「名家」・「道家」を比較して論じている。「名家苛察繳繞、使人不得反其意、專決於名而失人情」とあるなどは、一般に「名家」という漢字から想像できる評價と異なっているから、注意が肝要である。その「名家」の前に「夫儒者以六藝爲法、六藝經傳以千萬數、累世不能通其學、當年不能究其禮、故曰、博而寡要、勞而少功、若夫列君臣父子之禮、序夫婦長幼之別、雖百家弗能易也」とある。いまだ儒家が一尊の地位を得ていないという状況が示されている。

しかし、『史記』編纂の段階で、樂論の基礎は『禮記』樂記になっており、『荀子』から『韓非子』に繼承された議論ではないことを確認することができる。それが、『漢書』に繼承され、より儒家重視の姿勢が顯著になった。

以上、本書で確認し得た基礎的歴史敍述を再確認しながら、述べてみた。くりかえすようで恐縮だが、概説で話題にすべきだと考える内容であった（そのこともあり、注釋をつけるのではなく、（　）内に出典を示すなどの體裁をとった）。とくに西嶋定生以來討論されることがなくなってしまった禮教主義は、東アジア册封體制を語る上での基礎である。このことの確認がないまま册封體制を語った結果、議論として高まった西嶋說を批判するのに、西嶋說でないものを誤って批判してしまった例も見られないわけではない（本書では敢えて扱わなかった）。こうした研究上の今後の課題を詰めるのとは別に、既存の概說をまずはどう繼承すべきか、ご檢討いただく上での參考にしていただければ幸甚である。

識者の叱正を請う次第である。

あとがき

昨年度、わが東洋文化研究所のホームページに私のインタビュー記事が掲載された。その中で、拙著『新編史記東周年表――中國古代紀年の研究序章――』（東京大學東洋文化研究所・東京大學出版會、一九九五年）に話が進み、「年代矛盾を解決する基本線は、どのようなものか」という質問があった。

私は、こう答えた。

簡單に言いますと、中國における戰國時代というのは紀元前五世紀から紀元前二二一年までの間ですが、その戰國時代の中期の後半、紀元前四世紀後半に、中國の政治制度が大きく變わるんですね。その際に、年代の數え方も大きく變わるんです。それを受けて、司馬遷たちの生きた漢代が來る譯ですが、漢の學者は戰國時代に起こった大きな制度的な變革というものが見拔けなかったのです。彼らは、自分達の時代の制度がずっと昔まで遡れるものだと考えて、史料の整理をしてしまった。その結果、あちこちにとんでもない年代（紀年）矛盾を作り出してしまったのです。だから、司馬遷たちがこんな間違いをしたんだということが復元できれば、本來の方法にそって、正しい年代にたどりつけます。たどりついた正しい年代で比較すると、矛盾ができない。

こうして大きな變革の中身が議論できるようになると、それは、膨大な年代矛盾をかかえたままの『史記』から得られる内容とは、あちこち違ってきます。だから、いろいろ詰めの作業が必要です。例えば、その變革のいくつかは孔子の行ったものとされていますが、孔子が亡くなったのは紀元前四七九年なんです。變革が起こったのは紀元前四世紀の後半です。孔子が死んでから百何十年經った後に出來上がった制度が、孔子が作ったもののように説明されているのはおかしいです。

戰國時代に成立した經典はどのようなものだったのか、それらの前代の史料をどう整理したのか、さらに下って、漢代にはどう再整理されたのか。これらは歷史の問題というより、中國學の傳統的議論や、近代以來の新しい解釋に關わります。ですので、初めに私が「年代矛盾は、司馬遷が整理を間違ったせいなんですよ」と言った時には、皆さんが「すごいね、面白いね」とおっしゃったのですが、「そうすると、これは中國學の〝傳統解釋〟に深く關わってくるかもしれませんよ」と言った途端に、皆、突然「身構えた」のです。そして今も、「身構え派」が壓倒的多數なんですよ。いわゆる「傳統解釋」と近代以來の「新しい解釋」(本當は、こちらの方が深刻な問題を抱えていると思うのですが)の違いも、檢討されていないかもしれません。

……だから私も十年間放っておくことにしました。その間、よく考えて下さいということで。私はその間に、どんどん自分の作業を詰めていきました。そして十年待ちましたが、結局反論はありませんでした。私の見解でないものを、私の意見だとして批判した人――なぜかその人の意見が私のものだったりして――はいましたけれど。

ここで、あらためて、自己紹介から始めてみたのは、本書が、上文で話題にした「自分の作業を詰め」た結果を、まとめたものだからである。

幸いにして、內外で發表や講演の機會をいただき、知らずしらず論文は增えていった。それらを再利用し、削除・修正と增補を施して(あるいは一部を利用して)、本書はできあがった。

すでに、修正をほどこしてあるが、その出典を示せば、下記のようになる。

序說　地方分權論・「八紘」論・「五服」論の要點

第一章　八紘論と五服論

第一節　游俠の「儒」化とは何か

■「游俠の「儒化」とは何か」（『史料批判研究』八、二〇〇七年）

■「何謂游俠的〝儒化〟——豪族石碑出現的背景」（趙力光主編『紀年西安碑林九百二十周年華誕國際學術研討會論文集』、二〇〇八年、中國語〈王詩倫譯〉）

第二節　南方の守神　朱雀の誕生

■「南方の守神朱雀の誕生」（秋篠宮文仁・西野嘉章編『鳥學大全』〈東京大學創立百三十周年紀年特別展示「鳥のビオソフィア——山科コレクションへの誘い」展〉、東京大學出版會、二〇〇八年）

■「四神說的確立與龜趺碑的出現」（第四屆世界儒學大會〈中國曲阜、二〇一一年〉提出論文、本書で一部利用）

第三節　「三合」、十二方位による五行生成說と五德終始說

■「秦始皇的城市建設設計與其理念基礎」（陳平原・王德威・陳學超編、艾英責任編集『西安：都市想象與文化記憶』北京大學出版社、二〇〇九年、中國語〈王詩倫譯〉）

■圖およびその說明については、平勢隆郎『世界の歴史2・中華文明の誕生』（中央公論新社中公文庫、二〇〇九年。圖8等）を少なからず再利用した。

第四節　「五服」論の生成と展開

■「「五服」論の生成と展開」（『（韓國）古中世史研究』二一、二〇〇九年）

第五節　『論語』の天下觀、『孟子』の天下觀、『禮記』の天下觀

■「『論語』の天下觀・『孟子』の天下觀・『禮記』の天下觀――「天下の正統」とその暦を理解するために」
（相馬充・谷川清隆編集『第2回「歷史的記録と現代科學」研究會集錄』、國立天文臺發行、二〇〇九年）

第二章　八紘論と「封建」論

第一節　中國戰國時代の國家領域と山林藪澤論

■「中國戰國時代の國家領域と山林藪澤論」（松井健責任編集『自然の資源化』、弘文堂、二〇〇七年）

第二節　上海博楚簡『天子建州』と「封建」論

■「上海博楚簡『天子建州』と「封建」論」（出土資料と漢字文化研究會編『出土文獻と秦楚文化』五、二〇一〇年）

第三節　戰國時代の天下とその下の中國、夏等特別領域

■「戰國時代的天下與其下的中國、夏等特別領域」（甘懷眞主編『東亞歷史上的天下與中國概念』臺灣大學出版中
心、二〇〇七年、中國語〈王詩倫譯〉）

■圖およびその說明については、平勢隆郎『中國の歷史2・都市國家から中華へ――殷周春秋戰國――』
（講談社、二〇〇五年。圖二七等）を少なからず再利用した。

第四節　戰國期「封建」論、特別地域論、五服論と孔子――

■「戰國期「封建」論、特別地域論、五服論と孔子」（『2010國際釋奠學會創立紀年釋奠學國際學術會議論文集――
스승孔子와文廟釋奠――』國際釋奠學會・韓國釋奠學會、二〇一〇年）

第三章　說話の時代

第一節　周初年代諸説

■「周初年代諸説」（『第一屆世界漢學中的《史記》學國際學術研討會』論文集、佛光大學人文學院歴史學系主催、シンガポール國立大學共催、二〇〇八年。これが整理公刊されて李紀祥主編『史記學與世界漢學論集』唐山出版社、二〇一一年、中國語〈王詩倫譯〉）

■『論語』の天下觀・『孟子』の天下觀・『禮記』の天下觀——「天下の正統」とその暦を理解するために」（『第2回「歴史的記録と現代科學」研究會集祿』）より、「古代紀年と暦に關するチェックポイント」

第二節　大國・小國の關係と漢字傳播

■「大國・小國の關係と漢字傳播」（韓昇主編『古代中國：社會轉型與多元文化』上海人民出版社、二〇〇七年）

第三節　中國古代における說話（故事）の成立とその展開

■「中國古代における說話（故事）の成立とその展開」（『史料批判研究』八、二〇〇七年）

第四節　先秦兩漢の禮樂の變遷

■「先秦兩漢の禮樂の變遷」（『二〇〇八釋奠學國際學術會議・文廟釋奠의定立과展望・論文集』韓國釋奠學會主催、二〇〇八年）

結びにかえて

■「戰國時期的觀念語之共通性與多樣性——從所謂的平勢說談起、重論戰國時期的觀念語之共通性與多樣性——」（臺灣大學東亞文明研究中心主催、「觀念字解讀與思想史探索國際學術研討會」提出論文。二〇〇五年、中國語〈王詩倫譯〉、本書で一部利用）

■「有些新而却有根據史料的東亞册封體制論」（『第二屆世界漢學中的史記學國際學術研討會論文集』佛光大學人文

學院主催、二〇一一年）

本書の中で、わずかながら、具體的には第三章第四節などに、大きな問題に言及した。結局孔子とは、どのような人物だったかという問題である。本書は、この大問題を考えるための基礎作業を行ったにすぎないが、あらためて、孔子の生きた時代が、殷周以來の中領域内の大國小國の時代と、戰國以後の中領域の領域國家の時代とを繋ぐものとなっていることは、重層的に檢討することができたと思う。この大きな問題に、さらに近づくにはどうするか。これを今後の課題としておくことを、ご寛恕願えれば幸いである。

さて、本書の中文要約は清泉女子大學の王詩倫氏にご協力いただいた。

また、英文要約は、エジンバラ大學大學院生ミーゲル・ボルヘスポルテアス Miguel Borges-Porteous 氏に世話になった。ご紹介くださったのは、エジンバラ大學のヨハヒム・ゲンツ Joachim Gentz（耿幽靜）氏であり、飜譯の詰めに當たってもいろいろご意見をいただいた。本書の內容を英譯することの難しさとともに、歐州における一般的中國史理解と今後どう向き合うか、あらためて考える機會を與えられた。

最後に、本書の刊行に當たっては、汲古書院石坂叡志社長および編集部小林詔子氏にお世話になった。謝して結びの言葉に代えたい。

平勢　隆郎（ひらせ　たかお）

著者略歴

1954年　茨城縣生まれ

1981年　東京大學大學院人文科學研究所修士課程修了。博士（文學）。

現　在　東京大學東洋文化研究所教授　中國古代史專攻。

（主要著作）

『新編史記東周年表——中國古代紀年の研究序章』（1995年、東京大學東洋文化研究所・東京大學出版會）

『中國古代紀年の研究——天文と曆の檢討から』（1996年、東京大學東洋文化研究所・汲古書院）

『左傳の資料批判的研究』（1998年、東京大學東洋文化研究所・汲古書院）

『『春秋』と『左傳』』（2003年、中央公論新社）

「八紘」とは何か

平成二十四年三月三十日　發行

著　者　平勢隆郎

發行者　石坂叡志

整版印刷　富士リプロ㈱

發行所　汲古書院

〒102-0072　東京都千代田區飯田橋二－五－四

電　話〇三（三二六五）九七六四

FAX〇三（三二二二）一八四五

ISBN978-4-7629-2981-6　C3022

KYUKO-SHOIN, Co.,Ltd. Tokyo

All-encompassing Realm named Bahong 八紘

Summary

Preface

Recently, I conducted research on the interpretation of the official dynastic histories as well as on the Confucian classics.

I found that the evolution of a historical narrative stems from how it is written. In this way, when objections are presented to certain texts, the grounds for such objections are not necessarily that such texts are untruthful but rather that a historian's emplotment leads to a different understanding than can be demonstrated through the sources.

In contrast, things we are exposed to are not always like this. Often, not only do they ignore what is truly written in my study, but sometimes we just passively accept the biases presented to us.

In this volume, I discuss the subjects of provincial autonomy (fengjian 封建), Eight Cordon Region (bahong, hakko 八紘) and the Five Domains (wufu 五服). All three of these are established upon the same fundamental grounds. This is to say, they are argued along the lines of the three spheres of society, the universal sphere 大領域, the state sphere 中領域 and the community sphere 小領域. Because this perspective has not been properly explored, modern scholarship has difficulty distinguishing the worlds of the Western Zhou, Spring and Autumn period, the warring states period and the Han period.

Because of the lack of research into the differences between periods, there has not been research into the dissemination of Han characters, origins of the

storytelling tradition or the evolution of the concepts of Ritual 禮 and music 樂 during the early Zhou period. By the way, it is needless to say Han character is one of Chinese characters and historically spread worldwide to Japan, Korea, Vietnam and so on.

What we need pay attention to is that concepts such as the Eight Cordon Region (bahong 八紘) when studied, even in such recent periods as the Ming and Qing have been considered under much different concepts of common knowledge than in the present time. Moreover, if we could grasp the nuances of common knowledge in these periods, the contemporary scholastic community would surely have a different understanding of past ages.

Chapter 1

In Chapter 1, I followed the below mentioned four trains of thought to develop my argument.

1st section: What is meant by the transformation of the chivalrous men into Ru 儒?

2nd section: The Southern Protective Spirit, the Vermilion Bird (zhu que, suzaku)

3rd section: The teachings of the cycles of five elements and of five virtues according to the sanhe 三合 and the twelve directions

4th section: The origin and expansion of the theory of the Five Domains (wufu 五服)

5th section: The world view of the Analects 論語, the Mencius 孟子, and the Liji 禮記

Of the transformation of the roaming knight errants into Ru mentioned in the 1st passage, I discussed the fora of discussion groups present in the Han Empire as my central focus point. Public squares, present since the Neolithic

period became the predecessors of these fora. If we take this to be a state sphere then we can understand that within this level was the polis/polity/city state. These polities/city states were composed of the city as well as surrounding farms and villages. These smaller units, in turn can be called their own community spheres.

It was under such empires as the Qin and Han that many of these state spheres were unified and became a universal sphere.

The Western Han Period inherited from the Warring States Period the form of forum for public discourse that was developed in each of the state sphere through independent Ruist groups. During the Eastern Han, under the official interpretation of Confucianism, these previously independent places of public discourse were unified across each state sphere. It is precisely this process that is the "Confucian" transformation of the roaming knight errants.

During the Eastern Han Dynasty, a new apocryphal kind of Confucian classics, the Weishu緯書 appeared. A new discourse focused on the special qualities of the Legendary Emperors as they were presented in this sources and there was an effort by all the families of the land to show that they were descended from these Rulers. With the idea that those whose ancestors had had these extraordinary characteristics gave them eminence, in the role of pristine subjects of the pristine king (suwang 素王) Confucius (as expressed by Lü Zongli 呂宗力), they could also express their opinions to the Han Emperor. This method of government in the centre was welcomed by the provincial public.

In each of the six states of the Warring States Period, there was a public space for the meetings of the nobles. After the unification in the Empire, these became the independent spaces for the formation of public opinion. During the Western Han Dynasty, at the time the Shiji 史記 was compiled, the editors considered the contemporary opinions of the public of each of the

six states. During the compilation of the Hanshu漢書 in the Eastern Han Dynasty, however, due to the changing nature of the knights through Confucian transformation, there was also a change in methodology. The comportment of knights in the public spaces of the old six states that used to be taken for granted was labelled as the action of the knight 侠 and unlike in the Western Han when it was viewed warmly, during the Eastern Han, it became the object of sharp criticism. What supported this change in perspective was the distancing of opinion between the six old state's public spaces from the Imperial court's ideas on Confucianism.

The seditious feelings towards the Imperial court left by loyalties to the old six states were successfully erased with the adoption of authority stemming from the position as pristine followers of the pristine king (suwang 素王) Confucius. The proof of their own descent from extraordinary ancestors was also founded by the new Weishu緯書 classics. Because of this public interest in ancestors and eminence of families, the new gentry began to erect stelae in their family tombs.

At this point, we notice a situation quite different from the interpretation once made by Miyazaki Ichisada 宮崎市定 of Confucian transformation as a form of corruption.

In the second part, by an investigation into the God of the South, (Vermilion Bird, zhuque, suzaku) and the God of the North (Black Warrior/Tortoise, xuanwu, genbu) the first section is reinterpreted as well as the meaning behind the appearance of tortoise styled stele.

Based on the cosmology of the Warring States Period, the turtle that inhabited the shore and the sea that surround the earth became central to religious perceptions. Because of its importance in positioning north and south as well as the sun's orbit, the turtle, inhabitant of the shore became the model of the stelae of the time. Since the Neolithic Period, the predecessors of the

Azure Dragon (qinglong, seiryo 青龍) and the White Dragon (baihu, byakko 白虎) had been displayed. With the addition of the Southern Vermilion Bird (zhuque) and the Northern Black Warrior/Tortoise (xuanwu 玄武), we have the four gods of the cardinal points.

According to the Weishu, Liu Bang 劉邦 of the Dynasty had the characteristics of the Vermilion Bird (zhuque). Confucius had the characteristics of the Black Warrior (xuanwu). In the Confucian context, or the four gods, the characteristics of those of the North and South had particular importance.

There are many points that we should still pay attention to in the theories made by Sekino Tadashi, who founded his studies on ancient stelae based on the tortoise image. Of the four gods, Sekino payed particular attention to the Vermilion Bird (zhuque) and the Black Warrior (xuanwu) in relation to the tortoise styled stelae. This being said, there are also details of his theory that need to be revised. The fact that the tortoise of the world's end came to be identified as Black Warrior (xuanwu) and also that Confucius came to be seen as the pristine king by those families who emphasized his special characteristics as they made themselves his pristine subjects. They also projected the concept of Black Warrior (xuanwu) on him. It was because of the variety of these developments that tortoise style funeral stelae came into popular usage.

There are two ways to explain the celestial sphere as a plan on the earth. A polar axis is inclined, so southing sun is highest and northing sun is lowest. In order to explane it as a proportion, we must do it as southing sun is high and northing sun is low. By another way, we must do it as a polar axis is perpendicular. East, South, West and north are explained horizontally. Actually, in the Eastern Han Dynasty, they explained the Southern Vermilion Bird high and the Northern Black Warrior low. This distinctive feature was the mainstream in the 6 Dynasties, and successive to the latter time. On the other

hand, Koguryo(Gaogouli, Kokuri) tombs and Japanese Takamatsudzuka tomb have Fore Gods, which were expressed horizontally. This feature became the mainstream in the Tang Dynasty, which we don't have to misunderstand. It is confusing that Fore Gods of the Western Han Dynasty were excavated resently, and its horizontal feature was unknown till present time. Eastern azure, Southern vermilion, Western white and Northern black were expressed at each side of the courteous monument, and Fore Gods were expressed on each side. It is inconsistent with the Shiji 史記 and the Hanshu 漢書, so this explanation was not the mainstream at that time. We must distinguish Fore Gods of Western Han time and those of after Tang time. Referring to the Liji 禮記, In marching against the enemy, they invoked divine aid of 5 planets and argued Fore Gods. Through 5 colors, 5 planets are argued one after another to the East (Jupiter, Spring), the South (Mars, Summer), the Central or the end of each side (Saturn), the West (Venus, Autumn), the North (Mercury, Winter). In the theory about divine aid of constellation to each area of Under Heaven in the Warring States Period, the arrangement of areas on the earth wasn't suitable to that of constellation. So it is no more than that Fore Gods of the Western Han time expressed the colors of 4 seasons on the earth and added Fore Gods on each side.

After the Four Gods became settled in popular culture, the Chinese Atlas that supports the Earth was also given the form of a turtle. In this matter too, an important influence to take into account is the fact that the Black Warrior of the North is considered to be above the solar orbit, beneath the Northern land and submerged in water. This idea of the Tortoise supporting the Earth has been passed down in the architecture of the tortoise pagodas for many years. This Earth that is surrounded by the seas and supported by the tortoise is what is referred to as the Eight Cordon Region (bahong, hakko 八紘) in the preface. The idea of the furthest shore is represented as

the peripheral domain, the Wild Domain (huangfu 荒服).

The Eight Cordon Regions (bahong 八紘), which first appeared in the Huainanzi (淮南子) of the Early Han was elaborated in the Shiji, where it was identified with the Five Domains (wufu). Even before it was identified with the tortoise styled pagodas, the principles of the Eight Cordon Regions were an element in the Five Domains.

Following from the topic of the discourse of the Eastern Han nobility on the special characteristics of their ancestors discussed in the first and second parts, in the third part, we will examine the development of the teachings of the Beginning and Ending of the Five Virtues (wude) in the third part. If we look at the teachings of the Beginning and Ending of the Five Virtues in the Chunqiu fanlu 春秋繁露, ascribed to Dong Zhongshu 董仲舒, we can discover there the use of the five phases model with the Three Combinations (sanhe 三合) and the theory of 12 directions. The Three Combinations argued that using three of the 12 directions, would create an equilateral triangle. The resulting four groups of 3, the Three Combinations argues are important in East Asian cosmology.

From this perspective, we can explain Dong Zhongshu's teachings of the Five Virtues if we incorporate ideas of the power relationships between each of the elements. If, instead, we look at the cycle of elements from the perspec tive of their creation order, we can explain the teachings of Five Virtues in Liu Xin 劉歆.

Within this explanation, the calendar can also be interpreted. If we make each of the four triangles that include all 12 directions, we will evidently also find one of each of hai 亥, zi 子, chou 丑, yin 寅. With these four symbols, we can also explain the calendars of historic dynasties. Haiyue 亥月 (October) the first month(the tenth month in name) of the Zhuanxu 顓頊 calendar, ziyue 子月, the first month of the Zhou calendar, chouyue 丑月, the first month of

the Yin (Shang) calendar and 寅月, the first month of the Xia calendar.

As we recognize the development of the Five Phases in thought between the Warring States and Han periods, we also notice that the theory of Five Phases recorded in the Zuozhuan 左傳 is not a legacy of the Han dynasty as some (in particular the Doubting Antiquity School) would claim.

In the fourth part, I examine the origins and developments of the Five Domains. Of particular importance in understanding this are the discrepancies between Mencius's discourses on dimensions and the one in the Wangzhi chapter of the Liji 禮記王制. This is an orthodox discussion of reading the sources but for some reason, until now, it has been ignored by scholars.

In the theory of dimensions advocated by Mencius, the surface area of the thousand li square was derived from the length of one side. In contrast, the Liji's Wangzhi calculation of the surface are of the thousand li square was derived by creating a chequered pattern of smaller squares. In the Mencius, the thousand li square had but ten hundred li squares, where as the Liji's Wangzhi thousand li square had one hundred of the hundred li squares.

After the time of the Liji, however, it was only when calculating the size of the thousand li square that smaller squares were counted to derive surface area. In records from the Shiji to the Jiutangshu 舊唐書 , the ten thousand li square that represents All-under-Heaven 天下was always calculated with but ten of the thousand li squares.

According to one of the arguments of the Zheng Xuan 鄭玄 written during the Eastern Han Dynasty, All-under-Heaven was logically five thousand li × five thousand li square. Zhengxuan himself made a decision that this theory had defect. And afterwards it was succeeded that the above mentioned ten thousand li square made of ten of the thousand li squares.

The edges of the ten thousand li square that made All-under-Heaven were related to the Wild Domain (huangfu 荒服), the outermost of the Five

Domains. In fact, it was after Han Wudi 漢武帝 occupied Vietnam and Korea that these lands became the concrete representation of the Wild Domain. With this concrete representation of the Wild Domain, the other four domains were imagined as five hundred li squares positioned in twos at intervals of one thousand li from the centre. This is the theory of the Five Domains discussed during the Han dynasty.

In light of this, the interpretation on the Five Domains of the Warring States Period might also change. The "civilized countries" 冠帶の國 recorded in the Lüshi Chunqiu 呂氏春秋 only took the area of three thousand li squares. By the time of the Shiji and the Hanshu, civilized countries had become the ten thousand li square or, in other words, ten of the thousand li squares. Therefore, if we alter the Han dynasty's theory of the Five Domains to have three of the thousand li squares, we arrive at the theory of the Five Domains of the Warring States Period.

According to the views on geometry in the Warring States Period, within three of the thousand li squares, six separate five hundred li squares can be made. All of the Five Domains can also be represented by using one of three thousand li squares as the centre and connecting it to the other squares beside it. In this way can we are able to discuss the Five Domains of the Warring States Period.

How, then, was the Warring States Period theory on the Five Domains created?

It is in the fifth part that this point is considered from its historical context.

In a serious discussion of this problem, the most likely obstacle to proper understanding is the misleading idea of "Yitong" 一統. In works from the Shiji to the Jiutangshu, the Eight Cordon Region (bahong 八紘) have been recognized as All-under-Heaven. The territory under control of the jun 郡

and xian 縣 was also called the Eight Cordon Region (bahong 八紘). After the Xintangshu 新唐書, however, the idea of All-under-Heaven spread to include all of the dynasties's new conquests. Though the Eight Cordon Regions were a little wider in the Xintangshu, afterwards the idea of the Eight Cordon Region was succeeded fundumentaly to the Mingshi 明史 as the region where the shiji and the Hanshu wrote, and grdually was declined. In the name of "yitong 一統", they ruled several regions, whose historical origins were different one after another. This Yitong means only one legitimacy of All-under-Heaven. And it is just that of "Daqing Yitong zhi大清一統志". Afterwards, especially in the Modern time, under worldwide colonialism, they must argue the "tongyi統一" territorial concept common in discussion of maritime defence. The concepts of tongyi and yitong are both similar and different in many ways.

Through a comparison of the discussions of "yitong" in the Gongyangzhuan 公羊傳, the Zuozhuan 左傳, the Guliangzhuan 穀梁傳 and the Mencius an understanding of the Warring States Period's conception of this term is quite clear.

Chapter 2

In Chapter 2, I argue the following 4 points.

1st part: The ideas on territory of the state and the Shanlinsouze 山林藪澤 in China during the Warring States Period

2nd part: Feudalism 封建 and Tianzi Jianzhou 天子建州 as expressed in the Chu bamboo slips of the Shanghai museum.

3rd part: All-under-Heaven, China, Xia and other particular regions during the Warring States Period.

Supplement: the theories of feudalism, special regions, the Five

Domains and Confucius in the Warring States Period.

scholars of Ancient China, there used to be three people who were the object of great admiration. These were Nishijima Sadao 西嶋定生, Masubuchi Tatsuo 増淵龍夫 and Kimura Masao 木村政雄. In the first part, I write about Masubuchi Tatsuo's argument on the Shanlinsouze 山林藪澤.

One of the largest hurdles in understanding the history of China is the enormous landmass 大領域 that China stretches, comparable to all of Europe. Unlike in Japan and Korea, which are middle sized spheres 中領域, it is not completely clear how all of the prefectures or community spheres 小領域 interacted in this society.

Without investigating Masubuchi Tatsuo, it is impossible to investigate the idea of Sanlinsouze from the first part properly. As Matsumaru Michio pointed out in his study of Shang Kings' hunting practices, however, Masubuchi's work sometimes confuses the nature of state and community spheres and it is necessary to acknowledge this to make the most of Masubuchi's ideas.

The Shang Kings' Hunting was generally done within a 20 kilometer limit of his palace, in other words, a community sphere. Matsumaru has proved this point very well mathematically. Matsumaru also mentioned, however, another type of hunting practice that took place further away from the Shang Capital and required temporary lodging.

The hunting grounds for these Shang Kings were villages near the Capital that were part of the domains owned by the Shang. There is a mention these villages in the Spring and Autumn Annals 春秋 being traded between Lu 魯 and Zheng 鄭, where they are referred to as sojourning villages 湯沐之邑. The records show that one was a village near Zheng that the officials of Lu used when paying tribute to Zhou 周 and the other was a village near Lu that was used by Zheng officials when attending rituals on Tai Mountain 泰

山. There were many villages like these spread across the land that were used by the Shang and Zhou kings binding them into a league of city states.

That the discovery of these cities by Matsumaru was in the role of hunting sites used by the Shang Kings is true but it is certain that these villages also served the purpose of binding together the states of the Shang and Zhou kings.

Brought about by the spread of iron working during the Spring and Autumn period, society faced social changing bringing it into the Warring States Period. During this time, smaller city states were transformed into prefectures 縣 (Xian) which were administered with the help of officials dispatched from the Capital of the middle sized sphere. The Shanlinsouze also came under the direct authority of the centre.

About changing of Shanlinsouze from under highly independent cities' controle of the prefectures or community spheres, to under Central bureaucrat's control of the middle sized spheres, A previously argument was made that the Shanlinsouze were being privatised by noble families 山林藪澤家産化 in the Warring States Period.

At the time of Masubuchi's investigation, however, Matsumaru's paper had not yet been written and it was widely recognized that the Shang King had carried out his hunting activities in the middle sized areas. Because of this, it was impossible to convincingly show the importance of iron weapons in the change of authority over the Shanlinsouze.

The main inconsistency in Masubuchi's thesis on the Shanlinsouze was that he could not explain the differences in administration between the earlier control of community sphere to the later control by state sphere (middle sized sphere) brought about by the diffusion of an iron instrument.

As a result, he was also unable to show that the argument about the Government Monopoly over Salt and Iron in the Han Dynasty unified politically

each control of the middle sized sphere since the Warring States Period.

Miyasaki Ichisada has investigated the chivalrous men 游侠 in relation to the small sized area. Masubuchi attached great importance to Miyasaki's theory and uses it to further discuss the theory of the Shanlinsouze. The chivalrous men of the Han period were those who voiced opinions on public affairs in the middle sized areas that had sprung from the city states of old.

Miyasaki developed his theory on the city structure of later times by emphasizing the community sphere. As a result, he did not quite grasp the historical significance of the state spheres. On one hand, Masubuchi studied the order of the independent people and cities after the Warring States Period and on the other he talked about the privatization of the Shanlinsouze. He, thus, was able to add some resources for those trying to understand the expansion from community to state spheres, if only from this particular perspective. At the same time, however under the influence of the Shanlinsouze theory, the division between the community and state spheres became indistinct. Masubuchi was, thus, unable to discover the historical significance of the state sphere.

In the first part, I discussed three main points: the historical significance of the state sphere, the change in the administration of the Shanlinsouze from community to state sphere's authorities that occurred due to the privatisation of the Shanlinsouze under noble families empowered by technological improvements of iron instruments as well as the further transfer in authority to the universal sphere during Han Wudi's rein due to the Government monopoly of salt and iron.

Mengzi's dynastic alternation theory discussed the succession of dynasties that controlled many different state spheres. The Analects of Confucius 論語 also discussed All-under-Heaven corresponded to a few state spheres. By Mengzi's civilization argument, the state sphere represented Chinese civ-

ilization and all other lands should be grouped into barbarian lands. This view is not the same as that in the East Asian Sakuho(Cefeng) 册封 system concerning Qin Shihuangdi's unified universal sphere and the territories outside its domain. This system of relations between so called small civilized China 小中華 (though it was one partial sphere of All-under-Heaven at that time) and the other sphere of All-under-Heaven proposed as uncivilized territories was reflected to the Confucian texts. It was only afterwards when Qin Shihuangdi's universal sphere was equated with the civilized realm for the purpose of foreign relations that the Confucian texts were reinterpreted by annotations in the Eastern Han Dynasty. It was Nishijima Sadao 西嶋定生 who first realized this change. As Nishijima did not extend his analysis to the small civilized China in the Warring States Period concretely, so I try to fill it in this section.

In the second part, I discuss the deep misunderstandings on Chinese feudalism.

This misunderstanding is part of another deep misunderstanding on the great "Yitong" of all under heaven. One of the first to realize and bring attention to the latter misunderstanding was Su Bingqi 蘇秉琦 (mentioned in Chapter 1, Part 5, "Prologue"). If about the concept of Tianxia Dayitong, We would replace Yitong (only one legitimacy) with Tongyi (unification), and would not recognize the ideas of Su Bingqi's area system argument concerning several cultural areas in the Neolithic Period, we would simply pass over the discrepancy between the meaning of feudalism 封建 in the Zuozhuan 左傳 and in the Shiji 史記's Sanwang Shijia 三王世家. By my reading of the Zuozhuan, feudalism was based on the contrast with the border protector "藩屏" role of nobles (feudal lords) empowered by Zhou in one middle sized Sphere, which was under the Shang Dynasty before Zhou Dynasty's attack. And in the Shiji, the changing brought by the Qin First Emperor's unifica-

tion (not Tongyi 統一 but BingjianTianxia 併兼天下) is from Feudalism to Bureaucratic system. Here feudalism was based on the contrast with the States of each middle sized Sphere in the Warring States Period destroyed by Qin First Emperor. If they would recognize Su Bingqi's argument, they could not misunderstand my working. By the way, the Sanwang Shijia 三王世家 of the Shiji is thought to be a supplementary portion made after the original work.

The idea of Feudalism in the Zuozhuan was based on the relation between the state sphere of Zhou and the protector nobles of the Central Plains. In contrast, the Feudalism mentioned in the Liji Wangzhi 禮記王制 described feudalism in the context of All-under-Heaven, in the same way as the Shiji's Sanwang Shijia. All-under-Heaven is composed of nine different thousand li squares and each square was administered by one king王 and eight supreme rulers 霸者・伯. Feudalism in these texts referred to the relationship between these eight supreme rulers and the Zhou.

This understanding is different from how the relations between Zhou kingdom (like an illusion Empire) of All-under-Heaven and their nobility is usually explained. This is one point where many researchers lack a proper grasp of the historical ambiguities.

The explanations of feudalism in the Zuozhuan and the Liji's Wangzhi are often mixed together. It is evident, however that this process does not adhere to rigorous reading of historical sources. This lack of adherence to sources has led to an amateurish interpretation of the concept of feudalism.

It is important to note that this lack of proper understanding extends to the interpretation of the recently excavated Chu bamboo slips.

During the investigation of the Shanghai Museum's Tianzi Jianzhou 天子建州 bamboo slips, the main source consulted was the Liji's Wangzhi. As mentioned in the previous passage, the interpretation of feudalism in this doc-

ument and in the Zuozhuan are quite different. In addition, the feudal concept of Mencius's Wanzhang 萬章 is similar to the Zuozhuan's. I question the relevance, therefore of applying ideas from the Liji to these Chu records as opposed to contemporary Warring States period documents such as Mengzi 孟子 or Zuozhuan.

In another example, if we compare the zhou (shu) 州 mentioned in other warring states period documents with the interpretation of zhou currently being consulted in the Liji, we will also see that the concept evolved between these two periods.

The consultation of Zhou seems to come from the nine Zhou recorded n the Shangshu's Yugong "尙書" 禹貢. Compared with this is the idea of the 12 Zhou in the Zhouli's Zhifangzhi "周禮" 職方志. What we find in these definitions of Zhou is, again, different from those definitions we find in Mengzi's Wanzhang and the Liji's Wangzhi that refer to the division of All-under-Heaven into countries 國 and discuss the positioning of the Zhou in the All-under-Heaven.

The third part compared All-under-Heaven's relationship with the Zhou to its relationship with the special territory 特別地域 (each small China argued by each state). In the discourse of the Warring States Period, each different book seems to have a different explanation of which places in All-under-Heaven to treat as special. Although in the Liji's Wangzhi, we more readily recognize the names and time periods of different Zhou, it is not clearly stated which were special areas. It might appear at first glance that these two interpretations treat All-under-Heaven and each of the Zhou in the same fashion but, in fact, the way in which they consider whether there are special territories within All-under-Heaven is quite different. This is because the Liji, having been written during the Han period considered all of the All-under-Heaven of the Warring States Period to be the special area "China" 中國 of

the Han dynasty.

This ambiguity as to the existence of a special area as a particular part of All-under-Heaven and the designation as All-under-Heaven as a special area are evidently theories pertaining to different arguments. From this, we notice that the discourse of the books written in the Warring States Period are different from the Liji's Wangzhi of the Han period. In the context of the old and new literary debate, we can also claim that the Zhouli 周禮, taken by many scholars to be a classical forgery made in the Wangmang 王莽 time, is in fact an original Warring States Period document.

In the third part, I discussed the spread of virtue 德 and fenghua 風化 (receiving only one legitimacy's virtue wind to be influenced by it) as characteristics of the special area. The special area was the place where the king introduced virtue and by way of the virtue did the surrounding lands experience fenghua. This process was redefined in the Han Period to mean the virtue of all of the special region known as China but before that it referred to the particular regions within all-under-Heaven that received virtue. The other regions were merely under fenghua. In other words, during the Han Period fenghua became a characteristic of lands outside of China where as before both fenghua and virtue had only been applied within All-under-Heaven.

The meaning of virtue itself changed in this transition, the earlier meaning that we read in Hanfeizi 韓非子 or the Zuozhuan of incantation power on subjugation to the later meaning of the King's virtue that spread through the special area to All-under-Heaven.

The Supplement discussed the relation between "internal" and "external" in the discourse of the Warring States Period.

Until the Spring and Autumn Period, the unified empire of Qin Shihuangdi had been divided into several special Spheres and even within each Sphere

there was the political relation between Zhou king and his feudal lords, or the political relation between the supreme ruler and his feudal lords. And Zhou king regarded each supreme ruler as his feudal lord (by reading Zuozhuan, Guoyu, Mengzi, Zhouli and so on). Actually, Zhou kingdom didn't dare to interfere in the political relation of each sphere (outside of the middle plain) of the supreme ruler (though the supreme rulers sometimes interfere in the political relation of the middle plain under Zhou king), so we can say that the relation of Zhou king and his feudal lords was "nternal" and the relation of Zhou king and the supreme rulers is diplomatic ("external"). Despite this, since the Han Period, historians have viewed the relationship between Zhou King and the supreme rulers as the internal affairs based on the universal sphere of All-under-Heaven as formulated after the unification.

In Bronze Script, the relation between Zhou Emperor and feudal lords was recorded as that between King 王 and Hou 侯 , Bo 伯, Zi 子, and so on, and the relations between Zhou Emperor and Supreme rulers was also so recorded. By Zuozhuan, under Jinhou 晋侯 there were Bo 伯 , Meng 孟 , Zi 子 and so on. Under Chu King 楚王 there were Gong 公, jun 君 and so on.

The unification of All-under-Heaven by Qin Shihuangdi caused the change in structure of many of the ideas on internal and external in diplomatic relations. Absurdly, these changes in ideas and administration have not been mentioned in historical research in the field. Because they have not been discussed, the different characteristics of Confucianism during the Warring States Period and later after the Han Dynasty have also been mistakenly mixed. For instance, the Confucian Temple in Qufu 曲阜 has also been investigated only under the premise that it was part of the internal structure of All-under-Heaven.

During the Warring States Period, which binds the Spring and Autumn Period with the Han Period, however, and independent explanation of the in-

ternal and external structures was developed that cannot be explained with just the above discussion. The explanation was based on the foundation of each territory in a thousand li square. Each in their own way, they extended their concept of "internal" to include their neighbours and thus justify expansionism. Although each state existed within its own sphere, since they extended their concept of "internal" outside of their politically ruled territory, they all eventually adopted a similar geographical definition of "internal"

This idea of the "internal" state, although constructed by separate thinkers in each of the states of the period nevertheless left Luoyi 洛邑 capital of Zhou and Qufu capital of Lu as common territory. It appears that the Zhou after its Eastern shift and the site of Confucius's grave needed to be treated separately.

The nearer a state to Luoyi or Qufu, then, the more timid it showed itself in expressing its "internal" structure and the further the more aggressive.

If we are to bring together the various content of the above mentioned books of the Warring States Period, the overlapping concepts of the "inside" 内 is evident. Of course, if we only take a single book, or a few documents of some books, it is more difficult to notice these trends but after gathering many works together we notice that each one indicates this idea.

Within this context, when we investigate Mencius's ideas on Feudalism through a comparison of the special areas, such as Xia 夏 and China 中國, we realize that the newly excavated bamboo slips of Chu are similar but in a more regional scope. Additionally, adding the weight of other investigations relating to disparagement by a delicate phase くさし we notice that Lu also seems to be contained in the "Zhou" discussed by the Tianzi Jianzhou.

From this perspective, we look at the book of statecraft, Tianzi Jianzhou, once more, so we will have to look at it as pertaining to a small State Sphere. I have already indicated above that we should pay attention to the Song and

Lu states and here I hope to emphasize this point.

Chapter 3

In Chapter 3, I discussed the following 4 points.

Part 1: The various theories concerning the beginning of the Zhou

Part 2: The relations between large and small states and the spread of Chinese characters.

Part 3: The origins and development of narratives in ancient China

Part 4: The changes in Confucian ritual and music 禮樂 during the Qin and the Han Dynasties in order to understand the music in Confucius's time

In chapter 1, I discussed the Eight Cordon Region (bahong, hakko 八紘) and the Five Domains, in chapter 2, the Eight Cordon Regions and the Feudal system. Here, I investigate the world before the concept of the Eight Cordon Region was formed.

One of the obstacles that historians today face is how to properly interpret Confucius during his time when the idea of the Eight Cordon Region 八紘 did not yet exist. In this chapter, I aim to provide scholars with the proper background and context to make such studies.

It is generally accepted that China's past has two points in particular that were changed its history. One is the unification of All-under-Heaven by Qin Shihuangdi, which took as its symbol the Eight Cordon Region. This event was preceded by and defined by the previous centuries of unrest during the Spring and Autumn period and the Warring States Period. The second great turning point was the advent of modernity and the industrial revolution.

Between these two times, Chinese history can be further divided into two periods. One is the period in which the Eight Cordon Region was the

foundation for writing history, the other is after the conquering dynasties spread this foundation to make the Eight Cordon Region only a part of the foundation for history.

The domains of Han (Chinese) characters, however, as far as their foundation is concerned are still limited to the Eight Cordon Region. Despite this, the Cefeng(Sakuho) system pushed the Han characters outside the sphere of history creation. It is thus evident that the cultural foundations of the Han character system and Chinese history writing are different.

It was thus the Spring and Autumn Period that paved the way for the concept of the Eight Cordon Regions (bahong 八紘) and we should not forget that the culmination of the Spring and Autumn period was in the life of Confucius.

However, the political system that propped the Eight Cordon Regions (bahong 八紘) and was its precursor only appeared more than a hundred years after Confucius's death. Its symbolic systems were the Xia Calendar 夏正(two months after the month of containing the winter solostis is the first month) and the Yunian Chengyuan Fa 踰年稱元法(at the beginning of the next year of previous monarch's death, they started the first year of new monarch)

The historical document that was written during period of this system that concerned history before the systems advent was the Spring and Autumn Annals (Chunqiu 春秋) and its three commentaries. One of the sources of these texts were historical narratives, much of which had in turn been based on historical anecdotes. This brings us to the question, how should we treat these historical documents written on the basis of anecdotes and second hand historical accounts? Most deserving of our attention is the history of the early Zhou period. The first part of this chapter concerns this early Zhou period.

I include the following points on the ancient calendar as an appendix.

Ⅰ The debate on newtext and oldtext versions of the Confucian classics that has been going on for 2000 years

Ⅱ Calendar system and astrological phenomena

Ⅲ The contradiction in the calendars of the Warring States and Spring and Autumn Periods

Ⅳ The calendarial records at the turn of the Warring States Period to Qin and Han Dynasties

Ⅴ The calendarial records of the Spring and Autumn Period

Ⅵ The year of Jupiter as recorded in the Zuozhuan

Ⅶ The bronze inscription calendar of the Western Zhou Dynasty

Ⅷ The calendar in the fifth period Oracle bone scripts of the Shang dynasty

Ⅸ Other

I divided my research into these nine points for further exploration. Without exploring these points, it is impossible to make any substantiated claims on the period.

In the second part, I considered certain topics related to these points. Han (Chinese) characters have been passed down through the many human generations since their birth but their place of origin remains a mystery to scholars. What is known is that the earliest precursors to Han characters known to us are found in the later Shang Dynasty. It is true that these Han characters continue to be passed on but the first large scale dissemination of these characters which we shall call the Han (chinese) character application sphere occurred during the Spring and Autumn Period. During this period, Han characters were the foundation of records for rituals and certain records of current affairs. During the Spring and Autumn Period, however, related to ritual were the documents and poems many of which would later become parts of the Shangshu and the Shi (this is covered in part 4). During this

period, iron forging also began to spread.

Due to the development of iron forging, small city states were soon destroyed and absorbed into the control of larger states. Out of the need for modernising this system, laws were revised and the classics were written. T his is the second turning point in the development of Han (Chinese) characters.

Within the Confucian Classics, history books were included. The sources used by this history were narratives. There have been very few scholars before now who have explored these narrative stories' backgrounds and appearance to determine the inherent historical evidence. There are works done in the past specifically on this subject but here I hope to reintroduce some points and discuss how we should use these works as foundation for future research. In the third part, I focused on this discussion.

The third part investigates a problem brought up in one of the points of the appendix attached to part 1. That is "the 2000 years ongoing debate on newtext and oldtext versions of the classical texts". All scholars will agree that Shangshu and the Shi that have been passed down to us until the present were compiled from a variety of materials that predated the compilations. The narratives, however, have always been investigated separately from these. If we are to use the Shangshu or the Shi as our standard, evidently the narrative stories do not fall into the same classification of literature. In extreme circumstances, various labels have even been ascribed to these works by later generations. A concrete example of this labeling phenomenon is the "the 2000 years ongoing debate on newtext and oldtext versions of the classical texts", which is seen everywhere in modern sinology (張心澂『僞書通考』上海商務印書館、一九五七年等)

Under which main circumstances did these narratives appear and how were they included in historical texts? In Hirase Takao, *Saden no Shiryohihan*

Teki Kenkyu 左傳の史料批判的研究, Institute for Advanced Studies on Asia, University of Tokyo, and Kyuko Shoin, 1998, all of the different interpretations on the narrative in Ancient China were reviewed. Here, I noted that Ogura Yoshihiko's 小倉芳彦 *Chugoku Kodai Seiji Shisou Kenkyu, "Saden" Kenkyu Nooto* 中國古代政治思想研究――「左傳」研究ノート, Aoki Shoten, 1970 was the pioneering work in the field. Yang Xiangkui 楊向奎, in "Lun Zuozhuan zhi xingzhi jiqi yu Guoyu zhi guanxi 論左傳之性質及其與國語之關係", Guoli Beiping Yanjiuyuan, Shixue jikan 2, 1936 has further explored the narrative texts and grouped together genres such as "fanli 凡例" and "Junzi Yue 君子曰". Since then Yang Xiangkui's categorizations have been reassessed in view of Ogura Yoshihiko's historiographical question of "under which main circumstances did this narrative appear and how was it included in historical texts".

Ogura's investigation succeeded in identifying the older and newer texts of the Zuozhuan. His method had originality which Yang Shangkui had not proposed to, but it was not able to satisfactorily explain the Zuozhuan text itself. His method is actually effective for determining the narrative texts used in the Zuozhuan and can also be applied within the Guoyu 國語, one of the compilations of narrative texts. Even in the Guoyu, however, there are more complications than in the Zuozhuan due to the mix of newer and older texts. It would be well worthwhile to make a new investigation that takes into account these complexities.

The 4th part discusses the set bells 編鐘 mentioned in chapter two part one of Hirase's *Chugoku Kodai Kinen no Kenkyu: Tenmon to Koyomi no Kentou kara* 中國古代紀年の研究――天文と暦の検討から―― Institute for Advanced Studies on Asia, University of Tokyo, and Kyuko Shoin, 1998. I considered the division of archaeological periods based on the evolution and changes in shapes and order of bell sets, which I discussed in relation with the complexity of intervals and the appearance of notes. By way of determining these evolutions

in the set bells, we can also explore the changes in melody construction and the growth in ceremonies including poetry set to instrumental music. Among the changes seen in the construction of bells, the miniaturization and the use of wax in casting also indicated to an archaeologist the end of the bronze age and the beginning of iron casting.

By way of these methods, I discussed how we should approach Confucius in modern scholarship throughout this book. The high point of Shang and Zhou Dynasty culture rests in music. In particular, by studying Confucius's Music 樂, I hold that we can determine not only how Confucius's disciples succeeded the musical culture of Shang and Zhou periods but how the classical age is connected to later ages.

En lieu of a conclusion

In the final section of this book, en lieu of a conclusion, I included a few supplementary points. Based on the first three chapters, I outlined how we should base studies on "historical sources".

Some points concerning the cefeng (sakuho) system of East Asia were supposed to be argued on the basis of certain points that were introduced from the first to third chapters.

Broadly, they still do not have a very deep understanding of "Sakuho (Cefeng) system" this term that was coined by Nishijima Sadao. In particular it is his explanation of the Confucian code of ethics as the basis of this Sakuho system that they do not well understand.

The Confucian code of ethics is based on the Mencius and the Liji. This is itself ought to be succeeded to argue, but previous scholars containing Nishijima do not seem to have distinguished between these two texts while explaining their thought.

As we have seen, however, the Mencius holds that All-under-Heaven is a universal sphere, which encompasses the State spheres of "China" and the barbarian State spheres and, on the basis of music and rites, that China is the centre of enlightened and benevolent government, from which the king's virtue spreads into barbarian lands.

The Liji, on the other hand, designates China as the universal sphere and discusses the music and rites inside China.

Of the later Confucian Classics, the Liji held the most valuable position with the Mencius and the Xunzi interpreted as a part of its background. In the Xunzi's discussion of music, music is seen as a tool for the subjugation of outer territories and discusses the "grounds for subjugation through music". This interpretation is something that is neither seen in the Mencius nor included in the Confucian ethical code of the Liji.

In the case that the music or rite systems outside of "China" was not discussed, the Liji was thus limited to a discussion of these systems within China. In the case that music or rites concerning outside China were discussed, however, it was the Mencius and not the Xunzi that was used as consultation. When one tries to interpret the relation of Nishijima's Sakuho system and his Confucian code of ethics in a thorough reading of the Liji, Mencius and Xunzi, we run into the above mentioned obstacles.

Another interesting point that we can derive from this analysis is that, because the Mengzi and Liji have been argued without proper distinction, there are certain points about the Chu and Qin during the Warring States Period and Nanyue南越 in the early part of the Western Han Period that have been largely ignored.

In a letter written by Nanyue Wudi南越武帝 recorded in the Shiji, we see Nanyue Wudi described as a hero 雄 and Han Wendi 漢文帝 as a wise son of Heaven 賢天子 and Heavenly King 天王.

In the Xunzi, it is mentioned that a wise man was under the position of the king (In the 25th book of the Xunzi, someone addresses Chengxiang, "Chengxiang, let me speak, the corruption of our generation must be caused by wise works being crushed by the wicked and the stupid. A ruler without a sage in his counsel is like a blind man without an assistant.). Thus, if we base this statement by Nanyue Wudi on a reading of the Xunzi, we might co me to the conclusion that this is an implication that Han Wendi did not have the proper qualities for a ruler but rather for a counsellor.

Interpreted through the Mencius, one might think that Nanyue Wudi's claim to being a hero might not be the suitable characteristic for a ruler either. However, under the Xunzi's interpretation that the Dao was most important and virtue was only a means to it, military eminence is not a negative attribute and thus praise for a king.

In addition, if we extend our referencing to the Hanfeizi 韓非子, in the Bajian 八姦 of this text, we find that if a ruler's state is small, it will be subjected to larger states, if its military is weak, it will fear stronger armies. Thus, he said, the smaller state must listen to the demands of the larger and the smaller army must surrender to the larger. The importance of military strength is well demonstrated in this theory.

According to this interpretation, we should conclude that Nanyue Wudi was, in fact suggesting that he, himself, as military hero was more fit to rule with Han Wendi, the wise as an important support.

By comparing our analysis of Nanyue Wudi in his letter as recorded in the Shiji with the Xunzi and the Mencius, a part of the Warring States Periods views on Chinese and barbarian relations in Chu and Qin is revealed. Simultaneously, this comparison also reveals that within Nanyue's claim there is a viewpoint that he inherits from a larger Warring States Period tradition on treating Chinese and barbarian relations.

Before Confucian ethics became the basis of the successive Empire (maybe until the conquering dynasty appeared), we can understand how this way of thinking could have been applied in the context of quelling revolts in Chu and Qin states of the Warring States Period or in Nanyue's foreign policy of resisting Han domination.

Nanyue Wudi's letter was recorded not only in the Nanyue biography in the Shiji but also in the Nanyue 南越 section of the Xinan Yi 西南夷, Liangyue 兩越 and Korean 朝鮮 stories.

As we compare the Shiji and the Hanshu, however, we notice that the order of different incidents concerning Nanyue are different. In the Shiji, Nanyue's lack of courtesy towards the Han occurs in an order. Whereas it is so easy to recognize in the Hanshu, from the very beginning of Nanyue and the Han dynasty's relationship, Nanyue apologized their lack of courtesy, because each document of Hanshu was a different order from that of the Shiji.

In addition, in the Hanshu, there is a description that is not present in the Shiji. In the letter headings, "on my life and obedience I submit this letter to his Majesty the Emperor meisi zaibai shangshu huangdi bixia 昧死再拜上書皇帝陛下" and "on my life and obedience, I submit this opinion to his Majesty the Emperor meisi zaibai, yiwen huangdi bixia昧死再拜、以聞皇帝陛下". These were expressions that did not exist in the time of the compilation of the Shiji and were only beginning to appear during the time of the Hanshu as formalities in letters under the cefeng (sakuho) system.

In place of these expressions, the Shiji used "I humbly present this opinion to the Divine King qi gan yiwen tianwang zai 豈敢以聞天王哉". This "Divine King", is an expression that often appears in the Spring and Autumn Annals as a reference to the Zhou King. In the Spring and Autumn Annals, it is a title that shows great respect. In the Shiji, however, Nanyue Zhaotuo referred to himself as Di 帝. Nanyue is already the seat of the Di whereas

the Han had the Heavenly King. From this context, we thus derive that Nanyue is being rude towards the Han by using this expression.

On the basis of this premise, we can recognize the meaning of Nanyue Wudi's expression in his letter to Han Wendi, "I have heard that two heroes can not simultaneously be established, two sages do not exist in the same world and that the Emperor is a sage son of Heaven wu wen liangxiong bu juli, liangxian bu bing shi, huangdi xiantianzi ye 吾聞兩雄不倶立、兩賢不並世、皇帝賢天子也"

Finally, I will add it below. In this book, I argued the Confucian Ethics of the Mengzi and the Xunzi, and the influence of these two to the diplomatic recognition in the Warring States Period. Afterwards, in appearance and evolution of the Sakuho (Cefeng) system, the China-Barbarian concept of the Mengzi at first, with the Lizhi made influence to the diplomatic relation. It was based on, for example, the position classification system of Tang Dynasty correspond to that of Cefong State in numerical class, Tang's First class, Second class and so on were correspond to Cefeng State's First class, Second class and so on. By the Mengzi, King did the Ren politics 行仁, and the Supreme rulers did the fake ren 假仁. We can understand that they use this concept in the scaled up Spere to argue the diplomatic relation, the bureaucratic system of the eight cordon region, the Universal Sphore, was true, and that of the Cefeng State was fake. After the appearance of the conquering dynasty, through the military invasion, made some Cefeng States into present so called subordinate States, so new idea of the position classification system, for example, Ming Dynasty's second class was correspond to Chaoxian (Choson)'s first class, was appeared too. According to the argument in this book, it is better to say that there were the influence of the Mengzi and the Hanfeizi's Confucian Ethics. As above mentioned, the argument of this book is different from the Mengzi's being made into Confucian Classics, or the studi

es of the Xunzi made into popular (not necessarily no connection). Thanks for reader's apology.

(Translated by Miguel Borges-Porteous)

何謂「八紘」

摘　要

序

近年來，我對於正史與經典等所記載的內容，進行了一番確認的工作。

我所作的論述是根據這樣「寫著」的內容，推測得到這樣的歷史敍述。如果要對此種說法提出反駁，應該要明示諸如以下的見解：「寫著」的是事實，但由此得到的歷史敍述並非如此；或是歷史敍述應是如此，但檢證被認爲是「寫著」的內容，結果並非如此等等。

但實際上聽到的意見並非如此。不少意見或無視「寫著」的根據，或陷於缺乏自覺的狀態，說的只是自己信以爲是的想法。

我在本書中討論了「封建」論（地方分權論）、「八紘」論、「五服」論。這些論述都是在共通的基礎上展開的。無論何者都是著眼於大領域、中領域、小領域三個領域區分來進行討論。以往因爲缺少此種觀點，所以論點一直模糊不清。因爲未具備此種觀點，所以無法分辨西周春秋之世、戰國之世與漢代以後之世的差別。

並且，因爲無法區別，導致對於周初的年代、漢字傳播的問題、說話（故事）產生的背景，以及禮樂變遷等問題，都一直未曾考慮到時期的差異來加以探討。

在此，要注意的是，例如參照「八紘」論時，至明、清，可說是意外地離現在不遠的過去的時代爲止，當時的常識與我們現今常耳聞的常識是不同的。並且，若能利用那些屬於不遠的過去的常識，「一直未曾考慮到時期的差異來加以探討」的現狀或許多少會有所改變。

第一章

第一章分爲以下四節來進行討論。

第一節　何謂游俠的「儒」化

第二節　南方守護神——朱雀

第三節　以「三合」、十二方位爲根據的五行生成說與五德終始說

第四節　「五服」論的產生與演變

第五節　《論語》、《孟子》及《禮記》中的天下觀

第一節游俠的「儒」化是在討論存在於漢帝國下的輿論場域。自新石器時代以來即存在的文化地域成爲此輿論場域的母體。若將其稱爲「中領域」，在中領域之下有許多所謂的城市國家。這些城市國家是由城市與周圍的農村和小城市形成的，而這些城市、小城市和農村所形成的場域可稱爲「小領域」。

秦、漢帝國是將複數的「中領域」統一而成立的，可視之爲「大領域」來加以討論。

戰國時代各中領域各自發展其獨特的儒教，外表上披著「輿論」的外衣，而此形態被西漢所繼承。東漢時，各中領域所各自擁有的輿論場域被統合在中央所定義的「儒教」之下，此正是東漢游俠的「儒」化。

東漢時出現了稱爲緯書的新的儒教經典。利用緯書，展開了將傳說中的帝王特別化的新的議論。各地豪族（豪俠）以這些傳說中的帝王爲自己的祖先。這些祖先形貌特異的豪族，在理念上能以「素王」孔子的「素臣」（呂宗力的說法）身份向漢朝皇帝進言的模式於是形成。帝國中央的這種理論邏輯，受到了地方輿論場域的歡迎。

戰國時代，秦國以外的六國各自有其「公」的場域。這些場域在帝國出現後，成爲獨自的輿論產生之處。西漢《史記》編纂時，編纂者對各地的輿論有所考量；而當東漢《漢書》編纂時，在游俠日益「儒」化的背景下，編纂者的考量也發生了形式上的變化。在舊六國被視爲理所當然的行爲，在漢朝卻被貼上「俠」的標籤。《史記》編纂的階段，看待「俠」的目光是溫暖的；但到了《漢書》時，卻轉

爲嚴厲、批判的視線。此種轉變發生的背景是因複數的中領域，即輿論形成的場域，與帝國中央所談論的「儒」之間的關係發生了變化。

藉由表明自己是「素王」孔子的「素臣」的立場，消解了舊六國對帝國中央的反抗心。自己的祖先具有特異形貌之事所意味的特別性，由成爲新經典的緯書得到了證明。在此種新的輿論背景下，開始在豪族墓前建立石碑。

宮崎市定曾將游俠的「儒」化稱爲「墮落」。然而，在此卻能看到與宮崎市定的論述不同的情況。

在第二節中，重新著眼於南方的朱雀與北方的玄武來對第一節的內容再次加以檢討，也就是對於龜趺碑的出現重新加以檢視。

以戰國時代形成的宇宙觀爲基礎，開始對圍繞著大地的海洋與大地之汀的神龜加以討論。關於此汀之龜演變爲龜趺碑之龜的原委，太陽的運行以及南、北方位在方位配置中的定位具有很大的意義。後代所說的四神之中，青龍與白虎前身的圖像，自新石器時代以來即是被討論的話題。其中再加入南方的朱雀與北方的玄武而成爲四神固定下來。

緯書中記載，漢高祖劉邦有朱雀之貌。此外，孔子有玄武之貌。當時在討論儒教時，四神之中的南、北兩神形貌特異之事，具有特別的意義。

龜趺碑研究是關野貞所從事的石碑研究中的一環，並由他奠定了龜趺碑研究的基礎，其論點迄今仍有許多值得繼承之處。關野貞認爲，龜趺碑的出現與四神之中的朱雀和玄武有關。此論點雖然有需要在細節上加以修正，但汀之龜變爲玄武，而以形貌特異的孔子爲「素王」並以「素臣」自居的東漢豪族將玄武影射爲孔子，此看法卻是值得參考的。具有此種意義的神龜，最後演變成墓前龜趺碑的龜而固定下來。

話說將天球表現在地上的方式有二種。因極軸是傾斜的，故南中時的太陽最高，凌晨零點時的太陽最低。若要將此種狀況表現在地上，就要採用南高北低的方式。另一種方式是，將極軸視爲垂直，如此一來，東西南北就會呈水平的平面。東漢時代表現四神的方式是：南方朱雀高，北方玄武低。此特徵至南北朝時代爲止爲主流，其後也一直沿襲下去。反之，高句麗古墳和日本高松塚古墳中著名的四神的表現方式是：在東西南北四面牆上，以同一水平的高度描繪四神。在此必

須澄清的是，此方式成爲主流是在唐代以後。容易造成混淆的是，最近發現了以往未知的西漢時代四神的表現方式。在禮制建築的四方，分別以青色表現東方、紅色表現南方、白色表現西方、黑色表現北方，再配上四神。然而《史記》和《漢書》中的說明卻與此矛盾，可見此種表現方式在當時尚未成爲主流。西漢的四神表現方式和唐代以後主流的四神表現方式必須分開來考量。參考《禮記》的記載，可看到進軍之際討論五星的加護並言及四神的記事。無須說，五星透過五色，木星與東方（春）、火星與南方（夏）、土星與中央（及四方的最後、土用）、金星與西方（秋）、水星與北方（冬）相結合。在戰國時代的星宿分佈範圍說中，天球的星宿分佈狀況並未投影在受加護的地上諸國的平面分佈位置上。因此，西漢的四神表現也只不過是將季節方位的季節色彩表現在四個方位上，再配上四神罷了。

在四神固定下來之後，支撐大地的力士變成龜的姿態。這應該是受到了北方的玄武被認爲在太陽的運行上是位於北方的大地之下、水之中的看法的影響。這個支撐著大地的神龜，此後以龜趺塔的形式長期被承續下去。此外，這個由神龜所支撐、被海圍繞的大地，就是序說中所說的「八紘」。「八紘」之中最靠近汀的地方，被當作五服之中的「荒服」。

「八紘」始見於漢代的《淮南子》之中，其後被《史記》所沿用並與五服相結合。因此，早在龜趺塔與「八紘」結合之前，五服已與「八紘」結合在一起了。

第三節的內容與第一、二節討論的東漢豪族祖先的特異形貌說有關，論述五德終始說的發展。針對被認爲是董仲舒所作的《春秋繁露》中的五德終始說加以檢視，能發現其中存在著「三合」論和使用十二方位圓的五行生成說。「三合」所討論的是，利用十二方位圓周上的三個方位所作成的正三角形的關係。若將十二支依序配置於十二方位上，會呈現「三合」關係的三方位各自爲：子、辰、申；丑、巳、酉；寅、午、戌；卯、未、亥。

根據此方法，將五行相勝說與十二方位的生成重疊，便能解釋董仲舒的五德終始說。同樣地，用此方法將五行相生說與十二方位的生成重疊，便能解釋劉歆的五德終始說。

這些能得到說明的事之中，亦包括了曆法。由十二方位所作成的正三角形共四個，無論何者，必包含亥、子、丑、寅之中的一個方位。歷代王朝所使用的曆，

能用亥、子、丑、寅這四個方位來加以說明。亥能用來討論以十月（亥月）爲歲首的顓頊曆；子能用來討論以子月爲正月的周正；丑能用來討論以丑月爲正月的殷正；寅能用來討論以寅月爲正月的夏正。

由戰國時代到漢代的五行說有如上所述的發展，這使我們能重新確認，《左傳》中的五行說並非如一部分學者（即所謂的疑古派）所說的是漢代的產物。

第四節論述「五服」的產生與發展，著重於《孟子》中的面積論與《禮記》＜王制＞中的面積論的差異。雖然只不過是對於記載內容的確認而已，但不知爲何，這些內容卻一直被置於討論之外。

《孟子》中的面積論是以一邊之長來討論「方（一）千里」之中的面積。相對地，《禮記》＜王制＞是將「方千里」之中的面積區分成棋盤方格似的方塊，用長乘以寬的平方值來進行討論。在《孟子》的「方千里」中，只有十個「方百里」；而在《禮記》＜王制＞的「方千里」中，卻有一百個「方百里」。

然而，用所謂的平方值討論面積的記載，在《禮記》之後也僅限於方一千里之中。由《史記》到《舊唐書》的記載皆敍述天下「方萬里」，其中只有十個「方千里」。

東漢鄭玄等人曾在理論上討論過五千里四方的天下，但結論是否定的，而被接受的是上述以十個「方千里」構成「方萬里」的面積論。

此種「方萬里」的天下中最邊遠的地區，就是上述「五服」論之中的「荒服」。具體地說，漢武帝出兵朝鮮、越南之後新增的領土即爲「荒服」。朝向這個具體記載的「荒服」，要設定其他四個「五百里」的服時，由中央出發，每個「方千里」中須設定二個「五百里」的區域。這就是漢代所討論的「五服」論。

那麼，追溯到戰國時代，當時又是如何討論「五服」的？《呂氏春秋》中所見的「冠帶之國」不過只有三個「方千里」的大小。但到了《史記》、《漢書》中，「冠帶之國」的面積變成「方萬里」，即十個「方千里」的大小。因此，若能將漢代的「五服」比照應用到三個「方千里」的面積上再重新加以說明，便成爲戰國時代的「五服」論。

假想戰國時代當時的面積論，在三個「方千里」中能作劃分出六個「方五百里」。也就是說，在三個「方千里」中能作劃定出全部的「五服」。另外，在三個

「方千里」中，也能只劃定一部分的「五服」，而將其餘的「五服」與隣接的領域相連結。此種討論應該就是戰國時代的「五服」。

那麼，戰國時代的「五服」論是如何產生的？

第五節的論述，對於這個問題在歷史發展的脈絡中，作了一番考察。

討論此問題時，很容易受礙於一般對「一統」認識的誤解。從《史記》到《舊唐書》都以「八紘」作爲天下。「八紘」指的是被置於郡縣統治之下的地域。《新唐書》以後「八紘」稍有擴大，其後征服王朝以更大的統治領域作爲天下。至此，「八紘」觀已衰微。歷史傳統相異的地域，被置於「一統」，即唯一的正統，的統治之下。《大清一統志》的「一統」即是此意。然後，在以「海防」爲關鍵詞之一的領域觀之下，近代開始討論「統一」。「一統」與「統一」乃是相似卻不相同的詞彙。

關於戰國時代的「一統」觀，只要將《公羊傳》、《左傳》、《穀梁傳》和《孟子》加以比較，自然就能明瞭。

第二章

第二章分爲以下四節來進行討論。

第一節　中國戰國時代的國家領域與山林藪澤論

第二節　上海博物館所藏楚簡《天子建州》與「封建」論

第三節　戰國時代的天下與其下的中國、夏等特別領域

增補　戰國時代的「封建」論、特別區域論、「五服論」與孔子

西嶋定生、增淵龍夫、木村政雄三位學者的研究，曾被鑽研中國古代史的人視爲遠大的目標。其中，關於增淵龍夫的山林藪澤論，在第一節中有所論述。

討論中國史時最大的問題點是，未將大領域、中領域、小領域在歷史上加以定位。大領域相當於現代的中國、歐洲；小領域則可想像成我國日本的縣、郡等的面積；而介於大領域與小領域之間，可當作日本或韓國等各式各樣的面積來討論的是中領域。

在第一節中提到了有關山林藪澤的研究。討論此問題時，必定不能不提到增

淵龍夫的研究成果。但是，若透過松丸道雄的殷王田獵論來探討此問題，便會發現在增淵龍夫的論述中，小領域與中領域被混爲一同。

殷商時代王日常性的田獵，是在半徑２０公里左右，即所謂的小領域中舉行的。此已由松丸道雄作過數學上的證明。松丸道雄還指出，除了這個日常性的田獵之外，商王另外還有到遠方舉行的臨時性的田獵。

商王舉行日常性田獵的場所，是商的屬國設置在商王都附近作爲逗留時用的邑。關於此點，可參考《春秋》所記載的魯國與鄭國討論交換「湯沐之邑」的記事。其內容是有關魯出仕周時所使用的隣近鄭的邑，與鄭到泰山祭祀時所使用的靠近魯的邑相交換的事。此種「湯沐之邑」散布在各處，商代與周代的城市國家利用此種邑來聯結彼此。

由松丸道雄的論證得到了一個事實：商王對這種設置在王都附近的邑，舉行日常性的田獵儀禮。此儀禮必定具有鞏固商、周王朝體制的效果。

然而，從春秋時代到戰國時代，隨著鐵器的普及所帶來的社會變動，以往的小國被消滅成爲縣，縣依附於中領域大國中央的體制漸趨完備，中央派遣官僚到各縣，屬於遠方城市的山林藪澤也被置於大國中央的管理之下。中領域的山林藪澤由一個中央派遣官僚管理的體制也逐漸確立。

關於對山林藪澤的管理，從這種小領域的獨立程度較高的時期，轉變到中領域由官僚統治的時期所產生的變化，可用以往的討論中所說的「山林藪澤的家產化」的說法來說明。

但是，在增淵龍進行此問題的探討時，尙未有松丸道雄的研究，而當時認爲商代時商王已在中領域裡舉行大範圍的日常性田獵。在此種認知的前提下，增淵龍夫的山林藪澤論因此無法成功地涵蓋鐵器普及帶來變化的事實來進行討論。

增淵龍夫的山林藪澤論無法釋明，商、周和春秋時代的山林藪澤管理與春秋、戰國時代鐵器普及後的山林藪澤管理的差異，乃是在於由小領域管理到中領域管理的變化。

因此，他也從未想到，漢代的鹽鐵論是將這種自戰國時代以來的中領域管理，在天下的規模下加以一元化的措施。

關於小領域，宮崎市定曾討論過游俠的問題。增淵龍夫將這個由宮崎市定先

提出的議論，與山林藪澤論結合在一起討論。游俠是指，在漢代以源自戰國時代領域國家的中領域爲舞台，形成獨自的輿論的人們。

宮崎市定熱切地注視著小領域，並展開延伸到後代都市論的議論。因此，他無法對中領域所具有的歷史性意義，加以適切的探討。另一方面，增淵龍夫則將視線投注在戰國時代以來在城市裡擁有獨自秩序的人們身上，一面論述山林藪澤的家產化。所以，若僅由此點來看，可說增淵龍夫曾看過說明小領域和中領域的歷史性發展的資料。但是，或許是受到上述山林藪澤論的影響，小領域和中領域的關係變得曖昧不明。增淵龍夫也無法對中領域所具有的歷史性意義加以適切地探討。

我在第一節裡闡述了中領域所具有的歷史意義，指出在春秋戰國鐵器普及的時代裡小領域的山林藪澤管理體制轉變爲中領域的山林藪澤體制（戰國君主的山林藪澤家產化），漢武帝時更進一步地變爲天下規模，即大領域，的山林藪澤管理體制（中央的鹽鐵專賣制開始）。

《孟子》中的王朝交替論所說的是，以不同的「中領域」爲統治領域的王朝的交替。《論語》中有關天下的論說，也是以「中領域」爲天下的領域。《孟子》的中華夷狄論是以「中領域」爲所謂的小中華（但這不是朝鮮等外國，而是當時天下的一部分），而將天下其餘的領域視爲夷狄的領域。不同於東亞冊封體制所說的是，秦始皇統一的大領域與其外的外交關係。此小中華與位於天下之內的夷狄的關係反映在經典類的書籍中。其後，在論述外交關係時，變成以秦始皇統一的大領域爲中華，在此大領域之外的爲夷狄，而以往的經典也被重新再加以詮釋。西嶋定生很早就發現到經典被重新詮釋過的這個變化，但可惜的是他未論及戰國時代小中華與天下內的夷狄之間的關係。因此，我對此問題作了一番探討。

在第二節中，討論了一般對「封建」論所抱持的根深蒂固的誤解。

造成這個根深蒂固的誤解的根本原因，與對天下大一統抱有同樣根深蒂固的誤解有關。注意到對後者的誤解而加以呼籲的，是蘇秉琦（參見第一章第五節「前言」）。若將天下大一統的「一統」置換爲「統一」來理解，抱持著此種理解並且又漠視蘇秉琦的區系說所關注的新石器時代以來的文化區域所展開的獨自發展，便很難注意到《左傳》所承繼的「封建」的語義，與《史記》＜三王世家＞裡所

見的「封建」語義之間，有很大的差距。前者所說的是，以兩個新石器以來的文化區域的範圍爲舞台，陝西的周消滅河南的商之後，在商的故地封立諸侯以爲「藩屏」。後者則是在論述秦始皇統一之前與統一之後的變化，將統一之前的時代稱爲「封建之世」，統一之後的時代稱爲「郡縣之世」。後者的論述中所說的「封建」舞台，是以「天下」爲範圍。那是在蘇秉琦所擔憂的「天下大一統」的觀念（與傳統觀念相異，近代以後的色彩很濃厚）之下，以秦始皇統一的「天下」爲前提所進行的討論。就此點而言，其乃是現代常被討論的「天下大一統」論的先驅。附帶一提，《史記》＜三王世家＞被認爲是《史記》之中後世所增補的部分。

《左傳》所承襲的「封建」是在敍述「中領域」之中的大國周，與被封於中原作「藩屏」的諸侯之間的關係。相對地，《禮記》＜王制＞裡所反映的「封建」與《史記》＜三王世家＞相同，都是以天下爲範圍而作的論述。天下由九個「方一千里」所構成，分別由周王與八位「伯（霸者）」共九人來統治。周王與這八位霸者之間的關係，就是《史記》＜三王世家＞所敍述的「封建」的內容。

此種理解與一般的說明有所差異，一般的說明都將「封建」當作是在敍述擁有天下的周王朝與諸侯之間的關係。關於此點，即使是在研究者之間，也有缺乏自覺者。

在一般的說明中，《左傳》的「封建」與《禮記》＜王制＞的「封建」常被混爲一談，實際上是缺乏史料根據的。對於這種無史實根據的狀況不加以注意，是造成上述對「封建」的相關問題缺乏自覺的原因。

並且，這種自覺的欠缺，對於新出土遺物楚簡的研究，也有所影響。

探討上海博物館所藏的楚簡《天子建州》時，首先會引用的是《禮記》＜王制＞。如上所述，《禮記》＜王制＞所記載的「封建」與《左傳》所承襲的「封建」是層於不同層次的議論。《孟子》＜萬章＞下裡所見的「封建」與《左傳》的「封建」，內容是相通的。因此，將《天子建州》等當作「楚簡」，即戰國時代的遺物來探討時，首先應參照的是《孟子》或《左傳》，而非《禮記》＜王制＞。

根據此意義，將《天子建州》的「州」與其他戰國時代的書籍中所見的「州」相比較所得的結果，與將其與《禮記》＜王制＞中的「州」相比較所得的結果相異。

關於這個「州」的議論，首先參照的是《尚書》＜禹頁＞中所見的九州的記載。常被拿來與此相比的，是《禮記》＜職方志＞中所見的十二州的記載。在這些有關「州」的討論中，上述《孟子》＜萬章＞下和《禮記》＜王制＞的論述是將「州」的內部分區設置許多國；而《周禮》＜職方志＞則不相同，是在敍述天下之中設置了－些什麼「州」的概要。

在第三節中，將這種天下與州的關聯，以及天下與「特別區域」的關聯，作了一番比較。戰國時代的議論中，對於天下中的「特別區域」的認定，視各書籍而異。然而，由《禮記》＜王制＞的論述，雖然能概略得知何處有何州，但不同於戰國時代，何者爲特別的州變得曖昧不明。乍看之下，似乎同樣是在討論天下與天下之內的「州」，但不同的是，是否有將天下的一部分設定爲「特別區域」。這與在《禮記》成書的漢代，戰國時代的天下全部都變成了特別區域的「中國」（小中華）之事有關。

這種被當作是天下的一部分的特別區域是否存在，以及在特別區域之外是否有廣大的特別的天下存在？若能辨識這些層次不同的議論，就能瞭解在本書中被當作是戰國時代的書籍者確實是戰國時代當時議論的產物，而《禮記》＜王制＞確實是漢代的產物。在傳統的今、古文論爭中，被多數學者視爲是後代所作的《周禮》，顯然是成書於戰國時代，而非新莽時的僞經。

第三節論述各國的王對自己的「特別區域」施行「德」，而其「德」滲透到周圍，給周圍帶來了「風化」。戰國時代德被施行於天下中的「特別區域」，其餘的部分則是受到「風化」的部分。漢代天下成爲稱爲「中國」的特別區域，在天下之中施行德，天下之外則受到「風化」。

透過在戰國時代的《韓非子》、《左傳》中所見到的德，能具體察知德的意義由西周以來的古老意義（與征伐有關的靈力的「德」），轉變爲新的意義（「王德」被施及於「特別區域」的人民，並且更進一步延及「特別區域」之外、天下之內的國家領域）

在「增補」中，討論了戰國時代特有的「內」與「外」的關係。

至春秋時代爲止，秦始皇統一天下以後的天下之中所劃分成的幾個領域之內是特別的；在各個領域之內，各自建立了周王與諸侯的政治關係以及所謂的霸者

與諸侯的政治關係，周王祖霸者們爲自己的諸侯（此可由《左傳》、《國語》、《孟子》、《禮記》等內容得知）。周王不敢干涉霸者們建立的政治關係（霸者們卻敢干涉周王朝在中原原有的政治關係），因此周王與所謂霸者的關係，可以說是周與其諸侯的政治關係所建構的「內」，與在此政治關係所構築的世界之「外」的外交關係。然而，到了漢代，周王與霸者的關係被說明成是在大領域「天下」之「內」的關係。

在青銅器銘文中，周王與諸侯的政治關係被記載爲「王」與「侯」、「伯」、「子」等的關係，而周王與霸者的關係也被記載爲同樣的關係。根據《左傳》，晉侯之下有「伯」、「孟」、「子」等。楚王之下有「公」、「君」等。

秦始皇統一天下的前後，發生了圍繞著外交上的「內」與「外」的結構性變化。令人意外的是，此點在研究史上幾乎未曾被討論過。在未加以討論的情況下，戰國時代的儒教和漢代的儒教被放在一個延續的、同樣的平台上議論檢視。因此，對於戰國時代曲阜孔廟的探討，也只在將孔廟當成位於天下之「內」的前提下進行。

但是，連接春秋時代與漢代的戰國時代裡，存在著用上述的說明尚不足以解釋的獨自的「內」與「外」的世界。討論領土的範圍時，首先言及自身所在的「方一千里」。然後，各自根據各自的說法，在理論上將「內」的領域向鄰接的地域擴大。各國在政治上所統治的領域雖然是各自獨立存在的，但若在理念上將「內」的領域擴大到統治領域之外，各自的「內」便會互相重疊。

此種「內」的領域雖然由各國各自分別構思設定，但共同的是都包含了周都洛邑與魯都曲阜。各國似乎有一種共識，認爲必須對東遷後的周和孔子墓地所在的魯加以特別的討論。

鄰近洛邑、曲阜的國家，其「內」的領域不需要太大；但距洛邑、曲阜越遠，其所設想的「內」的領域就越廣大。

若將上述戰國時代諸書的內容混雜在一起討論，必然會注意到各種「內」相重疊的事。若只討論其中一部分的內容，就可能不會察覺到此事，但只要或多或少地多搜集一些資料，雖然是一部分，也會察覺到重疊的事情。

在此種討論之中，一邊與「夏」、「中國」等特別領域相比較，一邊檢視《孟

子》的「封建」論，就可看出在新出土的《天子建州》中所見到的「封建」論討論的應是比較小的領域。此外，對於另外討論過的在伴隨著《天子建州》一起出土的其他諸書中所見到的「微言毀褒」的表達方式也一起加以考量的話，便能窺知《天子建州》裡所見的「州」之中包含魯國的可能性極高。

在此種情況下重新思考《天子建州》成書於何國的問題時，比較小的領域這一點應會再度受到矚目。我對於宋與魯是值得注目的對象之事已有所論述，在本文中又再度確認了此事。

第三章

第三章分為以下四節來討論。

第一節　周初年代諸說

第二節　大國、小國之關係與漢字的傳播

第三節　中國古代說話（故事）的形成與發展

第四節　先秦兩漢禮樂的變遷——以瞭解孔子時代的樂為目的——

第一章討論了「八紘」論與「五服」論，第二章討論了「八紘」論與「封建」論，此章試著將重點放在「八紘」世界出現之前，探討幾個應考量的問題。

關於「八紘」世界出現以前的研究有一個重要的問題，即：應如何理解孔子？本章是為研究此問題鋪路的基礎研究。

中國歷史上存在著二個劃時代的重大轉變是眾所公認的事實。一個是象徵「八紘」世界誕生的秦始皇統一天下，而蘊釀此轉變的是春秋、戰國時代的社會變動時期。另一個重大轉變是近代世界的出現，而蘊釀此轉變的是西歐的產業革命。

介於此二者之間的中國史可再劃分為兩個時期：一個是「八紘」為編纂史書的母體的時期；另一個是征服王朝出現後編纂史書的母體擴大到更廣大的領域的時期。

但是，就此母體而言，漢字世界僅止於「八紘」的範圍。另一方面，透過冊封體制，漢字世界擴大到編纂史書的範圍之外的領域。漢字文化圈與中國史書編纂的母體並不一致。

春秋、戰國時代蘊育了具有此種意義的「八紘」的出現，而生於春秋時代最後一段時期者正是孔子。

然而，支撐「八紘」的政治制度的前身卻在孔子死後一百多年才成立。這個象徵性的制度是踰年稱元法和夏正曆法。

與這兩個制度有關的是史書《春秋》與《春秋》三傳。說話（故事）乃是作爲史書的傳的編纂材料之一，而這些說話（故事）的來源之一是簡單的歷史記載。用簡單的歷史記載重新建構的歷史會是什麼樣的歷史呢？關於此點，最受矚目的是周初的年代。第一節討論了有關周初年代的諸種說法。

在「附添」裡收入了「古代紀年與曆的注意要點」

Ⅰ　二〇〇〇年以來所進行的論爭——今文、古文論爭

Ⅱ　曆法與天象的問題

Ⅲ　春秋、戰國時代的紀年矛盾

Ⅳ　戰國至秦、漢時代的曆日記事

Ⅴ　《春秋》中的曆日記事

Ⅵ　《左傳》大的曆日記事

Ⅶ　西周金文的曆日

Ⅷ　商代後期甲骨文第五期的曆日

Ⅸ　其他

分爲以上九點來說明何種研究對於何點有所探討。對此無任何討論便展開自己的論述的話，那只不過是無根據的假想罷了。

第二節討論了與此相關的話題。漢字是自出現以來一直被使用繼承到現在的文字。其出現之地至今仍不得而知，但現存最古老的、被視爲漢字祖先的文字是商代後期所使用的漢字。此漢字被承襲下去，而最先出現的重大的劃時代的時期是漢字使用圈，本書稱爲漢字圈，擴大到天下規模的春秋時代。此時期漢字的基礎是，祭祀的記事或簡單的事件的記載。但春秋時代與祭祀儀禮相關聯，出現了成爲《尚書》來源的記錄和成爲《詩》來源的詩（關於此點，請參照第四節）。在此時期，鐵器逐漸地普及。

受到鐵器普及的影響，小國被滅爲縣受中央管轄的體制出現。因整備體制的

需要，而整頓法令、製作經典。這是發生在漢字上的第二次劃時期的轉變。

經典之中包含了史書。這些史書所用的材料是說話（故事）。關於說話（故事）的形成背景與出現的形態，極少有人從歷史的角度對其加以分析闡明。此種研究雖然不多，第三節對這些已發表的研究重新加以介紹，並論述應如何加以繼承，及應補充什麼來討論。

第三節的論述與第一節「附添」中的話題之一有關，即「二〇〇〇年以來所進行的論爭——今文、古文論爭」。誰都會承認，《尚書》和《詩》所用的材料很古老，那些材料被整理成經典，一直流傳至今。但被認爲與那些材料不同而加以討論的是說話（故事）。若以《尚書》和《詩》爲標準，說話（故事）當然是異質性的存在。更甚者，此異質性很容易就被當作其被貼上後代性標籤的理由。具體事例在「二〇〇〇年以來所進行的論爭——今文、古文論爭」中隨處可見（張心澂《僞書通考》上海商務印書館，一九五七年等）。

說話（故事）是因什麼樣的歷史原委而產生的？又是如何被編入史書的？其各個具體探討的基礎，已在拙著《左傳の史料批判的研究》（東京大學東洋文化研究所、汲古書院，一九九八年）書後作成一覽。在此，一面論述小倉芳彥在《中國古代政治思想研究——「左傳」研究ノート》（青木書店，一九七〇年）中所提出的見解是此種研究的嚆矢，一面將小倉芳彥的研究與自楊向奎發表＜論左傳之性質及其與國語之關係＞（國立北平研究院《史學集刊》二，一九三六年）一文以來的「凡例」、「君子曰」等分類結合在一起。在自楊向奎以來的分類中，加入承襲自小倉芳彥的「因什麼樣的歷史原委而產生的？又是如何被編入史書的？」的見解。

小倉芳彥的研究成功地將《左傳》的文章分成古老的文體與新的文體，他所採用的方法是楊向奎所未有的，但實際上卻不適用於《左傳》一般的說明。他的方法應用在《左傳》所使用的說話（故事）材料上，能發揮其威力。此方法也能應用在同樣是說話（故事）集的《國語》上，但《國語》中所見的說話（故事）新舊混雜的情況較《左傳》複雜，因此必須考量這種複雜性來進行探討。

第四節以我在《中國古代紀年の研究——天文と暦の撿討から——》（東京大學東洋文化研究所、汲古書院，一九九六年）第二章第一節所論述的編鐘研究爲

基礎。根據編鐘形狀的變化以及複數的編鐘其大小排列形態的變化，進行考古學上的分期，並配合相對音程（Do、Re、Mi）的複雜化與絕對音高（A、B、C）的出現，來進行討論。此外，將旋律的複雜化與配合音樂賦詩的儀禮的出現賦予關聯性來一起討論。編鐘的形狀變化之中，小型化的進展和蠟模法的普及能與青銅器文化的衰退和鐵器的普及相關聯來一起討論。

透過這些討論，我在本書中論述了應如何理解孔子此一問題。在孔子弟子之世，集商、周以來文化大成的樂文化是如何被繼承的？在孔子的原始樂說中，似乎能找到連結此舊時代與新時代的定位。

替代結語

本書的最後一章標題爲「替代結語」，我在其中作了若干補充。在第一章、第二章、第三章所述論點的前提下，揭示對於原本在概論等文中要說明的事，根據史料要如何說明。

關於東亞冊封體制的幾個論點，基於本書第一章至第三章所述的內容，應再加以討論。

一般對於由西嶋定生開始使用的「冊封體制」這個用語，很難說有足夠深入的理解。特別是對於冊封體制的基礎是建立在儒教的禮教主義上的這一點，似乎尚未有所理解。

此禮教主義所根據的史料可見於《孟子》與《禮記》之中。其本身應該是可繼承討論下去的，但包括西嶋定生在內，歷來的研究者似乎都將《孟子》、《禮記》中的這些史料混同併合在一起討論。

但是，《孟子》的論述是設想在大領域的天下之中有中領域的「中國」和中國以外的「夷狄」，並以禮、樂遍佈於天下爲前提，認爲在「中國」廣施仁政的話，王德就會及於夷狄之地。

《禮記》雖承襲了此論點，但卻是站在將大領域的天下當作「中國」的立場上，論述存在於「中國」之內的樂與禮。

在此後的經典中，《禮記》被列爲首位，《孟子》和《荀子》則被當作其輔助

教材。《荀子》<樂論>主張樂用於對外征伐時，其曰:「故樂者，出所以征誅也」。此種論點既不見於《孟子》之中，亦未被《禮記》的禮教主義所採用。

若是「中國」之外沒有禮、樂存在的話，就只能討論《禮記》所說的「中國」之內的樂與禮。但是，當在「中國」之外討論樂與禮的場合出現時，被引以爲參考的不是《荀子》，而是《孟子》。西嶋定生所論述的冊封體制與禮教主義政策之間的關係，若從《孟子》、《荀子》、《禮記》的論點來重新加以說明，便如同上述的說法。

極爲有趣的是，因將《孟子》與《禮記》混同在一起討論而無法察覺的思考邏輯，卻可見於戰國時代的楚、秦兩國以及漢代初期的南越。

在《史記》所記載的南越武帝的書信中，南越武帝自稱爲「雄」，而稱漢文帝爲「賢天子」、「天王」。

《荀子》將賢人置於比王低下的位置(《荀子》<成相>曰:「請成相，世之殃，愚闇愚闇角賢良！人主無賢，如瞽無相」)。因此，上述南越武帝稱漢文帝爲「賢」的用意，根據《荀子》的論述，是在暗示漢文帝的地位在人主之下。

南越武帝自稱爲「雄」的用意，若根據《孟子》的論述，無法說有適用於王者之處。但是，若依照《荀子》以道爲第一、德從屬於道的論述邏輯，對「武」的評價並非否定的。

再更進一步參照《韓非子》的話，《韓非子》<八姦>曰:「君人者，國小則事大國，兵弱則畏強兵。大國之所索，小國必聽，強兵之所加，弱兵必服」。此段記述的論旨正是以「武」爲第一。

總之，稱南越武帝爲「雄」、漢文帝爲「賢」的用意，是在暗示南越武帝才配爲天子，漢文帝只適合當天子的輔佐。

以上將《史記》中的南越武帝書信與《荀子》、《韓非子》相比較探討，由此可窺知戰國時代應曾存在於楚國和秦國的華夷觀的一端。同時也能看出，在南越的主張中有繼承戰國時代的華夷觀的一面。

此思考邏輯在儒教的禮教主義成爲國家世世代代（也許持續到征服王朝出現之時）的基礎之前，確實曾在戰國時代厭惡革命的楚國和秦國，還有與漢朝對抗的南越的外交上，發揮過作用。

南越武王的書信可見於《史記》＜南越列傳＞和《漢書》＜西南夷兩越朝鮮南粵條＞。

但是，將《史記》與《漢書》相比較，會發現兩書中與南越有關的記事順序不同。由《史記》來看，南越對漢朝失禮的行爲似乎逐漸減少。相對地，《漢書》因記事順序的錯亂，使得南越看似從一開始就在爲自己的失禮道歉。

此外，《史記》中沒有的表現方式卻出現在《漢書》中，此即書信開頭所云：「昧死再拜，上書皇帝陛下」與結尾所說：「昧死再拜，以聞皇帝陛下」的記述。此種表現方式在編纂《史記》的西漢時尚未存在，而在編纂《漢書》的東漢時代，冊封體制已出現，此種表現方式應是冊封體制下的書信形式。

《史記》南越武帝書信中的「豈敢以聞天王哉」的表現方式與「昧死再拜，以聞皇帝陛下」的表現方式有關。此處的「天王」一詞是《春秋》中常出現的表現方式，指的是周王，乃是《春秋》用來表達敬意的表現方式。然而，《史記》中有南越趙佗稱帝的記載。南越是帝，漢朝是天王。由此種狀態可看出南越對漢朝失禮之事。

唯有在此前提之下，才能瞭解南越武帝致漢文帝的書信中所云：「吾聞兩雄不俱立，兩賢不並世。漢皇帝賢天子」的意義。

最後要說的是，本書舉出《孟子》和《荀子》的禮教主義，論述了兩者對戰國時代的外交認識所產生的影響。並且，在其後冊封體制的出現與發展中，首先探討了《孟子》的華夷觀與《禮記》配套後，對外交產生的影響。例如，唐代天下的品階與冊封國的品階的關係，各自的一品、二品等品階基本上能與同樣的品階互相對應比較。根據《孟子》的論述，王者在中國的方一千里中行仁政（真），霸者們則在各自的方一千里中假仁（假、僞）。由此能假想，將此種關係擴大到天下與天下之外的外交關係上，以天下大領域的中國在方萬里「八紘」中所行的官制爲真而在此之外的官制爲假、僞。征服王朝出現以後，藉由軍事攻略，將一部分的冊封國當作現代用語所說的屬國來對待。例如明朝的二品相當於朝鮮的一品這種具差別性的品階觀，也於是產生。就本書所論述的內容而言，這不如說是受到《荀子》和《韓非子》中所見的禮教主義的影響。以上，本書在與一般所討論的《孟子》的經典化或《荀子》研究的流行等不同的層次（不一定是無所關聯的）

上，進行論述。尚請海涵！

（王詩倫譯）

索　引

本書議論の典據等………49
その他用語・表現等……66

本書議論の典據等

下記以外、3（讀まれなかった史料）7（先行研究）147（疑念）174（惡弊）252（奇妙な表現）272（傳統解釋）281・283（〈經典中の〉小中國論へのアレルギー）428～443（古代紀年と曆に關するチェックポイント）599～600（同左）623～624（結びにかえて冒頭）675～680（あとがき）を參照。

ア行
Ann Paludan　242
有光教一　133・241（高句麗古墳の編年）
飯島忠夫　484　616　656
緯書　73（孔子によって漢王朝出現を預言させる・歷代帝王の德・豪族の傳說的祖先・家・『論語』『春秋』『孝經』・游俠の儒化うながす・孔子水德は祖先德にして黑帝精を受けた德）
板野長八　239
『逸周書』　401　408（殷末周初年代）410（小開解〈文王三十五年〉）411・425（酆保解）425（世俘解・作雒解）625（克殷解）
伊藤仁齋　243　260（中國夷狄觀）261（九夷は大中國の外・孔子）263（九夷は日本の如きもの）264・269（孔子は朴質必忠の陋を求めた）265（舜東夷人文王西夷人〈『孟子』離婁下〉）622
猪飼彥博　330
茨城坂東萬藏院石造龜趺塔　25
『禹貢圖』　197（胡渭撰・『皇清經解』所收・五服圖・顧頡剛五服圖の元）
『淮南子』　15（墜形訓〈凡八殯八澤之雲是雨九州八殯之外廼有八紘〉・鴻烈解〈紘維也

維落天地而爲之表故曰紘也〉）　20（墜形訓）　98・123（天文訓〈卯辰酉戌に四神を配置・東方木星南方火星中央土星西方金星北方水星・從う獸はそれぞれ蒼龍朱鳥黄龍白虎玄武・惑星は天の十二方位を移動〉）　123（天文訓〈朱雀太陰前一鉤陳後三玄武前五百個前六〉）　219（原道訓〈知八紘九野之形埒〉・墜形訓〈凡八殥八澤之雲是雨九州八殥之外廼有八紘〉）　625（四神は五惑星の加護）

『鹽鐵論』　40　41　42　283（剌權・有國之富而伯〈霸〉王之資也・人主統而一之則强不禁則亡）

王國維　394（毛公鼎）

王戎　→　『論衡』

太田錦城　301　302（殷周以來問題にされてきた山林藪澤）

王莽　66（五德終始は周〈木〉漢〈火〉新〈土〉・戰國以來戰國秦をはずす・『左傳』木星紀年を利用〈獲麟年と始建國元年の木星位置が一致し天方位の夏至點〉・孔子の『春秋』預言が自己に・圖讖利用〈逆順の五德交替で周公〈金〉から王莽土德・周公と『周禮』珍重・『左傳』『周禮』の内容改變は不必要〈劉歆木星說は『左傳』に不合〉）

尾形勇　253

小倉芳彥　394　481　601（『左傳』說話の分析に有效）　621

小野玄妙　35

Oppolzer　604

カ行

カールグレン　460　492　617　618

景山輝國　239

葛城末治　35

『河圖』　137（帝劉季口〈日〉角戴勝益斗胸龜背龍股〈眼〉長七尺八寸）

金谷治　622

河南濮陽西水坡遺址　96・134（東の青龍西の白虎の原形）

河南洛陽尓朱襲墓誌　133（上朱雀下玄武左靑龍右白虎・極上より見下ろした圖〈右廻り〉）

河北磁縣灣漳北朝墓　132（墓道東壁靑龍西壁白虎墓門上部朱雀）

鎌田正　492　495　617

紙屋正和　389

神谷法子　237（王法）　245　248

川島眞　388

甘懷眞　4　253　388　396

『管子』　95（『管子』の夾はせまい俠なし挾あり）　109（俠なし夾あり）　329（不如霸國者國也以奉天子〈天子を奉ずる國と霸國〉）　535（寡君）

漢式鏡　126（『禮記』曲禮を繼承し緯書んに通じる・左龍右虎掌四彭〈辟不詳〉朱雀〈朱鳥〉玄武順陰陽八子九孫〈子孫備具居中央〉）

『漢書』　20　24（朱博傳〈漢家至德傅大宇內萬里・郡縣を置く所〉）　53（司馬遷傳贊・游俠傳序）　57（游俠傳〈〈四君〉皆藉王公之勢競爲游俠鷄鳴狗盜無賓禮〉）　72（律曆志世經・生成方位の亥によって孔子水德說明）　77（游俠傳・四君の客をすべて鷄鳴狗盜に置き換えて讀む『漢書』）　82（儒林傳〈游俠の輿論形成の場と孔子の活動範圍を無視〉・高帝紀〈『史記』貨殖列傳の徙豪傑諸侯彊族于京師から豪傑を削除し京師を關中に變更〉）　105（藝文志〈儒家教養書・諸家書物・前者を九家にまとめなす・儒家以外教養書〉）　107（司馬遷傳〈『史記』材料として『戰國策』〉）　124（天文志は史記天官書を引用〈東宮蒼龍南宮朱鳥西宮咸池北宮玄武〉・西は咸池〈いわゆる四神說はこれより遲れる〉）　190（地理志〈方制萬里〉）　191（溝洫志〈且以大漢方制萬里〉・酈陸朱劉叔孫傳〈方萬里〉・張騫李廣利傳〈方制萬里の外に地を廣める〉・薛宣朱博傳〈漢家至德傅大宇內萬里〉）　137（經書に相當する位置づけ〈高祖風貌は『史記』と同等〉）　191（荊燕吳傳〈敝國雖狹地方三千里は方一千里三個分〉）　205（方百里は百里四方）　209・320（刑法志・『禮記』王制を引用し伯〈封建〉を牧〈郡縣〉に言い換え）　210（地理志〈傳說の帝王が交通網を整え地方分權の世になり夏王朝が始まる〉）　227（天文志〈四神〉）　243（發憤は悪い意味・先行する史書は發憤の書・『史記』は正統書ではない〈私の書〉）　270（藝文志・儒は一つ・テキストは複數）　416（律曆志・周初年代）　553・593（刑法志・封建に對する郡縣）　568（戰國四君の客〈『史記』評價〉を鷄鳴狗盜に言い換え・『史記』より嚴しい俠評價）　581（禮樂志）　584・595（宣帝紀〈漢の官吏が治める廣大な地域內の德化〉・司馬相如傳〈德化が中國の外に及ぶ〉）　597（藝文志・諸子の統治理念と統治術）

韓昇　26・35（井眞成墓誌）　28（韓昇により唐と日本の官品は數弛の上で相當することが確認できる）

『東大王泊旱』　335・505（くさし）

『韓勑後碑』　115（孔子素王）

『韓非子』　53（五蠹〈儒俠と介士・いつ寝返るかわからない〉・顯學〈儒は八、墨は三〉）　55（八説〈弃官寵交謂之有俠・有俠者官職曠・有俠は本來官吏・有俠を含む八者は人主の大敗・八者に反するは人主の公利〉）　81・90（顯學〈儒のテキスト〉）　102（五蠹〈儒俠と介士・游俠私劍の屬・儒も俠も臣下〉）　104（顯學〈儒は八、墨は三〉）　187（有度・冠帶之國は方三千里が目安〈方一千里三個分〉）　270・616（顯學・儒八家墨三家）　271（顯學・儒化のみ重視の呪縛から自由に）　597（顯學）　633

來村多加史　246

木村正雄　39　235　344　392

『舊唐書』　16（志音樂二〈八紘同軌樂以象平遼東而邊隅大定也・『新唐書』では象高麗平〉）　24（韓瑗傳〈今陛下富有四海八紘清泰〉）　308（八紘）

京都醍醐寺本十天形像　25

『金史』　16

工藤元男　236　387

『公羊傳』　10　63（『春秋』を解説・孔子が齊田氏を特別に位置づけ）　64（山東が中國・野蠻の地はすべて夷狄・後漢の注釋は『左傳』『穀梁傳』と混淆・夏正）　84（日原利國の論據からずると戰國成書）　109（俠なし夾あり）　161　250（莊公二十三年・君存稱世子君薨稱子某旣葬稱子踰年稱公・未踰年之君・僖公九年・未踰年之君）　192　232（中國・諸夏）　265・349（野蠻の地はすべて夷狄）　266・349（中國は山東一帶・河南一帶の諸夏より上）　277（他書と異なる特別地域の中國・注釋は他書内容と混淆）　278（中國諸夏夷狄の三者鼎立〈本文〉と中國夷狄の兩者對立〈注釋〉）　279（「戎伐周大夫凡伯」は「夷狄の中國を執ふる〈の事例〉に與らず〈周は中國ではない三者鼎立論理〉）　280（「戎伐周大夫凡伯」は夷狄の中國を執ふる〈事實〉を與〈ゆる〉さず〈周は中國である兩者對立論理〉）　282（前漢前期は中國と複數の諸侯王國の天下兩者對立・戰國時代は齊の中國と諸夏と夷狄の三者鼎立・『公羊傳』本文は戰國）　294（湯沐の邑）　349（下克上・正當性が認められるのは中國の大夫たる齊田氏・『春秋』と對で齊田氏の正統性を「形」に）　361（僖公二年「中國曷爲獨言齊宋」〈齊宋は中國〉・成公十五年「外吳也曷爲外也春秋内其國〈中國〉而外諸夏内諸夏而外夷狄」〈中國が内で諸夏が外その外が夷狄〉・中國の特別な大夫にして禹の子孫たる陳公の後裔田氏が下克上により諸侯となりやがて夏正を用いて夏王朝を復興する）　372（中國に魯〈孔子活躍〉が含まれている。中國は齊の支配領域より大きい・周の取り込みにもこだわる）　409（不脩春秋〈魯年代

記〉）455（大一統〈一統を大ぶ〉）485（中國）491（津田が期待した記述がなかった）495（田成子）498・507（くさし）536（寡君・寡人）540（君王）541（吾子）599（八紘を支えた政治制度の前身）632（中國・諸夏と夷狄）
『君子爲禮』506（夫子・吾子）
『競建内之』506（寡人）
『敬事天王鐘』（淅川下寺春秋楚墓）503（天王・君子）
『元史』3　16
小泉袈裟勝　620
顧炎武　242
高句麗江西大墓　134（朱雀は上に表現されない）
高句麗江西中墓　134（朱雀は上に表現されない）
高句麗湖南里四神塚　134（朱雀は上に表現されない）
高句麗雙楹塚　133（北壁中央墓主夫妻の左に一對玄武・南壁上部に朱雀）
高句麗藥水里古墳　133（玄室四壁上部の梁の上に四神・北壁中央墓主夫妻の右に玄武・南壁朱雀がやや高い）
『孝經援神契』69・120（孔子海口言若含澤）141（德至淵泉則黄龍應〈土德〉）
『孝經鉤命決』70・120（仲耳虎掌是謂威射・仲耳龜背）
甲骨文　406（殷代後期第五期周祭網羅使用）409（年月日干支と祭祀名稱）
顧頡剛　9　201　251　252（五服圖九服圖は後漢注釋と違う）
湖北雲夢睡虎地『日書』153（甲種五九〜六二〈三合に對向する方位およびその對向方位の反對方位〉）229
湖北曾侯乙墓二十八宿圖　96（東の青龍西の白虎の原形）148（漢代以後の占星盤と二十八宿配當ずれ・音名と階名）
湖北曾侯乙編鐘　229　580（音の生成十二方位未對應）
『侯馬盟書』618
高文・高成剛　241
『國語』94（『國語』の夾ははさむ俠なし）109（俠なし夾あり）213（『左傳』藩屏以内に鄭が遷る）213（封建〈周王朝と方一千里の小諸侯との關係・周王朝と周圍大國との關係〉）324（鄭語・是非王之支子母弟甥舅也〈『左傳』の藩屏〉則皆蠻荊戎翟之人也〈藩屏の外〉）332（鄭語）335（くさし）401　409（殷末周初年代）413（武王代殷歳在鶉火〈武王十一年の前一〇二四年または武王十二年の前一〇二三年〉）499・507（くさし）532（不穀・君王）534（寡君）535（孤）555（鄭

語・是非王之支子母弟甥舅也則皆蠻荊戎狄之人也）　560（周王朝の勢力圏）　575（禮と併稱・德・先王樂と淫樂・天子や身分・周語下〈鑄大錢〉）　576（周語下〈鑄無射〉）　577（周語下〈鑄無射・昔武王代殷歲在鶉火・武王十一年の前一〇二四年または武王十二年の前一〇二三年〉）　580・595（周語下・編鐘C—2時期・大錢鑄造時期は戰國）　581・622（周語下〈周景王二十一年の二〇〇年目に秦惠王稱王〉・周語下〈武王伐殷から七二〇年目に秦惠文君王冠〉）　584・595（晉語七〈德を風にのせて遠くに廣める〉）　619（楚・吳・越・不穀〈中原寡人〉・孤〈中原餘小子〉）

『穀梁傳』　10　64（孔子を特別視し鮮虞を宣揚・洛陽と魯を含む河北一帶が中國・野蠻の地はすべて狄）　85（革命に冷淡〈日原はこれをもって漢代作とする〉）　109（俠なし夾あり）　161　232（中國）　265（野蠻の地はすべて狄）　266（中國は河北を中心にやや廣め設定）　277（他書と異なる特別地域の中國・注釋は他書內容と混淆）　332　353（下克上否定・鮮虞が中國）　362（『春秋』昭公十二年晉伐鮮虞の『穀梁傳』〈其曰晉狄之也其狄之何也不正其與夷狄交伐中國故狄稱之也〉・中國の諸國中唯一貶められないのが鮮虞）　372（中國に魯〈孔子活躍〉が含まれている・中國は成書國中山の支配領域より大きい・周の取り込みにもこだわる）　455（『春秋』と『左傳』）　485（中國）　491（津田が目を向けた）　495（鮮虞）　507（くさし）　543（寡人）　544（吾子）　599（八紘を支えた政治制度の前身）　632（中國と狄）

『姑成家父』　506（吾子）

『逨（逑）盤』　354・359（文王武王のときに殷の四方を制壓・成王のときに方や狄の服從しない者を討伐し四域の萬方を定めよとの命・康王のときに方をもって不廷を圍む・昭王穆王のときに四方に政をしき楚荊を征伐〈楚荊は四方の外〉）　394（『毛公鼎』王國維參照）

「惟漢三年大併天下」畫當　348

サ行

『左傳』　10　13・213・370（周王と中原都市國家〈藩屛〉の關係としての「封建」）　63（『春秋』を利用・韓氏とくに韓宣子を特別視・孔子の預言を修正し『公羊傳』を非とする）　64（山西から河南が夏でその東が東夏・野蠻の地は東夷蠻夷西戎狄）　85（革命に冷淡）　95（『左傳』の夾ははさむせまい俠なし挾あり）　109（俠なし夾あり）　240（成書時期・孔子預言はすべて修正〈王莽後漢時期の孔子評價と異なる〉・後漢時期特有の內容皆無）　161　175　183　277（他書と異なる特別地域の夏と東夏・注釋は他書內容と混淆）　212・323・554（僖公二十四年・封建親戚以藩屛周

〈藩屏は諸侯の壁〉・文昭武穆周公胤〈晉以外は中原の小國〉）　222　282（夏と東夏〈殷故地〉と野蠻の地は戰國時代の產物）　230（『左傳』五行說は漢代ではない）　232（夏・東夏）　293（隱公八年・鄭鄰國許の魯邑と泰山の鄭邑を交換）　332　335（くさし）　350（『公羊傳』の『春秋』を書き換え・夏の領域と野蠻の地・『公羊傳』と異なる下克上の形・支配者の諸姬から出現する唯一の有德大夫が殷民を治め夏祭祀を復活・韓宣子）　351・561（昭公九年・周王朝の衰微・秦偪我諸姬・戎有中國誰之咎也）　352（夏虛・東夏の東に魯を封建〈定公四年因商奄之民命以伯禽而封於少皡之虛分康叔…命以康誥而封於殷虛…分唐叔…命以唐誥而封於夏虛…〉）　359（陝西一帶中域・山西一帶夏・河南一帶東夏・山東西南部蒲姑（齊）商奄（魯））　360（定公四年夏虛〈夏の故地〉・昭公元年東夏〈殷の故地〉・昭公十五年東夏・昭公十七年宋陳鄭衞は東夏の四國〈西周金文の四方〉にして宋陳鄭は大火の分野）　361（昭公九年〈夏と東夏の支配層が諸姬〉・夏虛をまかされた晉の分家曲沃一族の分家が韓氏・東夏の殷故地を治め夏王朝の祭祀を復活する正當性）　372（東夏に魯〈孔子活躍〉が含まれている・夏と東夏は成書國たる韓の支配領域より大きい・周の取り込みにもこだわる）　383（中領域内の封建）　394（『荀子』『韓非子』と似よりの德論・成公八年以爲盟主是以諸侯懷德畏討〈盟主の力をもって德に懷かせる〉・成公九年柔服而伐貳德之次也・成公十六年德…戰之器也）　455　481（小倉芳彥等を基礎に文章構造が議論できる）　482（成書）　485（夏・東夏）　494（古い字の用例と新しい字の用例・漢代僞作說）　495・501（韓宣子）　497・500・507・510（くさし）　501（木星紀年）　508（孔子）　510（王莽僞作說・木星位置）　511（爵位・嗣君・君子・夫子・吾子・劉氏・國家・北燕伯・鮮虞）　512（宗主號・室・宗人・兄弟・兄・弟・昆弟・昆孫・士・大夫・卿・史書・音樂・爵位）　513（褒貶・獲麟・韓宣子・子產・君子・夫子・吾子・孔子・嗣君・易筮・木星紀年・諸夏）　514（寡人）　518（寡君）　525（寡大夫）　526（君王・執事）　528（不穀）　529（孤）　531（大上）　560（周王朝の勢力圈）　563（襄公四年〈文王帥殷之叛國以事紂・魏絳曰芒芒禹跡畫爲九州〉）　565（昭公五年〈晉縣は其十家九縣其餘四十縣〉）　566（昭公二十八年〈分縣・家・氏族の數〉）　568・594（樂と樂しむことの判斷なし・演樂・樂器・樂名稱の詩を賦す・詩を樂に合わせ歌う）　570・595（樂と樂しむことの判斷あり・禮と併稱・禮あり・非禮無禮・くさし）　571・595（樂と樂しむことの判斷あり・德・先王樂と淫樂〈女樂女淫〉・天子や身分）　574（望ましい天子像・編鐘小型化と詩樂分離）　584（昭公二十年〈風が德に關わる〉）　593（春秋以來・戰國會話）　599（八紘を支えた政治制度の前身）　618（自稱）　622（宋陳鄭衞で火

災）628（樂と風化）632（夏・東夏・東夷・蠻夷・西戎・狄）
早苗良雄　387
『三國志』 141（蜀書先主傳〈劉備は土德・『孝經援神契』引用〉）
『三才圖繪』 197（明王沂撰・堯制五服圖・禹弼五服圖・顧頡剛五服圖の元）
山西太原北齊徐顯秀墓墓門扇浮雕彩繪　132（東門〈上部朱雀下部青龍〉・西門〈上部朱雀下部白虎〉）
山東沂山畫像石墓　128（前室北壁東東段青龍西段白虎正中一段上部朱雀下部玄武）
『詩含神霧』 137（赤龍感女媼劉季興）
『史記』 12（三王世家〈封建の世の復活・皇帝と諸侯王〉）15（五帝本紀〈八荒の具體地名〉）21（冠帶の國は方萬里）49（『戰國策』春申君の夾が俠に）50（游俠列傳〈天下の賢者を客として招いた戰國四君と匹夫の俠は別〉・孟嘗君列傳〈客を招く・游俠にあらず・『漢書』と異なる〉）51（游俠列傳〈今游俠其行雖不軌於正義然其言必信〉）53（太史公自序・游俠列傳）57（正義は中央）76（游俠列傳郭解・四君の客は客として讀む『史記』・姉の子を罰する公的立場が郭解の輿望を支える・郭解を守って中央政府に從わない〈中領域を公とする〉）79（戰國王の占有した山林藪澤は中領域〈開關梁弛山澤之禁是以富商大賈周流天下交易之物莫不通〉・游俠の活動範圍〈戰國まで遡れば「公」〉）80（貨殖列傳・夫使孔子名布揚于天下者子貢先後之也〈『漢書』はこの表現削除し游俠輿論との關係を伺えなくする〉）81（孔子列傳〈孔子の活動範圍に名とどろく〉）82（貨殖列傳〈徙豪傑諸侯彊族于京師〉・輿望ある一族を都に〈『漢書』貨殖傳は削除・高帝紀は豪傑を削除〉）92（『史記』所見の俠）98・124（天官書〈東宮蒼龍南宮朱鳥西宮咸池北宮玄武〉・西は咸池）112（孔子列傳〈孔子は諸侯扱い〉・太史公自序〈孔子は先行する私の史書の作者〉）114（貨殖列傳と遊俠〈『漢書』は兩者の關わり消す〉）125（封禪書〈白帝靑帝炎帝黃帝の祭祀地はそれぞれ西東南中ではなく戰國星宿配當に關わる〉）172（秦始皇本紀・宮殿位置と生成方位）182（蘇秦列傳）187（匈奴烈傳〈當是之時冠帶戰國七而三國邊於匈奴〉は漢代の冠帶〈戰國の冠帶と異なる〉）188（貨殖列傳〈故齊冠帶衣履天下・時代を遡り記述・漢代投影〉・酈生陸賈列傳〈以客從高祖定天下・及高祖時中國初定・天下を中國と言い換え〉）189（酈生陸賈列傳〈統理中國中國之人以億計地方萬里・中國を方萬里とする〉〈今王衆不過數十萬皆蠻夷・南越は蠻夷〉）191（吳王濞列傳〈敝國雖狹地方三千里は方一千里三個分〉）192（夏本紀〈五服論は『尙書』禹貢を參照〉）193（夏本紀〈令天子之國以外五百里甸服〉）194（侯服綏服要服荒服を順次外側に設定・五帝本紀〈荒服の具體的地名を

列記・荒服の内側が武帝時代の中國〉）227（天官書〈四神〉）231（『史記』から『舊唐書』まで天下方萬里）243（發憤は悪い意味・先行する史書は發憤の書）270（秦始皇本紀・焚書と坑諸生〈坑儒にあらず『韓非子』顯學の多くの學派の學者が參照できる〉）308（八紘〈『淮南子』を承ける〉）348（劉邦の紀年は二種〈後に義帝元年を抹殺して漢元年としたため〉）370（周王と霸者の關係としての封建）383（三王世家〈始皇統一前を大領域内の封建たる封建の世とし統一後を郡縣の世とする〉）410（紀年矛盾解消・編纂材料の使い方・『春秋』・系圖）402（『史記』編纂當時の材料配列等の推定復元）409　420（周本紀〈伐殷・克殷〉）461（張儀列傳〈越聲・楚聲・秦聲〉）475（漢興以來諸侯王年表・分割統治）492（『左傳』の古い字の用例を書き換え）567（戰國四君の客交流と巷間の俠〈戰國よりやや嚴しい俠評價〉）560（楚は中國に入る、呉越は中國外）581（禮書・樂書・司馬相如列傳）582（司馬相如列傳・天子や身分・皇帝〈王朝〉と諸侯王〈方伯〉・『禮記』『孟子』繼承）583（馬相如列傳・封疆之内は中國・その外は四面風德・德化が外に及ぶ）621（天官書・蒼龍朱鳥咸池玄武・參爲白虎）635（『史記』の五服〈『明史』まで繼承〉）643（『史記』私人編纂説の起こり）644（『史記』南越列傳と『漢書』西南夷兩粵朝鮮傳を比較すると記事配列の先後が異なり『漢書』に附加された説明が見える）

『詩經』　600（春秋時代に元となる詩）

重近啓樹　307　389

『繇公盨』　396

『小羔』　74・121（異常出生）

『史晨碑』　115（孔子素王）

四川渠縣沈氏闕（東闕西闕現存）　127（東西とも正面上部に朱雀下部怪獸・東闕西面に青龍・西闕東面に白虎）

四川渠縣無銘闕（西闕現存）　127（正面上部に朱雀下部に玄武・東面に白虎）

四川渠縣無銘闕（東闕現存）　127（正面上部に朱雀下部不明・西面に青龍）

島邦男　239（『漢書』律曆志世經〈五德終始説〉・閏位）　289（殷王田獵地が『孟子』公孫丑上の三代より廣い）　388

『周禮』　180・198（夏官職方志〈九服〉）　199（鄭玄注）　252（成書國）　333（地官大司徒・五黨爲州）　363・376（職方氏・天下外族と九州九服）

『荀子』　252（正論・彼楚越者且時享〈賓服〉貢〈要服〉歳終王〈荒服〉之屬也）　660（王霸）　662（樂論・解蔽）　671（樂論）

『春秋』　63（歴史記事を整理）　161（暦日は書き換えていない・選擇あり）　402（『史記』編纂當時の材料配列等の推定復元）　409（不脩春秋）　455（『春秋』と三傳成書時期を確定し他書の成書年代も議論）　599（八紘を支えた政治制度の前身に關わりつつ出現）

→　魯の『春秋』

『春秋演孔圖』　137（孔子母徵在游大澤之陂睡夢黑帝使請己已往夢交語曰汝乳必于空桑之中覺則若感生丘于空桑）　238（血書飛爲赤烏化爲白書署曰演孔圖〈五德交替〉）

『春秋感精符』　68・118（墨孔生爲赤制〈水德孔子が火德の漢の制度を爲る〉・孔子は閏位水德〈水德殷の末裔〉）

『春秋合誠圖』　137（赤帝體爲朱鳥其表龍顔多黑子）

『春秋事語』　507　508（夫子・吾子・荊王）　509（語の時期）

『春秋繁露』　→　董仲舒

『春秋文燿鉤』　126（『漢書』と異なる緯書〈いわゆる四神說〉・中宮東宮南宮西宮北宮の精として四神〈南北朝四神は墓室墓道〉）

鄭玄　177・196（『禮記』王制注孝經說〈周千八百諸侯布列五千里內此文改周之法關盛衰之中三七之間以爲說也終此說之意五五二十五方千里者二十五其一爲畿內餘二十四州各有方千里者三其餘諸侯之地大小則未得而聞〉は二十五州說〈いわゆる五服說と異なる〉・『尙書』禹貢孔傳自體は必ずしも二十五州說ではない）　199（『周禮』注〈有奇云…周九州之界方七千里七七四十九方千里者六…〉方伯が六つでおかしい）　243

『昭王毀室　昭王與龔之脾』　335・504（くさし）

『尙書』　18（星野恆の解題・世の五服說は『尙書正義』）　176（禹貢孔傳の五服說・現代說は孔傳を基礎とする）　181（禹貢の五服）　193（禹貢の五服・五百里甸服としかない・孔傳〈規方千里之內謂之甸服〉）　194（侯服綏服要服荒服相互の關係を禹貢は述べていない・孔傳は侯服綏服要服荒服を順次外側に設定）　196（禹貢孔傳〈凡五服相距爲方五千里〉）　362（禹貢・禹の治水）　376（禹貢の五服論）　401（今文・古文）　409（殷末周初年代）　422（今文泰誓・周初）　425（今本洪範〈維十有三祀王訪宇箕子〉）　434（今文無逸〈文王受命惟中身厥享國五十年をどう解釋するか〉・今本金滕〈既克己商二年〉）　600（春秋時代に元となる祭祀儀禮記載）　618（西周金文になかった用例として朕が征伐時の自稱に變貌）　634（本來原始的だった禹貢の五服）

焦南峰　245　248

徐炳昶　252
白川靜　251　394　618（西周靑銅器索引〈我・吾・餘・朕〉）
『晉書』 219（中華〈これより〉） 234
新城新藏　437　484　614　616　656
『新唐書』 16（志禮樂十一〈八紘同軌樂象高麗平而天下大定也及遼東平・『舊唐書』は象平遼東〉） 221・308（八紘）
Stephenson & Houlden　603
精華大學藏戰國竹簡　434　613
『齊侯因資敦』 74
西周金文　360（四方〈『左傳』の四國〉） 407（紀年矛盾解消作業の基礎上・年月月相日干支具備網羅配列・四分月相・條件ゆるめ設定は配列案可能性を多數にする）
關野貞　99（上朱雀下玄武東靑龍西白虎） 100（龜趺碑・四神） 132（梁川靖惠王蕭宏碑〈龜趺碑と四神〉） 143　228（龜趺碑出現の基本） 241　246　247
『世本』（『系本』） 74
『戰國策』 49・107（燕策三荊軻の節俠以前に俠なし。春申君は夾〈『史記』で俠に〉） 94（『戰國策』所見の俠） 106（いくつかの材料・後漢時代に材料と內容上差異なしの見方） 181（魏策一〈今乃有意西面而事秦稱東藩築帝宮受冠帶祠春秋〉・韓策一〈乃欲西面事秦稱東藩築帝宮受冠帶祠春秋交臂而服焉夫羞社稷而爲天下笑無過此者矣〉・姚本鮑本・魏策一〈請稱東藩築帝宮受冠帶祠春秋效河外〉） 267・347（天下に王たりと稱する各國領域の合計は方萬里あるいはそれ以上） 463（虞卿謂春申君等〈提出文書の抽出〉） 507　508（秦策四〈郢威王〉）
『戰國縱橫家書』 507
陝西省咸陽市博物館　241
陝西省考古研究院　241
陝西綏德縣後思家溝快華嶺後漢墓畫像石墓門　128・134（左右扉上部に朱雀左扉下部に白虎その左に玄武右扉下部に靑龍その右に玄武）
陝西眉縣靑銅器（『四十二年鼎』・『四十三年鼎』） 254　441　603
陝西米脂縣官王二號墓畫像石墓門　128・134（左右扉上部に朱雀左扉下部に牛その左に白虎右扉下部に牛その右に靑龍）
陝西三原李和石棺（隋開皇二年） 132（石棺前面朱雀後面玄武）
相馬充　→　谷川清隆・相馬充
曾昭燏・蔣寶庚・黎忠義　246

曾布川寛　34　140　143　248　249
蘇秉琦　252　382（區系說と一統〈いわゆる統一の意味にあらず〉）　459　614

タ行

『太史公書』 → 『史記』
『大清一統志』 208
『大正大藏經』 35
『大唐三藏聖教序』 24（周遊西宇・引慈雲於西極灑法雨於東垂）
高楠順次郎　35
高津純也　395
谷川清隆・相馬 充　412　604　613（Mitsuru Soma〈月食表〉）
谷口滿　345
『竹書紀年』 361（『公羊傳』『左傳』に影響） 401　404　409（殷末周初年代） 410・415（西周二百五十七年） 410（自周受命至穆王百年） 411（昭王十九年天大曀） 412（懿王元年天再旦） 424（諸侯伐殷）
中國社會科學院考古研究所・河北省文物研究所　247
『中山王礜鼎』 619（寡人幼童）
張心澂『僞書通考』 613　621
朝鮮畫報出版社出版部　247
張培瑜　603　613
陳夢家　289（陳夢家によれば殷王田獵地が『孟子』公孫丑上の三代より廣い） 388
津田左右吉　483　490　491　616
程伊川　243
程貞一　150（曾侯乙編鐘階名と三合） 152（三合〈正三角形〉の頂點の階名が同じ漢字を共有） 249（三合の起源）
『天子建州』 326（天子建之以州〈諸侯封建の天子〉邦君建之以都〈宗廟運營の大國次國小國〉大夫建之以里士建之以室〈大國次國小國の下の卿大夫士の序列〉） 328（封建制度の天子—〈諸〉侯—百正〈卿大夫〉—士と官僚制度の天子—邦君—大夫—士） 328（卿は『孟子』の大國次國小國内部の卿・議論簡略・『孟子』より古く『左傳』僖公二十四年より新しい） 335・339（方一千里またはより小ぶりな領域・楚地ではなさそう） 336（戰國諸書と封建論を比較） 338（議論の複雑化〈『左傳』封建論から『禮記』封建論へ〉を參照すると『孟子』より古い）

董仲舒　66（『春秋』が預言した正統は漢王朝・孔子から武帝までは水德・武帝から土德）116（木德夏・金德殷・火德周・水德閏位孔子・土德漢）147　155（『春秋繁露』春秋改制質文〈王朝交替說〉・三合とその對向方位の關係を組み合わせる）161（『春秋』の世に夏殷周いずれでもない王朝を議論）162（『春秋』黑統王朝は過渡期・顓頊曆・武帝以後は黃統王朝・土は四季の最後に分在）164（色の交替に關する端緒〈黃帝を含む九皇時代は一色〉）166（三正交代論と五德終始說を重ねる）170　171（魯を正すは孔子に關わる）173　230

冨屋至　239

豐田久　394

ナ行

中村璋八　238　238　245　248

中村裕一　35

奈良唐招提寺金龜舍利塔　25

奈良長谷寺金龜舍利塔　25

南京梁川靖惠王蕭宏碑　132（關野貞調査・碑側に八面神獸・偶數面は上から朱雀白虎朱雀青龍）

西嶋定生　39　235　239　272（東アジア册封體制）273（禮教主義・黃老道・皇帝制度）274（西嶋が手つけずじまいの戰國時代の王道の理想）275（儒教經典の王道政治を黃老道重視の皇帝制度にどう反映させるか・小中國の禮教主義を大中國の禮教主義にどう轉換するかに關わる）342（册封體制が周邊國の意識を高め漢字を學ぶ機運を作る）382（戰國經典を漢代に再解釋したことに氣づいて册封體制論の基礎とする）388　389　395　448　613　665（南越を册封體制論で例外扱いしたのは慧眼）673（西嶋批判が批判になっていない〈禮教主義を論じないままでは〉）

『日本書記』　25・221（神武天皇〈掩八紘而爲宇〉）

ハ行

馬承源　619

橋本增吉　245

服部宇之吉　621

馬融　261（九夷は東方夷）

樋口隆康　246

日原利國　84（『公羊傳』成書は戰國〈日原が『穀梁傳』を漢代とする根據は革命否定の議論だが『公羊傳』には革命論がある〉）　85（大夫の俠・『穀梁傳』）　239　388
藤井惠介　241
藤田勝久　387
藤原宏志　344（馬家濱文化水田址）　392
傅斯年　252
古川麒一郎　603
聞宥　246
『方言』　460
『包山楚簡』　333（㑚期・州加公）
北魏「昇仙圖」石棺　132
『墨子』　363（兼愛中・禹の治水）
濮陽市文物管理委員會・濮陽市博物館・濮陽市文物工作隊　240　248
星野恆　18・33（『尙書』解題）
堀敏一　307　389

マ行

增淵龍夫　39　40（小領域・中領域・大領域に關する誤解。松丸と『鹽鐵論』を接合できず）　42（增淵論の繼承・中領域の占有こそ本質・大領域下の中領域の鹽官鐵官）　48　53（游俠に關する『史記』と『漢書』の相違・意見の對立を生ぜしめるような社會的實體が存在）　89　235　236　283（山林藪澤）　284（增淵山林藪澤論を繼承しつつ大中國論を小中國論に言い換える必要）　285（軍需物資は占有〈人主統而一之則强不禁則亡→『鹽鐵論』〉）　287（增淵が過渡的とした小中國の山林藪澤が霸王の資〈有國之富而伯王之資也→『鹽鐵論』〉）　288（戰國時代の山林藪澤は中領域の財）　289（殷王田獵地が『孟子』公孫丑上の三代より廣い）　380（松丸田獵論がわからぬまま山林藪澤の家產化論は鐵器普及がもたらす變化をうまく組み込めなかった）　388　620
松丸道雄　40　235　289・379（殷王田獵地は半徑二十キロ以內・數學者平野鐵太郎の教示）　292（田獵區は王都の近傍邑に諸族の名をつけ「田」〈田獵〉と「戔」〈練武〉により諸族の支配維持をはかる・省〈巡視・征伐〉もある）　299（單なる思いつきレベルにとどまらない）　388　394　549　604　613
宮城谷昌光　602（兩方正しいと考える說）

宮崎市定　34　39　48（游俠）　58（游俠の轉向・游俠の儒教化）　61（匹夫の俠と領域國家下の都市）　79（貨殖傳に悪業をもって富を爲せるもの）　89　112（游俠の儒教化）　138　227（墮落〈ではなさそう〉）　234　237　239　244　248　276（『論語』原文と鄭玄等の注釋と朱子の理氣說の渾然一體化）　381（小領域と游俠〈中領域の歷史的位置づけがあいまい〉）　466　483　509（身振り・說話）
『明史』　16（樂三樂章二〈德尊踰漢唐としつつ八紘に言及・邁虞唐としつつ八荒に言及〉・楊榮傳〈安南之棄諸大臣多謂不可獨榮與士奇力言不宜以荒服疲中國・『史記』五帝本紀の認識〉・朱燮元傳〈夫西南之境皆荒服也楊氏反播奢氏反藺安氏反水西滇之定番小州耳爲長官司者十有七數百年來未有反者・漢武帝の征服地を念頭〉）　308（八紘・荒服）
『毛公鼎』　394（王國維・不廷方謂不朝之國）
『孟子』　10　18（萬章下）　175（梁惠王上・公孫丑上・萬章下〈大夫の祿を基準にして方百里大國は四倍方七十里次國は三倍方五十里小國は二倍・長さで面積を示す〉）　183（梁惠王上・公孫丑上）　205（萬章下）　211（天子と方伯）　218　265（離婁下・舜東夷人文王西夷人）　213（封建〈周王朝と方一千里の小諸侯との關係・周王朝と周圍大國との關係〉）　231（面積論）　232　267・314（公孫丑上・夏后殷周盛地未有過千里也而齊有其地矣）　264・313・559（梁惠王上・齊宣王・海內之地方千里者九齊集有其一）　269（萬章上〈舜之中國踐天子位〉・離婁下〈舜東夷人文王西夷人〉）　272（戰國齊は周を受ける次代の王）　310（梁惠王上・公孫丑上天下は九つの方一千里・一つは天子他の八つは霸者〈方伯〉・天子は仁政〈王道〉他は風化）　311（萬章下・周室班爵祿・爵位と土地の封建論・公侯は方百里の大國・伯は方七十里の次國・子男は方五十里の小國）　312（萬章下・大國方百里次國方七十里小國方五十里の祿高比は四對三對二）　314（萬章下・天子の直轄領は大國方百里程度）　314（告子下・天子之地方千里不千里不足以待諸侯〈諸侯封建を議論〉・諸侯之地方百里不百里不足以守宗廟之典籍〈宗廟運營を議論〉）　315（告子上・太公之封於齊也亦爲方百里也地非不足也〈宗廟運營を議論〉・今魯方百里五〈諸侯封建を議論し仁を爲していないとする〉・公孫丑下・以力假仁者霸霸必有大國以德行仁者王王不待大〈宗廟運營を議論・霸者は僞物〉）　318（『孟子』は方千里と霸者の關係明言せず）　332　336（告子下・今魯方百里五）　373（『孟子』の方一千里を基準とする封建論は孔子の生地の魯を取り込む場合『左傳』『穀梁傳』に適應できない）　381（相異なる中領域を支配域とする王朝の交替）　558（公孫丑上・齊宣王・夏后殷周之盛地未有過千里者也・仁政）　563（萬章下・面積は距離數で示す）　310・566・

585・593（氏族の數・方一千里ごと十二～十四國） 584（王道を敷く地域） 592（梁惠王上・公孫丑上・編鐘時期C－２・天下觀） 626 634（『禮記』面積論との顯著な相違）

ヤ行

安井衡　330　614
安井香山　238　238　245　248
安井小太郎　614
楊華　619
楊向奎　601
楊伯峻　621
『容成子』　396　505
吉田光邦　245　247

ラ行

『禮記』　13・551（王制・天子の田は方千里・千里の外は方伯） 98（曲禮上〈前朱雀後玄武右白虎左靑龍〉） 123・621（曲禮上・行前朱鳥而後玄武左靑龍而右白虎招搖在上、行軍時の五惑星の守護） 175（春秋時代までの非常識な〈一般に耳新しいはずの〉歷史） 179（王制の五服はうまく說明した氣になっているだけ・面積を『孟子』萬章下に沿って考える〈長さの數値が面積で方五百里は方一千里の半分〉） 180（王制千里之內甸服〈甸服は方一千里〉・他に采と流） 205（王制〈方百里は百里四方〉） 209（王制〈一つは天子他の八つは八人の方伯〈霸者〉がそれぞれ治める〉） 211（天子と方伯） 213（封建〈周王朝と方一千里の小諸侯との關係・周王朝と周圍大國との關係〉） 227（曲禮〈四神〉） 231（面積論） 310・566・593・593（王制・方一千里ごと二百十國・『孟子』と顯著な相違） 318（王制・天子千里之外設方伯・二百一十國以爲州州有伯八州八伯〈面積は一邊の自乘〉） 320（王制・八伯各以其屬屬於天子之老二人分天下以爲左右曰二伯〈天下の封建は二段階〉） 321（王制・「卿四大夫祿君十卿祿次國之卿三大夫祿君十卿祿小國之卿倍大夫祿君十卿祿」は『孟子』萬章下〈一邊の數値が面積〉を引き同じ萬章下の「百里之國」「七十里之國」「五十里の國」〈『禮記』では一邊の自乘が面積〉と切り離す〈矛盾をかくす〉・『禮記』の後代性・『孟子』引用時の苦鬭） 332 370（周王と霸者の關係としての「封建」） 390（『孟子』封建論の文脈と矛盾することを『禮記』編者は心得て

いる）553（王制・封建）593（天下觀・方伯）634（『孟子』面積論との顯著な相違）

『逨盤』 → 『逨盤』

羅經石遺址　96（前漢四神）125（前漢四神・東青龍南朱雀西白虎北玄武〈『漢書』天文志と矛盾〉・東西南北の色帶は色を四方配當〈『史記』封禪書白帝青帝炎帝黃帝配置と矛盾〉・董仲舒五德配當に通じる）134　145

李貴龍・王建勤　246

李伯謙　34　253　560（青銅器文化圈）　620

劉歆　71（『漢書』律曆志世經〈五德終始說〉）171（董仲舒と同種の圖形知識で五德終始說・五行相生說）485

劉子培　492

梁啓超　235

『遼史』　3　16

『呂氏春秋』　21（冠帶の國は方一千里二、三個分）185（審分覽愼勢〈凡冠帶之國舟車之所通不用象譯狄鞮方三千里〉）186（離俗覽〈蠻夷反舌殊俗異習之國其衣服冠帶宮室居處舟車器械聲色滋味皆異〉）233（冠帶の國方三千里は方一千里三個分）375（審分覽愼勢〈孔子の生地魯が特別領域の中にある・特別領域は『公羊傳』『左傳』『穀梁傳』より廣い方一千里３つ分〉）

呂靜　392

呂宗力　90　115（異常風貌・漢碑と讖緯說・孔子素王說と素侯說〈『漢書』を基礎――實際は後漢の說〉）138（感生帝・特異風貌・符命）244

李林・康蘭英・趙力光　246

李零　241　245

魯の『春秋』　409（不脩春秋）

『魯邦大旱』　505

『論語』　19（泰伯）102（爲政見義不爲也〈俠の側面〉・弟子たちのまとめを核とし後代の智慧を附加）181・212・561・625（泰伯〈天下は方一千里三個分・周三分天下有其二以服事殷・泰伯三以天下讓民無得而稱焉〉）218　222　375（魯〈孔子の生地〉が特別領域の中にある・特別領域は『公羊傳』『左傳』『穀梁傳』より廣い方一千里３つ分）381（中領域を天下とする）562（『孟子』『左傳』より古い天下觀）585（編鐘時期Ｂの内容）589（新舊入り交じる・微子第十八〈四〉は孔子が女樂を嫌うが如くだが批判の矛先が違う・學而第一〈七〉は孔子が色に理解）590・

591・596（知者仁者勇者・禮・樂や樂奏・女樂・鬼神祭祀一極集中・詩樂・大國小國關係や國内土地・君子の原初的德目）　591・593（編鐘時期Bや編鐘時期C・大國小國關係中で複數都市支配の有力者成長・陝西山東を念頭においた天下）　597（心の問題）　626（吳越に逃れたことが周世界の外に逃れたことを意味）
『論衡』　135（超奇〈孔子春秋素王業・諸子傳書素相事〉・定賢〈素王業は春秋・素丞相蹟は新論〉）
『論語譔考』　137（叔梁紇與徵在禱尼丘山感黑龍之精以生仲尼）
和歌山龍光院金龜舍利塔　25
渡邊信一郎　387

その他用語・表現等

ア行

緯書　482
異常風貌　90　120（朱雀の劉邦と玄武の孔子）　136　137（緯書に示し『漢書』に示さない）　144
異常出生說　136
威信材　299　475
一統　→　大一統
殷正　64　65
宇（八紘と關係）　24（『漢書』朱博傳宇内・『大唐三藏聖敎序』〈周遊西宇・引慈雲於西極灑法雨於東垂〉）　191（『漢書』薛宣朱博傳〈漢家至德傅大宇内萬里〉）
鹽官・鐵官　298　306　616
鹽鐵論　381
王化思想　638（戰國的王化思想から漢代的王化思想へ）　649（王化思想が交錯する場と外交關係）　658（戰國的王化思想のもう一つの形とその後裔）
王朝交替　213（夏殷周がどの方一千里に王道を敷くかから易姓革命論へ）
王道　268　274　559
王法　63　90
岡益石堂　251
公　40

音の複雜化　478
音樂　479（詩を賦す）

カ行

夏　274（秦）
外交　43（中領域内）　646（戰國時代の外交文書の形式）　649（王化思想が交錯する場と外交關係）
寡君　496　496　500　502　504
樂論　668（『孟子』『荀子』『禮記』の樂論）
寡人　496　496　500　502　503　619
夏正　64　65
寡大夫　500
貨幣　259（大領域）　480（大型貨幣・小型貨幣）
過禮　76　142
漢字圈の擴大　343　478　600
漢式鏡　140
漢字の祖先　461　600
觀象受（授）時の暦　407（近代以來多くの學者が推定・この暦の上に西周金文等を網羅配列）　602
感生帝說　136
冠帶　184（秦の冠帶は多くて方一千里三個分）　187　640（三千里を目安とする冠帶から擴大された中國の冠帶へ）
觀念語　454　652（以德行仁以力假仁に關わる觀念語と諸書の編年）
官僚語　461
義帝　→　始皇帝の天下
龜趺塔　10　11　21　25　308（大地を象徵する舍利塔を支える龜・八紘）　309（高麗龜趺塔）
龜趺碑　10　11　21　25　139・142（靈龜・贔屓）　308　309（五品以上に許す・八紘內の品階・儒式）
客　48
九服　200（『周禮』職方志は一邊で面積を表現・後漢注釋は方一千里內を碁盤の目のように區切る）　207

俠　→　游俠
共和　414
金石の樂　478
くさし　335（上博楚簡の一部は楚國以外の地で書かれた）
くぼみ形水田　345（江蘇省草鞋山馬家濱文化水田址・湖南省城頭山屈家嶺文化遺址・栄畑遺跡谷水田）
君　502　615
君王　502　504　505
君子曰く　481
郡　103（中領域の異常な膨張）　475
刑　454
經解　481
景初　251（景初の年代に關する試論）
惠文君王冠　578（超辰・前三三五年未歳を午歳に誤る）
月食（甲骨文）　412　605
月相（初吉・既生霸・既望・既死霸）　439
縣　47・101（世襲否定・縣替え）　235（『左傳の史料批判的研究』・「人」の秩序）　101（中央に懸かる意は戰國）　149　474　478　615　620（楚國の縣・晉國の縣）
原左傳　483
原始論語　473　480　481
孤　619
語　482　509
高句麗古墳四神　133（傾いた極軸が垂直に變化していわゆる四神表現になる）
孔子　69（異常風貌說〈帝王德に抵觸せずに孔子を特別視・劉歆の五德終始說を繼承〉）90（各地の獨自性主張の中で孔子稱揚〈孔子を天下共通の賢人とすることの難しさ〉・緯書の活用で天下の賢人へ）　120（孔子水德は殷の子孫・火德の漢王朝を預言〈後漢〉・豪族にとって魅力的〈自らの祖先が帝王〉・玄武の孔子・朱雀の劉邦）137（孔子異常風貌）　545　585（編鐘時期Bの人）　595（孔子の時代）　598（八紘世界出現以前の孔子理解）　602
行人　44　45　465　472　477
貢納　41（貢納の道）　475
後漢注釋　146（前代認識を得る際の危險）

五行生成説　229
五行相勝説　230
五行相生説　230
克殷　410　415　420　613
國家　→　邦家
國書　358　359（須明樂美御德）　464
吾子　481　495　498　500　504
五德終始説　71（劉歆説・三合を構成する正三角形・十二方位生成・五德・曆）　165（董仲舒説・方位圓と三合を絡める〈三正交代やこれに楚正顓頊曆を加えた議論を凌駕〉）　171（五德終始と三正交替を絡める圖式は三國以後なくなる〈最後は景初改曆〉）　229
五服　3　10　11　181（天下が方一千里三個の時にでき方一千里九個分の時期を經て方五千里を五千里四方とするにいたった）　195（『史記』夏本紀は天子の國の外に甸服を設定し方五百里四個分外に向かい荒服にいたる〈荒服の内が中國〉・『尚書』禹貢孔傳は天子方一千里の内に甸服を設定し方五百里四個分外に向かい荒服にいたる〈荒服まで中國〉）　202（戰國前期の五服論の一例）　203（方五百里を服とし五つの服を議論・戰國時代にこれを方一千里九個分について議論・漢代夷狄に荒服のレッテル）　207　232・375（方五百里を服とし五つの服を議論）　221　228　229（八紘と結びつく）　231（『孟子』面積論と『禮記』面積論の差異）　633（五服論の發生と九州説との統合）
古文今文論爭　423（『尚書』）　550
曆と稱元法　599（八紘を支えた政治制度・前身は孔子死後百數十年後）　656（天文觀と曆法の編年）

サ行

歳在鶉火　413　578
祭祀の場　472
册封體制　342（周邊國の意識を高め漢字を學ぶ機運作る）　448　636（東アジア册封體制で議論されること）　645（漢と南越の關係は册封體制のそれになり得るが『史記』の時代まだ外交文書の形式が整っていない・『漢書』の時代にはその形式が整ってくる・禮教主義との關わりも問題）　663（道を第一に述べ德をそれに從屬させる外交關係〈『荀子』『韓非子』〉）　665（禮教主義的政策による外交關係〈『孟子』〉）

三合　62　119（生成と十二方位）　152（三合〈正三角形〉の頂點の階名が同じ漢字を共有・方位圓の存在）　153（雲夢日書は三合に對向する方位およびその對向方位の反對方位）　174（三合は諸書の編年に使える）　229

三分損益法　62

山林藪澤　257（巨木・鳥獸魚・祭祀・軍の食糧・鹽鐵鑛產資源）　258（小領域・中領域・大領域・祭祀や生活・軍需物資・貨幣の財）　296（小國管理下の山林藪澤は領域國家中央の管理下へ〈占有の意味〉）　304　305（祭祀や軍事・近傍設置の配下諸侯諸族の邑で田獵し靈的威壓・領域國家の王による占有）　305（都市の祭祀儀禮の場・領域國家の統制對象・天下の統制對象・道路網と邑・占有の意味）　380（小領域の山林藪澤・中領域の山林藪澤〈松丸田獵論がわからぬまま山林藪澤の家產化論は鐵器普及がもたらす變化をうまく組み込めなかった〉・漢代鹽鐵論未消化）　381（戰國君主による家產化・中央による鹽鐵專賣開始）　475

始皇帝の天下　348（天下の擴大〈廣東等〉・楚の義帝〈天下再統一範圍不明〉・劉邦〈朝鮮南越を除く天下統一〉・武帝〈朝鮮南越を滅ぼす〉）

始皇帝都市計書劃　147

詩を賦す　479

私塾　472

史書　598（八紘が母體の時代〈漢唐〉・八紘より廣大な征服王朝領域の時代〈遼以後〉・郡縣支配の漢字圈は八紘にとどまり外交漢字圈は擴大）

四神（青龍・朱雀・白虎・玄武）　127（門闕正面上部に朱雀下部に玄武・東闕西面に青龍・西闕東面に白虎・曲軸傾く現實）　132（後漢は劉邦朱雀孔子玄武・以後衰微）　140（青龍白虎と朱雀玄武は意味づけ異なる）　143　144（四壁に描く常識的四神表現〈極軸を傾けたものから垂直のものへ〉）　155（前漢羅經石遺址）　227　625

車軌の統一　113（經濟活動の制限・中領域）

爵位　479　481　486（『春秋』五等爵）

州　333（郡は小行政區が大きくなった・包山楚簡管子度地〈小さな州〉・漢代の州〈大きな州〉）

周王自稱　618（我は一般・餘は儀式・朕はわれわれの偉大なる・西周金文と『尙書』の用例相違）

十四月　603

周正　64　65

十二律　→　絕體音高

十二方位　62　119（生成と三合）　119・151（地の方位・天の方位・時間の方位・季節の方位）
儒化　225
儒家　270（複數の儒〈『韓非子』顯學〉から一つの儒〈『漢書』藝文志〉へ）
儒教經典　550（非常識な内容）
儒俠　54
徐　558
縱横家　358（戰國時代に國書はまだなく二枚舌外交）　465　471　477
商鞅變法　514
小中華　234　630（中國夏等特別領域と夷狄）
小領域　40
仁　652（以德行仁以力假仁に關わる觀念語と諸書の編年）
新石器時代以來の文化地域　346
水田　→　くぼみ形水田
星宿分野說　123（地上の諸侯配置と天方位は別・天の特定の星宿が地上の特定の諸侯を守護）
正統　63（齊の正統論〈孔子を特別視〉）　88（戰國各國・漢代）　208　271（諸書の編者が氣にかけたもの）　456　666（越の正統と戰國楚）
青銅器銘文を鑄込む　343
絕對音高　547　548（十二律）　549（秦と異なる周の律名）　569・594（十二律・メロディーの複雜化・詩を樂に合わせて賦す）　601
說話　509　600
宋　558
相對音程　547　548・549（宮商角徵羽）　602
素王　22　89　135　226
素侯　89　135
素臣　22　89・228（呂宗力）
楚正　179（三正に楚正を加えるには三合利用が不可缺）
卒惶急　466
楚邦　505
尊稱　481

タ行

大一統　9・209・232（統一と一統の違い・一統をもって天下を治める）　455
大國小國　45（中領域内の大國の交替）　323（本書の大國小國は『孟子』の大國次國小國とは別・晉は山西の大國・周は陝西の大國で中原を征服・藩屏は周を周圍から守る）　346（大國は殷王朝周王朝海岱區齊兩浙區吳兩湖區楚中原區東部晉西部秦）
大領域　40
地方　3（新石器時代以來の文化地域・縣）　39
中華夷狄觀　499
中國　219（中華）　235（中域）　269（齊は新しい中國〈『孟子』〉）　274（大中國・小中國・齊・中山）　275（漢）　374（『公羊傳』『穀梁傳』『左傳』の特別領域は魯と周を取り込むことにこだわった）　375（方一千里内に魯を組み入れるか方一千里二つまたは三つ分を特別領域として組み入れるか）
中領域　40　381（歷史的意味）
鄭　558
定點（朔・朏・望・辰）　440
鐵器普及　451　478　600　615
鐵劍銘　342
天下　39　209（九つの方一千里・一つは天子他の八つは八人の方伯〈霸者〉がそれぞれ治める）　213（漢字圈と天下〈比較的早い漢字圈と『論語』〉）　624（西周春秋戰國前期の天下觀）　626（『孟子』の天下觀と德概念）
田獵　294（殷王は王都近傍の邑〈諸族出仕のための邑〉で田獵）　296（周王の祭祀行動により諸侯は靈的威壓を受ける）
天命（令）　353
天文觀と曆法の編年　→　曆と稱元法
湯沐の邑　42　294（『公羊傳』隱公八年）　79　303（小國から大國への物資貢納・大國から小國への威信材等賜與・物資のやりとりに使用）　295
德　353（省・德・出征の靈力）　356（大夫層まで擴大された德・征伐に直接關わる靈力ではない〈『左傳』參照〉）　357（天下統一で德がおよぶはずの野蠻の地が消滅〈戰國典籍が使えない〉）　358（德は漢字圈の外に及ぶ〈野蠻の地は漢字がわからない〉）　626（『孟子』の天下觀と德概念）　652（以德行仁以力假仁に關わる觀念語と諸書の編年）

ナ行

ハ行

572・592（時期Ｂ）　546・547・548・572・592（時期Ｃ）　547・548・570・572・592（時期Ｃ―２）　548・549・594（西周王朝の五音時期・漢字圏廣域化時期・絶體音高十二律出現時期・十二相對音程等出現時期）　572（時期Ｃ―２・鑞模法・小型化・女樂批判の目線）　574（(時期Ｃ―２・詩樂分離）　575（時期Ｂ・詩と密接に關わる）　575（時期Ｂ編鐘配列に大小の規則性・時期Ｃ青銅器衰退・くさし）　629（編鐘時期）

變法　479

方位圓　63

方位生成　63

方一千里　39　206（方一千里十個分が方萬里）

方萬里　39

方百里　205（戰國『孟子』萬章下は長さで面積・漢代『禮記』王制は百里四方）

邦家　235

封君の出現　615　617

封建論　10　11　12　316（『孟子』の封建論・諸侯封建と宗廟運營）　317（五霸は方千里をもって仁政を假る〈僞物〉）　321（『孟子』の封建論は方一千里内のみ述べ他は推量・『禮記』の封建論は天下内に天子の方一千里と伯の方一千里を述べ『史記』三王世家が天子と霸者の關係が封建であることを述べる）　323（西周金文の「侯」〈諸侯にする〉は『左傳』昭公二十四ではじめて「封建」と表現）　382（根深い誤解）

封建諸侯　478

封建と郡縣　253　320（漢代の認識は『禮記』王制〈封建〉と『漢書』刑法志〈郡縣〉）　553

方伯　→　霸者

方萬里　→　面積

鮑本　463

北燕　558

墨俠　53（後代性強い表現）

マ行

身振り　466　471

盟書　343　454

盟誓　44　472
滅殷　410
面積　310（戰國は大道に沿った耕作地・漢代は方一千里を碁盤の目のように區劃・天下方萬里）318・337（『孟子』は面積が一邊の數値・『禮記』は一邊の自乘）319（『孟子』から『禮記』への劇的變化・名山大澤や附庸間田組み込み）
木星紀年　579　613（木星位置）
文書行政　45

ヤ行

邪馬臺國　614
游俠　12　22　39　49（俠は漢代に流行。『戰國策』戰國說話になし）51（戰國に問題なかった游俠の行動が漢代では問題視）58（『史記』と『漢書』の違いは游俠輿論に目配りするかどうか）89（轉向・大領域中領域小領域）108（俠行爲のみの『戰國策』→高評價前提の俠を批判の『韓非子』→よくない俠評價の『史記』）113（儒化・商人の動靜）138（游俠の儒化〈朱鳥劉邦玄武孔子〉は墮落にあらず・觀念的翼贊體制）145　225　474　476　567（俠）
余・豫　618
輿論　226　476
踰年稱元法　456　599（八紘を支えた政治制度）
姚本　463

ラ行

律令　347　454
龍　139（時代による差異を考慮）
劉邦　→　始皇帝の天下
領域國家　347（海岱區齊燕遼區燕兩浙區越兩湖區楚中原區西部秦東部趙魏韓）
禮教主義　671（禮教主義のその後）

ワ行

私　40